바로 쓰는
프리미어 프로 &
애프터 이펙트CC

머리말

즐거운 영상 제작을 위한 첫걸음!

안녕하세요 비디즈입니다. 영상 제작은 더 이상 특별한 직업의 영역이 아닙니다. 카메라 기술의 발전과 '유튜브'의 등장으로, 이제는 누구나 마음만 먹으면 스마트폰으로 영상을 찍고 바로 업로드할 수 있습니다. 시작은 매우 쉽지만, 영상을 완성하는 것은 여전히 어렵습니다. 촬영한 영상은 어딘가 어색하고 편집 프로그램은 복잡하고, 무엇보다 결과물이 기대에 못 미칠 때가 많죠. 더 괜찮아 보이는 영상을 만들고자 '자막 효과', '색보정' 같은 키워드를 검색해 따라 해 보지만, 결과는 늘 비슷합니다. 이유는 간단합니다. 내 영상에 어울리지 않는 기법을 쓰고 있기 때문입니다. 영상의 완성도를 결정하는 건 화려한 기술이 아닙니다. 화면의 구도와 컷의 연결, 역할에 충실한 자막과 효과 같은 기본 요소들이 조용히 전체 퀄리티를 끌어올립니다. 그래서 기법보다 기본기가 먼저입니다.

기본기를 배운다는 것은 결국 시간을 버는 일입니다. 기본적인 구도를 익혀 불필요한 촬영을 줄이고, 편집하며 꼭 쓰게 되는 기본 기능을 터득하면 작업 시간을 단축할 수 있습니다. 기본기가 갖춰지면 컷을 어디서 자를지, 음악을 어디에 얹을지, 자막을 어떻게 디자인할지 의사결정의 기준이 생깁니다. 기준이 생기면 손은 빨라지고 시행착오는 줄어듭니다. 이렇게 아낀 시간은 이야기의 흐름이나 강조 등 더 중요한 것을 고민하는 데 사용할 수 있습니다. 똑같이 3시간을 투자해도 결과가 달라지는 이유가 바로 여기에 있습니다.

이 책은 처음 영상 제작을 하기로 마음먹은 입문자를 대상으로 쓰였습니다. 총 네 개의 파트로 나뉘어 영상 제작의 기본 개념부터 프리미어 프로와 애프터 이펙트의 사용법까지 폭넓게 다루고 있습니다. 한 권의 책으로 이 모든 내용을 담을 수 있었던 것은 '기본기'와 '필수 법칙'에 집중했기 때문입니다. 무엇보다 가벼운 개념으로 시작해 실제 결과물을 만들어보는 실습을 통해 영상 제작의 즐거움을 발견하고, 필수 법칙으로 완성도를 높일 수 있도록 구성했습니다. 지루한 반복작업이 아닌, 의미 있는 반복으로 시간을 단축하면서도 영상의 퀄리티를 높일 수 있는 방법을 전달하는 데 집중했습니다. 화려하고 복잡한 고급 기법은 없지만 차근차근 따라 하면 누구나 내용을 이해할 수 있도록 적었습니다.

제가 유튜브 영상을 시작할 때마다 항상 하는 첫 마디는 '즐거운 영상 제작을 위한 첫걸음'입니다. 영상을 보는 분들이 즐겁게 영상 제작하기를, 영상 제작의 즐거움을 발견할 수 있기를 바라는 마음에서 정한 인사말입니다. 첫 촬영, 첫 편집, 첫 업로드까지 영상 제작을 하는 모든 첫걸음에 이 책이 든든한 동료가 되었으면 합니다. 완벽하지 않아도 좋습니다. 중요한 건 끝까지 완성해냈다는 사실이니까요.

Special Thanks to

내게 언제나 웃음을 주는 아내에게, 당신은 세상에서 가장 재미있는 사람이야. 내게 살아갈 힘을 주는 두 아이에게, 이현아 이도야 세상 누구보다 너희를 사랑해. 이 책이 세상에 나오도록 힘써주신 출판사 담당자분들에게도 깊은 감사를 드립니다.

2025년 11월

양제욱

이 책의 구성

이 책은 프리미어 프로와 애프터 이펙트의 기본 개념 및 다양한 실습 예제를 담았으며 따라 하기 학습 과정으로 프로그램의 기능을 자연스럽게 익혀 실전에 바로 활용할 수 있도록 본문을 구성했습니다.

* 우리 도서는 프리미어 프로 & 애프터 이펙트 2025 버전으로 집필되었으나, 사용자의 프로그램 버전 및 학습 시점에 따라 도서의 내용과 다를 수 있습니다.

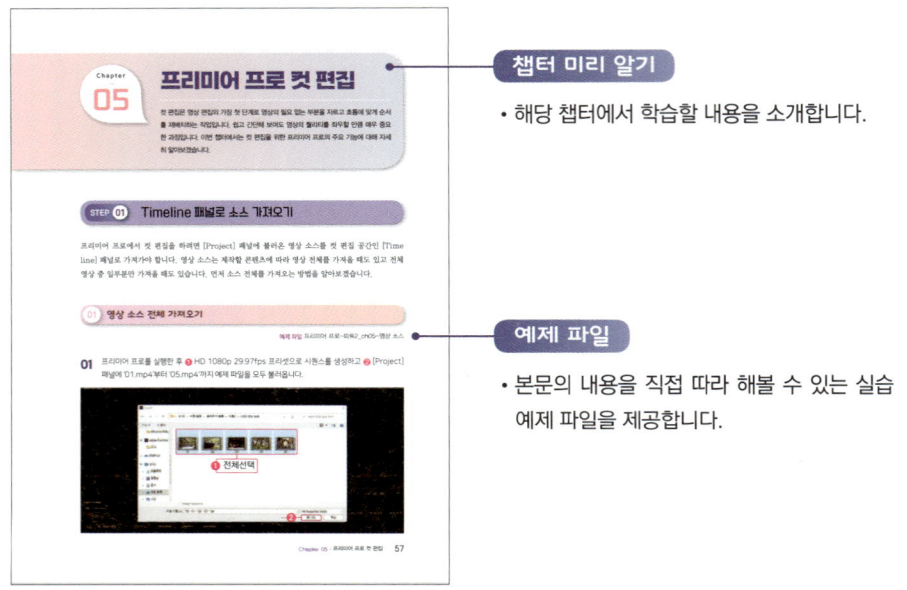

챕터 미리 알기
- 해당 챕터에서 학습할 내용을 소개합니다.

예제 파일
- 본문의 내용을 직접 따라 해볼 수 있는 실습 예제 파일을 제공합니다.

따라 하기
- 본문의 내용을 따라 하기 과정으로 구성해 실습하며 자연스레 관련 기능을 익힙니다.

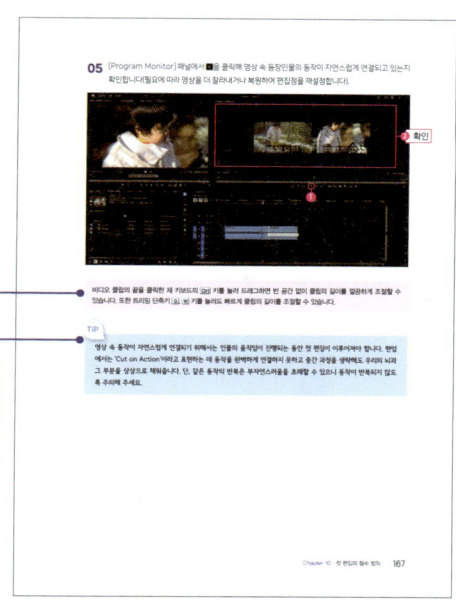

박스
- 따라 하는 과정에서 알아두면 도움이 되는 내용을 소개합니다.

TIP
- 본문 외에 알아두면 좋은 정보를 소개합니다.

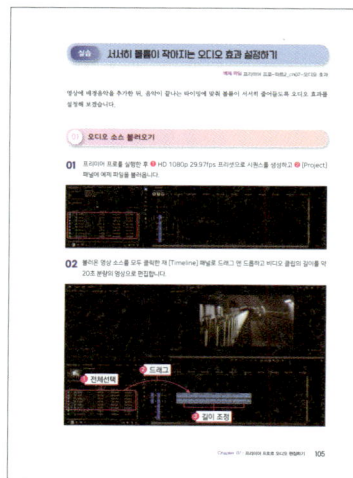

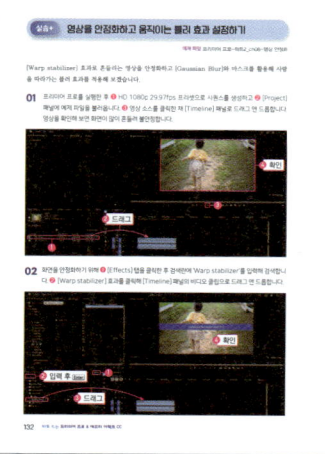

실습
- 본문에서 학습한 내용을 점검해 보는 실습 예제를 담았습니다.

실습+
- 앞서 학습한 내용을 바탕으로 한 층 깊이 있는 실습을 진행하며 복습과 응용력을 함께 높입니다.

학습 로드맵

PART 1 영상 제작의 첫걸음
- 영상 제작의 첫 단계인 기획과 촬영 방법에 대해 살펴보며 좋은 품질의 영상 소스를 만드는 과정을 알아봅니다.

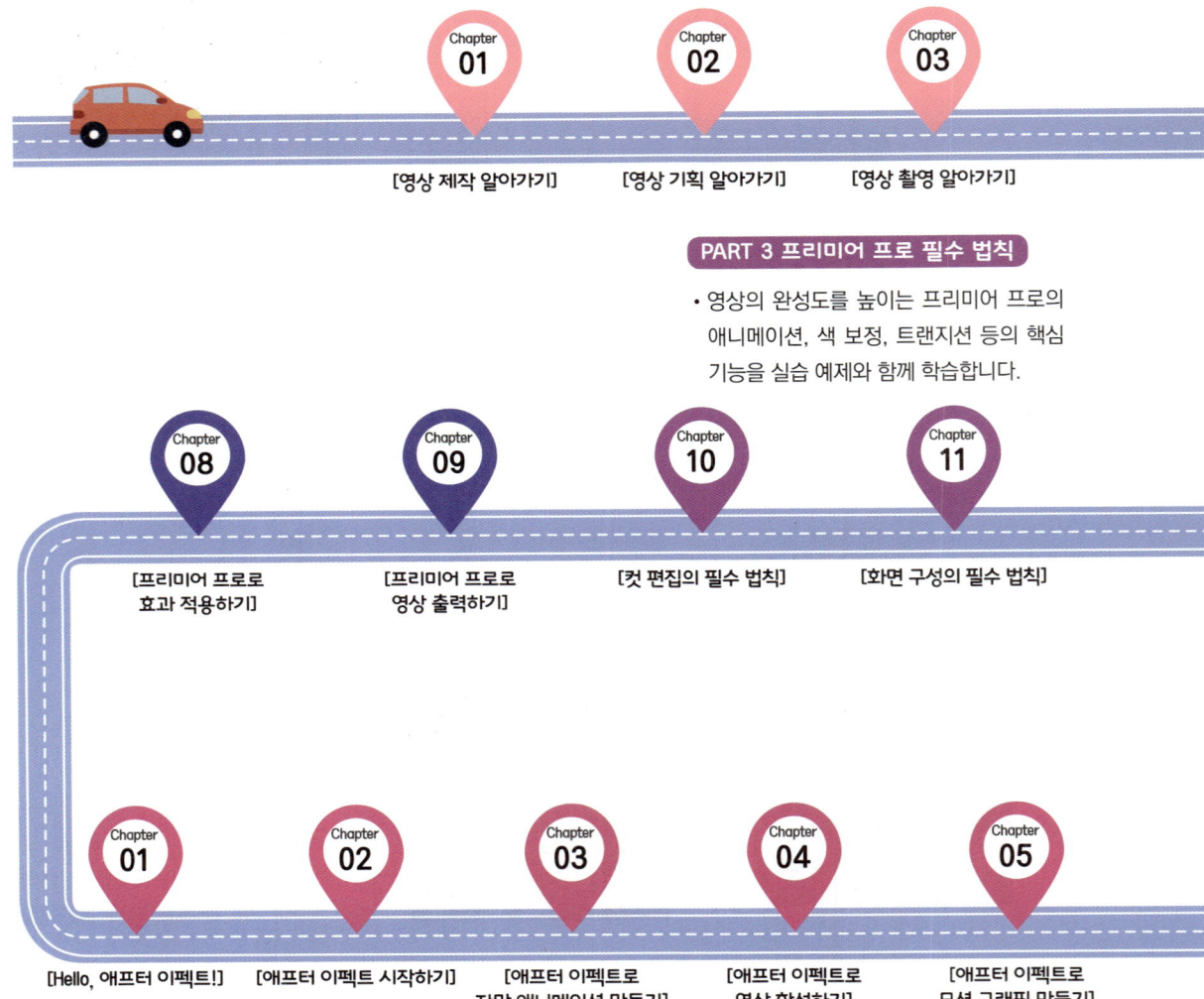

Chapter 01 [영상 제작 알아가기]
Chapter 02 [영상 기획 알아가기]
Chapter 03 [영상 촬영 알아가기]

PART 3 프리미어 프로 필수 법칙
- 영상의 완성도를 높이는 프리미어 프로의 애니메이션, 색 보정, 트랜지션 등의 핵심 기능을 실습 예제와 함께 학습합니다.

Chapter 08 [프리미어 프로로 효과 적용하기]
Chapter 09 [프리미어 프로로 영상 출력하기]
Chapter 10 [컷 편집의 필수 법칙]
Chapter 11 [화면 구성의 필수 법칙]

Chapter 01 [Hello, 애프터 이펙트!]
Chapter 02 [애프터 이펙트 시작하기]
Chapter 03 [애프터 이펙트로 자막 애니메이션 만들기]
Chapter 04 [애프터 이펙트로 영상 합성하기]
Chapter 05 [애프터 이펙트로 모션 그래픽 만들기]

PART 4 애프터 이펙트
- 애프터 이펙트의 기본 사용법부터 자막 애니메이션, 영상 합성, 모션 그래픽 등의 다양한 기능을 실습 중심의 구성으로 쉽게 익힙니다.

PART 2 프리미어 프로 톺아보기

• 프리미어 프로 설치 방법부터 컷 편집, 오디오 편집, 자막 생성 등 영상 편집의 기본 기능을 처음 배우는 분도 이해하기 쉽게 단계별로 설명합니다.

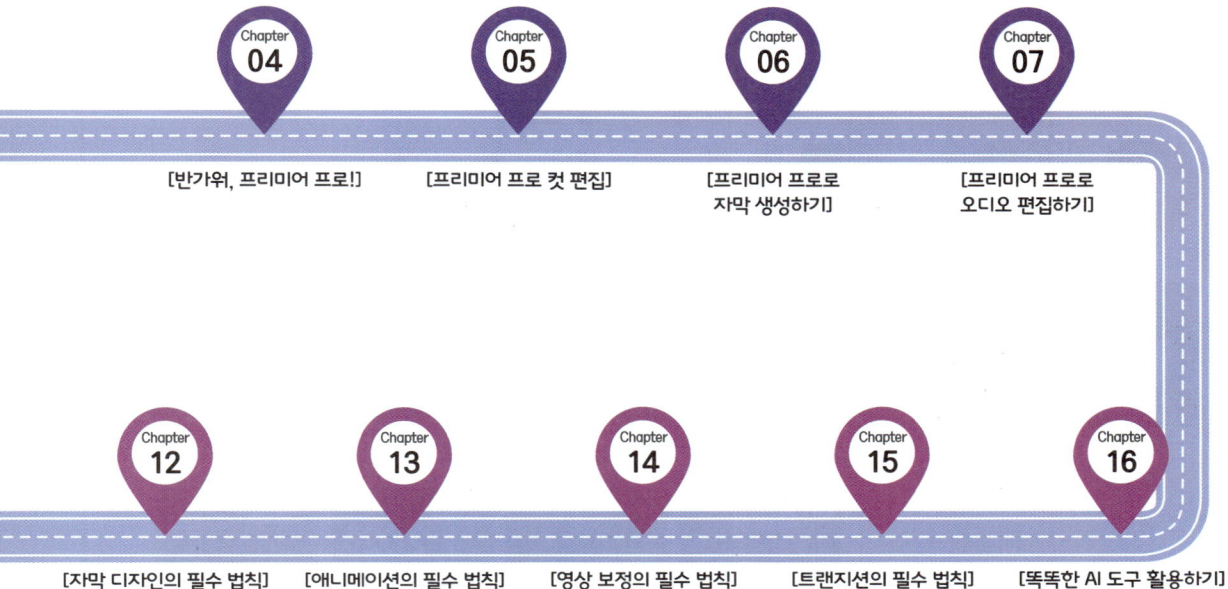

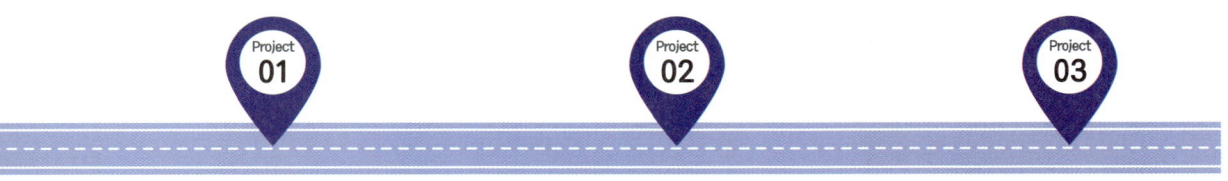

Appendix

• 놓치기 아쉬운 유튜브 운영 꿀팁을 모두 모았습니다.

독자 지원

비디즈 vidiz

- 저자가 직접 운영하는 유튜브 채널입니다. 영상 제작과 관련한 다양한 콘텐츠를 동영상으로 확인할 수 있습니다.

 @Vidiz

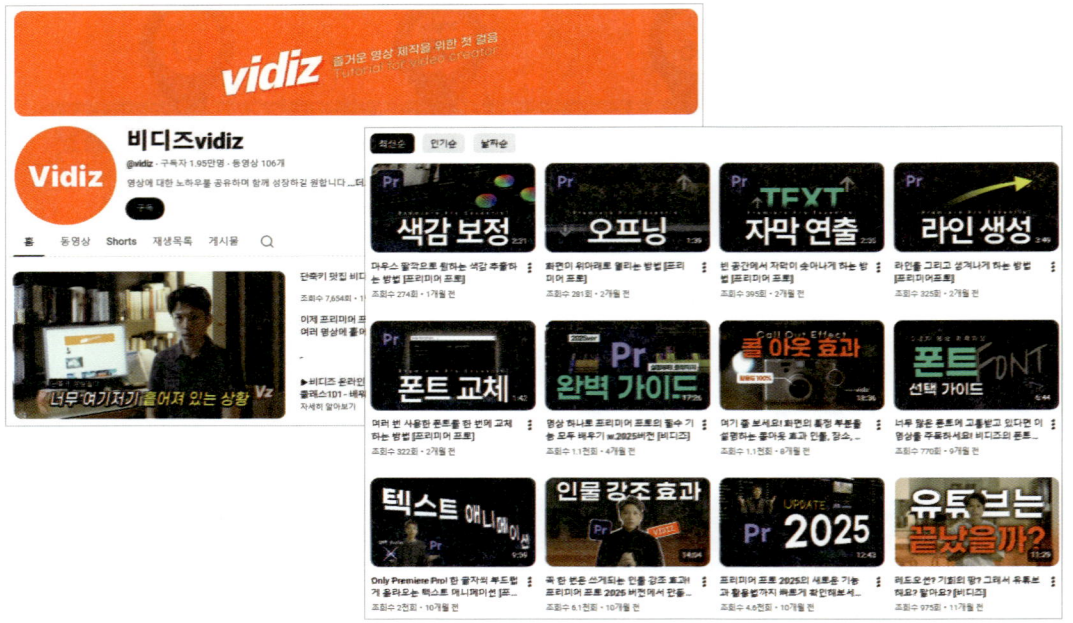

글꼴 준비하기

- 예제 파일에는 영상 편집 시 자주 사용하는 무료 글꼴을 사용했습니다. 학습을 시작하기 전, 해당 글꼴을 미리 다운로드해 두는 것을 권장합니다.

무료 글꼴 다운로드 사이트
- 눈누 https://noonnu.cc/

사용 글꼴
나눔손글씨 손편지체   쿠키런
KoPubWorld 바탕체_Pro   Gmarket Sans TTF
솔뫼 김대건   Black Han Sans

예제 파일 다운로드

1. 시대에듀 홈페이지(https://www.edusd.co.kr/book)에 접속한 후 로그인합니다.
   * 시대에듀 회원이 아닌 경우 [회원가입]을 클릭하여 가입을 완료한 후 로그인합니다.

2. 홈페이지 메뉴에서 프로그램을 선택합니다.

   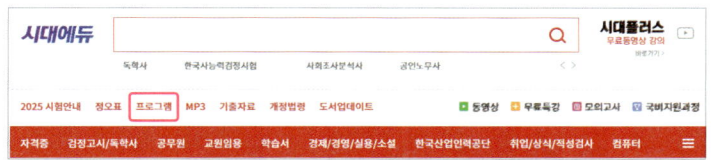

   * 홈페이지의 리뉴얼에 따라 위치나 텍스트 표현이 변경될 수 있습니다.

3. 프로그램 자료실 화면이 나타나면 '바로 쓰는 프리미어 프로 & 애프터 이펙트'를 검색합니다.

   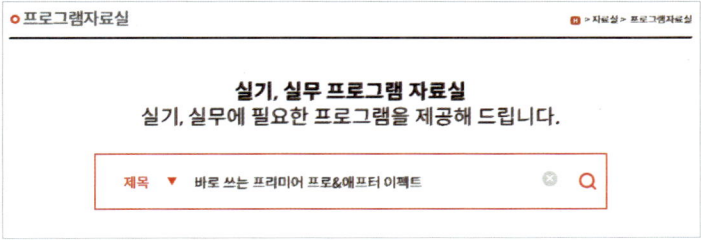

4. 검색된 결과 목록에서 해당 도서의 자료를 찾아 제목을 클릭한 후 안내하는 URL 링크에 접속해 예제 파일을 다운로드합니다.

목차

PART 01 영상 제작의 첫걸음-기획부터 촬영까지

Chapter 01 영상 제작 알아가기 018
- STEP 01 | 영상 제작의 오해와 진실 018
- STEP 02 | 모든 준비는 이미 끝났다! 019
- STEP 03 | 영상 제작을 즐겨라 021

Chapter 02 영상 기획 알아가기 023
- STEP 01 | 영상 제작의 3단계 023
- STEP 02 | 영상 기획의 중요성 024
- STEP 03 | 시놉시스에서 대본 구성까지 026

Chapter 03 영상 촬영 알아가기 028
- STEP 01 | 좋은 촬영이란? 028
- STEP 02 | 촬영 전 체크 사항 028
- STEP 03 | 촬영에 필요한 장비 033
- STEP 04 | 촬영 기본 수칙 038

PART 02 프리미어 프로 톺아보기

Chapter 04 반가워, 프리미어 프로! 044
- STEP 01 | 프리미어 프로란? 044
- STEP 02 | 프리미어 프로 설치하기 045
- STEP 03 | 프리미어 프로 실행하기 049
- STEP 04 | 프리미어 프로 화면 구성 050
- STEP 05 | 시퀀스 052
- STEP 06 | 영상 소스 불러오고 관리하기 055

Chapter 05 | 프리미어 프로 컷 편집 · 057

STEP 01 | Timeline 패널로 소스 가져오기　057
　　실습　| 하이라이트 영상 소스 준비하기　063
STEP 02 | 클립 길이 조절하기　065
　　실습　| 트리밍으로 하이라이트 영상 편집하기　072
STEP 03 | 클립 이동하기　075

Chapter 06 | 프리미어 프로로 자막 생성하기 · 077

STEP 01 | 자막 추가하기　077
　　실습　| 영상에 자막 추가하기　081
STEP 02 | 자막 스타일 변경하기　083
　　실습　| 활용도 100% 가독성 뛰어난 자막 스타일 만들기　089
STEP 03 | 자막 스타일 저장하기　092

Chapter 07 | 프리미어 프로로 오디오 편집하기 · 096

STEP 01 | 오디오 소스 준비하기　096
STEP 02 | 오디오 알아보기　098
STEP 03 | 오디오 크기 조절하기　102
　　실습　| 서서히 볼륨이 작아지는 오디오 효과 설정하기　105

Chapter 08 | 프리미어 프로로 효과 적용하기 · 109

STEP 01 | 효과 설정하기　109
STEP 02 | 효과 편집하기　111
STEP 03 | 프리미어 프로 7가지 효과　114
　　실습+ | 영상을 안정화하고 움직이는 블러 효과 설정하기　132
　　실습+ | 영상의 배경을 다른 이미지로 합성하기　135

Chapter 09 | 프리미어 프로 영상 출력하기 · 138

STEP 01 | 영상 출력 준비하기　138
STEP 02 | 영상 출력 세팅하기　140
STEP 03 | 영상 출력하기　146
　　실습+ | 나의 첫 영상, 파일로 출력하기　148

목차

PART 03 프리미어 프로 필수 법칙 – 초보 편집자를 위한 실전 편집 노하우

Chapter 10 컷 편집의 필수 법칙 ········ 156

- STEP 01 | 컷 편집의 중요성　156
- STEP 02 | 다양한 샷 활용하기　157
  - 실습 | 다양한 샷으로 자연스러운 컷 편집하기　160
- STEP 03 | 연속성을 살려라　163
  - 실습 | 동작의 연속성을 살려 컷 편집하기　165
- STEP 04 | 컷의 호흡을 지켜라　168

Chapter 11 화면 구성의 필수 법칙 ········ 169

- STEP 01 | 화면을 구성하는 감각　169
- STEP 02 | 안정적인 구도를 사용하라　170
- STEP 03 | 공간을 적절히 배치하라　172

Chapter 12 자막 디자인의 필수 법칙 ········ 176

- STEP 01 | 좋은 자막이란?　176
- STEP 02 | 자막 폰트 선택하기　177
- STEP 03 | 자막 색상 결정하기　179
- STEP 04 | 자막 강조와 정렬하기　182
  - 실습+ | 자주 사용되는 자막 스타일 만들기　184

Chapter 13 애니메이션의 필수 법칙 ········ 197

- STEP 01 | 애니메이션이란?　197
- STEP 02 | 애니메이션의 원리　198
  - 실습 | 자막 애니메이션 만들기　199
- STEP 03 | 상황에 맞는 애니메이션　205
  - 실습 | 애니메이션을 활용하여 영상의 분위기 강조하기　209
- STEP 04 | 자연스러운 움직임을 위한 가속도 설정하기　214

Chapter 14 | 영상 보정의 필수 법칙 ········ 221

- STEP 01 | 영상 보정이란? 221
- STEP 02 | 화면 보정하기 222
  - 실습 | 이미지 보정으로 영상 소스에 새 생명 불어넣기 228
- STEP 03 | 오디오 보정하기 230
  - 실습 | 프리셋으로 오디오 최적화하기 233
- STEP 04 | 색 보정하기 237
  - 실습 | 간단한 색 보정으로 감성적인 분위기 더하기 248

Chapter 15 | 트랜지션의 필수 법칙 ········ 255

- STEP 01 | 트랜지션이란? 255
- STEP 02 | 상황에 맞는 트랜지션 256
- STEP 03 | 트랜지션 적용하기 258

Chapter 16 | 똑똑한 AI 도구 활용하기 ········ 263

- STEP 01 | Generate Extend 263
- STEP 02 | Remix Tool 264
- STEP 03 | Transcript & Captions 266

PART 04 애프터 이펙트 - 영상에 멋을 더하는 모션 그래픽의 시작

Chapter 01 | Hello, 애프터 이펙트! ········ 272

- STEP 01 | 애프터 이펙트란? 272

목차

Chapter 02 애프터 이펙트 시작하기 ········ 274

- STEP 01 | 애프터 이펙트 설치하기 274
- STEP 02 | 애프터 이펙트 실행하기 278
- STEP 03 | 애프터 이펙트 화면 구성 279
- STEP 04 | 컴포지션 생성 및 소스 불러오기 282
- STEP 05 | 레이어의 종류와 특징 285
- STEP 06 | 레이어 편집하기 289
- STEP 07 | 프리뷰 및 출력하기 294

Chapter 03 애프터 이펙트로 자막 애니메이션 만들기 ········ 300

- STEP 01 | 자막 애니메이션의 활약 300
- STEP 02 | PTRS 애니메이션 301
  - 실습 | 날아오는 자막 애니메이션 만들기 302
  - 실습 | [Fade In], [Fade Out] 애니메이션 만들기 306
  - 실습 | 회전 애니메이션 310
  - 실습 | 서서히 커지는 자막 애니메이션 만들기 314
  - 실습+ | [Position]+[Opacity] 애니메이션 만들기 317
  - 실습+ | [Rotation]+[Scale] 애니메이션 만들기 322
- STEP 03 | 자간 애니메이션 328
- STEP 04 | 스티커 애니메이션 334
- STEP 05 | 강조 애니메이션 341

Chapter 04 애프터 이펙트로 영상 합성하기 ········ 351

- STEP 01 | 영상 합성이란? 351
- STEP 02 | Tracking 352
- STEP 03 | Contents-Aware Fill 371
- STEP 04 | Roto Brush 376

Chapter 05 애프터 이펙트로 모션 그래픽 만들기 ········ 388

- STEP 01 | 모션 그래픽이란? 388
- STEP 02 | 지도의 경로를 따라 움직이는 모션 그래픽 389
- STEP 03 | 설계도 느낌의 모션 그래픽 404
- STEP 04 | 자음과 모음 분리 모션 그래픽 436
- STEP 05 | 글리치 애니메이션 447

Appendix 유튜브, 놓치기 아쉬운 실전 팁

Project 01 클릭을 부르는 썸네일 만들기 · 474

　　STEP 01 | 썸네일의 중요성　474
　　STEP 02 | 썸네일 만들기　480

Project 02 구독자를 늘리는 쇼츠 만들기 · 493

　　STEP 01 | 숏폼의 인기　493
　　STEP 02 | 숏폼 촬영하기　495
　　STEP 03 | 숏폼 콘텐츠 만들기　496

Project 03 궁금증을 유발하는 최종 화면 만들기 · 501

　　STEP 01 | 최종 화면이란?　501
　　STEP 02 | 최종 화면 만들기　502

PART

01

영상 제작의 첫걸음
-기획부터 촬영까지

Keyword

유튜브, 스토리보드, 시놉시스, 샷, 앵글, 무빙, 마이크

영상 제작 알아가기

이번 챕터에서는 본격적으로 프리미어 프로를 배우기 전에 영상 제작에 대한 오해를 바로 잡고 왜 지금 프리미어 프로 학습을 시작해야 하는지 그 이유를 알아보겠습니다.

STEP 01 영상 제작의 오해와 진실

유튜브의 폭발적인 성장으로 크리에이터라는 직업이 주목받기 시작하면서, 많은 사람이 백만 유튜버를 꿈꾸며 영상 제작에 관심을 가지기 시작했습니다. 오죽하면 직장인들 사이에서 '회사 때려치우고 유튜브나 할까?'라는 말이 유행처럼 번진 적도 있습니다.

스마트폰 카메라가 디지털카메라 못지않은 성능으로 발전하며 유튜브를 중심으로 영상 전문가들의 지식 공유가 활발해졌고 폭포처럼 쏟아져 내린 콘텐츠 제작 강의는 크리에이터 열풍에 속도를 올렸습니다. 이제 마음만 먹으면 누구나 영상 제작을 할 정도로 진입 장벽은 매우 낮아졌습니다.

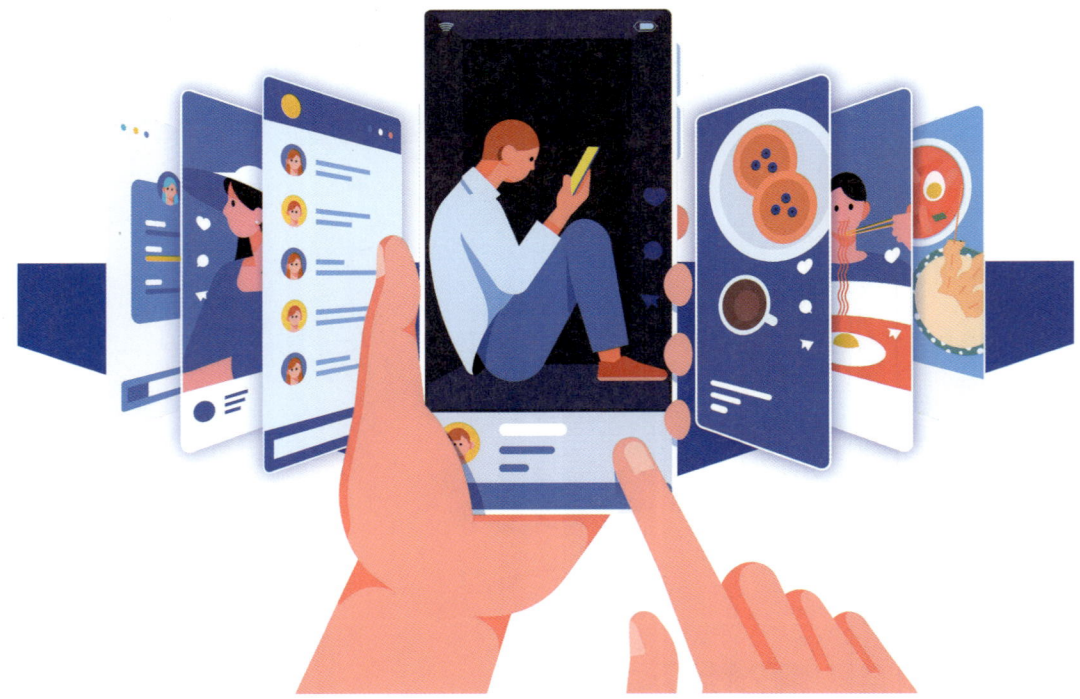

그러나 막상 영상을 만들고 채널에 업로드하는 사람은 쉽게 찾아보기 힘듭니다. 혹시 주변에 크리에이터가 될 거라며 카메라와 조명 장비까지 샀지만 몇 번 쓰지도 않고 방구석에 썩히는 사람이 있나요? 또는 영상 편집을 배운다며 온라인 강의를 수강하고 고사양의 컴퓨터도 마련했지만, 그 컴퓨터로 게임만 하고 있지는 않나요?

물론 그들도 처음 시작할 땐 누구보다 열의가 넘쳤을 겁니다. 열심히 영상을 촬영하고 편집하며 콘텐츠를 만들었지만, 채널 조회 수는 늘 제자리걸음이고 구독자 수는 늘지 않습니다. 엎친 데 덮친 격으로 퀄리티에 대한 부담감은 가중되어 쉽사리 다음 단계로 넘어가지 못하고 결국 영상 제작을 포기하기에 이릅니다. 영상을 한 번이라도 만들어 본 사람이라면 누구나 공감할 이야기입니다. TV와 유튜브를 통해 수많은 영상을 시청하며 자라온 우리의 머릿속에는 영상 제작을 가로막는 두 가지의 오해가 깊게 자리 잡고 있습니다. 하나는 특별한 사람만 영상을 만든다는 것과 나머지 하나는 많은 사람이 외면하는 영상은 실패한 영상이라는 겁니다. 이 오해를 털어내지 못한 채 영상을 만들면 부담감만 계속 증폭되어 여러분을 수렁으로 빠트리게 됩니다.

STEP 02 모든 준비는 이미 끝났다!

앞에서도 말했지만, 흔히 영상 콘텐츠를 만들려면 영상 제작에 대한 지식과 제작에 필요한 장비가 모두 갖춰져 있어야 한다고 생각합니다. 틀린 말은 아니지만, 처음부터 완벽히 준비하고 시작하기란 사실 어렵습니다. 영상 분야는 오랜 시간 끊임없이 발전해 왔기 때문에 제작과 관련된 지식과 장비의 양은 상상을 초월합니다. 따라서 유튜브 강의를 수강하며 정보를 습득하고 고민하는 시기가 길어질수록 영상 만들기는 더 힘들어진다는 것을 빨리 알아야 합니다.

아는 게 없다고 겁먹지 마세요. 우리는 영상을 만들기 위한 기초 공부를 이미 끝냈습니다. 어렸을 적부터 영상 제작 전문가가 만든 훌륭한 콘텐츠를 보고 자라 영상 구성의 큰 틀은 익히 잘 알고 있습니다. 쉽게 설명해 국어의 문법을 떠올려 보세요. 누군가와 대화를 하던 중 상대방이 문법을 틀렸을 때 우리는 틀린 문법에 대해 정확한 이유와 원리를 설명할 순 없지만 분명 어색함을 느낍니다. 영상 제작도 마찬가지입니다. 영상의 연결이 어딘가 매끄럽지 못하고 부자연스럽다면 이상함을 바로 느낄 겁니다. 물론 아직은 부족한 부분이 더 많겠지만 이 정도만 느껴도 영상 제작에 필요한 감각은 어느 정도 갖추고 있는 셈입니다.

카메라 및 촬영 장비가 발목을 잡는다면 우선 스마트폰 카메라로 가볍게 시작해 보는 건 어떨까요? 스마트폰으로도 수백만 원짜리 디지털카메라로 찍은 듯한 영상을 충분히 촬영할 수 있습니다. 크롭바디를 살지, 줌렌즈를 살지 고민할 시간에 스마트폰을 들고 밖으로 나가 하늘이라도 촬영해 보세요. 시행착오를 겪더라도 스스로 뭔가 만들어 보세요. 영상 제작만큼 경험이 성장에 중요한 영향을 미치는 분야는 또 없을 것입니다.

STEP 03 영상 제작을 즐겨라

솔직히 말하면 영상을 만드는 게 마냥 즐거운 일만은 아닙니다. 원하는 장면을 촬영하기 위해 남들보다 더 부지런히 움직여야 하며 때론 편집을 위해 오랜 시간 컴퓨터 앞에 앉아서 소위 '노가다'라는 반복 작업을 해야 하기도 합니다.

그런데 이보다 더 절망적인 순간은 고생해 만든 영상이 아무 관심도 받지 못할 때입니다. 알고리즘의 선택을 받아 몇백만 조회 수를 기록하는 장밋빛 미래까지는 아니더라도 최소한 두세 자리 조회 수라도 나오길 희망하는데 아무리 새로고침을 해봐도 조회 수는 오르지 않습니다. 재미도 없는 저질 퀄리티 영상에 수천 개의 댓글과 '좋아요' 표시를 보면 불타올랐던 의욕이 차갑게 식어 버립니다. '그래도 한 번 더'라는 마음가짐으로 꾸준히 영상을 만들어 보지만, 특별한 경우를 제외하고는 유튜브의 수익 창출 조건 근처에도 도달하지 못합니다.

이런 상황이 반복되면 자연스럽게 '많은 사람이 보지 않은 영상은 실패한 영상'이라는 생각이 뿌리를 내립니다. 영상의 목적이 조회수에 맞춰져 있기 때문이죠. 영상 제작은 철저히 개인의 만족을 위해 이뤄져야 합니다. 만드는 과정을 즐겨야 하고 '떡상' 여부와 상관없이 여러분의 영상을 소중하게 생각해야 합니다. 과정이 즐거운 영상은 자연스레 긍정적인 분위기를 풍기고 그런 긍정적인 밝은 분위기에는 알아서 사람이 모이게 됩니다. 물론 시간이 얼마나 걸릴지는 모르겠지만 진심은 통하게 되어 있습니다.

 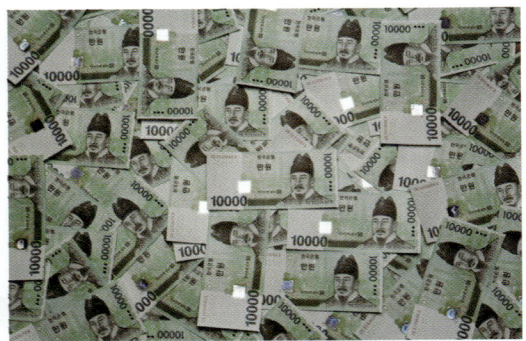

반면 수익에 목적을 둔다면 어떻게 될까요? 영상 몇 개로 높은 조회수를 얻기란 불가능에 가까운 일인데 목표로 하는 조회 수가 나오지 않는다고 영상에 자극적인 콘텐츠를 추가하기 시작합니다. 원하지 않는 작업이 생기면서 스트레스를 받게 되고, 이것저것 잡다하게 섞인 결과물을 보면 또 스트레스를 받습니다. 끝내 '내가 왜 사서 이 고생을 하고 있나…' 한탄하며 영상 제작과 멀어집니다.

영상 제작은 창의적인 작업의 집합체입니다. 다양한 카메라 앵글로 원하는 분위기를 연출하고 프레임 단위 편집점으로 완벽한 타이밍을 만들어 센스 가득한 자막을 더해주면 완전히 다른 영상이 되어버릴 때도 있습니다. 이 책을 쓰는 2025년에는 인공지능이 전 세계적인 화제로 떠올라 글쓰기, 그림, 작곡, 프로그래밍 등 여러 분야에서 활발히 활약하고 있지만, 영상 제작 분야에서는 그 발전 속도가 더딥니다. 물론 향후에 기술이 발달해서 단순한 작업 정도는 대체할 수 있을지는 모르겠지만, 인공지능이 완벽하게 영상 제작자를 대체할 수는 없을 것입니다. 그만큼 창의적인 감각을 기본으로 개인의 취향이나 스타일이 영향을 미치는 분야가 영상 제작입니다.

따라서 영상이 업로드된 뒤, 단순한 숫자로 표현되는 조회수에서 즐거움을 찾지 않았으면 좋겠습니다. 물론 조회수나 수익을 아예 배제할 수는 없지만 그게 최우선 목표가 되면 우리가 감당해야 할 스트레스가 너무 크다는 것을 기억하셔야 합니다. 단순히 영상 제작의 과정을 즐기길 바랍니다. 원하는 장면을 머릿속으로 그리고 그 장면을 카메라로 담아냈을 때의 성취감. 새로운 컷의 조합으로 독특한 분위기를 만들어 내는 편집의 즐거움. 영상이라는 콘텐츠를 통해 내 이야기를 사람들에게 전달하는 즐거움을 만끽하길 바랍니다. 여러분이 만드는 영상은 꼭 거창하지 않아도 됩니다. 내가 사랑하는 것들을 모으거나, 기억하고 싶은 순간을 기록하는 등 주변의 소소한 것들로부터 시작해 보세요. 대부분의 위대한 시작은 작은 것들로부터 시작된다는 것을 잊지 마시길 바랍니다. 분명한 것은 그 과정은 당신에게 지금껏 경험해 보지 못한 만족감과 즐거움을 선사할 것입니다.

영상 기획 알아가기

이번 챕터에서는 영상 제작의 가장 중요한 과정으로 꼽히는 영상 기획에 대해 자세히 알아보겠습니다.

STEP 01 영상 제작의 3단계

영상 제작의 과정을 크게 구분하자면 3단계로 나눌 수 있습니다. 첫 번째는 영상 준비 단계인 프리 프로덕션(Pre-Production), 두 번째는 촬영 단계인 프로덕션(Production) 그리고 마지막 세 번째는 촬영된 소스를 바탕으로 최종 결과물을 만드는 포스트 프로덕션(Post-Production)입니다.

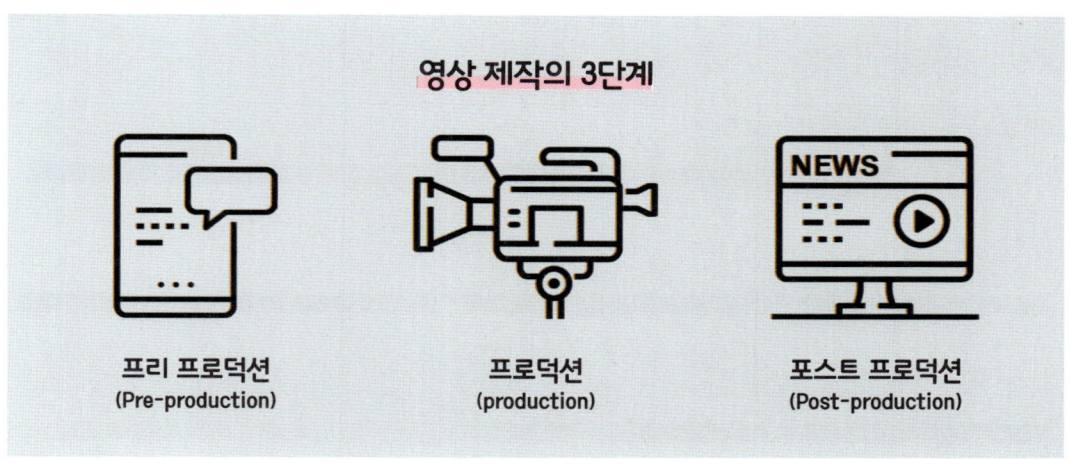

전문가들은 영상을 만들 때 어느 부분을 가장 중요하게 생각하는지 혹시 아시나요? 정답은 바로 영상을 기획하고 구성하는 프리 프로덕션 단계입니다.

STEP 02 영상 기획의 중요성

영상을 만드는 데에는 여러가지 이유가 있지만 결국 시청자에게 뭔가를 전달하기 위함입니다. 영상 기획이 잘 되면 영상에서 전달하고자 하는 메시지가 또렷해지고 명확해집니다. 누구에게 어떤 내용을 전달할 것인지 디테일하게 준비하고 만든 영상과 그렇지 않은 영상은 전달력에서부터 차이가 생길 수밖에 없습니다. 그리고 영상 기획을 잘해놓으면 이후 진행되는 촬영과 편집 과정에서 쓸데없는 시간을 절약할 수 있습니다. 촬영 현장은 장비나 장소에 문제가 생기거나, 출연자에 문제가 생기는 등 다양한 변수가 존재하기 때문에 시간을 효율적으로 조정하는 것이 매우 중요합니다. 충분한 기획 단계를 거친다면 샷이나 앵글을 미리 구성해 촬영 준비를 빠르게 마칠 수 있고 최소한의 동선으로 여러 소스를 확보할 수 있습니다. 또한, 어떻게 편집해야 할지 꼼꼼하게 구성되어 필요한 소스들이 깔끔하게 촬영되었다면 편집에 소요되는 시간까지 줄일 수 있습니다. 이러한 이야기는 비단 전문가에게만 국한된 이야기가 아닙니다. 취미로 영상을 만드는 사람도 Vlog를 찍거나 게임 영상을 만드는 유튜버도 시간을 효율적으로 활용해 영상을 제작하고 싶다면 반드시 꼼꼼한 기획 단계를 거쳐야 합니다.

영상 제작이 생업인 사람들은 기획 단계에 가장 많은 시간을 투자하는데, TV 광고를 예로 들어 설명하면 영상 기획 20일, 촬영 1~2일, 후반 작업 7일 등으로 계획해 기획에만 대략 한 달의 시간을 할애하고 있습니다.

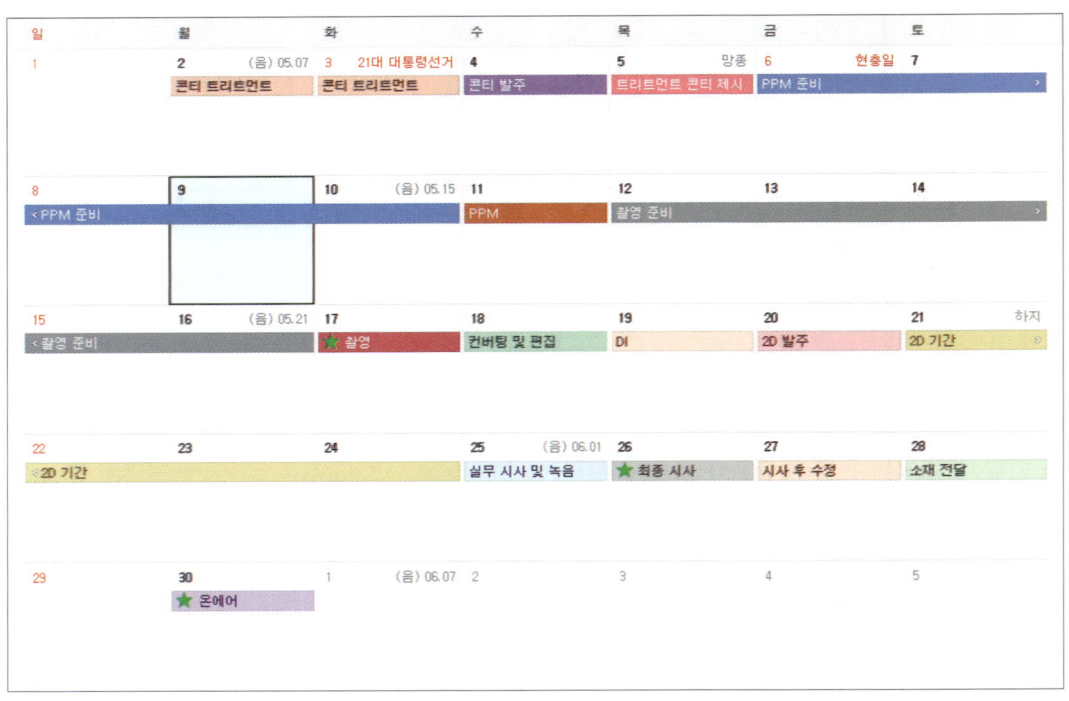

▲ TV 광고 제작 스케줄

TV 광고 스케줄 표를 참고해 기획 과정을 좀 더 세분화하여 살펴보면 먼저 영상의 메인 시청자와 기획 의도를 파악해 주제와 목적을 정합니다. 다음 영상의 주제와 목적을 가장 잘 표현할 수 있는 장르와 콘셉트, 영상의 분위기라고 불리는 톤 앤 매너를 설정합니다. 해당 단계는 영상의 방향을 설정하는 단계이기 때문에 매우 신중하게 진행되며 클라이언트와 제작자 등 영상과 관련된 사람들의 의견이 하나로 좁혀져야 해 오랜 시간 회의와 수정이 반복됩니다.

어느 정도 영상의 방향이 정해졌다면 구성 작업을 시작합니다. 대사가 필요한 영상이면 대본을 작성한 후, 자막의 내용과 위치를 정합니다. 이때 장면을 어떻게 찍을지 촬영 구성안을 따로 정리하기도 합니다. 영화나 광고에서는 전체 줄거리와 화면 구성을 아주 구체적으로 정리한 스토리보드를 제작하기도 합니다. 스토리보드에 카메라와 조명 세팅, 등장인물의 동선 등 촬영 세부 계획까지 더해서 콘티로 발전시키면 구성 작업은 마무리됩니다.

이 외에 출연자를 섭외하거나 장소를 찾아 섭외하고 제작 일정을 정해 예산을 세우는 등의 모든 일이 바로 프리 프로덕션, 즉 영상 기획에 해당합니다. 영상의 장르와 사람에 따라 다르겠지만 대부분의 영상 기획은 비슷한 과정을 거치고 있습니다.

STEP 03 시놉시스에서 대본 구성까지

영상 기획 단계는 꼼꼼할수록 좋지만 취미로 영상을 만든다면 전문가 수준의 과정까지는 필요하지 않습니다. 다음 소개하는 방법은 필자가 개인 작업 시 자주 사용하는 방법으로 매우 쉽고 간단해 누구나 금방 따라 할 수 있습니다. 처음 기획을 해보면 작업 과정이 익숙하지 않아 시간이 조금 걸릴 수 있습니다. 익숙해질 때까지 반복 연습해 주세요.

01 로그라인 만들기

먼저 제작할 영상을 한 문장으로 요약해 우선순위를 정합니다. 문장은 되도록 간결하게 단문으로 정리하는 것이 좋습니다. 불필요한 것들은 덜어내고 정말 꼭 필요한 요소와 핵심 사건만 남겨 직관적으로 확인하기 위함입니다. 문장을 적어두고 영상의 줄거리를 상상하다 보면 수정하고 싶은 부분이 머릿속으로 생깁니다. 우선순위를 정하지 못한 것들이 다 정리될 때까지 쓰고 고치기를 반복하면 어느새 마음에 드는 한 문장이 완성됩니다. 해당 작업은 영화 시나리오 용어로 '로그라인' 이라고 하는데 한 문장만 읽어도 줄거리가 선명하게 떠올라야 합니다.

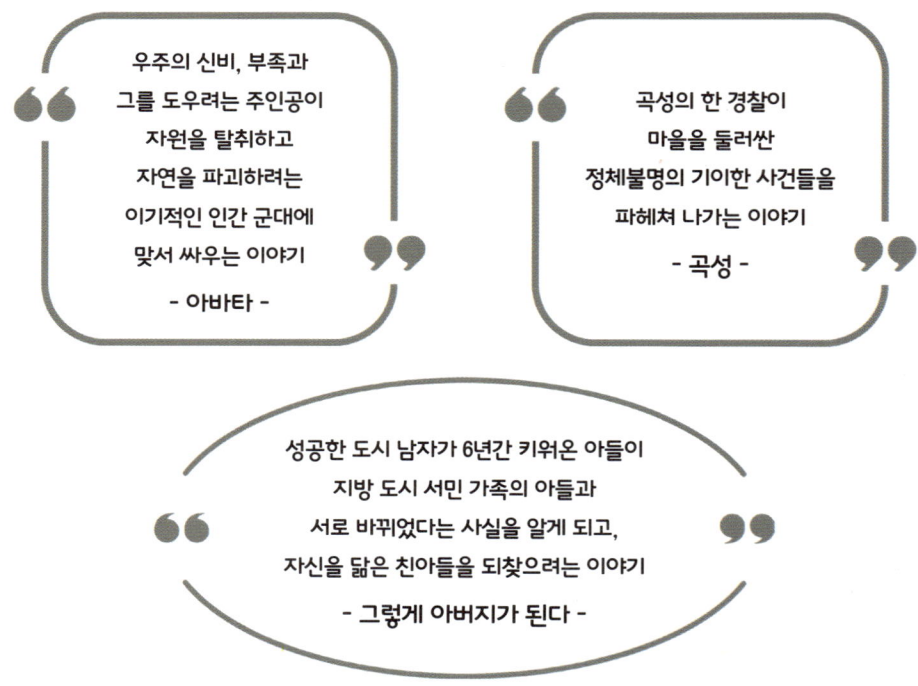

로그라인 예시

" 우주의 신비, 부족과 그를 도우려는 주인공이 자원을 탈취하고 자연을 파괴하려는 이기적인 인간 군대에 맞서 싸우는 이야기 "
- 아바타 -

" 곡성의 한 경찰이 마을을 둘러싼 정체불명의 기이한 사건들을 파헤쳐 나가는 이야기 "
- 곡성 -

" 성공한 도시 남자가 6년간 키워온 아들이 지방 도시 서민 가족의 아들과 서로 바뀌었다는 사실을 알게 되고, 자신을 닮은 친아들을 되찾으려는 이야기 "
- 그렇게 아버지가 된다 -

02 시놉시스 만들기

이제 로그라인에 살을 붙여 여러 문장으로 구성된 '시놉시스'를 작성합니다. 시놉시스는 영화를 좋아하는 사람에게 친숙한 용어로 영상의 주제를 다른 사람이 알기 쉽게 간단히 정리한 글을 말합니다. 로그라인을 잘 정리했다면 살을 붙이는 건 어려운 일이 아닙니다. 우선순위에 밀려 로그라인에서 제외된 사건이나 설정, 이해를 돕는 부연 설명을 덧붙이면 금세 장문의 글이 완성됩니다. 이렇게 정리된 시놉시스는 영상을 만들 때 등대와 같은 역할을 해 줍니다. 제작 현장에서 갑자기 떠오른 아이디어에 집착하게 될 때, 누군가의 한 마디가 신경 쓰여 갈팡질팡할 때에도 시놉시스를 기준으로 판단을 내릴 수 있습니다.

> **TIP**
> 시놉시스를 작성하거나 세부 구성 작업을 할 땐 분위기에 맞는 음악이 큰 도움이 됩니다. 음악을 들으며 작업하다가 자연스레 배경음악으로 사용할 수 있는 음악을 찾을 때도 있고, 또 새로운 영감을 얻을 수도 있습니다. 기획이 막힐 때는 비슷한 주제의 영상을 보는 것도 도움이 됩니다.

03 세부 구성 만들기

시놉시스가 완성되면 시놉시스의 각 장면을 묘사하는 세부 구성 단계로 넘어갑니다. 시놉시스의 각 문장은 그대로 챕터 제목으로 활용되고 줄거리를 떠올리며 장면을 묘사합니다. 등장인물의 움직임이나 감정 그리고 주변 상황들 위주로 짧게 요약해 쓰면 됩니다. 이렇게 정리된 장면 사이로 필요한 대사 혹은 멘트를 채우면 세부 구성이 마무리됩니다. 세부 구성은 촬영과 편집을 어떻게 할지 계획을 세우는 것입니다. 꼼꼼하게 준비할수록 촬영과 편집 시간을 훨씬 절약할 수 있습니다.

> **TIP**
> 촬영하는 곳이 익숙한 곳이 아니라면 세부 구성까지 완성한 후 사전 답사를 갑니다. 사전 답사를 가지 않으면 촬영 당일 예상치 못한 상황을 맞닥트렸을 때 즉각적인 대처가 어렵기 때문입니다. 확인할 수 있는 건 최대한 확인하는 것이 좋습니다.

영상 촬영 알아가기

이번 챕터에서는 촬영의 기본 개념, 촬영에 필요한 장비, 촬영하기 전 알아야 할 팁에 대해 자세히 알아보겠습니다.

STEP 01 좋은 촬영이란?

영상 제작을 위한 준비가 끝났다면 이제 카메라를 들고 촬영을 시작할 시간입니다. 촬영은 사진이나 영상을 찍는 행위를 의미하며 같은 장면을 촬영하더라도 사이즈나 앵글, 사용 장비에 따라 전혀 다른 결과물을 얻기 때문에 좋은 컷을 많이 얻고 싶다면 관련 지식을 많이 학습하는 것이 좋습니다.

STEP 02 촬영 전 체크 사항

기본적으로 촬영을 시작하기 전에 무엇을 촬영할 것인지 와 어떤 메시지를 전달하고 싶은지 미리 정하는 게 좋습니다. 촬영자가 정확한 의도를 가지고 있어야 최적의 화면 구성으로 촬영할 수 있기 때문입니다. 화면 구성은 사이즈, 앵글, 무빙의 세 가지 요소로 이루어져 있으며 자세한 정보는 다음과 같습니다.

01 사이즈

영상은 등장하는 피사체의 크기에 따라 다양한 사이즈로 나뉩니다. 영화나 드라마 등 전문 제작 현장에서는 각 사이즈마다 샷을 부르는 명칭이 따로 있지만 전문 영상 제작자를 꿈꾸지 않는다면 꼭 외워야 할 필요는 없습니다.

샷의 사이즈

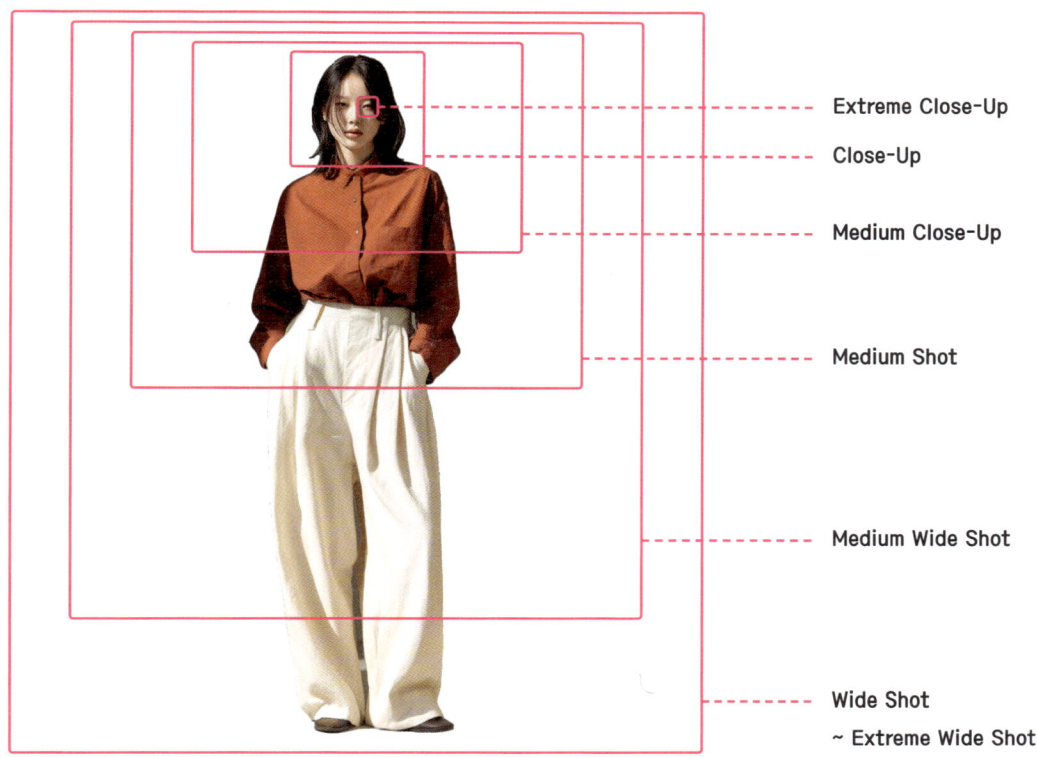

다만 사이즈마다 사용되는 목적과 용도가 분명하기 때문에 영상으로 메시지를 전달하기 위해서는 사이즈의 개념을 꼭 익힐 필요가 있습니다. 지금부터 설명하는 세 가지의 샷 사이즈와 그 특징을 잘 기억해 두길 바랍니다.

와이드 샷

사람의 전신을 포함해 주변 풍경까지 모두 담는 사이즈입니다. 자연 경관이나 등장인물의 상황을 알려주기 위해 주로 사용하며 눈으로 담아낼 수 없는 거대한 대상을 촬영하기 때문에 시각적으로 개방감을 준다는 특징이 있습니다.

미디엄 샷

인물의 머리부터 명치 혹은 허리까지 담는 사이즈입니다. 사람이 등장하는 영상 콘텐츠에서 가장 많이 사용되는 샷이며 등장인물에 시선이 집중되어 안정적인 느낌을 줘 대부분의 대화 장면은 미디엄 샷으로 촬영합니다.

클로즈업 샷

인물 또는 피사체로 화면의 절반 이상이 채워지는 사이즈입니다. 상황에 따라 눈이나 입 등 특정 부위가 더 가깝게 다가가기도 합니다. 등장인물의 감정을 전달하거나 피사체의 세부 정보를 알려주기 위해 사용합니다.

 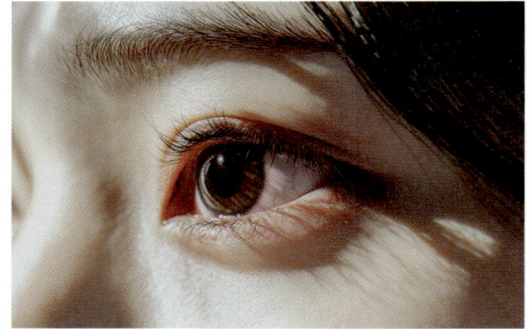

와이드 샷으로만 촬영하는 경우 등장인물의 자세한 부분을 볼 수 없어서 답답하고 클로즈업만 사용하는 경우 주변 상황이 어떻게 변하고 있는지 알 수 없어서 답답함을 느낍니다. 그렇다고 어중간한 미디엄 샷만 사용하기에는 자칫 지루한 영상이 될 수 있습니다. 촬영할 때는 다소 번거로워도 위에서 설명한 세 가지 사이즈를 골고루 섞어가며 촬영하는 것이 가장 좋습니다.

02 앵글

앵글은 카메라가 피사체를 바라보는 각도에 따라서 분류됩니다. 피사체와 카메라의 눈높이가 같은 위치라면 아이 레벨, 카메라가 위에서 피사체를 아래로 내려다보면 하이 앵글, 카메라가 아래에서 피사체를 위로 올려다보면 로우 앵글입니다. 영상은 카메라 앵글에 따라서 다양한 분위기를 연출할 수 있습니다.

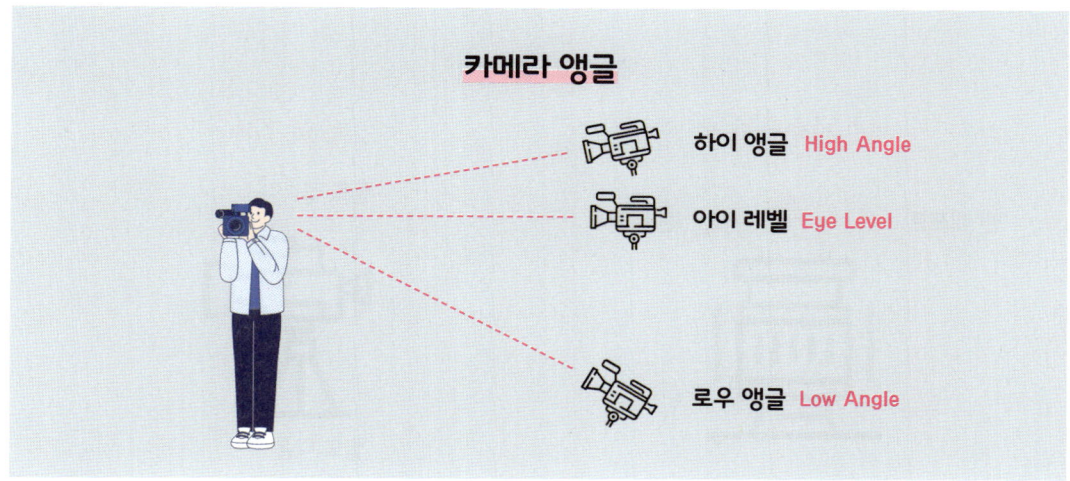

아이 레벨 Eye Level

아이 레벨은 카메라와 피사체가 같은 높이에서 촬영이 진행되기 때문에 친숙하고 안정적인 느낌을 표현할 수 있습니다. 촬영이 어렵지 않아 현장에서 가장 많이 사용되는 앵글입니다.

하이 앵글 High Angle

하이 앵글은 카메라가 위에서 피사체를 아래로 내려다보기 때문에 촬영 대상을 작거나 나약하게 표현할 수 있습니다. 거대 적을 맞닥트렸거나 위기에 빠진 주인공을 담을 때 하이 앵글을 주로 사용합니다.

로우 앵글 Low Angle

로우 앵글은 카메라가 아래에서 피사체를 올려다보기 때문에 촬영 대상을 거대하고 강하게 표현할 수 있습니다. 거대한 건축물을 스케치할 때도 로우 앵글을 사용하면 웅장함을 강조할 수 있습니다.

기타 앵글

이외에는 고의적으로 카메라를 비스듬하게 촬영해 불안한 분위기를 연출하는 더치 앵글, 드론을 이용해 하늘에서 아래를 내려다보는 것 같은 시야를 제공하는 버드 아이 뷰(항공 샷) 등이 있습니다.

03 무빙

제작하는 콘텐츠의 장르에 따라 다르겠지만 카메라의 움직임은 되도록 안정적인 것이 좋습니다. 마구잡이로 흔들리는 영상은 보는 사람으로 하여금 불안함과 어지러움을 유발해 시청을 크게 방해합니다. 현장에서 주로 사용하는 카메라 무빙 용어는 다음과 같으며 전문 영상 제작자와 함께 일을 할 계획이라면 원활한 의사소통을 위해 관련된 용어를 모두 기억해 두는 게 좋습니다.

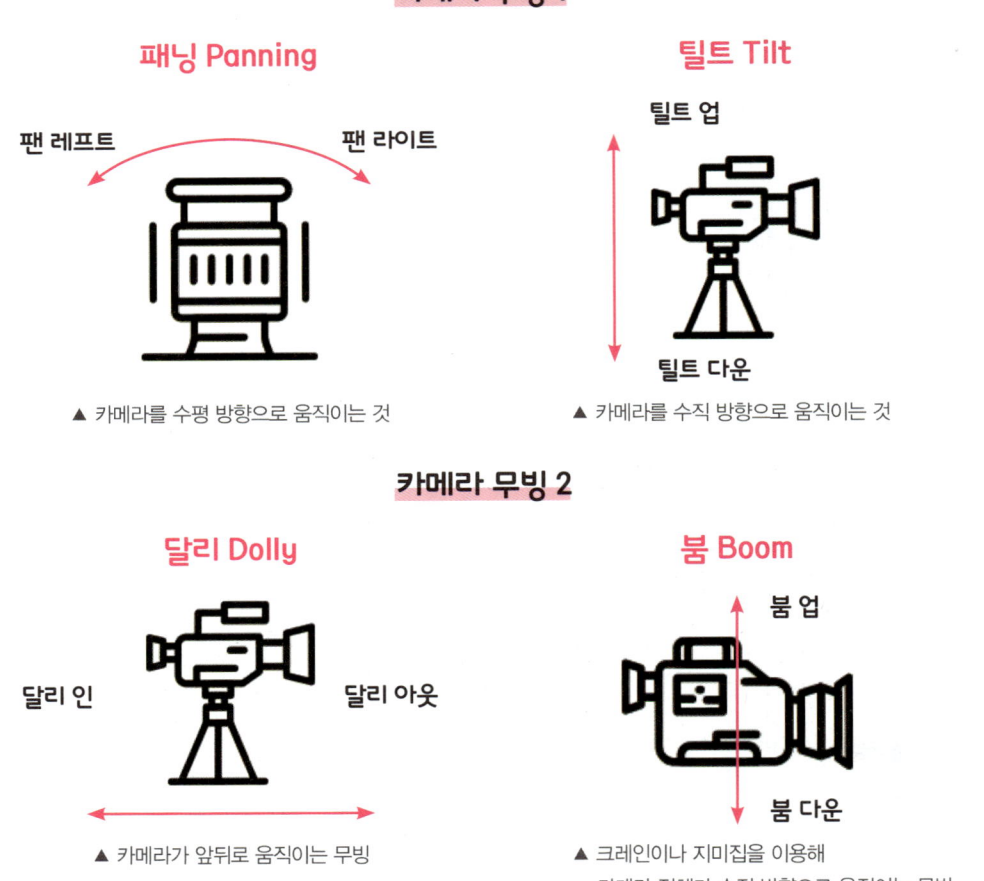

카메라 무빙 1

패닝 Panning
▲ 카메라를 수평 방향으로 움직이는 것

틸트 Tilt
▲ 카메라를 수직 방향으로 움직이는 것

카메라 무빙 2

달리 Dolly
▲ 카메라가 앞뒤로 움직이는 무빙

붐 Boom
▲ 크레인이나 지미집을 이용해 카메라 전체가 수직 방향으로 움직이는 무빙

사람의 눈으로 직접 보는 것과 카메라의 렌즈에 담긴 결과물은 상당한 차이가 있습니다. 특히 카메라의 작은 흔들림이 영상에는 크게 부각될 수 있어 촬영 현장을 컨트롤할 수 있는 상황이라면 리허설을 통해 카메라 무빙을 연습해 보고 본 촬영에 들어가는 게 좋습니다.

STEP 03   촬영에 필요한 장비

취미로 촬영을 한다면 모든 장비를 다 갖출 필요는 없지만 콘텐츠의 퀄리티를 조금이라도 높이고 싶다면 카메라 외에 다양한 장비가 필요합니다. 다음 촬영에 필요한 장비에 대해 알아보겠습니다.

01 카메라

카메라는 촬영에 가장 중요한 장비로 스마트폰부터 고가의 시네 캠까지 장단점 위주로 간단히 설명해 드리겠습니다.

스마트폰

디지털카메라와 견주어도 손색없는 스마트폰 카메라는 조작이 매우 쉽고 휴대가 간편해 일상 Vlog를 촬영할 때 많이 사용합니다. 하지만 내장된 이미지 센서의 크기가 작아 화질이 떨어지고 빛이 없는 곳에서 노이즈가 심하다는 단점이 있습니다. 또한, 렌즈 교체도 불가능해 표현에 한계가 있습니다.

액션캠

액션캠은 여행 카메라의 대명사로 충격에 강한 내구성과 우수한 휴대성, 손떨림 방지 기능 등의 장점으로 활동이 많은 야외 촬영에 최적화된 뛰어난 기능을 자랑하지만 고정된 화각으로 표현에 한계가 있으며 어두운 환경에서 노이즈 발생이 심하고 배터리 용량이 부족하다는 단점이 있습니다.

DSLR

준전문가용 장비로 커다란 이미지 센서로 화질이 매우 뛰어나며 노이즈 억제력도 좋아 어두운 곳에서 촬영이 가능합니다. 또한 다양한 렌즈를 사용할 수 있어 표현력이 우수하고 거울로 비춰 보는 광학식 뷰파인더를 사용해 실제 결과물을 바로 확인할 수 있는 장점이 있습니다. 그러나 최근 휴대성과 편의성을 앞세우고 빠르게 성장 중인 미러리스에 의해 점점 시장 점유율을 잃고 있습니다.

미러리스

기존의 광학식 뷰파인더를 제거하고 전자식 뷰파인더를 장착한 카메라로 전통적인 구조에서 탈피해 크기가 매우 작고 가볍습니다. 기능 면에서는 DSLR과 마찬가지로 준전문가용 카메라로 분류되지만, 카메라의 액정 화면으로 촬영 결과물을 바로 확인할 수 있어 입문자가 사용하기에도 부담이 없습니다. 빠르고 정확한 오토포커스 기능과 우수한 흔들림 보정 등으로 고품질의 영상 촬영이 가능해, 브이로그 촬영 카메라로도 아주 큰 인기몰이를 하고 있습니다.

세상에는 다양한 종류의 카메라가 있고 좋은 카메라로 찍어야 영상의 퀄리티가 좋은 건 아닙니다. 최고의 카메라는 촬영자의 손에 익숙해 조작에 문제가 없고 탑재된 기능을 모두 사용할 수 있는 카메라라는 걸 잊지 않았으면 좋겠습니다.

02 마이크

음성으로 주요 메시지를 전달해야 하는 정보 공유의 영상이라면 마이크는 선택이 아니라 필수입니다. 대부분의 카메라에는 마이크가 내장되어 있지만 성능이 좋지 않아 카메라와 멀어지거나 주변 소음이 심하면 수음이 잘 안되어 메시지 전달력이 매우 떨어집니다.

마이크 & 녹음기

샷건 마이크   무선 마이크   녹음기

샷건 마이크는 특정 방향의 소리를 잡아내는데 우수하고 화면에 마이크가 나오지 않아 드라마나 영화 촬영에서 주로 사용됩니다. 등장인물의 옷에 장착해 무선으로 소리를 전송하는 무선 마이크는 토크쇼, 강연, 뉴스 등의 방송 프로그램에서 흔히 볼 수 있지만, 비싼 가격이 단점입니다. 마이크가 부담이라면 녹음기도 좋은 선택지가 될 수 있습니다. 프리미어 프로의 싱크로나이즈 기능을 이용해 카메라의 내장 마이크에 녹음된 음성과 녹음기에 녹음된 음성을 손쉽게 맞출 수 있습니다.

03 삼각대

1인 크리에이터처럼 혼자 촬영해야 하는 경우 카메라 고정을 위한 삼각대는 필수입니다. 카메라 고정만 할 거라면 저가형 모델도 괜찮지만, 삼각대 위에 올려놓고 팬이나 틸트 등의 무빙을 자주 사용한다면 부드러운 움직임이 가능한 유압식 삼각대를 사용하는 것이 좋습니다. 물론 손으로 들고 촬영하는 핸드헬드 기법도 있지만 촬영이 어느 정도 숙련되기 전까지는 안정된 소스를 얻을 수 있는 삼각대 사용을 추천합니다.

04 조명

현재 촬영하는 영상의 퀄리티에 만족하지 못한다면 가장 먼저 구입을 고민해 봐야 하는 게 바로 조명입니다. 조명은 영상의 화질과, 입체감, 분위기를 좌지우지할 수 있는 아주 중요한 요소로 의외로 많은 크리에이터와 인터넷 방송인들이 조명을 사용하고 있습니다.

조명은 촬영 현장을 밝게 만들어 줘 카메라가 더 선명하고 깨끗한 영상을 기록하는 데 도움을 줍니다. 또한 얼굴과 신체에 음영을 만들어주고 배경에 깊이감을 더해 영상에 입체감을 만들어 줘 LED 조명으로 배경에 다양한 색상을 연출해 영상에 특별한 분위기를 만드는 것도 바로 조명으로 할 수 있는 일입니다.

STEP 04 촬영 기본 수칙

영상을 제작하는 사람이라면 누구나 우수한 퀄리티의 영상 결과물을 원합니다. 영상의 품질을 높이는 가장 쉬운 방법은 좋은 장비를 구매하는 거지만 카메라, 렌즈 등의 촬영 장비는 고가인 경우가 많아서 쉽게 구매하기가 참 어렵습니다. 그래서 필자는 큰돈을 들이지 않고 좋은 영상을 만들고 싶은 분들을 위해 영상 퀄리티를 높이는 몇 가지 기본 수칙을 정리해 봤습니다.

01 배경정리

첫 번째 주변을 잘 정리하는 것입니다. 촬영하기 전 시청에 방해가 되는 불필요한 요소는 없는지 살펴보고 잡동사니 같은 물건들은 최대한 정리해 줘야 합니다.

실제 제작 현장에서는 카메라 앵글에 걸리는 모든 것을 정리하는 게 기본 중에 기본입니다. 하지만 유튜브를 보면 꽤나 많은 분들이 주변을 정리하지 않고 그냥 촬영하는 걸 접하게 됩니다. 주변이 깔끔해야 등장인물에 시선이 집중되고 메시지 전달도 잘됩니다.

02 입체감

두 번째 입체감이 느껴지도록 화면을 구성하는 것입니다. 우리가 대부분 멋있다고 느끼는 영상은 입체감이 잘 표현된 영상으로 인물이 또렷하게 보이고 배경이 흐릿한 아웃포커싱 된 사진을 멋있다고 생각하는 것도 같은 이유입니다.

따라서 촬영할 때 공간을 최대한 입체적으로 표현해 주는 게 좋습니다. 등장인물 뒤로 풍경의 깊이를 보여주거나(원경 포함하기) 등장인물 앞에 사물을 걸고 찍는 방식(전경 포함하기)으로 입체감을 강조해 줄 수 있습니다.

03 자연광

세 번째 조명을 이용하는 것입니다. 앞서 소개했듯이 조명은 영상의 퀄리티를 결정짓는 매우 중요한 요소입니다. 하지만 나의 영상에 제대로 적용하기 위해서는 조명에 대한 풍부한 지식과 연습이 필요합니다. 그래서 우리는 조명 장비 대신 무료로 이용이 가능한 자연광, 햇빛을 이용해 보려고 합니다. 실내에서 촬영할 때 창문이 있다면 창문을 마주 보거나 측면에 두고 찍을 때 자연스러운 조명 효과를 얻을 수 있습니다.

야외에서 촬영을 할 때는 햇빛이 기울어지는 시간을 이용하는 게 좋습니다. 태양이 뜨기 시작하는 이른 아침이나 또는 일몰 시간 그리고 늦은 오후가 햇빛을 활용하기에 참 좋은 시간대입니다. 태양이 머리 꼭대기에 오는 대낮은 얼굴에 그림자가 생기기 때문에 촬영을 피하는 것이 좋습니다. 해가 진 후 실내에서 촬영한다면 형광등이나 스탠드 등 공간을 밝혀 주는 어떤 조명이라도 켜 두는 게 좋습니다. 조명으로 사용하기에 충분한 광량은 아니지만 출연자의 사이드나 배경에 세팅해 둔다면 입체감을 더해주는 소품으로 활용할 수 있습니다. 단, 천장에 설치된 매립형 조명의 경우 바로 아래서 촬영하는 건 피해주세요. 대낮에 촬영하는 것과 마찬가지로 얼굴에 그림자가 생기기 때문입니다.

04 오디오 녹음

네 번째 녹음기를 사용하는 것입니다. 영상의 몰입도를 높이고 정보를 정확히 전달하려면 깔끔한 오디오가 필요한데 카메라에 있는 기본 마이크의 성능은 그렇게 뛰어나지 않습니다. 앞에서 설명한 샷건 마이크나 무선 마이크 또는 녹음기를 사용하자니 역시 비용이 부담됩니다. 이럴 때 스마트폰의 녹음 기능을 활용하는 걸 추천합니다.

스마트폰은 어디에 두어도 어색하지 않고 화면에 보였을 때도 거부감이 없으며 생각보다 준수한 녹음 성능을 갖추고 있습니다. 녹음 앱을 실행한 후 외투 주머니에 넣거나 테이블 위에 올려두면 카메라의 내장 마이크보다 좀 더 깨끗한 오디오를 얻을 수 있습니다.

PART

02

프리미어 프로 톺아보기

Keyword

시퀀스, 클립, 컷 편집, 자막스타일, 트리밍

반가워, 프리미어 프로!

Chapter 04

이번 챕터에서는 프리미어 프로의 설치 방법부터 화면 구성, 시퀀스 설정까지 영상 편집을 위한 프로그램의 이용 방법을 자세히 알려드리겠습니다.

STEP 01 프리미어 프로란?

프리미어 프로는 Adobe에서 만든 영상 편집 프로그램으로 뛰어난 편집 기능과 직관적인 사용법 덕분에 개인 크리에이터는 물론 프로덕션과 방송국 등 영상 제작 현장에서도 널리 활용되고 있습니다.

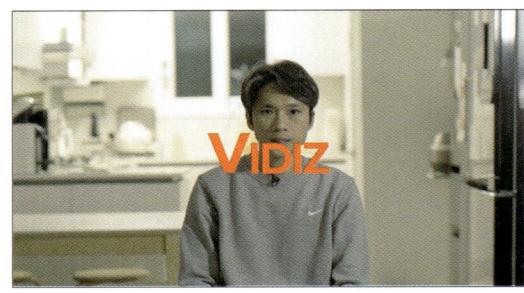

STEP 02 프리미어 프로 설치하기

01 어도비 코리아 홈페이지(www.adobe.com/kr)에 접속한 후 상단 메뉴의 [크리에이티비티 및 디자인]을 클릭합니다.

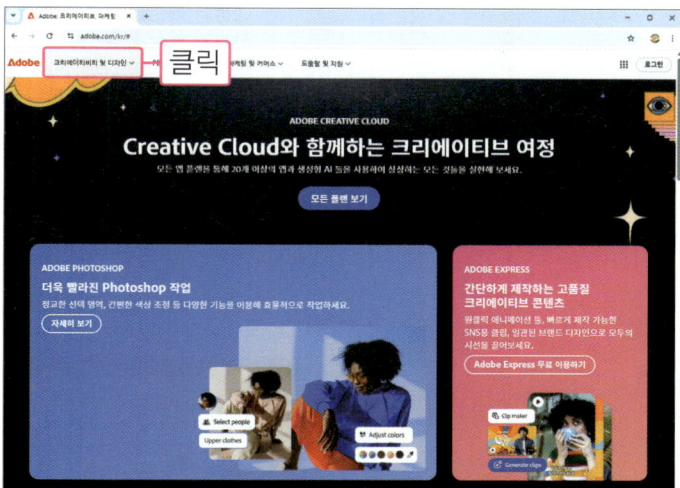

02 바로가기 메뉴가 나타나면 [주요 제품] 영역의 [Premiere Pro]를 클릭합니다.

03 프리미어 프로 홈 화면이 나타납니다. 구독료를 확인한 후 [구매하기] 버튼을 클릭합니다.

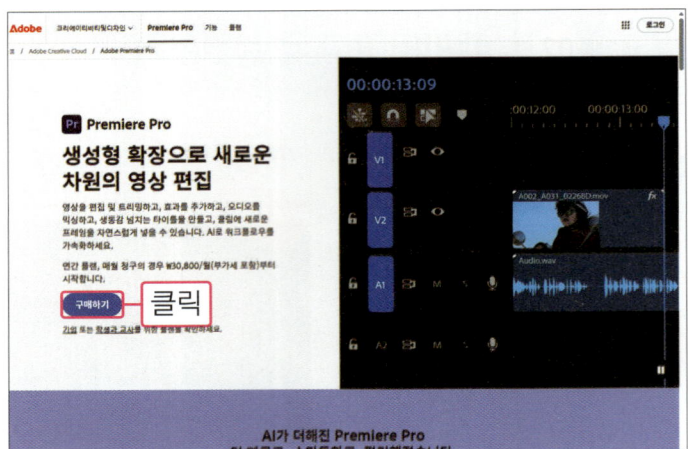

04 구독 선택 창이 나타나면 사용자에게 적합한 플랜을 선택한 후 [계속] 버튼을 클릭합니다.

> **TIP**
>
> 구독료가 부담이라면 어도비의 다양한 할인 혜택을 이용해 보세요. 대학생이라면 학생 할인을 받을 수 있고, 블랙 프라이데이와 같은 이벤트로 추가 할인이 제공될 수도 있습니다.

05 다음 ❶ 어도비 개인정보처리 방침에 동의를 선택하고 [계속] 버튼을 클릭합니다. ❷ 카드 번호와 CVC 번호와 같은 결제 정보를 입력한 후 [동의 및 구독] 버튼을 클릭합니다. 컴퓨터에 자동으로 [Creative Cloud Desktop]이 설치됩니다.

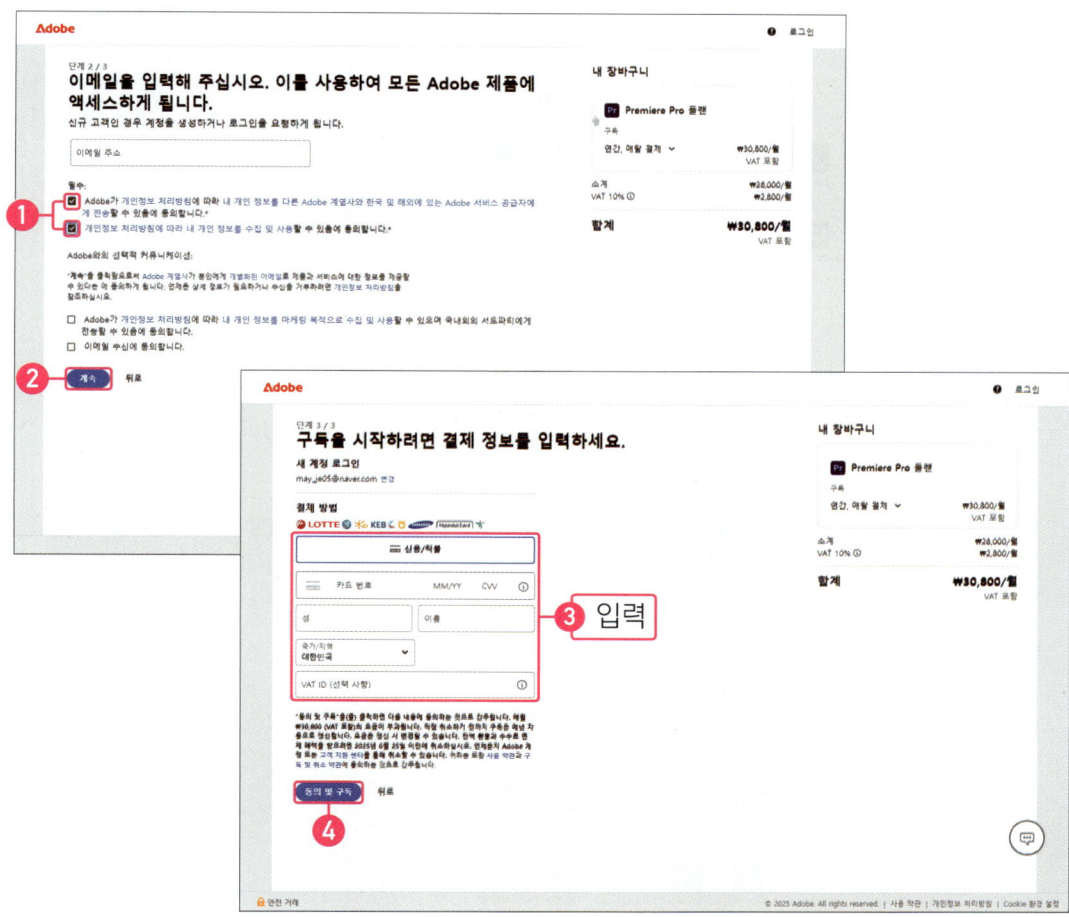

TIP

[Creative Cloud Desktop]은 어도비의 다양한 프로그램을 제어할 수 있는 허브 프로그램으로 프리미어 프로 [설치] 버튼을 클릭하면 자동으로 프로그램을 다운로드할 수 있습니다.

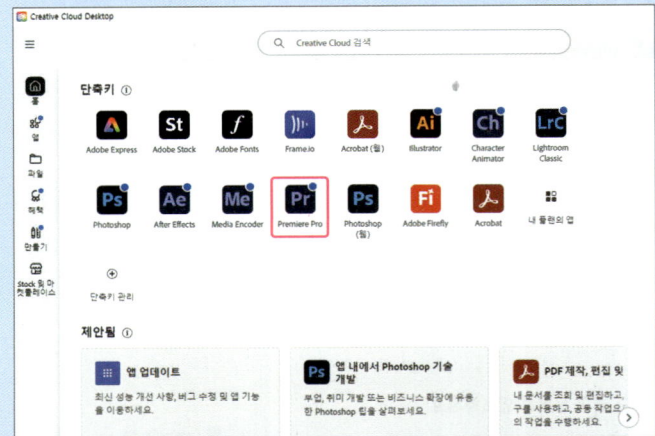

또한, ≡을 클릭한 후 [파일]-[환경설정]을 선택하면 [언어]에서 설치 위치와 언어를 변경할 수도 있습니다. 언어는 한국어로 자동 설정되어 있지만 되도록 [English(International)]로 설치하는 걸 추천합니다. 한글 버전은 번역이 부자연스러워 의미를 빠르게 파악하기 어려운 경우가 많으며 대부분의 교육 자료가 영문 버전을 기준으로 제작되어 자료 활용에도 한계가 있습니다.

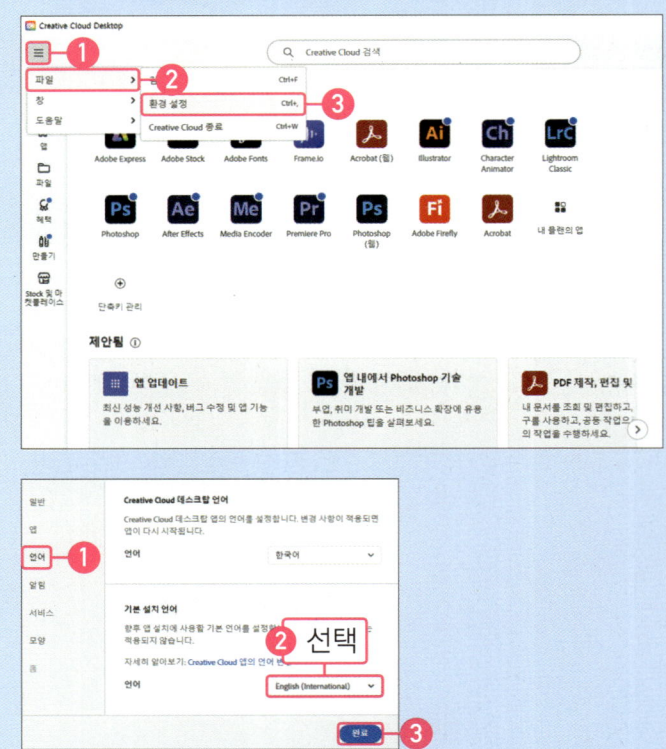

STEP 03 프리미어 프로 실행하기

01 바탕화면 또는 [Creative Cloud Desktop]에서 [프리미어 프로(Pr)]를 클릭해 실행합니다.

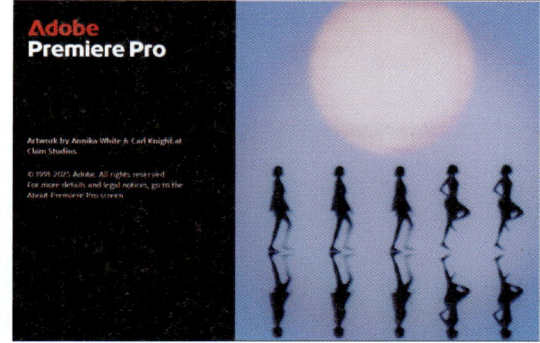

02 프로젝트 시작 화면이 나타나면 [New Project] 버튼을 클릭합니다.

03 화면에 New Project 창이 나타나면 [Project name] 입력란에 이름을 입력하고 [Location]에 저장 위치를 설정한 후 [Create] 버튼을 클릭합니다.

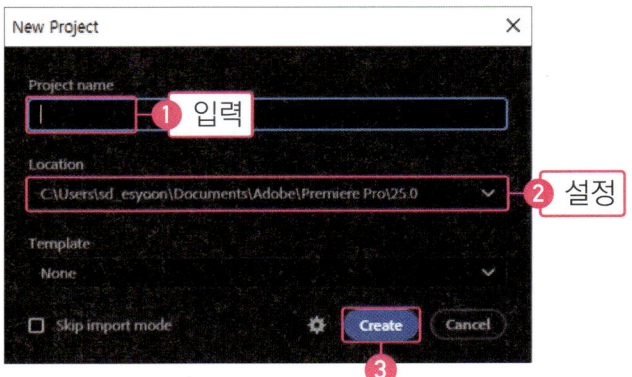

STEP 04 프리미어 프로 화면 구성

프리미어 프로 화면은 크게 4개의 패널로 구성되어 있으며 우리 본문에서는 사용 빈도가 높은 핵심 영역과 주요 기능을 중심으로 살펴보겠습니다.

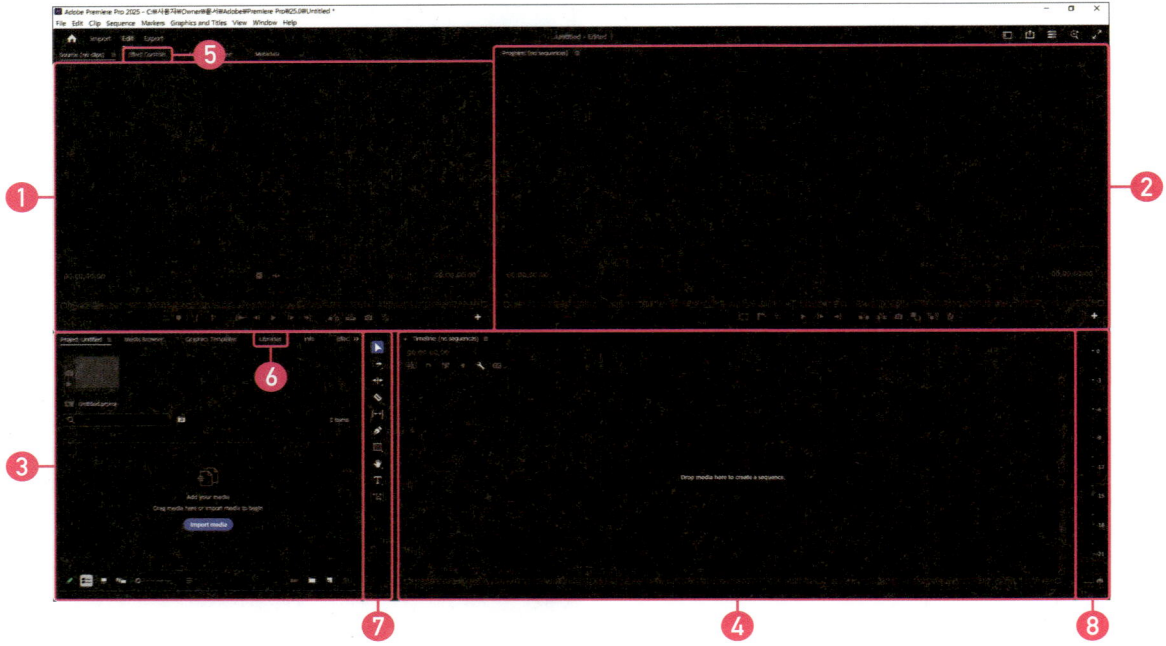

❶ **Source Monitor** : 원본 소스를 확인하는 영역입니다. [Mark In], [Mark Out]을 이용해 소스에서 사용할 영역만 따로 지정할 수 있습니다.

❷ **Program Monitor** : 영상과 자막 등의 최종 편집 결과물을 확인하는 영역입니다. 자막이나 애니메이션 작업을 위해 [Program Monitor] 패널을 직접 클릭할 때도 있습니다.

❸ **Project** : 다양한 영상 소스를 불러와 파일을 저장하고 분류하는 영역입니다. 윈도우 탐색기처럼 리스트 또는 썸네일로 소스를 확인할 수 있습니다.

❹ **Timeline** : 실제 편집 작업이 진행되는 영역으로 비디오, 오디오 트랙과 함께 하늘색 막대인 [플레이헤드]가 생성됩니다. [플레이헤드]는 키보드의 Space Bar 키를 누르면 왼쪽에서 오른쪽으로 조금씩 이동하는데 [플레이헤드]가 위치한 곳의 화면은 [Program Monitor] 패널에 노출됩니다.

❺ **Effect Controls** : 영상의 크기 및 회전 등 효과를 조정하는 영역으로 소스의 기본 속성과 다양한 영상 효과 옵션을 설정할 수 있으며 애니메이션을 위한 키프레임 작업 공간이기도 합니다.

❻ **Effects** : 프리미어 프로의 필터 효과가 모인 영역입니다. 카테고리별로 분류되어 있습니다.

❼ **Tool** : 도형 그리기, 텍스트 추가 등 다양한 기능을 실행할 수 있는 도구가 모인 영역입니다.

❽ **Audio Meter** : 출력되는 오디오의 볼륨을 시각적으로 확인할 수 있는 영역입니다.

프리미어 프로 실제 작업 화면

[Project] 패널의 영상 소스를 더블클릭하면 [Source Monitor] 패널에 화면이 출력되고 [Timeline] 패널에서 편집한 영상은 [Program Monitor] 패널에서 확인할 수 있습니다. 또한, 각 패널의 경계에 마우스 커서를 두고 드래그하면 작업 공간의 크기를 자유롭게 조정할 수 있어 개인의 작업 스타일에 맞춰 커스텀 마이징이 가능합니다.

이외에도 프리미어 프로는 15개의 프리셋을 제공하는데 이름에서 알 수 있듯이 해당 작업에 특화된 화면 레이아웃을 제공합니다. 기본 설정은 [Editing]으로 되어 있으며 메뉴 바의 [Window]-[Workspace]에서 변경할 수 있습니다.

STEP 05 시퀀스

프리미어 프로에서 영상을 편집하려면 영상 소스와 시퀀스의 두 가지 요소가 반드시 필요합니다. '시퀀스'는 원래 영화 연출 용어로, 구조나 형식, 상황을 설명하는 연속된 장면의 집합을 의미합니다. 프리미어 프로에서는 이러한 시퀀스를 독립적인 영상 편집 타임라인을 가진 작업 단위로 사용합니다. 쉽게 말해 영상, 오디오, 자막 등을 시간 순서대로 배열하고 필요에 따라 늘리거나 잘라 편집하는 곳입니다. 시퀀스를 만드는 방법은 직접 설정하는 것과 영상 소스와 동일한 사양으로 생성하는 두 가지 방법이 있으며 본문에서는 사용자가 직접 설정해 주는 방법을 살펴보겠습니다.

01 시퀀스 생성하기

01 ❶ [Project] 패널 하단의 ▤을 클릭한 후 ❷ 바로가기 메뉴에서 [Sequence]를 선택합니다(단축키 Ctrl + N).

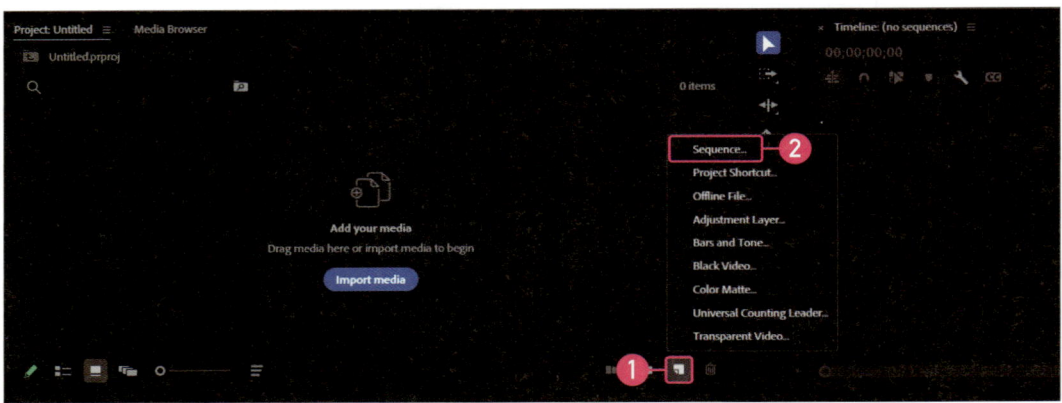

시퀀스는 메뉴 바의 [File]-[New]-[Sequence]에서도 생성할 수 있습니다.

02 화면에 New Sequence 창이 나타나면 ❶ [Sequence Presets] 탭을 클릭합니다. 매체와 해상도에 따라 분류된 폴더가 보입니다. 임의로 폴더를 클릭하면 다양한 프레임 레이트로 프리셋이 구분되어 있습니다. ❷ 프리셋 하나를 선택한 후 [Sequence Name] 입력란에 원하는 이름을 입력하고 [OK] 버튼을 클릭합니다.

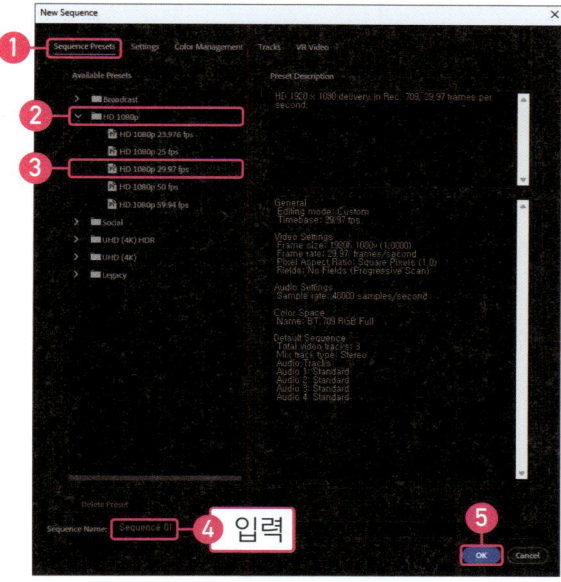

유튜브 업로드용 영상 편집의 추천 프리셋은 [HD 1080p 29.97fps]입니다.

별도로 이름을 설정하지 않으면 'Sequence 01'로 저장됩니다.

03 [Project] 패널에서 방금 생성한 시퀀스의 정보를 확인할 수 있으며 영상 편집은 시퀀스에서 진행됩니다. 시퀀스의 프리셋을 변경하고 싶다면 [Project] 패널의 시퀀스에 마우스 오른쪽 버튼을 클릭한 후 바로가기 메뉴가 나타나면 [Sequence settings]를 선택합니다.

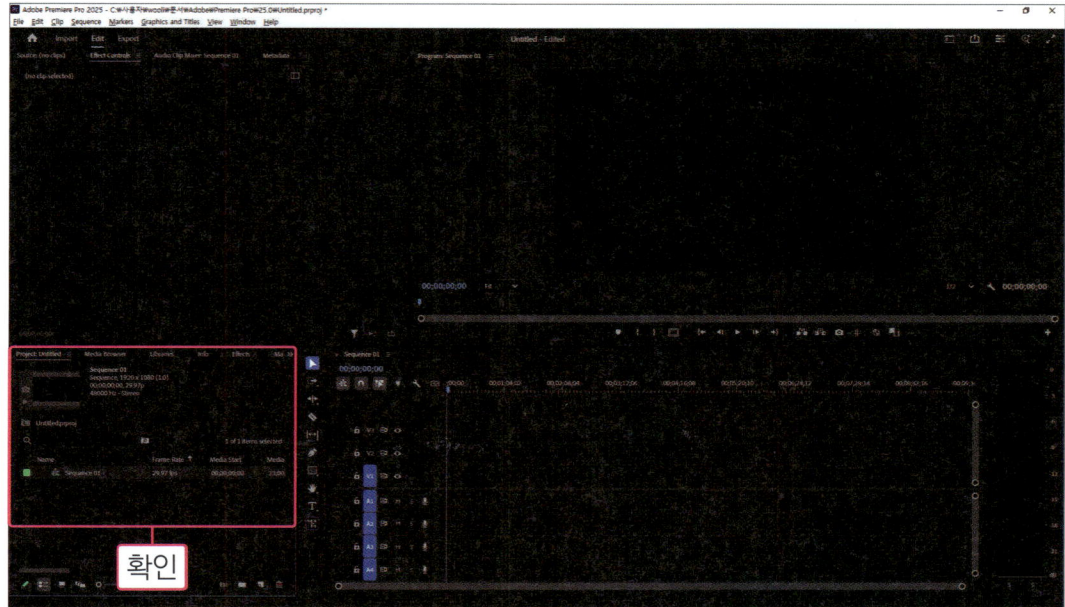

본문의 시퀀스는 영상 편집 시 가장 많이 사용하는 'FHD, 29.97fps' 포맷을 사용했습니다. 이외에 시퀀스 설정은 다음 표를 참고해 주세요.

구분	크기(Pixel)	프레임 레이트(FPS)	특징
HD 1080p	1920X1080	59.94 / 29.97 / 23.976	일반적인 포맷
Social 9x16	1080X1920	30	세로형 비디오
UHD(4K)	3840X2160	59.94 / 29.97 / 23.976	고해상도 포맷

표의 프레임 레이트는 1초에 재생되는 사진의 개수를 의미합니다. 만들고자 하는 영상의 장르와 스타일에 따라 프레임 레이트는 달라질 수 있으며, 60프레임은 주로 스포츠나 게임처럼 움직임이 많은 장르에서 사용되고 30프레임은 드라마나 예능 등의 장르에서 폭넓게 사용됩니다. 24프레임은 영화에서 많이 사용되는데 영상에 약간 거칠지만 독특한 느낌을 만들어 줍니다.

> **TIP**
>
> 대부분의 스마트폰 카메라는 다양한 프레임 레이트를 제공하고 있습니다. 프레임 레이트의 차이가 궁금하다면 사용자의 스마트폰 카메라에서 프레임 레이트를 60fps와 30fps로 직접 변경하여 촬영해 보세요.

아이폰   갤럭시

STEP 06 영상 소스 불러오고 관리하기

이번에는 영상 소스를 [Project] 패널로 불러오겠습니다. 시퀀스 생성처럼 다양한 방법이 존재하지만 본문에서는 기본 방법을 설명하겠습니다. 자주 사용하는 기능이오니 꼭 익혀두길 바랍니다.

01 영상 소스 불러오기

01 ❶ 메뉴 바의 [File]-[Import]를 클릭합니다. ❷ 화면에 Import 대화상자가 나타나고 편집을 원하는 영상 소스를 모두 선택한 후 [열기] 버튼을 클릭합니다(단축키 Ctrl + I).

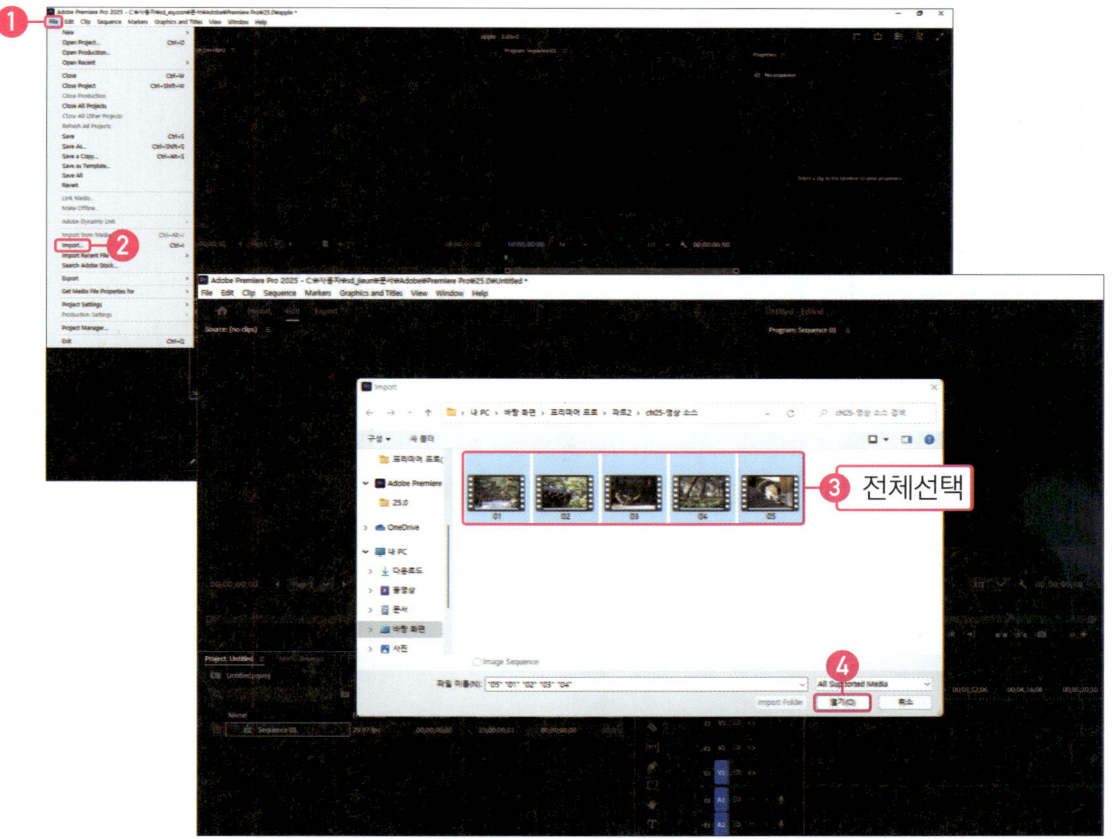

> **TIP**
> 윈도우 탐색기에서도 원하는 영상을 불러올 수 있습니다. 프리미어 프로를 실행한 후 윈도우 탐색기를 열어 원하는 영상 소스를 찾은 후 클릭해 [Project] 패널로 드래그 앤 드롭합니다. 폴더의 전체 파일을 모두 불러올 수도 있으며 이미지, 음악 등의 데이터도 가능합니다.

02 영상 소스 관리하기

[Project] 패널로 불러온 영상 소스는 썸네일과 리스트의 두 가지 보기 방식을 제공해 영상을 편리하게 관리할 수 있으며 하단의 슬라이더를 조정하면 불러온 영상 소스의 크기가 변경됩니다. 먼저, 썸네일 방식은 하단의 ■을 클릭해 전환되며 영상의 내용을 화면으로 미리 확인할 수 있어 여러 장소에서 촬영한 소스가 많을 때 유용하게 사용됩니다. 영상 소스에 마우스 커서를 좌우로 움직이면 영상이 재생되어 내용을 빠르게 확인할 수 있으며 재생 막대를 움직여 원하는 위치로 이동도 가능합니다. 컷 편집 시 자주 사용합니다.

썸네일은 영상의 가장 첫 화면으로 기본 설정되지만 원하는 이미지로도 변경할 수 있습니다. 영상 소스의 재생 막대를 원하는 장면으로 이동한 후 마우스 오른쪽 버튼을 클릭합니다. 바로가기 메뉴가 나타나면 [Set Poster Frame]을 선택합니다.

리스트 방식은 하단의 ■을 클릭해 전환되며 영상 외에 오디오, 이미지와 같은 여러 소스를 함께 확인해야 할 때 사용하면 좋습니다. 음악 작업이나 이미지 합성 등 종합 편집 작업 시 주로 사용합니다.

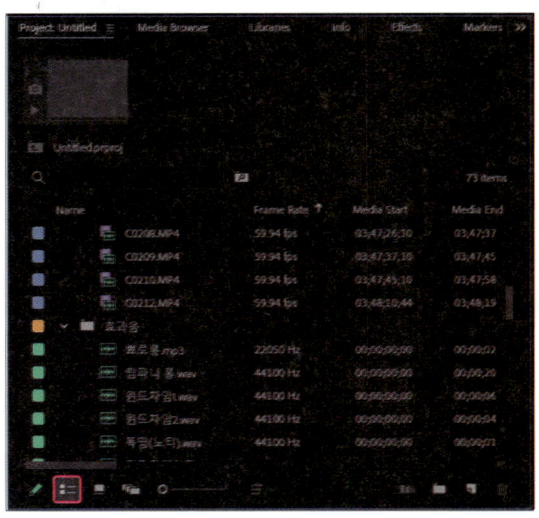

[Project] 패널에서도 폴더(Bin)를 만들 수 있습니다. 영상, 음악, 이미지 등 카테고리를 정하고 폴더를 만들어 분류하면 소스를 빠르게 찾는 데 도움이 됩니다.

프리미어 프로 컷 편집

컷 편집은 영상 편집의 가장 첫 단계로 영상의 필요 없는 부분을 자르고 흐름에 맞게 순서를 재배치하는 작업입니다. 쉽고 간단해 보여도 영상의 퀄리티를 좌우할 만큼 매우 중요한 과정입니다. 이번 챕터에서는 컷 편집을 위한 프리미어 프로의 주요 기능에 대해 자세히 알아보겠습니다.

STEP 01 Timeline 패널로 소스 가져오기

예제 파일 프리미어 프로-파트2_ch05-영상 소스

프리미어 프로에서 컷 편집을 하려면 [Project] 패널에 불러온 영상 소스를 컷 편집 공간인 [Timeline] 패널로 가져가야 합니다. 영상 소스는 제작할 콘텐츠에 따라 영상 전체를 가져올 때도 있고 전체 영상 중 일부분만 가져올 때도 있습니다. 먼저 소스 전체를 가져오는 방법을 알아보겠습니다.

01 영상 소스 전체 가져오기

01 프리미어 프로를 실행한 후 ❶ HD 1080p 29.97fps 프리셋으로 시퀀스를 생성하고 ❷ [Project] 패널에 '01.mp4'부터 '05.mp4'까지 예제 파일을 모두 불러옵니다.

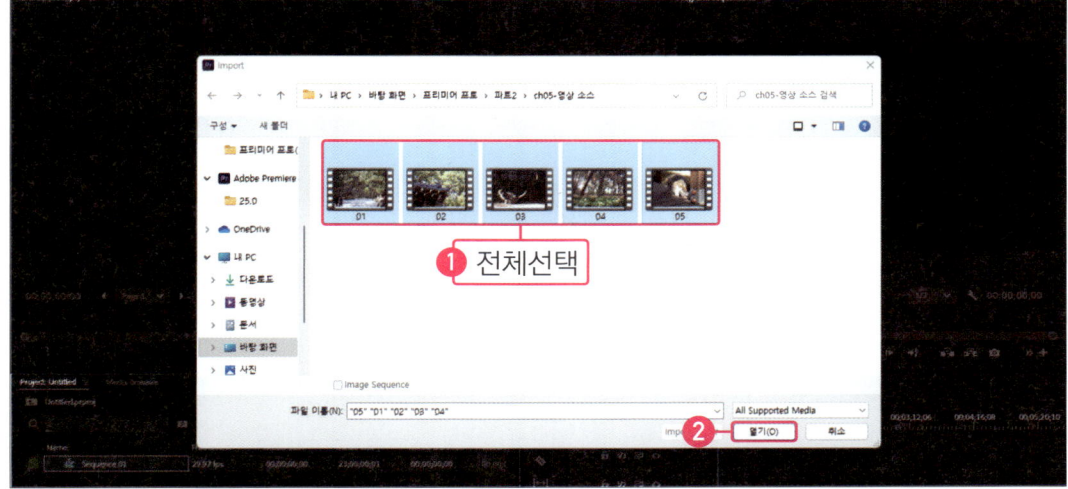

02 ❶ [Project] 패널의 영상 소스 '01.mp4'를 클릭하고 ❷ [Timeline] 패널로 드래그 앤 드롭합니다. '01.mp4' 영상 전체를 확인할 수 있습니다(클립 모서리에 보이는 하얀 삼각형은 클립의 끝 부분을 의미합니다).

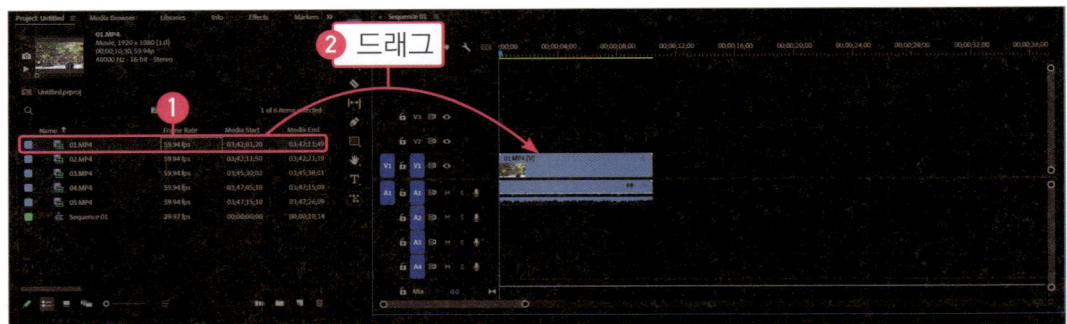

03 이번에는 여러 개의 영상 소스를 한 번에 가져오기 위해 ❶ 키보드의 Ctrl 키를 누른 채 [Project] 패널의 영상 소스를 하나씩 클릭해 모두 선택한 후 ❷ [Timeline] 패널로 드래그 앤 드롭합니다. 여러 개의 비디오 클립이 하나로 이어진 걸 확인할 수 있습니다.

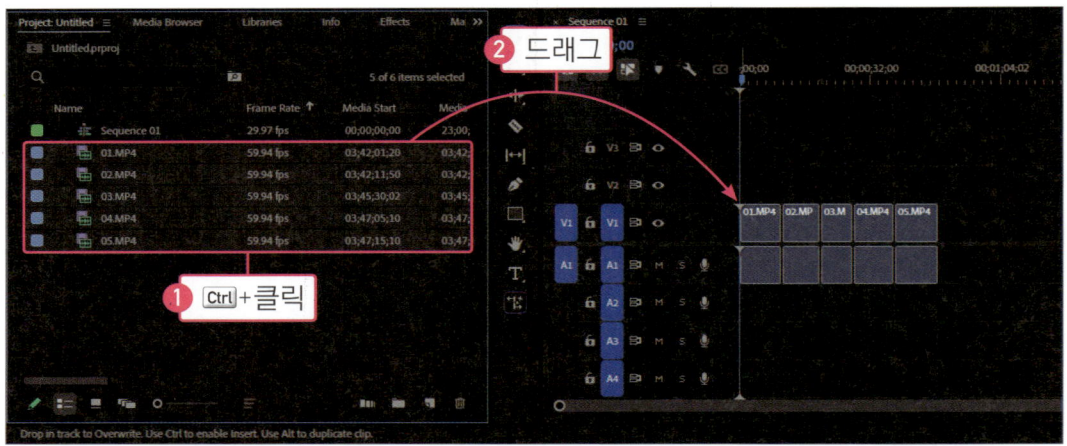

스케치 영상처럼 특별한 연출이나 등장인물의 연기가 없는 영상을 편집할 때 주로 사용합니다.

02 영상 소스 일부만 가져오기

01 이번에는 ❶ [Project] 패널의 '01.mp4' 파일을 더블클릭합니다. ❷ [Source Monitor] 패널에서 영상을 확인한 후 가져 올 영상 시작 지점에 [Mark In(■)], 종료 지점에 [Mark Out(■)]을 클릭합니다.

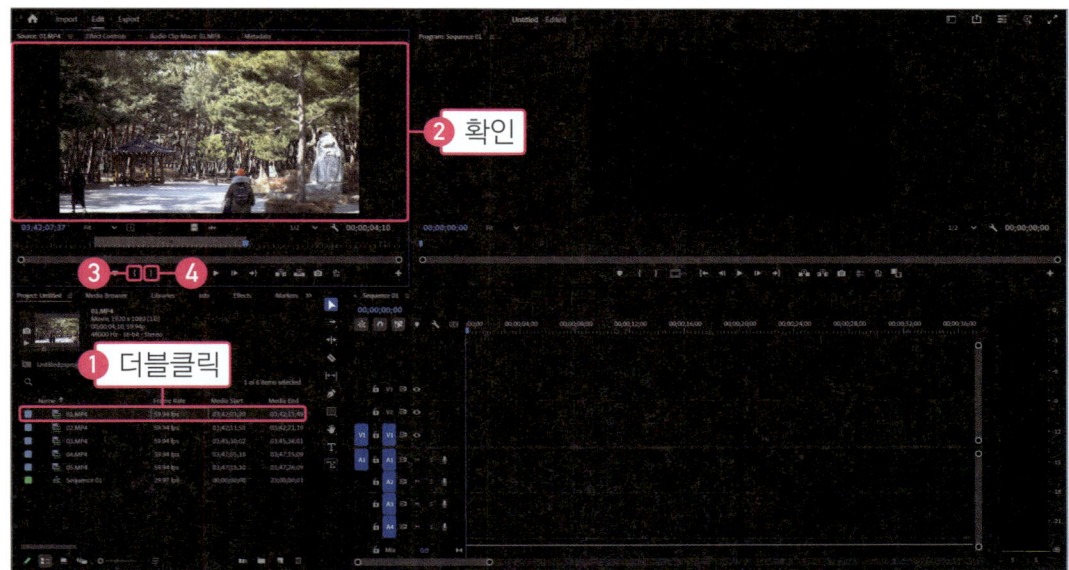

02 작업이 완료되면 [Source Monitor] 패널의 영상 소스를 클릭한 채 [Timeline] 패널로 드래그 앤 드롭합니다.

[Timeline] 패널에 영상 소스의 일부만 출력해 가져오는 건 영상의 꼼꼼한 확인이 필요하거나 등장인물의 반복되는 연기 중 OK 컷만 골라낼 때 주로 사용합니다. 영화, 드라마, 광고 편집이 대표적이며 필요한 컷들만 [Timeline] 패널에 하나씩 모아서 컷 편집이 이루어집니다. 이외에 [덮어쓰기(Overwrite)]와 [삽입하기(Insert)] 방식으로도 영상 소스를 [Timeline] 패널에 가져올 수 있습니다. 먼저 [덮어쓰기(Overwrite)] 방법을 알아보겠습니다.

> **TIP**
> 원본 소스에서 영상 또는 소리만 필요하다면 소스 패널에서 사용할 부분을 표시한 후 하단의 ■ 또는 ■■을 클릭한 후 파일을 [Timeline] 패널로 드래그 앤 드롭하면 영상 또는 소리만 가져올 수 있습니다.

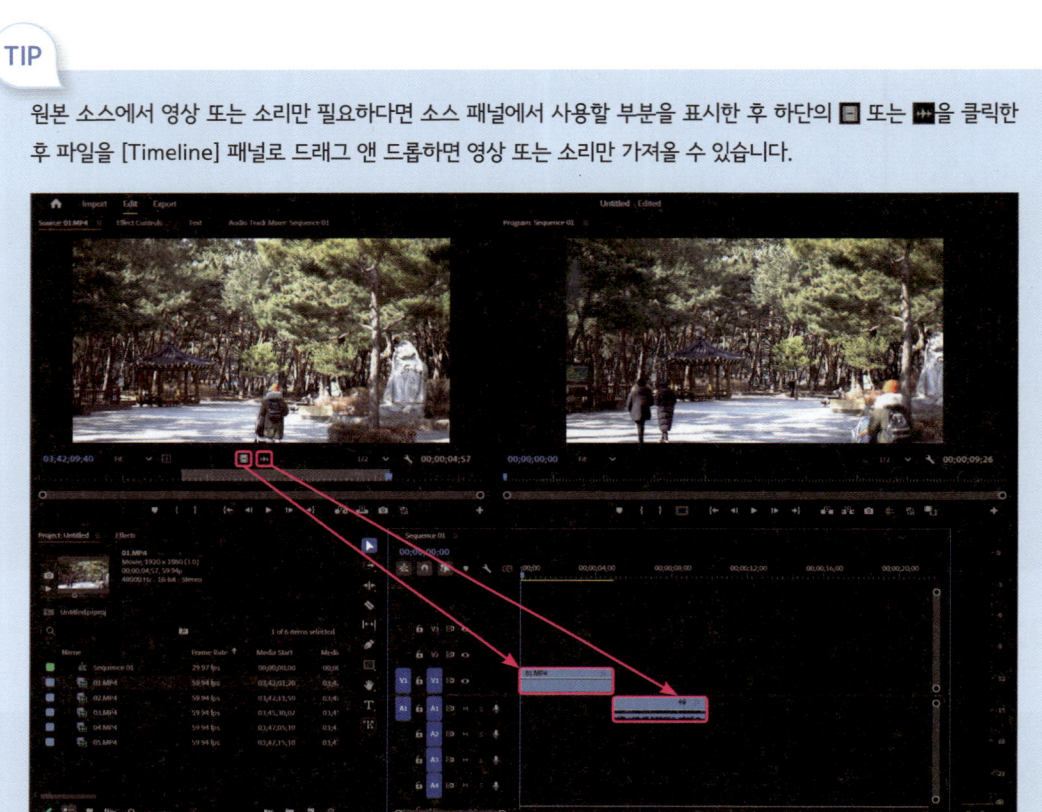

덮어쓰기

01 이번에는 ① [Project] 패널의 '05.mp4' 영상 소스를 클릭한 채 ② [Timeline] 패널의 '02.mp4' 비디오 클립 자리로 드래그 앤 드롭합니다(단축키).

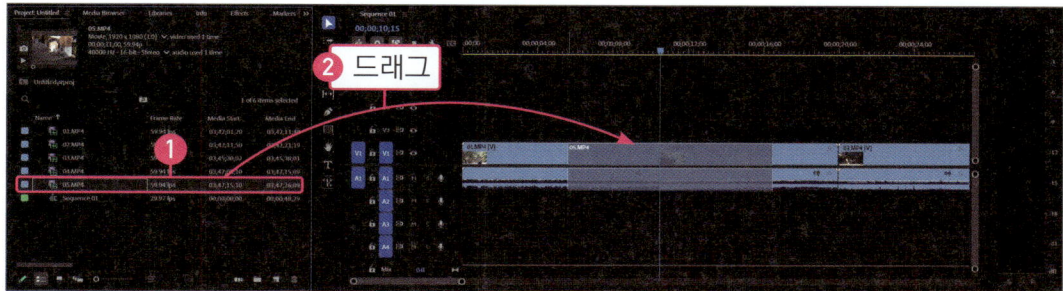

02 기존에 있던 '01.mp4'와 '02.mp4' 비디오 클립의 일부가 삭제되고 새로 불러온 '05.mp4' 비디오 클립이 자리를 차지합니다.

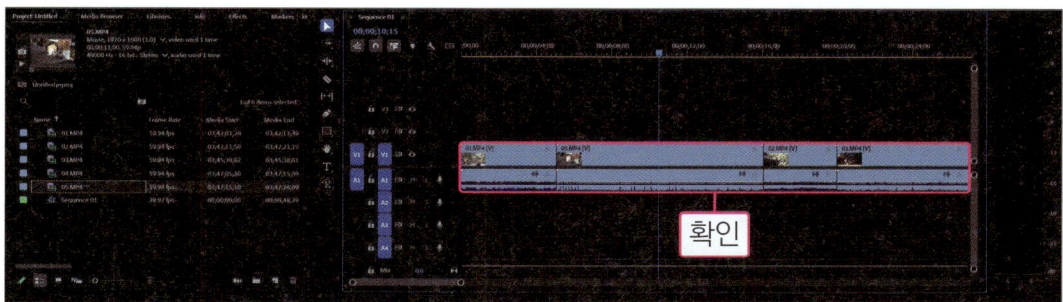

삽입하기

01 앞의 예제에 이어서 ① [Project] 패널에서 새로운 영상 소스를 클릭한 후 ② 키보드의 Ctrl 키를 누른 채 [Timeline] 패널로 드래그 앤 드롭합니다.

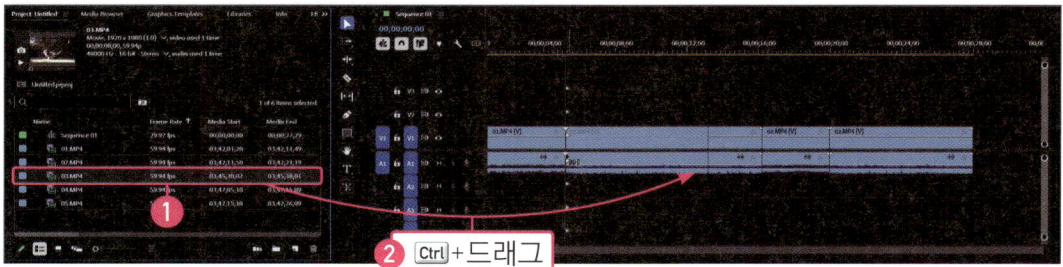

02 새로 추가한 비디오 클립의 길이만큼 기존의 비디오 클립은 뒤로 밀립니다.

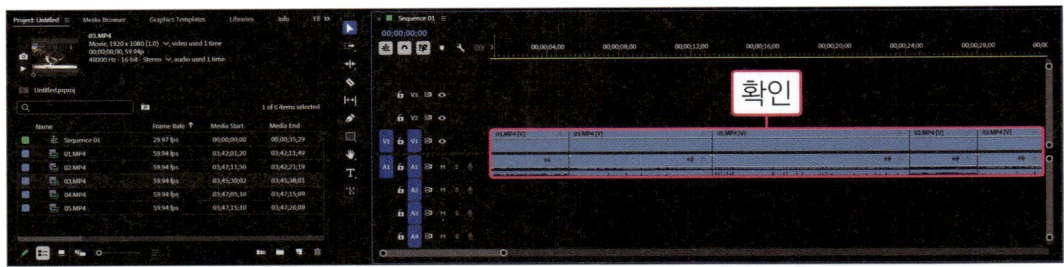

확인

TIP

[Source Monitor] 패널의 영상 소스는 ▣, ▣ 또는 단축키를 이용해 [덮어쓰기(Overwrite)]와 [삽입하기(Insert)] 방식 중 한 가지를 선택할 수 있습니다([Timeline] 패널의 [플레이헤드]를 기준으로 영상 소스가 추가됩니다).

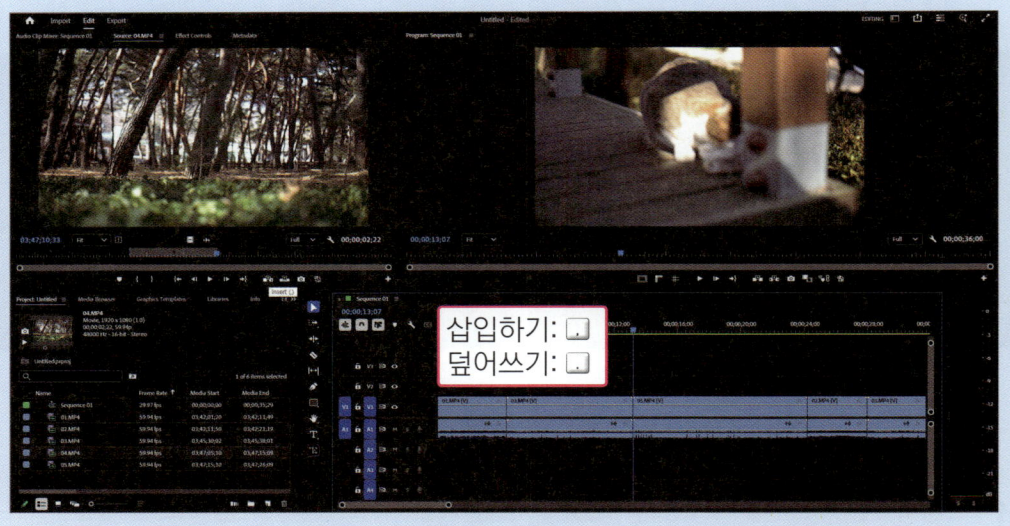

삽입하기: ▣
덮어쓰기: ▣

실습 하이라이트 영상 소스 준비하기

예제 파일 프리미어 프로-파트2_ch05-하이라이트

전체 영상 중 핵심이 되는 장면만 출력해 하이라이트 영상을 만들어 보겠습니다.

01 프리미어 프로를 실행한 후 ❶ HD 1080p 29.97fps 프리셋으로 시퀀스를 생성하고 ❷ [Project] 패널에 예제 파일을 불러옵니다.

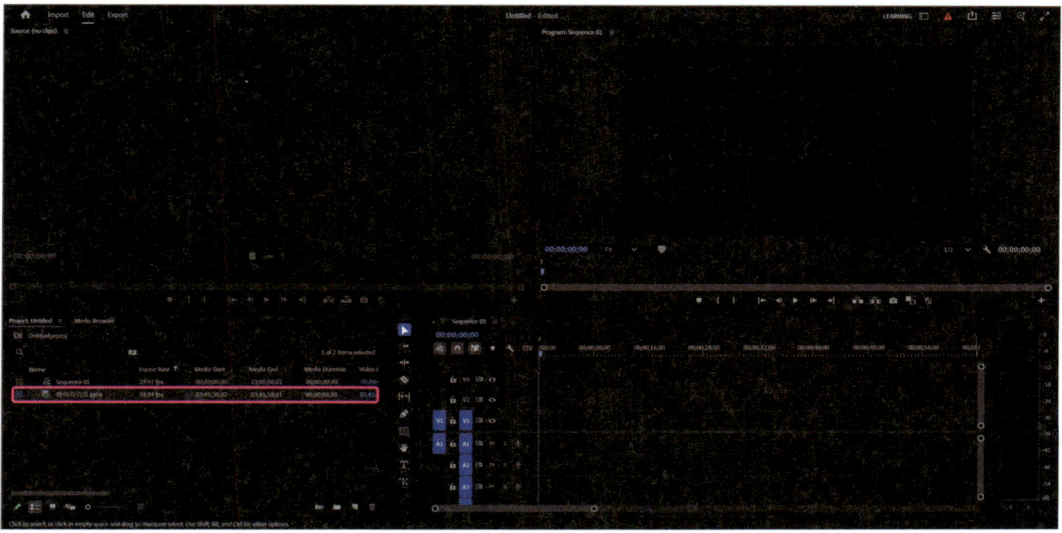

02 ❶ [Project] 패널에서 영상 소스를 더블클릭하고 ❷ [Source Monitor] 패널에서 영상을 확인합니다.

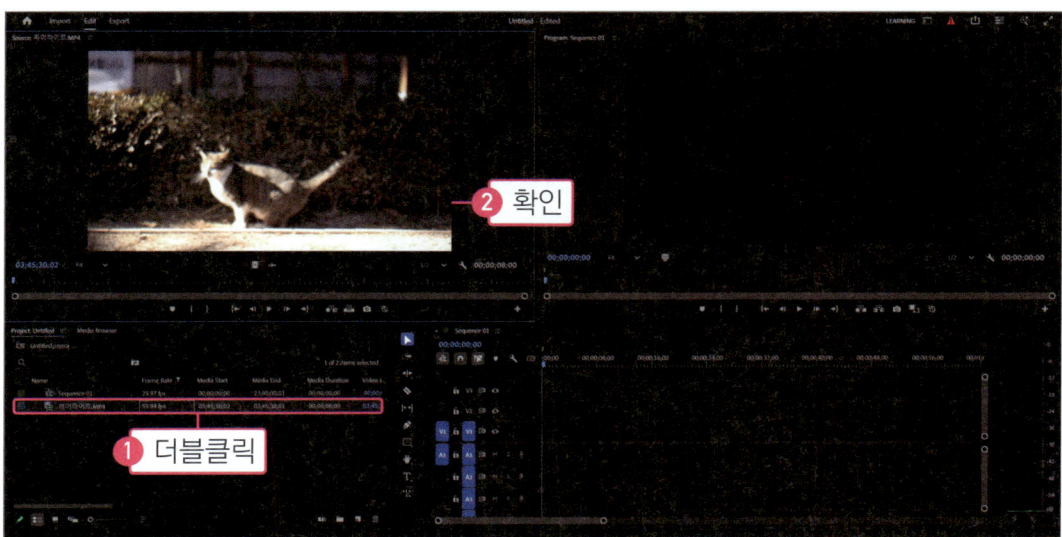

Chapter 05 · 프리미어 프로 컷 편집   63

03 영상에 고양이만 나오도록 ❶ [플레이바]를 클릭한 채 이리저리 옮겨 사람이 지나가는 부분을 확인합니다. ❷ 고양이가 나오는 시작 지점에 화면 하단의 [Mark In(　)](단축키 [I])을 클릭합니다.

04 이번에는 ❶ [플레이바]를 클릭한 채 약 3초 뒤로 드래그합니다. ❷ 화면 하단의 [Mark Out(　)]을 클릭해 종료 지점을 설정합니다.

05 [Source Monitor] 패널을 클릭해 [Timeline] 패널로 드래그 앤 드롭합니다. [Program Monitor] 패널에 시작과 종료 지점을 설정한 영상이 재생되는 것을 확인할 수 있습니다.

STEP 02 클립 길이 조절하기

예제 파일 프리미어 프로-파트2_ch05-클립 길이

[Timeline] 패널로 불러온 클립의 길이를 조절하는 작업을 트리밍(Trimming)이라고 합니다. 자연스럽게 컷이 연결되도록 클립의 앞뒤 길이를 늘이거나 줄이기도 하고 불필요한 부분을 잘라서 삭제하는 것도 넓은 의미에서 트리밍 작업에 해당합니다. 트리밍은 단축키를 사용하면 빠르고 간편하게 작업할 수 있지만 상황에 따라 단축키 사용이 어려울 수도 있습니다. 이런 경우를 대비해 트리밍의 다양한 작업 방식을 차례로 알아보겠습니다.

01 마우스 드래그로 조절하기

01 프리미어 프로를 실행한 후 ❶ HD 1080p 29.97fps 프리셋으로 시퀀스를 생성하고 ❷ [Project] 패널에 예제 파일을 불러옵니다. ❸ 영상 소스를 모두 클릭한 채 [Timeline] 패널로 드래그 앤 드롭합니다.

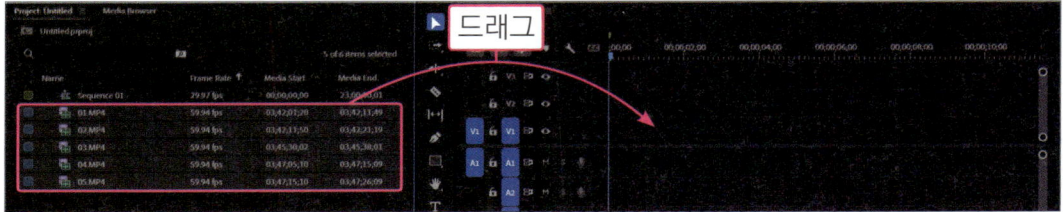

Chapter 05 • 프리미어 프로 컷 편집   **65**

02 클립의 전체 길이를 조절하기 위해 [Timeline] 패널의 비디오 클립 경계로 마우스 커서를 위치합니다.

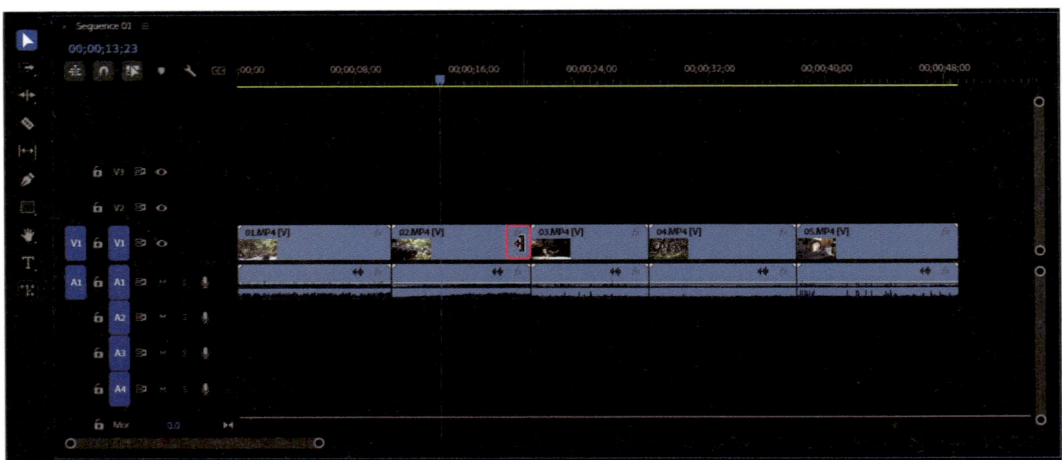

03 마우스 포인터의 모양이 빨간색 대괄호(])로 변경되면 클릭한 채 원하는 길이로 드래그합니다.

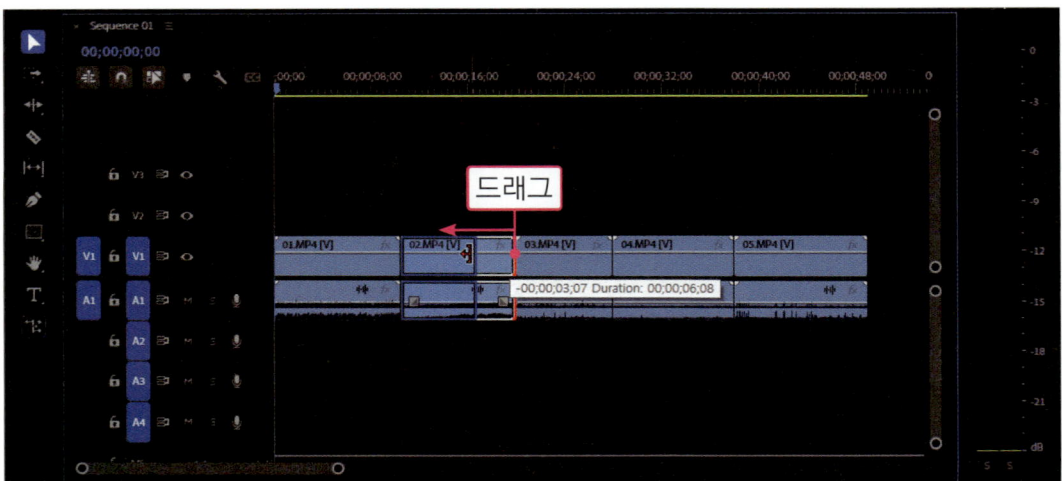

TIP

[Timeline] 패널은 필요에 따라 확대하거나 축소해서 봐야 합니다. 짧은 분량을 꼼꼼히 살펴보려면 [Timeline] 패널을 확대해 1프레임 단위로 조절해 보는 게 맞고(단축키 `+` 또는 `Alt`+`↑`), 긴 분량을 빠르게 훑어보려면 패널을 축소해 큰 단위를 조절하는 것이 좋습니다(단축키 `-` 또는 `Alt`+`↓`). 클립이 [Timeline] 패널에 딱 맞도록 비율을 조절하려면 키보드의 `\` 키를 누릅니다. 자주 사용하는 기능이니 꼭 익혀두는 것이 좋습니다.

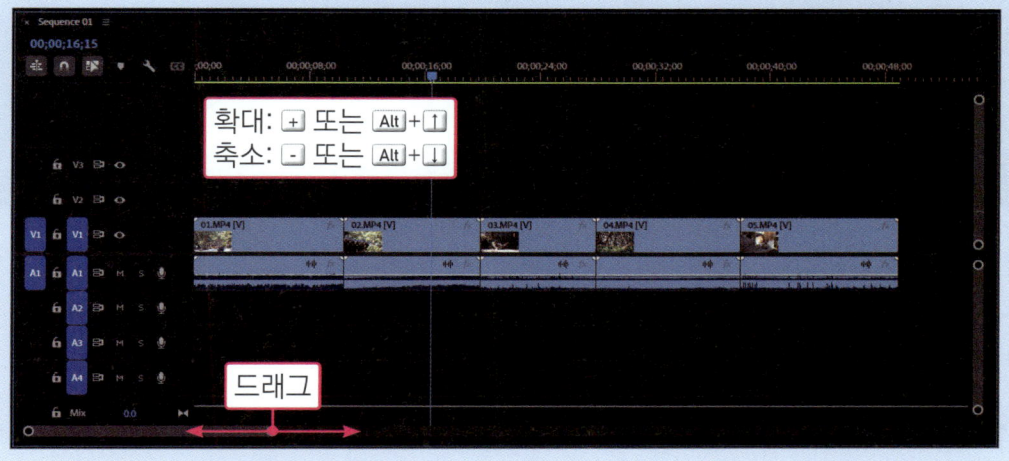

마우스로 클립의 길이를 섬세히 조절하기 어렵다면 트리밍 모드를 이용해 보세요. ❶ 클립의 경계를 클릭한 후 빨간색 대괄호가 나타나면 ❷ 단축키를 눌러 프레임 단위로 클립을 늘이거나 줄일 수 있습니다.

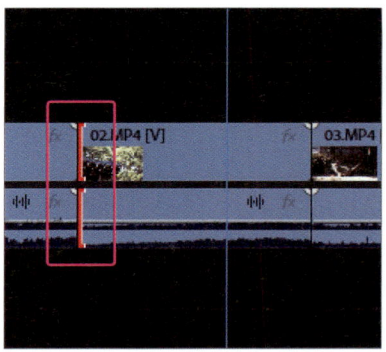

◀ 1씩 프레임 줄이기: `Ctrl`+`←` | 1씩 프레임 늘이기: `Ctrl`+`→`
5씩 프레임 줄이기: `Ctrl`+`Shift`+`←`
5씩 프레임 늘이기: `Ctrl`+`Shift`+`→`

다량의 영상 소스를 불러와 컷 편집을 진행하다가 클립 사이에 빈틈이 생겼다면 삭제해 주는 것이 좋습니다. ❶ 클립의 경계를 클릭한 후 빨간색 대괄호가 나타나면 ❷ `Ctrl` 키를 누릅니다. 대괄호가 노란색으로 변경되고 그 상태에서 클립의 길이를 조절하면 뒤에 이어진 클립들이 함께 따라와 빈틈없이 영상의 길이를 조절할 수 있습니다.

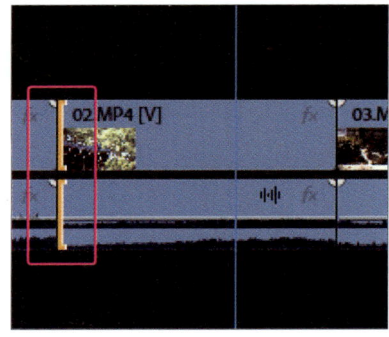

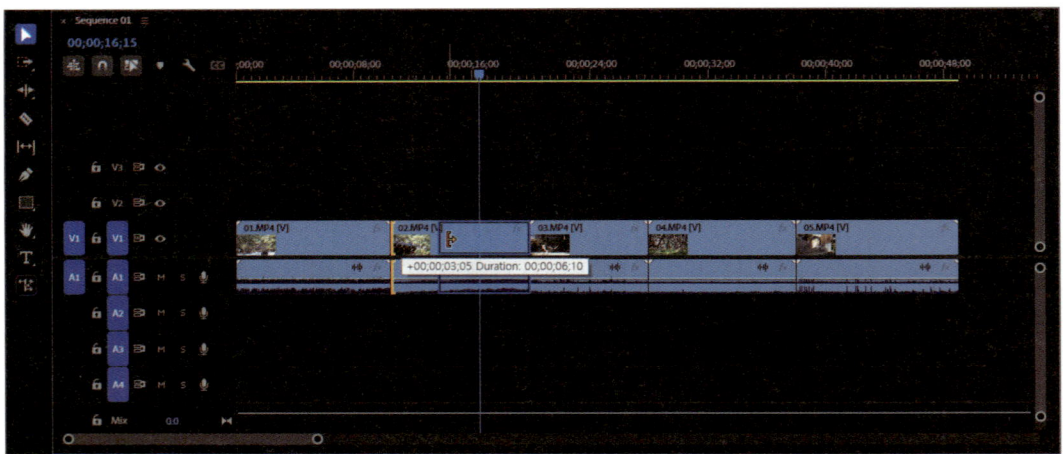

02　Razor Tool로 클립 길이 조절하기

01 앞의 예제에 이어서 ❶ [Tool] 패널에서 [Razor Tool(자르기 도구)]을 선택한 후 ❷ [Timeline] 패널에서 길이를 편집하고 싶은 비디오 클립의 지점을 클릭합니다.

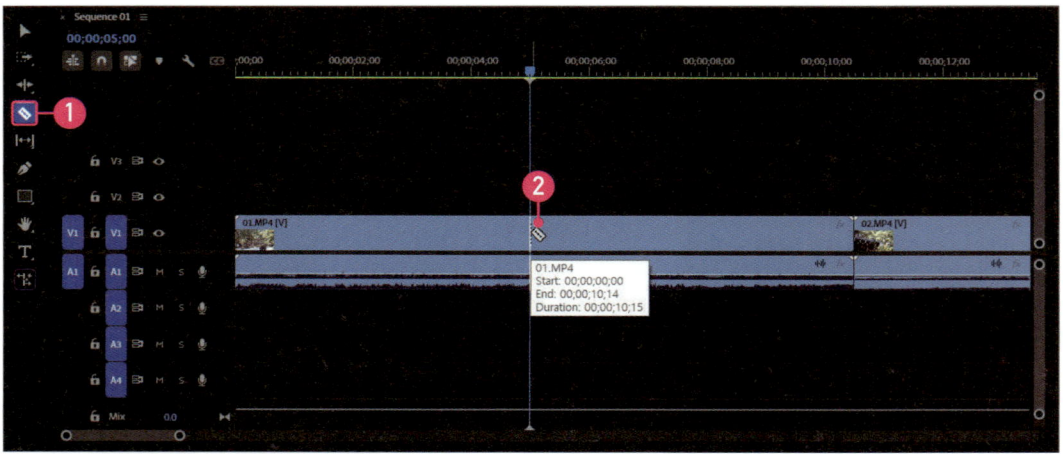

02 [Timeline] 패널의 비디오 클립이 두 개로 나뉘는 것을 확인할 수 있습니다.

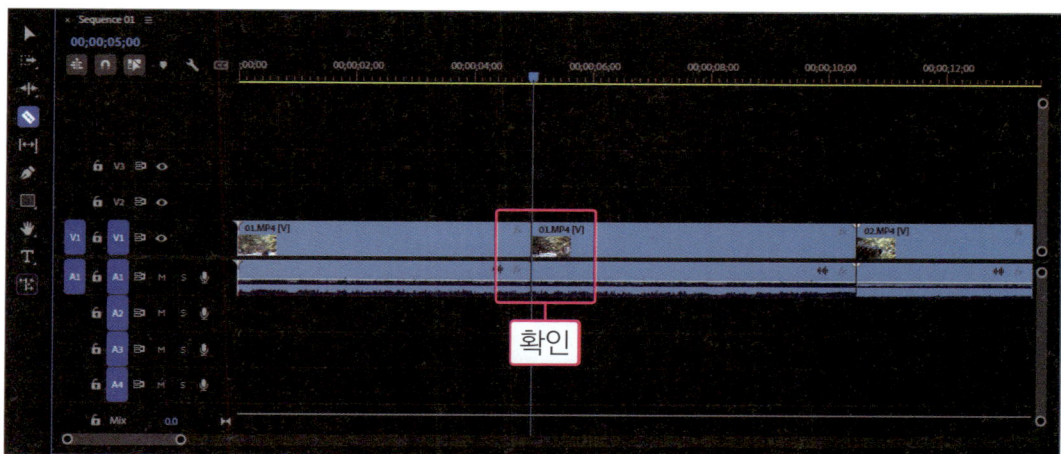

03 다음 ❶ [Tool] 패널의 [Selection Tool(선택 도구)]을 선택합니다. ❷ [Razor Tool]로 자른 불필요한 비디오 클립을 클릭한 후 키보드의 Delete 키를 눌러 삭제합니다.

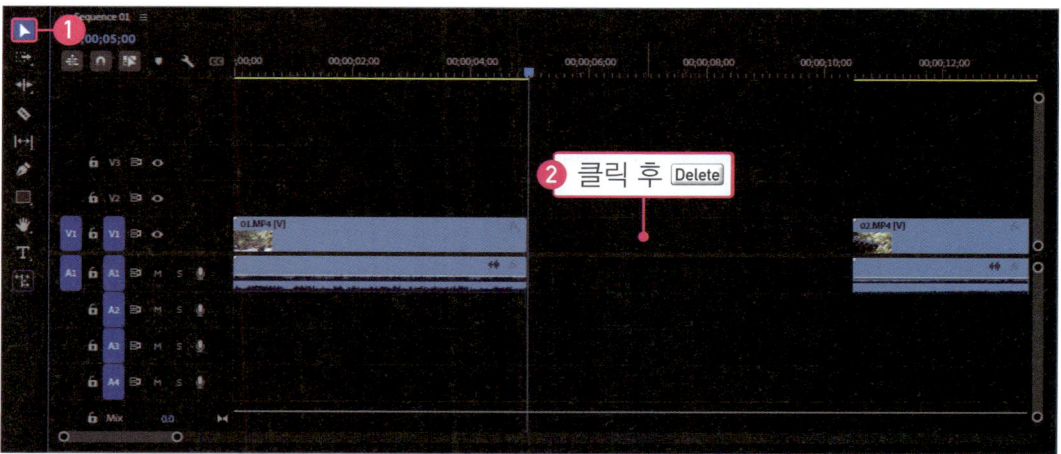

04 삭제된 길이만큼 [Timeline] 패널에 공간이 생기면 ❶ 해당 부분에 마우스 오른쪽 버튼을 클릭합니다. ❷ 바로가기 메뉴가 나타나면 [Ripple Delete(잔물결 삭제)]를 선택합니다. ❸ 빈 공간이 사라지며 뒤에 있는 클립이 앞으로 따라옵니다.

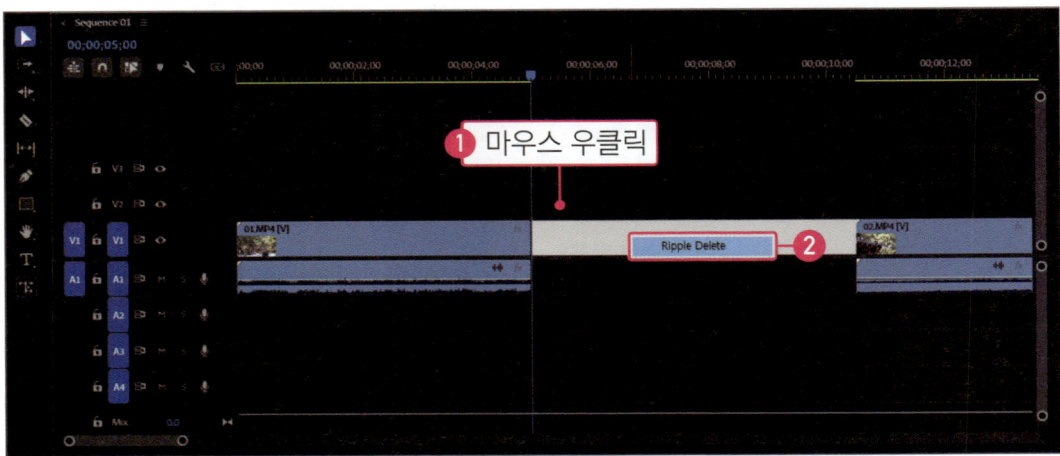

[Tool] 패널에서 변경하는 게 번거롭다면 단축키를 이용하거나, [Timeline] 패널의 [플레이헤드]를 편집 지점으로 옮긴 후 [Add Edit](단축키 Ctrl + K)를 클릭하면 더 빠르게 클립을 자를 수 있습니다.

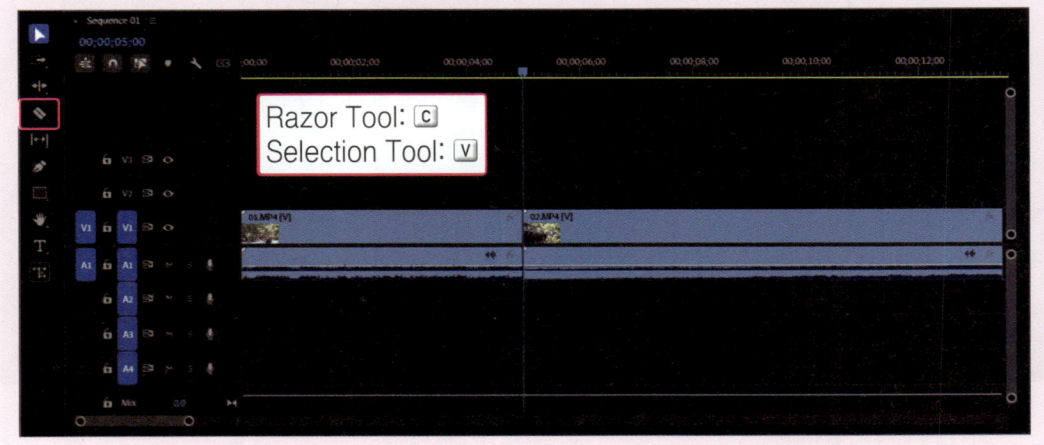

마지막 트리밍 단축키를 이용하는 방법에 대해 알아보겠습니다(트리밍 단축키는 [Timeline] 패널에서 [플레이헤드]의 위치를 기준으로 적용됩니다).

03 트리밍으로 클립 길이 조절하기

01 앞의 예제에 이어서 ❶ [Timeline] 패널에서 비디오 클립의 길이 조절을 원하는 지점으로 [플레이헤드]를 드래그한 후 키보드의 Q 키를 누릅니다. ❷ [플레이헤드]를 기준으로 해당 비디오 클립의 앞부분이 삭제됩니다.

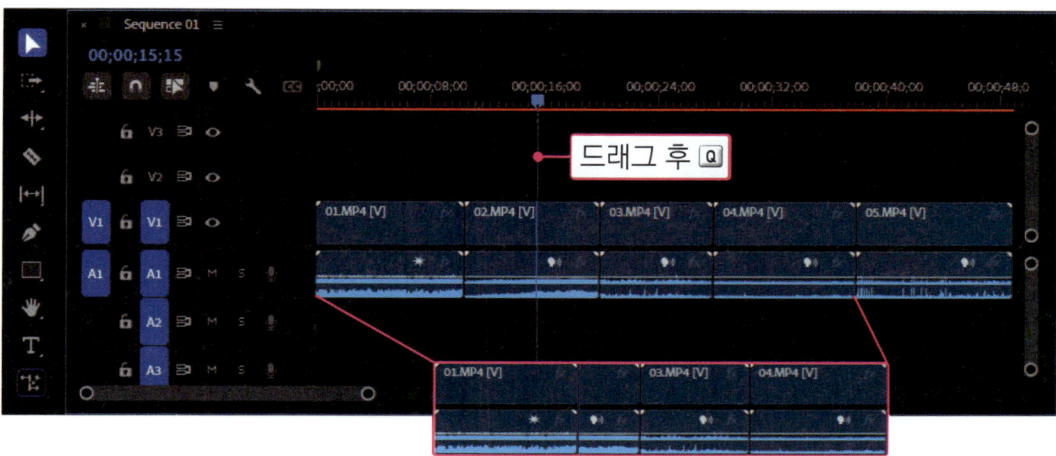

02 이번에는 ❶ [Timeline] 패널에서 비디오 클립의 길이 조절을 원하는 지점으로 [플레이헤드]를 드래그한 후 키보드의 W 키를 누릅니다. ❷ [플레이헤드]를 기준으로 해당 비디오 클립의 뒷부분이 삭제됩니다.

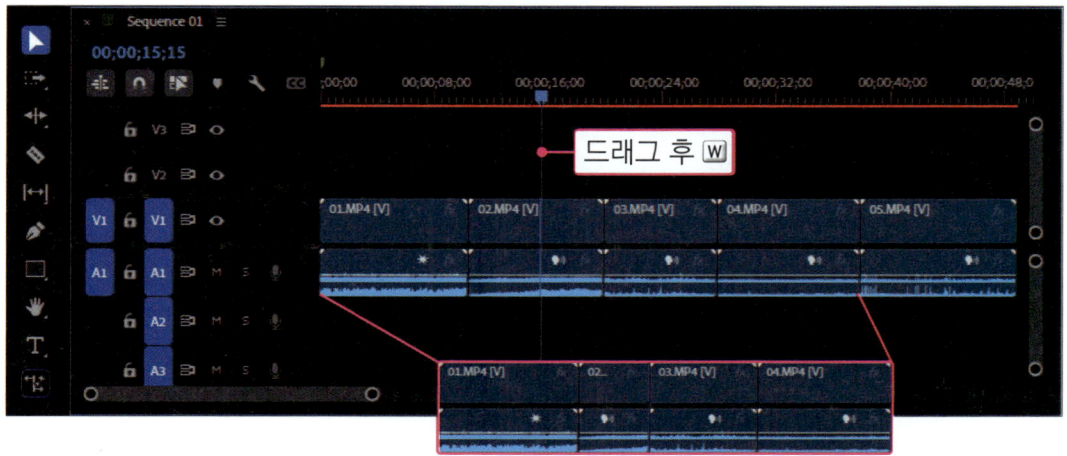

마우스를 여러 번 클릭할 필요 없이 단축키만으로 자르기와 빈 공간을 제거하는 작업을 한 번에 할 수 있습니다. 컷 편집 시 자주 사용하는 기능이오니 꼭 기억하길 바라며 다만, 비디오 트랙을 여러 개 사용하는 경우 원하지 않는 트랙의 클립까지 함께 지워질 수 있으니 주의해 주세요.

실습 | 트리밍으로 하이라이트 영상 편집하기

예제 파일 프리미어 프로-파트2_ch05-트리밍

다양한 트리밍 방식을 이용해 20초 길이의 영상을 만들어 보겠습니다.

01 프리미어 프로를 실행한 후 ❶ HD 1080p 29.97fps 프리셋으로 시퀀스를 생성하고 ❷ [Project] 패널에 예제 파일을 불러옵니다. ❸ 불러온 영상 소스를 모두 클릭한 채 [Timeline] 패널로 드래그 앤 드롭합니다.

02 [Timeline] 패널의 '01.mp4' 비디오 클립의 앞과 뒷부분을 드래그하여 클립의 길이를 줄입니다

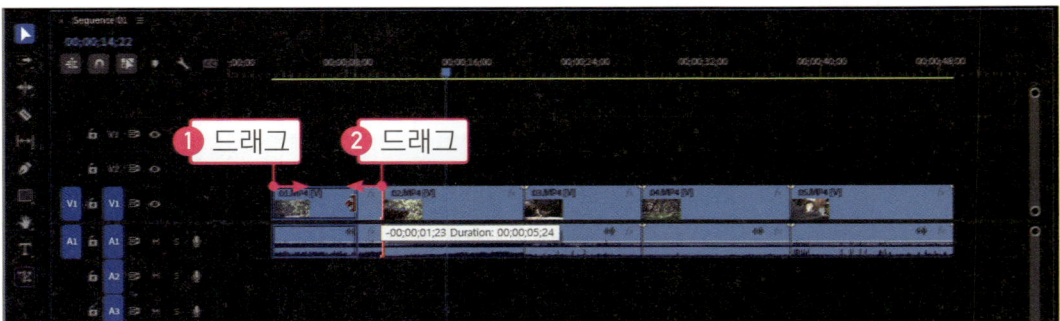

03 '01.mp4' 비디오 클립의 길이가 줄어 생긴 공간에 ❶ 마우스 오른쪽 버튼을 클릭합니다. ❷ 바로가기 메뉴가 나타나면 [Ripple Delete]를 선택해 빈 영역을 제거합니다.

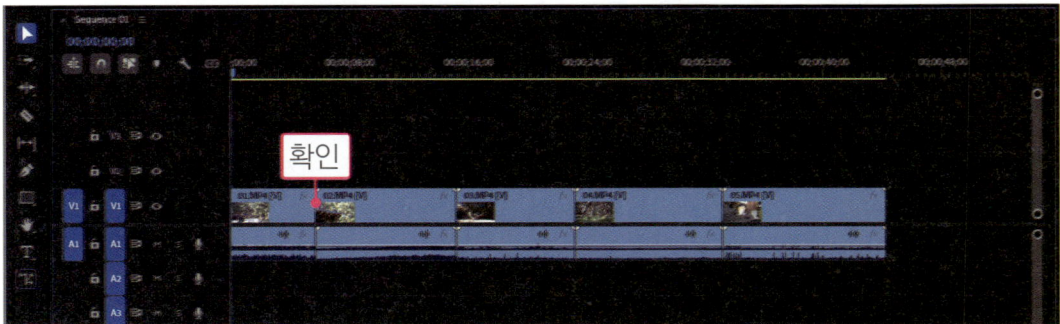

04 이어서 [Tool] 패널에서 [Razor Tool]을 선택하고 '02.mp4' 비디오 클립의 가운데를 클릭합니다.

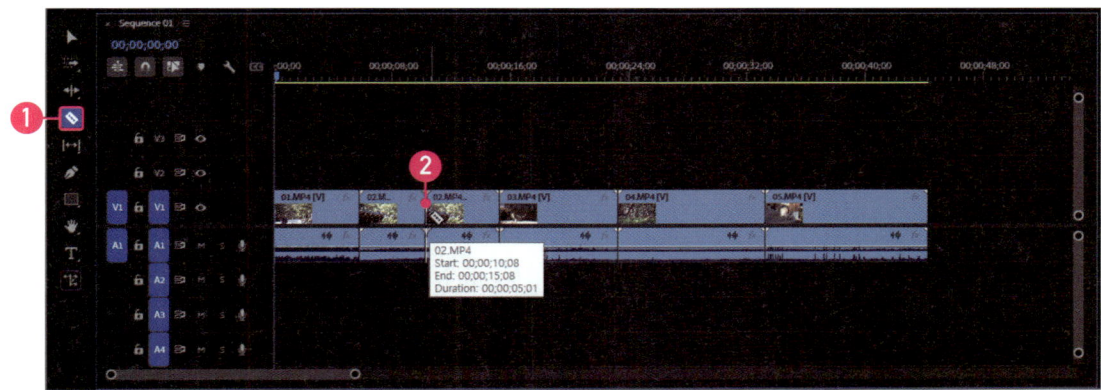

05 다음 ❶ [Tool] 패널의 [Selection Tool]를 선택한 후 ❷ '02.mp4' 비디오 클립의 잘린 뒷부분을 클릭하고 Delete 키를 눌러 삭제합니다.

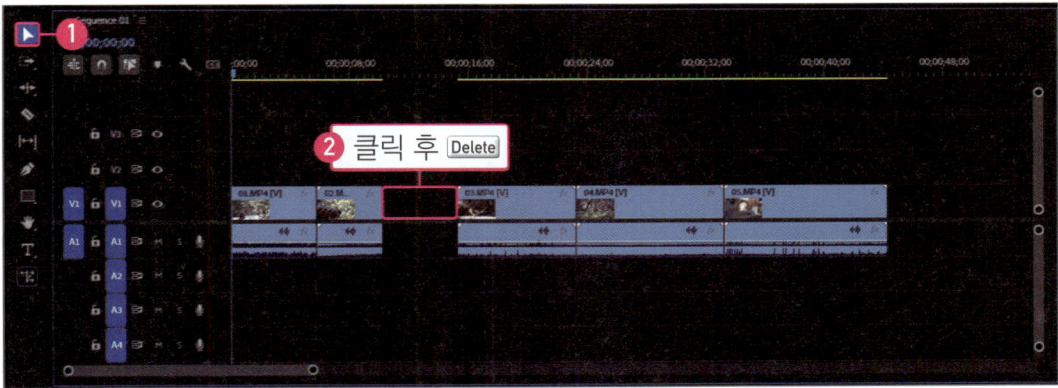

06 비디오 클립이 삭제되어 공간이 생긴다면 ❶ 마우스 오른쪽 버튼을 클릭합니다. ❷ 바로가기 메뉴가 나타나면 [Ripple Delete]를 선택합니다.

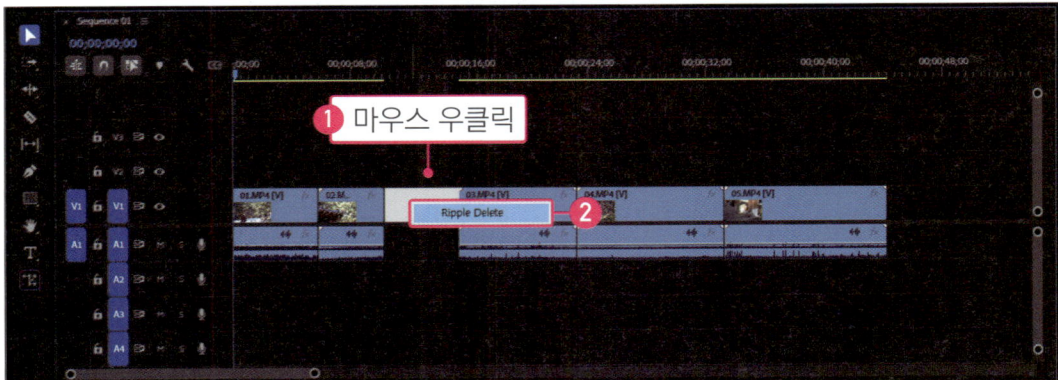

07 '03, 04, 05.mp4' 비디오 클립의 앞과 뒷부분은 키보드의 Q와 W 키를 눌러 잘라냅니다. 총 영상의 길이가 20초가 되도록 비디오 클립의 길이를 다시 조정합니다.

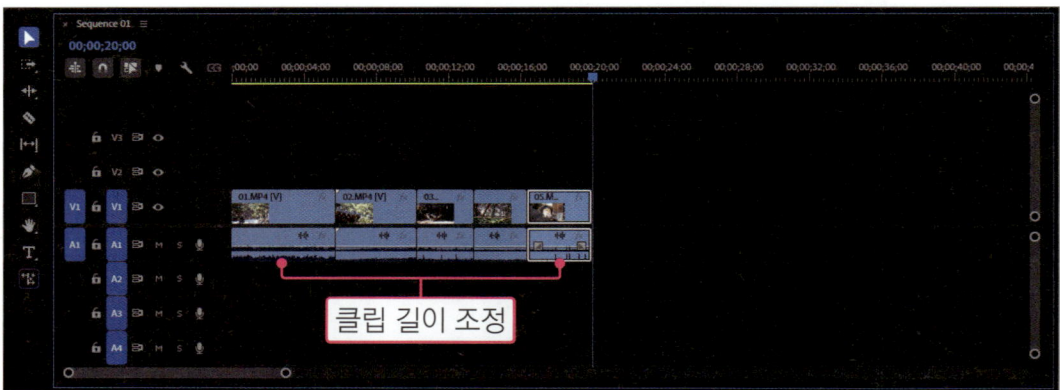

클립 길이 조정

08 트리밍 작업으로 중요한 부분만 남긴 하이라이트 영상이 완성됐습니다.

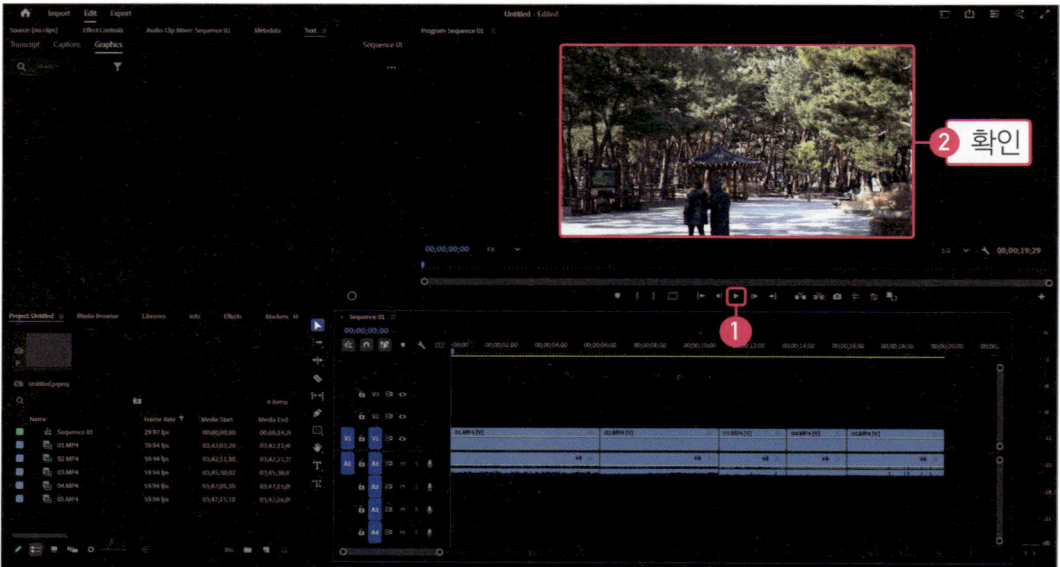

② 확인

STEP 03 클립 이동하기

예제 파일 프리미어 프로-파트2_ch05-클립 이동

컷 편집을 하다 보면 중간에 클립의 순서를 재배치할 때가 있습니다. 클립을 옮기는 작업은 보통 드래그를 이용해 진행하는 데 이때 단축키를 사용하면 훨씬 쉽고 간단하게 작업을 끝낼 수 있습니다.

01 삽입하기 방식으로 비디오 클립 이동하기

01 프리미어 프로를 실행한 후 ❶ HD 1080p 29.97fps 프리셋으로 시퀀스를 생성하고 ❷ [Project] 패널에 예제 파일을 불러옵니다. ❸ 불러온 영상 소스를 모두 클릭한 채 [Timeline] 패널로 드래그 앤 드롭합니다. ❹ Ctrl 키를 누른 채 '01.mp4' 비디오 클립을 '02.mp4' 자리로 드래그 앤 드롭합니다.

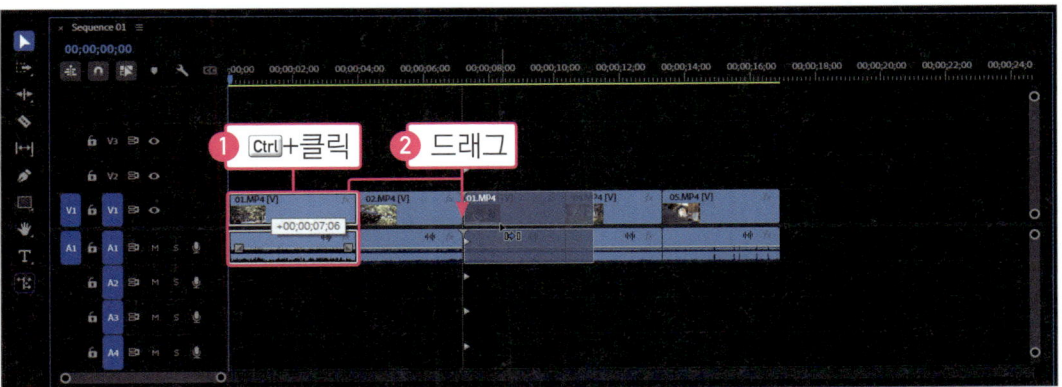

02 [Timeline] 패널의 비디오 클립이 뒤로 밀리고 기존의 클립이 있던 자리는 빈 영역으로 남게 됩니다.

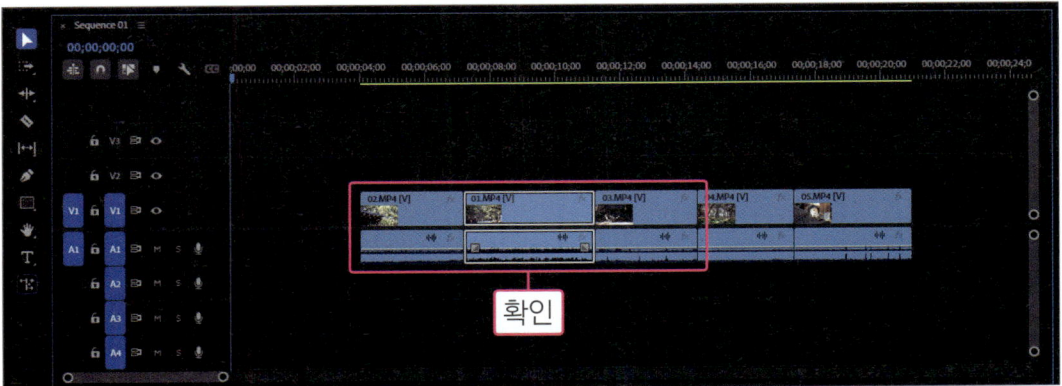

02 교체하기 방식으로 비디오 클립 이동하기

01 앞의 예제에 이어서 이번에는 키보드의 Ctrl 키와 Alt 키를 동시에 누른 채 [Timeline] 패널의 '04.mp4' 비디오 클립을 클릭해 원하는 자리로 드래그합니다.

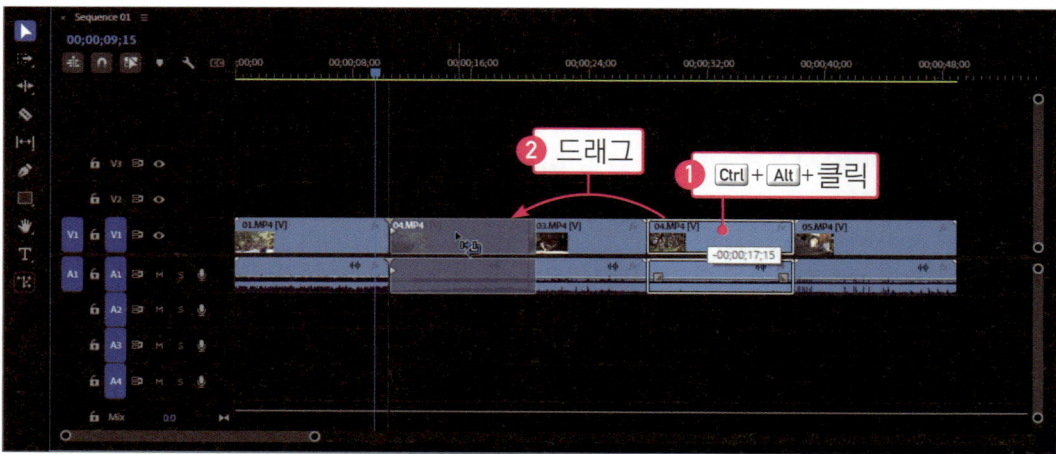

02 클립이 이동하며 생긴 공간은 자동으로 채워지고 위치만 바뀌었기 때문에 영상의 전체 길이는 변함이 없습니다.

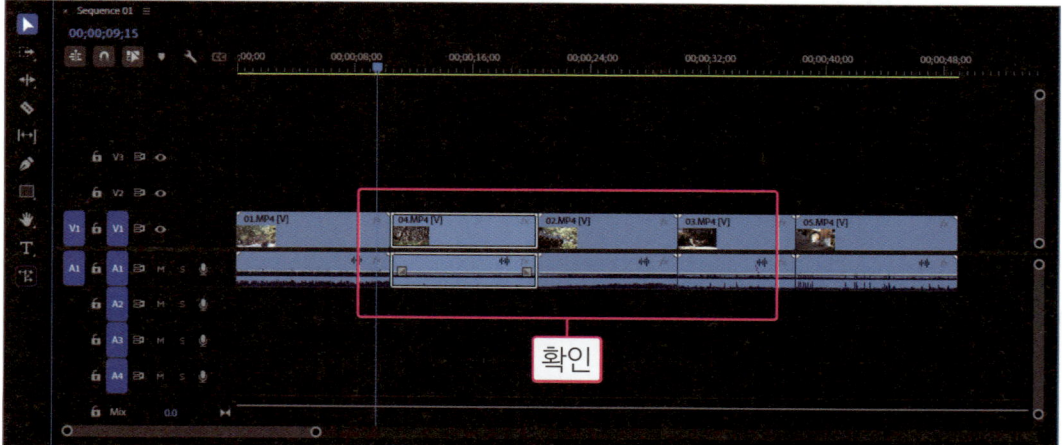

프리미어 프로로 자막 생성하기

Chapter 06

요즘 유튜브에서 유행하는 영상의 대표적인 특징은 바로 센스 있는 자막입니다. 몇 년 전까지만 해도 단순히 메시지를 전달하기 위해 사용했던 자막은 이제 콘텐츠를 구성하는 필수 요소로 자리매김했습니다. 이번 챕터에서는 영상에 자막을 추가하고 나만의 개성 있는 자막 스타일을 만드는 방법에 대해 알아보겠습니다.

STEP 01 자막 추가하기

자막을 추가하는 방법에는 두 가지가 있습니다. [Tool] 패널의 [Type Tool(자막 도구)]을 이용하거나 미리 저장한 템플릿을 사용하는 것입니다. 먼저 [Type Tool]을 사용하는 방법에 대해 알아보겠습니다.

01 Type Tool 이용하기

예제 파일 프리미어 프로-파트2_ch06-자막 생성

01 프리미어 프로를 실행한 후 ❶ HD 1080p 29.97fps 프리셋으로 시퀀스를 생성하고 ❷ [Project] 패널에 예제 파일을 불러옵니다. ❸ 불러온 영상 소스 중 '04.mp4' 파일만 클릭해 [Timeline] 패널로 드래그 앤 드롭합니다.

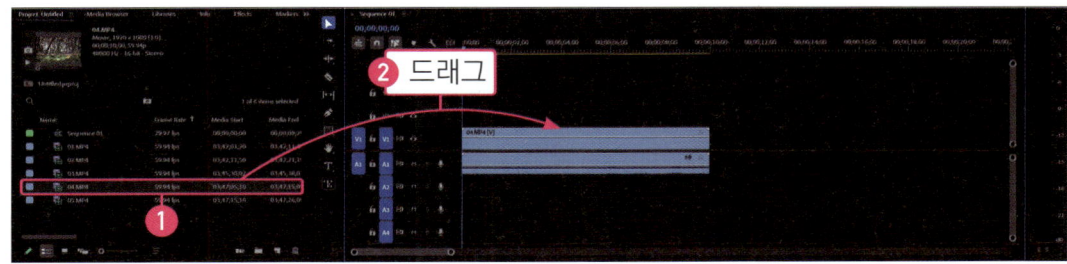

02 ❶ [Tool] 패널에서 [Type Tool]을 선택한 후(단축키 T) ❷ [Program Monitor] 패널을 클릭해 '안녕하세요'를 입력합니다.

03 [Timeline] 패널에 새로운 그래픽 클립이 생성되며 영상에 자막 추가가 완료됩니다.

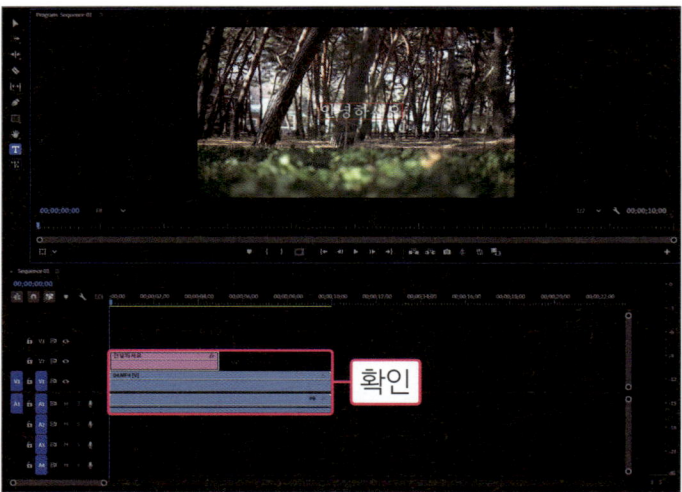

[Timeline] 패널의 그래픽 클립 길이만큼만 화면에 자막이 노출됩니다.

> **TIP**
>
> 그래픽 클립도 비디오 클립과 똑같이 클립의 길이를 자유롭게 늘이거나 줄일 수 있습니다. 원하는 타이밍에 자막이 노출되도록 길이를 조정해 보세요.

02 템플릿 이용하기

01 앞의 예제에 이어서 이번에는 메뉴 바의 [Window]-[Workspace]-[Captions and Graphics]를 선택합니다.

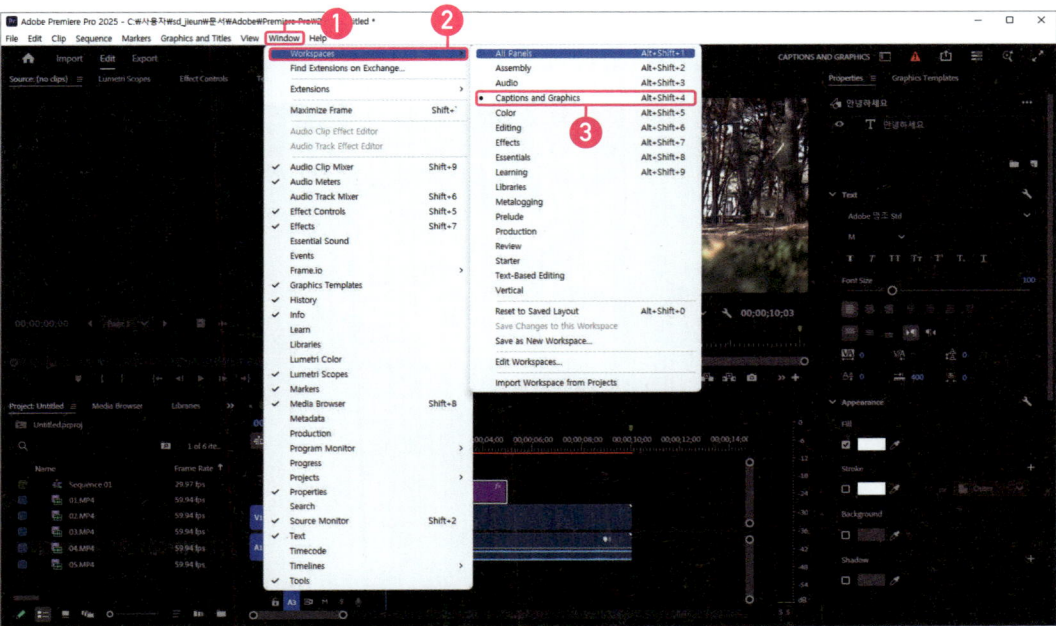

02 우측에 [Graphics Templates] 패널이 나타나면 원하는 자막 템플릿을 선택해 [Timeline] 패널로 드래그 앤 드롭합니다.

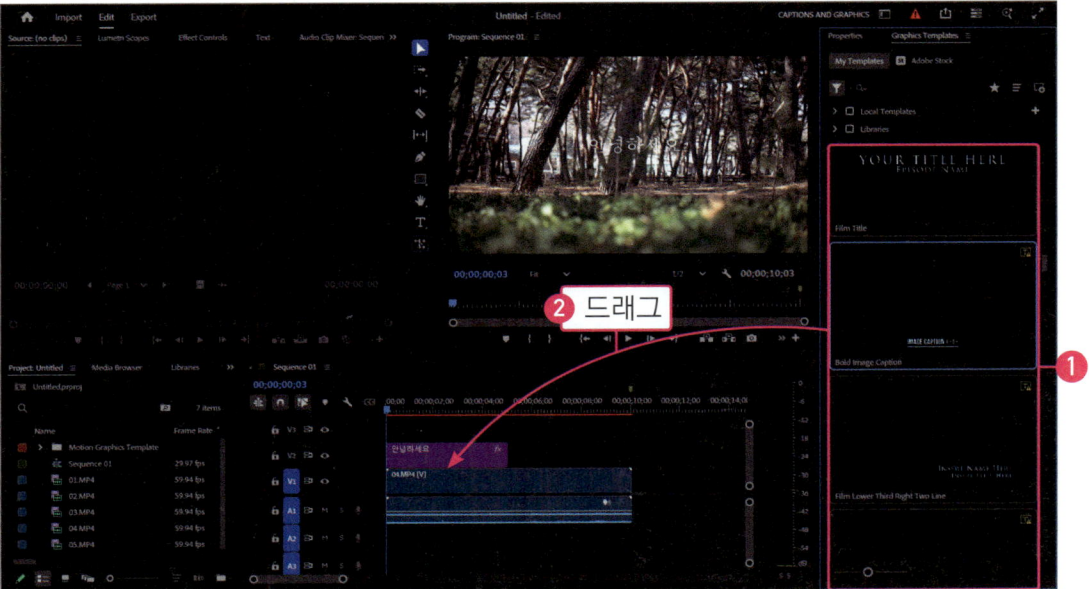

> **TIP**
>
> 프리미어 프로에서는 80여 개의 자막 템플릿을 기본으로 제공하고 있으며 인터넷에서 공유 받은 템플릿도 [Install Graphics Template]을 설치한 후 자유롭게 사용할 수 있습니다.

03 [Timeline] 패널에 그래픽 클립이 새로 생성되고 [플레이헤드]를 그래픽 클립으로 옮기면 [Program Monitor] 패널에 자막 템플릿이 나타납니다.

04 자막 내용을 변경하기 위해 ❶ [Tool] 패널에서 [Selection Tool]을 선택한 후 ❷ 영상의 자막을 더블클릭해 기존 자막을 지우고 원하는 내용을 입력합니다.

영상에 자막 추가하기

예제 파일 프리미어 프로-파트2_ch06-자막 추가

영상에 자막을 추가한 뒤, 자막이 영상의 끝까지 보이도록 비디오 클립의 길이도 조정해 보겠습니다.

01 프리미어 프로를 실행한 후 ❶ HD 1080p 29.97fps 프리셋으로 시퀀스를 생성하고 ❷ [Project] 패널에 예제 파일을 불러옵니다. ❸ 불러온 영상 소스를 모두 클릭한 채 [Timeline] 패널로 드래그 앤 드롭합니다.

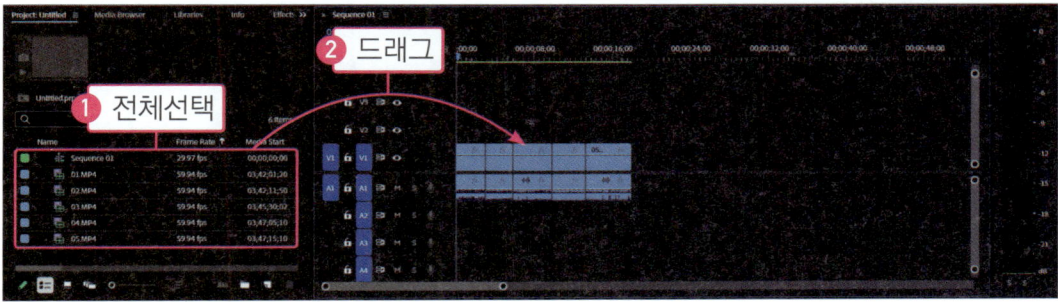

02 ❶ [Tool] 패널에서 [Type Tool]을 선택한 후(단축키 T) ❷ [Program Monitor] 패널을 클릭해 텍스트 상자가 나타나면 '프리미어 프로'를 입력합니다.

Chapter 06 • 프리미어 프로로 자막 생성하기 81

03 [Timeline] 패널에 그래픽 클립이 생성되었습니다. 클립의 끝 부분을 클릭한 채 비디오 클립과 똑같은 길이로 드래그합니다.

04 작업이 완료되면 [Program Monitor] 패널의 영상을 재생해 영상의 자막이 끝까지 노출되는지 확인합니다.

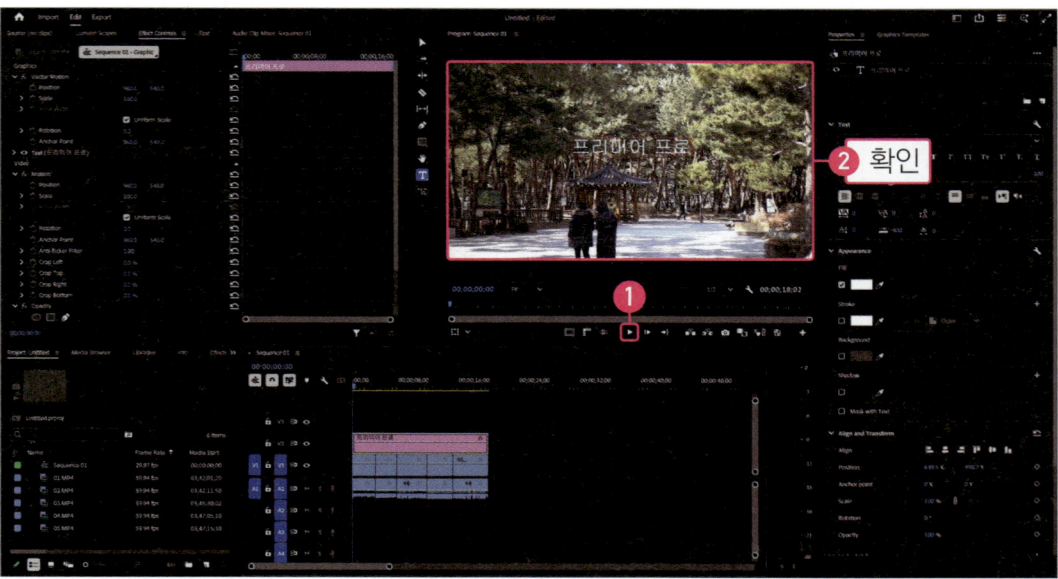

STEP 02 자막 스타일 변경하기

자막 스타일은 시각 디자인 영역으로 폰트와 색상, 테두리를 조정해 트렌드에 맞게 디자인하되, 내 영상의 분위기와 어울리는 스타일을 선택하는 것이 핵심입니다.

[Properties] 패널에서는 텍스트의 세부 옵션 변경이 가능하며 [Timeline] 패널의 자막 클립을 선택하면 우측 패널에 자막 요소를 변경하는 다양한 옵션이 나타납니다. [Text] 옵션에는 어떤 것들이 있는지 자세히 살펴보겠습니다.

01 Text

[Text] 영역은 글자 그대로 텍스트와 관련된 옵션입니다. 자막의 중요 요소 중 하나인 폰트를 변경할 수 있으며 글자 크기 및 스타일도 다양하게 선택할 수 있습니다. 각 옵션에 대한 설명은 다음과 같습니다.

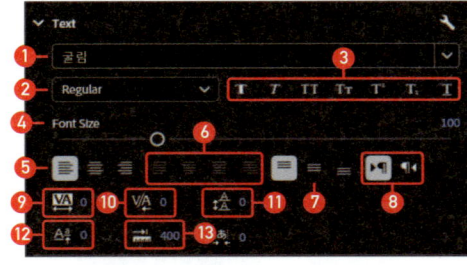

❶ 글꼴   ❷ 폰트 스타일
❸ 문자 도구(굵게, 기울임꼴, 모두 대문자, 작은 대문자, 위 첨자, 아래 첨자, 밑줄)
❹ 텍스트 크기   ❺ 텍스트 정렬
❻ 텍스트 맞춤(왼쪽 맞춤, 중앙 맞춤, 양쪽 맞춤, 오른쪽 맞춤)

❼ 텍스트 위치 정렬(위쪽, 중앙, 하단 정렬),
❽ 타이핑 방향(오른쪽→왼쪽, 왼쪽→오른쪽) ❾ 장평 조절(문장 전체의 간격을 조절할 때)
❿ 자간 조절(글씨 사이의 간격을 조절할 때)
⓫ 행간 조절, ⓬ 글씨 시작 위치 조절(상하), ⓭ 탭 간격 조절

> **TIP**
>
> 사람들의 취향만큼이나 폰트도 참 다양한데 예쁘다고 무분별하게 폰트를 설치하다 보면 나중에 감당할 수 없는 정도의 양이 됩니다. 다행히 프리미어 프로에서는 즐겨찾기 기능을 제공하여 폰트 앞에 ★을 클릭하면 [Show favorites]으로 즐겨찾기 폰트만 따로 모아 볼 수 있습니다.
>
>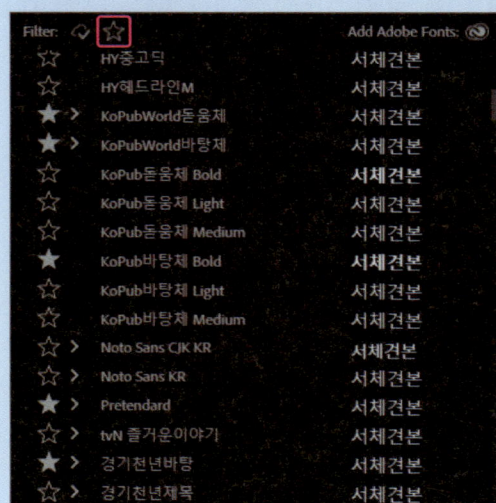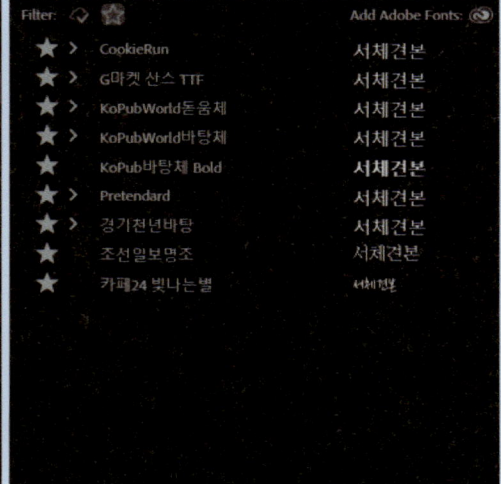

02 Appearance

[Appearance] 영역은 텍스트 색상 및 장식과 관련된 옵션입니다. 총 4개의 항목으로 구성되어 있으며 선택에 따라 해당 기능의 사용 여부를 알 수 있습니다.

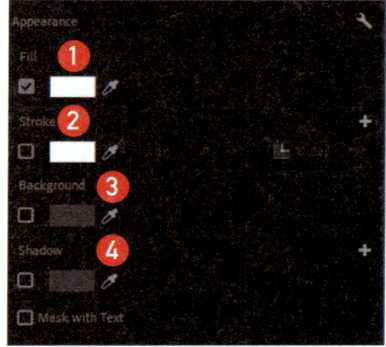

❶ Fill : 색상 옵션입니다. Color Picker에서 원하는 색상을 선택해 자막의 텍스트 색을 변경할 수 있습니다. 상단 드롭박스를 클릭하면 [그라데이션]의 스타일을 설정할 수 있으며 [Linear gradient]와 [Radial gradient]가 있습니다. [Linear gradient]는 그라데이션 막대의 색상 그래프를 클릭해 색을 추가하거나 변경할 수 있고 조절점을 드래그해 위치 조절이 가능합니다. 조절점의 간격이 넓을수록 경계가 부드러워지고 좁을수록 선명하게 표현됩니다.

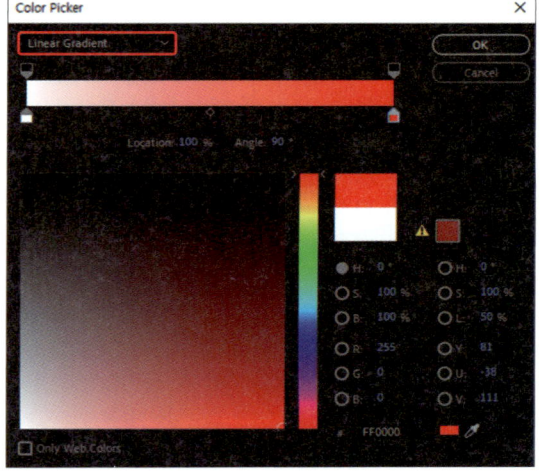

❷ Stroke : 테두리 옵션입니다. 입력한 값에 따라 굵기를 조절할 수 있고 [+] 버튼을 클릭하면 또 다른 [Stroke] 옵션을 추가할 수 있습니다(자막 하나에 최대 10개까지 테두리를 추가할 수 있습니다). 우측의 드롭박스를 클릭하면 테두리 생성 위치를 변경할 수 있는데 기본적으로 [Center] 옵션을 사용하는 것을 추천합니다.

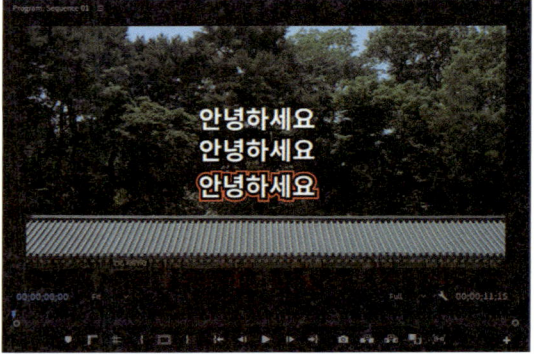

❸ **Background** : 배경 옵션입니다. 옵션을 선택하면 아래 3개의 항목이 노출되고 각 항목의 슬라이더를 드래그하거나 값을 입력해 원하는 자막 배경을 만들 수 있습니다. 배경 옵션은 영상과 자막을 구분해 주기 때문에 가독성에 큰 도움이 됩니다.

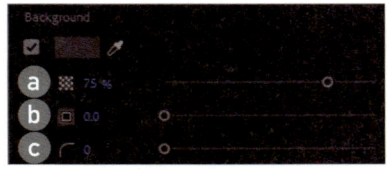

ⓐ 배경의 투명도를 조절
ⓑ 배경의 영역을 확장
ⓒ 배경의 모서리 형태 변경

❹ **Shadow** : 그림자 옵션입니다. 옵션을 선택하면 아래 5개의 항목이 노출됩니다.

ⓐ 그림자의 투명도 조절
ⓑ 그림자의 각도 조절
ⓒ 그림자의 거리 조절
ⓓ 그림자의 확장 정도 조절
ⓔ 그림자의 흐림 정도 조절

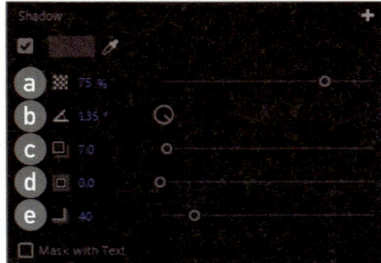

[Shadow]도 [Stroke]와 똑같이 [+] 버튼을 클릭해 여러 개를 추가할 수 있으며 자막에 입체감을 더해줍니다.

> **TIP**
>
> 자막은 영상의 분위기에 맞춰서 스타일을 설정해야 합니다. 영상의 내용이 차분하고 담백하다면 자막도 정돈된 폰트에 별다른 장식이 없는 깔끔한 스타일이 어울릴 것이고, 유쾌하고 신나는 분위기라면 화려한 장식과 다양한 색상을 사용하는 스타일이 어울립니다.

03 Align and Transform

[Align] 영역은 정렬과 관련된 옵션입니다. 각각의 아이콘을 클릭하면 자막을 쉽고 간단하게 정렬할 수 있는데, 시청자는 자막이 화면에 무질서하게 나타나는 것보다 잘 정렬된 것을 볼 때 시각적인 안정감을 느낍니다. 각 옵션의 기능은 다음과 같습니다.

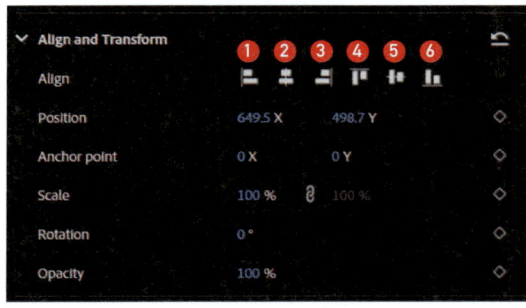

❶ 화면 왼쪽 정렬
❷ 세로축 화면 중앙 정렬
❸ 화면 오른쪽 정렬
❹ 화면 상단 정렬
❺ 가로축 화면 중앙 정렬
❻ 화면 하단 정렬

다음은 [Transform] 영역입니다. 자막의 위치와 크기, 회전, 투명도 등 설정할 수 있으며 각 옵션의 기능은 다음과 같습니다.

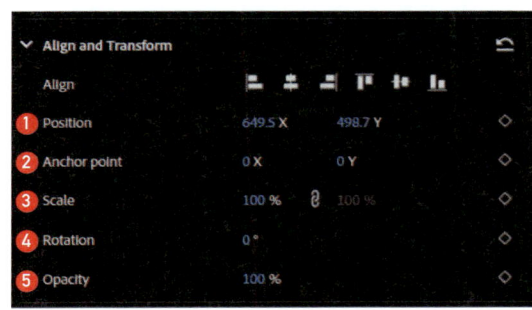

❶ 가로 및 세로 위치
❷ 기준점 가로 및 세로 위치
❸ 크기 조정(■을 클릭하면 가로 및 세로의 크기를 각각 조절할 수 있습니다).
❹ 회전 ❺ 투명도

각 옵션에는 애니메이션을 활성화하고 키프레임을 추가할 수 있는 ■이 있지만 키프레임은 주로 [Effect Controls] 패널에서 진행하기 때문에 해당 버튼은 잘 사용하지 않습니다. 각 옵션의 값은 패널의 슬라이더를 드래그하거나 직접 입력해 변경해도 되고 [Program Monitor] 패널에서 위치와 크기를 변경할 수도 있습니다.

> **TIP**
>
> [Tool] 패널의 [Selection Tool]을 선택한 후 [Timeline] 패널에서 그래픽 클립을 클릭하면 [Program Monitor] 패널의 자막 주위로 하늘색 박스가 생성됩니다. 자막을 클릭해 이동하면 위치가 변경되고 조절점을 클릭해 드래그하면 크기를 변경할 수 있습니다. 또 자막을 이동할 때 Ctrl 키를 누르면 가이드에 맞춰 자막을 이동할 수 있고 Shift 키를 누르면 수직 또는 수평 방향으로만 자막을 옮길 수 있습니다.

실습 활용도 100% 가독성 뛰어난 자막 스타일 만들기

예제 파일 프리미어 프로–파트2_ch06–자막 스타일

자막의 테두리와 그림자 등 스타일을 변경해 가독성이 뛰어난 자막을 만들어 보겠습니다.

01 프리미어 프로를 실행한 후 ❶ HD 1080p 29.97fps 프리셋으로 시퀀스를 생성하고 ❷ [Project] 패널에 예제 파일을 불러옵니다. ❸ 불러온 영상 소스를 모두 클릭해 [Timeline] 패널로 드래그 앤 드롭합니다.

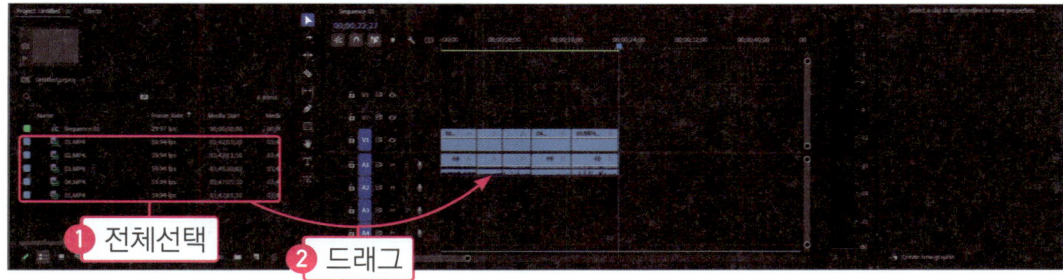

02 ❶ [Tool] 패널의 [Type Tool]을 선택한 후 ❷ [Program Momitor] 패널을 클릭해 '프리미어 자막 꾸미기'를 입력합니다.

Chapter 06 • 프리미어 프로로 자막 생성하기   89

03 ❶ 입력한 자막의 텍스트를 드래그해 블록 설정한 후 ❷ [Properties] 패널의 [Text] 영역에서 [Font]는 [맑은 고딕], [Font Style]은 [Bold], [Font Size]는 '130', [Tracking]은 '-50'으로 설정합니다('맑은 고딕' 폰트가 없다면 기본 설치되어 있는 폰트 중 자유롭게 선택합니다).

04 이어서 ❶ [Appearance] 영역의 [Fill], [Stroke], [Shadow]를 선택하고 [Stroke]와 [Shadow]의 [Color]는 [검은색(#000000)]을 설정한 후 ❷ [Stroke Width]는 '10', [Shadow]의 [Opacity]는 '100', [Angle]은 '135', [Distance]는 '10'을 입력합니다.

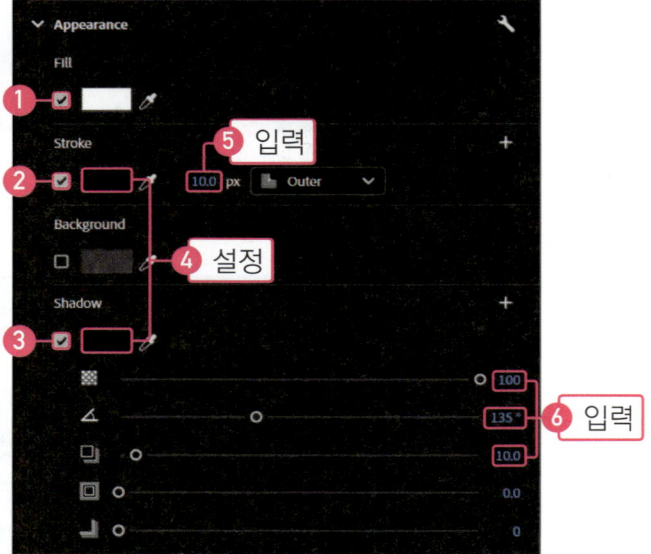

05 이번에는 ① [Program Monitor] 패널 자막의 '자막 꾸미기' 부분만 드래그하여 블록 설정한 후 ② [Appearance] 영역의 [Fill]은 [노란색(#FFFF00)]으로 변경하고 [OK] 버튼을 누릅니다.

06 모든 작업이 완료되면 [Program Monitor] 패널의 영상을 확인합니다. 가독성이 뛰어난 흑백 조합 스타일의 자막이 완성되었습니다.

STEP 03 자막 스타일 저장하기

나만의 자막 스타일을 만들어 저장해두면 자막 생성 시 빠르게 작업을 끝낼 수 있습니다. 자막 스타일 저장 방법에 대해 자세히 알아보겠습니다.

01 스타일 프리셋 저장하기

01 앞의 예제에 이어서 ❶ [Program Monitor] 패널의 자막을 선택한 후 ❷ [Properties] 패널의 스크롤을 내려 [Linked Style] 영역의 [+] 버튼을 클릭합니다. ❸ 바로가기 메뉴가 나타나면 [Create Style]을 선택합니다.

02 화면에 New Text Style 창이 나타나면 ❶ [Name] 입력란에 원하는 이름을 입력한 후 ❷ [Save to Project]와 [Save to Local style]을 모두 선택하고 [OK] 버튼을 클릭합니다.

03 [Linked style] 영역의 [None]으로 선택되어 있던 드롭박스가 방금 저장한 자막 스타일로 이름이 변경된 것을 확인할 수 있습니다.

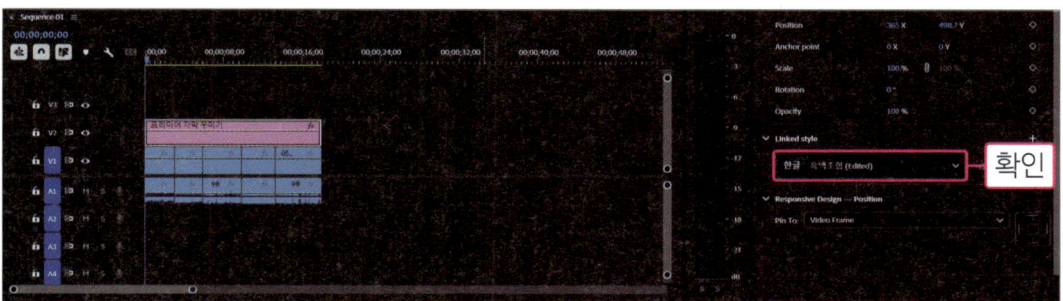

새 자막을 추가한 뒤 [Styles] 드롭박스에 저장한 스타일을 선택하면 자막에 즉시 적용됩니다. 여러 스타일을 미리 만들어 두면 빠르게 변경할 수 있어, 모든 자막을 같은 스타일로 통일할 때 유용합니다.

TIP

자막 스타일을 만들면 [Project] 패널에도 똑같은 이름의 파일이 생성됩니다. 파일을 클릭한 채 [Timeline] 패널의 그래픽 클립으로 드래그 앤 드롭하면 해당 스타일이 바로 적용됩니다.

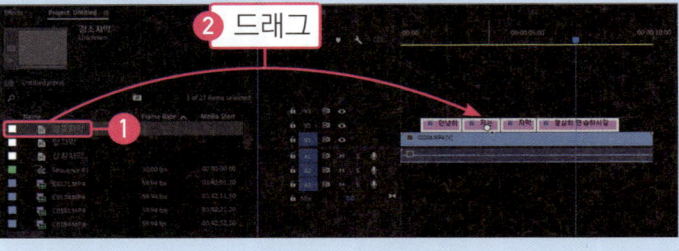

02 자막 스타일 템플릿에 저장하기

01 자막 스타일을 만든 후 ① [Timeline] 패널의 그래픽 클립에 마우스 오른쪽 버튼을 클릭합니다. ② 바로가기 메뉴가 나타나면 [Export As Motion Graphic Template]을 선택합니다.

02 화면에 Export As Motion Graphics Template 창이 나타나면 ❶ [Name] 입력란에 원하는 이름을 입력한 후 [OK] 버튼을 클릭합니다. ❷ 저장한 템플릿은 [Graphics Templates] 패널에서 확인할 수 있습니다.

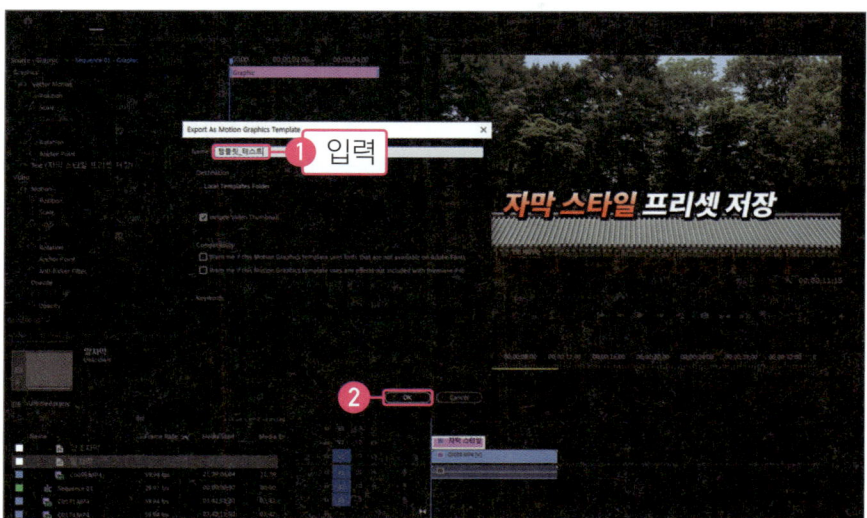

템플릿으로 자막스타일을 저장하면 키프레임 작업을 함께 저장할 수 있다는 게 큰 장점이지만, 자막 내용을 입력한 후 다른 템플릿으로의 변경이 어렵다는 단점이 있습니다.

Chapter 07 프리미어 프로로 오디오 편집하기

영상에서 색감이나 카메라 앵글만큼 중요한 것이 바로 오디오입니다. 똑같은 영상이라도 배경음악이나 효과음에 따라 완전히 다른 분위기의 영상이 연출되기 때문입니다. 이번 챕터에서는 프리미어 프로 오디오를 편집하는 방법에 대해 알아보겠습니다.

STEP 01 오디오 소스 준비하기

오디오가 많이 사용되는 콘텐츠에서 가장 중요한 요소는 음성 녹음입니다. 그래서 촬영 중에는 충분한 볼륨으로 녹음되고 있는지, 잡음이 섞이지는 않았는지 수시로 확인해야 합니다. 선명하게 녹음된 목소리는 영상의 메시지 전달력을 높이고 시청자의 집중도를 끌어올리기 때문입니다. 마이크는 이러한 음성 녹음을 위한 가장 기본적인 장비입니다. 촬영할 때 주변 환경이 조용하다면 카메라의 내장 마이크만 사용해도 충분하지만 소음이 심한 환경이라면 별도의 장비를 사용하는 것이 좋습니다. 마이크는 형태와 용도에 따라 다음과 같이 나뉩니다.

- **❶ 샷건 마이크** : 지향성 마이크의 일종으로 긴 막대 형태이며 카메라의 상단에 장착해 많이 사용합니다. 마이크가 향한 방향의 소리를 잘 잡아내는 특징이 있어 여러 소음이 존재하는 야외 촬영 시 많이 사용합니다.
- **❷ 핀 마이크** : 마이크에 달린 집게로 옷에 고정해 사용하는 마이크입니다. 마이크와 가까운 곳의 소리를 선명히 녹음할 수 있지만, 반대로 옷이나 신체 부위의 접촉으로 간혹 잡음이 녹음되는 단점이 있습니다.
- **❸ 콘덴서 마이크** : 작은 소리도 민감하게 잡아내는 고감도 마이크로 스탠드에 거치해 스튜디오 및 녹음실 등의 주로 실내에서 사용합니다. 녹음 능력이 굉장히 뛰어난 만큼 가격이 비싸고 다루기 어렵다는 단점이 있습니다.
- **❹ 녹음기** : 마이크를 준비하지 못했거나 없을 때 음성 파일 백업 수단으로 녹음기를 사용하며 녹음기의 형태는 정해진 기준이 없고 기능도 천차만별입니다. 요즘에는 스마트폰의 녹음 기능도 음질이 꽤 좋아 긴급한 순간에 녹음기 대용으로 사용하기 좋습니다.

야외 촬영을 직접 나가보면 알겠지만 생활 소음으로 목소리만 깔끔하게 녹음하기란 참 어렵습니다. 마이크는 꼭 비싼 장비가 아니어도 좋으니 영상의 완성도를 높이기 위해 마이크 사용을 권장합니다.

STEP 02 오디오 알아보기

촬영된 영상 소스는 보통 오디오 소스를 포함하고 있는데 [Project] 패널에서 확인할 수 있습니다. 배경음악이나 효과음 등의 순수하게 오디오만 있는 소스는 ▬으로 표시됩니다.

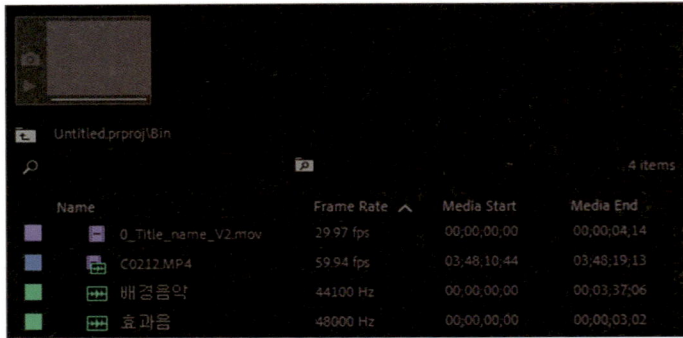

01 오디오 소스 불러오기

예제 파일 프리미어 프로–파트2_ch07–오디오 소스

01 프리미어 프로를 실행한 후 ❶ HD 1080p 29.97fps 프리셋으로 시퀀스를 생성하고 ❷ [Project] 패널에 예제 파일을 불러옵니다. ❸ 불러온 영상 소스 중 '01.mp4' 파일만 클릭해 [Timeline] 패널로 드래그 앤 드롭합니다.

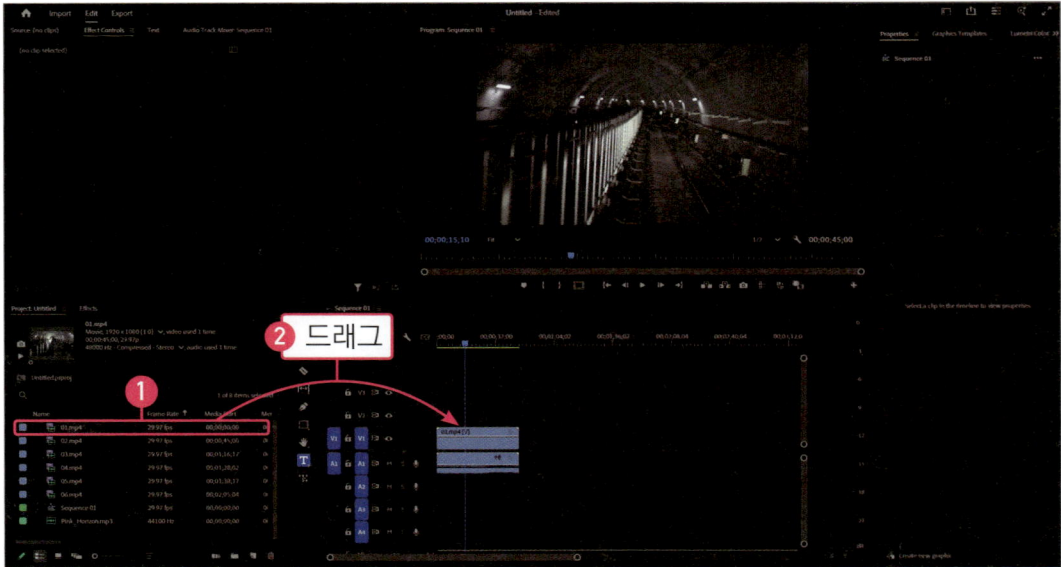

02 이어서 [Project] 패널의 'Pink_Horizontal' 오디오 소스도 클릭해 [Timeline] 패널의 [A2] 오디오 트랙으로 드래그 앤 드롭합니다.

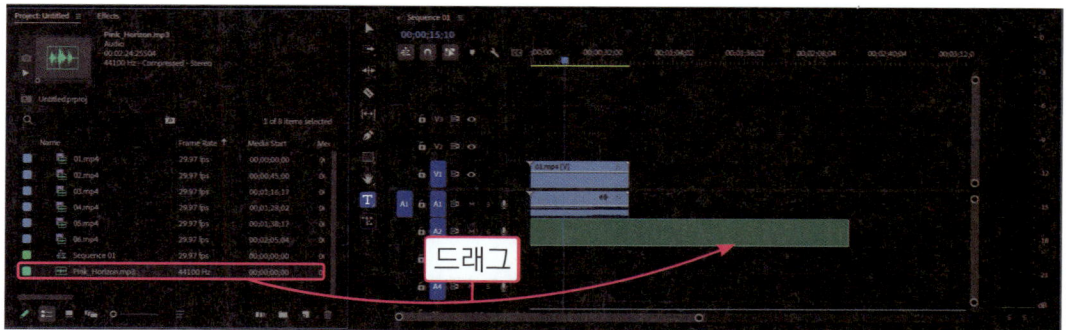

03 ❶ [Project] 패널의 오디오 소스를 더블클릭합니다. ❷ [Source Monitor] 패널에 '웨이브 폼'이라고 불리는 오디오 파형이 노출됩니다(오디오 소스도 영상 소스와 똑같이 [Mark In]과 [Mark Out]을 설정해 원하는 부분만 [Timeline] 패널로 불러올 수 있습니다).

[Timeline] 패널에서 오디오 클립을 자르거나 이동 및 트리밍하는 방법은 비디오 클립과 같습니다. 자세한 내용은 Chapter 5 를 참고해 주세요.

> **TIP**
>
> 보통 영상 소스를 클릭하면 비디오 클립과 오디오 클립이 동시에 선택되어 [Timeline] 패널에서 편집할 때 이동 및 자르기 등의 기능도 함께 적용됩니다. 만약 비디오와 오디오 클립을 각각 따로 편집하고 싶다면 해당 클립에 마우스 오른쪽 버튼을 클릭한 후 바로가기 메뉴에서 [Unlike]를 선택해 비디오와 오디오의 연결을 끊어줍니다. 일시적으로 오디오만 선택하고 싶다면 키보드의 Alt 키를 누른 상태에서 오디오 또는 비디오 클립을 선택하면 함께 선택되는 걸 피할 수 있습니다.
>
>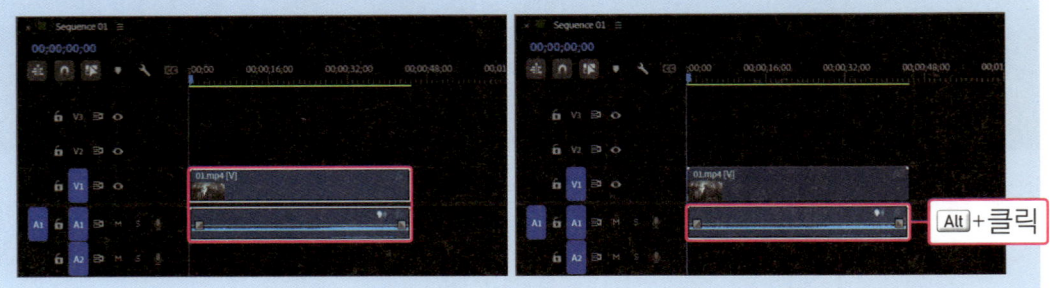

02 오디오 트랙 살펴보기

비디오는 [Timeline] 패널의 여러 트랙에 겹쳐 있어도 가장 맨 위 트랙에 있는 비디오 클립만 [Program Monitor] 패널에 노출됩니다. 하지만 오디오는 여러 트랙에 소스가 겹쳐 있다면 모든 소리가 뒤죽박죽 섞여 함께 출력됩니다. 보통 쇼츠 영상을 제작할 때 오디오 트랙을 1~2개만 사용하는데 유튜브에서 인기 있는 Vlog 콘텐츠는 [음성/배경음악/효과음]으로 3~4개 정도의 오디오 트랙을 사용합니다.

오디오의 볼륨은 화면 오른쪽의 오디오미터로 확인할 수 있습니다. 이상적인 볼륨은 [-3]과 [-6] 사이며 볼륨이 너무 커서 오디오미터를 초과하면 바로 위의 막대에 빨간색 불이 나타납니다. 이걸 'Audio Peak'가 발생했다고 하는데 현장에서는 '피크 났다' 혹은 '피크 쳤다'고 표현합니다.

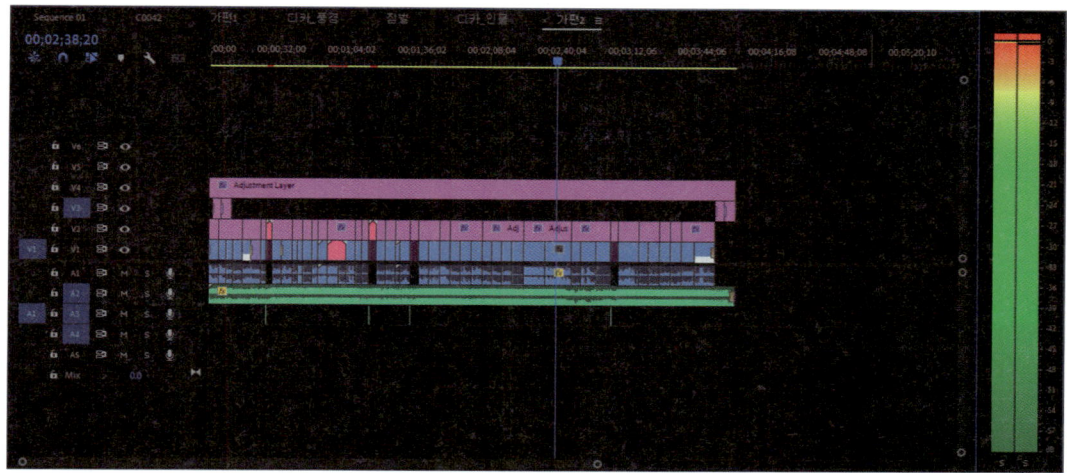

'Audio Peak'는 스피커가 최대 출력할 수 있는 볼륨 이상으로 소리를 출력을 할 때 발생하는 현상으로 오랜 시간 동안 'Audio Peak'가 지속되면 소리에 잡음이 생기고 왜곡이 심해져 듣기 불편한 소음이 발생합니다. 따라서 'Audio Peak'가 발생하지 않도록 오디오의 크기를 수시로 확인하고 관리해 줘야 합니다.

> **TIP**
>
> 오디오미터에 마우스 오른쪽 버튼을 클릭하면 표시되는 범위를 변경할 수 있습니다. 너무 넓은 범위를 선택하면 오디오의 차이를 감지하기 어려우니 [24 dB Range]를 추천합니다.

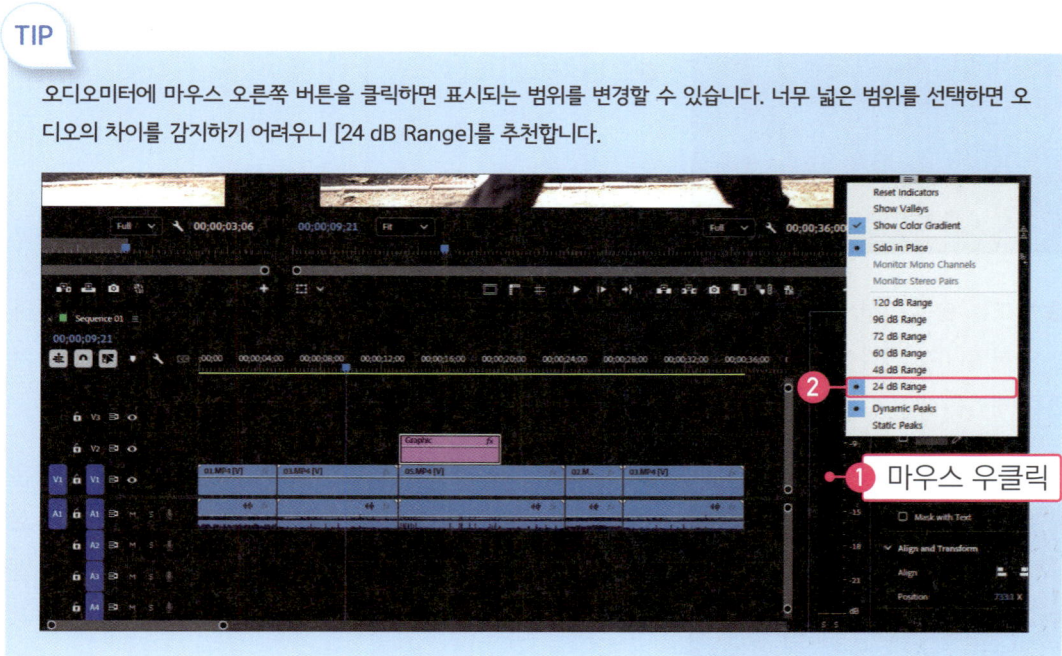

STEP 03 오디오 크기 조절하기

오디오의 크기를 조절하는 방법에는 볼륨 조절과 게인 조절이 있습니다. 게인은 오디오가 입력되는 크기를 의미하고, 볼륨은 오디오가 출력되는 크기를 의미합니다. 두 결과물이 거의 비슷하기 때문에 전문적으로 음향을 다루는 직업이 아니라면 애써 구분할 필요는 없습니다. 먼저 게인으로 오디오 크기를 조절하는 방법을 알아보겠습니다.

01 Audio Gain 조절하기

게인을 조절하려면 오디오 클립에 마우스 오른쪽 버튼을 클릭한 후 바로가기 메뉴에서 [Audio Gain]을 선택합니다(단축키 G). 화면에 Audio Gain 창이 나타나고 각 설정은 다음과 같습니다.

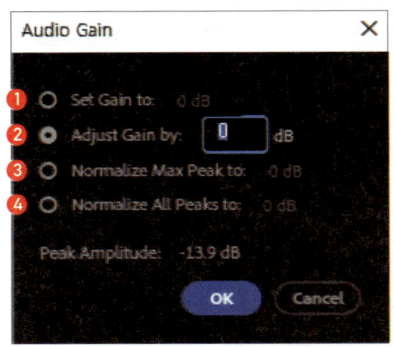

❶ 게인 설정
❷ 게인 조정
❸ 최대 최고점 표준화
❹ 모든 최고점 표준화

❶번 또는 ❷번 옵션으로 오디오 클립의 게인을 조절하며 ❷번이 기본으로 설정되어 가장 많이 사용하는 옵션입니다. 슬라이더를 드래그해 조정하거나 수치를 직접 입력해 변경할 수도 있으며 입력한 수치만큼 게인은 커지고 '−'를 붙이면 줄어듭니다. ❷번의 값에 따라 ❶번 값이 변합니다.

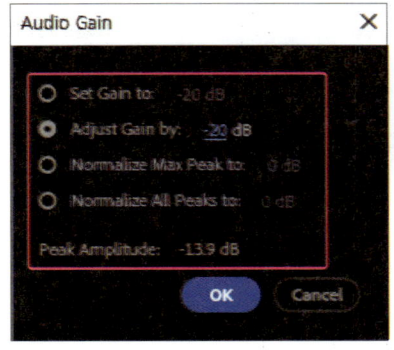

❸번과 ❹번은 오디오의 최고점을 조절하는 옵션으로 ❹번은 여러 트랙의 최고점을 동시에 조절할 때 사용합니다. 녹음된 오디오의 볼륨이 일정하지 않을 때 게인을 많이 키우면 피크가 발생해 ❸, ❹번 옵션으로 게인의 최고점을 낮춰줍니다.

02 오디오 볼륨 조절하기

01 앞의 예제에 이어서 이번에는 [Timeline] 패널에서 키보드의 Alt 키를 누른 채 오디오 트랙의 클립만 선택합니다.

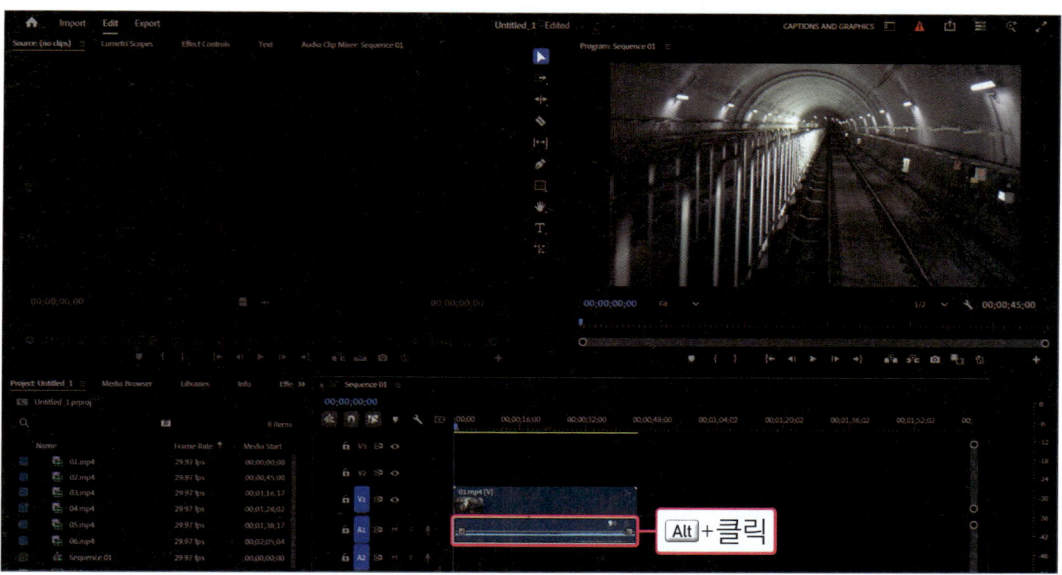

[Timeline] 패널에서 볼륨을 미세한 단위로 조절하고 싶다면 오디오 트랙을 확장해 작업합니다. 오디오 트랙의 경계를 위아래로 드래그하면 트랙의 높이를 조절할 수 있습니다. 비디오 트랙도 똑같은 방법으로 확장할 수 있습니다.

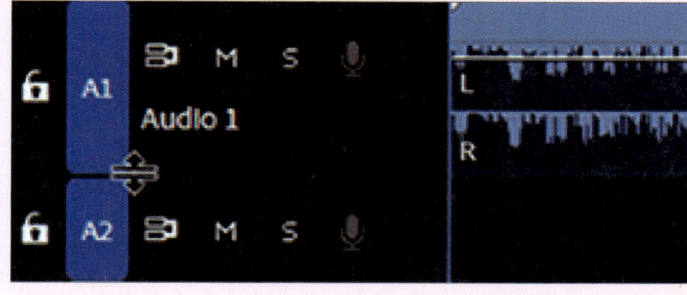

02 오디오 클립 중앙의 하얀색 볼륨 라인이 나타납니다. 선을 클릭한 채 위로 드래그하면 소리가 커지고, 아래로 드래그하면 소리가 작아집니다.

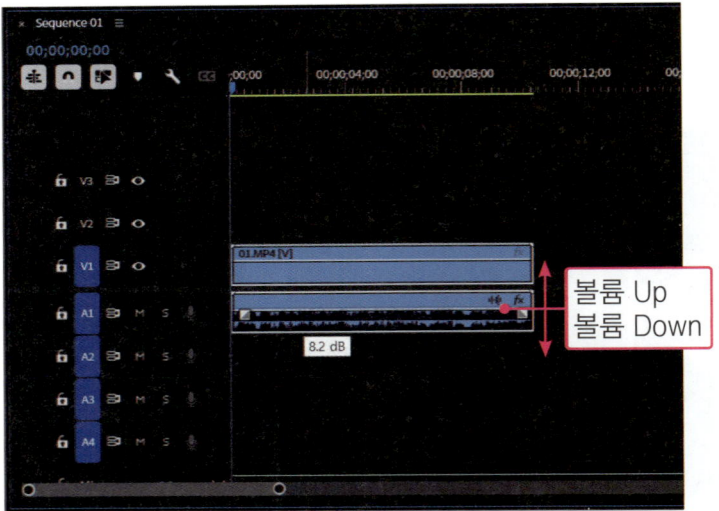

> **TIP**
>
> 볼륨은 데시벨 값으로 확인할 수 있으며, [플레이헤드]가 위치한 오디오 클립에 단축키를 누르면 볼륨이 1씩 변경됩니다([: 볼륨 1db 낮추기,] : 볼륨 1db 올리기).

| 실습 | 서서히 볼륨이 작아지는 오디오 효과 설정하기 |

예제 파일 프리미어 프로-파트2_ch07-오디오 효과

영상에 배경음악을 추가한 뒤, 음악이 끝나는 타이밍에 맞춰 볼륨이 서서히 줄어들도록 오디오 효과를 설정해 보겠습니다.

01 오디오 소스 불러오기

01 프리미어 프로를 실행한 후 ❶ HD 1080p 29.97fps 프리셋으로 시퀀스를 생성하고 ❷ [Project] 패널에 예제 파일을 불러옵니다.

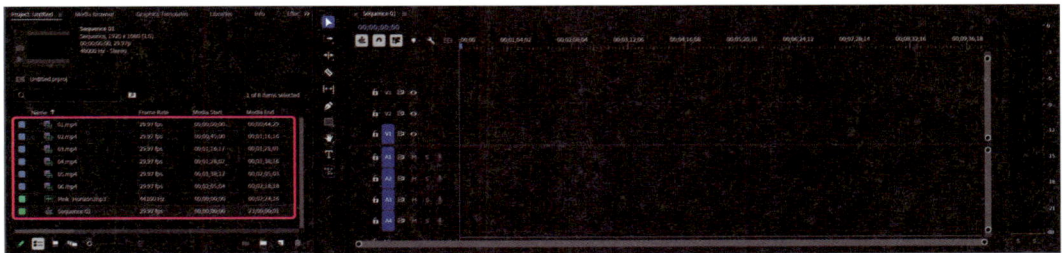

02 불러온 영상 소스를 모두 클릭한 채 [Timeline] 패널로 드래그 앤 드롭하고 비디오 클립의 길이를 약 20초 분량의 영상으로 편집합니다.

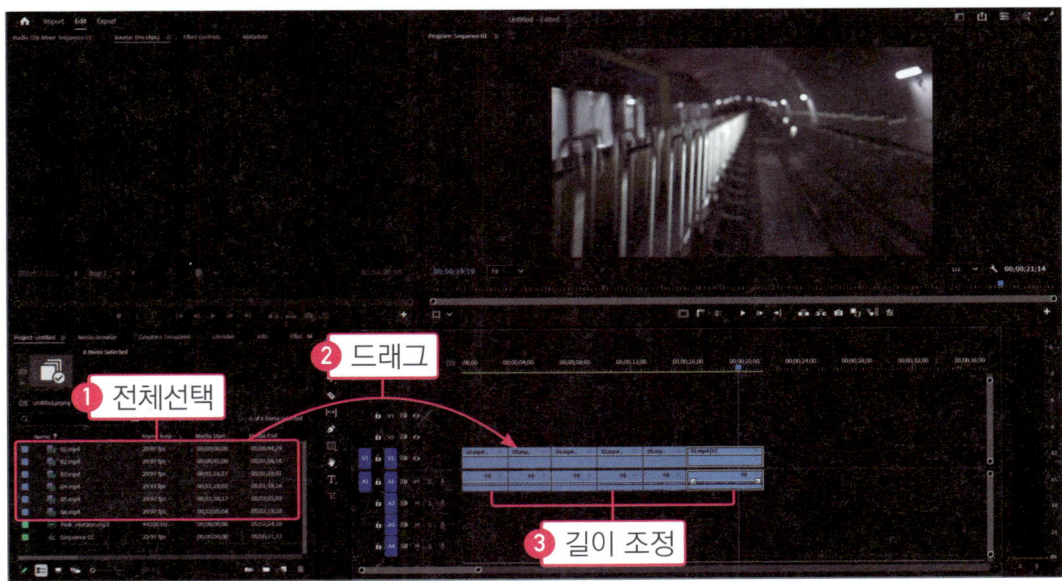

Chapter 07 · 프리미어 프로로 오디오 편집하기   105

03 이어서 ❶ [Project] 패널의 'Pink_Horizon.mp3' 오디오 소스를 클릭한 채 ❷ [Timeline] 패널의 [A2] 오디오 트랙으로 드래그 앤 드롭합니다.

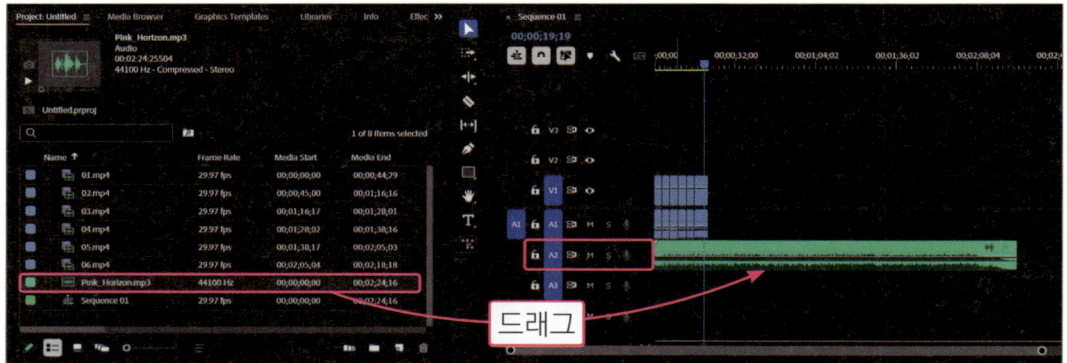

04 오디오 클립의 길이를 조절하기 위해 ❶ [Timeline] 패널의 오디오 클립의 끝을 클릭한 후 ❷ 비디오 클립의 길이에 맞춰 조정합니다.

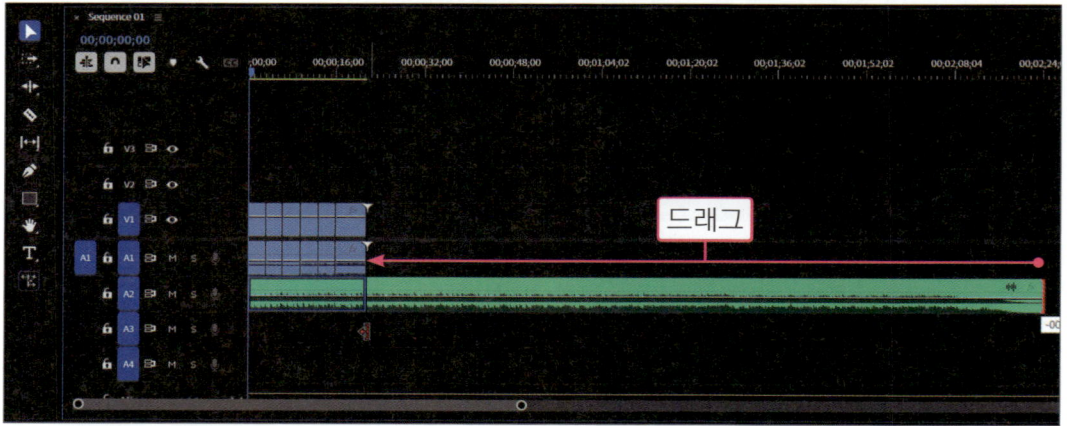

영상을 재생해 보면 영상과 함께 음악이 갑자기 끊겨 어색합니다. 오디오 클립의 볼륨 라인에 키프레임을 생성해 소리가 서서히 줄어드는 효과를 만들어 보겠습니다.

02 오디오 클립에 키프레임 생성하기

01 앞의 예제에 이어서 ❶ 영상이 종료되기 약 1초 지점에 키보드의 Ctrl 키를 누른 채 [A2] 트랙의 오디오 클립 볼륨 선을 클릭합니다. ❷ 클릭한 지점에 다이아몬드 모양의 키프레임이 생성되었습니다.

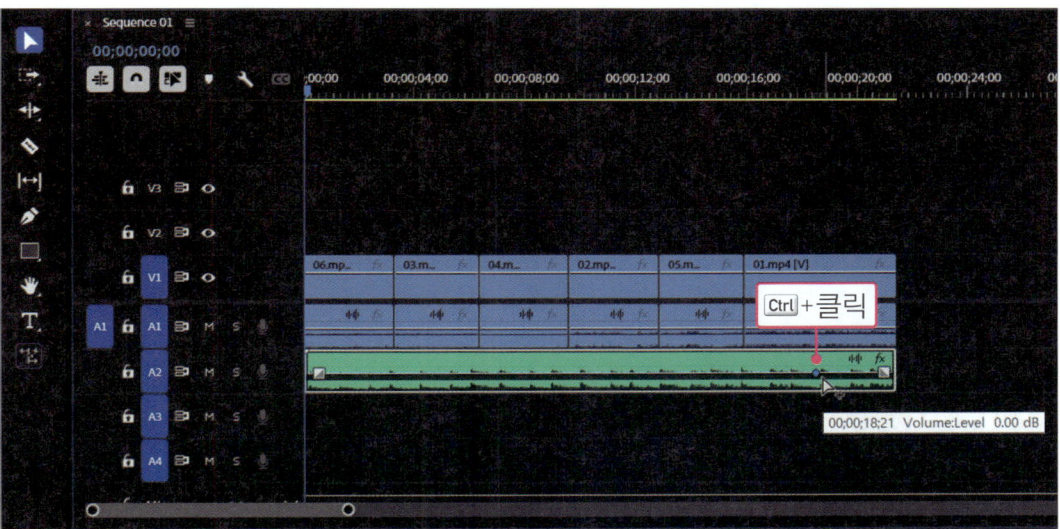

02 이어서 이번에는 01번의 ❶번과 같은 방법으로 1초가 지난 지점에 키프레임을 추가하고 두 번째 키프레임을 아래로 드래그해 볼륨을 줄입니다.

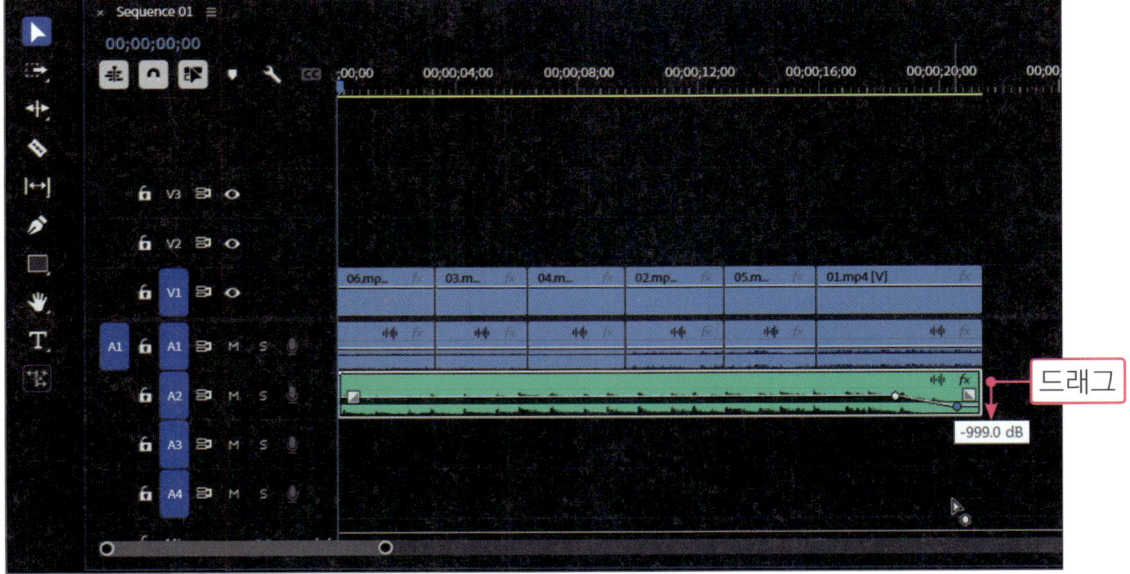

03 [Program Monitor] 패널에서 영상을 재생해 보면 종료될 즈음 배경음악의 소리도 서서히 줄어드는 것을 확인할 수 있습니다.

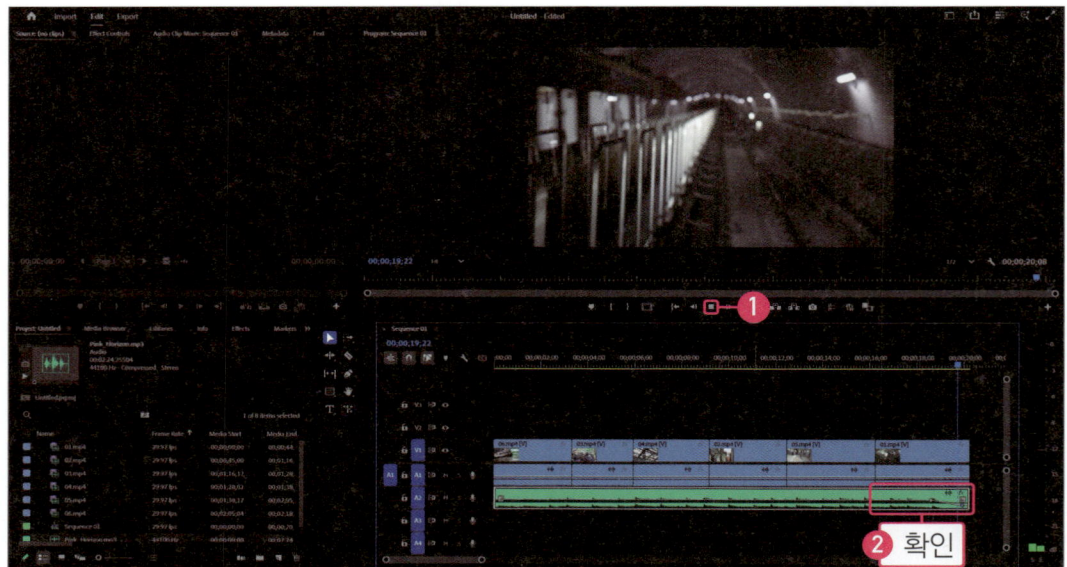

프리미어 프로 효과 적용하기

프리미어 프로는 다양한 효과를 제공하는데 각 필터는 포토샵의 필터처럼 손쉽게 변경하거나 보정할 수 있습니다. 이번 챕터에서는 프리미어 프로의 대표 효과 7개를 살펴보고 영상 소스에 적용하는 방법에 대해 자세히 알아보겠습니다.

STEP 01 효과 설정하기

프리미어 프로는 약 140개의 영상 효과와 50여 개의 음향 효과를 기본으로 제공합니다. 모든 효과는 [Effects] 패널에서 검색해 적용할 수 있으며 [Effects Controls] 패널에서 세부 옵션을 수정할 수 있습니다. 먼저, 필터 효과의 설정 방법을 살펴본 후 이어서 세부 옵션을 수정하는 방법을 살펴보고 마지막 영상 편집에 꼭 필요한 7가지 필수 효과를 알아보겠습니다.

❶ 미리 세팅된 애니메이션 저장
❷ 색 보정 프리셋 모음
❸ 음성 효과 모음
❹ 음성 전환 효과 모음
❺ 영상 효과 모음
❻ 영상 전환 효과 모음

우리 본문에서는 [Video Effects]와 [Audio Effects]의 효과를 중점적으로 살펴보겠습니다(해당 부분은 별도의 예제 파일이 제공되지 않습니다. 사용자의 영상 소스로 본문의 학습 과정을 따라 효과 기능을 학습해 보겠습니다).

01 효과 검색하고 적용하기

01 [Effects] 탭을 클릭한 후 검색란에 'gaussian'을 입력해 검색합니다.

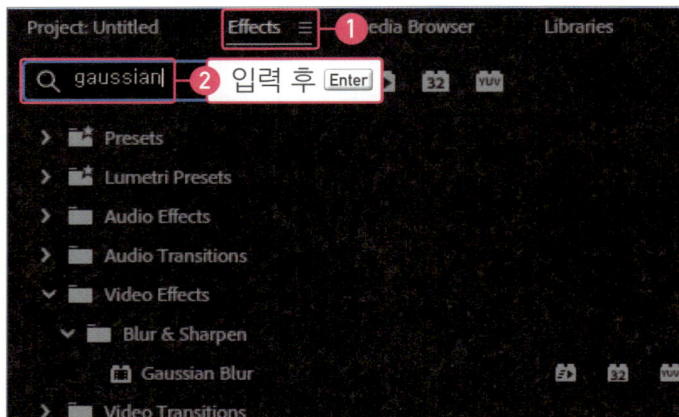

> 적용을 원하는 효과가 있다면 폴더를 하나씩 선택해 찾기보다 검색 기능을 이용하는 게 훨씬 효과적입니다.

TIP
앞의 2~3 글자만 입력해도 결과가 바로 출력되어 자주 사용하는 효과가 있다면 앞 글자 정도는 꼭 기억해 주세요.

02 검색 결과로 나타난 [Gaussian Blur]를 클릭한 채 효과를 적용할 [Timeline] 패널의 비디오 클립으로 드래그 앤 드롭합니다.

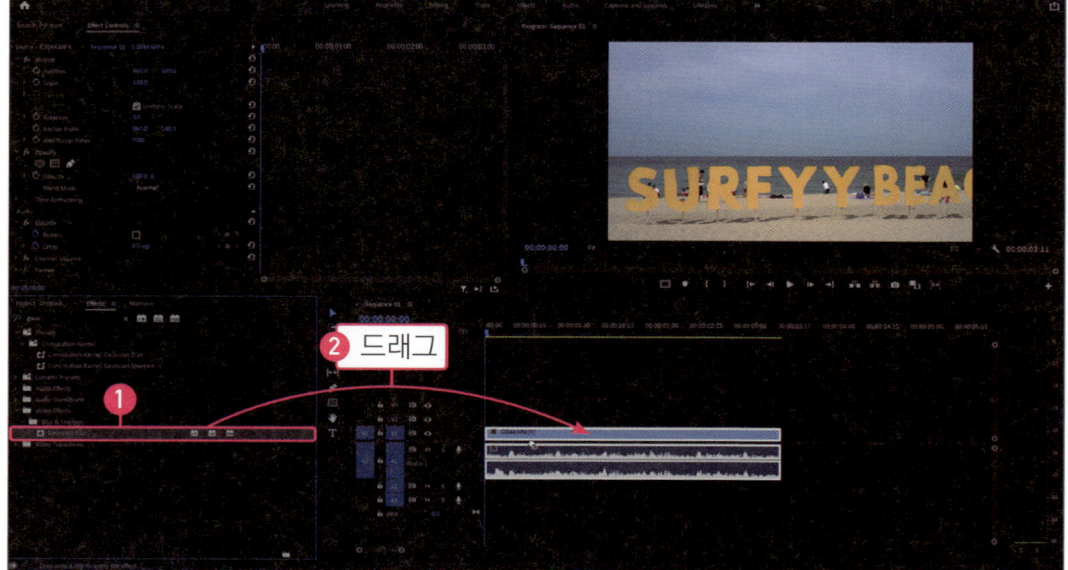

STEP 02 효과 편집하기

효과는 다양한 옵션들로 구성되어 있으며 필요에 따라 모양, 위치 등을 변경할 수 있습니다. 효과의 세부 옵션은 [Effect Controls] 패널에서 편집할 수 있습니다(메뉴 바의 [Window]-[Effect Controls]를 클릭해도 됩니다).

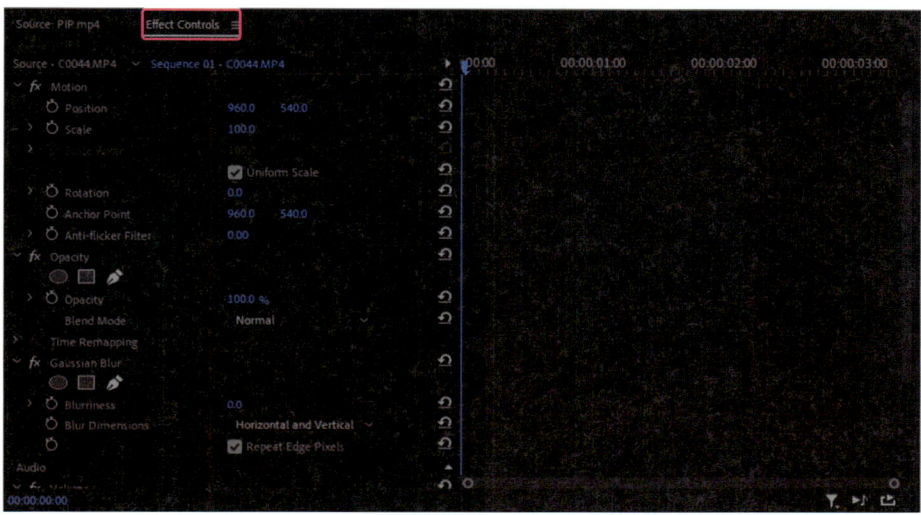

01 효과 제거하기

01 [Effects Controls] 패널에서 제거하고 싶은 [효과]를 선택합니다.

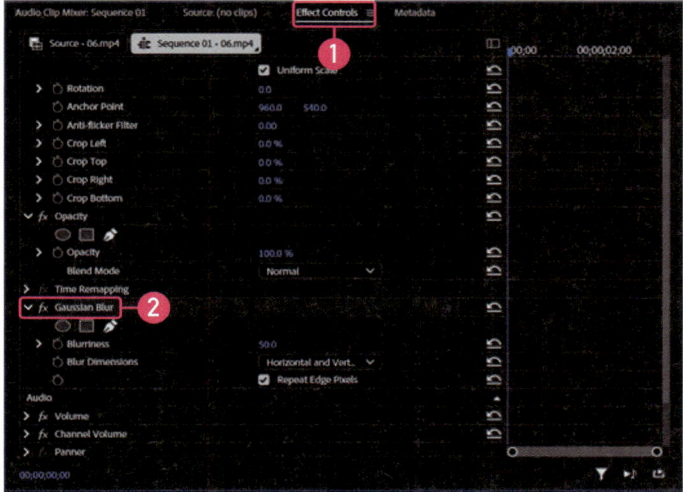

02 키보드의 Delete 키 또는 Backspace 키를 누릅니다. 패널에서 효과가 제거된 것을 확인할 수 있습니다.

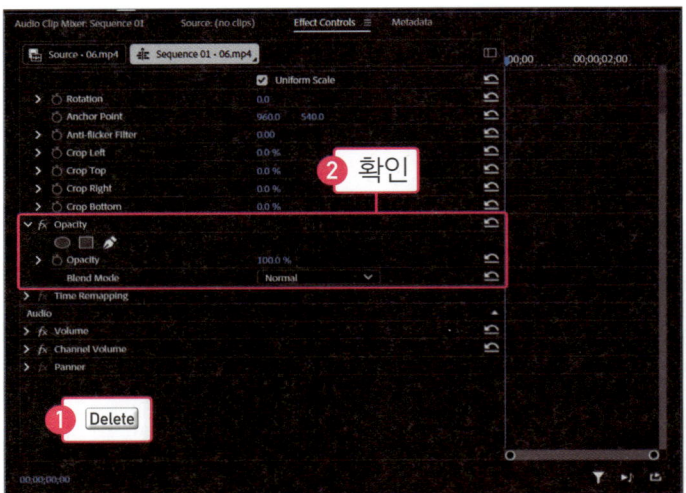

효과를 삭제하기 전에 미리 제거된 화면을 확인하고 싶다면 [Effects Controls] 화면에서 해당 효과의 fx 을 클릭합니다. [Program Monitor] 패널에 효과가 제거된 영상이 나타나고 효과를 다시 적용하고 싶다면 fx 을 한 번 더 클릭해주세요.

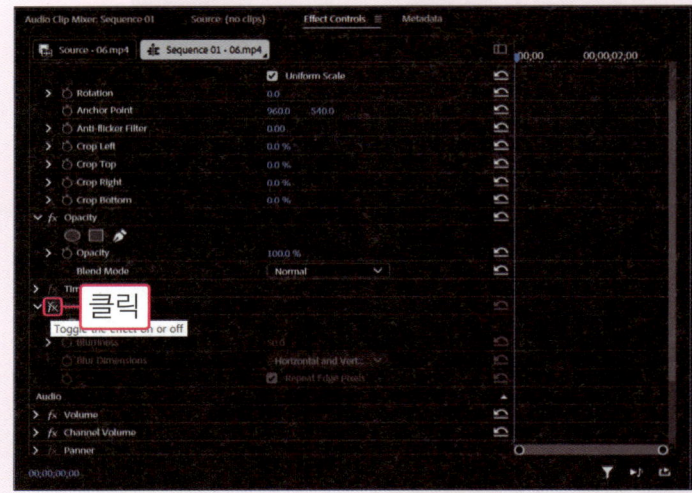

02 효과 이어서 사용하기

[Save Preset] 기능을 사용하면 해당 효과를 다른 프로젝트에서도 이어서 사용할 수 있습니다.

01 [Effects Controls] 패널에서 ❶ 저장을 원하는 효과에 마우스 오른쪽 버튼을 클릭합니다. ❷ 바로 가기 메뉴가 나타나면 [Save Preset]를 선택합니다.

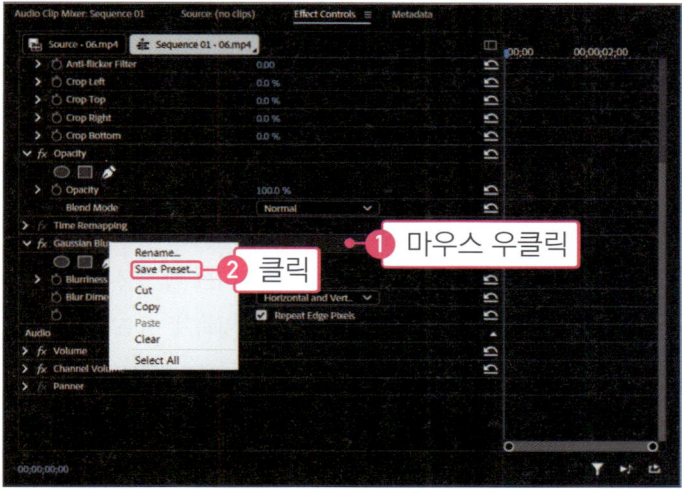

02 Save Preset 창이 나타나면 ❶ [Name] 입력란에 저장을 원하는 이름을 입력하고 [Type]은 [Scale]을 선택한 후 [OK] 버튼을 클릭합니다. ❷ [Effects] 패널의 [Presets] 폴더에서 방금 저장한 효과 프리셋을 확인할 수 있습니다.

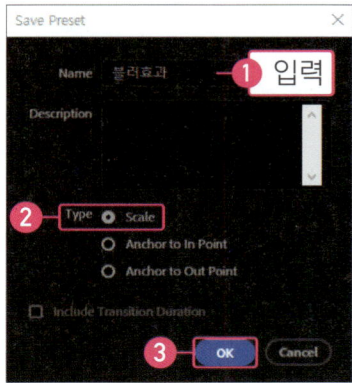 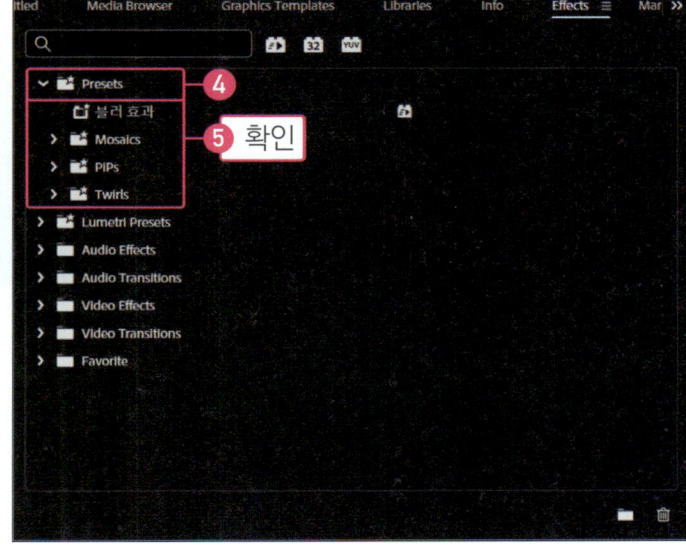

Chapter 08 • 프리미어 프로 효과 적용하기 113

STEP 03 프리미어 프로 7가지 효과

지금부터 소개할 효과들은 영상 편집 시 자주 사용하는 것으로 영화의 특수효과처럼 화려하지는 않지만 영상의 퀄리티를 높이는 중요한 효과입니다. 각 효과의 기본적인 사용 방법과 필수 옵션을 잘 익혀 다양하게 활용해 보세요.

01 Gaussian Blur

누구나 쉽게 영상을 촬영할 수 있는 요즘 야외 촬영을 하다 보면 의도치 않게 타인을 찍게 됩니다. 상대방의 동의를 구하지 않은 촬영은 초상권 침해 소지가 커, 영상에서 특정 인물을 가리는 건 이제 선택이 아닌 필수입니다. 과거에는 얼굴이나 차량 번호판, 상표 등을 가리기 위해 모자이크 방식을 많이 사용했지만 최근에는 주로 블러 방식을 선택하고 있습니다. 특히, 영상의 화면을 흐릿하게 만드는 블러 효과 중 [Gaussian Blur]는 균일하고 깔끔한 결과물을 만들어줘 영상 제작자들이 애용하고 있습니다.

[Gaussian Blur] 설정하기

01 [Effects] 탭을 클릭한 후 검색란에 'gaussian blur'를 입력해 검색합니다.

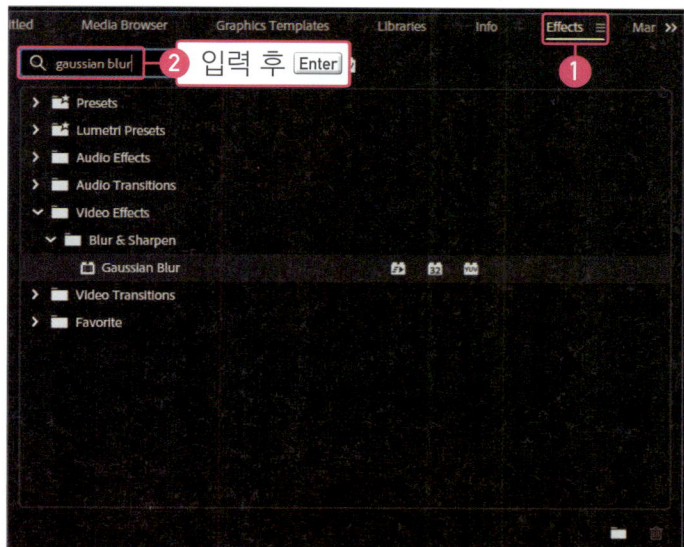

[Timeline] 패널에서 비디오 클립을 먼저 클릭한 후 [Gaussian Blur]를 더블클릭해도 효과가 적용됩니다.

02 ❶ 검색 결과로 나타난 [Gaussian Blur]를 클릭해 [Timeline] 패널의 비디오 클립으로 드래그 앤 드롭합니다. ❷ [Effect Controls] 패널에서 [Gaussian Blur]가 적용된 것을 확인할 수 있습니다.

03 화면 전체를 흐리게 하기 위해 [Effect Controls] 패널에서 [Gaussian Blur]의 [Blurriness] 옵션 값을 '50'으로 변경합니다.

마스크

마스크 기능을 사용하면 영상의 일부에만 [Gaussian Blur] 효과를 적용할 수 있습니다. ❶ [Effect Controls] 패널에서 [Gaussian Blur]의 마스크 생성 도구 ◉을 클릭합니다. ❷ [Program Monitor] 패널 중앙에 하늘색 원형 마스크가 나타나고 마스크 영역에만 효과가 적용된 것을 확인할 수 있습니다.

[Program Monitor] 패널의 파란색 원을 클릭한 채 드래그하면 원하는 곳에 효과가 적용되도록 마스크 위치를 변경할 수 있습니다. 마스크의 옵션 중 [Mask Feather] 값을 높이면 마스크의 경계가 부드러워지며 자연스럽게 주변과 섞입니다.

02 Warp Stabilizer

흔들림 없이 촬영된 영상은 시청자가 스토리에 집중하는 데 도움을 줍니다. 대부분의 영상 제작 현장에서 고가의 스테디캠(SteadiCam)과 무거운 짐벌(Gimbal)을 사용하는 이유도 바로 이 때문입니다. 별도의 안정화 장비 없이 손으로 카메라를 들고 촬영했다면 화면이 흔들리는 일이 태반인데, [Warp Stabilizer] 효과를 적용하면 상당 부분 잡아줄 수 있습니다. [Warp Stabilizer] 효과로 소중한 영상 소스를 지켜보세요.

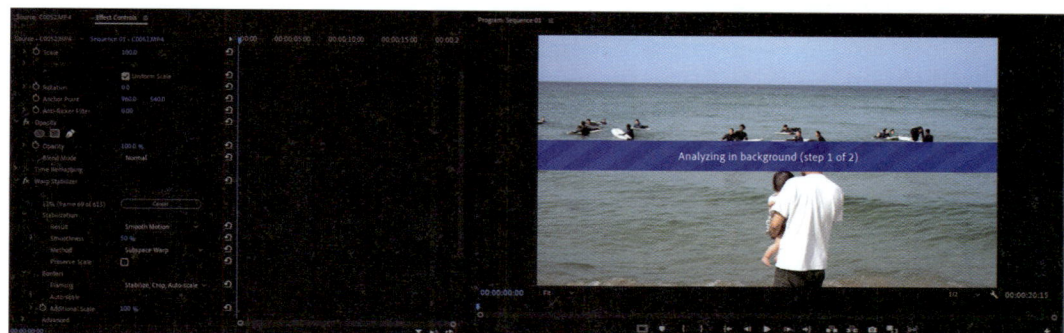

[Warp Stabilizer] 설정하기

01 [Effects] 탭을 클릭한 후 검색란에 'warp stabilizer'를 입력해 검색합니다.

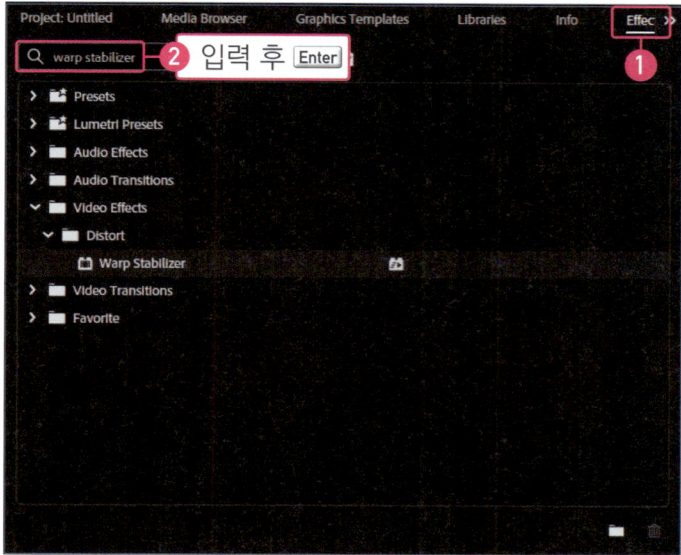

02 ❶ 검색 결과로 나타난 [Warp Stabilizer]를 클릭해 [Timeline] 패널의 비디오 클립으로 드래그 앤 드롭합니다. ❷ 효과 적용과 동시에 [Program Monitor] 패널의 중앙에 안정화 상태 메시지가 나타납니다.

상태 메시지는 분석(파란색)에서 안정화(주황색) 단계로 바뀝니다. 분석 단계에서는 각 프레임 상황을 판단하고 안정화 단계에서는 영상을 움직이거나 비틀어서 흔들림을 최소화합니다.

03 기본 설정만으로도 괜찮은 결과물을 얻을 수 있지만, 상황에 따라 세부 옵션을 변경해야 할 때도 있습니다. [Warp Stabilizer]의 ▶을 클릭하면 세부 옵션 변경이 가능합니다.

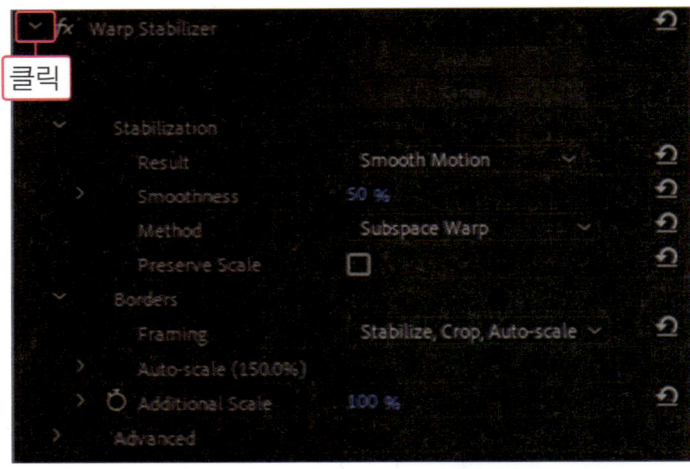

기존의 영상 속 움직임을 최대한 살리고 싶다면 [Result]의 [Smooth Motion]을 선택하고, 제거를 원하면 [No motion]을 선택합니다.

보통은 흔들림을 커버하기 위해 영상을 확대하는 경우가 많아 주변부가 잘리면 안 되는 영상은 주의하여 사용해야 합니다. 또한, 컴퓨터 사양에 따라 분석과 적용이 완료되기까지 작업 시간이 오래 걸릴 수 있으니 꼭 필요한 영상에서만 사용해 주세요.

> **TIP**
>
> 영상의 속도 조절과 [Warp Stabilizer] 효과를 동시에 적용하려고 할 때 오류 메시지가 나타나면 ❶ 해당 비디오 클립에 마우스 오른쪽 버튼을 클릭한 후 ❷ 바로가기 메뉴에서 [Nest]-[Nested Sequence]를 선택하고 화면에 창이 나타나면 [OK] 버튼을 클릭합니다. 이후에 만들어진 [Nested Sequence]에 [Warp Stabilizer] 효과를 적용하면 오류 없이 진행됩니다.
>
>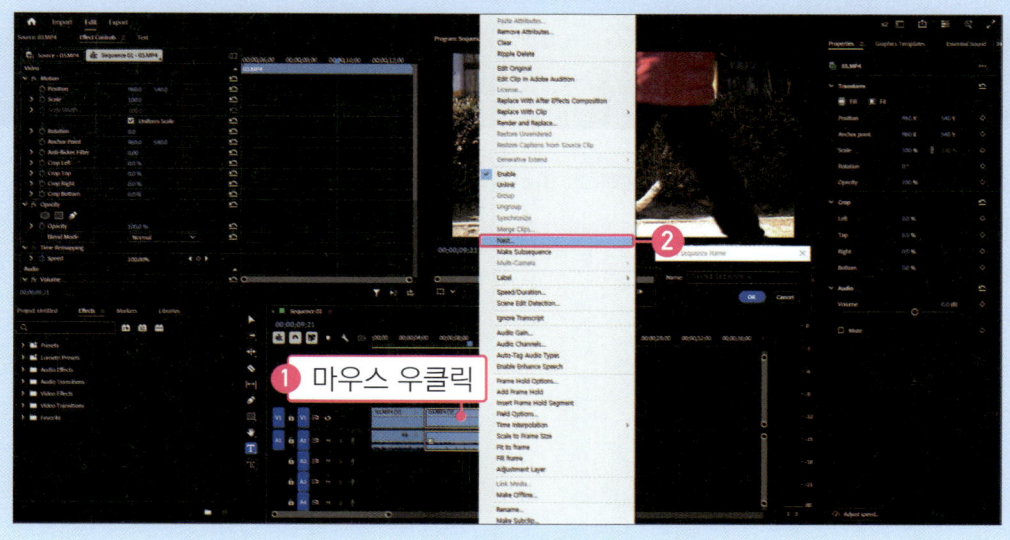

Chapter 08 · 프리미어 프로 효과 적용하기   119

03 Lumetri Color

[Lumetri Color] 효과는 프리미어 프로에서 영상의 색 보정을 위해 사용하는 효과입니다. 기본 보정에서부터 특정 색상만 추출해 색상을 변경하는 것까지 다양하고 강력한 기능을 자랑합니다. 색 보정 방법은 Part 3 에서 다루고 있으니 참고 바라며 Part 2 에서는 기본 사용 방법만 설명하겠습니다.

앞의 효과들은 [Effects] 패널에서 검색한 후 비디오 클립에 적용했지만 [Lumetri Color] 효과는 작업 영역을 활용해 적용합니다. 방법은 다음과 같습니다.

[Lumetri Color] 설정하기

01 ❶ 메뉴 바의 [Window]-[Workspace]-[Color]를 선택합니다. ❷ 화면 우측에 [Lumetri Color] 패널이 나타납니다.

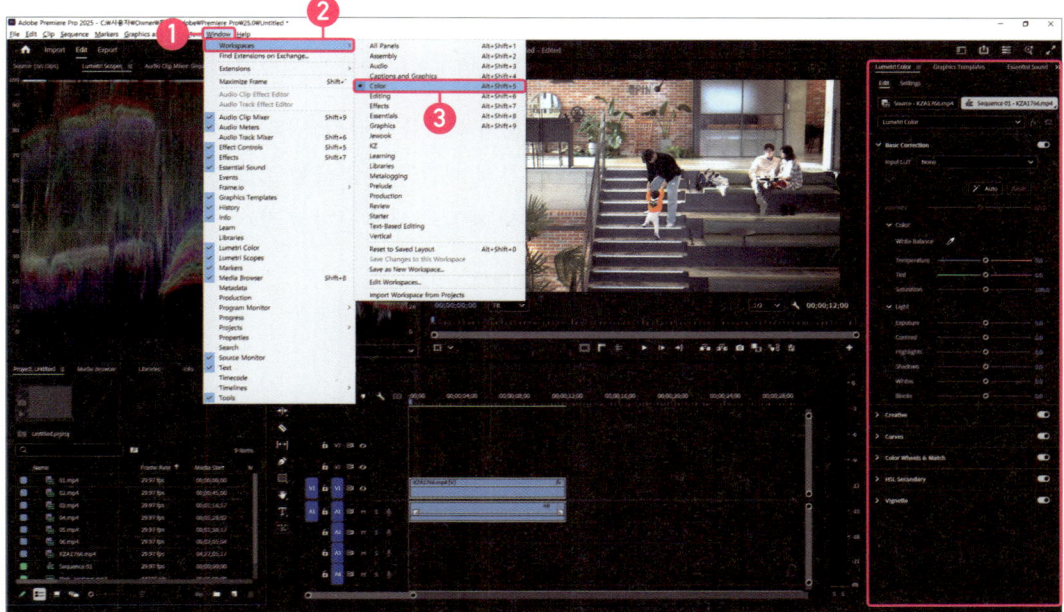

02 ❶ [Timeline] 패널에서 [Lumetri Color] 효과를 적용할 비디오 클립을 선택한 후 [Lumetri Color] 패널에서 슬라이더를 드래그해 변경합니다. ❷ 선택한 비디오 클립에 자동으로 [Lumetri Color] 효과가 적용됩니다.

[Lumetri Color] 패널의 세부 옵션

[Lumetri Color] 패널은 [Lumetri Color] 효과를 손쉽게 적용하고 옵션을 빠르게 수정할 수 있다는 장점이 있습니다. 그중 [Basic Correction]은 크게 [Color]와 [Light] 두 영역으로 나누어져 있습니다. [Color]는 영상의 분위기를 입히고 [Light]는 기본적인 색 보정 옵션을 갖습니다.

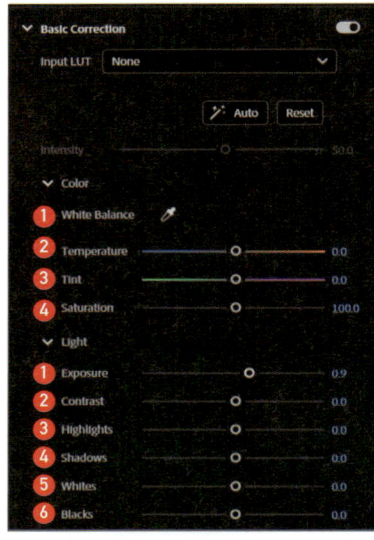

[Color]
① 선택한 부분의 색상을 하얀색으로 설정
② 노란색/푸른색 계열의 색상 균형 조절
③ 마젠타/녹색 계열의 색상 균형 조절
④ 색감 농도 설정

[Light]
① 비디오 클립의 밝기 선택
② 밝고 어두운 부분의 대비를 조정
③ 밝은 영역 조정 ④ 어두운 영역 조정
⑤ 흰색 계열의 밝기 조절
⑥ 검정 계열의 밝기 조절

색온도인 [Temperature]를 조절하면 새벽 느낌의 청색과 늦은 오후 느낌의 주황 색감을 더할 수 있습니다. [Temperature]와 색조인 [Tint] 값을 조절해 나만의 색감을 만들어 보세요([Tint]는 녹색과 마젠타 색감을 더하는데 너무 과하게 적용하면 비현실적인 결과물이 나오기 때문에 주의해야 합니다).

▲ 새벽의 차가운 색감

▲ 오후의 따뜻한 색감

> **TIP**
> [Lumetri Color]의 모든 옵션은 [페이더]를 더블클릭 하면 설정이 초기화 됩니다.

04 Ultra Key

영상을 만들면서 가장 손쉽게 시도할 수 있는 합성 효과는 바로 크로마키(Chroma Key)입니다. 크로마키는 그린 스크린에서 피사체를 촬영한 후 배경을 지우는 효과로 원하는 장면을 현실에서 구현하기 어려울 때 주로 사용하며 실제 등장인물의 연기와 가상의 배경을 합성하는 게 일반적입니다.

Chapter 08 · 프리미어 프로 효과 적용하기

요즘에는 유튜버 크리에이터도 크로마키 효과를 많이 사용하고 있습니다. 특히 게임 콘텐츠를 주로 업로드하는 크리에이터들이 본인의 모습과 게임 화면을 동시에 보여주기 위해 사용합니다. 크로마키 효과는 [Keying] 폴더에서 설정할 수 있으며 [Ultra Key] 효과가 가장 좋은 결과물을 출력합니다. 방법은 다음과 같습니다.

[Ultra Key] 설정하기

01 [Effects] 탭을 클릭한 후 검색란에 'ultra key'를 입력해 검색합니다.

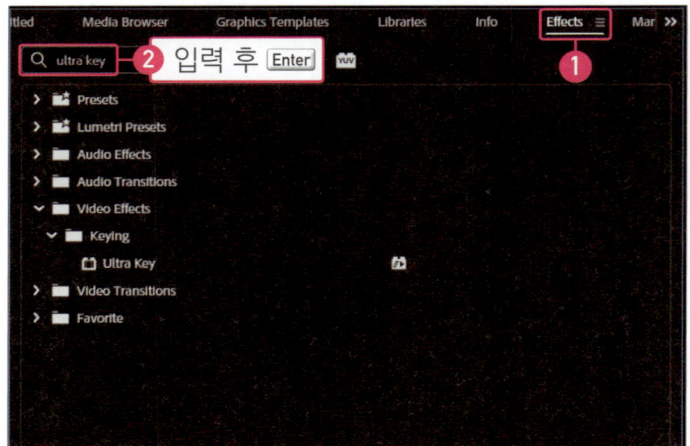

02 ❶ 검색 결과로 나타난 [Ultra Key] 효과를 클릭해 [Timeline] 패널의 비디오 클립으로 드래그 앤 드롭합니다. ❷ [Effect Controls] 패널에서 [Ultra Key] 효과가 적용된 것을 확인할 수 있습니다.

03 이어서 배경을 합성하기 위해 ❶ [Effect Controls] 패널을 클릭한 후 [Ultra Key]의 🖊을 클릭합니다. ❷ [Program Monitor] 패널에서 제거하고 싶은 부분의 색을 클릭합니다.

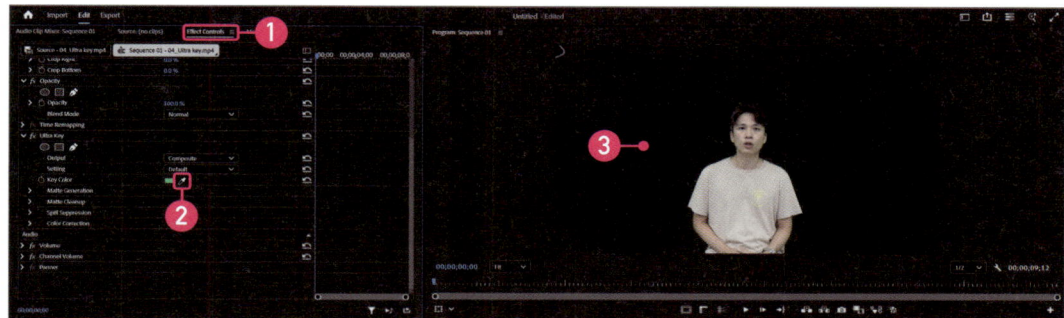

04 클릭한 부분의 색상이 투명하게 제거되었습니다. 이번에는 [Setting] 드롭박스를 클릭해 가장 깔끔한 결과물을 출력하는 [Aggressive]를 선택합니다.

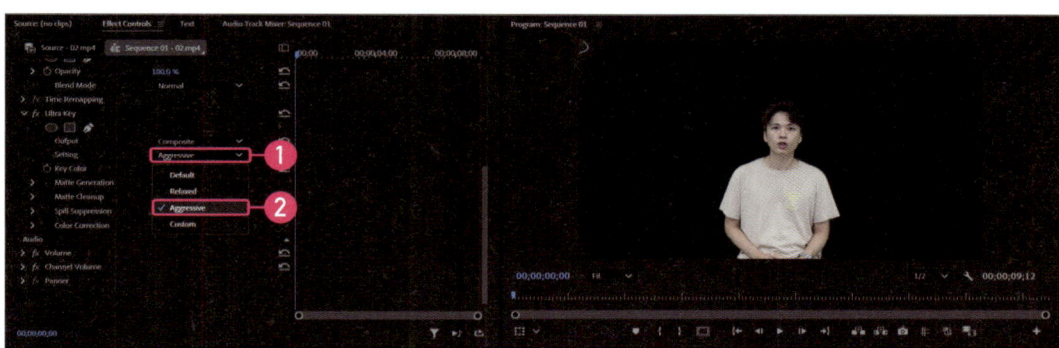

> **TIP**
>
> 세부 옵션에서 [Output] 드롭박스를 클릭해 최종 결과물을 볼 수 있는 [Alpha Channel]을 선택하면 화면이 흑백으로 변하게 됩니다. 하얀색은 유지되는 부분이고 검은색이 투명하게 제거되는 부분인데, 효과가 어떻게 적용되었는지 시각적으로 빠르게 확인할 수 있습니다. 회색은 배경이 깔끔하게 지워지지 않는 부분으로 세부 옵션을 변경해 회색 영역을 최대한 줄이면 깔끔한 결과물을 얻을 수 있습니다.

[Ultra Key] 세부 옵션 알아보기

기본 설정으로도 훌륭한 결과물을 얻을 수 있지만 세부 옵션을 변경하면 선택 영역을 더 섬세하게 다듬을 수 있습니다. 가장 많이 사용하는 세부 옵션은 [Matte Generation]과 [Matte Cleanup]으로 [Matte Generation]은 제거되는 영역의 범위를 설정하고 [Matte Cleanup]은 원하는 색상을 제거한 후 경계를 정리합니다. 먼저, [Matte Generation]의 세부 옵션은 다음과 같습니다.

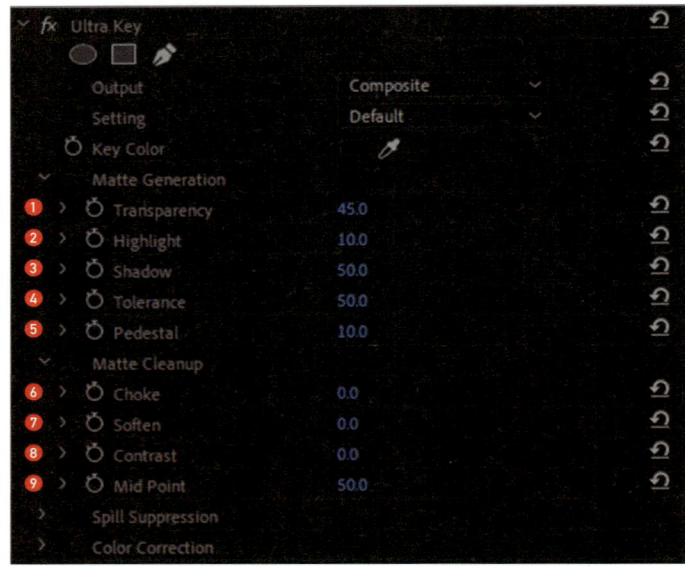

[Matte Generation]
❶ 제거되는 배경의 투명도
❷ 선택한 색상보다 밝은 부분을 투명하게 만듦
❸ 선택한 색상보다 어두운 부분을 투명하게 만듦
❹ 선택한 색상과 유사한 색상까지 허용
❺ 알파 채널의 노이즈 감소

[Matte Cleanup]
❻ 경계 감소   ❼ 경계를 부드럽게   ❽ 경계의 대비   ❾ 대비의 균형점 선택

사용자의 촬영 환경에 따라서 설정값은 매번 달라지기 때문에 깔끔한 결과물이 나올 때까지 옵션의 값을 조절해 주세요.

05 Crop

[Crop] 효과는 말 그대로 영상 화면의 일부를 자르는 효과입니다. 화면을 분할하거나 영상의 일부를 잘라야 할 때 많이 사용하며 예전에는 효과를 따로 적용해야 했는데 최근 업데이트 이후 영상의 기본 편집 속성으로 흡수됐습니다. 방법은 다음과 같습니다.

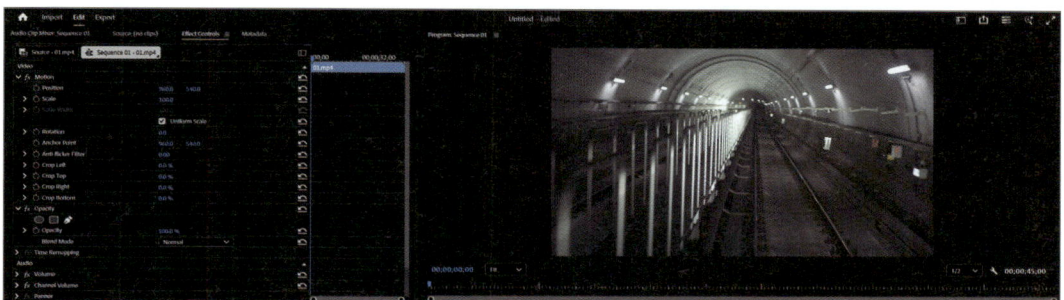

[Crop] 설정하기

01 ❶ [Timeline] 패널의 비디오 클립을 선택한 후 ❷ [Effect Controls] 패널을 클릭합니다. [Video] 영역에서 [Motion]의 ▶을 클릭한 후 [Crop Left]에 자르고 싶은 만큼 옵션값을 입력합니다.

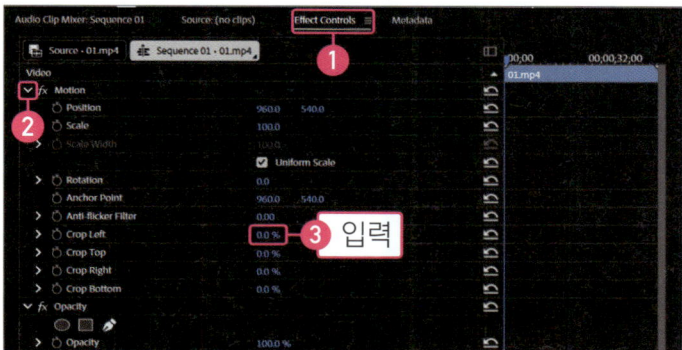

02 [Program Monitor] 패널에서 [Crop] 효과가 적용된 영상을 확인할 수 있습니다.

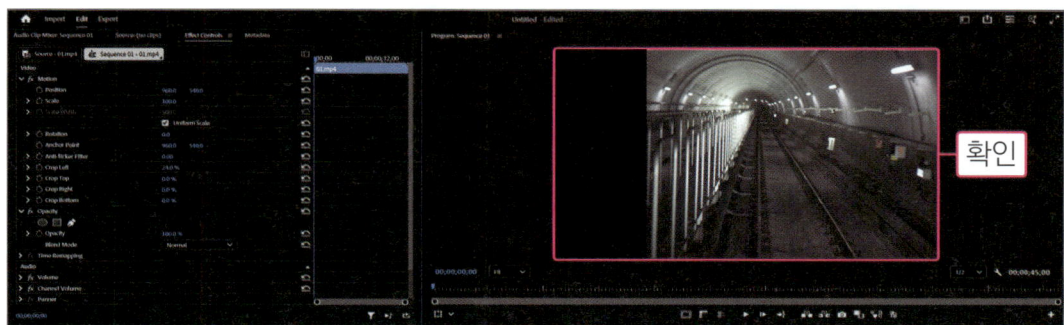

06 Basic 3D

프리미어 프로에서는 영상 또는 이미지의 가로축과 세로축을 기준으로 값을 변경해 입체적인 느낌을 줄 수 있습니다. 방법은 다음과 같습니다.

[Basic 3D] 설정하기

01 [Effects] 탭을 클릭한 후 검색란에 'basic 3d'를 입력해 검색합니다.

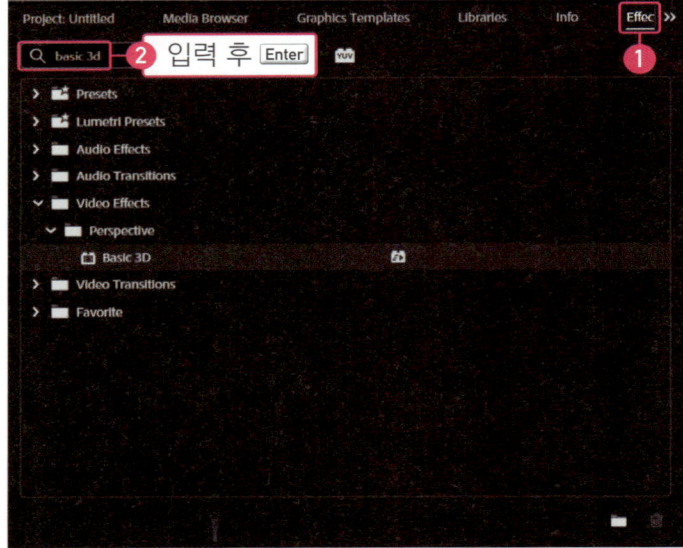

02 ❶ 검색 결과로 나타난 [Basic 3D] 효과를 클릭해 [Timeline] 패널의 비디오 클립으로 드래그 앤 드롭합니다. ❷ [Effect Controls] 패널에서 [Basic 3D] 효과가 적용된 것을 확인할 수 있습니다.

03 ❶ [Effect Controls] 패널의 [Basic 3D] 효과의 ▶을 클릭합니다. ❷ 세부 옵션의 값을 변경해 영상에 입체감이 느껴지도록 화면을 기울여 봅니다.

> **TIP**
>
> [Basic 3D]의 세부 옵션에서 [Swivel]은 가로축(X축)을 기준으로 회전할 수 있고 [Tilt]는 세로축(Y축)을 기준으로 회전할 수 있습니다. [Distance to Image]는 앞뒤 거리를 조절할 수 있으며 [Specular Highlight] 선택 시 가상의 조명을 추가해 더 리얼한 결과물을 만들 수 있습니다.
>
>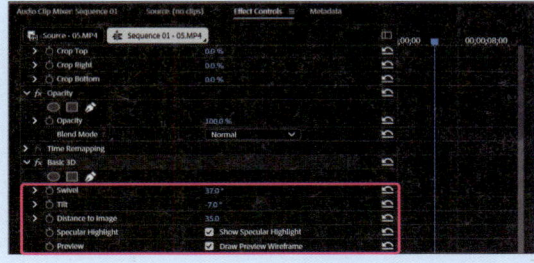

Chapter 08 · 프리미어 프로 효과 적용하기 **129**

07 Pitch Shifter

프리미어 프로의 [Pitch Shifter] 효과는 영상의 음성을 변조하는 대표적인 오디오 효과입니다. 방법은 다음과 같습니다.

[Pitch Shifter] 설정하기

01 [Effects] 탭을 클릭한 후 검색란에 'pitch shifter'를 입력해 검색합니다.

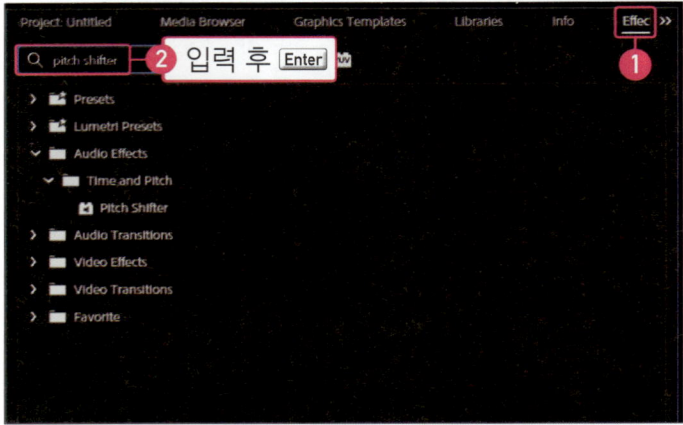

02 ❶ 검색 결과로 나타난 [Pitch Shifter] 효과를 클릭해 [Timeline] 패널의 비디오 클립으로 드래그 앤 드롭합니다. ❷ 오디오 효과이기에 오디오 트랙의 클립에만 효과가 적용되어 [Effect Controls] 패널의 [Audio] 영역에 [Pitch Shifter] 효과가 적용된 것을 확인할 수 있습니다.

03 세부 옵션을 조정하기 위해 ❶ [Custom Setup] 영역의 [Edit] 버튼을 클릭합니다. ❷ 화면에 Clip Fx Editor 창이 나타납니다.

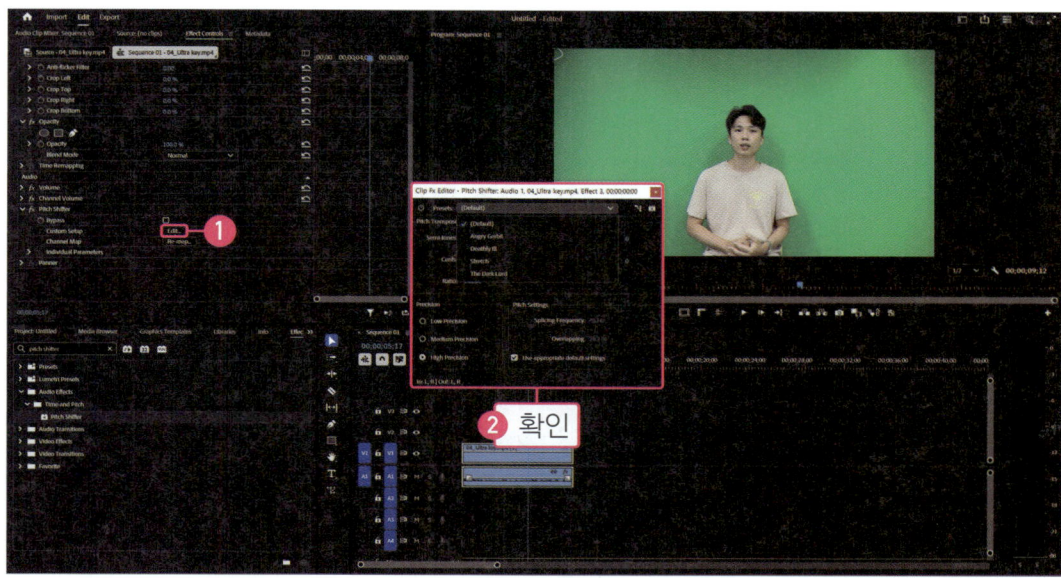

04 [Presets] 드롭박스를 클릭한 후 [Angry Gerbil]을 선택합니다. [Semi tones]와 [Cents]의 값은 영상에 맞게 조정하고 모든 설정이 완료되면 [X] 버튼을 클릭해 종료합니다.

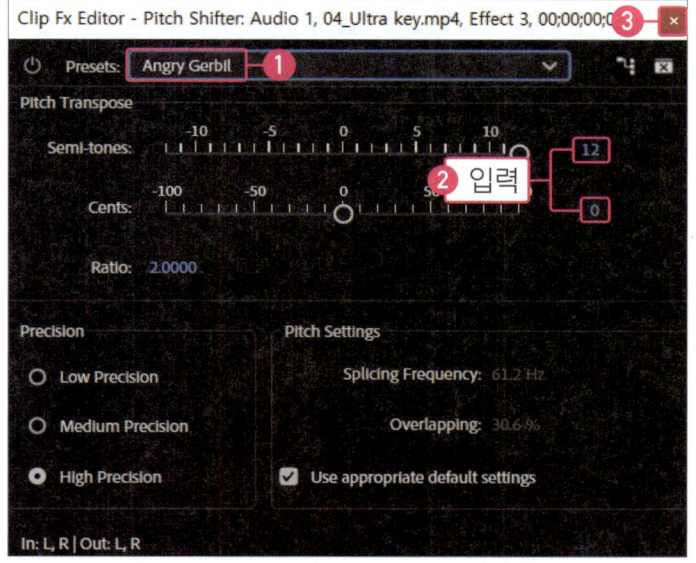

프리셋을 먼저 설정한 후 세부 옵션을 변경하는 것이 좋습니다.

Semi-tones : 음의 높낮이를 반음 단위로 변경
Cents : 설정된 반음 단위에서 미세 조정

실습+ 영상을 안정화하고 움직이는 블러 효과 설정하기

예제 파일 프리미어 프로–파트2_ch08–영상 안정화

[Warp stabilizer] 효과로 흔들리는 영상을 안정화하고 [Gaussian Blur]와 마스크를 활용해 사람을 따라가는 블러 효과를 적용해 보겠습니다.

01 프리미어 프로를 실행한 후 ❶ HD 1080p 29.97fps 프리셋으로 시퀀스를 생성하고 ❷ [Project] 패널에 예제 파일을 불러옵니다. ❸ 영상 소스를 클릭한 채 [Timeline] 패널로 드래그 앤 드롭합니다. 영상을 확인해 보면 화면이 많이 흔들려 불안정합니다.

02 화면을 안정화하기 위해 ❶ [Effects] 탭을 클릭한 후 검색란에 'Warp stabilizer'를 입력해 검색합니다. ❷ [Warp stabilizer] 효과를 클릭해 [Timeline] 패널의 비디오 클립으로 드래그 앤 드롭합니다.

03 이어서 블러 효과를 적용하기 위해 ❶ [Effects] 탭을 클릭한 후 검색란에 'Gaussian Blur'를 입력해 검색합니다. ❷ [Gaussian Blur]를 클릭한 채 [Timeline] 패널의 비디오 클립으로 드래그 앤 드롭합니다.

04 [Effect Controls] 패널에서 [Gaussian Blur]의 세부 옵션 [Blurriness]의 값을 '40'으로 변경합니다. 영상 전체가 뿌옇게 흐려집니다.

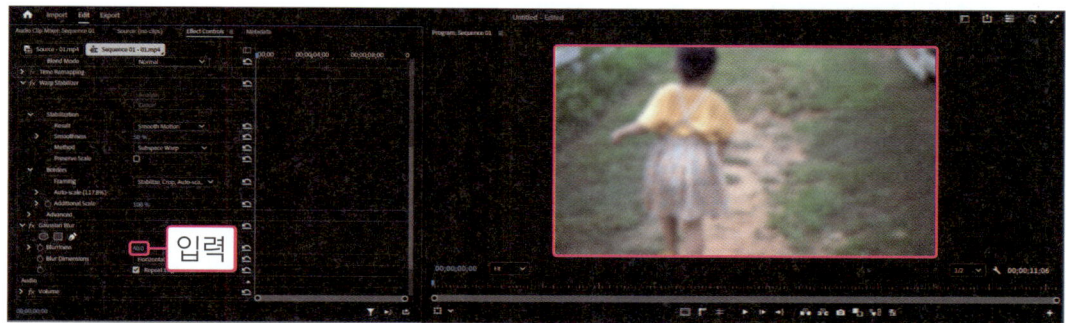

05 화면 일부에만 효과를 적용하기 위해 ❶ [Gaussian Blur] 효과의 ◯을 클릭합니다. ❷ [Mask(1)]이 생성되며 [Program Monitor] 패널에서 하늘색 원형 마스크가 나타납니다. ❸ 아이의 머리가 가려지도록 [Program Monitor] 패널의 마스크의 위치를 드래그해 이동합니다.

Chapter 08 · 프리미어 프로로 효과 적용하기

06 마스크가 아이를 따라가도록 ❶ [Effect Controls] 패널의 [플레이헤드]를 클릭해 영상의 맨 처음으로 드래그합니다. ❷ [Mask (1)] 아래 [Mask Path] 옵션의 ◉을 클릭합니다. ❸ 아이콘이 활성화되며 [플레이헤드]에 다이아몬드 모양의 키프레임이 생성됩니다.

07 ❶ [Effect Controls] 패널의 [플레이헤드]를 약 1초 앞으로 드래그합니다. ❷ [Mask (1)]을 클릭한 후 아이가 포함되도록 마스크의 위치를 옮깁니다. ❸ [플레이헤드]에 새로운 키프레임이 추가됩니다.

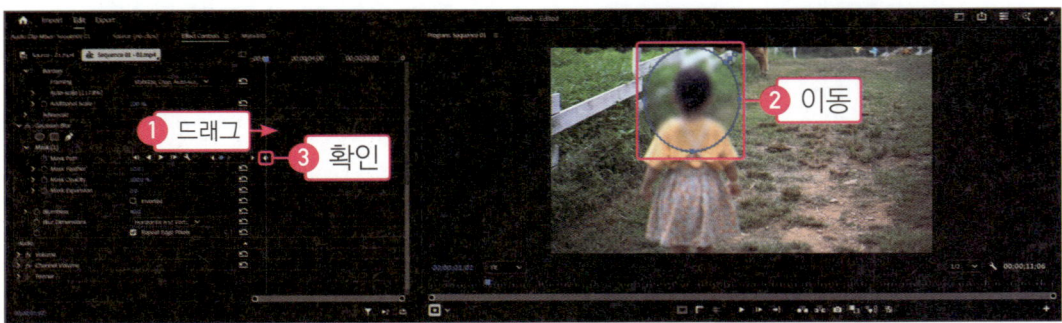

08 **06**번과 **07**번 작업을 영상의 끝까지 반복해 블러 효과의 적용 범위를 변경합니다.

09 [Program Monitor] 패널의 ▶을 클릭합니다. 움직이는 사람을 따라 블러 효과가 잘 적용되었는지 확인합니다. 벗어나는 부분이 있다면 마스크의 위치를 옮겨 키프레임을 추가해 주세요.

실습+ 영상의 배경을 다른 이미지로 합성하기

예제 파일　프리미어 프로-파트2_ch08-배경 합성

[Ultra Key]와 [Crop] 효과로 영상 속 배경을 다른 이미지로 합성해 보겠습니다.

01 프리미어 프로를 실행한 후 ❶ HD 1080p 29.97fps 프리셋으로 시퀀스를 생성하고 ❷ [Project] 패널에 예제 파일을 불러옵니다. ❸ 불러온 영상 소스를 모두 클릭한 채 [Timeline] 패널로 드래그 앤 드롭합니다.

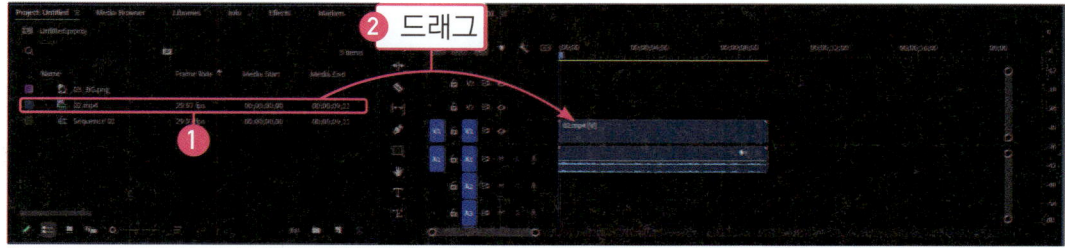

Chapter 08 • 프리미어 프로로 효과 적용하기　135

02 사람이 등장하는 부분만 잘라 사용하기 위해 ❶ [Effects Controls] 패널에서 [Motion] 영역의 ▶를 클릭한 후 ❷ [Crop Left]를 '25', [Crop Right]를 '25'로 입력합니다.

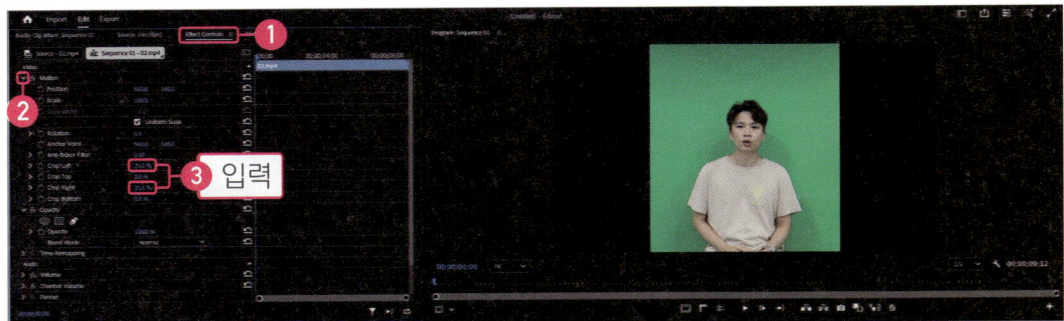

03 이어서 배경을 지우기 위해 ❶ [Effects] 탭을 클릭한 후 검색란에 'Ultra Key'를 입력해 검색합니다. ❷ [Ultra Key]를 클릭한 채 [Timeline] 패널의 비디오 클립으로 드래그 앤 드롭합니다.

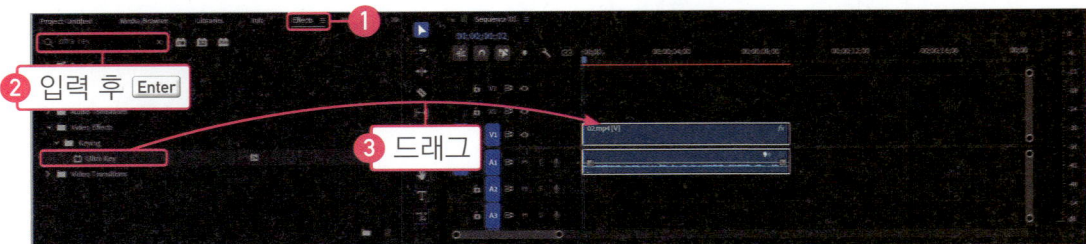

04 배경을 완벽하게 지우기 위해 ❶ [Ultra Key]의 세부 옵션 [Setting]을 클릭한 후 바로가기 메뉴에서 [Aggressive]를 선택합니다. ❷ [Matte Generation] 영역의 [Shadow] 옵션값을 '50', [Matte Cleanup] 영역의 [Contrast] 옵션값을 '50'으로 변경합니다. 다음 ❸ [Key color]의 ✎를 선택하고 [Program Monitor] 패널의 초록 배경을 클릭합니다.

05 배경을 다른 이미지로 변경하기 위해 ❶ [V1] 트랙의 비디오 클립을 클릭해 [V2] 트랙으로 드래그 앤 드롭합니다. ❷ [Projects] 패널의 '03_BG.png' 파일을 [V1] 트랙에 드래그 앤 드롭합니다.

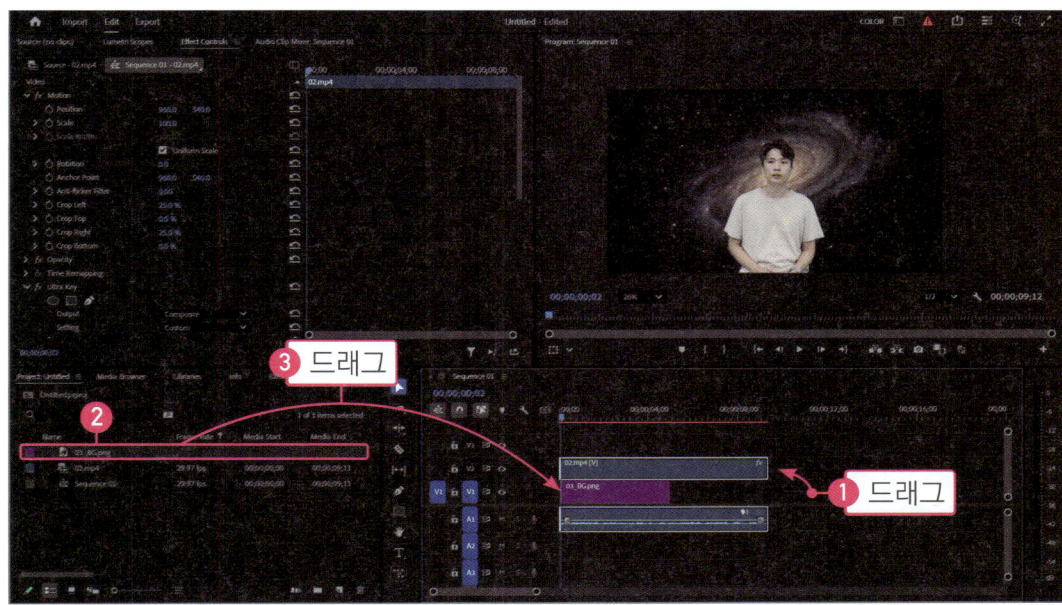

06 배경 이미지가 작아서 생긴 검은색 공간을 채우기 위해 ❶ [Timeline] 패널의 [V1] 트랙에 '03_BG.png' 클립을 선택합니다. ❷ 클립의 끝 부분을 클릭해 비디오 클립과 똑같은 길이로 드래그합니다. ❸ [Effect Controls] 패널에서 [Motion] 영역의 [Scale] 옵션값을 '125'로 변경합니다.

Chapter 08 · 프리미어 프로 효과 적용하기   137

프리미어 프로로 영상 출력하기

컷 편집과 자막, 효과까지 추가해 모든 편집 작업이 다 끝났다면 이제 마지막 단계가 남았습니다. 바로 영상 출력입니다. 이번 챕터에서는 편집을 완료한 비디오 클립을 파일로 출력하는 방법에 대해 자세히 알아보겠습니다.

STEP 01 영상 출력 준비하기

프리미어 프로는 전문 영상 제작자도 많이 사용하는 프로그램인 만큼 각종 상황에 대응할 수 있는 다양한 출력 옵션을 제공합니다. 영상에 처음 입문하는 초보자에게는 까다롭고 복잡해 보일 수 있지만 핵심 기능만 잘 익히면 어렵지 않게 원하는 사양의 영상을 출력할 수 있습니다.

영상 출력 전 가장 먼저 해야 하는 일은 [Timeline] 패널 정리입니다. 영상 출력은 기본적으로 [Timeline] 패널의 모든 클립을 전체 범위로 설정해 진행되기 때문에 컷 편집하고 남은 비디오 클립이 있는지 확인한 후 진짜 사용할 클립만 남기고 전부 삭제하는 게 좋습니다(해당 부분은 별도의 예제 파일이 제공되지 않습니다. 사용자의 영상 소스로 본문의 학습 과정을 따라 해보며 출력 기능을 학습해 보겠습니다).

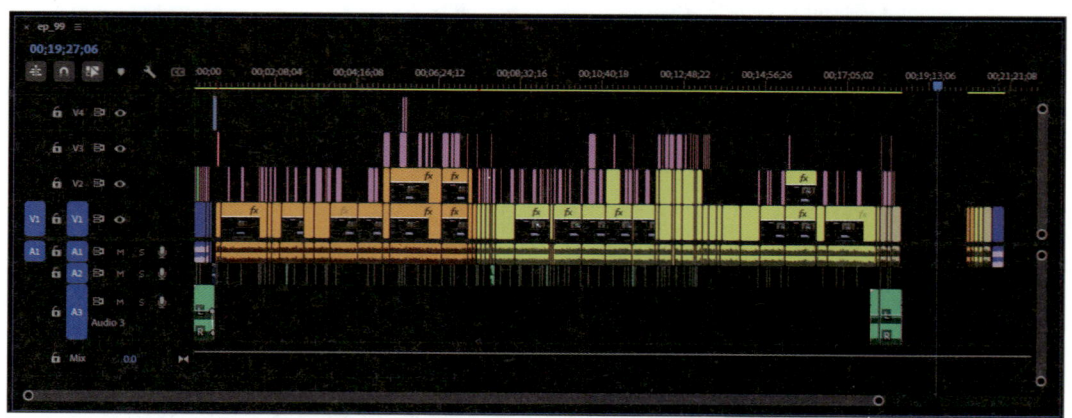

01　Timeline 패널 정리하기

01　[Timeline] 패널에서 삭제를 원하는 비디오 클립을 선택합니다.

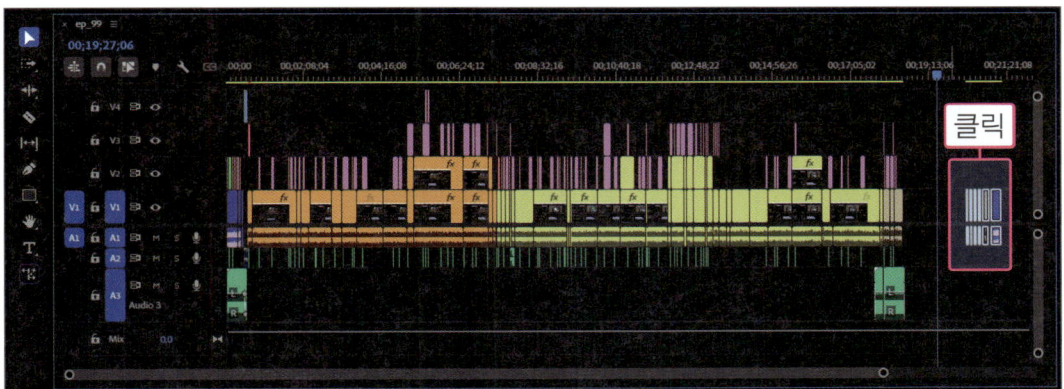

02　키보드의 Backspace 또는 Delete 키를 눌러 클립을 삭제합니다.

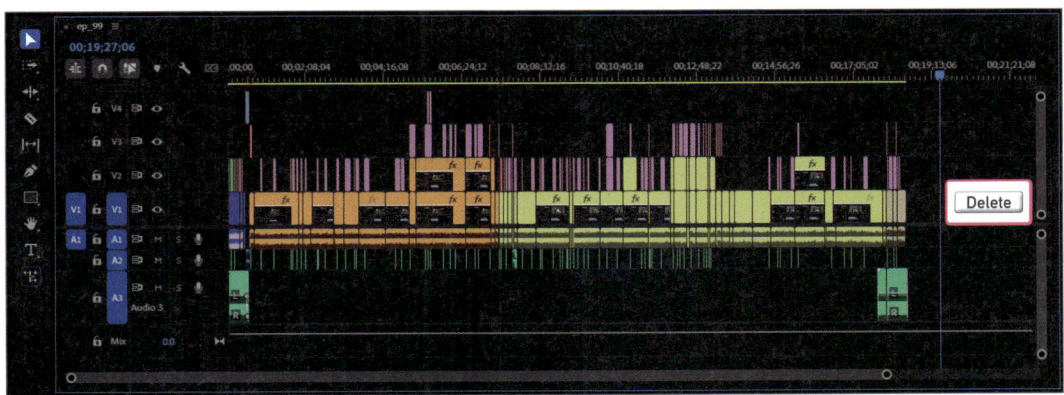

TIP

[Timeline] 패널을 클릭하고 키보드의 W 키를 누르면 전체 시퀀스가 [Timeline] 패널의 길이에 맞춰져 불필요한 클립은 없는지 한 눈에 확인할 수 있습니다.

02 최종 영상 프리뷰

[Timeline] 패널 정리가 완료되었다면 마지막으로 영상 전체를 프리뷰 해봅니다. 편집이 잘못된 부분은 없는지 최종 점검하는 단계로 이미 수십 번도 넘게 봤겠지만 빨리 감기 없이 정상 속도로 처음부터 끝까지 영상을 집중해서 봐야 합니다. 귀찮다고 최종 프리뷰를 꼼꼼히 하지 않으면 영상을 출력한 후 발견된 수정사항 때문에 많은 시간을 빼앗길 수 있고 경우에 따라 잘못된 영상이 업로드될 수도 있습니다. 촬영부터 편집까지 소중한 시간을 투자해 만든 영상인 만큼 꼼꼼히 확인해주세요.

STEP 02 영상 출력 세팅하기

프리뷰까지 모두 완료했다면 좋은 퀄리티의 영상을 출력하기 위한 다양한 옵션을 설정해 보겠습니다. 방법은 다음과 같습니다.

01 [Program Monitor] 패널 또는 [Timeline] 패널을 선택한 후 메뉴 바의 [File]-[Export]-[Media]를 클릭합니다(단축키 Ctrl + M).

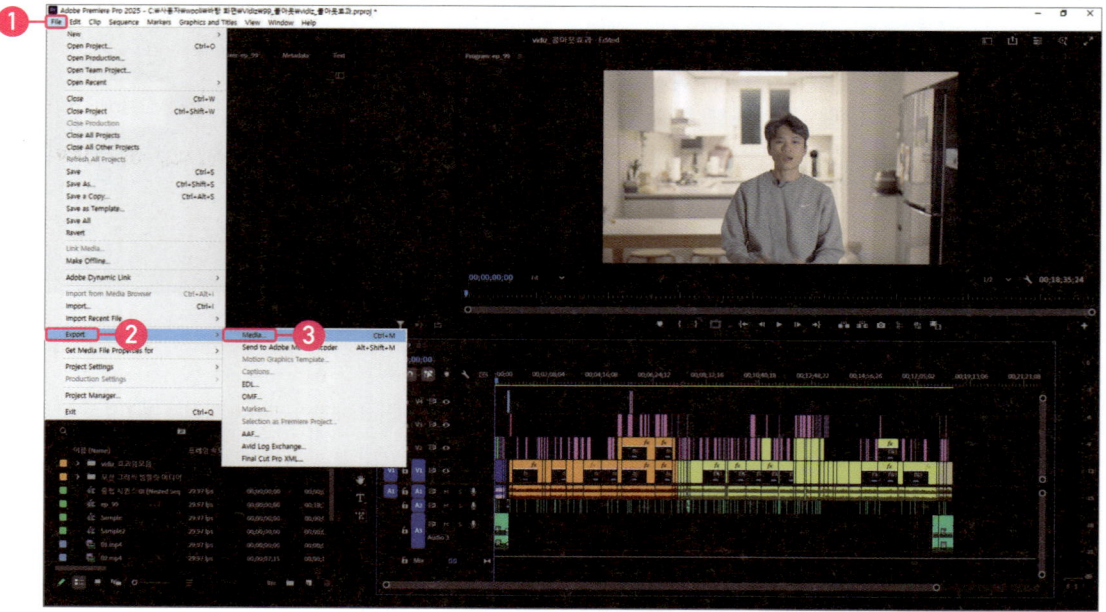

02 화면에 Export Settings 창이 나타납니다. 해당 화면에서는 영상 출력과 관련한 세부 옵션을 설정할 수 있습니다(화면 상단의 [Export] 탭을 클릭해도 [Export Settings]을 실행할 수 있습니다).

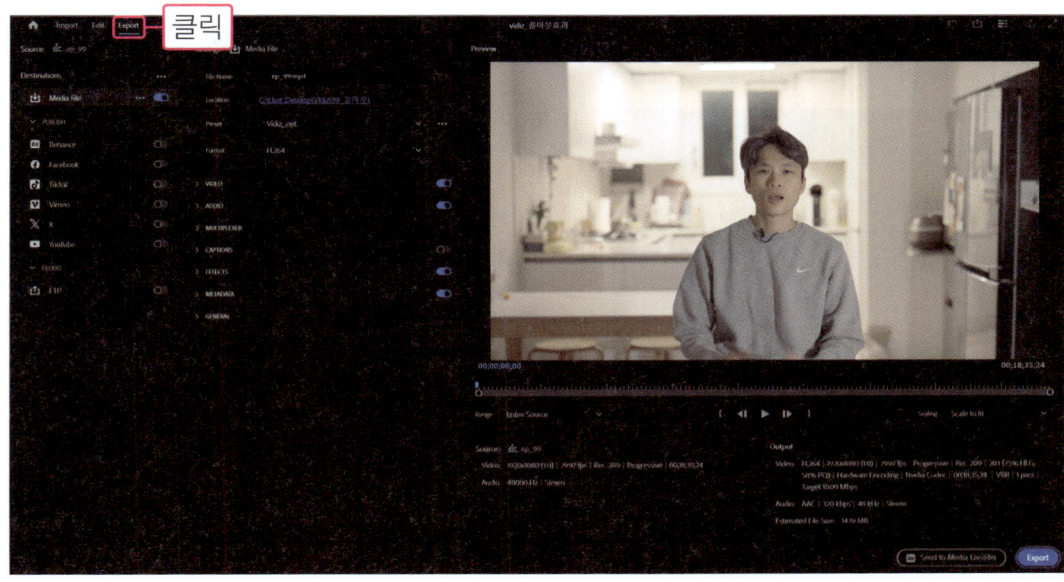

자주 사용하는 기본 설정을 바탕으로 각 기능에 대해 간단히 설명하겠습니다.

01 Preview

화면 우측의 [Preview] 영역에서는 실제 출력될 영상을 확인할 수 있습니다. 하단의 [Range]를 클릭하면 출력할 범위를 정할 수 있는데 각 옵션의 세부 기능은 다음과 같습니다.

❶ **Entire Sequence** : [Timeline] 패널의 클립들이 위치한 모든 범위 출력

❷ **Source In/Out** : [Timeline] 패널에서 설정한 In/Out 출력

❸ **Work Area** : [Timeline] 패널의 상단 Work Area로 설정한 영역 출력

❹ **Custom** : 임의로 출력 범위를 변경했을 때 노출되는 옵션

가장 많이 사용하는 건 자동으로 설정되어 있는 [Entire Sequence] 옵션입니다. 원하는 영역을 지정해 출력하고 싶다면 [Source In/Out]이나 [Custom] 옵션을 사용합니다.

02 Settings

[Settings] 영역에서는 코덱과 프리셋을 선택하여 빠르게 출력 옵션을 설정할 수 있습니다.

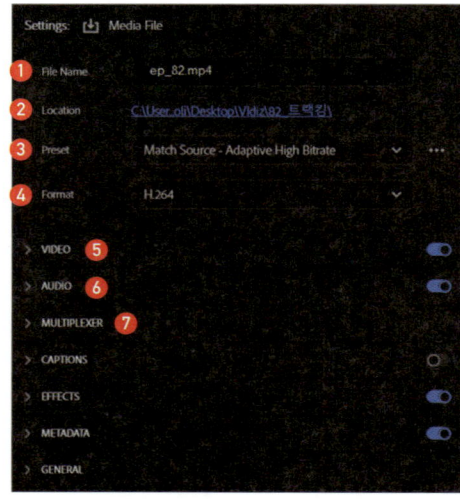

❶ **File Name** : 출력할 파일 이름 설정

❷ **Location** : 출력 영상의 저장 위치 변경

❸ **Presets** : 자주 사용하는 세팅을 확인할 수 있습니다. 유튜브나 페이스북 등의 권장 사양에 맞춰진 프리셋도 준비되어 있으며 설정값을 임의로 지정하면 [Custom]으로 변경됩니다(H.264 포맷을 선택할 때 많이 사용하는 세팅은 [Match Source]-[Adaptive Medium bitrate]입니다).

❹ **Format** : 코덱 및 확장자 선택 옵션. 드롭박스를 클릭하면 32개의 리스트를 확인할 수 있습니다(코덱이란 영상과 음성 신호를 압축하여 데이터로 변환하는 프로그램을 의미하는데 일반적으로 가장 많이 사용하는 건 압축률이 뛰어난 H.264 코덱입니다).

❺ **VIDEO** : 영상 출력 기능으로 활성화되어 있어야 출력 가능

❻ **AUDIO** : 소리 출력 기능으로 활성화되어 있어야 출력 가능

❼ **CAPTIONS** : 자막 출력 기능으로 활성화되어 있어야 출력 가능

03 VIDEO

[VIDEO] 영역에서는 해상도와 화질 등 비디오 사양을 설정할 수 있습니다. [More] 버튼을 클릭하면 좀 더 섬세한 설정이 가능합니다.

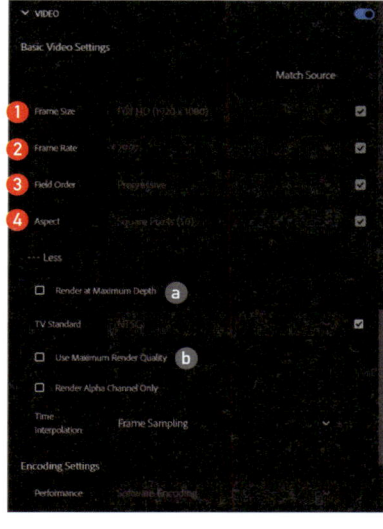

❶ **Frame Size** : 영상의 해상도 설정 옵션으로 흔히 사용하는 Full HD의 해상도는 1920x1080입니다.

❷ **Frame Rate** : 초당 확인 가능한 이미지 개수입니다. 30프레임이라고 하면 1초에 30장의 이미지가 순서대로 보이고 24프레임이면 1초에 24장의 이미지를 확인할 수 있습니다. 되도록 촬영한 영상의 프레임 레이트를 그대로 따르는 게 좋습니다.

❸ **Field Order** : 화면에 노출되는 이미지 방식을 의미하며 화면 주사 방식이라고도 말합니다. 한 번에 한 장의 화면을 노출하는 'Progressive'(순차주사방식)와 한 번에 한 장의 절반을 노출하는 'Interlaced'(비월주사방식)이 있습니다. p와 i로 줄여서 해상도나 프레임 레이트와 같이 붙여 규격을 표기합니다(ex : 1080p → 1920*1080 progressive / 60i → 60fps interlaced).

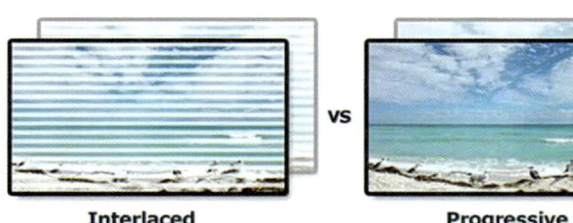

우리가 일상에서 쉽게 접하는 대부분의 영상 촬영 기기는 Progressive 방식을 따르며 유튜브와 같은 플랫폼 또한 Progressive 방식으로 송출되기 때문에 Progressive를 선택하면 큰 문제가 발생하지 않습니다. 간혹 영상 파일 중에 줄무늬 같은 노이즈가 발생하는 경우가 있는데 그런 영상은 Interlaced 방식으로 제작되었을 가능성이 높습니다.

◀ Interlaced 영상

❹ **Aspect** : 픽셀 종횡비입니다. HD가 보급되기 직전에는 다양한 픽셀 종횡비가 있었지만 요즘에는 거의 통일되어 [Square Pixels(1.0)]을 선택하면 됩니다.

ⓐ **Render at Maximum Depth** : '비트'라고 부르는 색상 정밀도를 최대로 활용하기 위한 옵션입니다. 10비트 이상으로 촬영되거나 섬세한 색 보정 작업이 많은 영상에 사용하면 좋습니다. 색 표현이 자연스러운 장점이 있지만, 인코딩 속도가 느리다는 단점도 있습니다.

ⓑ **Use Maximum Render Quality** : 최대 퀄리티로 렌더링 하기 위한 옵션입니다. 선택하면 인코딩 퀄리티는 높아지나 그만큼 속도가 떨어집니다. [Render at Maximum Depth]와 같이 조금이라도 더 높은 퀄리티를 원한다면 선택하세요.

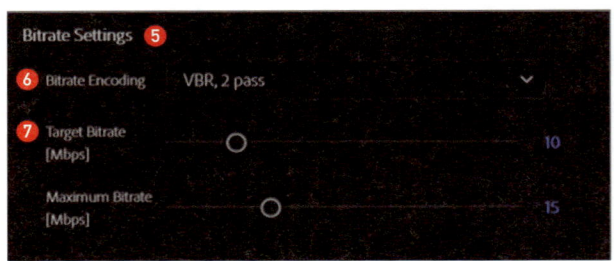

❺ **Bitrate Setting** : 화질과 직접 연관되는 비트레이트 설정입니다. 초당 화면에 표시되는 이미지에 얼마나 많은 데이터를 할당할지 결정하는 옵션으로, 데이터가 작을수록 용량은 적지만 화질이 좋지 않고 반대의 경우 화질은 좋지만 용량은 큽니다. 물론 화질이 원본 이상으로 좋아지는 건 아니라서 적당한 값으로 설정하는 게 좋습니다.

❻ **Bitrate Encoding** : 비트레이트 방식과 인코딩 횟수 설정입니다. 비트레이트 방식에는 CBR(고정 비트레이트)과 VBR(가변 비트레이트)의 두 가지로 나뉘는데 CBR은 모든 장면에서 일정한 비트레이트를 유지한다면 VBR은 복잡한 화면이 나올 경우 비트레이트를 높이고 인코딩 횟수는 1~2 pass로 구분되어 2pass의 경우 인코딩 횟수가 두 번으로 작업 시간은 오래 걸리지만 화면을 정밀하게 분석해 출력 파일의 용량을 최적화할 수 있습니다. CBR보다는 VBR이 화질을 유지하며 작은 용량으로 출력할 수 있으며 1pass보다는 2pass를 사용하는 것이 좋습니다.

❼ **Target Bitrate** : 통상적인 비트레이트 수치입니다. [Maximum Bitrate]는 VBR 2pass에만 적용되는 옵션으로 화면 해상도가 낮을 때 비트레이트를 올려서 화질 저하를 대비하는데 이때 최대 상한선을 정하는 옵션입니다. 자주 사용하는 프리셋 [Match Source – Adaptive High bitrate]을 선택하면 Target Bitrate가 '19(Mbps)'로 설정되는데 유튜브 권장 비트레이트보다는 살짝 높은 사양이라는 걸 확인할 수 있습니다.

유튜브 업로드 권장 비트레이트

유형	동영상 비트 전송률, 표준 프레임 속도(24, 25, 30)	동영상 비트 전송률, 높은 프레임 속도(48, 50, 60)
8K	80–160Mbps	120–240Mbps
2160(4K)	35–45Mbps	53–68Mbps
1440(2K)	16Mbps	24Mbps
1080p	8Mbps	12Mbps
720p	5Mbps	7.5Mbps
480p	2.5Mbps	4Mbps
360p	1Mbps	1.5Mbps

04 AUDIO

[AUDIO] 영역은 오디오 사양을 설정하며 대부분 ACC 포맷을 사용합니다.

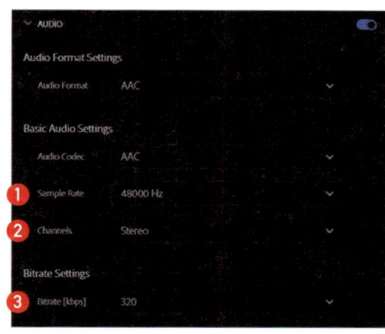

❶ **Sample Rate** : 영상의 프레임 레이트와 비슷한 개념으로 초당 나눌 오디오 데이터 수치입니다. 수치가 높을수록 실제에 가까운 소리를 들을 수 있으며 일반적으로 [48000hz] 설정합니다.

❷ **Channels** : 단방향의 Mono, 좌우 구분 Stereo, 다섯 방향에서 들을 수 있는 5.1 채널 등을 선택하는 옵션입니다. 일반적으로 [Stereo]로 설정합니다.

❸ **Bitrate** : 영상 비트레이트와 비슷한 개념으로 음질을 결정하는 요소입니다. 높은 수치를 선택하면 파일 용량이 커지지만 그 값은 미미해 소스 음질이 괜찮다면 최댓값을 선택하셔도 좋습니다. 일반적으로 [320]을 많이 사용합니다.

05 CAPTION

프리미어 프로 15.4버전부터 제공하는 옵션으로 [CAPTION] 기능으로 자막을 작업했다면 [Caption] 영역의 설정을 변경해야 합니다. [Export Option]은 자막 출력 옵션으로 세부 내용은 다음과 같습니다.

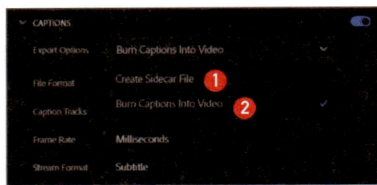

❶ Create Sidear File : 자막 파일(SRT) 생성
❷ Burn Captions Into Video : 자막 포함하여 설정

별도의 자막 파일이 필요한 경우가 아니라면 [Burn Captions Into Video]를 선택하면 됩니다.

STEP 03 영상 출력하기

출력 옵션 설정을 완료했다면 본격적으로 영상을 출력해 보겠습니다. 방법은 다음과 같습니다.

01 영상을 출력하기 위해 [Export] 탭을 클릭한 후 화면 하단의 [Send to Media Encoder] 또는 [Export] 버튼을 클릭합니다(우리 본문에서는 [Export] 버튼을 선택했습니다).

02 Encoding 창이 나타나고 출력 진행 상황을 알리는 막대가 모두 채워지면 저장 위치로 이동해 영상이 정상적으로 출력됐는지 확인합니다.

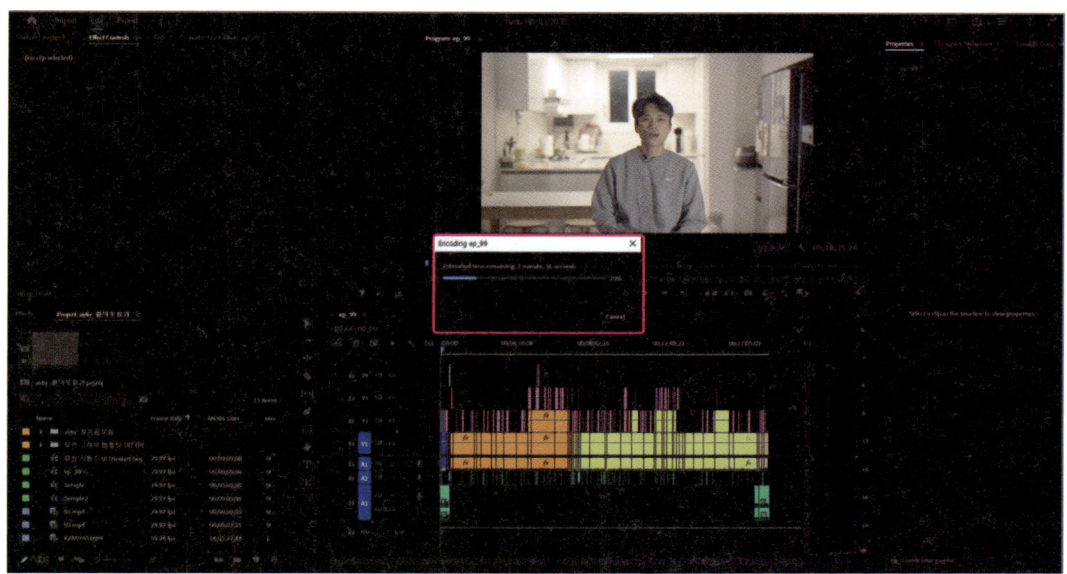

> **TIP**
>
> [Send to Media Encoder]는 [Adobe Media Encoder]라는 전용 인코더 프로그램으로 작업 내용을 전달합니다. 여러 개의 출력 작업을 예약해 둘 수 있고 영상 출력을 진행하며 프리미어 프로 추가 작업이 가능하다는 장점이 있습니다.
>
>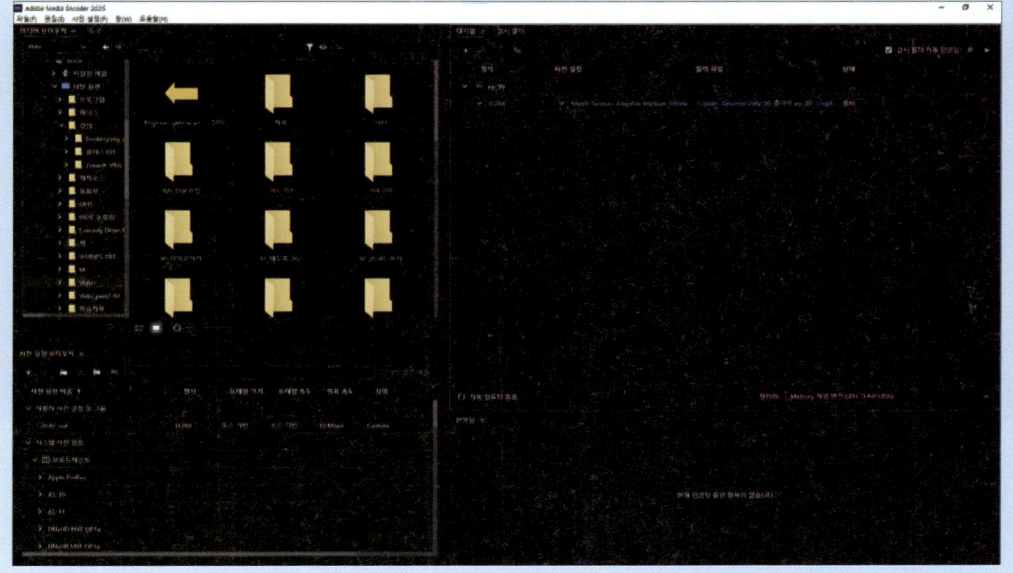

나의 첫 영상, 파일로 출력하기

예제 파일 프리미어 프로–파트2_ch09–영상 출력

자막과 음악이 포함된 1분 가량의 영상을 제작하고 파일로 출력해 제작 과정을 마무리하겠습니다.

01 프리미어 프로를 실행한 후 ❶ HD 1080p 29.97fps 프리셋으로 시퀀스를 생성하고 ❷ [Project] 패널에 예제 파일을 불러옵니다.

02 ❶ [Project] 패널의 영상 소스를 모두 선택한 후 [Timeline] 패널로 드래그 앤 드롭합니다. ❷ 각 비디오 클립의 길이를 트리밍하여 1분 가량의 영상을 제작합니다.

03 배경음악을 추가하기 위해 ❶ [Project] 패널의 'Summer Somewhere In Cuba - Cumbia Deli' 소스를 클릭한 채 ❷ [Timeline] 패널의 [A2] 오디오 트랙으로 드래그 앤 드롭합니다. ❸ 영상과 같은 타이밍에 음악이 끝나도록 오디오 클립의 길이를 조절합니다.

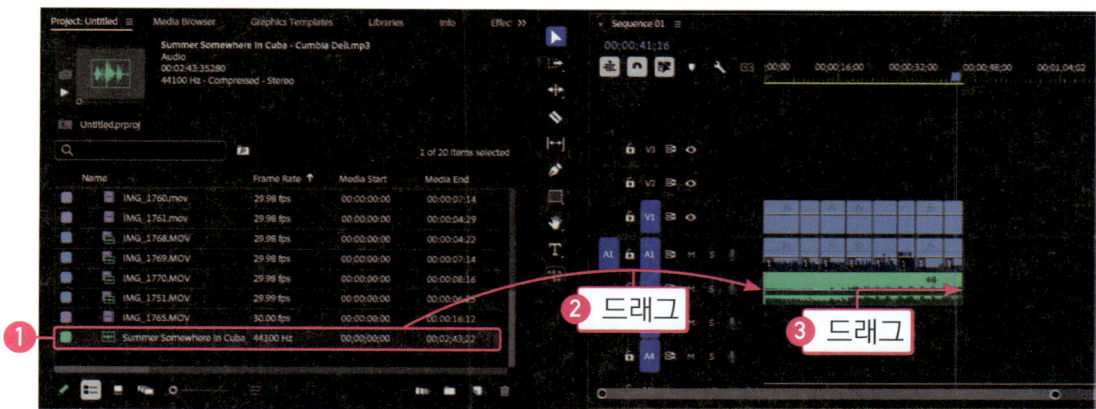

04 영상 종료와 함께 배경음악도 자연스럽게 끝나도록 ❶ 키보드의 Ctrl 키를 누른 채 영상 끝 오디오 클립의 볼륨 라인을 클릭해 1초 간격으로 2개의 키프레임을 추가합니다. ❷ 이중 두 번째 키프레임을 클릭한 채 아래로 드래그해 볼륨을 조절합니다.

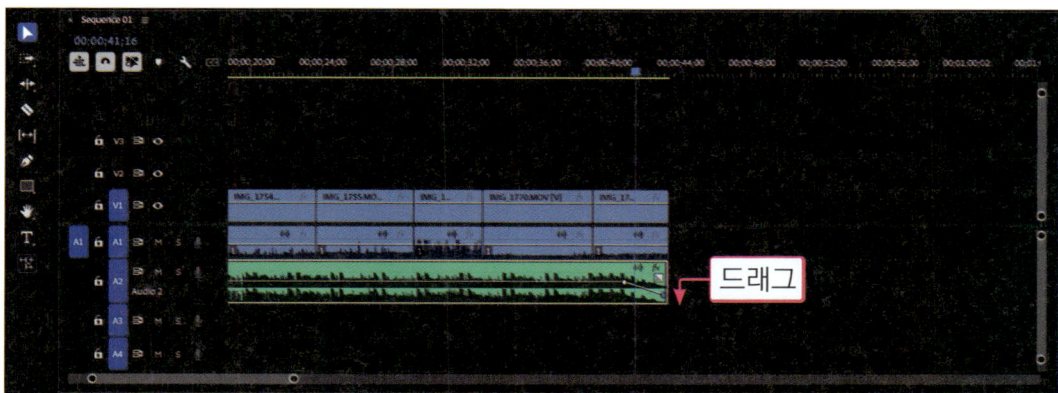

05 다음 ❶ 자막을 추가하기 위해 [Tool] 패널에서 [Type Tool]를 선택한 후 [Program Monitor] 패널을 클릭하고 '다섯 개의 보석 친퀘테레'를 입력합니다. ❷ [Tool] 패널의 [Selection Tool]을 선택해 자막 위치를 오른쪽 아래로 이동합니다.

06 이어서 자막의 스타일을 변경하기 위해 [Properties] 패널의 [Text] 영역에서 [Font]는 [나눔손글씨 손편지체], [Font Size]는 '155'를 입력합니다.

07 다음 [Appearance] 영역의 [Shadow]를 선택하고 [Color]는 [검은색(#000000)], [Opacity]는 '100'으로 설정합니다.

08 추가한 자막이 영상의 시작부터 끝까지 노출될 수 있도록 [Timeline] 패널의 그래픽 클립을 클릭한 후 비디오 클립의 길이와 똑같이 드래그합니다.

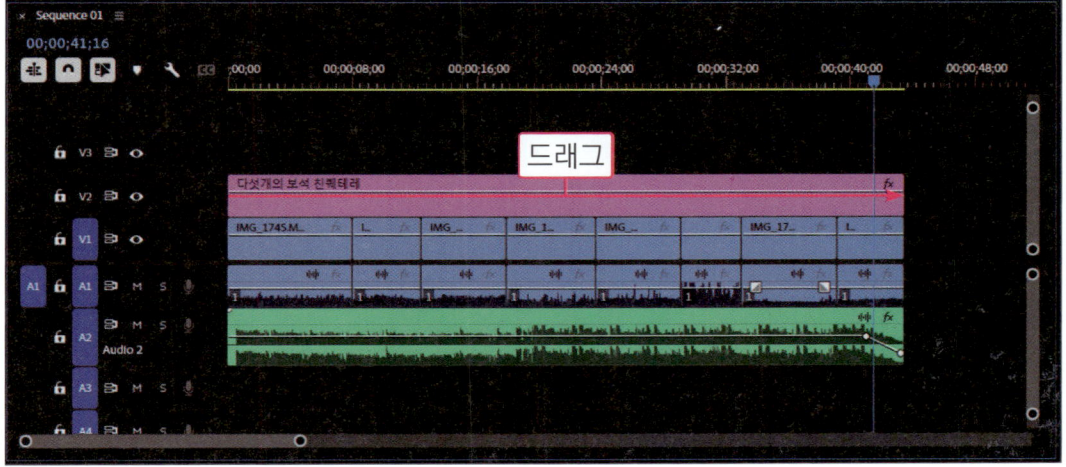

09 모든 작업을 완료한 후 [Program Monitor] 패널에서 프리뷰까지 마쳤다면 상단 메뉴의 [Export] 탭을 클릭합니다(단축키 Ctrl + M).

10 출력 옵션을 설정하기 위해 ❶ [Settings] 패널의 [File Name] 입력란에 파일명을 입력한 후 ❷ [Location]에 저장 위치를 설정하고 [Presets] 드롭박스를 클릭해 [Match Source]-[Adaptive Medium Bitrate]를 선택합니다. 설정이 완료되면 [Export] 버튼을 클릭합니다.

11 화면에 Encoding Sequence 01 창이 나타나고 출력 진행 상황을 알리는 막대가 모두 채워지면 저장 위치로 이동해 영상 파일이 정상적으로 출력됐는지 확인합니다.

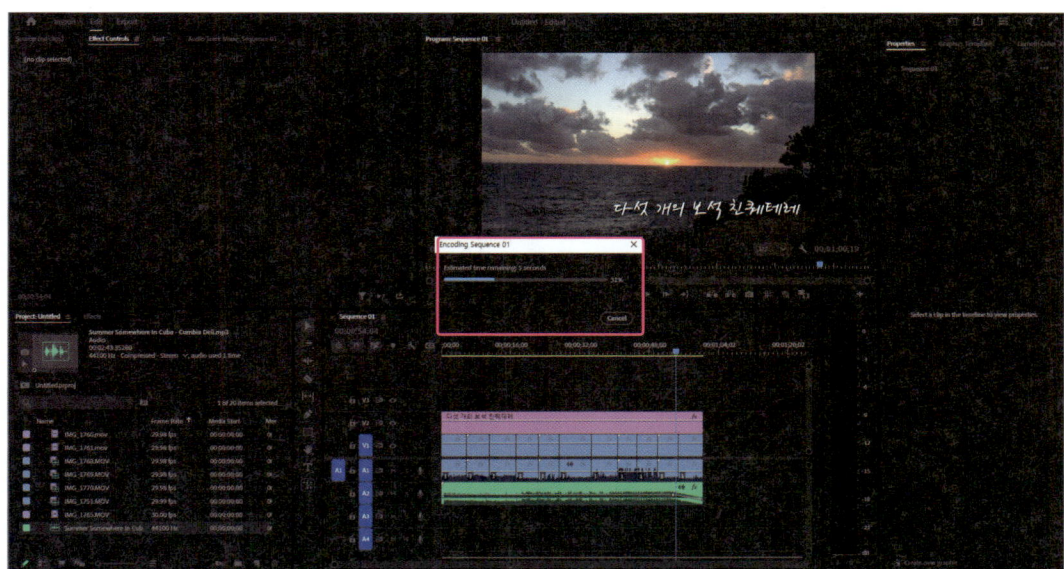

PART

03

프리미어 프로 필수 법칙
-초보 편집자를 위한 실전 편집 노하우

Keyword

샷, 구도, 자막, 애니메이션, 보정

컷 편집의 필수 법칙

Chapter 10

전문가들이 영상 콘텐츠를 만들 때 가장 심혈을 기울이는 작업이 무엇인지 생각해 본 적 있나요? 정답은 바로 컷(Cut)입니다. 이번 챕터에서는 컷 편집의 기본 개념과 사용 방법을 학습한 후 컷 편집 시 꼭 지켜야 하는 필수 법칙에 대해 자세히 알아보겠습니다.

STEP 01 컷 편집의 중요성

컷은 영상 편집의 기본이자 가장 핵심적인 편집 요소로 영상 제작 전문가들이 많은 공을 들이는 부분입니다. 전문가도 오랜 시간을 할애할 만큼 컷은 왜 이렇게 중요한 걸까요? 아마도 유튜브의 주요 시청 세대인 20~40대의 높은 시청 수준이라고 생각합니다. 어릴 때부터 다양한 미디어에 노출되어 완성도 높은 콘텐츠를 많이 보고 자란 세대이기에 화면 전환이 조금만 어색해도 바로 알아차립니다. 마치 어순이 잘못된 우리말을 들었을 때처럼요.

그렇다면 잘 된 컷 편집의 기준은 무엇일까요? 필자는 이 질문에 대해 '자연스러움'이라 말할 겁니다. 자연스럽게 컷이 전환되어 화면이 바뀌었다는 걸 시청자가 알아차리지 못할 때의 짜릿함은 경험한 사람만 알 수 있습니다. 이런 자연스러운 컷 편집은 영상을 전문적으로 제작하는 사람만의 전유물이 아닙니다. 컷 편집의 법칙을 잘 배우고 따라와 준다면 이 책을 보고 있는 여러분도 자연스러운 컷 편집 영상을 만들 수 있습니다.

STEP 02 다양한 샷 활용하기

컷 편집의 첫 번째 법칙은 다양한 샷을 활용하는 것입니다. 영상의 샷은 화면 구성과 피사체의 크기에 따라 보통 아홉 가지로 구분하는데(다만, 용어가 낯설어 구분이 어렵다면 앞에서 설명한 와이드 샷, 미디움 샷, 클로즈업 샷으로만 기억해도 충분합니다) 다양한 샷으로 촬영한 영상을 컷 편집 시 적절히 활용하면 영상의 흐름이 자연스러워져 시청자의 몰입감이 높아집니다.

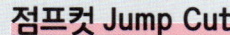

크기가 똑같은 영상을 이어 붙였을 때 다음 장면에서
등장인물이 순간 이동한 것처럼 보이는 현상

예를 들어 같은 장소에서 촬영했지만 피사체의 움직임만 다른 두 비디오 클립을 이어 붙이면 좌측의 아이가 갑자기 우측으로 '툭' 이동한 듯 느껴집니다. 영상의 샷은 같은데 아이의 위치가 눈에 띄게 달라졌기 때문입니다. 마치 순간 이동한 것처럼 느껴져 '점프컷' 또는 '컷이 튄다'라고 표현합니다. 피사체의 움직임이 부자연스러운 것이 가장 큰 문제로 '점프컷'을 피하려면 다양한 샷으로 영상을 촬영해야 합니다.

전통적인 영상 문법에서는 '설정, 분절, 재설정'이라는 단어로 자연스러운 컷 편집을 설명합니다. 먼저 피사체와 함께 있는 인물, 장소 등의 주변 정보를 담은 와이드 한 영상을 보여줍니다. 이러한 영상을 '설정 샷'이라고 부릅니다. 이어서 피사체의 표정, 행동, 혹은 필요한 곳을 클로즈업한 타이트한 영상을 보여줍니다. 이러한 영상을 끝에 '분절 샷'이라고 부릅니다. 그리고 마지막 처음에 보여줬던 샷과 같은 종류의 와이드 한 영상을 끝에 배치해 현재 주변 상황을 다시 한번 보여줍니다. 이러한 영상을 '재설정 샷'이라 부릅니다. 이 순서가 전통적인 영상 문법의 기본 구성이며 대부분의 영상은 이 구성을 따르고 있습니다.

그럼 간단한 퀴즈를 한 번 풀어보겠습니다. 위의 이미지들은 어떤 순서로 나열해야 자연스러운 컷 편집이 될까요? 전통적인 영상 문법을 참고하면 'B-A-D-C' 순서가 맞습니다. B의 와이드 한 컷으로 먼저 배경이나 인물의 상황을 설정하고 이어서 A와 D의 순서로 꽃밭 가운데 인물의 표정과 행동을 타이트한 컷으로 보여줍니다. 마지막 C의 와이드 한 컷으로 장면을 전환해 꽃밭의 인물을 다시 한번 보여주며 상황을 재설정합니다.

> **TIP**
> 모든 영상이 꼭 전통적인 구성을 따라야 할 필요는 없습니다. 광고 또는 영화를 보면 실험적인 시도를 하는 감독들을 어렵지 않게 찾아볼 수 있습니다. 다만 여기서 기억해야 할 것은 기본 법칙을 완전히 익힌 후에 틀을 깨는 파격시도를 해야 한다는 사실입니다.

입문자들이 흔히 하는 실수 중 하나가 샷이나 앵글은 무시한 채 보여주고 싶은 것만 영상에 담는 것입니다. 시청자는 똑같은 구도로 찍힌 피사체를 연속해서 보고 있으면 지루하고 답답함을 느낍니다. 보는 사람의 호기심과 궁금증을 유발해 주세요. 이를 위해서는 장면에 변화를 주거나 피사체의 일부만 보여주는 것도 좋은 방법입니다. 만약 '저게 뭐야?' 혹은 '더 가까이 보고 싶어'라는 반응이 나오면 그때 타이트 샷으로 가까이 다가가 줍니다. 연출의 기본만 잘 지켜도 자연스러운 컷 편집을 만들 수 있습니다.

> **TIP**
>
>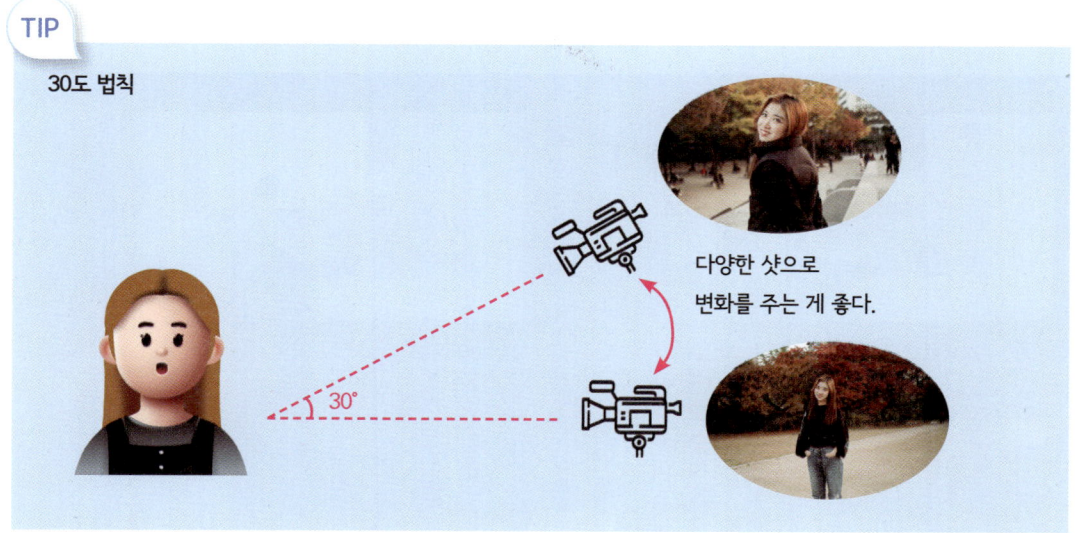
>
> 30도 법칙
>
> 다양한 샷으로 변화를 주는 게 좋다.

| 실습 | 다양한 샷으로 자연스러운 컷 편집하기 |

예제 파일 프리미어 프로-파트3_ch10-다양한 샷

01 프리미어 프로를 실행한 후 ❶ HD 1080p 29.97fps 프리셋으로 시퀀스를 생성하고 ❷ [Project] 패널에 예제 파일을 모두 불러옵니다. ❸ 불러온 영상 소스 중 설정 샷으로 적당한 '01.mp4' 또는 '02. mp4' 파일을 클릭해 [Timeline] 패널로 드래그 앤 드롭합니다(본문에서는 '02.mp4' 파일을 사용했 습니다).

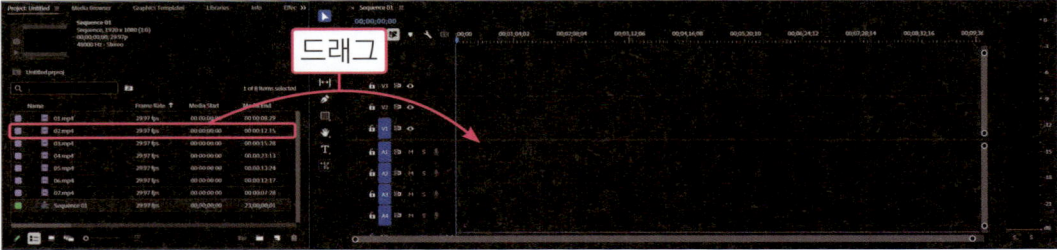

02 [Timeline] 패널에서 '02.mp4' 비디오 클립의 길이를 조정해 약 2~3초로 트리밍합니다([Source Monitor] 패널에서 [Mark In], [Mark Out]을 설정해 필요한 부분만 [Timeline] 패널로 가져와도 좋습니다).

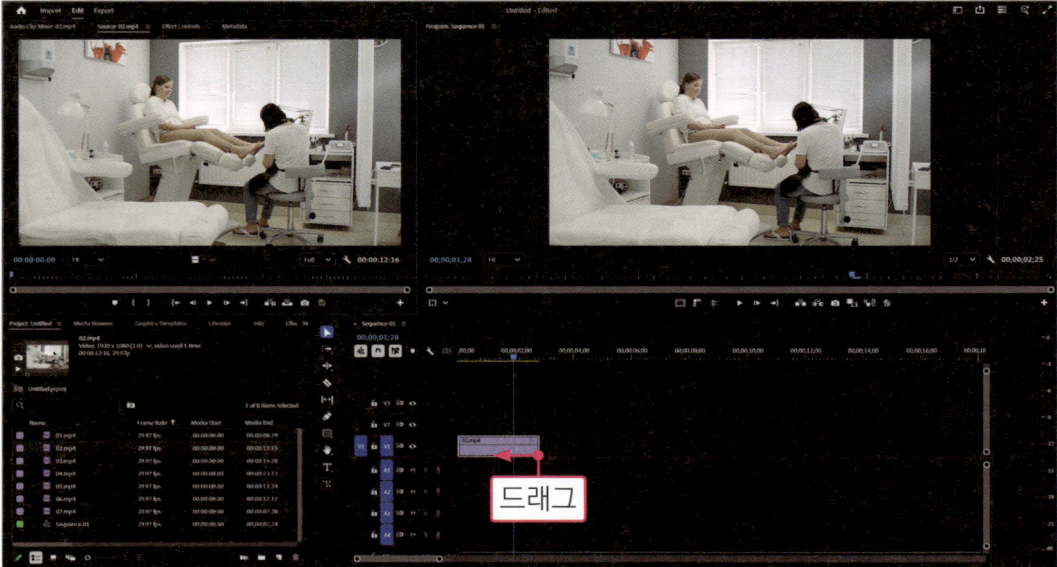

03 이어서 ① [Project] 패널에서 분절샷으로 적당한 '03.mp4'와 '04.mp4' 파일을 모두 선택해 [Timeline] 패널의 '02.mp4' 클립 뒤로 드래그 앤 드롭합니다. ② [Timeline] 패널에서 '03.mp4'와 '04.mp4' 비디오 클립의 길이를 약 2~3초로 트리밍하고 빈 공간이 남지 않도록 정리합니다.

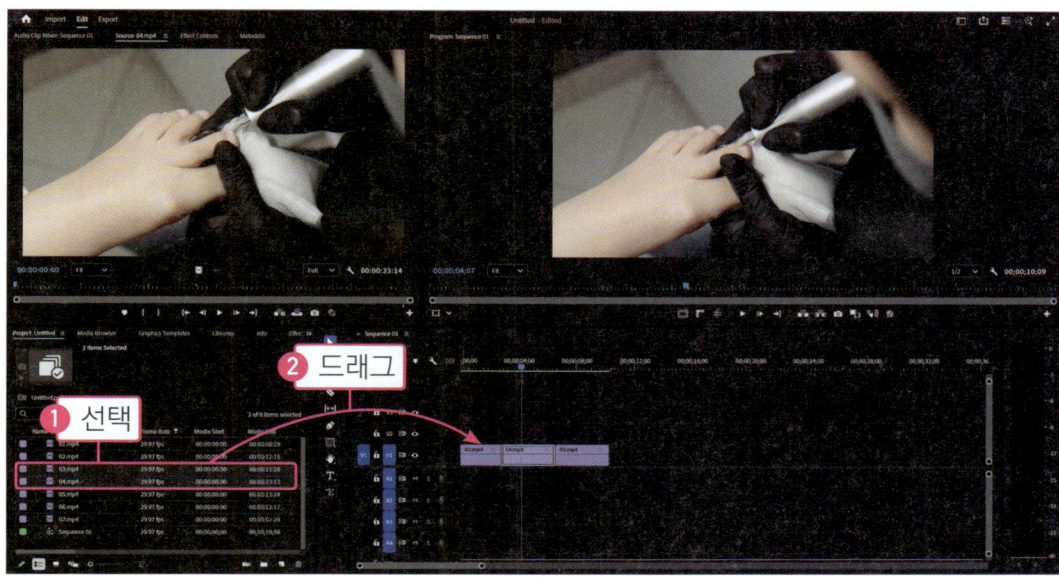

04 이번에는 ① [Project] 패널의 '06.mp4'와 '07.mp4' 파일을 모두 클릭한 채 [Timeline] 패널의 '04.mp4' 클립 뒤로 드래그 앤 드롭합니다. ② 두 비디오 클립의 길이도 약 2~3초로 트리밍 해줍니다.

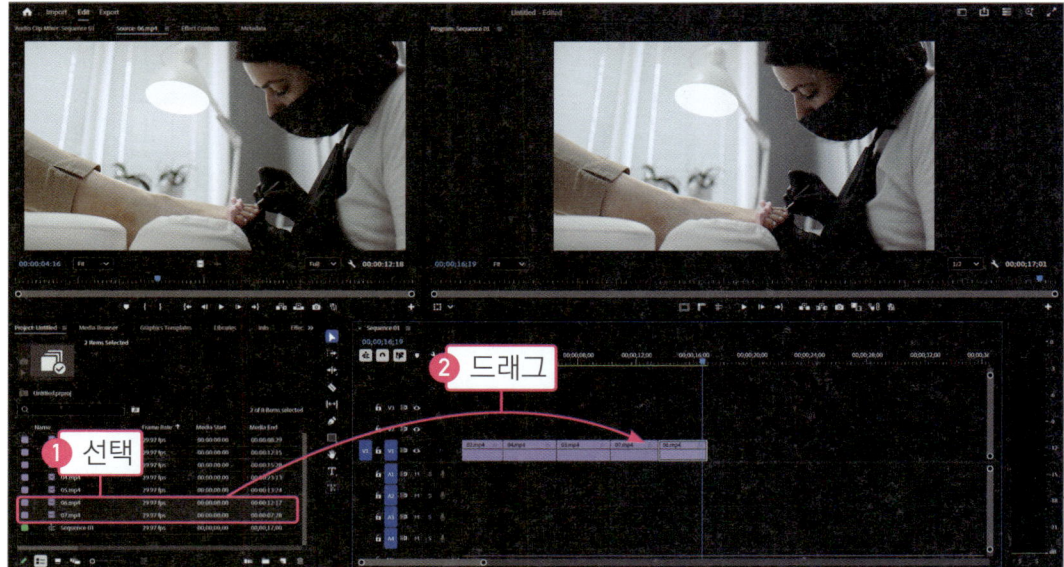

05 마지막 ❶ [Project] 패널에서 재설정샷으로 적당한 '01.mp4' 파일을 클릭해 [Timeline] 패널로 드래그 앤 드롭합니다. ❷ [Timeline] 패널에서 '01.mp4' 비디오 클립의 길이를 약 2~3초로 트리밍합니다.

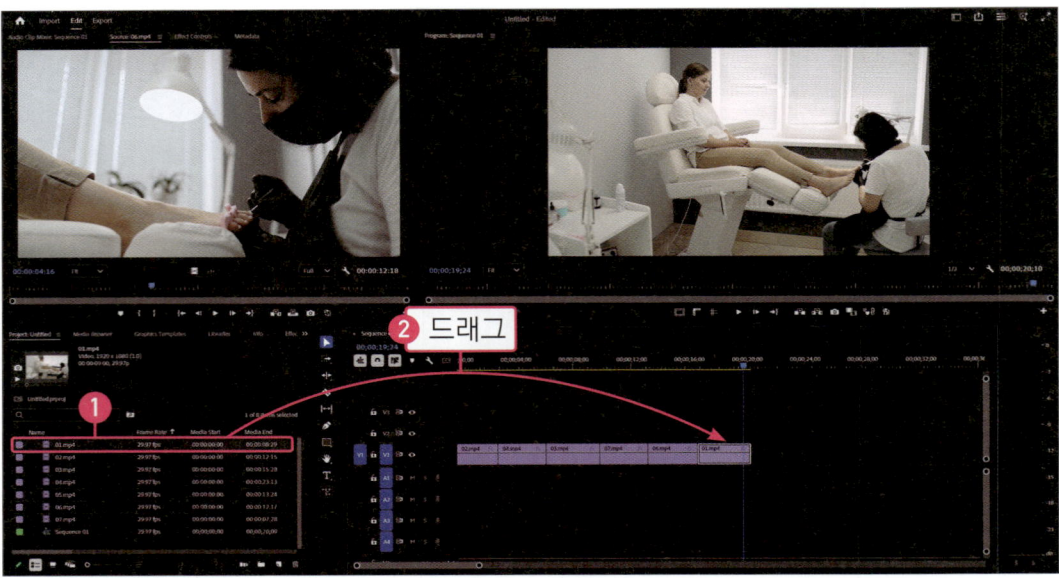

06 [Program Monitor] 패널에서 영상을 재생해 전통적인 영상 문법에 맞춰 컷 편집이 자연스러운지 확인합니다.

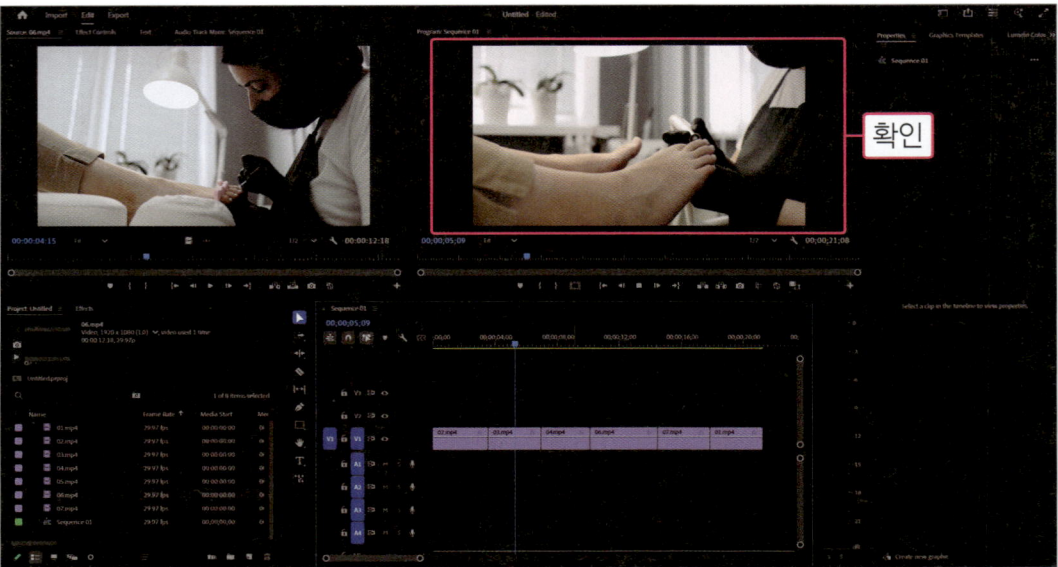

STEP 03 연속성을 살려라

컷 편집의 두 번째 법칙은 연속성을 살리는 것입니다. 자연스러운 컷 편집을 하려면 개연성이라고 부르는 내용의 연속성이 잘 지켜져야 하는데 길게 설명하지 않아도 중요하다는 건 이미 모두 알고 있을 겁니다. 우리 본문에서는 그중 동작의 연속성에 대해 중점적으로 살펴보겠습니다.

동작의 연속성

동작의 연속성이란 드라마나 영화에서 자주 볼 수 있는 구성으로 주인공의 행동을 여러 앵글로 촬영한 뒤 동작이 자연스레 이어지도록 편집하는 방법입니다. 사람들은 무의식적으로 영상 속 등장인물의 움직임에 집중하기 때문에 컷이 바뀐 걸 쉽게 알아차리지 못합니다.

하지만 이런 화면을 만들려면 여러 대의 카메라를 사용해 동시에 촬영해야 하기 때문에 처음 영상을 시작하는 분들에게는 먼 나라 이야기나 다름없습니다. 반복해서 촬영할 환경도 안되고 장비도 턱없이 부족합니다.

그렇다면 촬영의 부담은 줄이면서 동작의 연속성을 살릴 수 있는 방법은 없을까요? 있습니다. 상관없는 동작이라도 부위나 방향이 일치한다면 그 타이밍에 편집점을 잡는 겁니다. 손을 올리거나 고개를 들거나 또는 몸을 돌리는 등. 일상의 동작들이 촬영하기 편하고 편집점을 잡기도 좋습니다. 오른발 다음 왼발로 걸음을 맞춘다든지, 눈 깜빡임을 맞춰주는 등 작은 움직임도 세심하게 신경 써주면 자연스러운 컷 편집을 만들어 줄 수 있습니다.

| 실습 | **동작의 연속성을 살려 컷 편집하기**

예제 파일 프리미어 프로–파트3_ch10–동작의 연속성

01 프리미어 프로를 실행한 후 ❶ HD 1080p 29.97fps 프리셋으로 시퀀스를 생성하고 ❷ [Project] 패널에 예제 파일을 모두 불러옵니다.

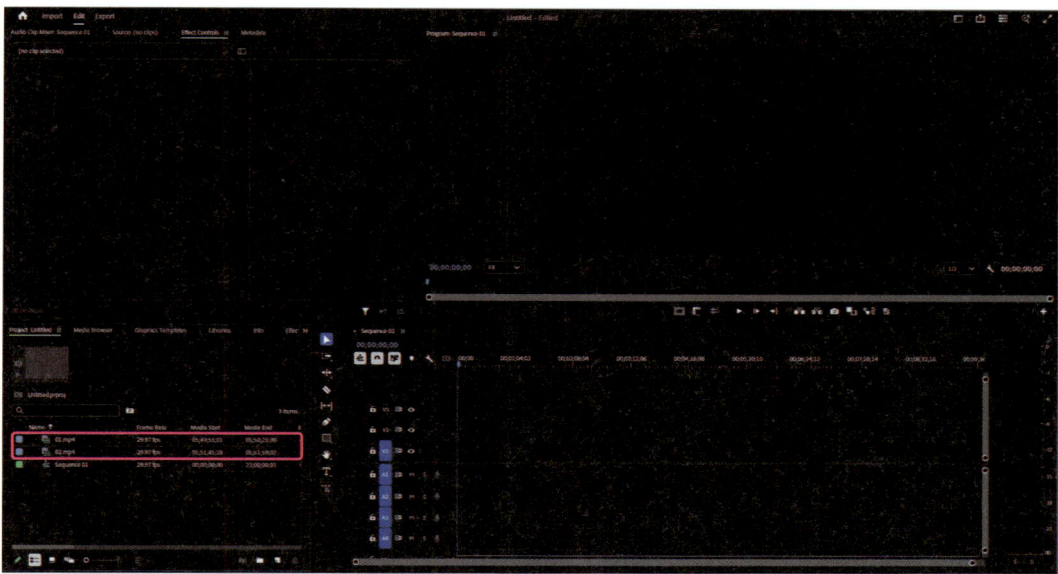

02 ❶ [Project] 패널의 '01.mp4' 파일을 더블클릭하면 [Source Monitor] 패널에 영상이 나타납니다. ❷ [플레이바]를 클릭해 드래그하며 동작이 자연스럽게 이어질 만한 편집점을 찾습니다('02.mp4' 파일도 같은 방법으로 편집점을 찾습니다).

영상을 살펴보면 두 영상 모두 등장인물이 고개를 올린 후 뒤돌아보는 동작이 있다는 걸 알 수 있습니다.

Chapter 10 · 컷 편집의 필수 법칙　165

03 먼저 ❶ '01.mp4' 영상의 시작 지점에 [Mark In]을 클릭합니다. ❷ 고개를 올리는 지점에 [Mark Out]을 클릭합니다. ❸ [Source Monitor] 패널의 영상을 클릭한 채 [Timeline] 패널로 드래그 앤 드롭합니다.

04 다음 ❶ [Project] 패널에서 '02.mp4' 영상을 더블클릭합니다. [Source Monitor] 패널에 영상이 나타나고 ❷ 고개를 올리는 지점에 [Mark In]을 클릭한 후 이어서 ❸ 영상의 종료 지점에 [Mark Out]을 클릭합니다. ❹ [Source Monitor] 패널의 영상을 클릭한 채 [Timeline] 패널로 드래그 앤 드롭합니다.

05 [Program Monitor] 패널에서 ▶을 클릭해 영상 속 등장인물의 동작이 자연스럽게 연결되고 있는지 확인합니다(필요에 따라 영상을 더 잘라내거나 복원하여 편집점을 재설정합니다).

비디오 클립의 끝을 클릭한 채 키보드의 Ctrl 키를 눌러 드래그하면 빈 공간 없이 클립의 길이를 깔끔하게 조절할 수 있습니다. 또한 트리밍 단축키 Q, W 키를 눌러도 빠르게 클립의 길이를 조절할 수 있습니다.

> **TIP**
>
> 영상 속 동작이 자연스럽게 연결되기 위해서는 인물의 움직임이 진행되는 동안 컷 편집이 이루어져야 합니다. 현업에서는 'Cut on Action'이라고 표현하는 데 동작을 완벽하게 연결하지 못하고 중간 과정을 생략해도 우리의 뇌과 그 부분을 상상으로 채워줍니다. 단, 같은 동작의 반복은 부자연스러움을 초래할 수 있으니 동작이 반복되지 않도록 주의해 주세요.

STEP 04 컷의 호흡을 지켜라

마지막 법칙은 컷의 길이를 호흡처럼 생각하는 것입니다. 컷의 길이는 배경음악만큼이나 영상의 분위기를 만드는 데 아주 중요한 역할을 합니다.

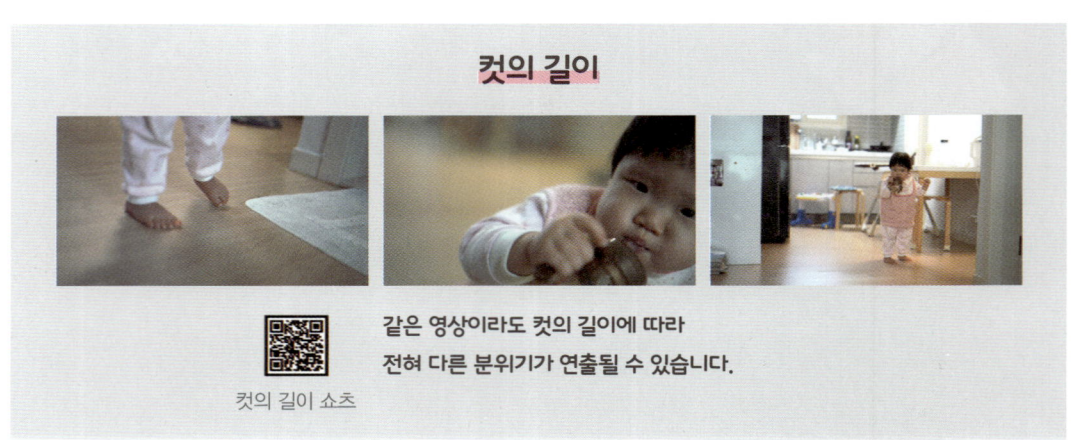

컷의 길이 쇼츠

같은 영상이라도 컷의 길이에 따라 전혀 다른 분위기가 연출될 수 있습니다.

롱테이크처럼 긴 호흡으로 컷을 편집하면 생각이 필요하거나 감정적인 분위기를 만들 수 있고 짧은 호흡으로 컷을 편집하면 긴박한 분위기가 연출됩니다. 대부분은 배경음악을 먼저 정한 후 음악의 템포에 맞춰 컷을 나누라고 하지만 음악에 모든 컷을 맞추면 곡의 멜로디가 복선이 되어 다음 화면을 시청자가 쉽게 예측하여 영상의 재미가 반감됩니다. 또한, 음악의 길이에 영상을 맞추기 위해 불필요한 콘텐츠를 추가하는 문제가 발생할 수도 있습니다.

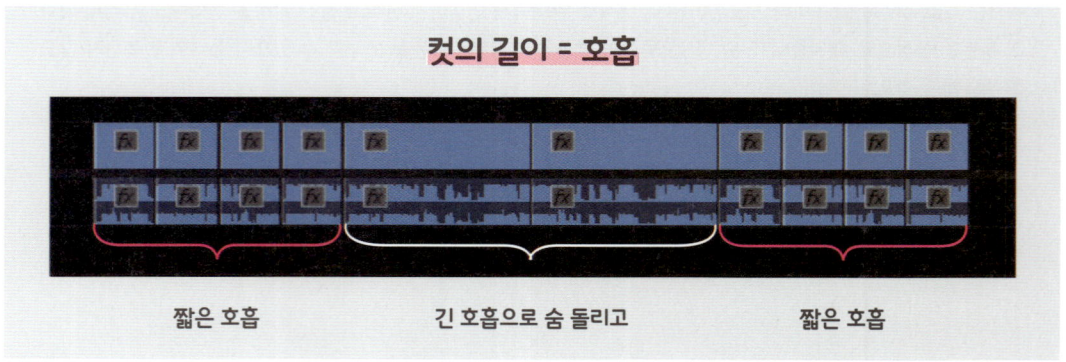

짧은 호흡   긴 호흡으로 숨 돌리고   짧은 호흡

필자가 추천하는 방법은 컷의 길이를 호흡처럼 생각하는 것입니다. 호흡을 짧게 끊어 쉬면 금방 숨이 찹니다. 그럼 다시 한번 깊게 심호흡한 후 짧은 호흡으로 복귀합니다. 컷 편집으로 생각한다면 짧은 호흡으로 중간에 긴 호흡의 컷을 추가해 보는 사람들에게 '숨 돌릴 여유'를 주는 것입니다. 긴 호흡으로 반복되는 편안한 분위기에 한 번씩 짧은 호흡으로 긴장감을 주는 것처럼 컷의 길이도 호흡으로 생각하면 영상의 흐름을 잡기 쉽습니다.

화면 구성의 필수 법칙

Chapter 11

사물을 안정적으로 배치하거나 보는 이의 시선을 자연스럽게 유도하는 것은 모두 안정적인 영상을 얻기 위한 계획된 연출입니다. 이번 챕터에서는 '보기 좋은 영상'을 만드는 화면 구성의 필수 법칙에 대해 자세히 알아보겠습니다.

STEP 01 화면을 구성하는 감각

영상 제작의 여러 과정 중 필자가 가장 긴장하는 순간은 촬영입니다. 특히 상업 영상의 제작 현장은 시간이 곧 돈으로 직결되기 때문에 짧은 시간에 좋은 영상 소스를 많이 촬영해야 이득입니다. 꼭 상업 영상이 아니더라도 촬영할 때는 긴장의 끈을 놓을 수 없습니다. 찍어야 할 타이밍을 놓치면 그 순간이 다시 오지 않는다는 걸 잘 알기 때문입니다.

원하는 순간을 빠르게 포착해 촬영하려면 무엇이 필요할까요? 상황을 파악하는 판단력과 순발력도 중요하지만 촬영 타이밍을 잡아내는 감각이 가장 큰 역할을 합니다. 감각은 타고난다고들 하지만 꾸준한 훈련을 통해 충분히 발전시킬 수 있습니다. 특히 요즘 영상 장르가 다양해진 만큼 화면 구성에 대한 기본 법칙만 잘 익혀도 좋은 영상 소스를 확보할 수 있습니다.

STEP 02 안정적인 구도를 사용하라

학창 시절, 미술 시간에 '구도'를 배운 적이 있을 것입니다. 구도란 미적 효과를 얻기 위해 화면에 나오는 여러 가지 요소를 조화롭게 배치하는 수단을 의미하는데 영상에서도 이 '구도'가 중요한 역할을 합니다. 특별한 상황이 아니라면 심리적인 편안함을 느끼는 안정적인 구도로 화면을 구성하는 것이 가장 좋습니다.

01 3분할선

3분할선은 안정적인 구도를 위해 사용하는 대표적인 방법으로 화면을 가로로 3등분, 세로로 3등분 해 선으로 표시한 것입니다.

교차 지점에 피사체를 위치하면 안정적인 구도가 완성되는데 예를 들어 사람은 눈을 교차점에 맞추고 바다의 수평선이나 들판의 지평선은 3분할 선에 맞추면 안정적인 구도를 얻을 수 있습니다.

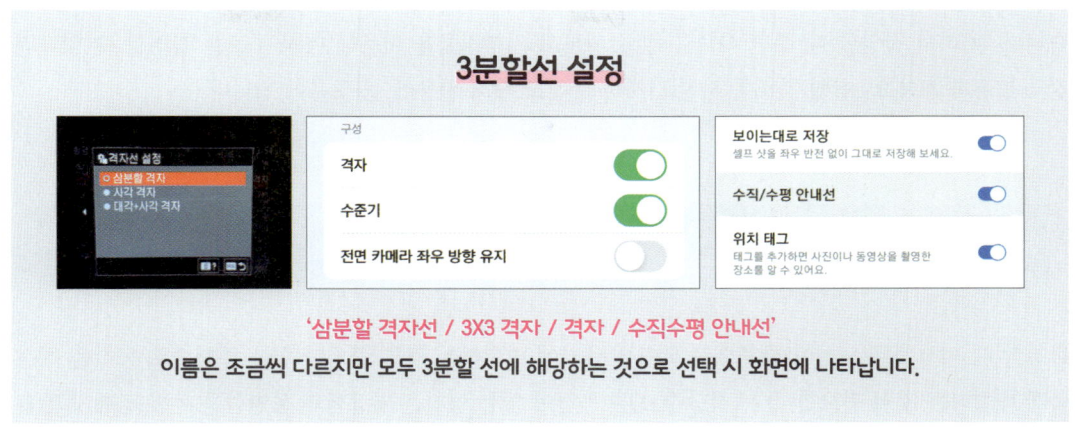

3분할 선은 디지털카메라뿐만 아니라 스마트폰 카메라에서도 설정할 수 있습니다. 카메라 설정을 실행하여 격자 또는 눈금 표시 기능을 활성화하면 화면에 나타납니다.

02 대칭 구조

한 축을 중심으로 좌우, 위아래가 동일한 형태 또는 패턴을 보이는 구조를 의미합니다. 영상에서는 중심 축을 기준으로 좌우가 동일한 수평적 대칭 구조가 자주 사용됩니다.

대칭 구조는 보는 사람에게 시각적인 안정감과 조화로움을 안겨줘 이야기에 몰입할 수 있도록 도와줍니다. 웨스 엔더슨 감독의 영화 〈그랜드 부다페스트 호텔〉이 대칭 구조를 잘 활용한 좋은 예라고 할 수 있습니다. 영화의 경우 세트를 지어서 대칭 구조를 연출하지만 일반인의 경우 그렇게까지 하기란 어렵습니다. 따라서 촬영할 때 주변 사물을 잘 살펴보고 지형지물을 이용해 대칭 구조를 촬영할 수 있다면 적극 활용해 보세요. 촬영 장소를 사전 답사하는 것도 장소 활용에 큰 도움이 됩니다.

STEP 03 공간을 적절히 배치하라

촬영할 때 피사체를 시선이 한곳으로 모이는 센터에 배치하는 것도 좋지만 인물 주변으로 공간을 적절하게 배치하는 것이 필요합니다. 적당한 여유 공간이 없는 영상은 답답함과 불안함을 유발할 때가 많습니다.

01 헤드룸

헤드룸은 피사체의 머리 윗부분과 프레임 상단 사이의 공간을 의미합니다. 헤드룸이 너무 좁으면 머리가 프레임 상단에 닿을 것 같은 불안한 느낌을 줘 몰입에 방해가 됩니다. 반대로 너무 넓은 헤드룸은 피사체가 화면 하단으로 치우쳐 균형이 어긋난 느낌을 줍니다.

잘못된 헤드룸

매우 좁은 헤드룸으로
답답함 유발

매우 넓은 헤드룸으로
불안함 유발

헤드룸의 공간은 일반적으로 출연자 머리 크기의 절반 정도가 적당한데 상황에 따라 크기가 달라질 수도 있습니다. 등장인물의 덩치가 클수록 헤드룸의 크기는 작아지고 와이드샷의 경우 주변 환경을 많이 보여줘야 해 헤드룸의 크기를 고려하지 않고 촬영을 진행하기도 합니다. 미디엄 샷은 앞에서 설명한 3분할 선에 눈을 맞추면 적절한 헤드룸이 확보됩니다. 클로즈업 샷은 인물의 감정을 전달하기 위해 화면을 가득 채우는 경우가 많아 헤드룸을 두지 않고 오히려 머리 위를 자르기도 합니다.

02 루킹룸 · 리드룸

다음 루킹룸과 리드룸입니다. 먼저, 루킹룸은 피사체가 특정 방향을 바라볼 때 시선이 가는 방향으로 화면에 일정 공간을 두는 것입니다.

루킹룸 Looking Room

시선이 향하는 쪽으로 적절한 공간 확보 / 적절한 공간이 확보되지 않으면 답답함 유발

루킹룸은 코 끝이 향하는 곳의 공간을 비워두기 때문에 노즈룸이라고 부르기도 합니다. 피사체의 시선이 있는 곳에 공간을 두면 심리적인 안정감과 함께 기대감이 생겨서 같은 곳을 바라보게 만드는 효과도 있습니다. 비슷한 화면 구성으로 리드룸도 있습니다. 출연자가 특정한 방향으로 이동할 때 그 앞에 여유 공간을 만드는 것입니다. 리드룸이 적절하게 배치되면 피사체가 자유롭게 움직이는 인상을 주지만 그렇지 않으면 화면에 갇힌 느낌을 줘 어딘가에 부딪힐 것만 같은 불안감을 줍니다.

리드룸 Lead Room

이동하려는 방향에 여유 공간 확보 / 여유 공간이 확보되지 않으면 답답함 유발

03 시선을 유도하라

화면의 구도 및 사물을 이용한 시선 유도 장치는 영상 속에 자연스럽게 숨겨져 시청자도 모르는 사이에 제작자의 의도대로 시선이 따라가게 됩니다. 그중 화면 안에 또 다른 화면을 연출하는 PIP 구성은 대표적인 시선 유도 장치로 핸드폰이나 스크린을 띄우는 식의 노골적인 PIP도 있지만 주변 사물을 활용해 화면을 액자식으로 구성하는 형태도 있습니다.

PIP 구성 Picture In Picture

핸드폰 화면을 노출해 시선을 유도 　　　　구조물로 자연스럽게 액자식 구성

리딩라인은 시선을 이끄는 선을 뜻합니다. 선들이 한곳으로 모이게 되거나 같은 방향을 향해 있으면 시선은 자연스럽게 그 선을 따라갑니다. 리딩라인은 주로 가로수나 벤치처럼 반복되는 사물, 열차 선로나 도로의 가드레일 등 방향성을 갖고 정렬된 배경에서 쉽게 찾을 수 있습니다. 가장 대표적인 예는 소실점으로 사물과 지평선 등의 리딩라인이 하나로 모이는 지점에 촬영 대상을 놓아서 사람들의 관심을 끌 수 있습니다.

자막 디자인의 필수 법칙

콘텐츠의 퀄리티를 높이는 요소에는 여러 가지가 있지만, 그중에서 자막은 누구나 할 수 있을 정도로 쉽고 간단하며 효과가 뛰어납니다. 이번 챕터에서는 세련된 자막을 만드는 자막 디자인의 필수 법칙에 대해 알아보겠습니다.

STEP 01 좋은 자막이란?

중요한 메시지를 강조하거나 소리를 들을 수 없는 사람을 위해 사용하기 시작한 자막은 이제 디자인 및 표현에 따라 영상의 분위기를 살리거나 연출의 아쉬운 부분을 충충해 주는 아주 중요한 역할이 되었습니다.

좋은 자막을 평가하는 기준은 사람마다 천차만별이라 단정 지어 말씀드릴 수 없지만 필자가 개인적으로 생각하는 좋은 자막이란 전달하는 메시지와 디자인이 잘 어울리는 자막이라고 생각합니다. 자막은 화면을 통해 직관적으로 확인할 수 있는 시각적인 부분이라 얼마나 보기 좋은지가 굉장히 중요하다고 말할 수 있습니다. 대충 만든 자막보다는 디자인 요소가 보기 좋게 섞인 자막에 더 눈길이 가는 것은 어쩌면 당연한 일입니다.

STEP 02 자막 폰트 선택하기

폰트는 자막의 가독성을 결정하는 아주 중요한 요소로 내용에 따라 알맞은 폰트를 선택해 사용해야 합니다. 본문에서 설명하는 폰트는 100% 적용되는 정답은 아니지만 현업에서는 일반적으로 통용되는 자막 법칙이란 게 있습니다. 크게 세 가지 분류에서 상황에 맞는 폰트를 잘 취사선택한다면 잘못된 폰트를 선택하는 일은 피할 수 있습니다.

01 고딕체

고딕체는 일상에서 흔히 볼 수 있는 폰트로 굵직한 디자인 덕에 가독성이 좋아 영상 자막, 책 표지, 배너 문구 등의 다양한 영역에서 활발히 사용되고 있습니다. 고딕체의 독보적인 강점은 글자 스타일 자체가 사각형 영역에 딱 맞게 디자인되어 자막의 레이아웃을 생성하거나 정렬할 때도 수월히 작업할 수 있는 것입니다.

사각사각 네모반듯 고딕체

특징
깔끔하고 가독성이 뛰어나 자막을 정렬하고 배치할 때 좋습니다. 또한, 전문적인 인상을 줍니다.

추천 무료 폰트
- Noto Sans KR
- 에스코어 드림
- G마켓 산스

02 명조체

명조체는 고딕체와 쌍벽을 이룰 만큼 많이 사용되는 폰트로 가독성이 뛰어나면서도 약간의 불규칙한 디자인이 특징입니다. 고딕체와 차이점이 있다면 고딕체는 각진 이미지로 제목과 같은 강조가 필요한 곳에 주로 사용되고, 명조체는 부드러운 이미지로 서정적인 분위기의 영상, 또는 감정을 자극하는 내용에 주로 사용됩니다.

감성가득
명조체

특징
깔끔하고 가독성이 뛰어나
긴 문장을 작성하기에 좋습니다.
때론, 감성적인 인상을 주기도 합니다.

추천 무료 폰트
· KoPubWorld 바탕
· 조선일보명조
· 카페24 고운밤

03 필기체

마지막으로 필기체입니다. 감각적이고 개성 넘치는 디자인으로 자막에 포인트를 주기 위해 많이 사용하고 있습니다. 필기체의 강점은 아무래도 손글씨 느낌이 많이 묻어나다 보니 폰트마다 개성 넘치고 인간적인 면이 살아있다는 것입니다. 앞서 살펴봤던 고딕체와 명조체보다는 가독성이 떨어지지만 상황에 맞는 필기체를 잘 사용하면 영상의 분위기를 한층 높일 수 있습니다(너무 과하게 사용하면 오히려 영상을 망칠 수 있으니 사용하기에 앞서 깊은 주의가 필요합니다).

특징

감각적이며 손글씨로 쓴 듯한 인상을 남깁니다. 영상 분위기에 맞춘 포인트 자막으로 사용하기 좋으며 너무 과한 사용은 금물입니다.

추천 무료 폰트

· 교보손글씨 2019~2021
· 카페24 빛나는별
· 나눔손편지체

STEP 03 자막 색상 결정하기

자막에서 폰트 다음으로 결정하기 어려운 것이 바로 색상입니다. 폰트는 내용이나 상황에 어울리는 스타일 하나만 선택하면 끝나지만 색상은 그렇지 않습니다. 글씨, 테두리, 그림자 등 고려해야 할 영역도 많은데 그중 하나라도 색을 잘못 설정하면 상당히 눈에 거슬립니다. 사실 색상 선택은 매우 어렵고 전문적인 분야로 볼 수 있습니다. 나름대로 색에 대해 타고난 감각이 있다면 최악은 피할 수 있지만 모든 사람이 감각을 타고나는 건 아닙니다. 필자가 특히 어려워했던 부분이 바로 색을 선택하고 조합하는 것이었는데 사수의 잔소리를 피하고자 자주 사용했던 두 가지 꿀팁을 알려드리겠습니다.

01 흑백조합

자막에 흔히 사용되는 색상은 검은색과 흰색을 조합한 것으로 글씨 색은 흰색, 테두리와 그림자는 검은색으로 설정한 후 강조하고 싶은 부분만 포인트 색상으로 변경해 줍니다.

흑백 조합

검은색과 흰색을 **메인**으로 사용

말자막에도 많이 쓰인다
말자막에도 많이 쓰인다

흰색 글씨에 검은색 테두리가 기본 그림자를 추가하면 가독성이 좋아집니다.
강조를 원하는 단어를 포인트 색상으로 사용합니다.

방송과 유튜브에서 쉽게 볼 수 있는 자막 형태로 대비되는 색상을 조합해 가독성을 확보한 다음 포인트 색상으로 강조를 줘 효과적입니다. 자막을 예쁘게 꾸미고 싶은 마음에 다양한 색상을 조합하는 건 오히려 정돈되지 않은 느낌을 심어줄 수 있습니다. 기본적인 구성이 가장 안정적이라는 사실을 기억해 주세요.

> **TIP**
> 감정이나 기분을 색으로 표현할 때 많이 사용되는 색상을 정리해 보면 다음과 같습니다. 빨강은 분노와 경고 등 위험을 상징, 노랑은 관심 등 주목을 상징, 차랑은 안정과 고요 때론 우울함을 상징, 분홍은 사랑을 상징, 보라는 신비로움을 상징합니다.

02 색 조합 참고 사이트

앞에서 설명한 흑백 조합이 식상하다면 나만의 색 조합으로 개성 넘치는 자막을 만들어 보세요. 색 조합을 도와주는 참고 사이트를 이용하면 시행착오를 줄여 더 빠르게 자막을 생성할 수 있습니다. 추천할 만한 색 조합 사이트는 어도비 컬러(color.adobe.com)로 어도비 컬러 웹에 접속하면 [탐색] 탭에서 5가지 색상으로 구성된 다양한 색 조합을 확인할 수 있습니다.

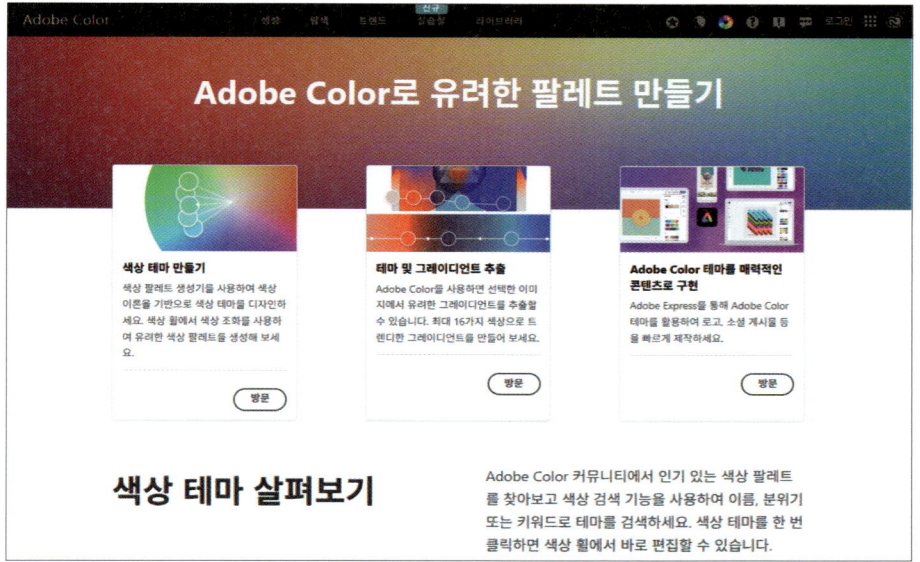

인기도순, 사용 횟수 순으로 정렬하면 사람들이 많이 사용하는 조합을 살펴볼 수 있으며 [트렌드] 탭에서 실험적인 색 조합을 확인하거나 영감을 얻는 데 활용할 수도 있습니다(어도비 계정으로 로그인한 후 [메뉴]의 [라이브러리에 저장]을 클릭하면 프리미어 프로나 애프터 이펙트의 라이브러리로 저장됩니다).

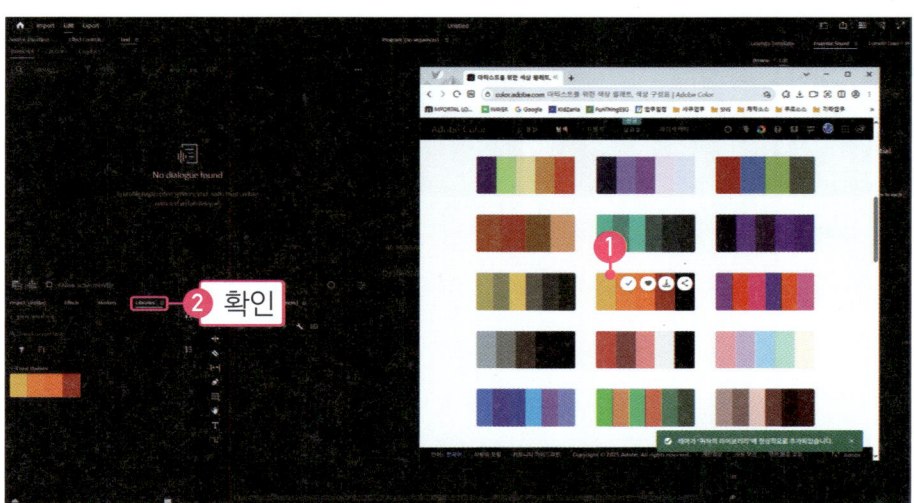

STEP 04 자막 강조와 정렬하기

폰트와 색상을 정했다면 다음 자막을 다듬어 줘야 합니다. 자막의 중요한 부분은 강조를 줘 시청자의 시선을 모으고 텍스트가 많을 땐 정렬을 이용해 가독성을 높여줍니다. 자막의 퀄리티는 작은 디테일의 차이에서 만들어진다는 점 명심하세요.

01 강조

자막의 텍스트 중 시청자에게 특별히 강조하고 싶은 메시지가 있다면 폰트 및 크기를 조정해 글자를 더 크고 굵게 만들어 줍니다. 자막 폰트로 자주 사용하는 고딕 폰트는 다양한 스타일의 굵기를 지원해 다른 폰트에 비해 강조 표시가 훨씬 수월합니다. 글자 크기의 10~20% 정도만 키워줘도 훨씬 더 명확하게 원하는 메시지를 전달할 수 있습니다.

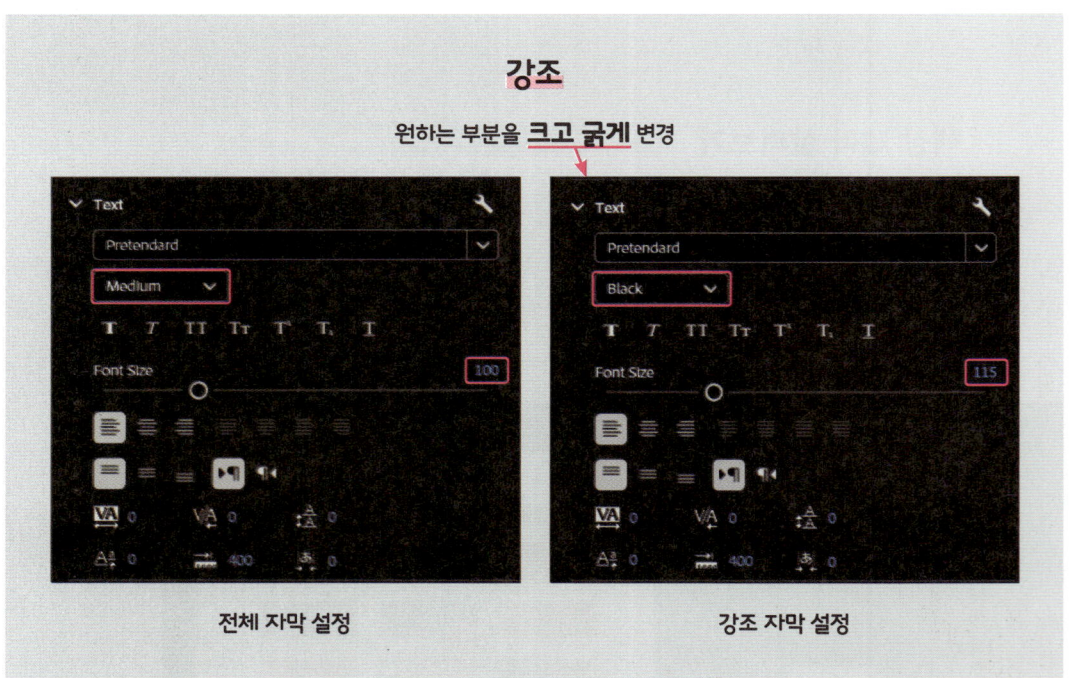

02 정렬

텍스트 기능을 지원하는 그래픽 프로그램 등에서 빼놓을 수 없는 기능이 정렬입니다. 텍스트 방향 및 간격을 일정하게 맞춰줘 메시지 전달력을 높여줍니다. 프리미어 프로도 정렬 기능을 이용해 자막을 아주 간편하게 정리할 수 있습니다.

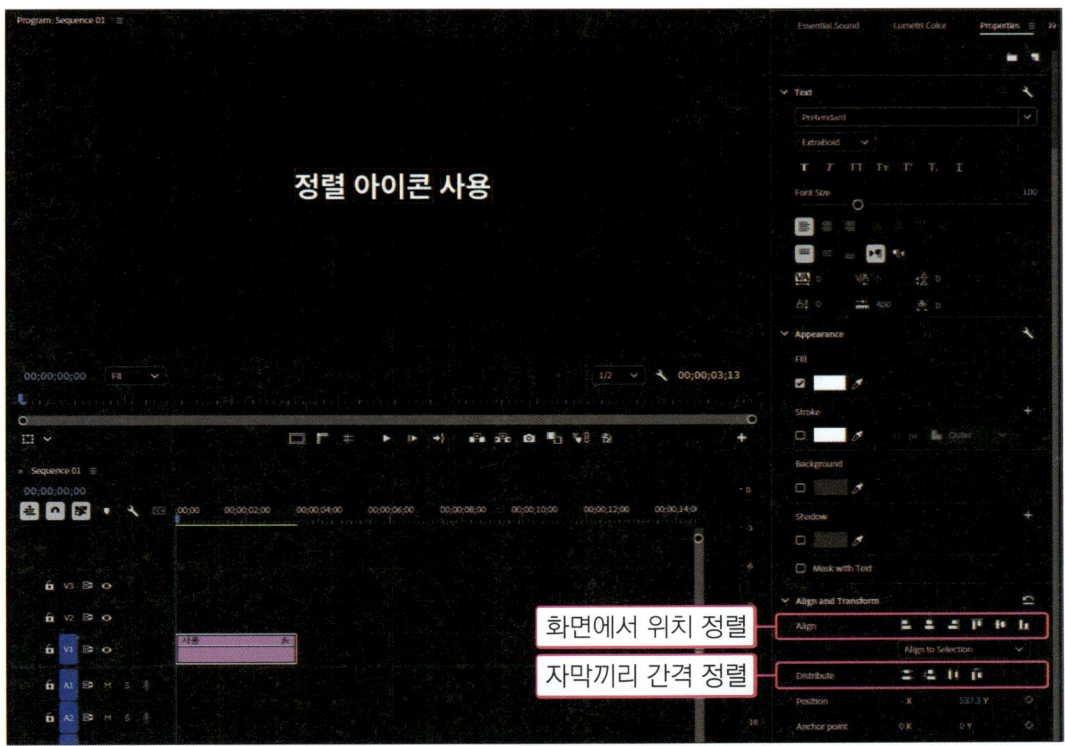

공지 및 안내 등 중요하게 전달해야 하는 메시지라면 화면의 정중앙에 오도록 위치하고 Vlog에서 많이 사용하는 말 자막을 오른쪽 또는 왼쪽을 기준으로 시작 지점을 지정해 정렬합니다.

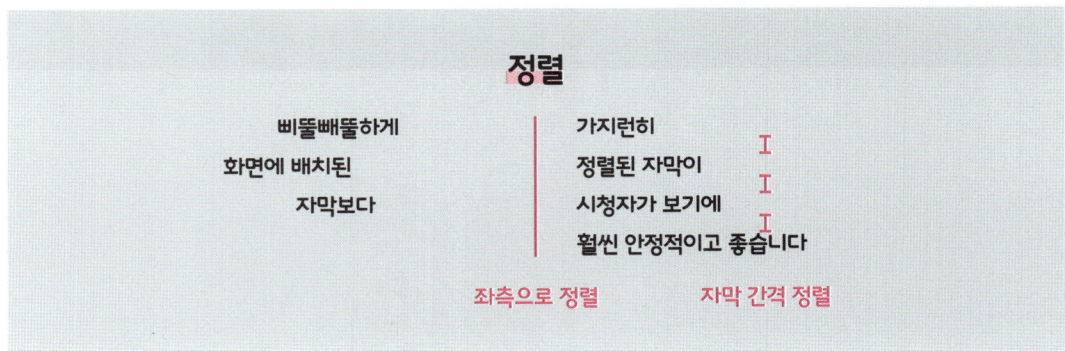

화면 여기저기 난잡하게 흩어진 자막보다 깔끔하게 정리된 자막이 훨씬 보기 좋고 눈에 잘 읽히는 건 누구나 알고 있는 사실입니다. 다른 스타일을 설정하지 않고 정렬만 잘 해줘도 정성스레 자막을 배치했다는 인상을 심어줍니다.

실습+ 자주 사용되는 자막 스타일 만들기

앞에서 학습한 내용을 바탕으로 유튜브 영상을 제작할 때 반드시 사용하게 되는 기본 말, 이미지 자막을 만드는 방법을 자세히 알아보겠습니다.

01 기본 자막 만들기

예제 파일 프리미어 프로-파트3_ch12-기본 자막 만들기

기본 자막을 만들 때는 되도록 굵기 조절이 자유로운 폰트를 사용하는 것이 좋습니다.

01 프리미어 프로를 실행한 후 ❶ HD 1080p 29.97fps 프리셋으로 시퀀스를 생성하고 ❷ [Project] 패널에 예제 파일을 불러옵니다. ❸ 불러온 영상 소스를 클릭해 [Timeline] 패널로 드래그 앤 드롭합니다.

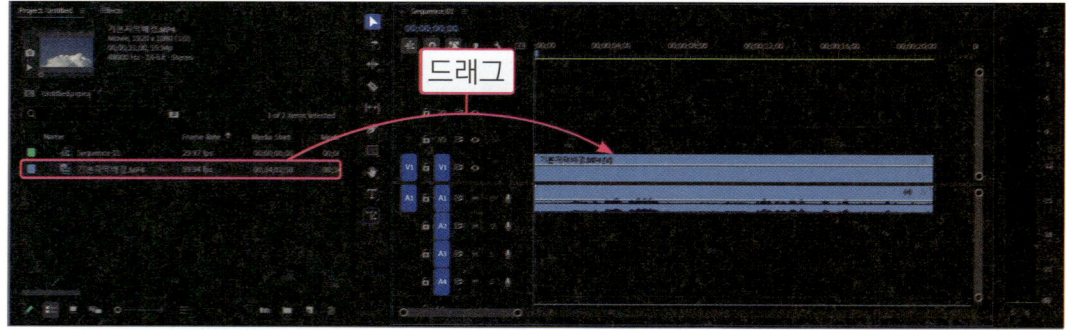

02 ❶ [Tool] 패널에서 [Type Tool]을 선택한 후 [Program Monitor] 패널을 클릭해 '기본 자막 만들기'를 입력합니다. ❷ [Timeline] 패널에 그래픽 클립이 생성되며 [Properties] 패널이 활성화됩니다.

03 이어서 세부 옵션을 변경하기 위해 ❶ [Properties] 패널에 기본 자막 만들기 레이어를 클릭합니다. ❷ [Text] 영역의 폰트 드롭박스를 클릭한 후 [Pretendard]를 선택, [Font Style]은 [SemiBold]를 선택합니다.

04 테두리와 그림자 등을 추가하기 위해 ❶ [Apperarance] 영역의 [Fill], [Stroke], [Shadow]를 선택하고 ❷ [Stroke]와 [Shadow]의 [Color]는 [검은색(#000000)]을 설정합니다. [Stroke Width]는 '7', [Shadow]의 [Opacity]는 '100', [Angle]은 '135', [Distance]는 '12', [Blur]는 '0'으로 옵션값을 입력합니다(설정에 따라 옵션값이 다를 수 있습니다. 그림자의 모양을 눈으로 직접 확인하며 값을 조절해 주세요).

05 다음 특정 단어를 강조하기 위해 ❶ [Tool] 패널의 [Type Tool]을 선택한 후 ❷ [Program Monitor] 패널의 비디오 자막에서 강조를 원하는 단어를 드래그해 블록 설정합니다.

06 ① [Properties] 패널의 [Text] 영역에서 [Font Style]은 [Black] 선택, [Font Size]는 '120'으로 입력합니다. 이어서 ② [Appearance] 영역의 [Fill] 색상은 [노란색(#FFE400)]으로 설정합니다.

02 Vlog의 필수 요소 말 자막 만들기

예제 파일 프리미어 프로–파트3_ch12–말 자막 만들기

말 자막이란 용어 그대로 출연자의 말을 그래도 옮긴 자막으로 예능 및 다큐멘터리에서 흔히 보는 자막입니다. 상황을 설명하는 상황 자막이나 재미 요소를 추가하는 이미지 자막과 더불어 영상 콘텐츠의 필수 자막입니다. 말 자막은 특성상 많은 내용을 담고 있어 가독성을 확보하는 것이 가장 중요합니다.

01 프리미어 프로를 실행한 후 HD 1080p 29.97fps 프리셋으로 시퀀스를 생성하고 ① [Project] 패널에 예제 파일을 불러옵니다. ② 불러온 영상 소스를 클릭해 [Timeline] 패널로 드래그 앤 드롭합니다.

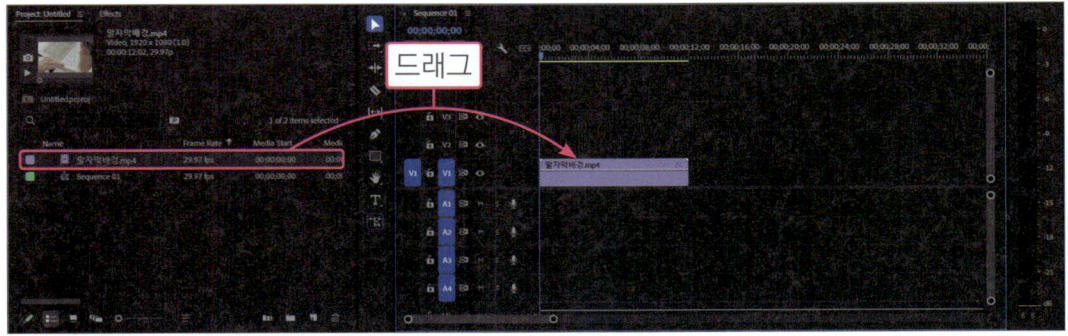

02 ❶ [Tool] 패널에서 [Type Tool]을 선택한 후 [Program Monitor] 패널을 클릭하고 ❷ '책을 읽으며 깊은 울림을 주는 문장을 기록합니다.'를 입력합니다. ❸ [Timeline] 패널에 그래픽 클립이 생성되고, 우측 [Properties] 패널이 활성화됩니다.

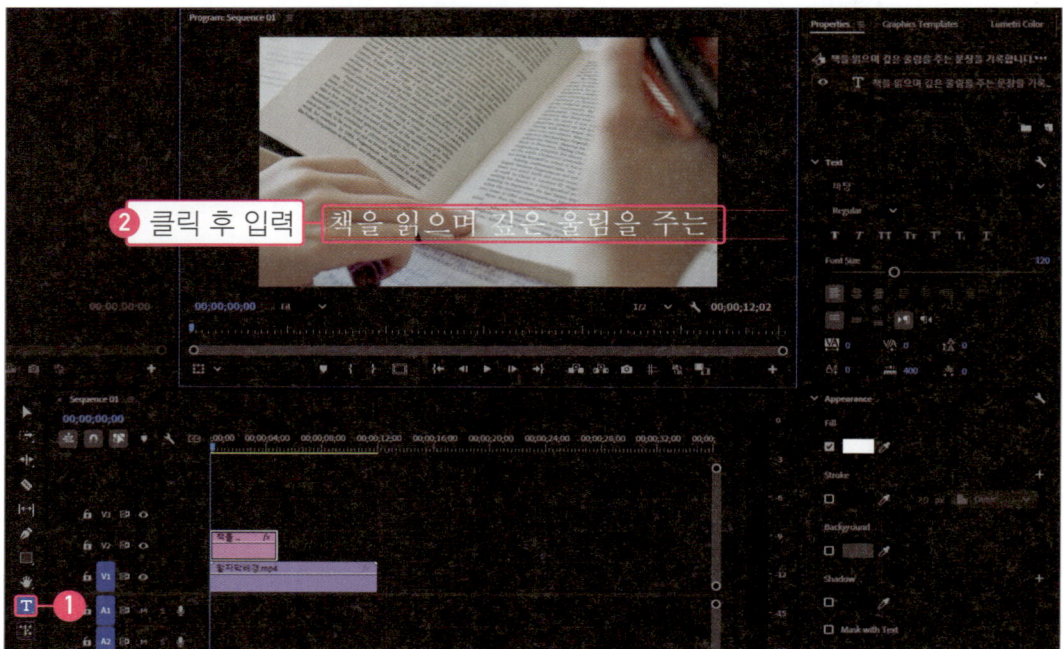

03 세부 옵션을 변경하기 위해 ❶ [Properties] 패널의 자막 레이어를 클릭한 후 ❷ [Text] 영역의 폰트 드롭박스를 클릭해 [KoPubWorld 바탕체_Pro]를 선택, [Font Style]은 [Light]를 선택합니다. 이어서 ❸ [Font Size]는 '55', [정렬]은 [Center Align Text]를 설정합니다.

04 말 자막의 위치는 화면 하단의 중앙이 안정적이므로 ❶ [Align and Transform] 영역에서 [Align Center Horizontally]를 클릭해 자막의 위치를 정중앙으로 옮깁니다. ❷ [Position] 옵션의 Y값을 입력해 적당한 높이로 조정합니다(자막의 높이만큼 공백을 남겨주는 것이 좋습니다).

05 자막의 가독성을 높이기 위해 ❶ [Appearance] 영역의 [Background]를 선택하고 [Color]는 [검은색(#000000)]으로 설정한 후 [Opacity]는 '90', [Size]는 '15', [Corner Radius]는 '15'로 옵션값을 입력합니다.

> **TIP**
>
> [Appearance] 영역의 옵션값을 조정할 때는 본문의 옵션값을 그대로 옮겨 적어서 똑같은 모양을 만들기보다는 옵션에 따른 모양의 변화를 눈으로 직접 확인하며 작업하는 것을 추천합니다. 또한, [Opacity]는 영상에 따라 조금씩 차이가 있지만 '90'을 기본으로 설정하고 만약 글씨가 잘 안 보이지 않는다면 '100'으로 변경해 완전히 불투명하게 만듭니다. 불투명한 텍스트 상자가 영상을 많이 가리면 화면이 답답해 보이기 때문에 자막 생성 시 주의해 주세요.

06 기본 말 자막이 완료됐습니다. 자막을 추가하면 설정한 스타일에 맞춰 자막이 생성되는 걸 확인할 수 있습니다.

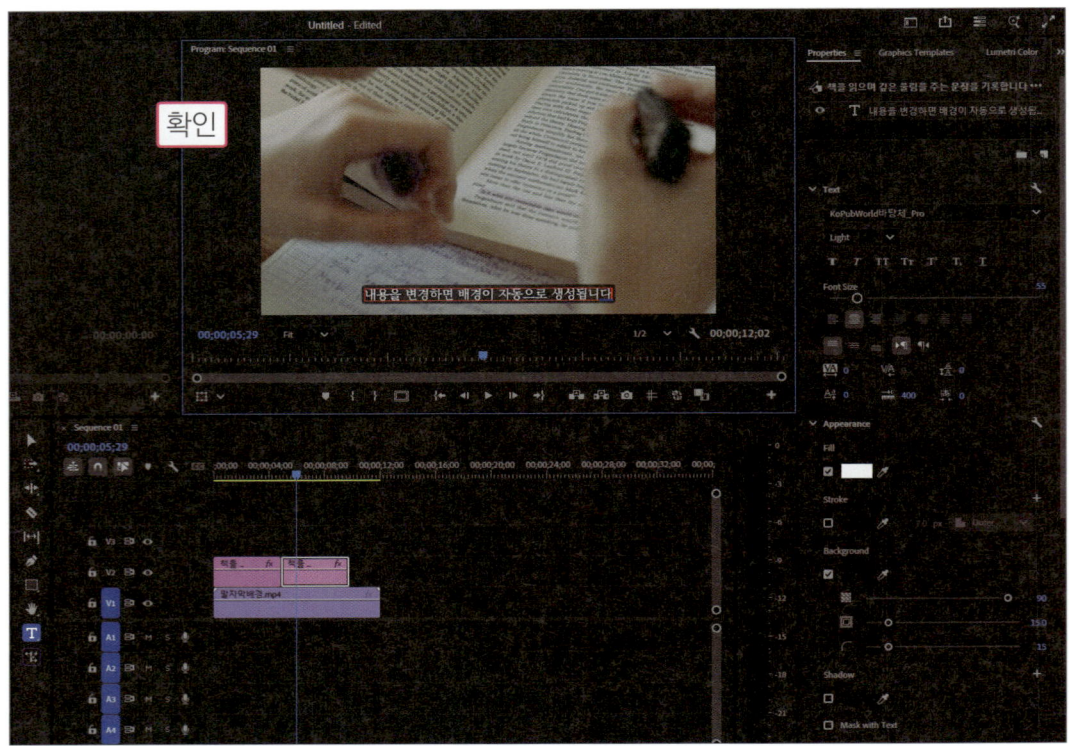

말 자막은 노출되는 빈도가 높아 적당한 크기로 설정해 주는 것이 중요한데, FHD 해상도 기준으로 '50'이 좋습니다.

이미지를 이용한 포인트 자막 만들기

예제 파일 프리미어 프로-파트3_ch12-포인트 자막 만들기

다양한 이미지를 추가한 포인트 자막은 특히 [Essential Graphics]의 [Responsive Design(반응형 디자인)]을 활용해 자막의 위치와 길이에 따라 이미지가 자동으로 따라다니도록 설정할 예정입니다.

01 프리미어 프로를 실행한 후 ❶ HD 1080p 29.97fps 프리셋으로 시퀀스를 생성하고 ❷ [Project] 패널에 예제 파일을 불러옵니다. ❸ 불러온 영상 소스를 클릭해 [Timeline] 패널로 드래그 앤 드롭합니다.

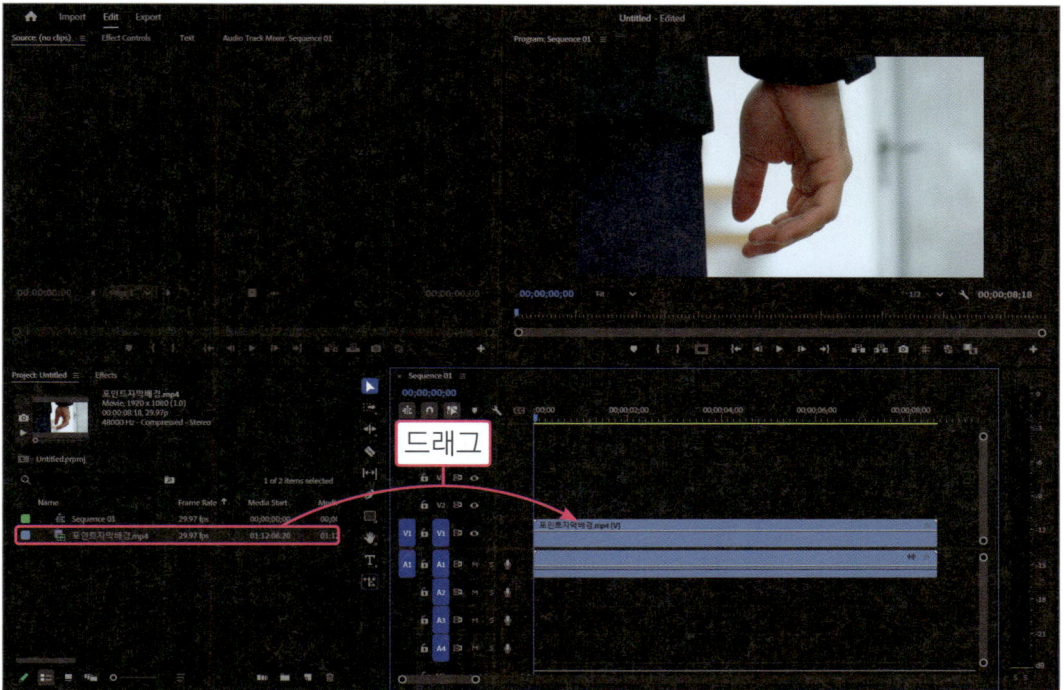

02 ① [Tool] 패널에서 [Type Tool]을 선택한 후 [Program Monitor] 패널을 클릭하고 ② '어떻게 나한테 그럴 수 있어'를 입력합니다. ③ [Timeline] 패널에 그래픽 클립이 생성되고, 우측 [Properties] 패널이 활성화됩니다.

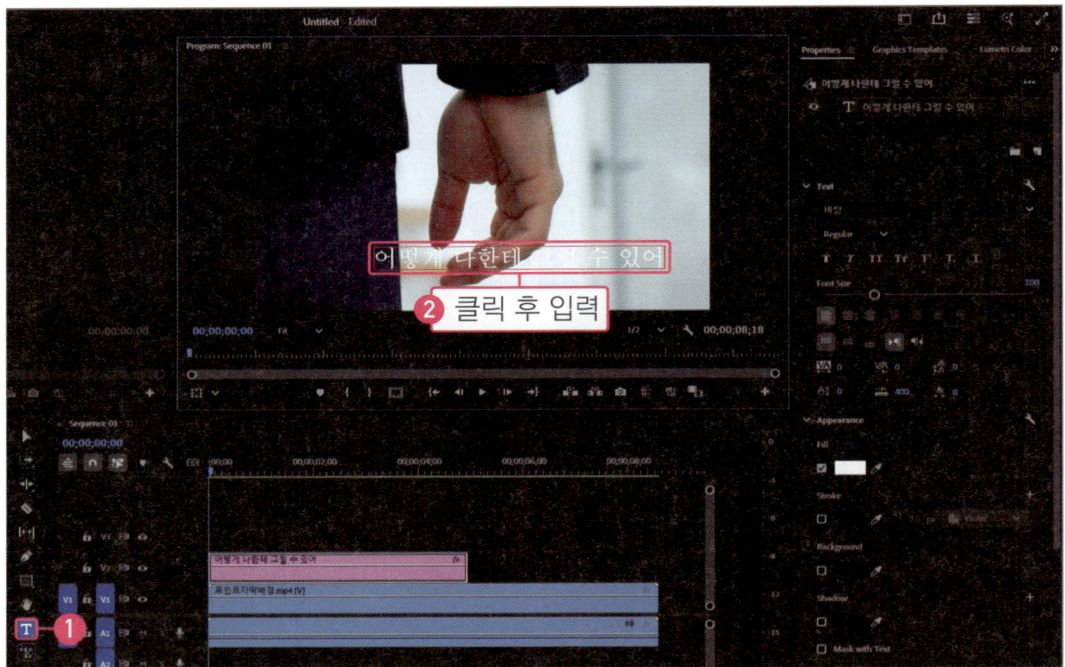

03 세부 옵션을 변경하기 위해 ① 자막을 드래그해 블록 설정하고 [Properties] 패널의 자막 레이어를 클릭한 후 ② [Text] 영역의 폰트 드롭박스를 클릭해 [솔뫼 김대건] 선택, [Font Style]은 [Medium]을 선택합니다. 이어서 ③ [Font Size]는 '100', [Paragraph]은 [Center Align Text]를 설정합니다.

04 자막에 강렬한 느낌을 주기 위해 ❶ [Appearance] 영역의 [Fill], [Stroke]를 선택하고 ❷ [Fill]의 [Color]는 [빨간색(#FF0000)], [Stroke]의 [Color]는 [검은색(#000000)]으로 설정한 후 [Stroke Width]는 '7'을 입력합니다.

05 이번에는 이미지를 추가하겠습니다. ❶ [Properties] 패널에서 자막 레이어의 ■를 클릭합니다. ❷ 바로가기 메뉴가 나타나면 [From File]을 선택합니다.

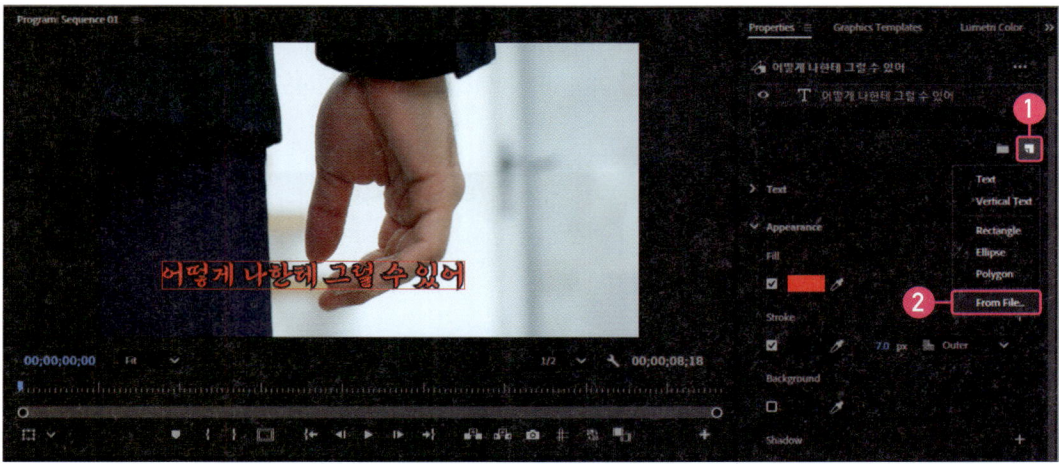

06 ❶ Import 대화상자에서 제공된 'fire.png' 소스 파일을 선택한 후 [열기] 버튼을 클릭합니다. ❷ [Program Monitor] 패널의 비디오에 'fire.png' 이미지가 나타나면 마우스 오른쪽 버튼을 클릭하고 [Duplicate]를 선택합니다. ❸ [Timeline] 패널에 복제된 'fire.png' 이미지 클립을 클릭해 자막 클립 아래로 드래그합니다.

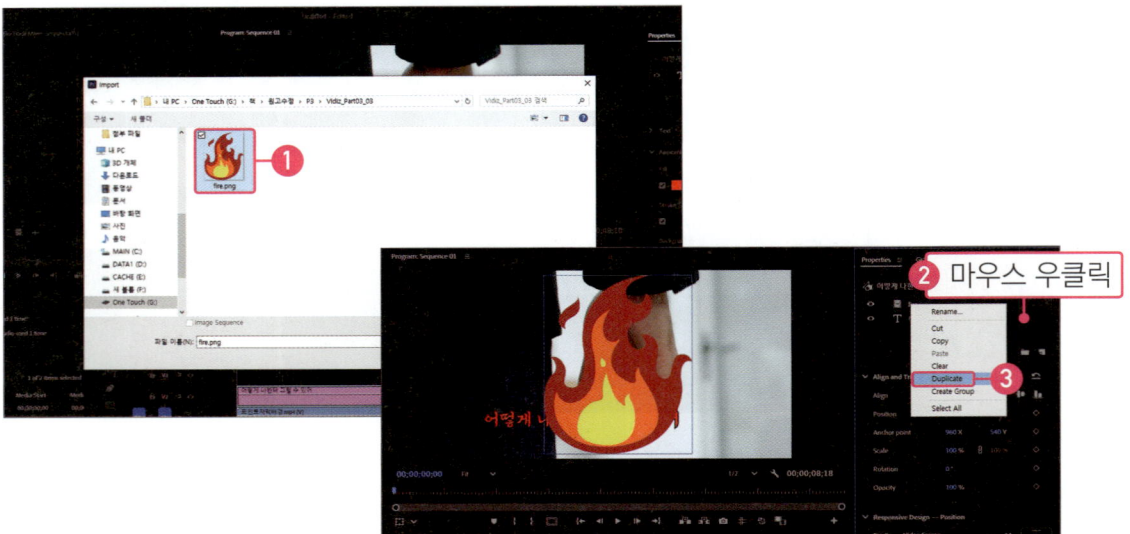

07 이어서 세부 옵션을 변경하기 위해 ❶ [Properties] 패널의 [Align and Transform] 영역에서 [Scale] 옵션값을 '25'로 입력하고 ❷ 이미지가 자막의 양 끝에 위치하도록 [Position] 옵션값도 변경해 줍니다.

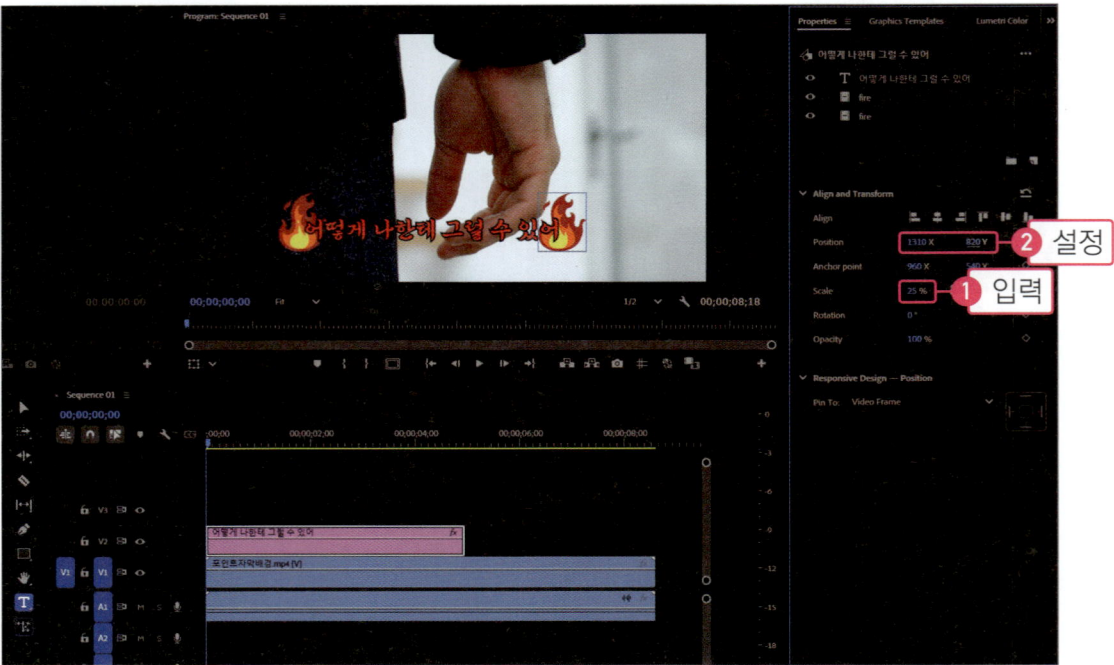

> **TIP**
>
> [Timeline] 패널과 마찬가지로 [Properties] 패널의 [Layer] 영역도 가장 맨 위에 있는 레이어가 [Program Monitor] 패널에 먼저 노출됩니다. 만약, 이미지에 가려 자막이 화면에 노출되지 않는다면 자막 레이어를 위로 올려줍니다.

08 다음 [Responsive Design]을 적용하기 위해 ❶ 먼저 오른쪽 이미지를 선택한 후 [Responsive Design]-[Position] 영역의 [Pin to] 드롭박스를 클릭합니다. ❷ [자막 레이어]를 선택한 다음 이미지가 [Program Monitor] 패널의 자막과 같은 위치에 나타나게 표식을 클릭합니다. ❸ 이어서 왼쪽 이미지도 같은 방법으로 [Responsive Design]을 적용합니다.

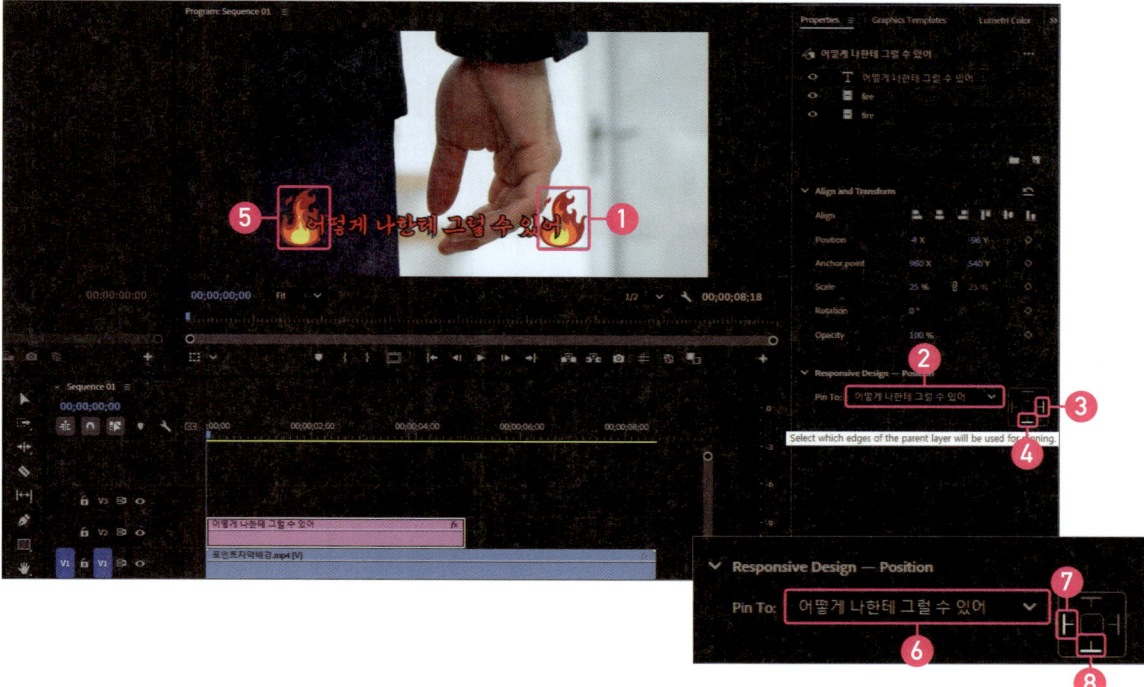

09 자막 설정이 완료되었습니다. 자막 내용을 변경하거나 위치를 옮기면 변경한 자막의 위치에 맞춰 불 이미지가 함께 움직이는 걸 확인할 수 있습니다.

애니메이션의 필수 법칙

영상 제작에서 애니메이션은 정적인 이미지에 움직임을 부여하는 걸 의미합니다. 이번 챕터에서는 애니메이션의 기본 원리를 살펴보고 영상의 분위기와 어울리는 자막 애니메이션을 생성하는 방법에 대해 자세히 알아보겠습니다.

STEP 01 애니메이션이란?

영상 콘텐츠가 넘쳐나는 시대에, 자막 애니메이션은 방송과 유튜브에서 빼놓을 수 없는 효과로 자리 잡았습니다. 영상 속 자막이 비처럼 떨어지거나 팝콘처럼 튀어 오르는 등의 효과는 모두 애니메이션 작업으로 구현된 것입니다.

애니메이션을 떠올리면 특별한 기술의 전문가 영역이라고 생각하는데 사실 누구나 설정할 수 있을 정도로 쉬운 작업입니다. 우리 본문에서 애니메이션의 원리를 간단히 살펴보고 영상 속 상황과 어울리는 적절한 자막 애니메이션을 생성해 분위기를 새롭게 연출해 보겠습니다.

STEP 02 애니메이션의 원리

프리미어 프로와 애프터 이펙트에서는 애니메이션을 생성할 때 '키프레임'이라는 도구를 이용합니다. 키프레임에는 두 가지 속성이 있는데 첫 번째는 특정 시간을 지정할 수 있고, 두 번째는 특정 속성의 옵션값을 지정할 수 있습니다. 시간 간격을 두고 한 개 이상의 키프레임을 생성하면 각 키프레임의 옵션값 차이로 움직임이 발생하는데 이것이 애니메이션 작업의 원리라고 볼 수 있습니다.

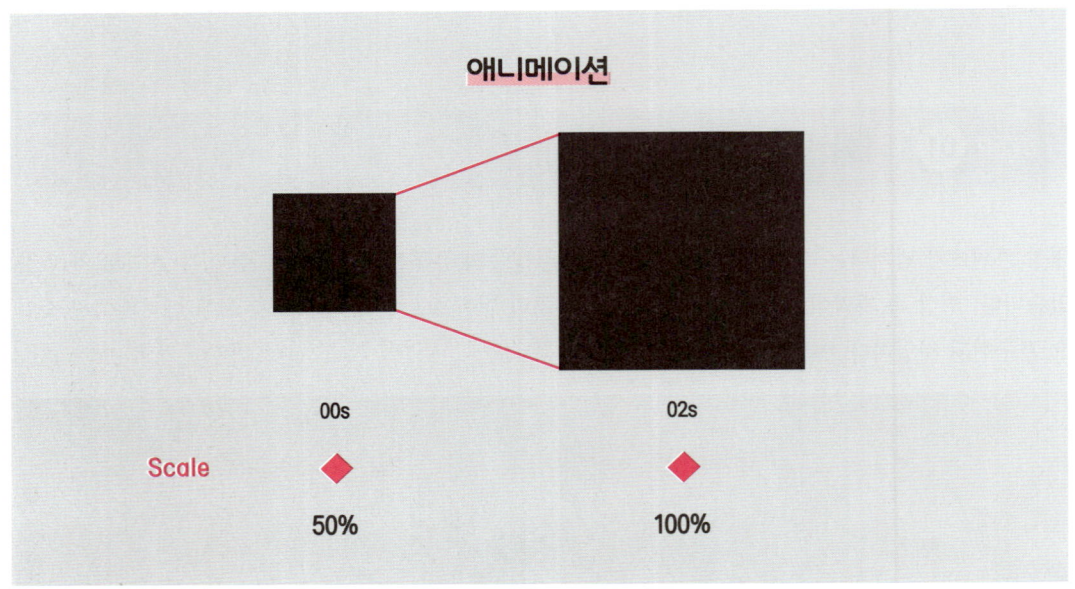

간단한 예를 들어 보겠습니다. 서로 다른 크기의 사각형에 2초 간격을 두고 두 개의 키프레임을 생성했습니다. 0초에는 크기가 50인 키프레임, 2초에는 크기가 100인 키프레임입니다. 영상을 재생해 0초부터 2초까지 시간이 지나면 이 사각형은 50에서 100으로 크기가 변화하게 되고 화면에는 '사각형이 커지는 애니메이션'으로 보입니다. 서로 다른 크기에 키프레임을 생성하면 크기가 변하는 애니메이션, 서로 다른 위치에 키프레임을 생성하면 위치가 변하는 애니메이션입니다. 키프레임만 잘 설정해 준다면 어떤 옵션이든 애니메이션을 쉽게 설정할 수 있습니다.

> **실습** 자막 애니메이션 만들기

앞에서 학습한 내용을 바탕으로 [Effect Controls] 패널의 세부 옵션에 키프레임을 생성하여 자막 애니메이션을 만드는 방법을 자세히 알아보겠습니다.

01 크기가 점점 커지는 자막 애니메이션 만들기

[Scale] 옵션에 키프레임을 생성해 자막 크기가 점점 커지는 애니메이션을 만들어 보겠습니다. 방법은 다음과 같습니다.

01 프리미어 프로를 실행한 후 ❶ HD 1080p 29.97fps 프리셋으로 시퀀스를 생성하고 ❷ [Tool] 패널에서 [Type Tool]을 선택합니다. ❸ [Program Monitor] 패널을 클릭해 텍스트 상자가 나타나면 '애니메이션 예시'라고 입력합니다.

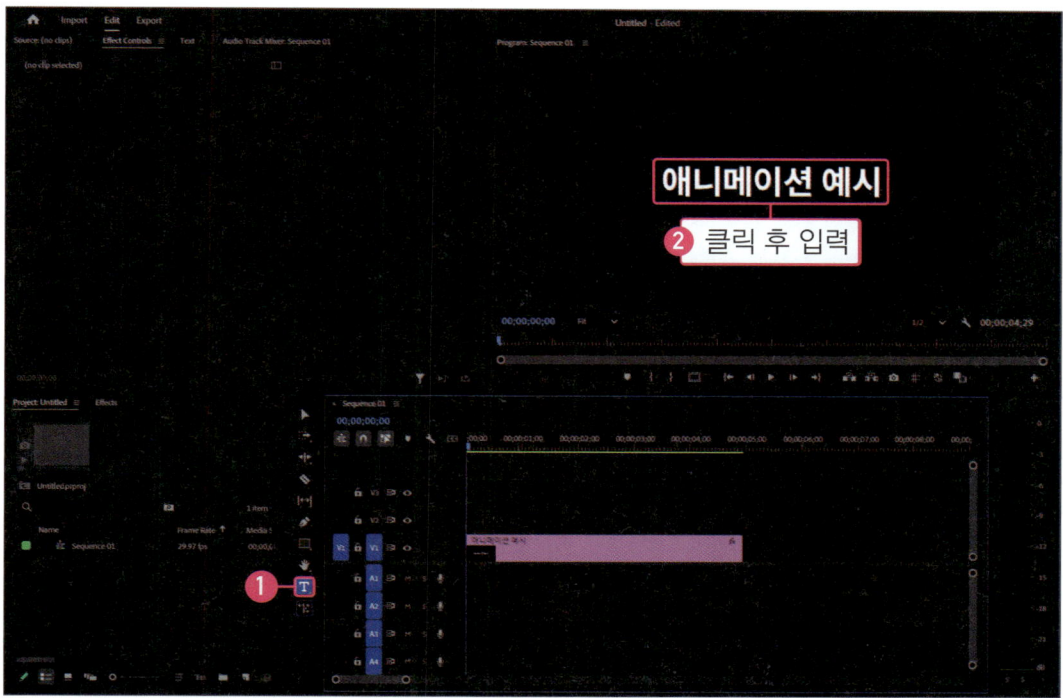

02 기준점이 되는 [앵커포인트]의 위치를 재설정하기 위해 ❶ [Tool] 패널의 [Select Tool]을 선택한 후 [Timeline] 패널의 그래픽 클립을 클릭합니다. ❷ [Effect Controls] 패널의 [Vector Motion]을 선택합니다. [Program Monitor] 패널에 하늘색 테두리가 나타나고 중앙에 [앵커포인트]가 보입니다.

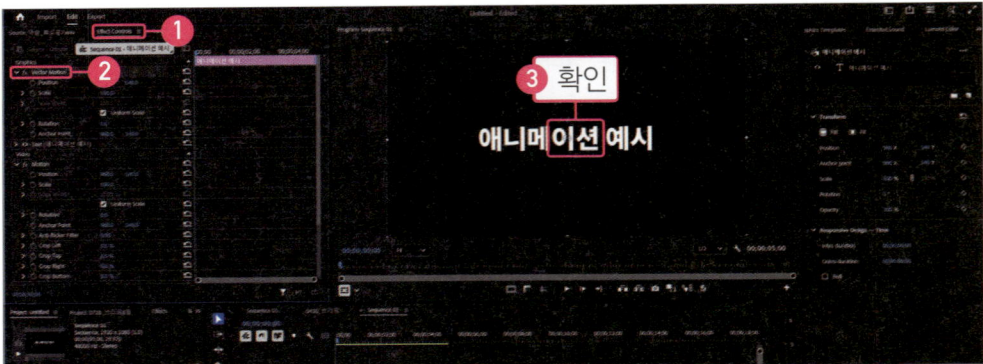

> **TIP**
>
> 애니메이션을 만들 때 간과하는 부분이 [앵커포인트]를 재설정하는 것입니다. 크기와 위치, 회전 등의 움직임과 관련한 옵션은 [앵커포인트]를 기준으로 적용되기 때문에 중심으로 [앵커포인트]를 이동한 후 애니메이션 작업을 해주는 게 좋습니다.

03 [앵커포인트]를 클릭한 채 자막의 중앙으로 드래그합니다.

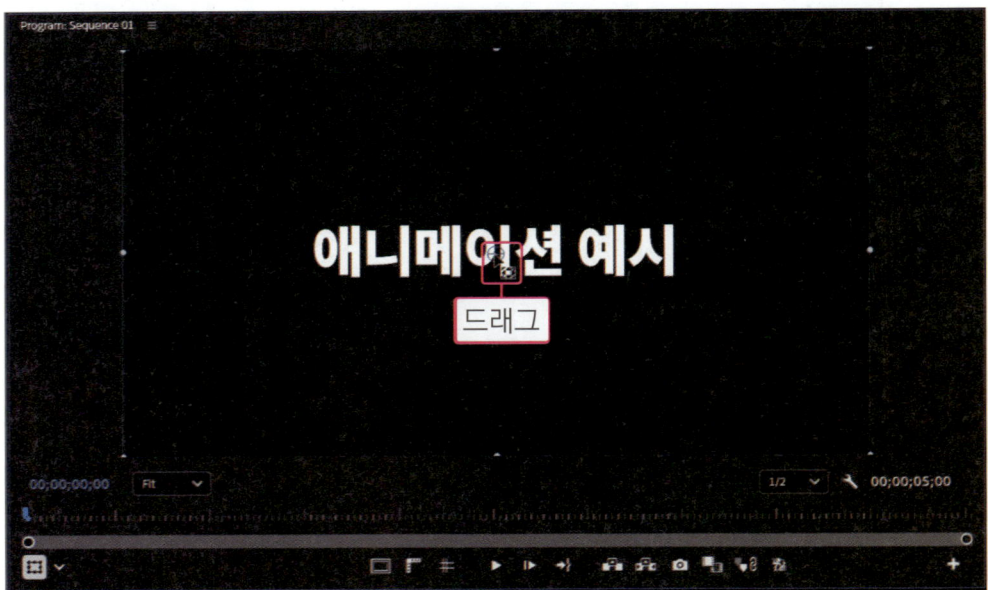

04 애니메이션 생성을 위해 ❶ [Effect Controls] 패널의 우측 [플레이헤드]를 클릭해 0초로 드래그합니다. ❷ [Vector Motion] 영역의 [Scale] 옵션에서 ◎을 클릭합니다. 버튼이 활성화되며 [플레이헤드]에 키프레임이 생성된 것을 확인할 수 있습니다.

05 다음 ❶ [플레이헤드]를 2초 뒤로 이동한 후 [Vector Motion] 영역의 [Scale] 옵션에서 ◎을 클릭합니다. [플레이헤드]에 키프레임이 추가된 것을 확인할 수 있습니다.

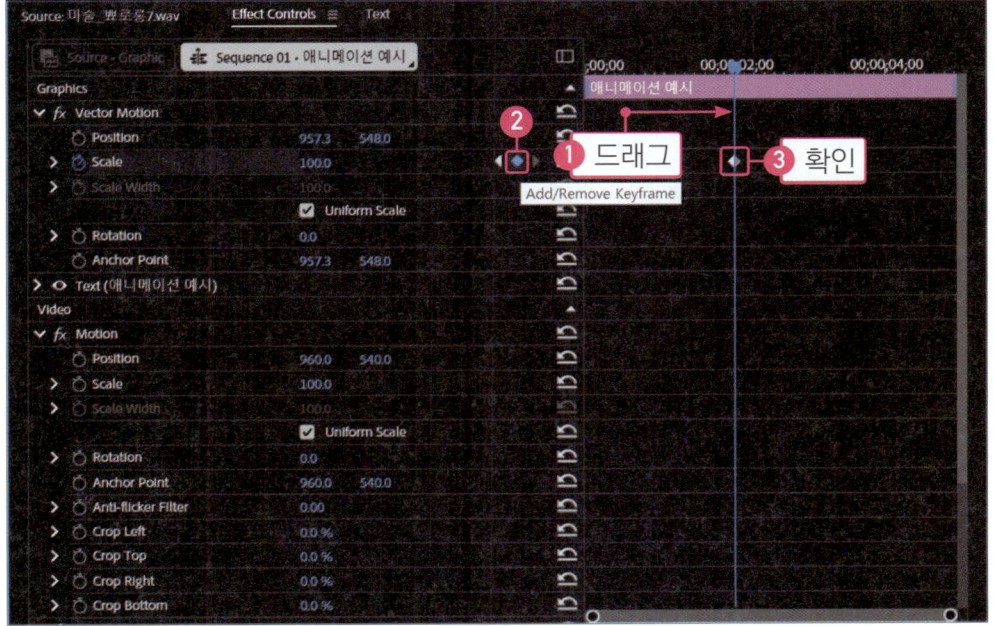

Chapter 13 · 애니메이션의 필수 법칙   201

06 이어서 [Scale] 옵션값을 변경하기 위해 ❶ [Scale] 옵션의 ◀, ▶를 클릭해 2초에 있는 키프레임으로 이동한 후 [Scale] 옵션값을 '120'으로 입력합니다. 다시 0초로 이동해 영상을 재생하면 자막의 크기가 서서히 커지는 걸 확인할 수 있습니다.

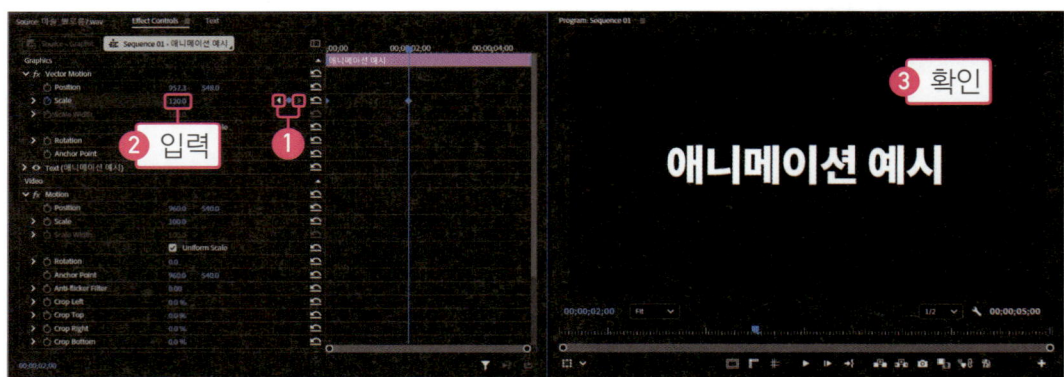

02 크기가 커지면서 점점 사라지는 자막 애니메이션 만들기

[Scale]과 [Opacity] 옵션에 키프레임을 생성해 자막이 커지면서 점점 사라지는 애니메이션을 만들어 보겠습니다. 방법은 다음과 같습니다.

01 앞의 예제에 이어서 ❶ [플레이헤드]를 다시 0초로 드래그해 이동한 후 ❷ [Effect Controls] 패널의 [Opacity] 옵션의 ▶을 클릭하고 ⏱을 클릭합니다. [플레이헤드]에 키프레임이 추가되었습니다.

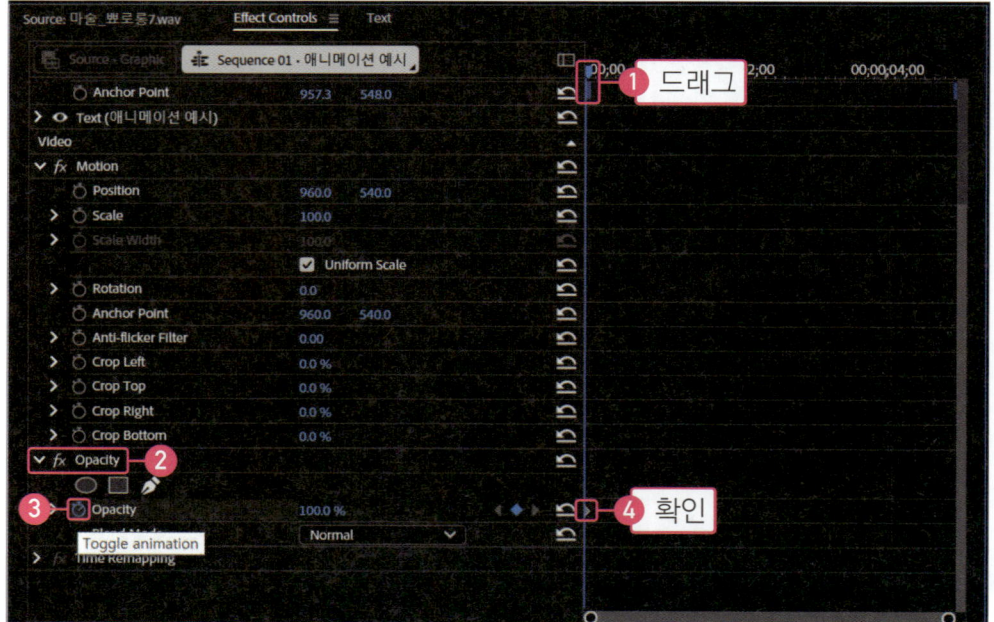

02 애니메이션을 생성하기 위해 ❶ [Effect Controls] 패널의 [플레이헤드]를 클릭해 2초로 드래그한 후 [Opacity] 옵션의 ◆을 클릭합니다. [플레이헤드]에 키프레임이 추가되었습니다.

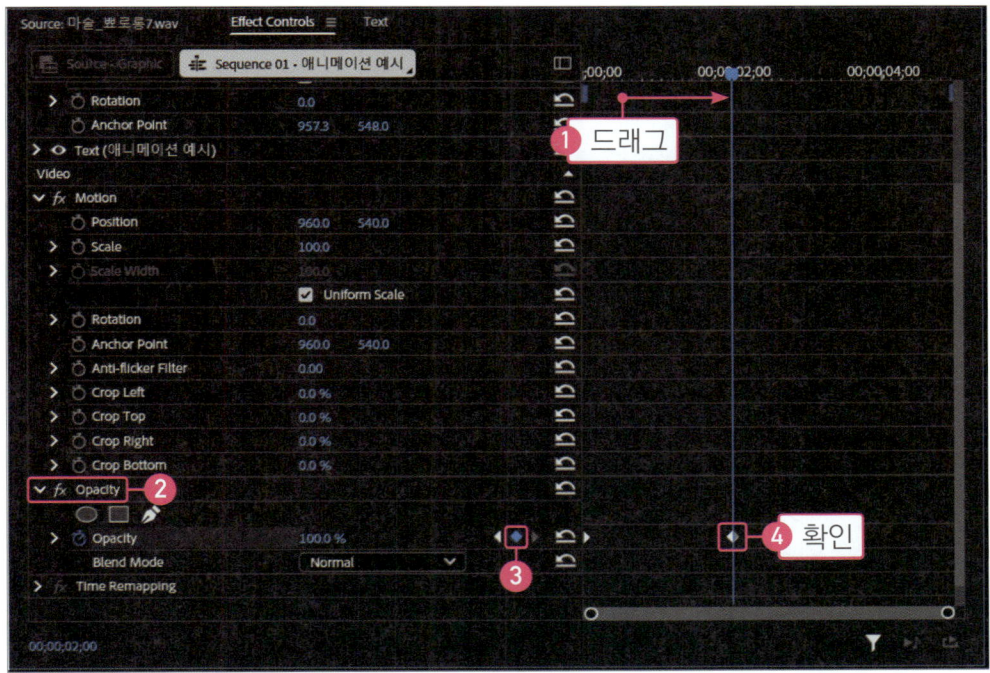

> **TIP**
> 여러 옵션에 애니메이션을 생성할 때는 타이밍을 일치해 움직임을 통일하는 것이 좋습니다. ◆을 이용해 애니메이션을 활성화하고 ◀ ▶을 클릭하면 키프레임 위치로 [플레이헤드]를 이동할 수 있습니다.

03 2초의 [Opacity] 옵션값은 '0'으로 입력합니다.

Chapter 13 · 애니메이션의 필수 법칙

04 다시 [플레이헤드]를 0초로 드래그해 영상을 재생해 보면 자막의 크기가 서서히 커지다가 사라지는 걸 확인할 수 있습니다.

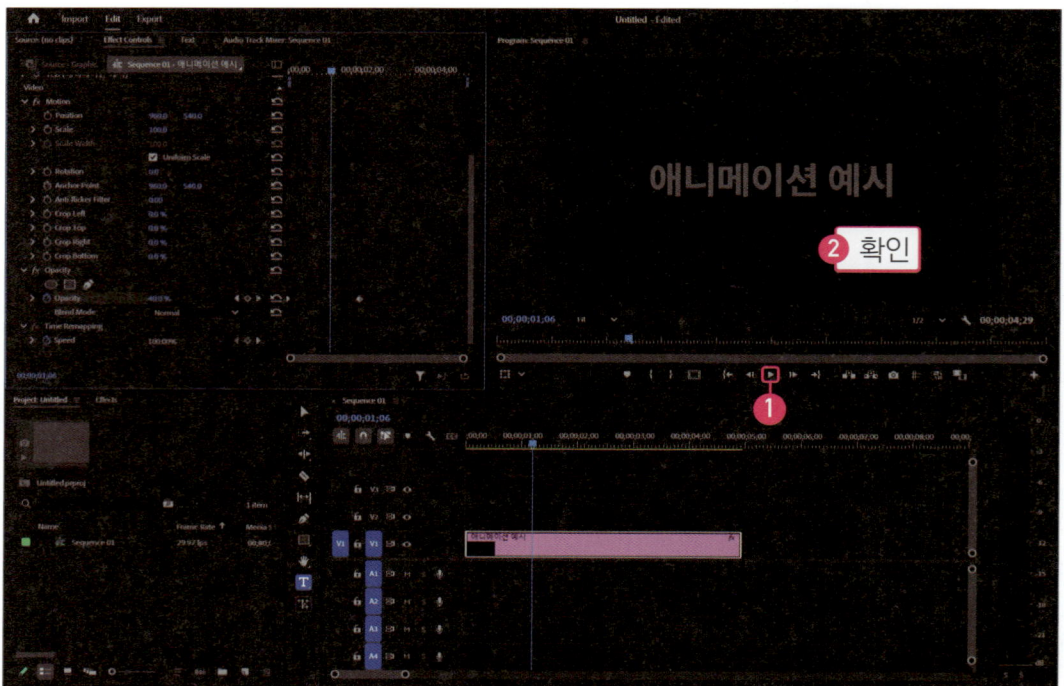

STEP 03 상황에 맞는 애니메이션

영상 편집 시 자주 사용하는 애니메이션은 모두 기본 옵션을 활용한 것들이라 [Effect Controls] 패널에서 쉽게 설정할 수 있습니다. 영상의 분위기 및 상황에 따라 [Position(위치)], [Opacity(투명도)], [Rotation(회전)], [Scale(크기)] 등의 네 가지 대표 옵션을 조정해 콘텐츠의 퀄리티를 높여 보세요.

01 Scale Up&Down

[Scale Up&Down]은 영상의 화면 크기를 키우는 애니메이션으로 줌과 결과물이 비슷해 '디지털 줌'이라고도 부릅니다. 크기가 커질수록 피사체에 가깝게 다가가는 느낌을 주어 보는 사람은 대상에 자연스레 집중하게 됩니다. 인물의 감정이 고조되거나 긴장감을 조성할 때 [Scale Up] 애니메이션을 설정하고 반대로 피사체를 화면에서 완전히 사라지도록 만들어 굴욕적이거나 창피한 상황을 연출할 때 [Scale Down] 애니메이션을 설정합니다.

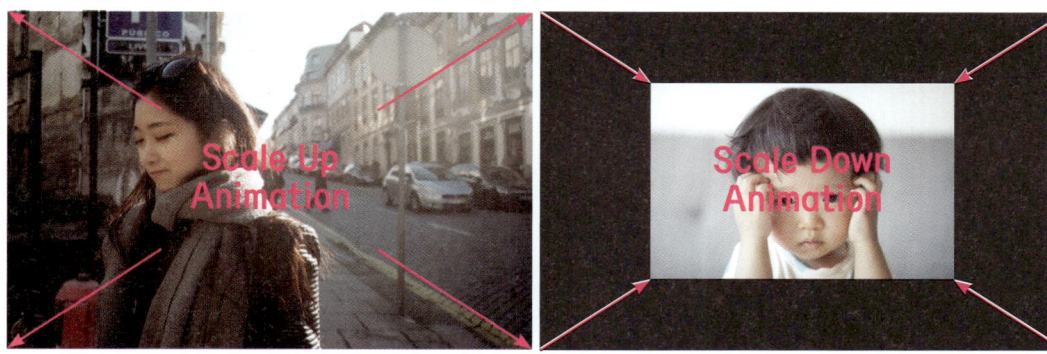

[Scale up] 애니메이션을 빠른 속도(5~10프레임)로 생성하면 빈 화면에 팝콘이 튀겨지는 것처럼 이미지나 자막이 생성되는 효과를 만들어 시선을 한 번에 모을 수 있습니다.

02 Position

[Position]은 위치 이동 애니메이션으로 역시나 영상에서 자주 볼 수 있는 효과입니다. 빠르게 사진이 날아오거나 자막이 화면의 어느 물체를 따라다니는 것도 모두 [Position] 옵션에 키프레임을 생성해 만든 효과입니다.

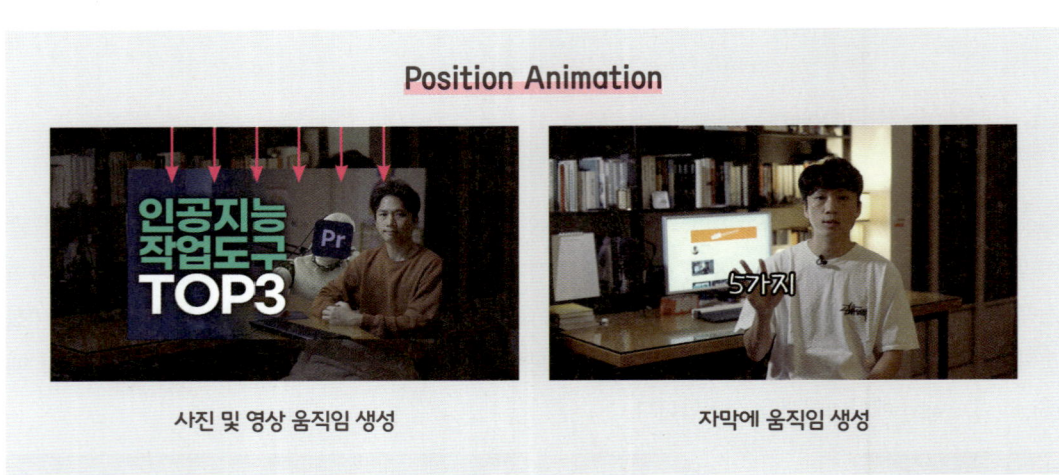

풍경이나 전경 등 넓은 앵글의 장면을 촬영했는데 피사체의 움직임이 거의 없어 지루한 느낌이 든다면 전체 화면을 좌우 또는 위아래로 움직여 동적인 효과를 부여합니다. 이때 화면 변동으로 시퀀스의 빈 공간이 노출되는 게 싫다면 애니메이션 작업을 마무리한 후 [Effect Controls] 패널의 [Scale] 옵션을 변경하면 쉽게 해결할 수 있습니다.

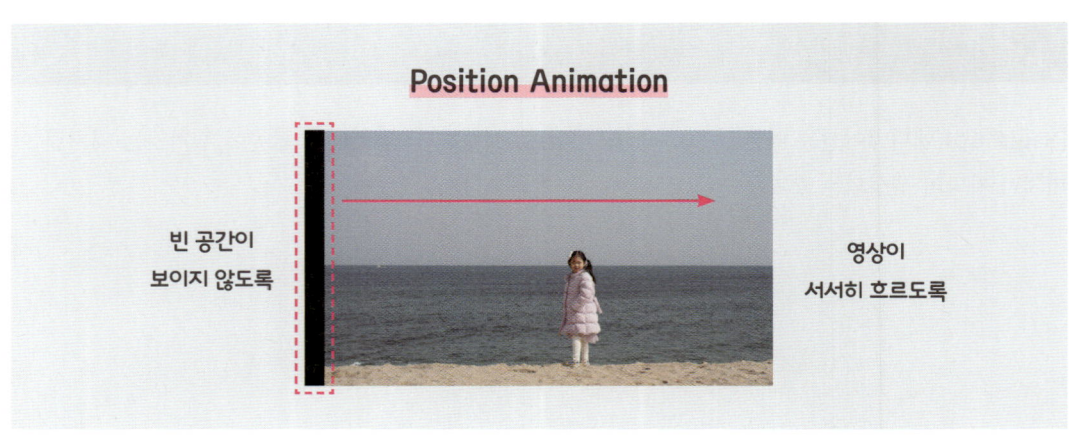

> **TIP**
>
> [Position] 옵션을 '5~10' 프레임 정도의 길이로 생성하면 영상이 화면에 빠르게 날아오는 효과를 만들어 줄 수 있는데 '쿵'과 같은 효과음과 함께 사용하면 더욱 좋습니다.

03 Rotation

앞에서 카메라의 앵글을 의도적으로 비틀면 불안한 느낌을 연출할 수 있다고 설명한 적이 있습니다. 이러한 더치 앵글과 똑같은 효과를 만들어 주는 옵션이 바로 [Rotation] 애니메이션입니다.

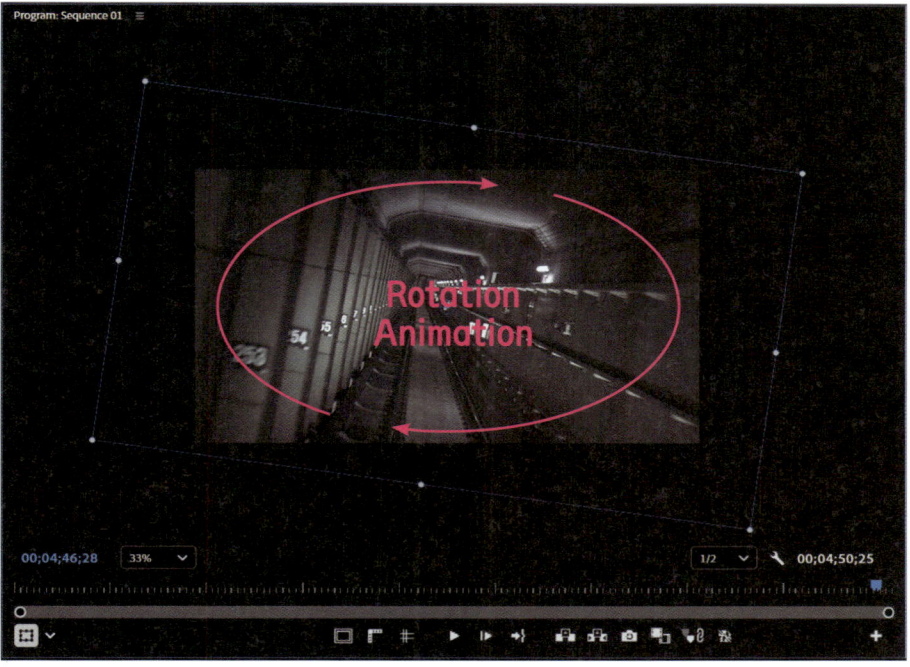

긴 시간 동안 화면을 조금씩 기울여 보는 사람이 불안감을 점차 증폭시키는데 이때 [Scale] 애니메이션과 함께 사용하면 더욱 효과적입니다.

04 Opacity

[Opacity]는 투명도 옵션으로 애니메이션을 설정하면 두 영상을 교차해 전환하거나 화면을 서서히 어두워지게 만들 수 있습니다. 영상 제작 시 자주 사용하는 애니메이션으로 프리미어 프로에서 [Cross dissolve]와 [Dip to dark]로 설정할 수 있습니다.

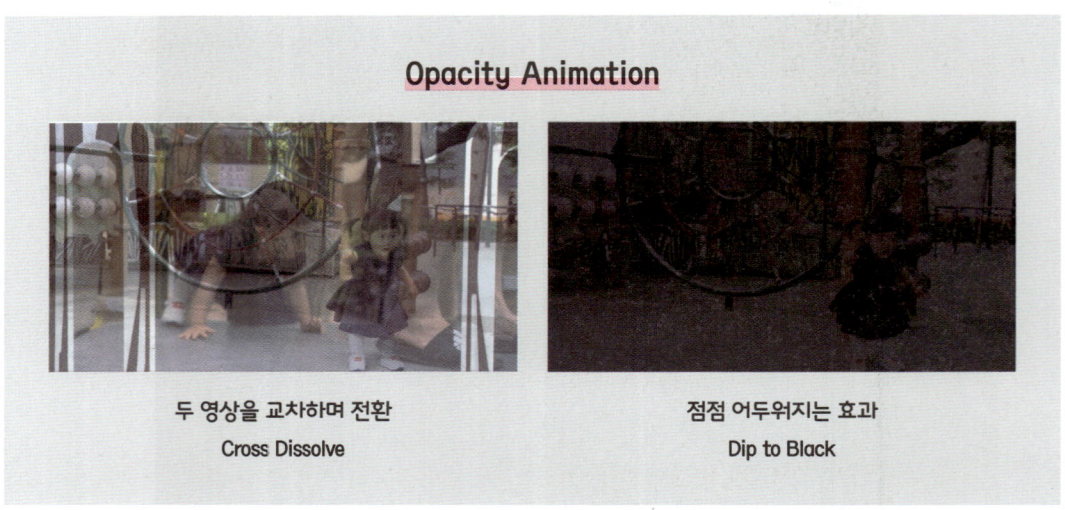

두 영상을 합성할 때도 [Opacity] 애니메이션은 유용하게 사용됩니다. [Timeline] 패널에 트랙을 나눠 두 비디오 클립을 겹쳐 놓은 뒤, 위 트랙의 영상에 [Opacity]를 '0'에서 '50'으로 서서히 증가하면 두 영상이 함께 화면에 노출됩니다. 위에 있는 트랙의 영상이 약간 흐릿하게 노출되기 때문에 과거 회상이나 환상 같은 느낌을 연출할 때 설정하면 좋습니다.

| 실습 | **애니메이션을 활용하여 영상의 분위기 강조하기** |

예제 파일 프리미어 프로-파트3_ch13-자막 애니메이션

01 프리미어 프로를 실행한 후 ❶ HD 1080p 29.97fps 프리셋으로 시퀀스를 생성하고 ❷ [Project] 패널에 예제 파일을 불러옵니다. ❸ 불러온 영상 소스를 모두 클릭해 [Timeline] 패널로 드래그 앤 드롭합니다.

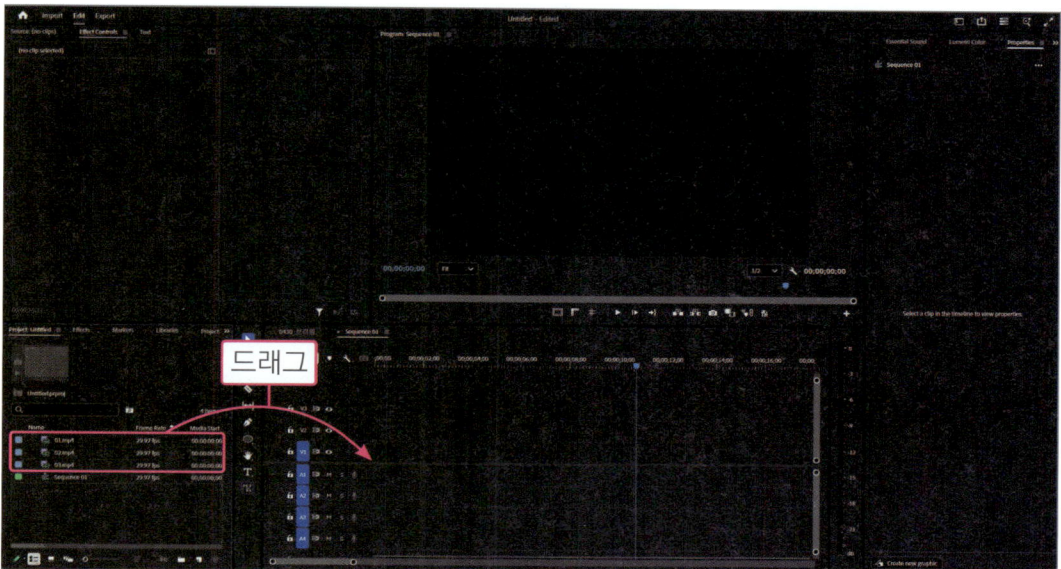

02 ❶ [Timeline] 패널에서 키보드의 Ctrl 키를 누른 채 '03.mp4' 비디오 클립을 드래그해 03 → 01 → 02 순서를 변경합니다. ❷ 각 비디오 클립의 길이를 4초로 트리밍해 총 12초 분량의 영상을 만듭니다.

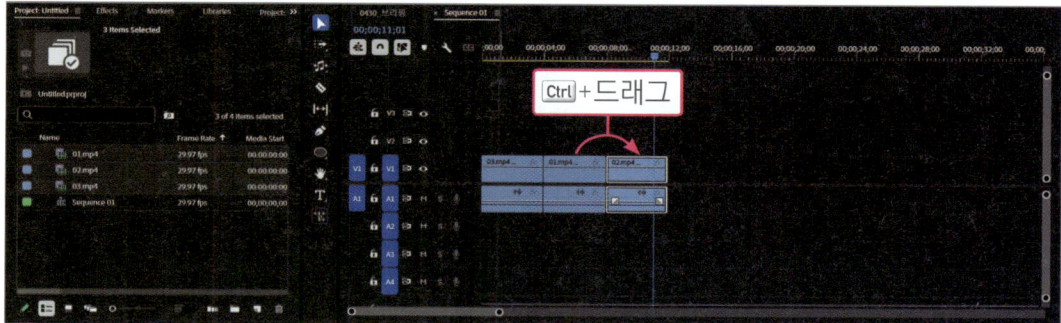

03 첫 번째 비디오 클립에 [Opacity] 애니메이션을 추가하기 위해 ❶ [Timeline] 패널의 '03.mp4' 비디오 클립을 선택합니다. ❷ [Effect Controls] 패널의 [플레이헤드]를 0초로 이동한 후 ❸ [Opacity] 옵션의 ▶를 클릭하고 ⬤을 클릭합니다. 0초에 키프레임이 추가된 걸 확인할 수 있습니다.

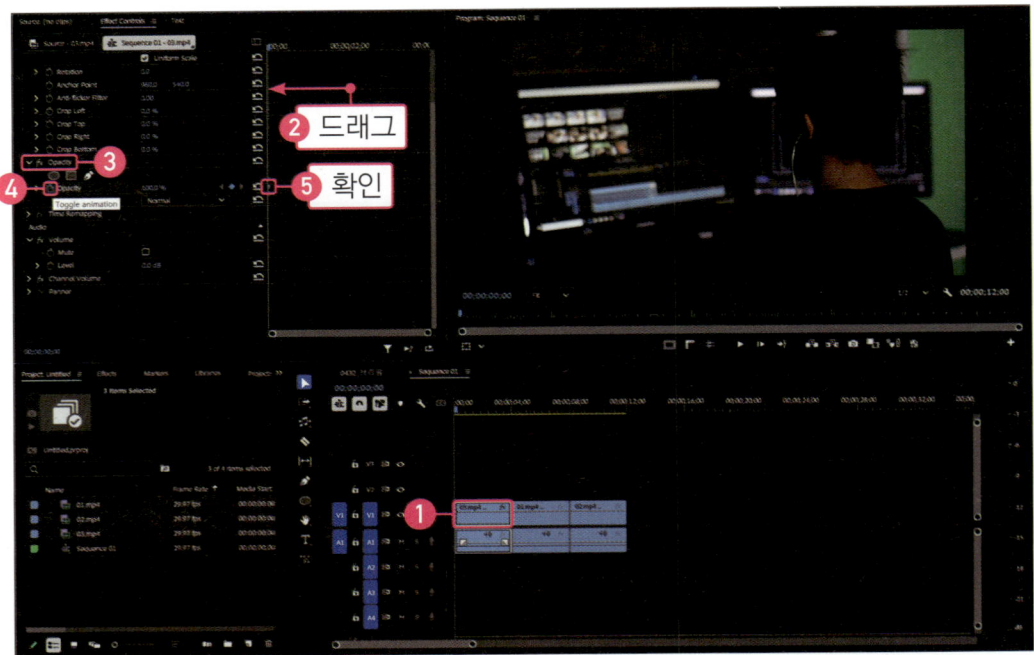

04 다음 ❶ [Timeline] 패널의 [플레이헤드]를 1초 뒤로 이동한 후 ❷ [Opacity] 옵션의 ⬤을 클릭합니다. ❸ 1초에 키프레임이 추가된 걸 확인할 수 있습니다.

05 다음 ❶ [Opacity] 옵션의 ◧을 클릭해 [플레이헤드]를 0초로 이동한 후 ❷ [Opacity] 옵션값을 '0'으로 변경합니다. ❸ [Program Monitor] 패널의 ▶을 클릭해 영상을 재생하면 화면이 서서히 나타나는 [Fade In] 효과가 설정됐습니다.

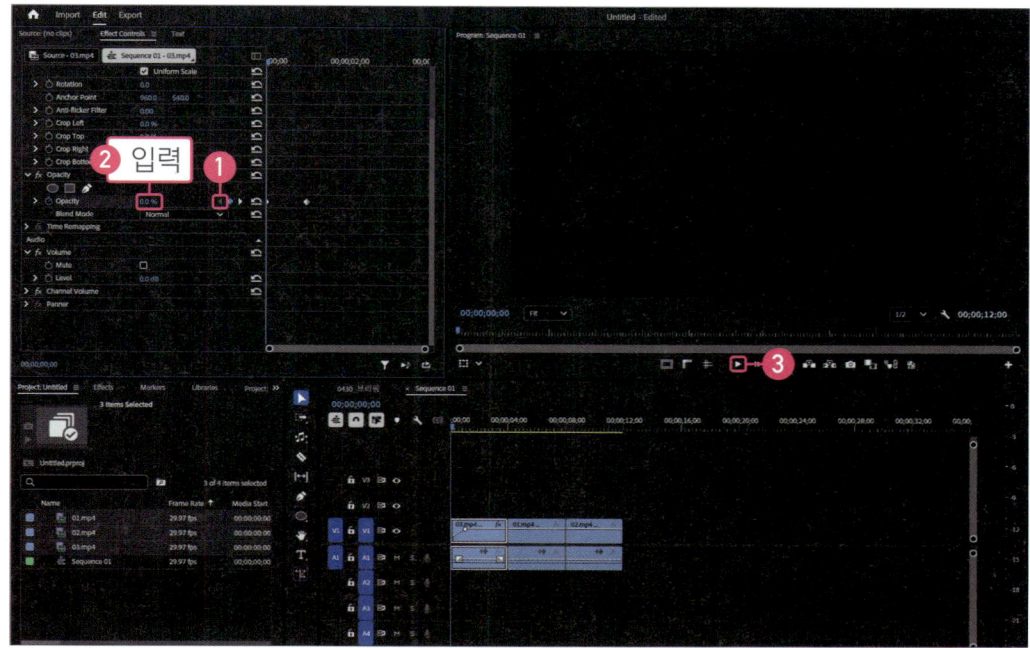

06 애니메이션을 추가하기 위해 ❶ [Timeline] 패널의 '01.mp4' 비디오 클립을 선택합니다. ❷ [Effect Controls] 패널의 [플레이헤드]를 맨 앞으로 드래그한 후 ❸ [Motion] 영역에서 [Position]과 [Scale] 옵션의 ◎을 클릭해 키프레임을 생성합니다.

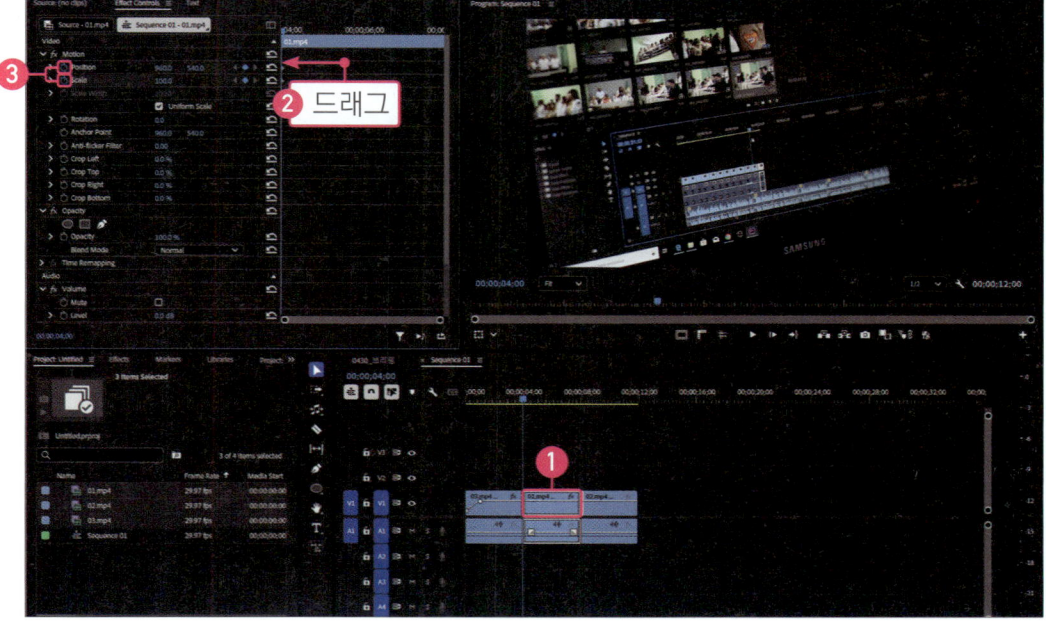

Chapter 13 · 애니메이션의 필수 법칙　211

07 이어서 ❶ [Effect Controls] 패널의 [플레이헤드]를 맨 끝으로 드래그한 후 ❷ [Motion] 영역에서 [Position]과 [Scale] 옵션의 ◆을 각각 클릭해 키프레임을 추가하고 ❸ [Scale] 옵션값은 '115', [Position] 옵션의 X값은 '822'로 변경합니다.

08 설정이 완료되면 ❶ [Timeline] 패널의 [플레이헤드]를 앞으로 드래그한 후 [Program Monitor] 패널의 ▶를 클릭합니다. ❷ 영상을 재생하면 화면이 서서히 커지면서 옆으로 흐르는 듯한 애니메이션을 확인할 수 있습니다.

09 이번에는 영상 끝에 [Opacity] 옵션을 설정하기 위해 ❶ [Timeline] 패널의 '02.mp4' 비디오 클립을 선택합니다. ❷ [Effect Controls] 패널의 [플레이헤드]를 맨 끝으로 드래그한 후 ❸ [Opacity] 옵션에 ◎을 클릭해 키프레임을 생성합니다.

10 다음 ❶ [Effect Controls] 패널의 [플레이헤드]를 1초 앞으로 이동한 후 ❷ [Opacity] 옵션의 ◎을 클릭합니다. ❸ [플레이헤드]에 키프레임이 추가된 걸 확인할 수 있습니다.

Chapter 13 • 애니메이션의 필수 법칙   213

11 마지막 ① [Opacity] 옵션의 ▶을 클릭해 [플레이헤드]를 이동한 후 ② [Opacity] 옵션값을 '0'으로 변경합니다. ③ [Program Monitor] 패널의 ▶를 클릭해 영상을 재생하면 화면이 서서히 사라지는 [Fade Out] 효과를 확인할 수 있습니다.

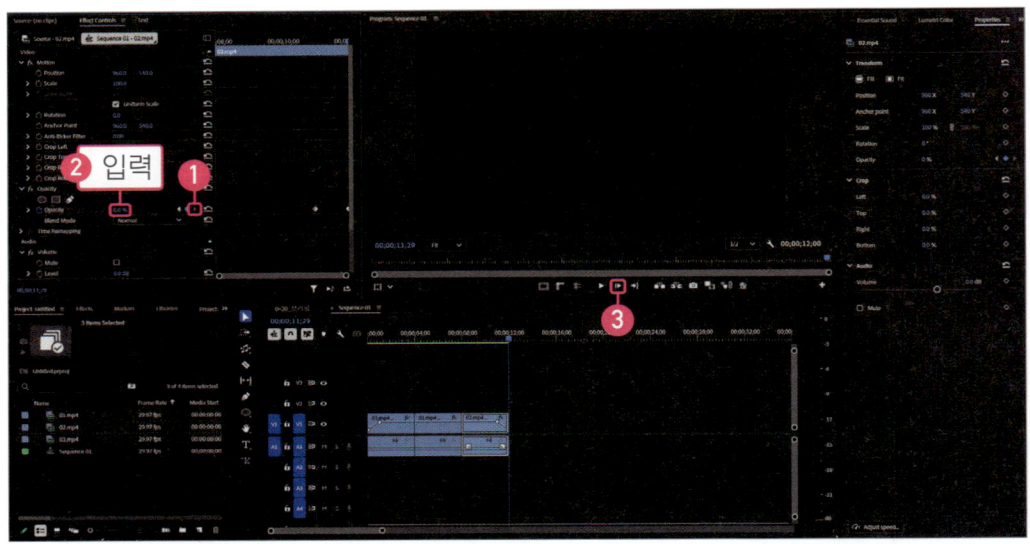

STEP 04 자연스러운 움직임을 위한 가속도 설정하기

애니메이션을 설정하다 보면 가끔 영상 속 움직임이 부자연스럽다는 느낌을 받을 때가 있습니다. 그 이유는 바로 가속도가 없기 때문입니다. 가속도는 시간에 따라 속도가 변하는 것인데 일상의 움직이는 모든 물체는 가속도가 있습니다. 도로를 주행하던 자동차가 멈출 때 한 번에 정지하지 않고 서서히 속도를 줄이다가 정지하는 걸 생각하면 이해가 쉬울 것입니다.

01 가속도의 기본 개념

디즈니는 아주 오래전부터 일상의 움직임을 화면에 구현하기 위해 노력했습니다. 특히 디즈니 초기 애니메이터 9명 중 프랭크 토머스와 올리 존스톤은 애니메이션에 생명을 부여하는 12가지 기본 원칙이라는 것을 정리했는데 그중 '제6법칙 slow in & slow out'이 바로 가속도와 관련된 법칙입니다. 프리미어 프로와 애프터 이펙트에서는 [Ease In], [Ease Out] 기능으로 가속도 효과를 구현할 수 있으며 움직임을 시작할 땐 서서히 속도가 증가한다는 의미의 [Ease Out]을 설정하고 움직임을 종료할 땐 서서히 속도가 감소한다는 의미의 [Ease In]을 설정하면 자연스러운 애니메이션을 만들어 줄 수 있습니다.

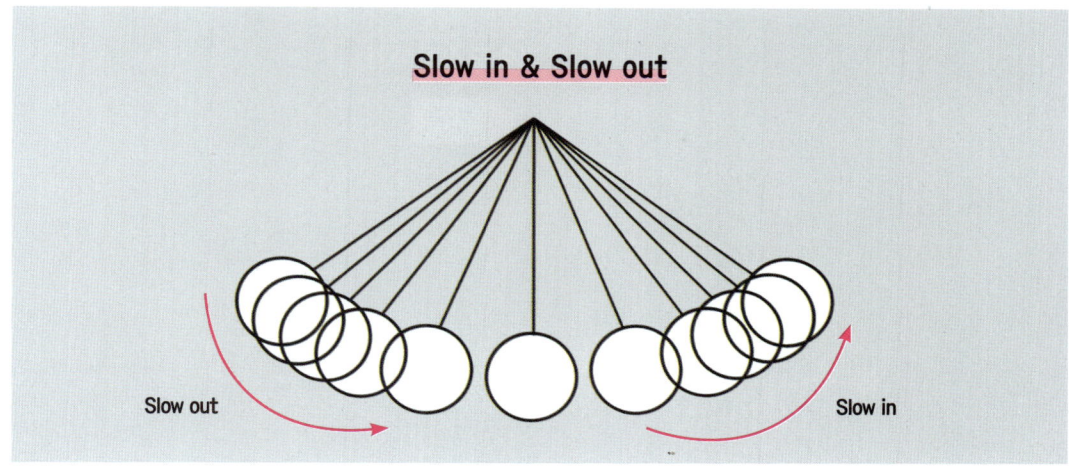

02 가속도 적용하기

움직이는 자막 애니메이션에 가속도를 적용해 보겠습니다.

01 프리미어 프로를 실행한 후 ❶ HD 1080p 29.97fps 프리셋으로 시퀀스를 생성하고 ❷ [Tool] 패널에서 [Type Tool]을 선택합니다. ❸ [Program Monitor] 패널을 클릭해 '가속도 적용하기'라고 입력합니다.

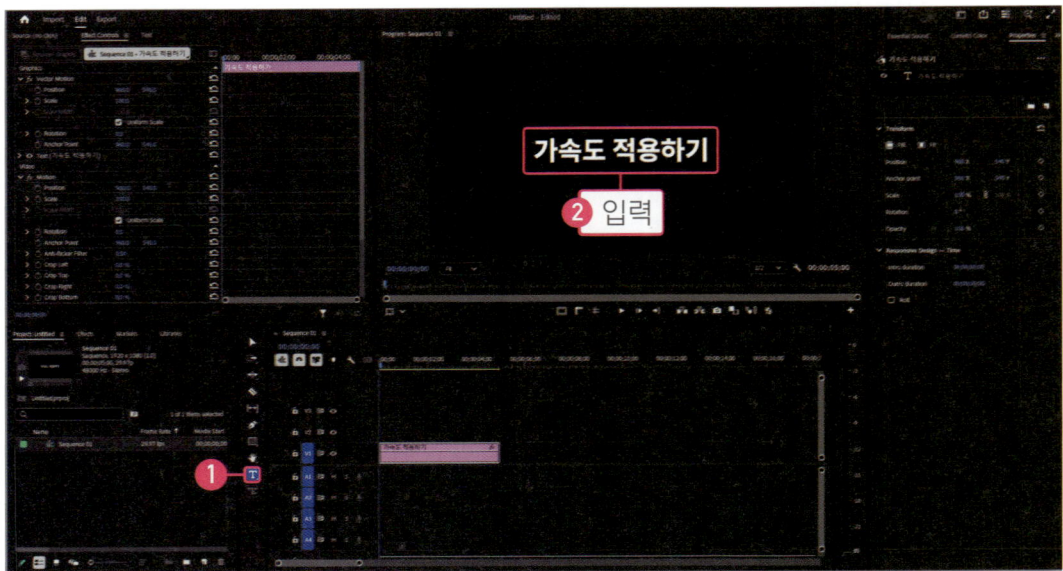

02 [Positon] 옵션을 추가하기 위해 ❶ [Effect Controls] 패널의 [플레이헤드]를 클릭해 0초로 드래그합니다. ❷ [Vector Motion] 영역의 [Position] 옵션에서 ◎을 클릭합니다.

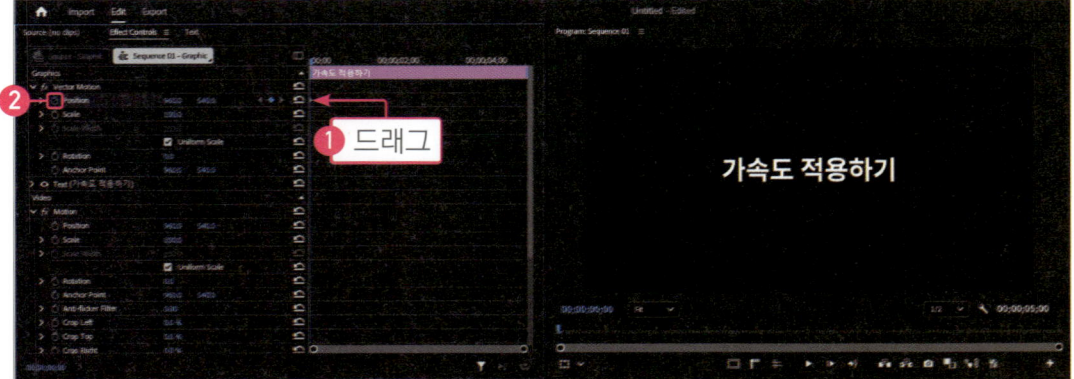

03 이어서 ❶ [Effect Controls] 패널의 [플레이헤드]를 클릭해 1초 뒤로 드래그한 후 ❷ [Position] 옵션의 ◆을 클릭해 키프레임을 추가합니다.

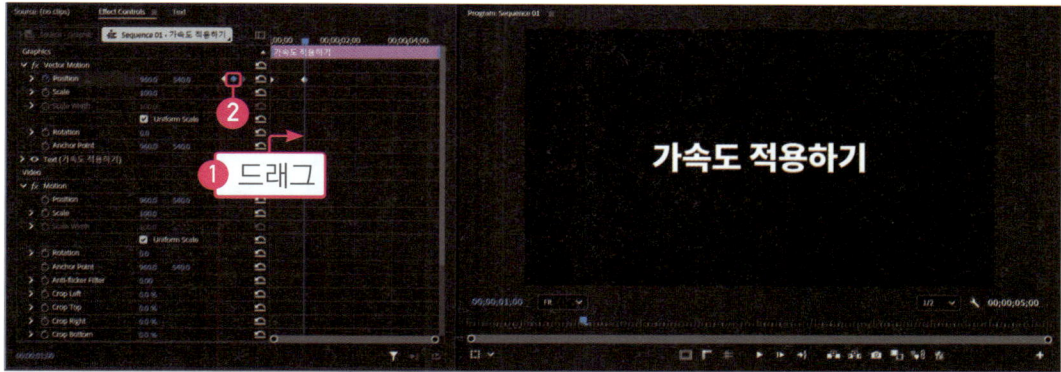

04 애니메이션 옵션을 수정하기 위해 ❶ [플레이헤드]를 0초로 이동합니다. ❷ 자막이 화면의 좌측에 나오도록 [Position] X값을 '-700'으로 입력합니다.

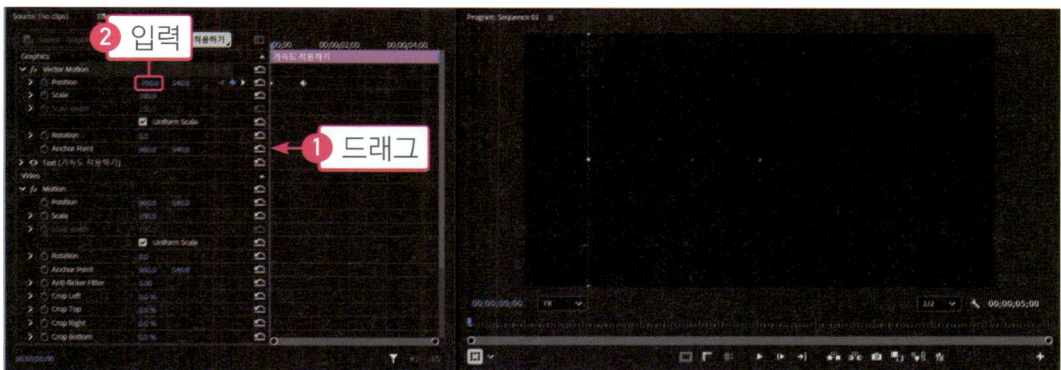

> **TIP**
>
> [Program Monitor] 패널에서 이미지를 드래그해 옮길 때 Ctrl 키를 누르면 화면 중앙이나 끝 등의 경계선에 깔끔하게 붙일 수 있습니다. Shift 키를 누른 채 드래그하면 움직이는 방향이 제한되어 오로지 수직 또는 수평으로만 이동할 수 있습니다.

05 움직임이 자연스럽도록 ❶ [Effect Controls] 패널의 1초에 있는 키프레임을 선택한 후 마우스 오른쪽 버튼을 클릭합니다. ❷ 바로가기 메뉴가 나타나면 [Temporal Interpolation]-[Ease In]을 선택합니다.

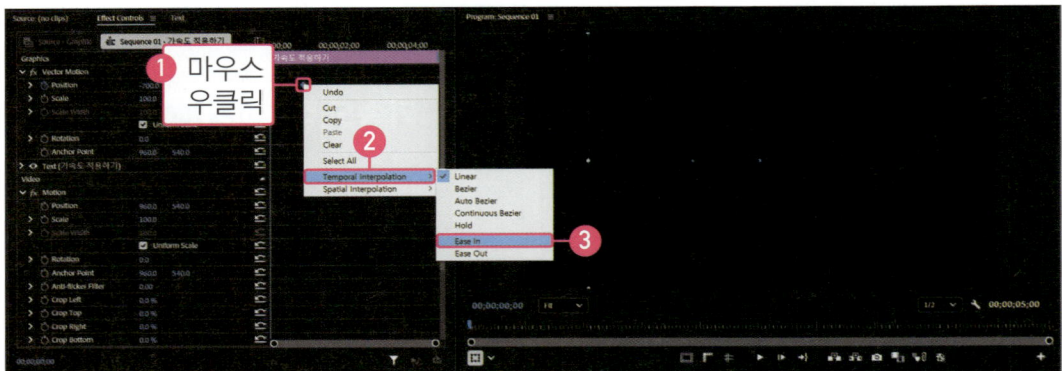

06 키프레임이 모래시계 모양으로 변경되고 [Program Monitor] 패널에서 ▶를 클릭해 영상을 재생하면 이전과 다르게 부드러운 움직임을 확인할 수 있습니다.

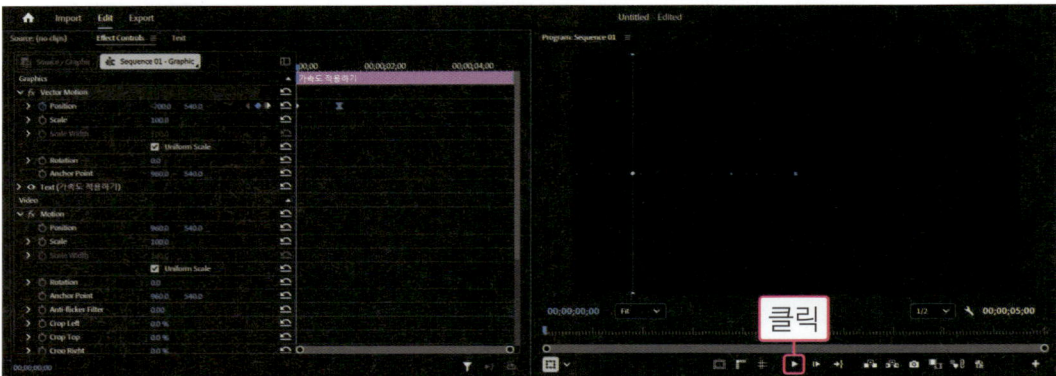

02 가속도 설정값 변경

가속도의 효과가 미미하다고 느껴진다면 그래프를 조정해 더 큰 가속도 변화를 만들 수 있습니다. 방법은 다음과 같습니다.

01 [Effect Controls] 패널의 [Vector Motion] 영역에 [Position] 옵션에서 ▶을 클릭합니다. 패널에 속도 그래프가 나타납니다.

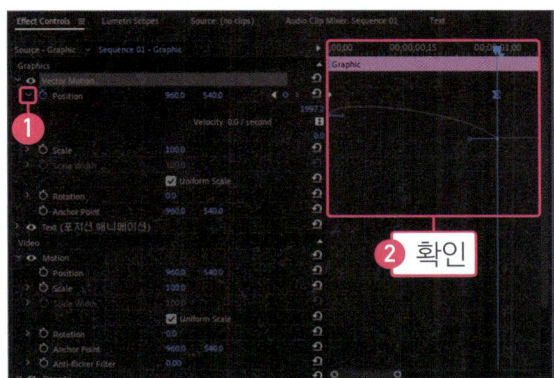

가속도가 없는 상태의 그래프는 직선인데, 가속도가 설정되면 곡선의 모양을 보입니다. 곡선이 가파를수록 가속도는 큰 값을 갖게 됩니다.

02 1초의 키프레임을 클릭하면 그래프에 핸들이 표시됩니다. ❶ ▬을 클릭한 채 0초 방향으로 드래그합니다. ❷ 그래프 모양이 앞은 뾰족하고 뒤는 완만한 모양으로 변경됩니다.

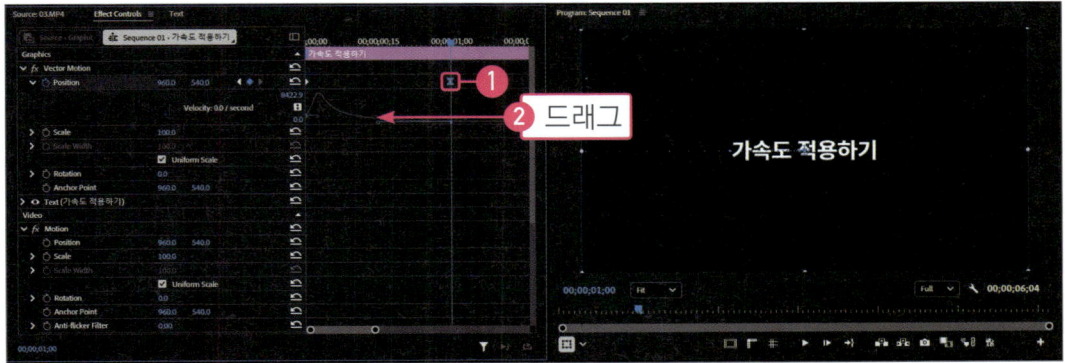

Chapter 13 · 애니메이션의 필수 법칙

03 영상을 재생하면 자막이 아주 빠르게 등장했다가 천천히 멈추는 자막 애니메이션을 확인할 수 있습니다.

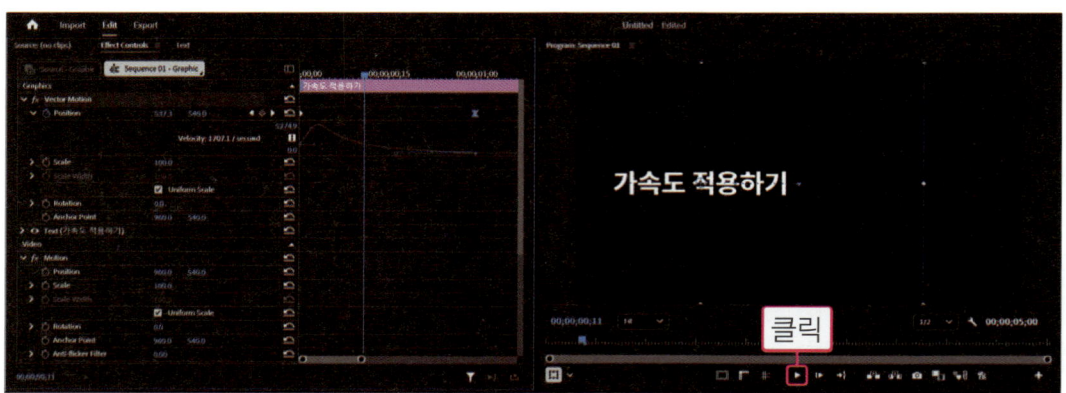

> **TIP**
>
> 가속도에 대한 개념이 어렵다면 그래프의 모양으로 움직임을 기억하는 것도 좋은 방법입니다. 다음은 대표적인 세 가지 가속도 옵션의 그래프 모양입니다.

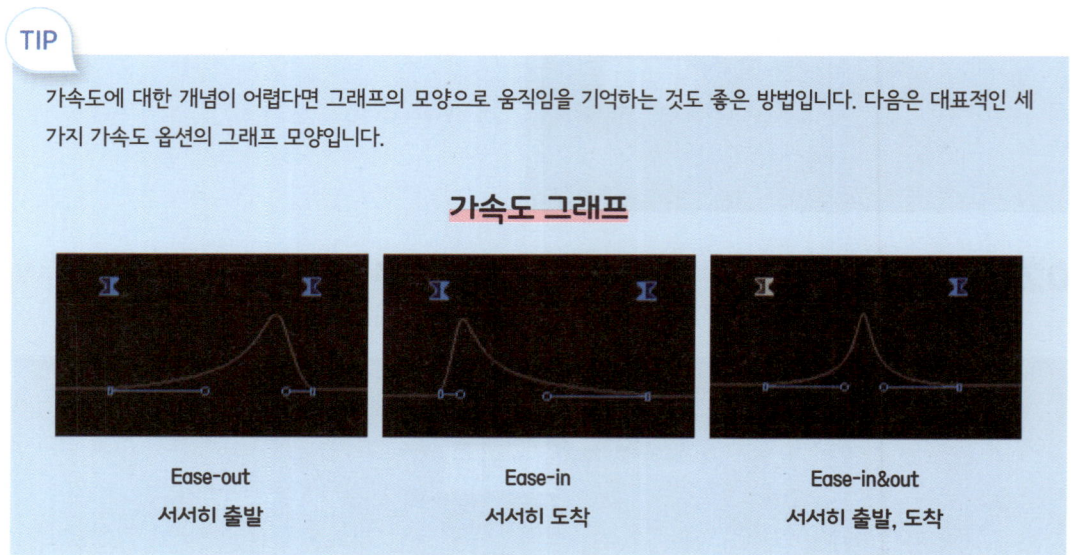

Chapter 14

영상 보정의 필수 법칙

시청자가 보기 편한 콘텐츠를 만들려면 영상 보정은 필수입니다. 이번 챕터에서는 색 보정을 포함하여 영상의 퀄리티를 높이는 다양한 영상 보정에 대해 알아보겠습니다.

STEP 01 영상 보정이란?

영상 보정이란 쉽게 말해 영상 소스를 수정하는 작업을 의미합니다. 흔히 보정이라는 단어를 들으면 색 보정을 떠올리기 쉬운데 이것 외에도 화면에서 원하는 부분만 편집하거나 오디오를 다듬는 등의 전보다 좋은 콘텐츠를 얻기 위해 진행되는 모든 수정 작업을 영상 보정이라고 볼 수 있습니다.

STEP 02 화면 보정하기

계획대로 촬영이 진행되면 정말 좋지만, 촬영 현장은 늘 예측할 수 없는 다양한 변수들이 존재합니다. 촬영을 마치고 프리미어 프로에서 원본을 확인했는데 영상이 원치 않는 방향으로 촬영되었다면 그대로 사용하기보단 프로그램의 옵션을 수정해 처음 의도한 대로 편집하는 것이 좋습니다.

01 리프레이밍

피사체의 위치 및 화면 크기 등을 변경해 화면을 재구성하는 것을 리-프레이밍이라고 합니다. 시퀀스를 액자, 영상 소스를 그림으로 비유한다면 그림의 크기를 키우거나 위치를 이동해 내가 원하는 부분을 더욱 강조하는 것입니다. 리프레이밍을 실행하는 목적은 여러 가지가 있는데 첫 번째, 등장인물의 위치나 크기를 조절하기 위해 두 번째, 스텝이나 촬영 장비 등 화면에 보이면 안 되는 것을 숨기기 위해 세 번째, 너무 넓은 헤드룸 등 불필요한 공간을 제거하기 위해 설정하는 것이 대표적인 이유입니다.

02 리프레이밍 작업하기

예제 파일 프리미어 프로-파트3_ch14-리프레이밍

01 프리미어 프로를 실행한 후 ❶ HD 1080p 29.97fps 프리셋으로 시퀀스를 생성하고 ❷ [Project] 패널에 예제 파일을 불러옵니다. ❸ 불러온 영상 소스를 클릭해 [Timeline] 패널로 드래그 앤 드롭합니다.

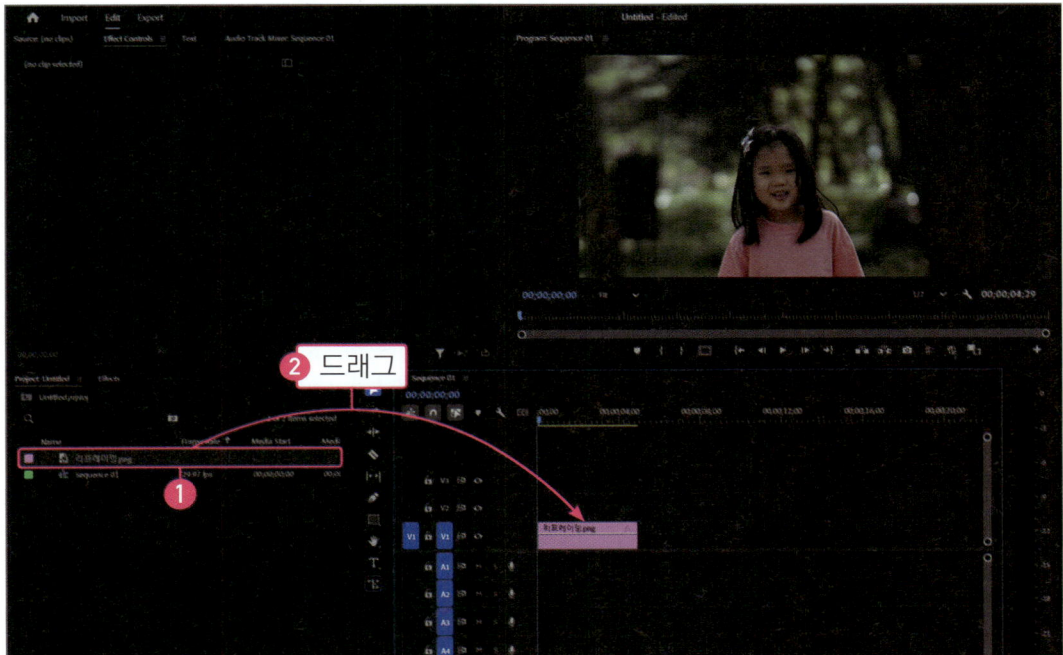

02 화면의 크기를 조정하기 위해 ❶ [Timeline] 패널의 '리프레이밍.png' 클립을 선택한 후 [Effects Controls] 패널에서 [Motion] 영역의 ▶을 클릭한 후 [Scale]을 선택합니다. ❷ [Program Monitor] 패널에서 조절점을 드래그해 크기를 조절합니다.

> **TIP**
> 화면의 크기를 직접 줄이는 방식의 리프레이밍은 시퀀스 공간을 노출해 현업에서는 잘 사용하지 않습니다.

03 이어서 [Effect Controls] 패널의 [Position]을 클릭한 후 [Position] 옵션의 X, Y값을 변경해 위치를 조정합니다.

03 수평 맞추기

모든 촬영이 들어가기 전 카메라 화면의 수평 맞추기는 기본입니다. 그러나 분주한 촬영 일정으로 간혹 수평을 정확히 맞추지 못한 채 바로 촬영에 들어갈 때가 있습니다. 화면에 적당한 기준이 없어 시청자가 수평 여부를 쉽게 알아차릴 수 없다면 큰 문제가 되지 않지만, 지평선이나 벤치 등의 물체로 확실히 알 수 있다면 화면의 수평을 맞춰 주는 게 좋습니다.

04 수평 맞추기 작업하기

예제 파일 프리미어 프로-파트3_ch14-수평 맞추기

01 프리미어 프로를 실행한 후 ❶ HD 1080p 29.97fps 프리셋으로 시퀀스를 생성하고 ❷ [Project] 패널에 예제 파일을 불러옵니다. ❸ 불러온 영상 소스를 클릭해 [Timeline] 패널로 드래그 앤 드롭합니다.

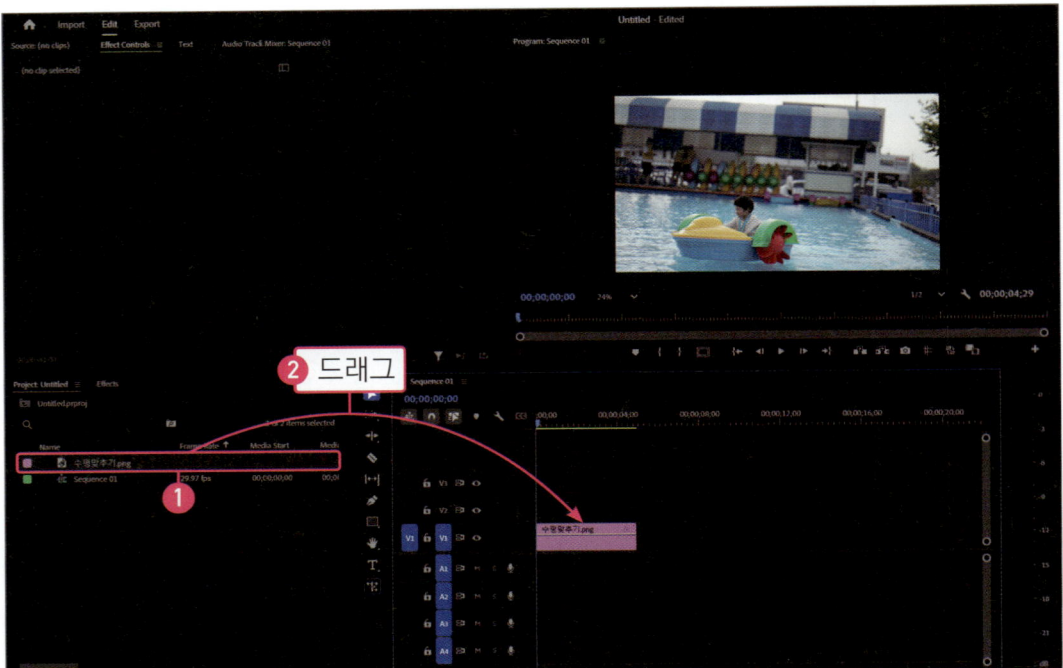

02 화면의 수평을 조정하기 위해 ❶ [Timeline] 패널의 '수평맞추기.png' 클립을 선택한 후 [Effect Controls] 패널에서 [Motion] 영역의 ▶을 클릭합니다. ❷ [Rotation]을 선택한 후 옵션값을 '-4.4'로 입력합니다. [Program Monitor] 패널에 나타나는 화면의 기울기가 조정됩니다.

03 시퀀스의 해상도와 영상의 해상도가 같다면 회전 시 시퀀스에 빈 공간이 노출됩니다. [Scale] 옵션의 값을 키워서 빈 공간이 보이지 않도록 채워줍니다.

TIP

가이드 기능을 활용하면 더욱 쉽게 수평선을 조정할 수 있습니다. 메뉴 바의 [View]-[Show Rulers]를 클릭하면 [Program Monitor] 패널에 눈금자가 나타나고 눈금자를 클릭해 원하는 위치로 드래그하면 가이드라인이 만들어집니다(눈금자 종류는 메뉴 바의 [View]-[Show Guides]를 클릭합니다).

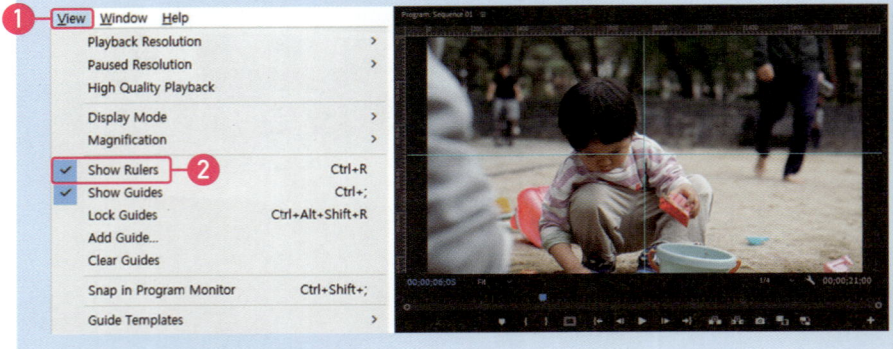

실습　이미지 보정으로 영상 소스에 새 생명 불어넣기

예제 파일 프리미어 프로-파트3_ch14-리프레이밍 실습

01 프리미어 프로를 실행한 후 ❶ HD 1080p 29.97fps 프리셋으로 시퀀스를 생성하고 [Project] 패널에 예제 파일을 불러옵니다. ❷ 불러온 영상 소스를 클릭해 [Timeline] 패널로 드래그 앤 드롭합니다.

02 ❶ [Timeline] 패널의 '01.mp4' 비디오 클립을 선택한 후 ❷ [Effect Controls] 패널에서 [Motion] 영역의 [Rotation] 옵션을 선택하고 '4.3'으로 옵션값을 입력합니다.

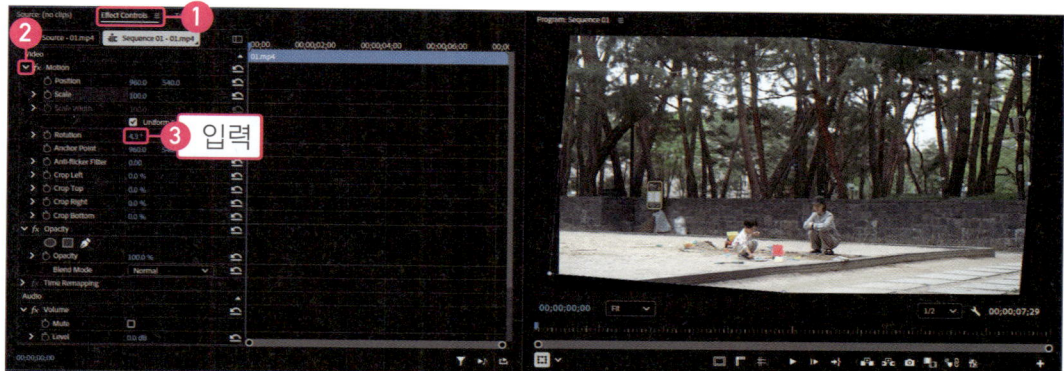

03 [Program Monitor] 패널의 영상이 회전하며 움직인 만큼 시퀀스의 빈 공간이 노출되었습니다. ❶ 다음 [Scale] 옵션을 선택하고 '113.6'으로 옵션값을 입력합니다. ❷ 화면의 노출된 공간이 없어졌습니다.

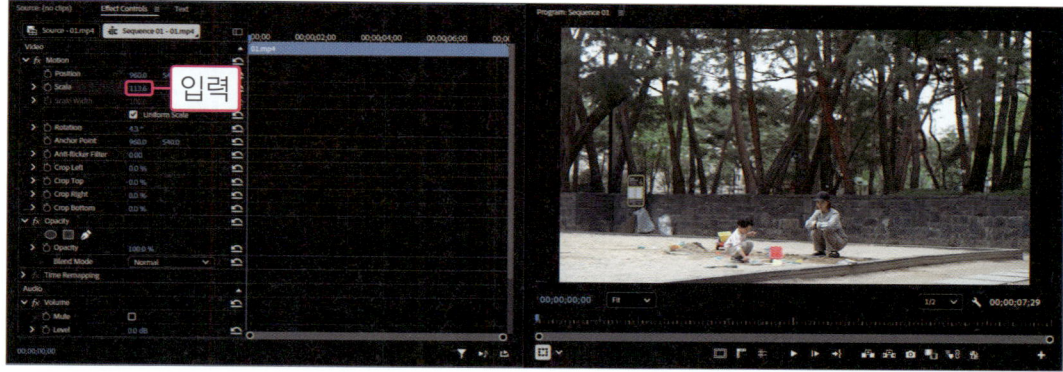

04 이번에는 안정적인 구도를 위해 ❶ [Position] 옵션의 X값과 Y값을 '1276', '439.1'로 각각 입력한 후 [Program Monitor] 패널의 화면을 우측 1/3 지점으로 드래그합니다. ❷ 화면이 움직여 시퀀스의 빈 공간이 또 노출되면 [Scale] 옵션을 클릭해 값을 변경합니다.

STEP 03 오디오 보정하기

영상의 퀄리티를 판단할 때 비디오만큼이나 중요하게 확인하는 것이 오디오입니다. 촬영 현장에서 오디오를 깔끔하게 녹음하지 못했더라도 후반 편집 작업으로 오디오 보정이 가능합니다. 프리미어 프로에서 제공하는 프리셋을 이용해 음향 전문가 못지않은 훌륭한 결과물을 만들어 보세요.

01 프리셋을 이용한 자동 보정

예제 파일 프리미어 프로-파트3_ch14-오디오 보정

01 프리미어 프로를 실행한 후 ❶ HD 1080p 29.97fps 프리셋으로 시퀀스를 생성하고 ❷ [Project] 패널에 예제 파일을 불러옵니다. ❸ 불러온 영상 소스를 클릭해 [Timeline] 패널로 드래그 앤 드롭합니다.

02 메뉴 바의 [Window]-[Essential Sound] 클릭하면 화면 우측에 [Essential Sound] 패널이 나타납니다.

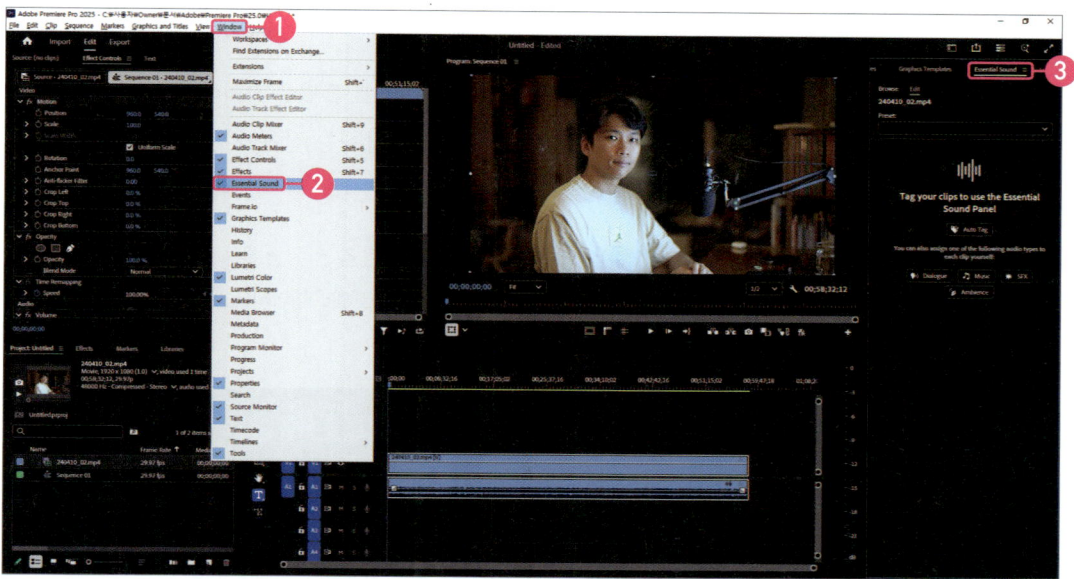

03 사람의 목소리를 보정하기 위해 ❶ [Essential Sound] 패널의 [Preset]-[Podcast Voice]를 클릭합니다. ❷ 자동으로 오디오 설정이 완료되어 [Effect Controls] 패널을 클릭하면 [Graphic Equalizer]와 [Vocal Enhancer] 등 다양한 효과가 적용된 것을 확인할 수 있습니다.

02 파열음 제거

예제 파일 프리미어 프로-파트3_ch14-파열음

편집하다 보면 영상 속 상대방과 대화가 이어지는 중에 모종의 이유로 클립을 잘라야 할 때가 있습니다. 클립을 자른 후 영상을 재생해 보면 말이 부자연스럽게 끊기면서 '팝'하는 잡음이 발생하는데 이것을 파열음이라고 합니다. 갑작스러운 장면 전환으로 의도한 것이 아니라면 잡음은 제거해 주는 게 좋습니다.

01 프리미어 프로를 실행한 후 ❶ HD 1080p 29.97fps 프리셋으로 시퀀스를 생성하고 ❷ [Project] 패널에 예제 파일을 불러옵니다. ❸ 불러온 영상 소스를 모두 클릭해 [Timeline] 패널로 드래그 앤 드롭합니다.

02 파열음이 발생한 오디오 클립을 확인한 후 ❶ [Effects] 탭을 클릭하고 [Audio Transitions]-[Crossfade]를 클릭합니다. ❷ [Constant Power]를 클릭한 채 오디오 클립 사이로 드래그 앤 드롭합니다(클립의 경계를 클릭하고 단축키 Ctrl + Shift + D 를 눌러도 됩니다).

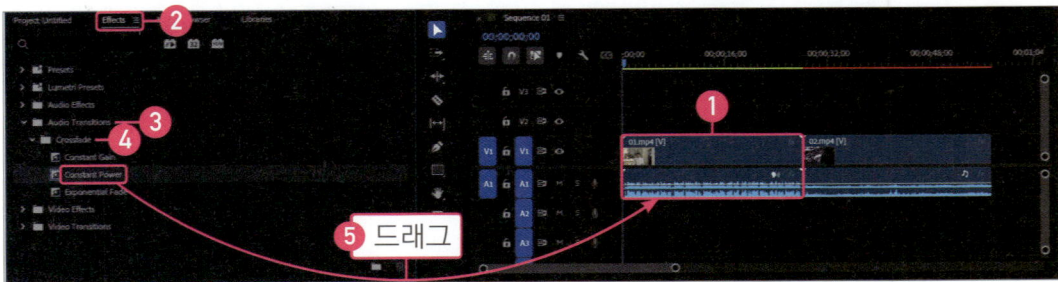

03 ❶ [Timeline] 패널의 오디오 클립 사이에 추가된 효과를 더블클릭합니다. ❷ 화면에 Set Transition Duration 창이 나타나고 [Duration] 입력란에 5프레임을 입력한 후 [OK] 버튼을 클릭합니다. ❸ 영상을 재생하면 파열음이 사라진 것을 확인할 수 있습니다.

> **TIP**
>
> 파열음을 제거하는 가장 좋은 방법은 오디오 트랙 사이에 짧은 전환 효과를 주는 겁니다. 영상 전환 효과의 [Cross Dissolve]처럼 두 오디오가 자연스럽게 전환되도록 효과를 주는 것인데 [Constant Power]가 기본 효과로 설정되어 있습니다.

실습 프리셋으로 오디오 최적화하기

예제 파일 프리미어 프로−파트3_ch14−오디오 최적화

상황에 맞는 프리셋을 적용하고 오디오 전환 효과로 파열음을 제거해 보겠습니다.

01 프리미어 프로를 실행한 후 ❶ HD 1080p 29.97fps 프리셋으로 시퀀스를 생성하고 ❷ [Project] 패널에 예제 파일을 불러옵니다. ❸ 불러온 소스 중 '01.mp4' 파일만 클릭해 [Timeline] 패널로 드래그 앤 드롭합니다.

Chapter 14 · 영상 보정의 필수 법칙

02 ❶ 메뉴 바의 [Window] - [Essential Sound]를 클릭합니다. ❷ 우측에 [Essential Sound] 패널이 나타나면 [Timeline] 패널의 오디오 클립을 선택합니다.

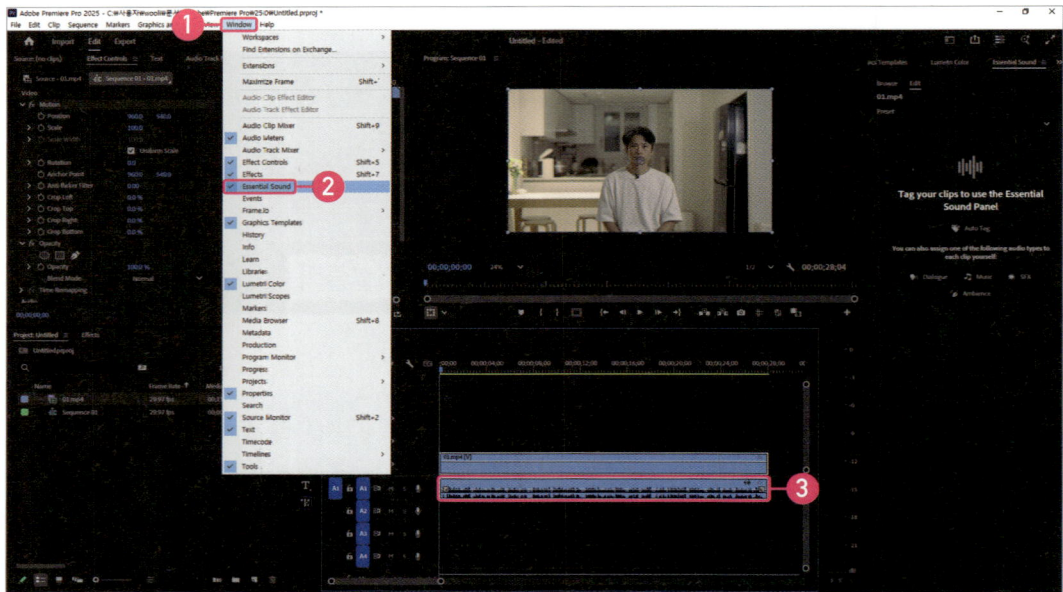

03 목소리 강조를 위해 ❶ [Essential Sound] 패널의 [Preset] 드롭박스를 클릭한 후 ❷ [Podcast Voice]를 선택합니다. ❸ [Effect Controls] 패널을 클릭하면 다양한 효과가 적용되어 목소리가 볼륨으로 조정된 것을 확인할 수 있습니다.

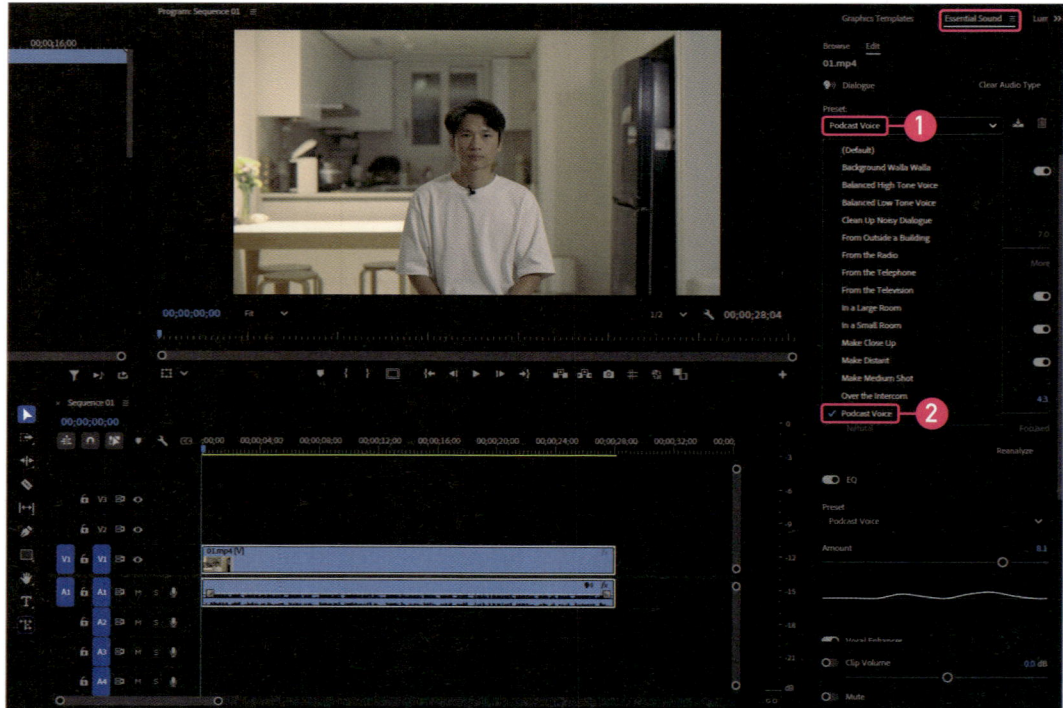

04 이번에는 영상의 불필요한 부분을 자르기 위해 ❶ [Tool] 패널에서 [Razor Tool(자르기 도구)]을 선택한 후 [Timeline] 패널의 '00:00:08' 지점과 '00:00:18' 지점을 각각 클릭합니다. 다음 ❷ [Selection Tool]을 선택해 잘린 클립을 클릭하고 Delete 키를 눌러 삭제합니다. ❸ [Timeline] 패널의 삭제된 빈 공간은 마우스 오른쪽 버튼을 클릭한 후 [Ripple Delete]를 선택합니다.

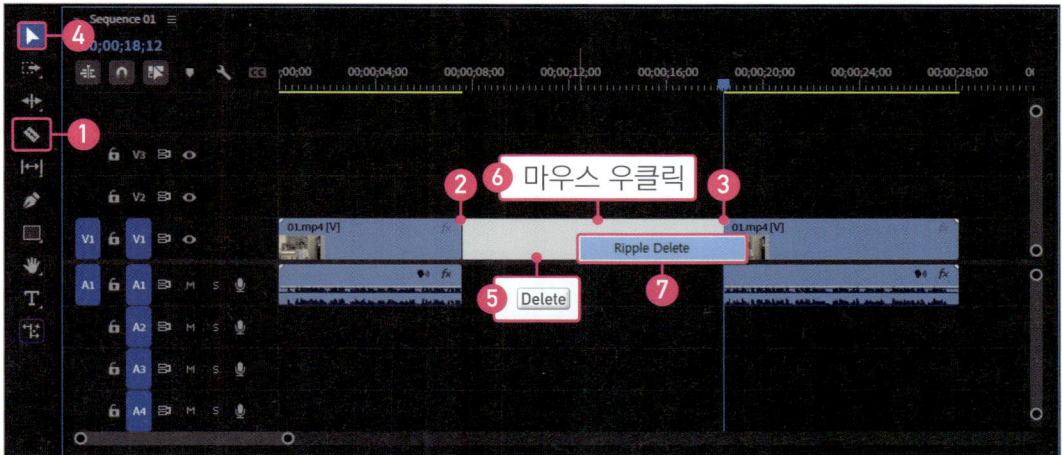

05 자연스럽게 두 컷을 연결하기 위해 ❶ [Timeline] 패널의 잘린 비디오 클립을 선택한 후 [Effect Controls] 패널의 [Scale] 옵션값을 '130'으로 입력합니다. 다음 ❷ 비디오 클립의 경계를 클릭하고 단축키 Ctrl + Shift + D 를 눌러 [Constant Power]를 적용한 후 ❸ 더블클릭해 Set Transition Duration 창이 나타나면 길이를 5프레임으로 변경하고 [OK] 버튼을 클릭합니다.

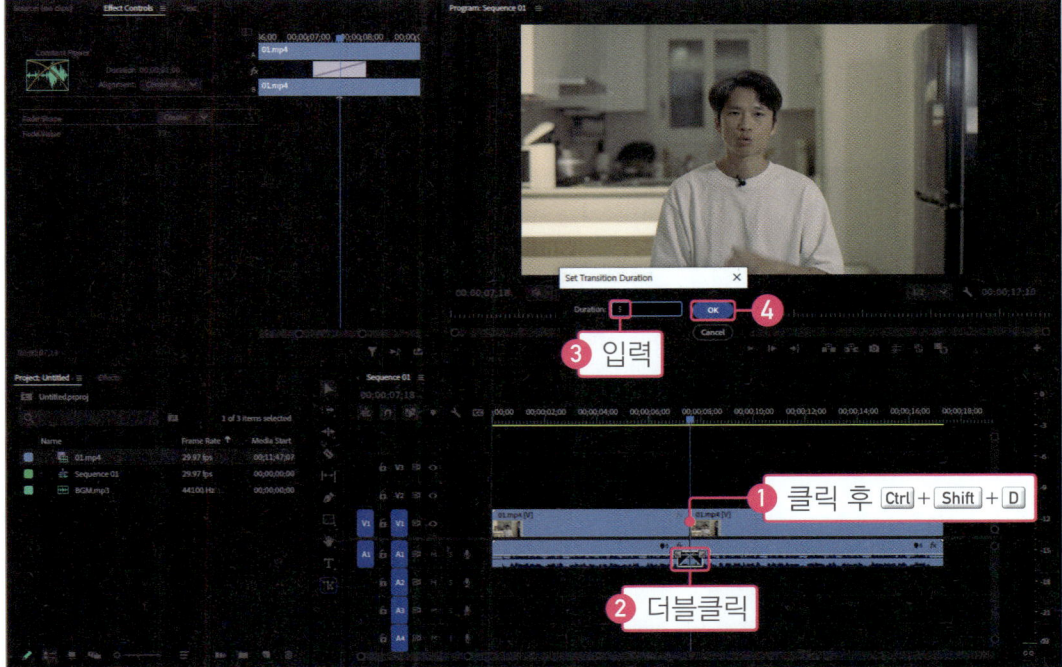

Chapter 14 · 영상 보정의 필수 법칙 235

06 배경음악 조정을 위해 ❶ [Project] 패널의 'BGM' 오디오 소스를 [A2] 트랙에 드래그 앤 드롭합니다.
❷ 오디오 클립을 선택한 후 [Essential Sound] 패널의 [Preset] 드롭박스를 클릭하고 [Balanced Background Music]을 선택합니다. 배경음악이 적당한 볼륨으로 최적화됩니다.

07 마지막 ❶ 오디오 클립의 길이를 비디오 클립 길이와 똑같이 맞추고 음악의 자연스러운 종료를 위해
❷ 오디오 클립의 맨 끝을 클릭해 단축키 Ctrl + Shift + D 를 눌러 [Constant Power]를 적용합니다.
❸ 영상을 재생해 보면 배경음악이 영상의 종료와 함께 서서히 작아지는 걸 확인할 수 있습니다.

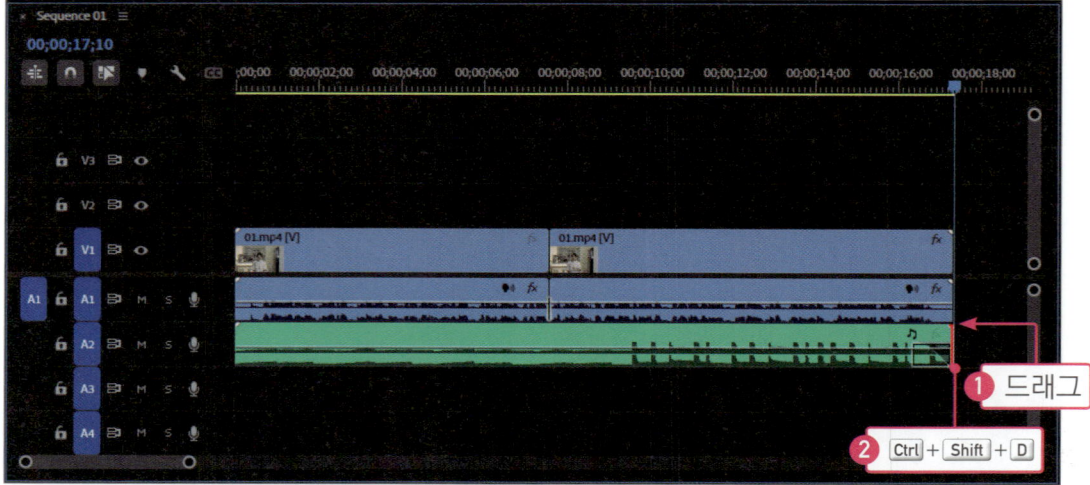

STEP 04 색 보정하기

매력적인 색감은 영상미를 구성하는 중요한 요소로 전문 영상 제작자가 만든 영상이 유튜브에 대거 업로드되면서 색 보정에 대한 관심이 높아졌습니다. 색 보정을 잘 하기 위해서는 시각적 정보를 많이 담은 영상 소스가 필요한데 이걸 보정 관용도가 높은 영상이라고 표현합니다. 이러한 영상 소스를 확보하기 위해서는 Log 촬영에 대한 충분한 지식 외에도 카메라, 조명 등 다양한 장비와 촬영 훈련이 필요한데 본문에서는 당장 입문자도 활용할 수 있는 두 가지 색 보정 노하우를 공유해 드리겠습니다.

01 AI 기능을 이용한 색감 추출하기

예제 파일 프리미어 프로–파트3_ch14–색감 추출

유튜브에서 본 매력적인 색감의 영상을 내 영상에 그대로 적용하고 싶다면 프리미어 프로의 AI 기능을 활용하면 됩니다. 방법은 다음과 같습니다.

01 프리미어 프로를 실행한 후 ❶ HD 1080p 29.97fps 프리셋으로 시퀀스를 생성하고 ❷ [Project] 패널에 예제 파일을 불러옵니다. ❸ 불러온 영상 소스를 클릭해 [Timeline] 패널로 드래그 앤 드롭합니다.

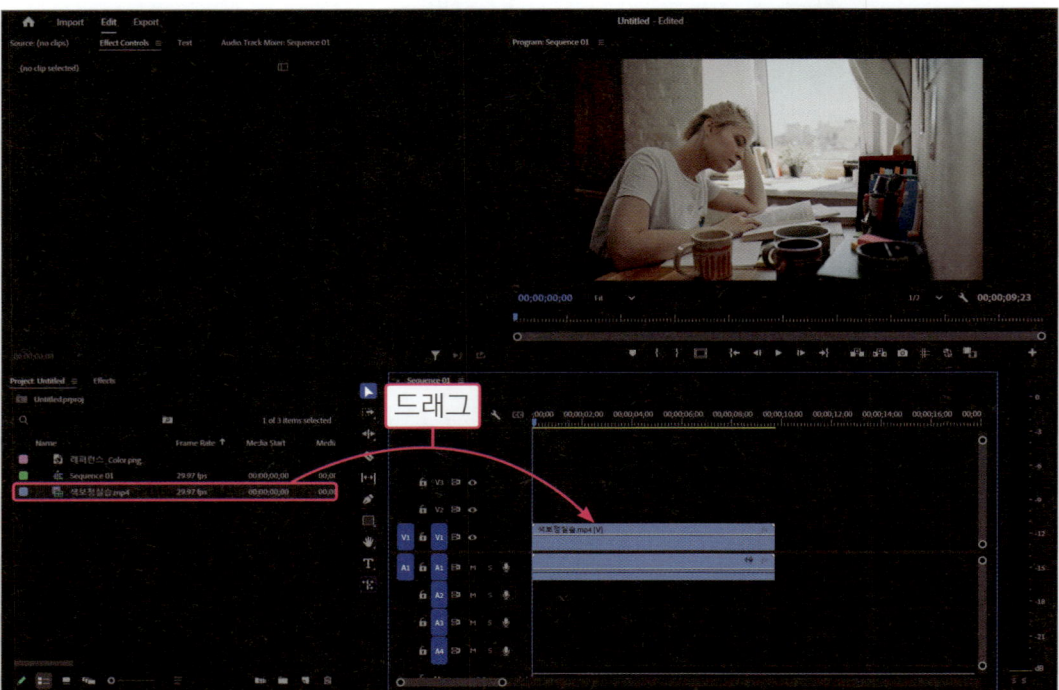

02 이어서 색감을 추출할 '레퍼런스_Color.png' 이미지 소스를 클릭해 '색보정실습.mp4' 클립 뒤로 드래그 앤 드롭합니다.

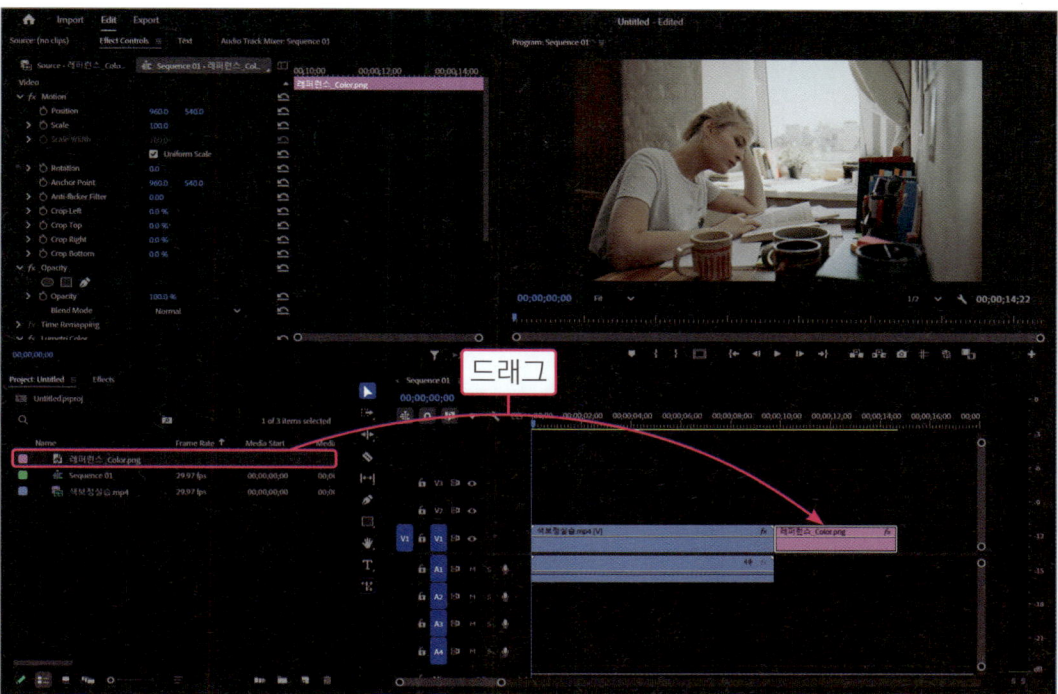

03 색감 적용을 원하는 '색보정실습.mp4' 비디오 클립을 클릭한 후 ❶ 메뉴 바의 [Window]-[Lumetri Color]를 선택합니다. ❷ 우측의 [Lumetri Color] 패널에서 [Color Wheel&Match]-[Comparison View] 버튼을 클릭합니다. ❸ [Program Monitor] 패널이 두 개로 나뉩니다.

04 [Reference] 영역의 [플레이바]를 클릭하고 '레퍼런스_Color.png' 이미지가 나오도록 드래그합니다.

왼쪽 화면이 색상을 출력하는 [Reference] 오른쪽 화면이 색감을 적용할 [Current] 영역입니다.

05 [Current] 영역은 ❶ [Timeline] 패널의 [플레이헤드]를 클릭한 채 색감을 적용할 장면으로 드래그합니다. 설정이 모두 완료되면 ❷ [Lumetri Color] 패널의 [Color Wheels&Match] 영역에서 [Apply Match] 버튼을 클릭합니다.

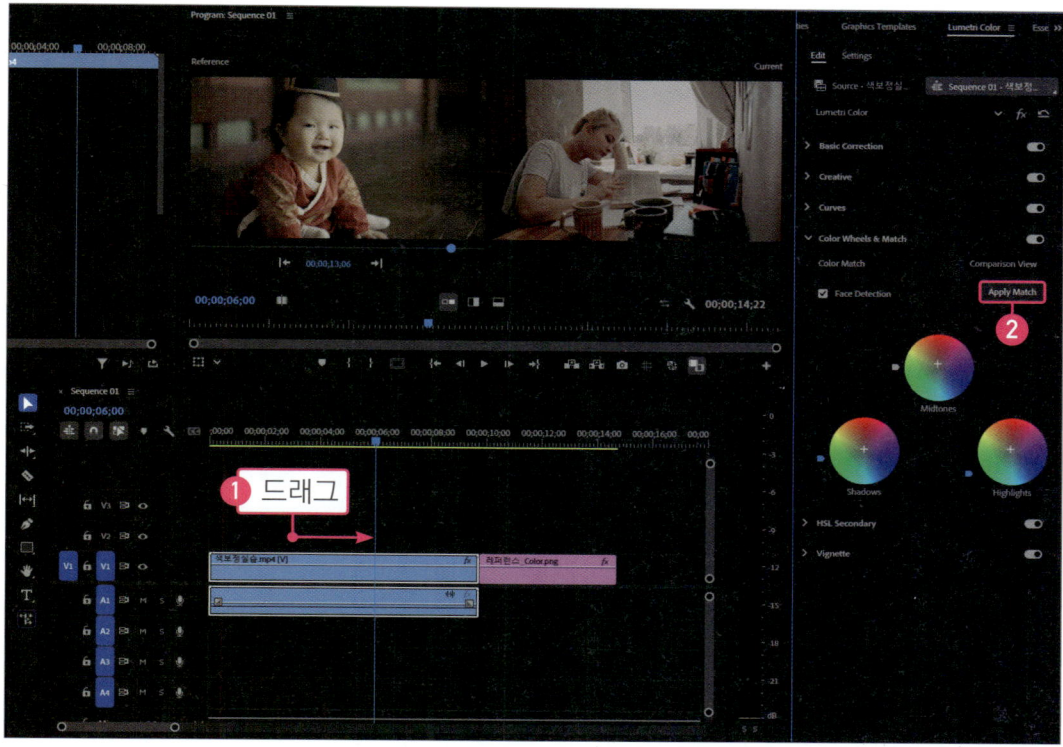

> **TIP**
> 피사체 또는 배경이 비슷한 환경에서 촬영된 이미지를 가져오면 더 비슷한 색감을 만들 수 있습니다.

02 얼굴 색 보정하기

예제 파일 프리미어 프로-파트3_ch14-얼굴 색 보정

앞에서 [Lumetri Color]의 [HSL Secondary]를 이용하면 화면에 특정 색상을 지정해 피사체의 밝기를 올리거나 사람의 피부 톤을 정리할 때 많이 사용합니다. 방법은 다음과 같습니다.

01 프리미어 프로를 실행한 후 ❶ HD 1080p 29.97fps 프리셋으로 시퀀스를 생성하고 ❷ [Project] 패널에 예제 파일을 불러옵니다. ❸ 불러온 영상 소스를 클릭해 [Timeline] 패널로 드래그 앤 드롭합니다.

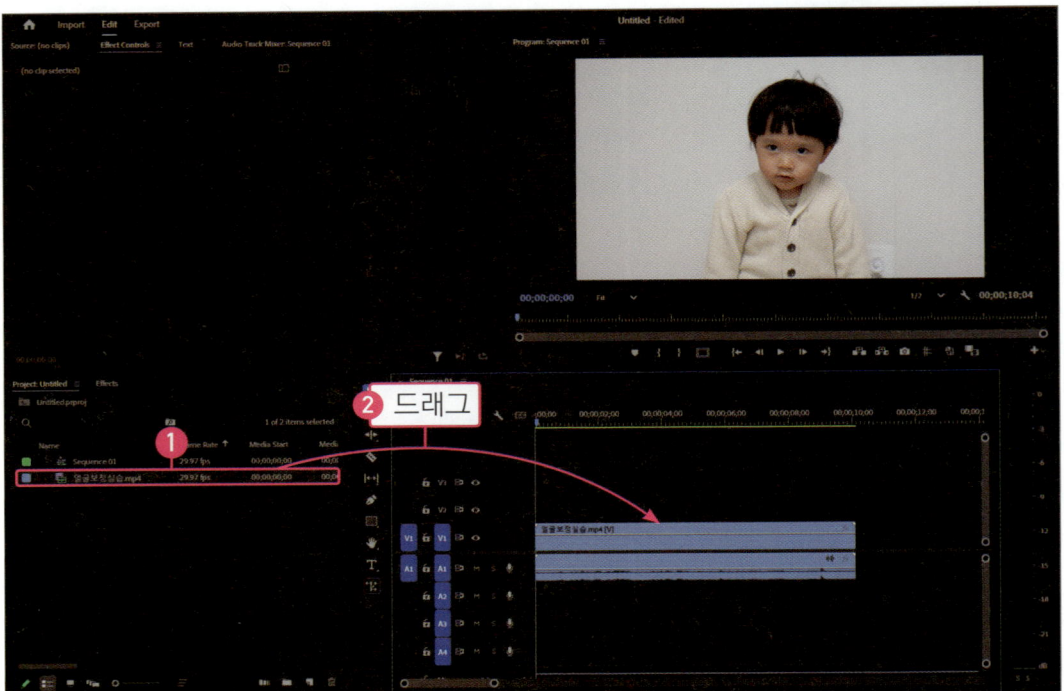

02

❶ [Timeline] 패널의 비디오 클립을 클릭한 후 메뉴 바의 [Window]-[Lumetri Color]를 선택합니다. ❷ [Lumetri Color] 패널의 [HSL Secondary]를 클릭합니다.

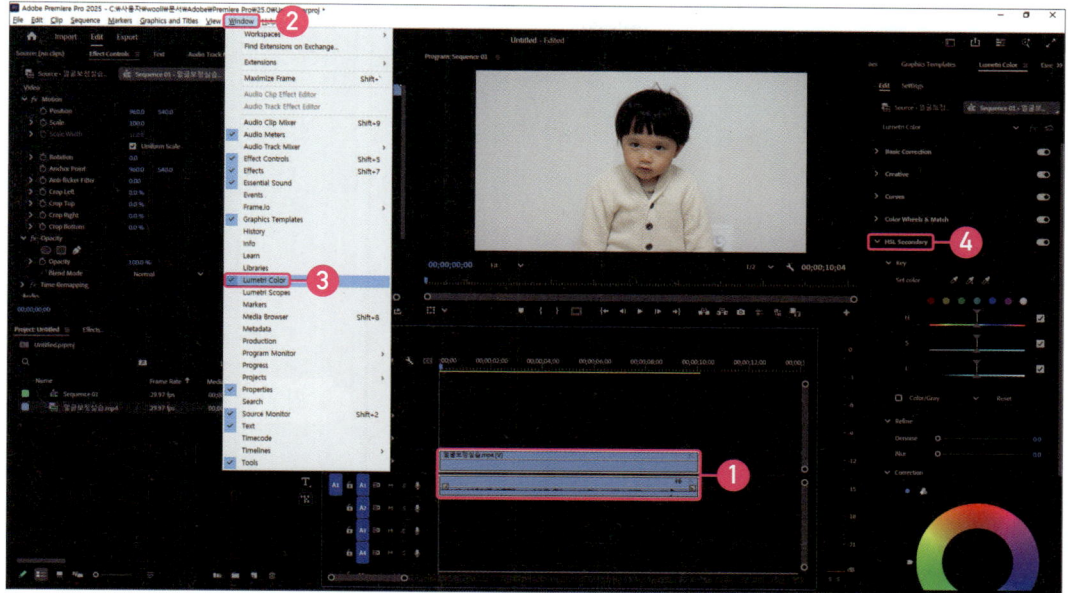

> **TIP**
>
> [HSL Secondary] 영역에는 색을 설정하는 [Key], 색을 보정하는 [Refine], 색을 변경하는 Correction]이 있고, [Key]의 하위 항목으로는 색을 설정하는 [Set Color], 색을 추가하는 [Add Color], 색을 제거하는 [Remove Color]가 있습니다.

03 ❶ [Key] 영역의 ▰를 클릭한 후 [Progrma Monitor] 패널의 피사체 얼굴을 클릭합니다. ❷ [Lumentri Color] 패널의 [HSL] 항목에 컬러 정도가 표시됩니다.

04 이어서 ❶ [HSL] 영역의 체크박스를 선택한 후 드롭박스를 클릭해 [White&Black] 선택합니다. ❷ [Program Monitor] 패널의 피사체에 얼굴 영역만 환희 도드라진 것을 확인할 수 있습니다.

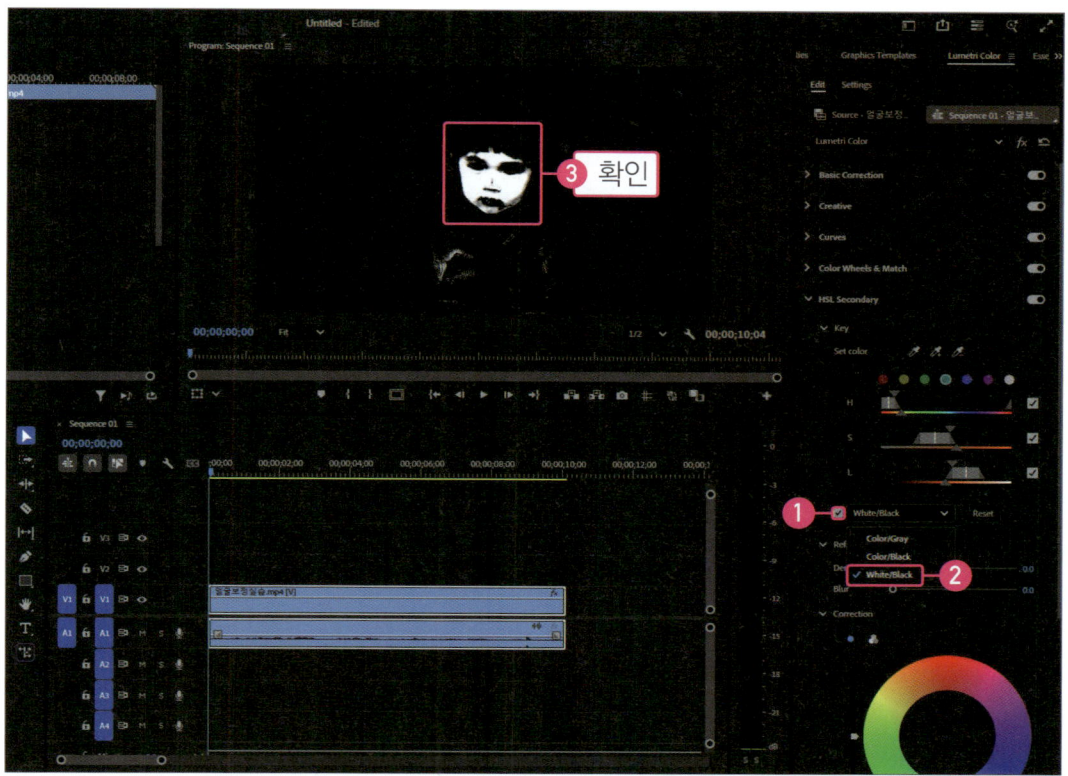

보정 영역을 더 추가하려면 Set color의 [Add Color(　)]를 클릭하고, 보정 영역을 잘못 선택했다면 [Remove Color(　)]를 클릭해 주세요.

05 확인이 끝나면 ❶ [Refine] 영역의 [Blur] 옵션값을 '10'으로 입력해 경계를 부드럽게 만든 후 ❷ 체크 박스의 선택을 해제합니다.

06 이번에는 밝기를 조절하기 위해 ❶ [Correction] 영역의 [슬라이더]를 클릭한 채 위로 드래그합니다. 화면의 얼굴이 밝아지는 걸 확인할 수 있습니다. ❷ 색감 보정을 원한다면 도형의 휠을 드래그합니다 (생기를 원한다면 붉은 계열로, 창백한 이미지를 더하고 싶다면 푸른 계열로 이동해 주세요).

> **TIP**
>
> 이전으로 되돌리고 싶다면 [슬라이더] 또는 [휠]을 더블클릭합니다. 보정 효과 전후를 비교해 보고 싶다면 [Effect Controls] 패널에서 [Lumetri Color] 영역의 ■을 클릭해 효과를 없앨 수 있습니다.

> **실습** 간단한 색 보정으로 감성적인 분위기 더하기

예제 파일 프리미어 프로-파트3_ch14-색 보정

앞에서 학습한 내용을 바탕으로 색감 추출 기능을 활용해 영상에 오래된 필름 느낌을 주고 얼굴 보정 기능으로 화사한 피부 톤을 만들어 보겠습니다.

01 색감 추출

01 프리미어 프로를 실행한 후 ❶ HD 1080p 29.97fps 프리셋으로 시퀀스를 생성하고 ❷ [Project] 패널에 예제 파일을 불러옵니다. ❸ 불러온 영상 소스를 모두 클릭해 [Timeline] 패널로 드래그 앤 드롭한 후 5개의 비디오 클립을 총 30초 분량으로 편집합니다.

02 색감 추출을 위해 ❶ [Project] 패널을 클릭한 후 메뉴 바의 [File]-[New]-[Adjustment Layer]를 클릭합니다. ❷ 화면에 Adjustment Layer 창이 나타나면 레이어가 시퀀스와 동일한 사양임을 확인한 후 [OK] 버튼을 클릭합니다.

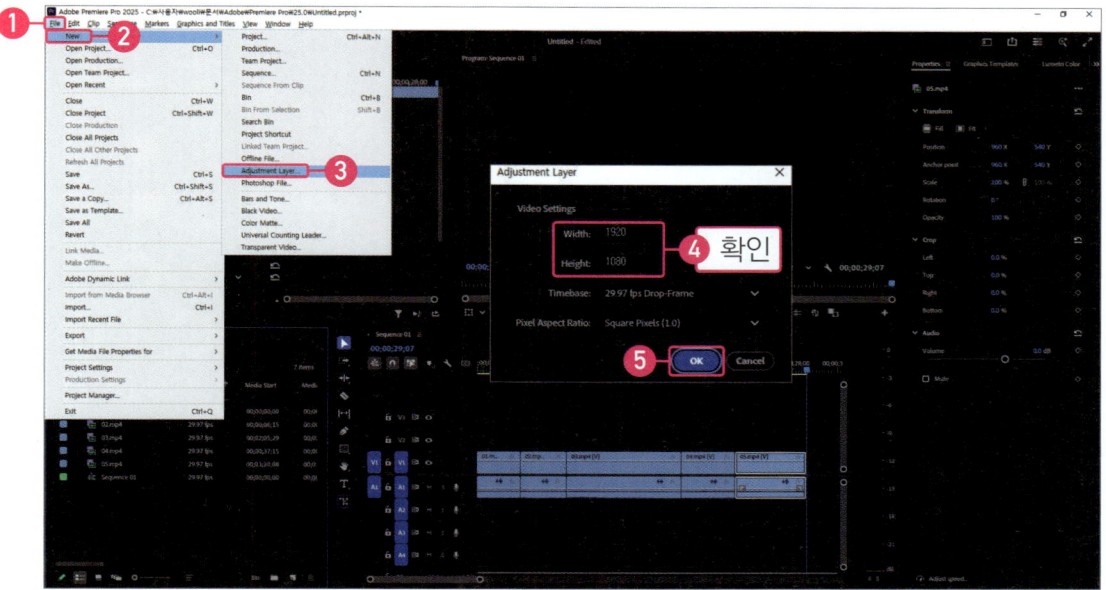

03 ❶ [Project] 패널에 생성된 [Adjustment Layer]를 클릭한 채 [Timeline] 패널의 [V2] 오디오 트랙으로 드래그 앤 드롭합니다. ❷ [Adjustment Layer] 클립의 길이를 영상과 똑같은 길이로 드래그해 맞춘 후 ❸ 메뉴 바의 [Window] - [Lumetri Color]를 클릭합니다.

04 ❶ [Project] 패널의 'Color_ref.jpg' 이미지 소스를 [Timeline] 패널의 비디오 클립 끝으로 드래그 앤 드롭합니다. ❷ [Lumetri Color] 패널에서 [Color Wheels&Match]-[Comparison View] 버튼을 클릭합니다. ❸ [Program Monitor] 패널이 [Comparison View]로 변경되어 나뉩니다.

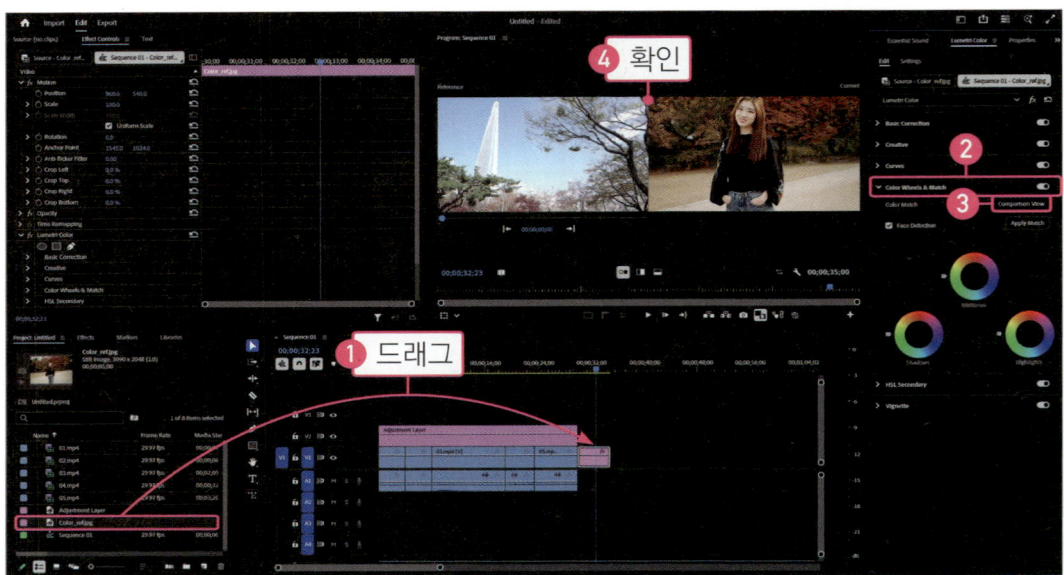

05 ❶ [Reference] 영역의 영상 [플레이바]를 클릭한 채 준비한 이미지로 드래그합니다. 이어서 [Current] 영역은 ❷ [Timeline] 패널의 [플레이헤드]를 클릭한 채 색감을 적용할 장면으로 드래그합니다.

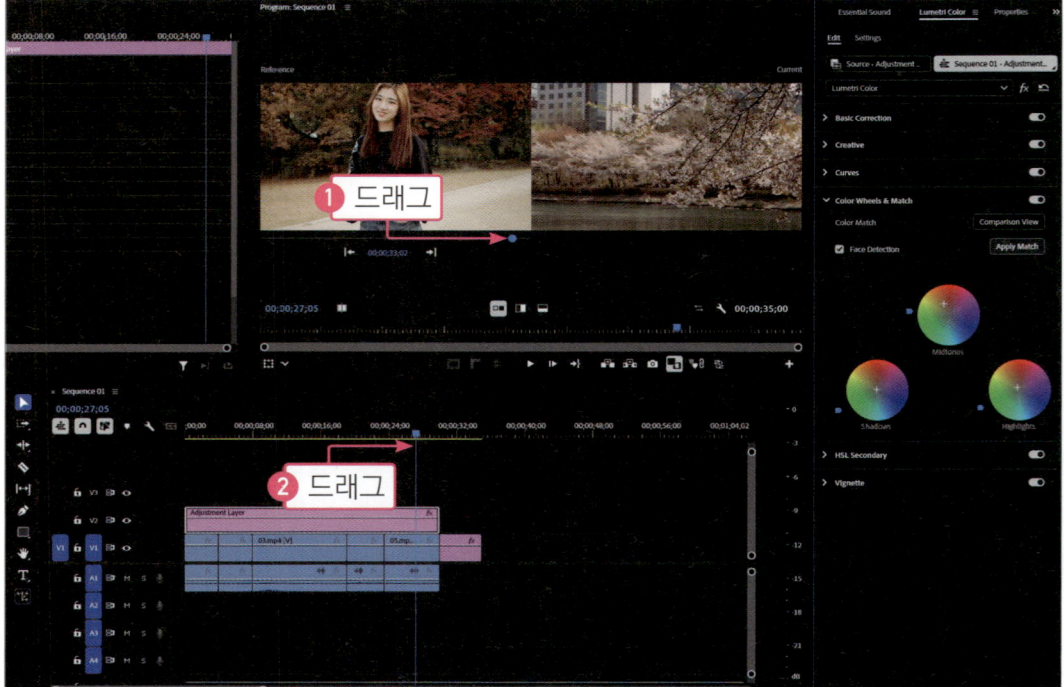

06 [Lumetri Color] 효과를 영상 전체에 적용하기 위해 ❶ [V2] 트랙의 [Adjustment Layer] 클립을 선택한 후 ❷ [Lumetri Color] 패널의 [Apply Match] 버튼을 클릭합니다. ❸ 모든 작업이 완료되면 [Comparison View] 버튼을 클릭해 기존의 보기 방식으로 변경합니다.

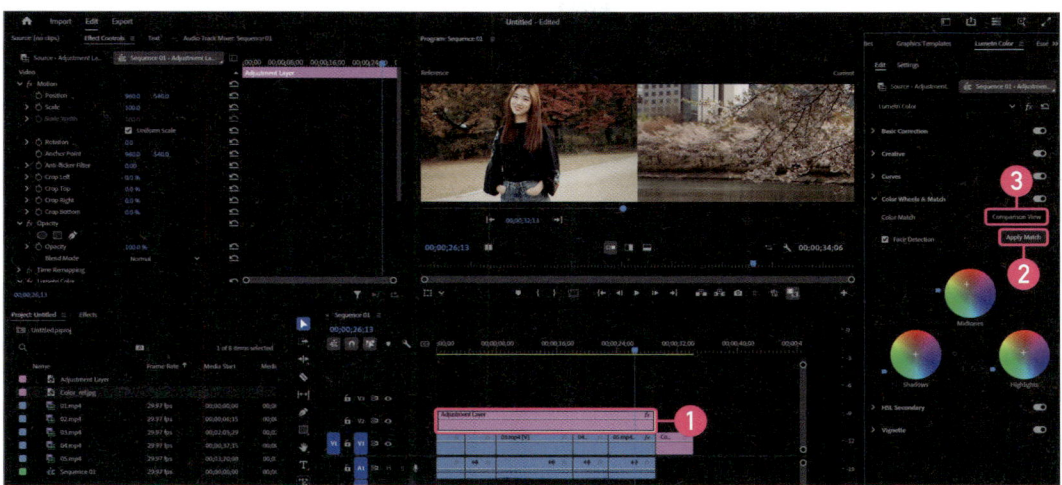

02 인물 보정

01 앞의 실습에 이어서 ❶ [Timeline] 패널의 '03.mp4' 비디오 클립을 클릭한 후 ❷ [Lumetri Color] 패널의 [HSL Secondary]를 클릭합니다.

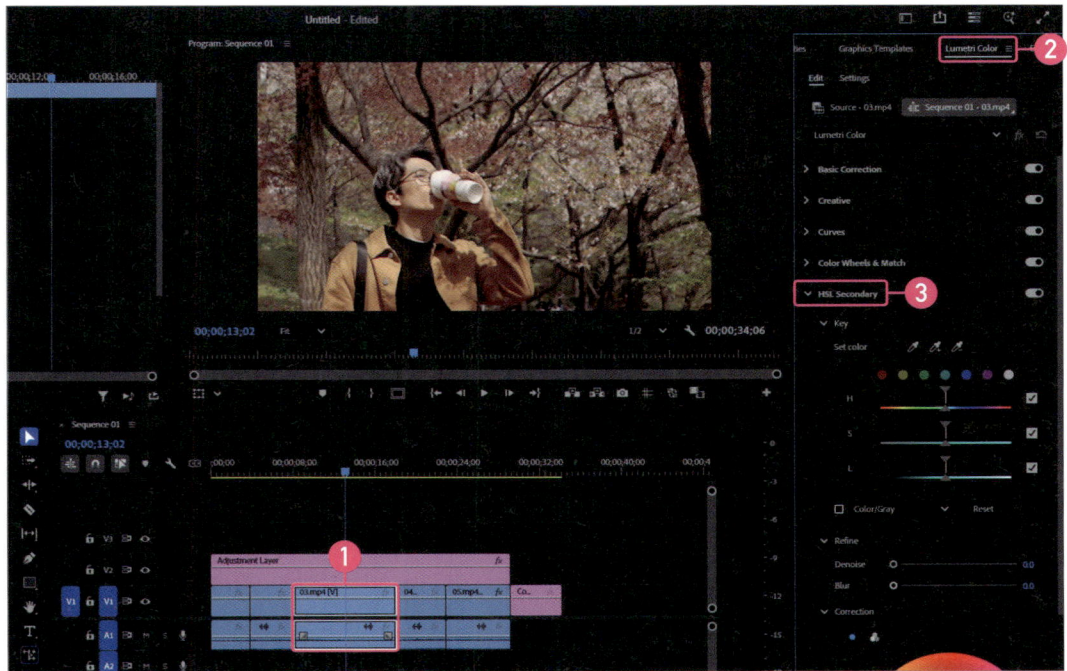

Chapter 14 · 영상 보정의 필수 법칙   251

02

❶ [Key] 영역의 [Set Color]에서 ▨을 클릭한 후 [Program Monitor] 패널의 얼굴을 선택합니다.
❷ 아래 체크박스를 선택한 후 [드롭박스]를 클릭해 [White/Black]를 선택합니다. ❸ 얼굴 영역이 잘 선택되었는지 확인하고 ▨, ▨를 이용해서 최대한 많은 얼굴 영역을 선택해줍니다.

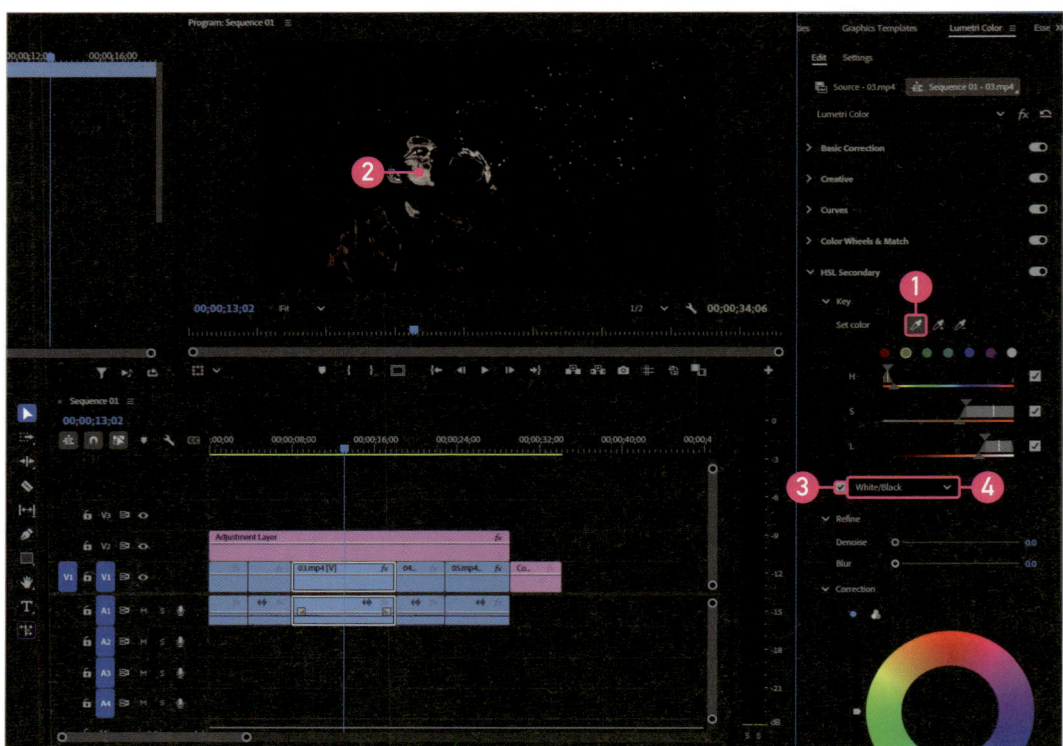

03 얼굴 영역이 잘 선택 되었다면 ❶ [Refine] 영역의 [Blur] 옵션값을 '6'으로 입력해 선택 영역의 경계를 부드럽게 만듭니다. 이어서 ❷ [Black/White] 체크박스를 클릭해 기존 영상으로 돌아갑니다. [Correction] 영역의 [슬라이더]를 위로 드래그해 얼굴의 밝기를 높이고 ❸ 컬러 휠을 푸른색으로 드래그하여 얼굴의 색감을 보정합니다.

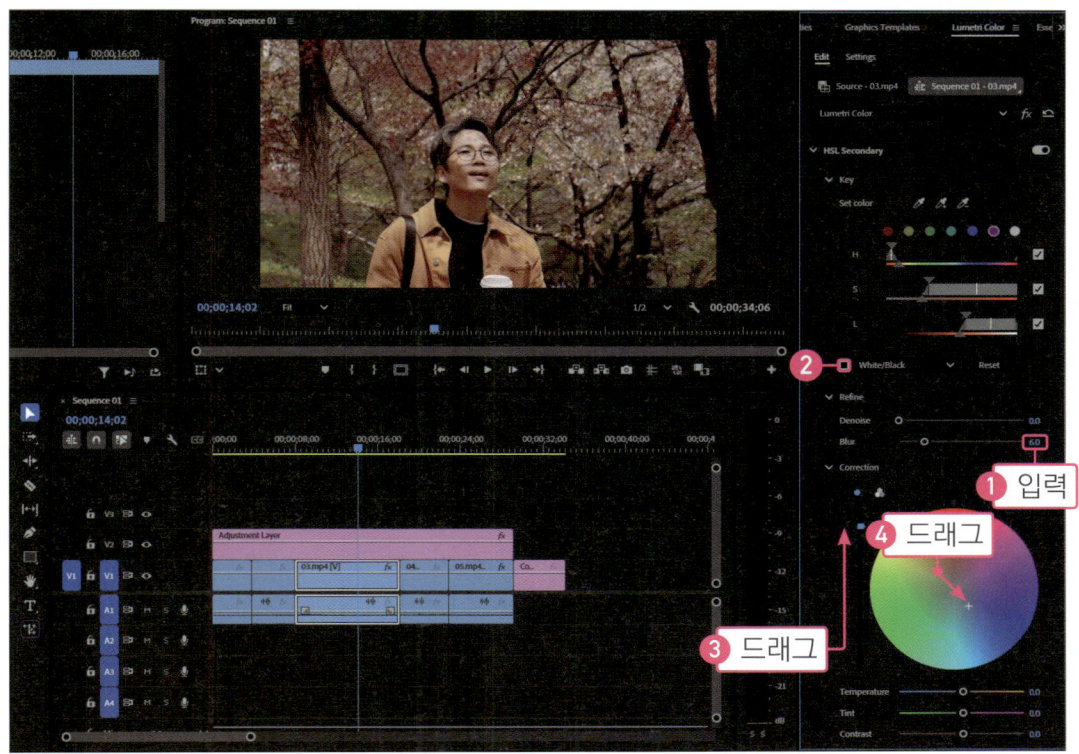

04 이번에는 얼굴 영역에만 색보정을 적용하기 위해 ❶ [Effect Controls] 패널의 [Lumetri Color]에서 ■을 클릭합니다. ❷[Program Monitor] 패널에서 마스크가 얼굴을 덮도록 드래그하고 [Mask Path]의 ■ 버튼을 클릭해 키프레임을 생성합니다.

Chapter 14 · 영상 보정의 필수 법칙   253

05 이어서 ❶ [플레이헤드]를 조금씩 옮기며 마스크가 얼굴을 따라가도록 위치를 변경합니다(마스크의 위치를 변경할 때마다 키프레임이 추가됩니다). 다음 ❷ [Effect Controls] 패널의 [Mask Feather] 옵션값은 '50'으로 입력해 주변과 부드럽게 섞이도록 경계를 흐리게 만듭니다.

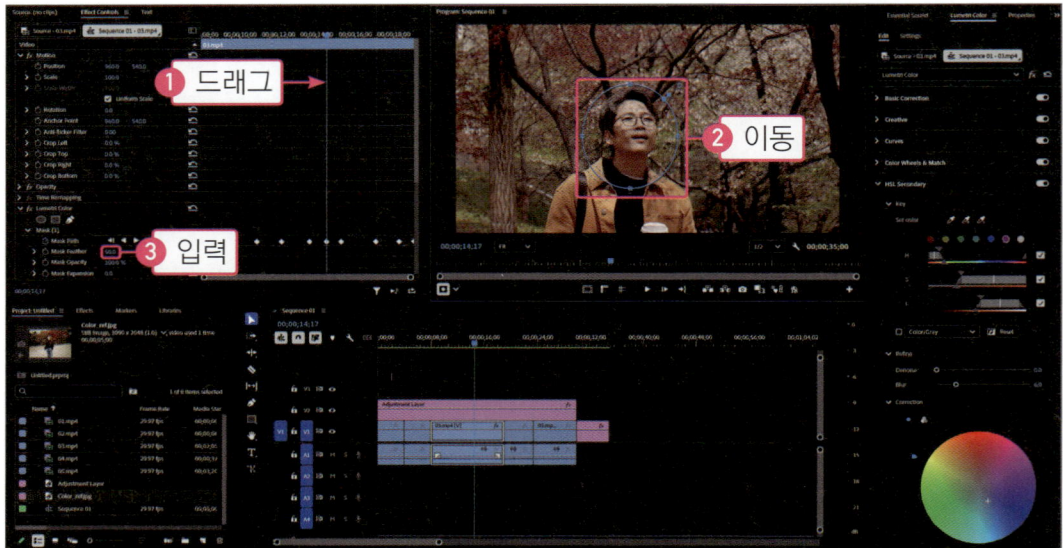

트랜지션의 필수 법칙

Chapter 15

영상 속 장면을 자연스럽게 전환하기 위해 사용하는 트랜지션 효과. 이번 챕터에서는 트랜지션의 기본 개념 및 종류를 살펴보고 다양한 트랜지션 기법에 대해서 알아보겠습니다.

STEP 01 트랜지션이란?

트랜지션은 화면을 전환할 때 설정하는 효과로 최초의 트랜지션은 장소가 다른 두 장면을 단순히 이어 붙인 컷(Cut)이었습니다. 지금은 별거 아니지만 당시 기술로는 엄청난 효과여서 보는 사람들 모두 깜짝 놀랐다고 합니다. 요즘 트랜지션은 과거와 다르게 화면을 자연스럽게 전환해 영상의 몰입도를 높이고 시각적으로 특별한 연출을 주어 보는 재미를 더하고 있습니다. 최근까지 인기 있었던 트랜지션 기법은 심리스(Seamless) 트랜지션으로 여행 동영상을 제작하는 유명 유튜버의 영상에서 처음 시작됐는데 시청자가 화면 전환을 쉽게 눈치채지 못한다는 것이 특징입니다.

심리스 트랜지션

Leonardo Dalessandri
(Watchtower of China)

Brandon Li
(Seoul_wave)

그렇다고 장면을 전환할 때마다 매번 트랜지션을 사용해서는 안 됩니다. 꼭 필요한 곳에 적절하게 사용해야 큰 효과를 얻을 수 있습니다. 간혹 유튜브 영상을 보면 트랜지션이 범벅이 된 영상을 볼 수 있는데 과도한 전환 효과는 보는 사람의 몰입을 방해하고 피로도를 높입니다.

STEP 02 상황에 맞는 트랜지션

우리가 유튜브에서 흔히 보는 영상은 대부분 컷으로 화면 전환이 이루어집니다. Chapter 10 에서 설명한 것처럼 자연스러운 컷 전환이 되면 영상을 보는 사람들은 두 영상 사이에 일어난 일을 무의식적으로 상상해 어색함을 느끼지 못합니다. 그래서 영상 제작 전문가들은 최고의 트랜지션으로 컷을 꼽기도 합니다. 하지만 소스의 상황 및 분위기에 따라 컷으로 전환하면 어색함이 묻어날 때도 있습니다. 그럴 땐 별도의 트랜지션을 사용해 주세요.

01 시간과 장소의 변화

트랜지션을 사용해야 하는 가장 대표적인 순간은 바로 시간 또는 장소가 변했을 때입니다. 낮에서 밤이 되거나 숲에서 시내로 이동하는 등 시간이나 장소의 변화를 보는 사람도 확실하게 느낄 수 있을 때는 그 사이에 생략된 시간이 너무 길어 컷으로 전환하면 어색함을 느낍니다.

내레이션, 자막, 또는 인서트 컷으로 생략된 부분에 대한 부가 설명을 해준다면 컷으로도 전환이 가능하지만 그렇지 않으면 별도의 트랜지션을 적용해 주는 것이 좋습니다. 시간, 장소가 변할 때 설정하면 좋은 트랜지션으로 두 장면이 부드럽게 섞이며 전환되는 [Cross Dissolve] 효과나 화면이 어두워졌다가 다시 밝아지는 [Dip to Black] 효과가 있습니다.

02 그래픽으로 전환

편집 프로그램의 발달로 이제는 누구나 쉽게 이미지를 영상에 추가합니다. 애프터 이펙트를 조금만 공부하면 간단한 모션 그래픽까지도 제작이 가능합니다. 이렇게 직접 제작하거나 혹은 인터넷에서 다운로드한 이미지를 영상에 추가할 때는 주의해야 할 점이 있습니다. 카메라로 촬영한 영상과 컴퓨터로 제작한 그래픽 이미지는 완전히 다른 성격의 데이터 소스라는 것입니다. 그래서 화면 전체를 그래픽 이미지로 덮어 화면을 전환될 때는 컷을 사용하면 화면이 갑작스럽게 바뀌어 당혹감을 느낍니다.

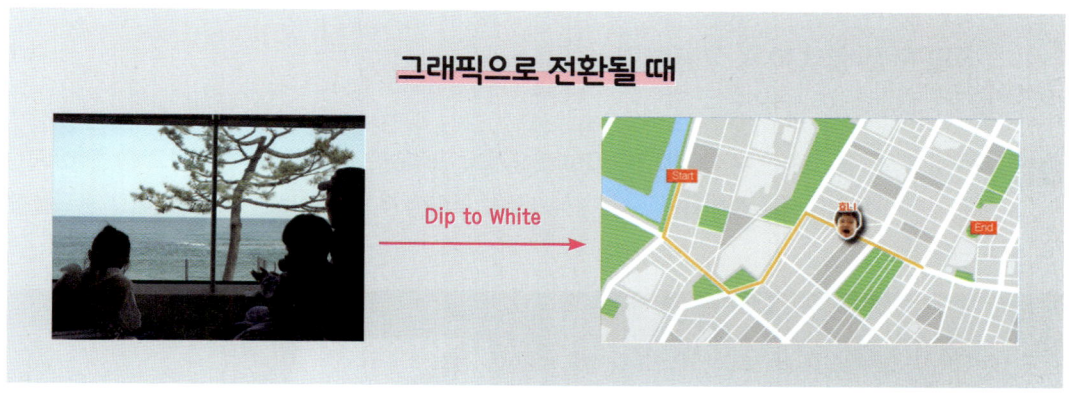

[Dip to White] 효과는 화면 전체를 그래픽 이미지로 덮을 때 많이 사용하는 트랜지션입니다. 화면이 순간적으로 하얗게 채워지며 번쩍이는 느낌을 주기 때문에 완전히 다른 성격의 화면이 나타나도 어색하지 않으며 영상을 보는 사람들의 시선을 집중시키는 효과도 있습니다.

03 분위기의 전달

트랜지션에는 각각의 효과가 갖는 고유한 분위기가 있습니다. 만약 영상에서 전달하고 싶은 분위기가 있다면 그에 맞는 트랜지션을 설정해 원하는 분위기를 연출할 수 있습니다. 긴박하고 분주한 분위기를 원하면 짧은 길이의 장면들이 컷으로 연결되는 것이 가장 좋습니다. 반대로 서정적이고 평온한 분위기를 원하면 두 장면이 부드럽게 섞이는 [Cross Dissolve] 효과를 사용해야 합니다. 진행 과정이나 순서를 연속해 보여줄 때는 빠른 속도의 [Push] 또는 [Slide] 효과를 같은 방향으로 반복해서 사용하면 작업이 순서대로 진행되는 듯한 느낌을 만들어 줄 수 있습니다.

STEP 03 트랜지션 적용하기

예제 파일 프리미어 프로–파트3_ch15–트랜지션 적용

프리미어 프로는 44개의 비디오 트랜지션과 3개의 오디오 트랜지션을 기본으로 제공합니다. 자주 사용하는 트랜지션을 기본으로 설정해두면 단축키만으로도 영상에 빠르게 적용할 수 있습니다. 방법은 다음과 같습니다.

01 트랜지션 검색하고 적용하기

01 프리미어 프로를 실행한 후 ❶ HD 1080p 29.97fps 프리셋으로 시퀀스를 생성하고 ❷ [Project] 패널에 예제 파일을 모두 불러옵니다. ❸ 영상 소스를 클릭한 채 [Timeline] 패널로 드래그 앤 드롭합니다.

02 화면 상단 메뉴 바의 [Window]-[Effects]를 클릭합니다.

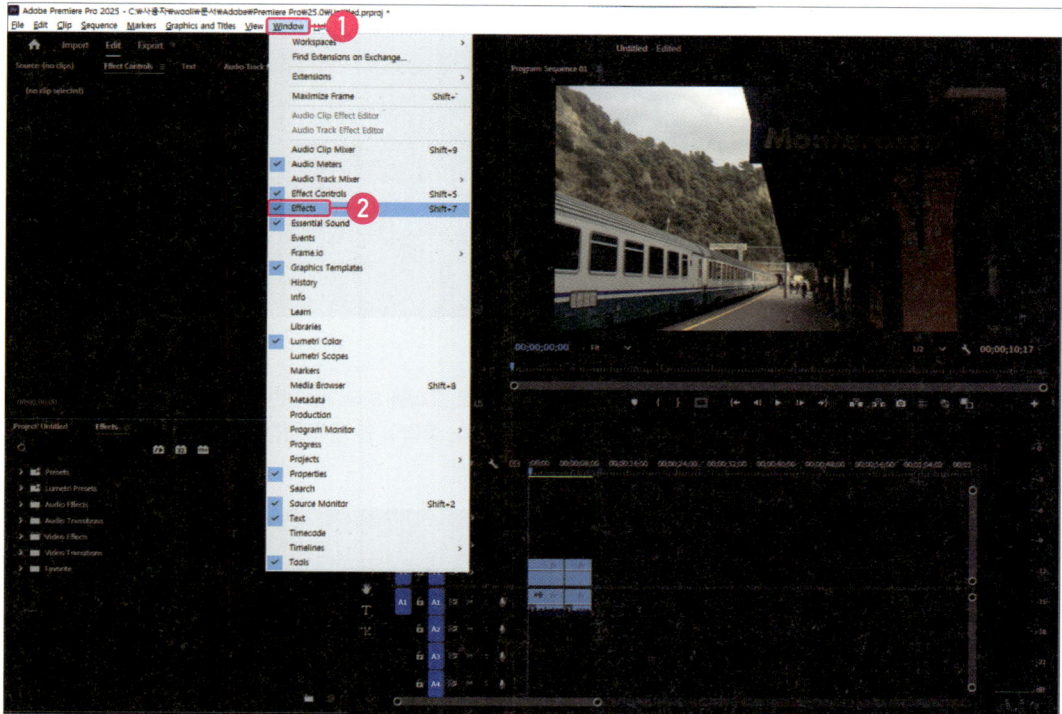

03 [Effects] 탭을 클릭한 후 상단 검색란에 'cross'를 입력해 검색합니다.

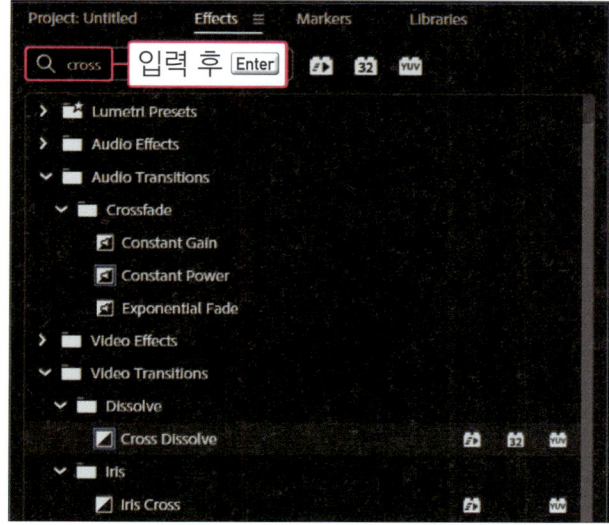

04 ❶ [Cross Dissolve] 효과를 클릭해 [Timeline] 패널의 적용을 원하는 비디오 클립 경계로 드래그 앤 드롭합니다. ❷ 비디오 클립 사이로 회색 막대가 표시됩니다.

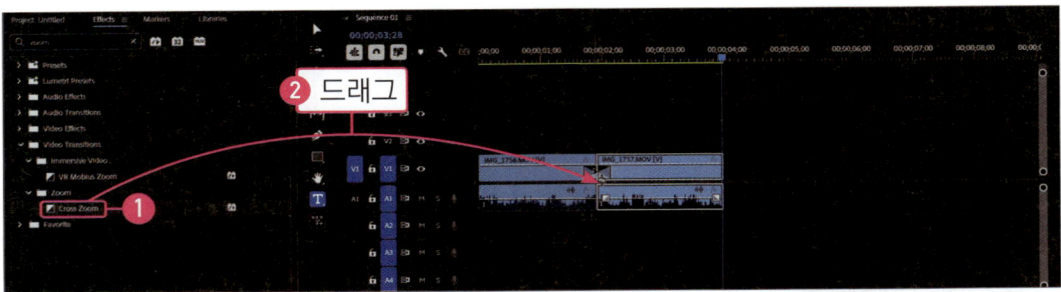

트랜지션 효과는 비디오 클립 전체에 적용할 수 없어 클립의 경계로 효과를 드래그해야만 적용이 가능합니다. 그렇다고 트랜지션을 꼭 비디오 클립 사이에만 적용해야 하는 건 아닙니다. 클립의 맨 끝에 설정하면 [Fade In]이나 [Fade Out] 같은 효과를 연출할 수도 있습니다.

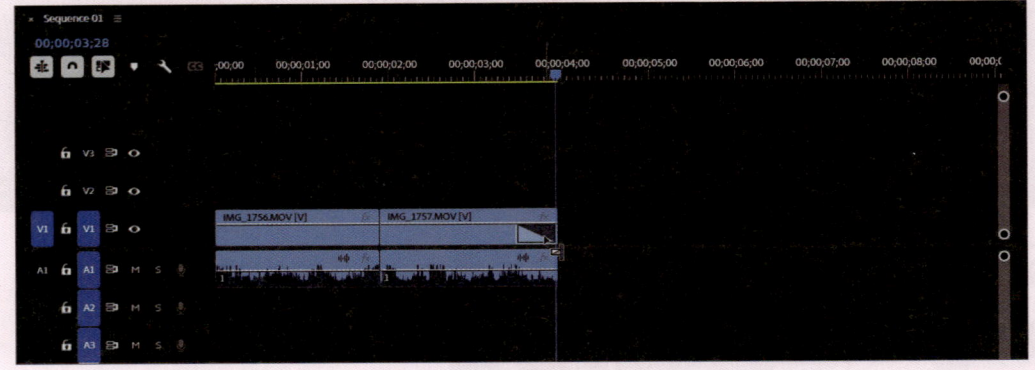

02 트랜지션 수정하기

01 앞의 예제에 이어서 트랜지션을 수정하기 위해 ❶ [Timeline] 패널의 비디오 클립 사이의 회색 막대 모양의 트랜지션을 클릭하면 [Effect Controls] 패널에 트랜지션과 관련된 옵션이 나타납니다. ❷ 클립에 적용된 트랜지션을 삭제하고 싶다면 트랜지션을 클릭한 후 키보드의 Delete 키를 누릅니다.

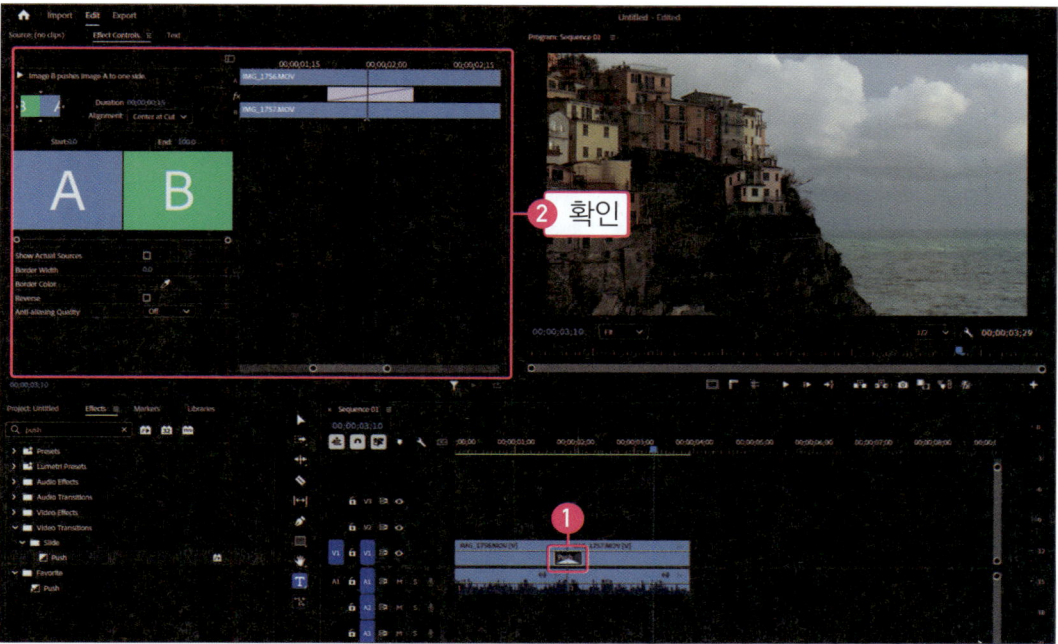

[Effect Controls] 패널의 트랜지션 옵션에서는 기본적으로 트랜지션의 길이와 적용 위치를 선택할 수 있고, 방향성이 있는 트랜지션의 경우 적용 방향을 변경할 수도 있습니다.

02 이어서 트랜지션 길이를 조정하기 위해 ❶ [Timeline] 패널의 비디오 클립 사이에 적용된 트랜지션을 더블클릭합니다. ❷ 화면에 Set Transition Duration 창이 나타나면 [Duration] 입력란의 값을 변경한 후 [OK] 버튼을 클릭합니다.

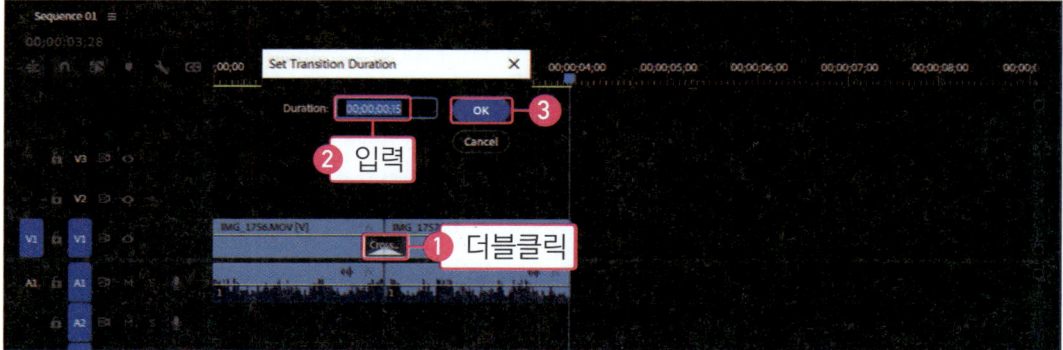

03 자주 사용하는 기본 트랜지션 등록하기

자주 사용하는 트랜지션을 기본 트랜지션으로 설정해 놓으면 비디오 클립에 빠르게 적용할 수 있습니다. 방법은 다음과 같습니다.

01 ❶ [Effects] 탭을 클릭한 후 [Video Transition]-[Dissolve]를 클릭합니다. ❷ [Cross Dissolve]가 현재 기본 트랜지션으로 설정되어있는 걸 확인할 수 있습니다. ❸ 기본 트렌지션으로 등록할 효과에 마우스 오른쪽 버튼을 클릭합니다. ❹ 바로가기 메뉴에서 [Set Selected as Default Transition]을 선택합니다.

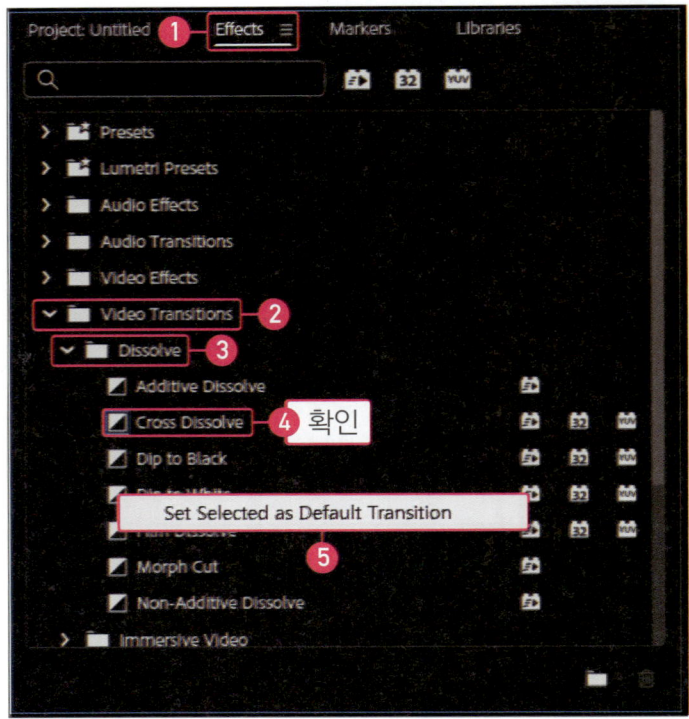

02 [Timeline] 패널의 비디오 클립 경계를 클릭한 후 단축키 Ctrl + D 키를 누르면 해당 트랜지션이 적용됩니다.

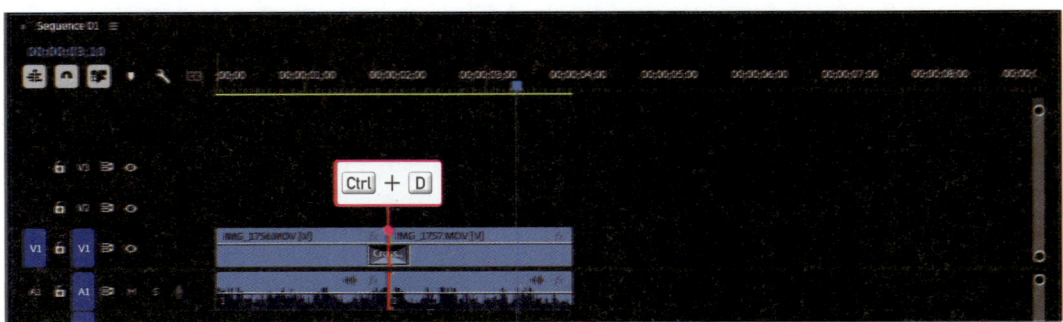

똑똑한 AI 도구 활용하기

Chapter 16

SF 영화의 전유물로 여겨졌던 AI 서비스는 어느새 우리의 일상에 깊이 자리매김하고 있습니다. 이러한 시대 흐름에 발맞춰 프리미어 프로에도 다양한 AI 기능이 추가되어 영상 편집에 많은 도움을 주고 있습니다. 이번 챕터에서는 작업 효율을 높여주는 프리미어 프로의 대표 AI 기능에 대해 알아보겠습니다.

STEP 01 Generate Extend

프리미어 프로의 [Generate Extend]는 Adobe의 생성형 AI 모델 Firefly를 이용해 영상의 부족한 부분을 AI가 자동으로 채워주는 기능입니다. 예를 들어 인터뷰 영상에서 화자의 말이 끝나자마자 갑작스럽게 영상이 끝나거나 음악에 맞춰 컷을 연결하고 싶은데 원본 영상의 길이가 조금 짧을 때 사용하면 좋은 기능입니다. 방법은 다음과 같습니다.

01 Generate Extend로 부족한 영상 소스 보완하기

01 ❶ [Tool] 패널에서 [Generative Extent Tool]을 클릭합니다. ❷ 연장을 원하는 클립의 끝을 클릭한 채 원하는 길이만큼 드래그하면 연장됩니다(비디오는 최대 2초, 오디오는 최대 10초입니다).

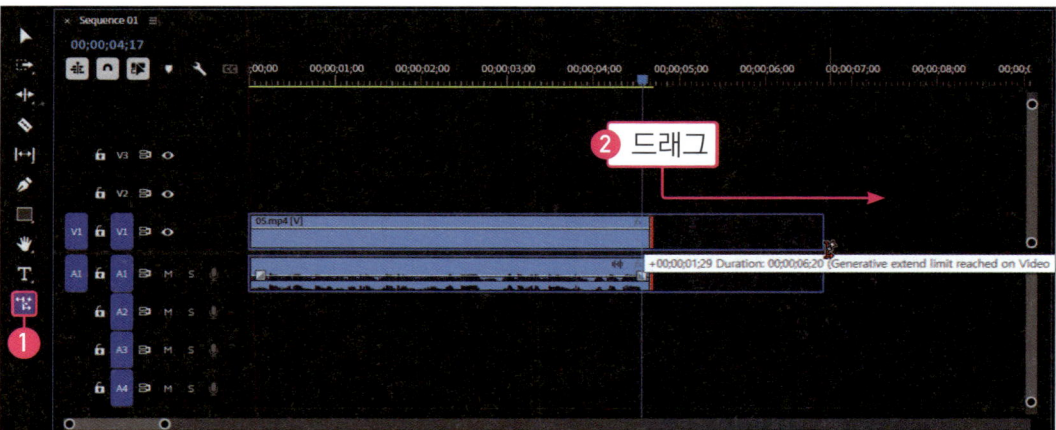

02 [Timeline] 패널의 기존 비디오 클립 뒤로 'AI-generated' 태그가 붙은 비디오 클립이 생성되었습니다. [Program Monitor] 패널에서 영상을 재생해 AI가 만든 영상을 확인합니다.

STEP 02 Remix Tool

배경음악은 영상의 분위기를 좌우하는 아주 중요한 요소 중 하나입니다. 그래서 영상에 잘 어울리는 배경음악을 찾기 위해 오랜 시간을 보내기도 하고 힘들게 찾은 음악의 길이에 영상을 맞추기 위해 소스를 포기할 때도 있습니다. 난감한 상황에 음악의 길이를 자연스럽게 재편집해주는 [Remix Tool]은 아주 좋은 해결 방법이 될 수 있습니다. 방법은 다음과 같습니다.

01 Remix Tool로 오디오 자료 길이 맞추기

01 ❶ [Tool] 패널에서 [Ripple Edit Tool]을 길게 클릭한 후 ❷ 바로가기 메뉴의 [Remix Tool]을 선택합니다.

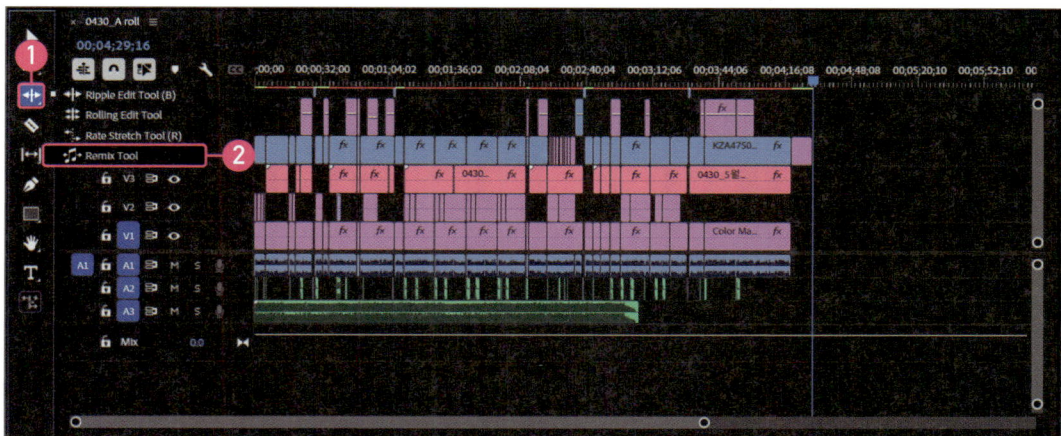

02 [Timeline] 패널의 ❶ 길이를 조절해야 하는 오디오 클립의 끝을 클릭한 채 ❷ 원하는 길이만큼 드래그합니다.

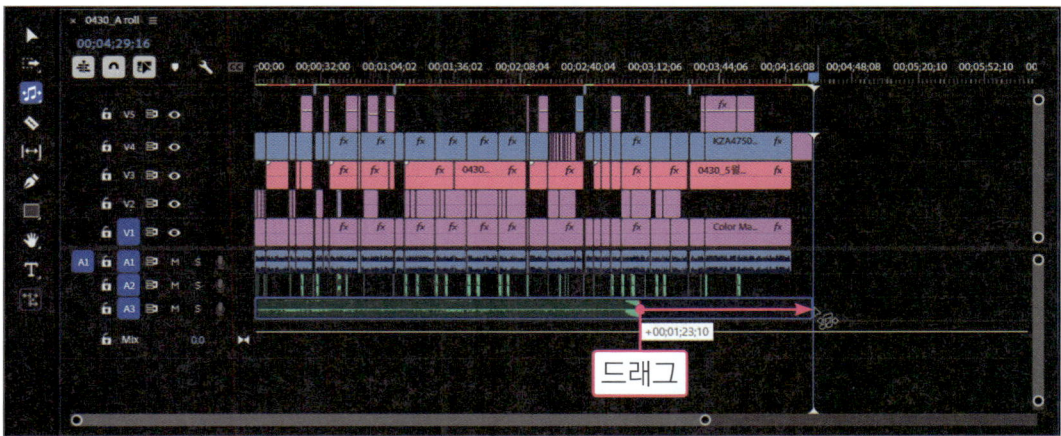

03 [Timeline] 패널의 오디오 클립이 확장되고 리믹스가 적용된 부분이라는 하얀색 지그재그 선이 나타납니다. 오디오를 재생해 보면 자연스럽게 음악이 재구성된 것을 확인할 수 있습니다.

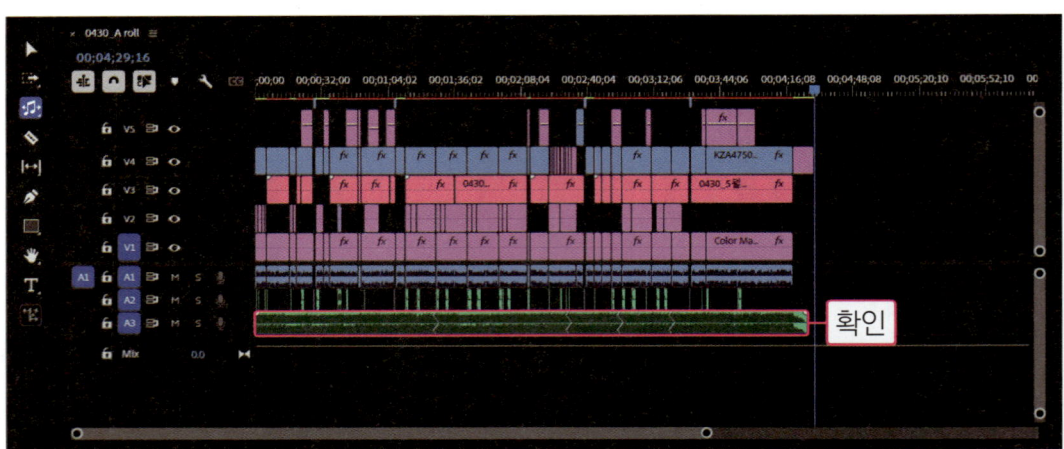

STEP 03 Transcript & Captions

영상 편집 시 자막 작업은 '시간 잡아먹는 귀신'이라고 부를 만큼 많은 시간을 앗아갑니다. 출연자의 말을 그대로 받아 적기 위해 영상을 반복 재생하며 타이핑해야 하기 때문이죠. 하지만 이제는 [Transcript]와 [Captions] 기능 덕분에 작업 시간은 절반으로 줄었습니다. 먼저 [Transcript] 기능은 영상 속 대사를 자동으로 받아 적어주고, [Captions] 기능은 받아 적은 내용을 자막으로 변환해 주는 기능인데 방법은 다음과 같습니다.

01 Transcript Caption으로 자막 작업 빠르게 끝내기

01 메뉴 바의 [Window] - [Workspaces] - [Caption & Graphics]를 클릭한 후 [Text] 탭을 클릭합니다.

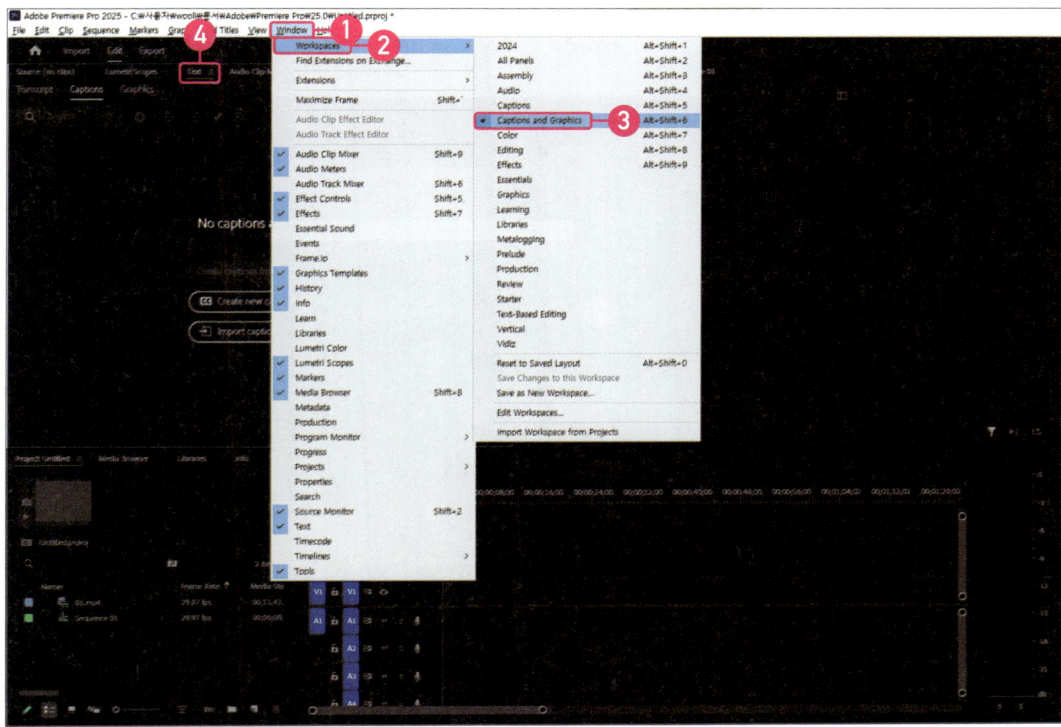

02 자막 작업을 위해 ❶ [Project] 패널에 영상 소스를 클릭해 [Timeline] 패널로 드래그 앤 드롭한 후 [Transcript] 패널에서 [Transcribe] 버튼을 클릭합니다. ❷ 잠시 후 [Text] 패널에 결과가 나타납니다(만약, 잘못된 내용이 있다면 더블클릭해 문장을 수정합니다).

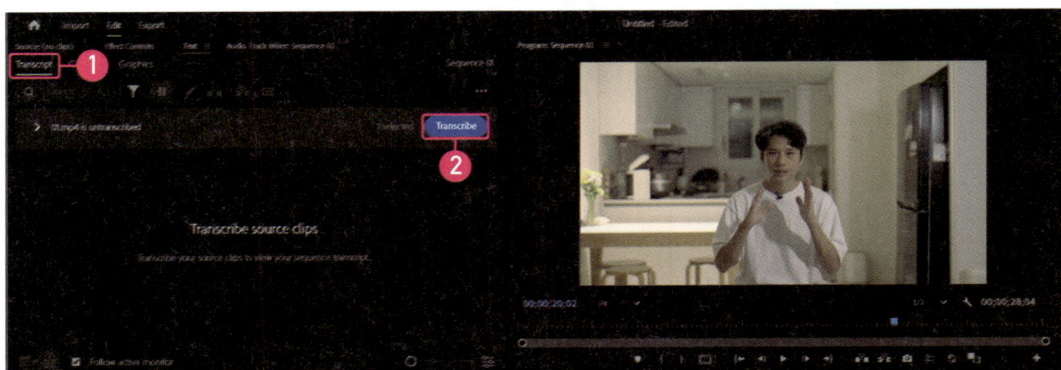

03 받아쓰기에 오류가 없다면 ❶ [Transcript] 영역의 [Create Caption] 버튼을 클릭합니다. ❷ 화면에 Create Caption 창이 나타나면 자막 설정을 위해 ❸ [Captioning Preferences] ▼를 클릭한 후 글자 수와 간격 등 자막 옵션을 설정합니다. 자막 설정이 완료되면 [Create Caption] 버튼을 클릭합니다.

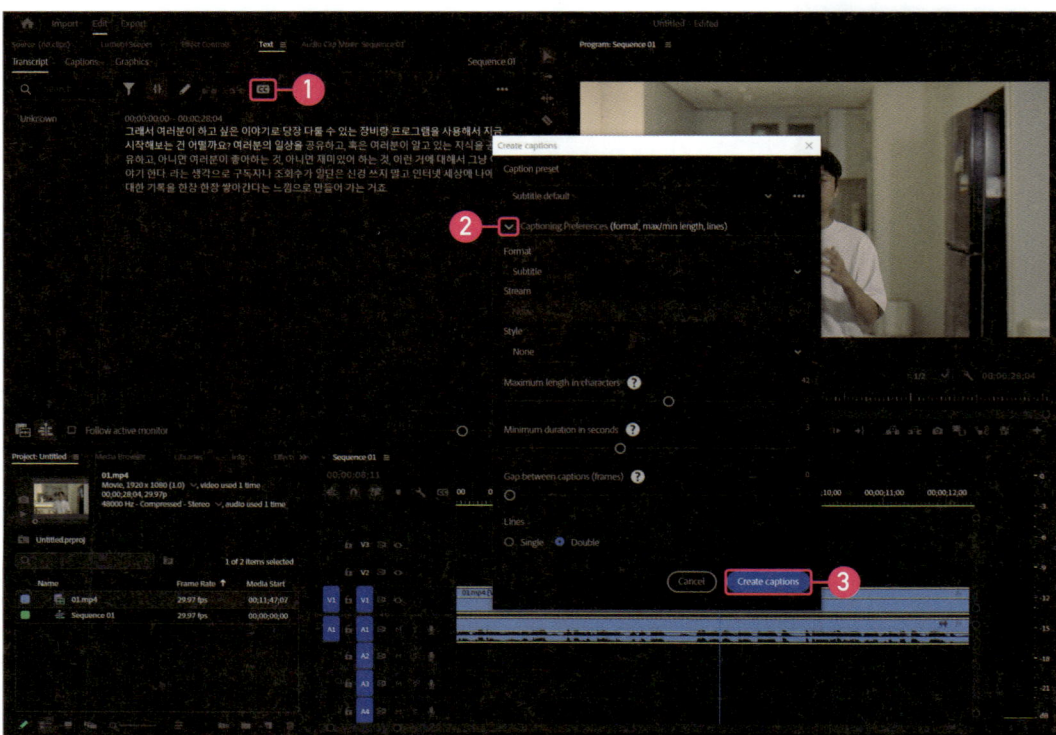

❶ [Maximum length in characters] : 최대 글자수를 제한할 수 있습니다.
❷ [Minimum duration in seconds] : 자막의 최소 길이를 제한할 수 있습니다.
❸ [Gap between captions (frames)] : 자막 사이의 간격을 의미합니다.
❹ [Lines] : 옵션으로 자막의 줄 수를 지정할 수 있습니다.([Single]은 한 줄, [Double]은 두 줄 자막을 의미합니다).

04 ❶ [Timeline] 패널에 [C1] 자막 트랙이 생성되며 ❷ [Program Monitor] 패널에서 자막을 확인할 수 있습니다(자막의 세부 옵션은 [Properties] 패널에서 변경할 수 있습니다).

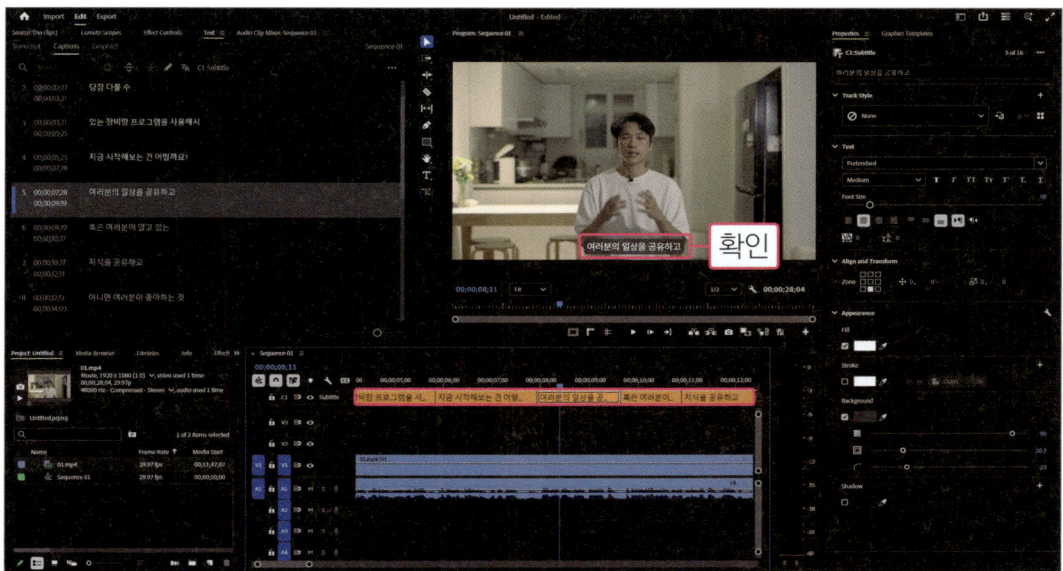

> **TIP**
>
> 자막 트랙을 생성했다면 영상 출력 시 [Caption] 영역을 활성화한 후 [Export Options]을 [Burn Captions Into Video]로 설정해야 자막이 영상에 포함되어 출력됩니다.
>
>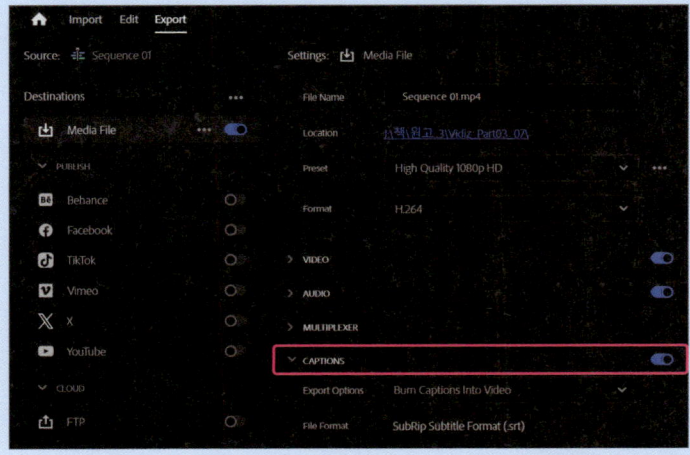

PART

04

애프터 이펙트
-영상에 멋을 더하는 모션 그래픽의 시작

Keyword

컴포지션, 애니메이션, 가속도, 영상 합성, 모션 그래픽

Chapter 01

Hello, 애프터 이펙트!

방송국이나 영화, 광고 회사는 물론 소형 프로덕션까지 영상을 제작하는 곳이라면 애프터 이펙트는 기본으로 사용하고 있습니다. 이번 챕터에서는 본격적으로 학습에 들어가기 전, 애프터 이펙트 프로그램에 대해 간략히 살펴보겠습니다.

STEP 01 애프터 이펙트란?

애프터 이펙트는 Adobe에서 만든 모션 그래픽 및 시각 효과 프로그램으로 영상에 특수 효과를 적용하거나 자막 애니메이션 및 인트로 등의 모션 그래픽 제작에도 폭넓게 사용되고 있습니다.

애프터 이펙트는 프리미어 프로의 타임라인과 포토샵의 레이어 개념이 결합 되었다고 생각하면 이해하기 쉽습니다. 좀 더 풀어서 설명하면 포토샵처럼 각 레이어의 속성을 변경하거나 효과를 적용하는 게 가능한데 이 모든 작업을 프리미어 프로의 [Timeline] 패널과 유사한 공간에서 진행하는 겁니다.

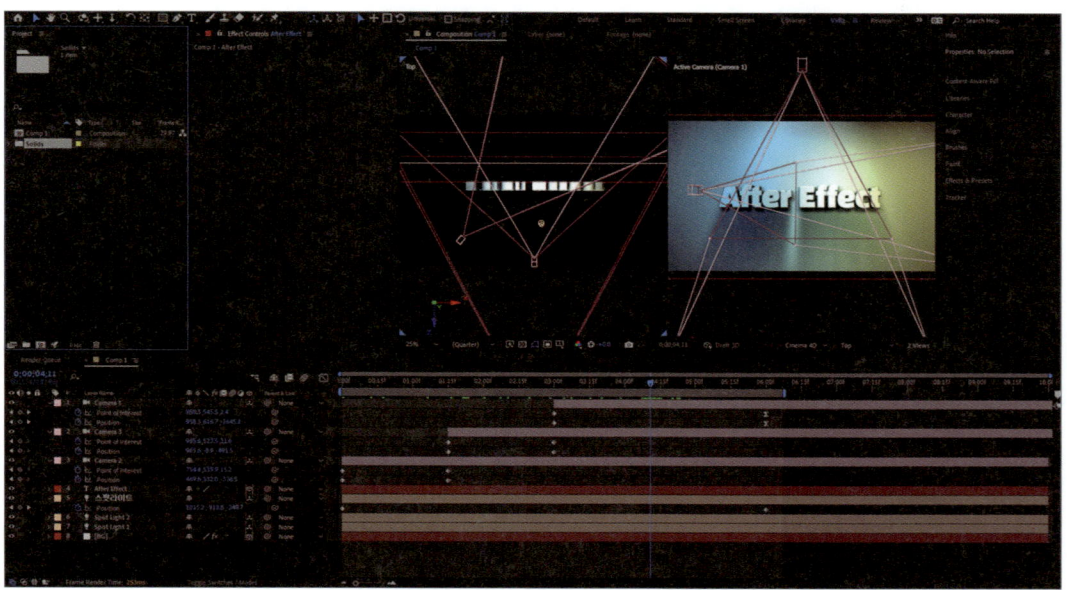

기본 기능만 잘 활용해도 멋진 효과를 만들 수 있지만 템플릿을 함께 활용하면 좀 더 고퀄리티의 결과물을 빠르게 얻을 수 있습니다(템플릿은 전문 사이트를 통해 다운로드한 뒤 프로그램에 불러와 사용하면 됩니다). 또한, 프로그램 숙련도가 올라갈수록 표현의 가능성이 무한대로 확장되어 영상 제작을 직업으로 생각하고 있다면 애프터 이펙트는 필수로 배워야 하는 프로그램입니다. 직접 프로그램을 다루지 않더라도 사용법과 용어 정도는 알아두면 일할 때 큰 도움이 되오니 최소한 기본 기능 정도는 익혀두는 걸 추천합니다.

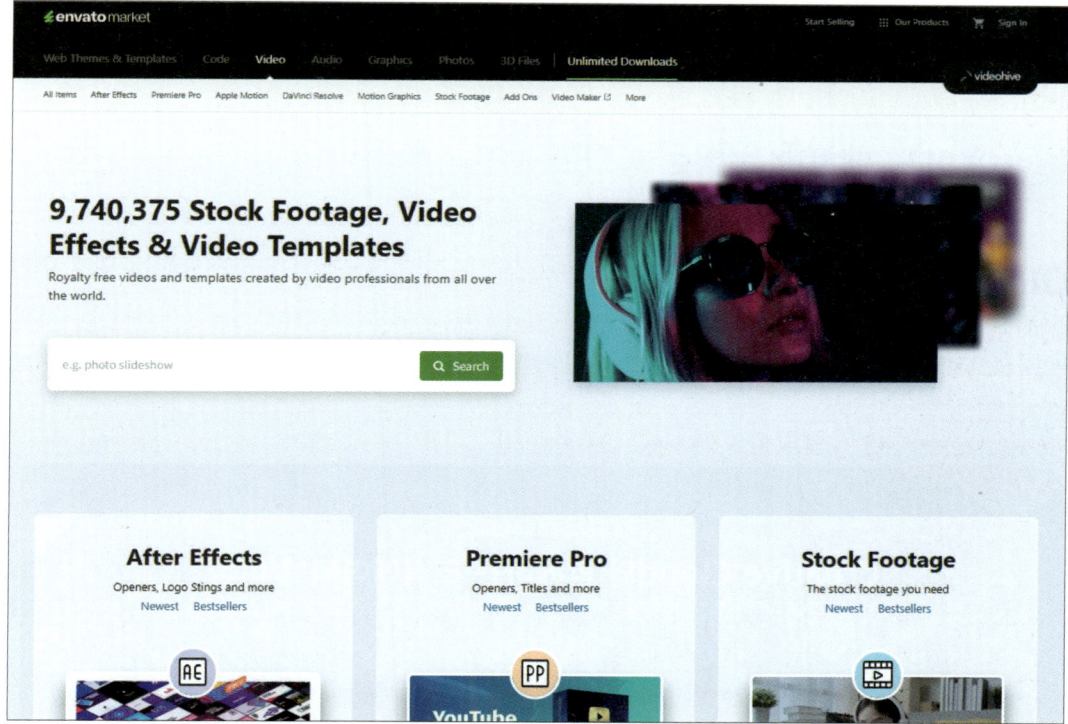

▲ 애프터 이펙트, 프리미어 프로 템플릿 마켓. 출처 : videohive.net

애프터 이펙트 시작하기

Chapter 02

애프터 이펙트의 기본 개념을 살펴봤다면 이번 챕터에서는 애프터 이펙트의 화면 구성 및 컴포지션 생성과 출력 과정까지의 프로그램 이용 방법에 대해 자세히 알아보겠습니다.

STEP 01 애프터 이펙트 설치하기

01 어도비 코리아 홈페이지(www.adobe.com/kr)에 접속한 후 메뉴 바의 [크리에이티비티 및 디자인]을 클릭합니다.

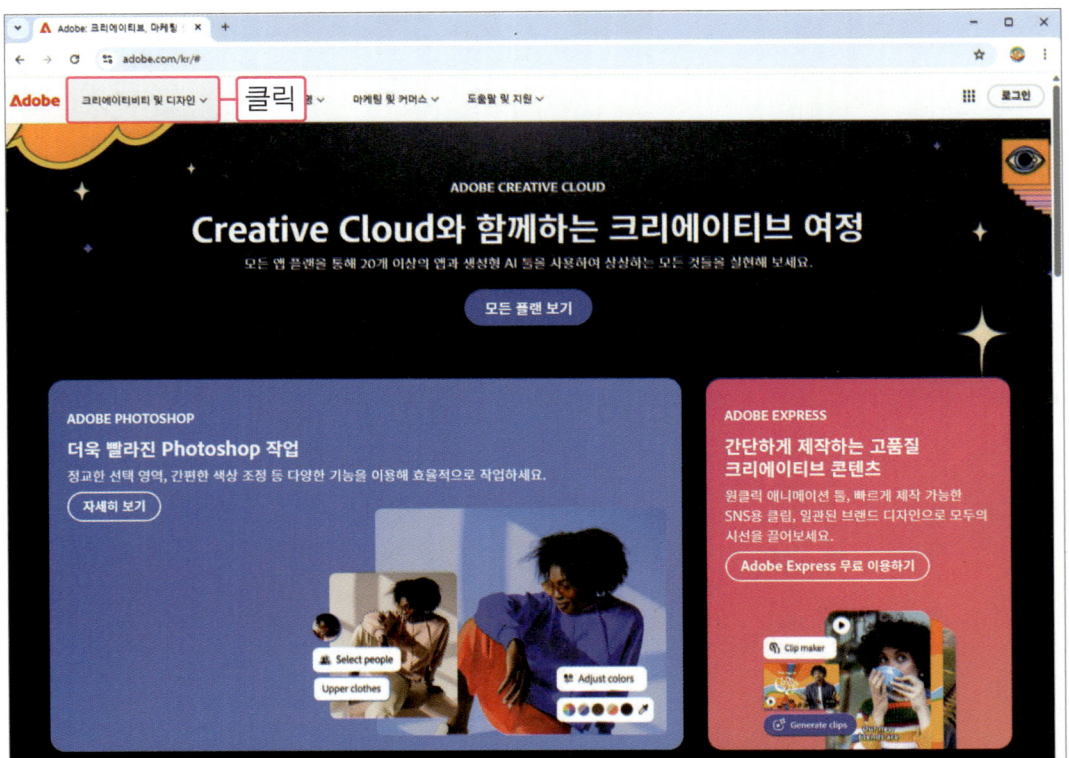

02 바로가기 메뉴가 나타나면 [살펴보기] 영역의 [영상 및 애니메이션]을 클릭합니다.

03 어도비 영상 앱 홈 화면이 나타나고 [After Effects]를 선택합니다.

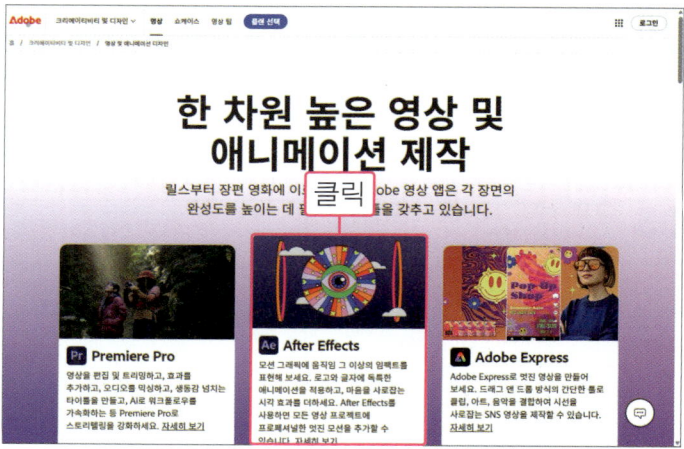

04 애프터 이펙트 홈 화면이 나타납니다. 애프터 이펙트는 매월 30,800원의 구독료를 내야 이용할 수 있습니다. 확인한 후 [구매하기] 버튼을 클릭합니다.

> **TIP**
> 구독료가 부담이라면 어도비의 다양한 할인 혜택을 이용해 보세요. 대학생이라면 학생 할인을 받을 수 있고, 블랙 프라이데이와 같은 이벤트로 추가 할인이 제공될 수도 있습니다.

05 구독 선택 화면에서 적합한 플랜을 확인한 후 [구매하기] 버튼을 클릭합니다.

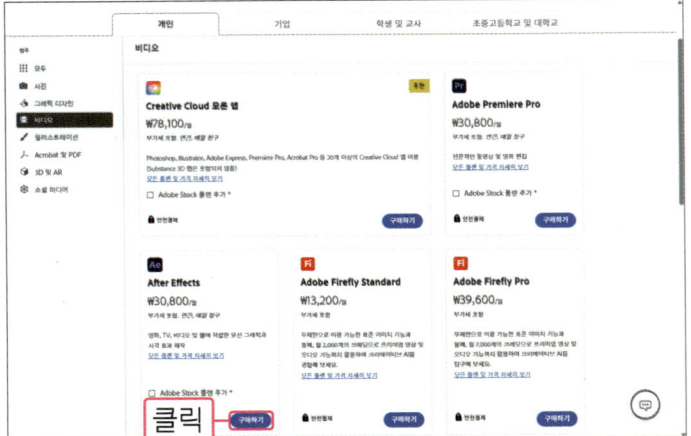

06 이어서 결제 플랜 선택 창이 나타나고 [구매하기] 버튼을 클릭합니다.

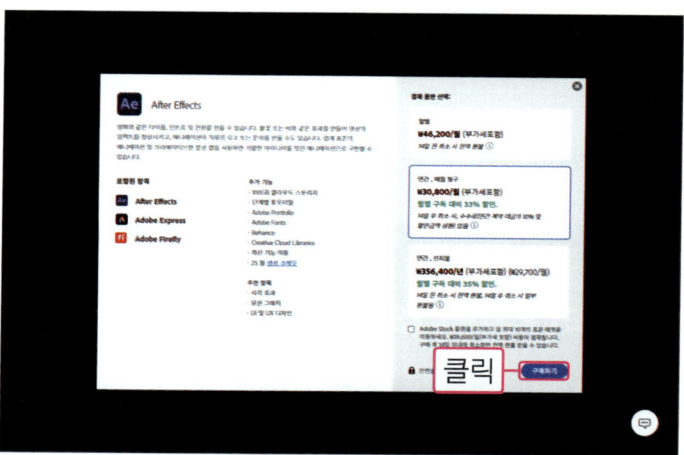

07 결제를 위해 ❶ 어도비 개인정보처리 방침에 동의를 선택하고 [계속] 버튼을 클릭합니다. ❷ 카드 번호와 CVC번호와 같은 결제 정보를 입력하고 [동의 및 구독] 버튼을 클릭합니다. 자동으로 Creative Cloud Desktop이 설치됩니다.

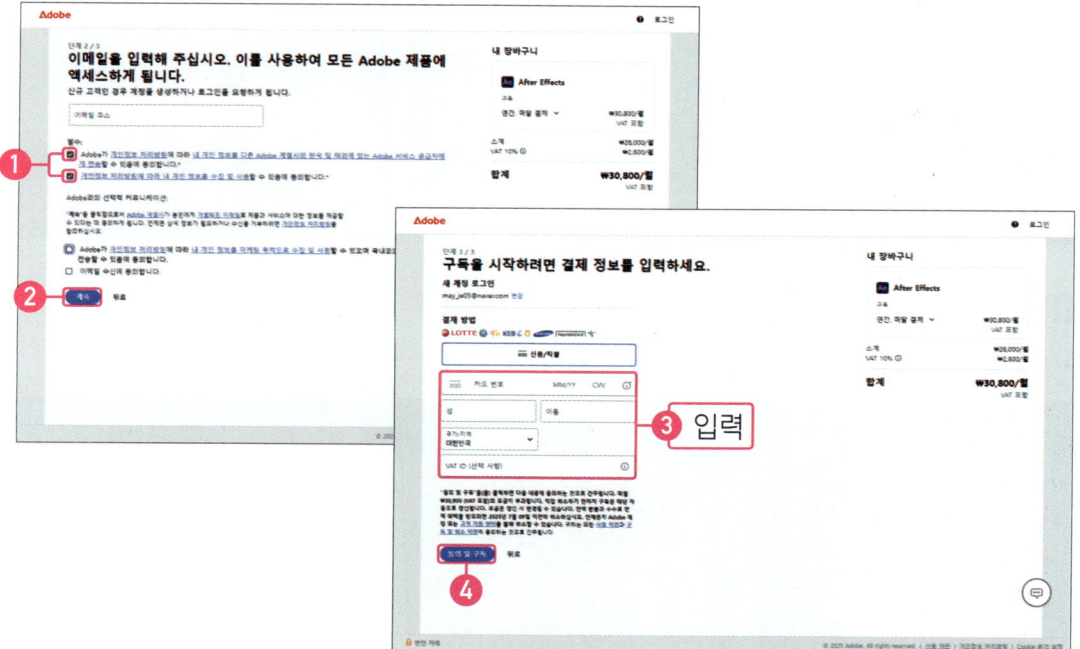

STEP 02 애프터 이펙트 실행하기

01 바탕화면 또는 [Creative Cloud] 앱에서 [애프터 이펙트(Ae)]를 더블클릭해 실행합니다.

02 애프터 이펙트 홈 화면이 나타나면 새 작업을 시작하기 위해 상단의 [New project] 버튼을 클릭합니다.

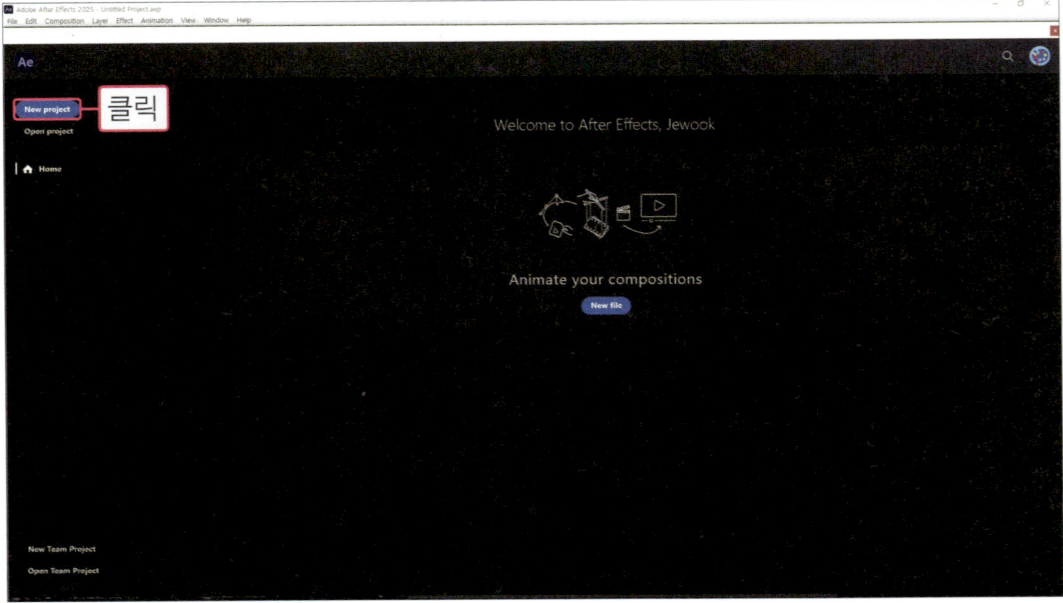

STEP 03 애프터 이펙트 화면 구성

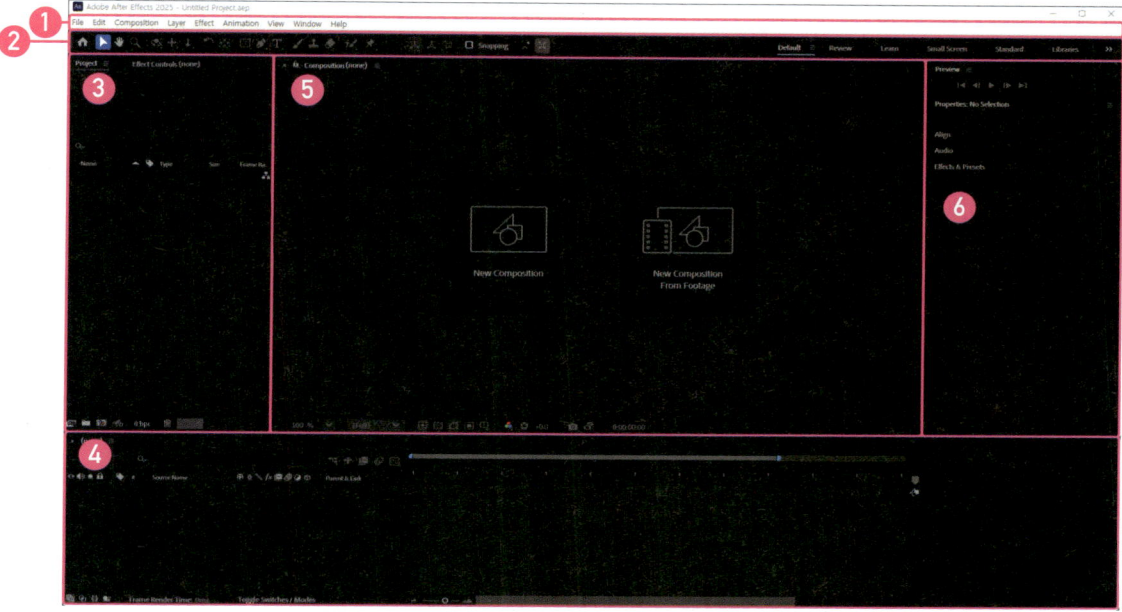

❶ **메뉴 바** : 애프터 이펙트의 다양한 기능이 모여있는 영역으로 [File]과 [Edit] 등 9개의 카테고리에 맞춰 기능이 분류되어 있습니다.

❷ **Tool 바** : 애프터 이펙트의 다양한 도구 기능을 확인할 수 있습니다.

❸ **Project** : 영상, 이미지 등 다양한 소스를 불러와 관리하는 영역입니다.

❹ **Timeline** : 실제 작업이 진행되는 영역입니다.

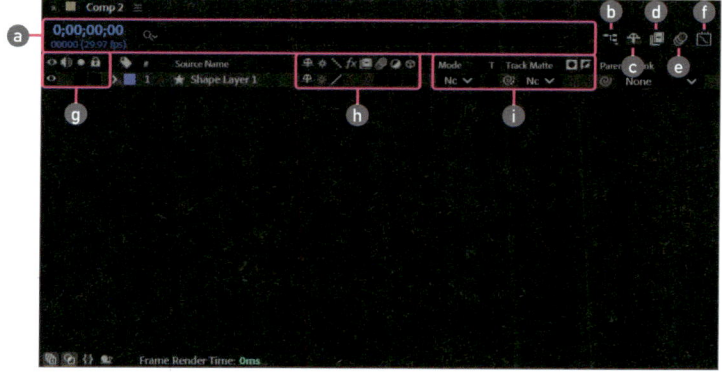

ⓐ [Timeline] 패널의 인디케이터가 위치한 곳의 시간을 표시해 주고, 검색란에 레이어 또는 소스 이름을 입력해 검색할 수 있습니다.
ⓑ 컴포지션의 계층도를 보여줍니다. 클릭하면 해당 컴포지션으로 이동합니다.
ⓒ 숨김 처리한 레이어를 보여주거나 다시 숨깁니다.
ⓓ 소스의 프레임 레이트가 컴포지션과 다를 때 맞춰주는 기능입니다.
ⓔ 움직임에 잔상이 생기는 모션 블러 기능입니다.
ⓕ [Timeline] 패널을 그래프 에디터 영역으로 전환합니다.
ⓖ 레이어의 전체 상태를 통제하는 영역으로 ① ◉은 해당 레이어를 숨기거나 보여줍니다. ② ◀는 영상 소스의 소리를 켜거나 끌 수 있습니다. ③ ◉는 해당 레이어만 화면에 보이게 합니다. ④ 🔒는 해당 레이어를 편집되지 않은 상태로 보호합니다.
ⓗ 레이어 기능을 통제하는 영역으로 ① ✲은 레이어를 [Timeline] 패널에서 숨겨줍니다. ② ✲은 백터 그래픽을 연산해 깨짐 현상을 줄입니다. ③ ◣은 랜더링의 퀄리티를 변경합니다. ④ fx는 레이어에 적용된 효과를 일괄 제어합니다. ⑤ ◉은 소스의 프레임 레이트가 컴포지션과 다를 때 맞춰줍니다. ⑥ ◉ 빠른 움직임에 잔상(모션 블러)을 추가합니다. ⑦ ◉은 해당 레이어를 [Adjustment] 레이어로 사용합니다. ⑧ ◉는 해당 레이어를 [3D 입체] 레이어로 변환합니다.
ⓘ 레이어에 트랙매트를 설정하거나 일부 기능을 수정하는 영역으로 ① [Mode 드롭박스]는 레이어의 합성 방식을 변경합니다. ② [T]는 하단의 모든 레이어를 트랙매트로 활용합니다. ③ [Track 드롭박스]는 특정 레이어를 해당 레이어의 트랙매트로 지정합니다. ④ ◉는 트랙매트의 방식을 알파/루마로 변환합니다. ⑤ ◪은 트랙매트가 적용된 부분을 반전시킵니다. ⑥ ◉는 클릭하고 드래그해서 부모(Parent) 레이어를 연결시킬 수 있습니다. 연결되면 해당 레이어는 부모 레이어가 움직이는 대로 따라 움직입니다. ⑦ [드롭박스] 레이어 목록 중에서 부모(Parent) 레이어를 선택할 수 있습니다.

❺ **Composition** : 작업한 결과물을 확인하는 영역입니다.
❻ **Workspace** : 애프터 이펙트는 프리미어 프로와 마찬가지로 16가지의 작업 영역을 제공합니다. 메뉴 바의 [Window]-[Workspace]를 클릭하면 작업 영역을 확인할 수 있습니다. 모든 영역은 자유롭게 변경이 가능하며 자주 사용하는 효과 및 기능은 프리셋으로 저장해 적용할 수 있습니다. 본문에서는 상단의 [Defalut] 프리셋을 이용합니다.

TIP

알아두면 좋은 주요 탭

[Effect&Preset] 탭 : 효과와 프리셋 리스트를 확인할 수 있습니다.

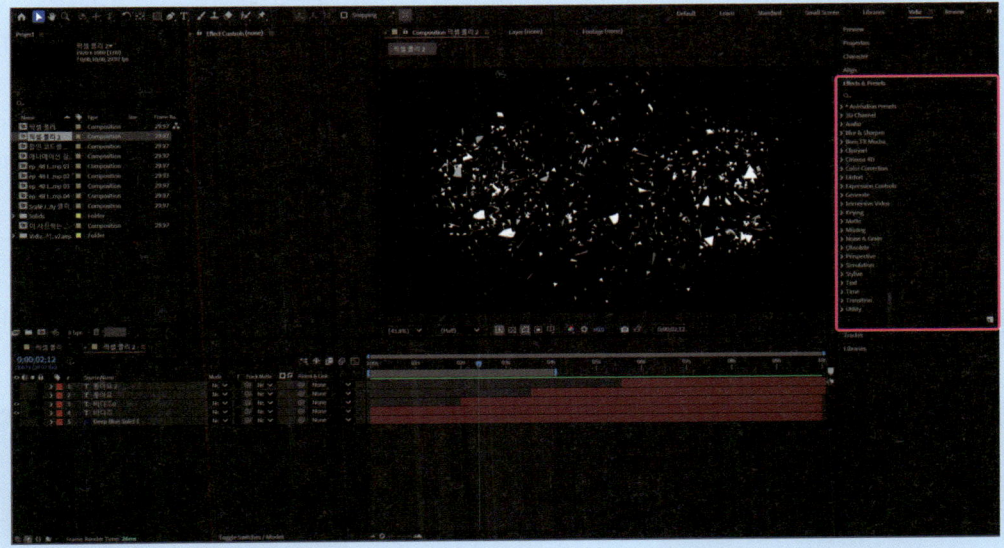

[Effect Control] 탭 : 효과의 세부 옵션을 확인하고 수정할 수 있습니다.

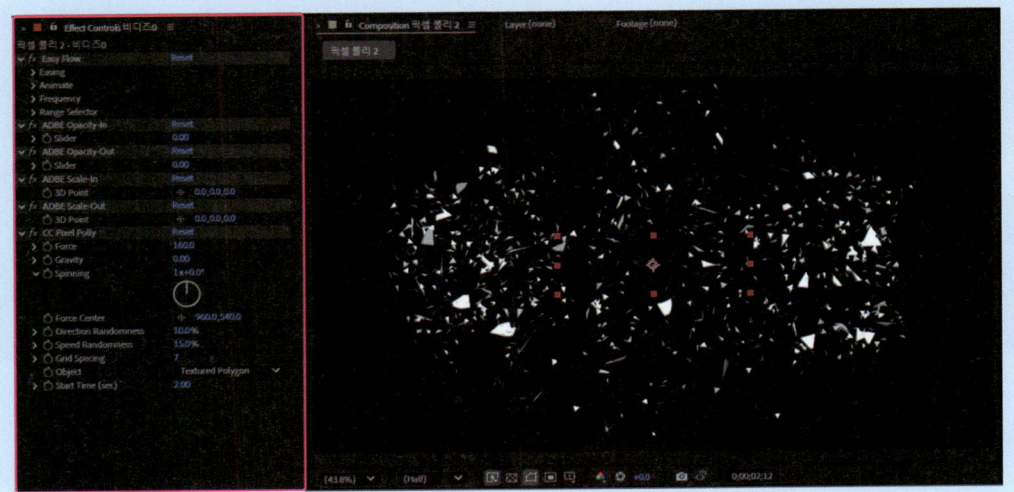

STEP 04 컴포지션 생성 및 소스 불러오기

애프터 이펙트에서 작업을 진행하기 위해 가장 먼저 할 일은 컴포지션을 생성하는 것입니다. 컴포지션은 애프터 이펙트의 작업 단위이며 프리미어 프로의 시퀀스에 해당합니다. 컴포지션 생성 방법은 다음과 같습니다.

01 컴포지션 생성하기

01 [Project] 패널 하단의 ■을 클릭하거나 [Composition] 패널의 [New Composition]을 클릭하면 화면에 Composition Settings 창이 나타납니다(단축키 Ctrl + N).

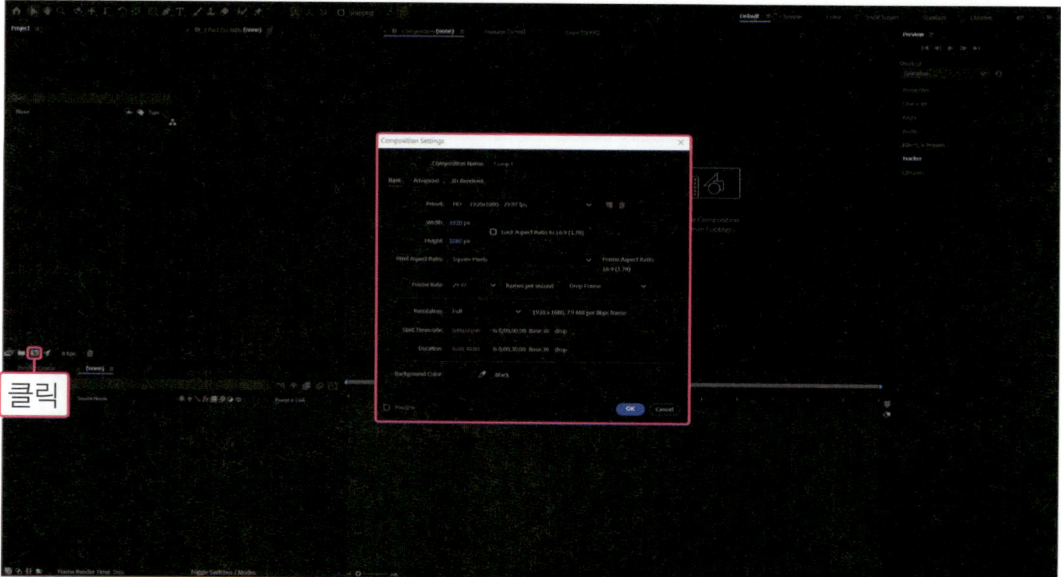

02 ❶ [Preset] 드롭박스를 클릭한 후 기본 영상 포맷인 [HD·1920x1080·29.97 fps]를 선택합니다. 이어서 ❷ [Duration]을 클릭한 후 '500(5초)'를 입력합니다. ❸ 모든 설정이 완료되면 [OK] 버튼을 클릭합니다.

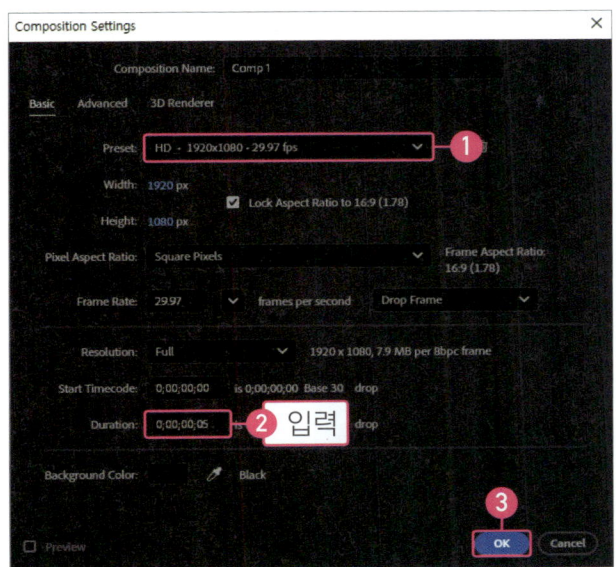

[Duration]은 컴포지션의 길이를 설정하는 옵션입니다. 제작하고자 하는 영상의 길이에 맞춰 컴포지션의 길이를 자유롭게 변경할 수 있습니다.

03 [Project] 패널에 'Comp 1' 컴포지션이 생성되고, [Timeline] 패널에도 [Comp 1] 탭이 추가된 것을 확인할 수 있습니다.

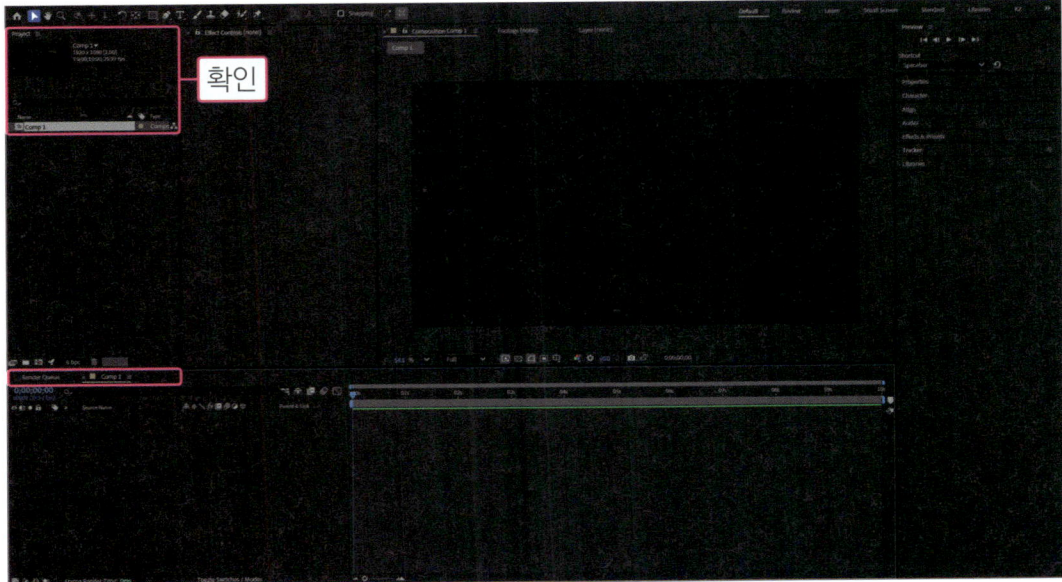

02 소스 불러오기

01 메뉴 바의 [File]-[Import]-[File]을 클릭하거나 [Project] 패널의 빈 곳을 더블클릭합니다(단축키 Ctrl + I).

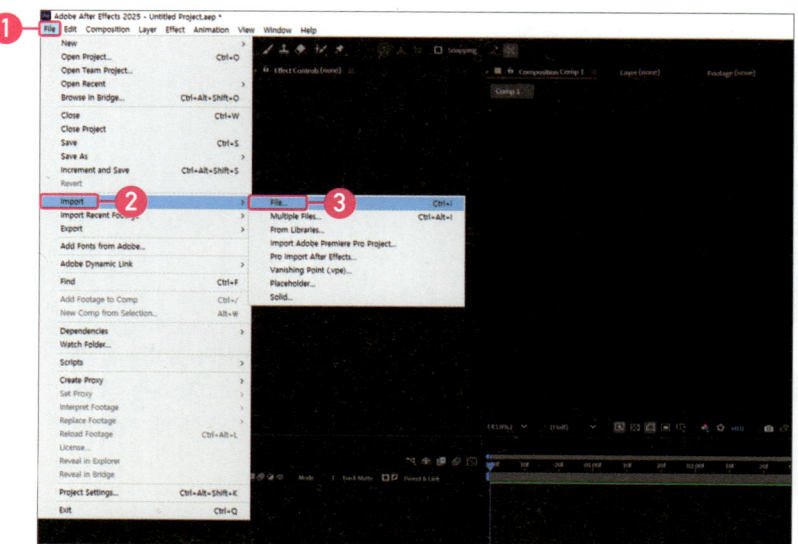

02 화면에 Import File 대화상자가 나타나면 ❶ 원하는 파일을 선택한 후 ❷ [Import] 버튼을 클릭합니다(폴더를 클릭해 전체 파일을 불러오는 것도 가능합니다).

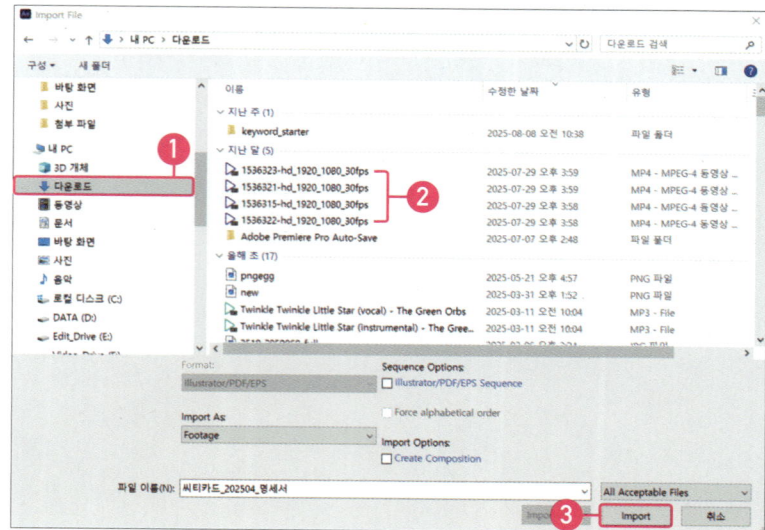

STEP 05 레이어의 종류와 특징

애프터 이펙트의 레이어는 컴포지션을 구성하는 기본 단위로 투명한 종이 위에 그림이나 영상을 얹은 뒤 이것을 모두 합하여 최종 화면을 완성합니다. 포토샵의 레이어 개념과 유사하다고 생각하면 이해가 쉽습니다. 또한, 프리미어 프로의 비디오 트랙처럼 [Timeline] 패널에 차례로 쌓이며 불러온 소스에 따라 영상·이미지·음악 레이어가 만들어지고, 도구를 활용하면 자막 레이어를 추가할 수도 있습니다. 화면에는 상단에 놓인 레이어가 먼저 보이며, 작업할 때 자주 사용하는 레이어의 주요 종류와 특징은 다음과 같습니다.

01 Text Layer

텍스트로만 구성된 레이어입니다. [Tool] 바에서 [Type Tool]을 클릭한 후 [Composition] 패널을 클릭해 자막을 입력하면 [Timeline] 패널에 [Text] 레이어가 생성됩니다(단축키 Ctrl+T).

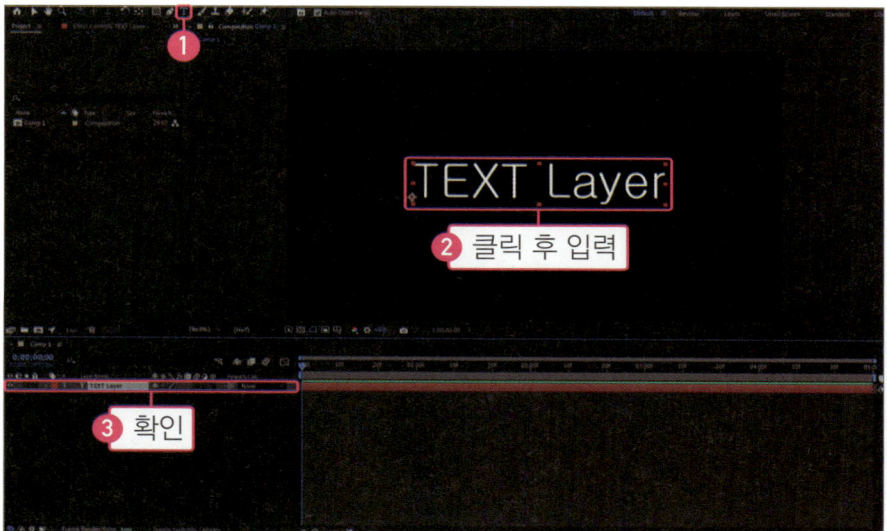

02 Shape Layer

선 또는 도형으로 구성된 레이어입니다. [Tool] 바에서 [Shape Tool]을 클릭한 후 [Composition] 패널을 클릭해 선을 긋거나 도형을 그리면 [Timeline] 패널에 [Shape] 레이어가 생성됩니다(단축키 G).

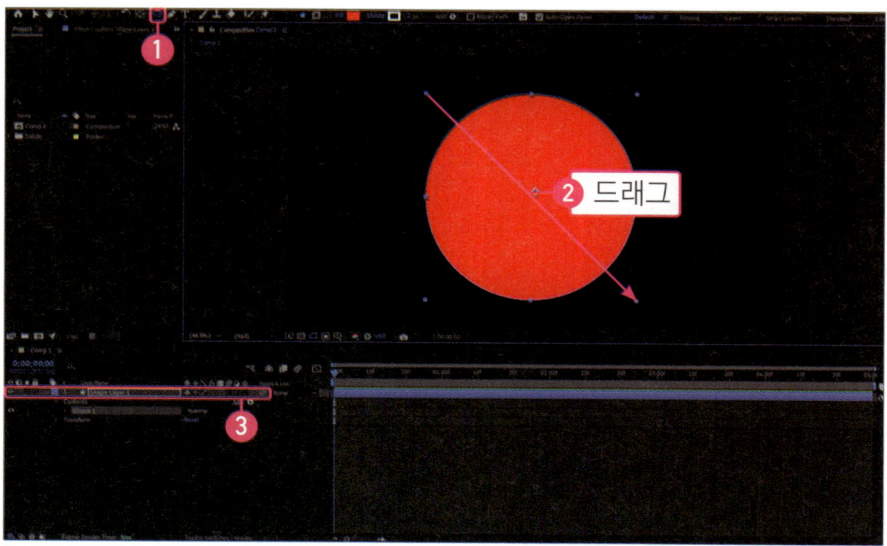

03 Solid Layer

단색으로 구성된 배경 레이어입니다. 메뉴 바의 [Layer]-[New]-[Solid]를 클릭합니다. 화면에 Solid Settings 창이 나타나고 원하는 크기와 색상을 설정한 후 [OK] 버튼을 클릭하면 [Timeline] 패널에 [Solid] 레이어가 생성됩니다(단축키 Ctrl + Y).

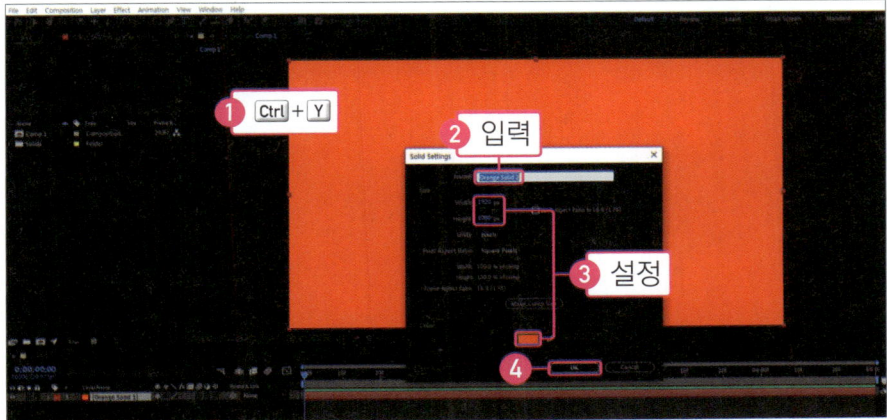

04 Adjustment Layer

투명 레이어입니다. 메뉴 바의 [Layer]-[New]-[Adjustment Layer]를 클릭합니다. [Project] 패널에 [Adjustment] 레이어가 생성됩니다. 실제 눈에 보이지 않지만 효과를 적용할 수 있으며 하위의 모든 레이어에 영향을 미칩니다(단축키 Ctrl + Alt + Y).

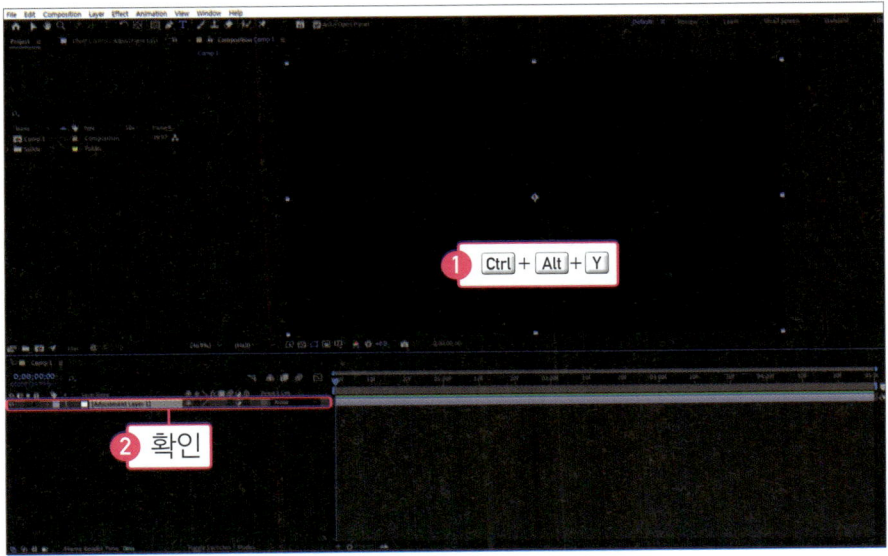

05 Null Object

레이어의 움직임을 제어하는 투명 레이어입니다. [Null Object]와 페어런트 기능을 함께 사용하면 제각각 움직이는 여러 레이어를 한 번에 통제할 수 있습니다. 단축키 Ctrl + Alt + Shift + Y 를 누르면 생성됩니다.

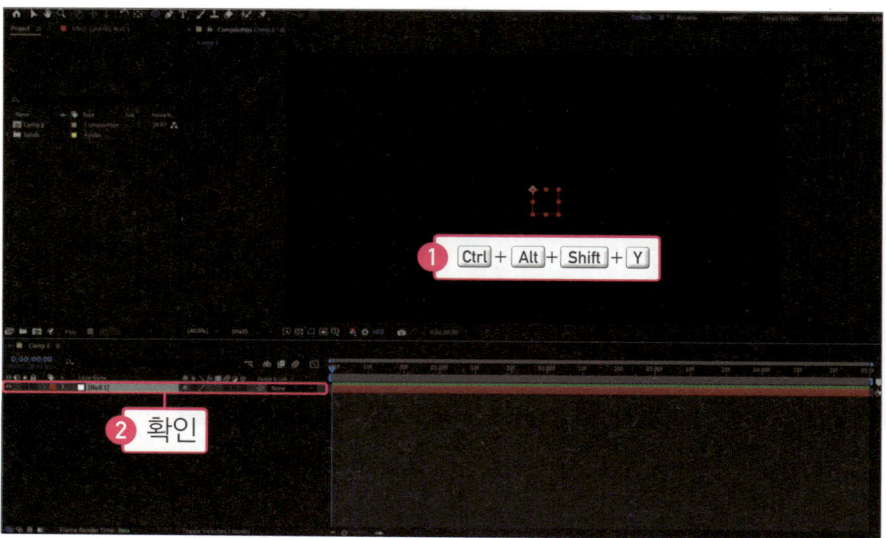

[Timeline] 패널에 마우스 오른쪽 버튼을 클릭한 후 바로가기 메뉴가 나타나면 [New]를 선택합니다. [Null Object]를 비롯한 다양한 요소를 확인할 수 있습니다.

STEP 06 레이어 편집하기

각각의 레이어는 개별 속성을 갖고 있으며 다양한 옵션을 적용해 화면에 노출될 타이밍이나 순서를 변경할 수 있습니다. 레이어 수정 방법은 다음과 같습니다.

레이어의 타이밍 조절하기

[Timeline] 패널에서 클립의 중앙 부분을 드래그해 화면에 노출될 타이밍을 설정하거나 시작과 끝 부분을 드래그해 길이를 조절할 수 있습니다.

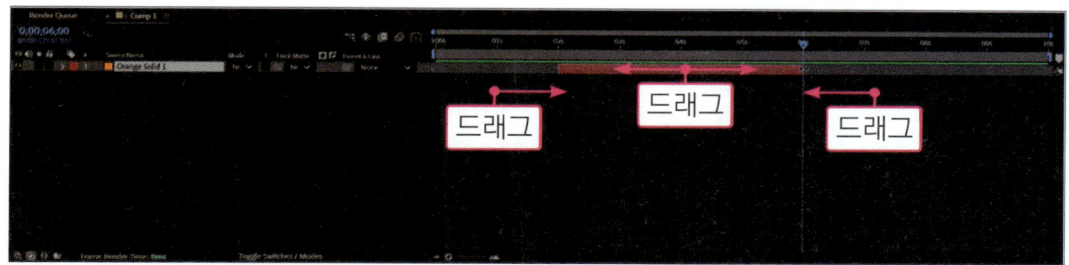

비디오·오디오 레이어의 경우 시간 정보를 담고 있어 간혹 길이 조절이 불가능한 경우가 있습니다. 클립의 양 끝에 회색 삼각형이 보인다면 소스의 시작과 끝부분이라는 의미입니다.

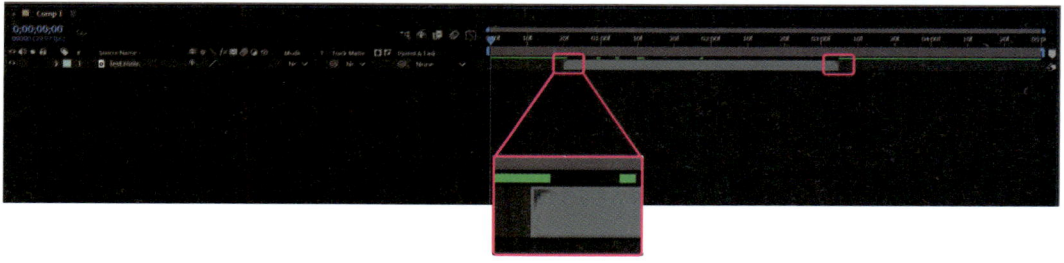

레이어 분할하기

[Timeline] 패널에서 분할을 원하는 레이어를 클릭한 후 분할 지점에 [인디케이터]를 위치합니다. 이어서 메뉴 바의 [Edit]-[Split Layer]를 클릭합니다(단축키 Ctrl + Shift + D). [Project] 패널의 레이어가 2개로 분리되었습니다. 분리된 레이어는 이후 각각 독립적으로 위치, 효과, 키프레임 등을 적용할 수 있어 영상 작업의 유연성을 높입니다.

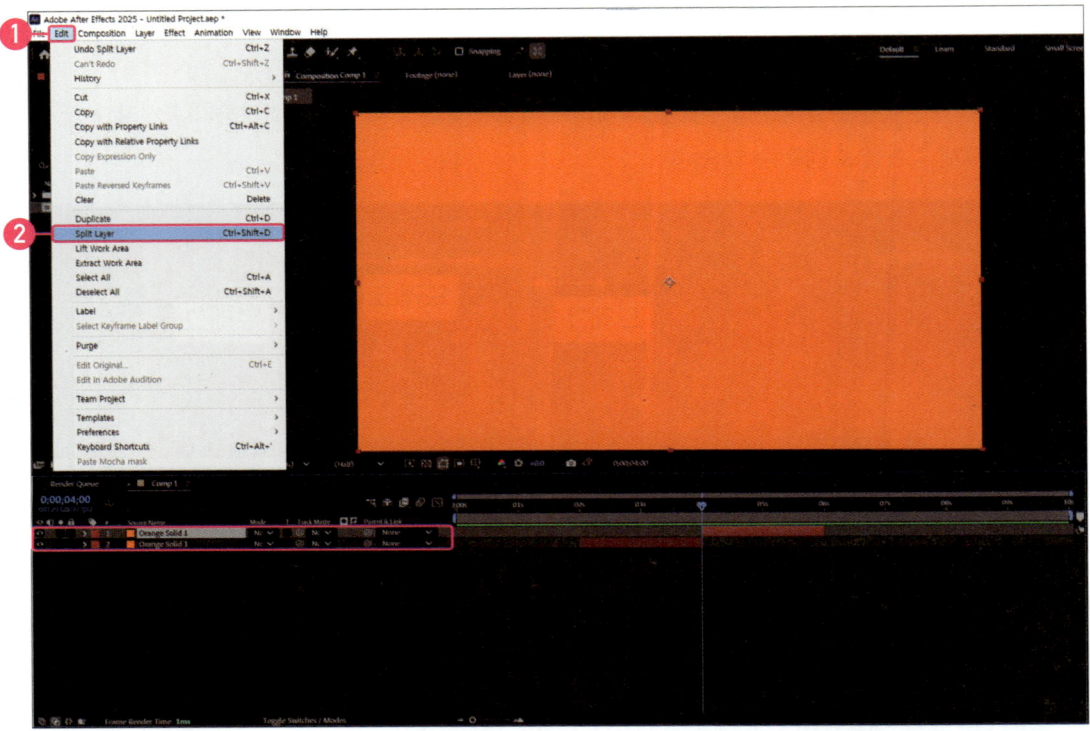

여러 개의 레이어를 순서대로 배치하기

[Timeline] 패널에 여러 개의 레이어가 쌓여 있을 때 레이어를 클릭해 위아래로 드래그하면 정렬 순서를 변경할 수 있습니다. 다른 Adobe 프로그램들과 마찬가지로 가장 맨 위의 레이어가 화면에 먼저 보입니다.

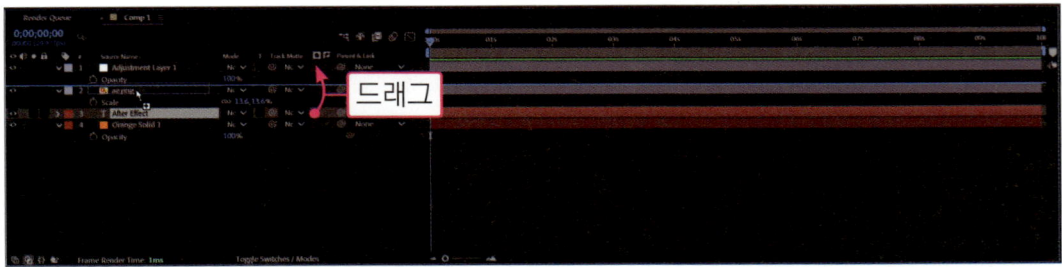

01 레이어 옵션 확인하고 수정하기

[Timeline] 패널의 레이어에 ▶를 클릭하면 다양한 옵션을 확인할 수 있습니다.

레이어 별로 지정된 단축키를 통해서도 옵션 확인이 가능합니다. [Timeline] 패널에서 레이어를 클릭한 후 단축키를 누르면 선택한 레이어의 옵션이 표시되고, 레이어를 클릭하지 않은 채 단축키를 누르면 전체 레이어의 옵션이 모두 표시됩니다. 추후 자주 사용하는 옵션은 단축키로 기억해 두는 걸 추천합니다.

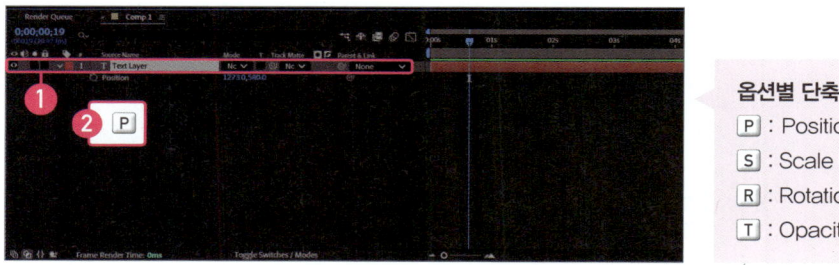
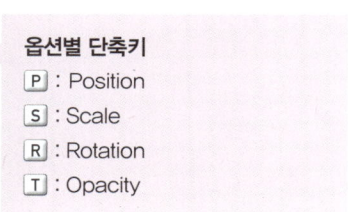

옵션별 단축키
- P : Position
- S : Scale
- R : Rotation
- T : Opacity

레이어에 적용한 개별 옵션은 [Compositon] 패널에서 수정할 수 있습니다. ❶ 키보드의 V 키를 눌러 커서를 [Selection Tool]로 변경한 후 ❷ [Timeline] 패널에서 수정을 원하는 레이어를 선택합니다. ❸ [Composition] 패널의 레이어 주변으로 8개의 점과 동그라미, 십자가 합쳐진 [앵커포인트]가 나타납니다.

레이어를 클릭해 드래그하면 위치를 옮길 수 있고, 조절점을 클릭한 채 드래그하면 크기를 변경할 수 있습니다. 키보드의 Y 키를 눌러 도구를 [Pen Behind Tool(⬛)]로 변경하면 [앵커포인트]의 위치도 이동할 수 있습니다.

> **TIP**
>
> 프리미어 프로에서처럼 애프터 이펙트도 키보드의 Shift 키를 누른 채 드래그하면 움직임이 제한되어 수직 또는 수평 방향으로만 이동할 수 있으며, Ctrl 키를 누른 채 드래그하면 주변 레이어와 연계하여 딱 달라붙는 'Snap' 효과가 발생합니다.

레이어에 효과를 적용하면 [Effect] 그룹으로 분류되고 ▶을 클릭해 효과의 세부 옵션도 확인할 수 있습니다([Effect Controls] 패널에서도 효과의 확인 및 수정이 가능합니다).

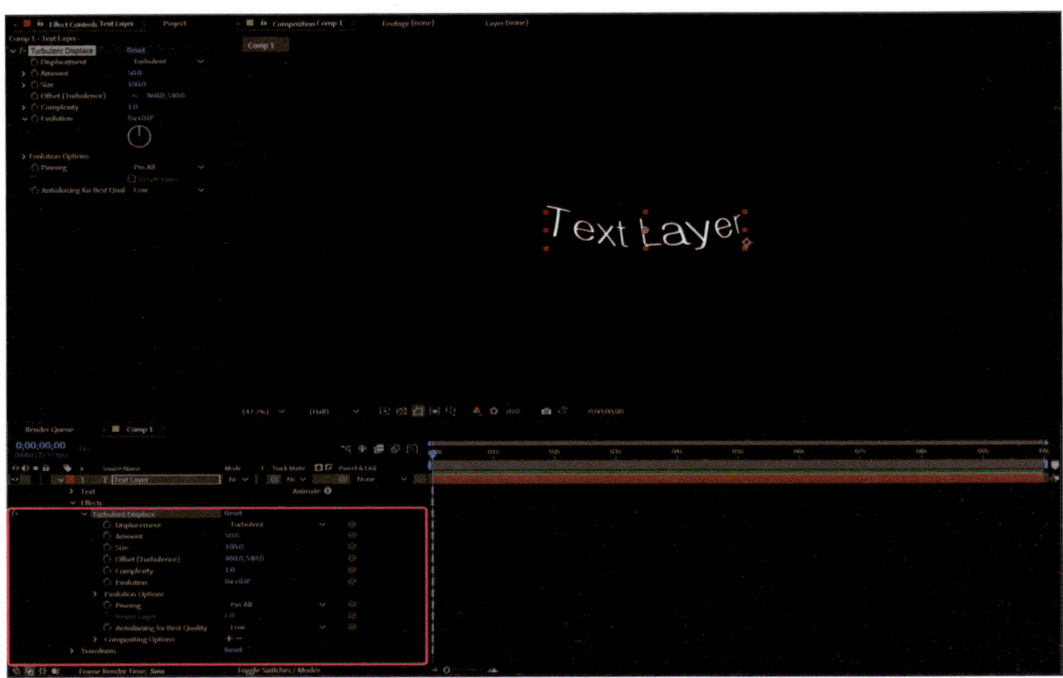

02 레이어의 키프레임 생성하기

레이어 옵션의 [Toggle Animation(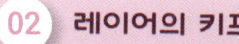)]을 클릭하면 프리미어 프로에서처럼 키프레임을 생성할 수 있습니다. 방법은 다음과 같습니다.

01 ❶ 레이어를 생성한 후 임의의 옵션을 추가합니다. [Timeline] 패널의 원하는 지점에 [인디케이터]를 드래그한 후 ❷ 해당 레이어 옵션의 ◎을 클릭합니다. [인디케이터에] 다이아몬드 모양의 키프레임이 생성됐습니다.

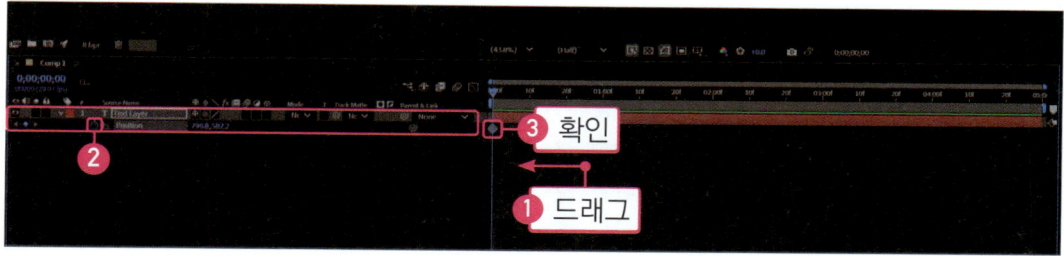

02 이어서 ❶ 레이어를 클릭한 후 키보드의 Ⓤ 키를 누릅니다. 사용자가 생성한 키프레임의 모든 옵션이 나타납니다. ❷ 키보드의 Ⓤ 키를 빠르게 두 번 누르면 수정한 레이어의 옵션을 모두 확인할 수 있습니다.

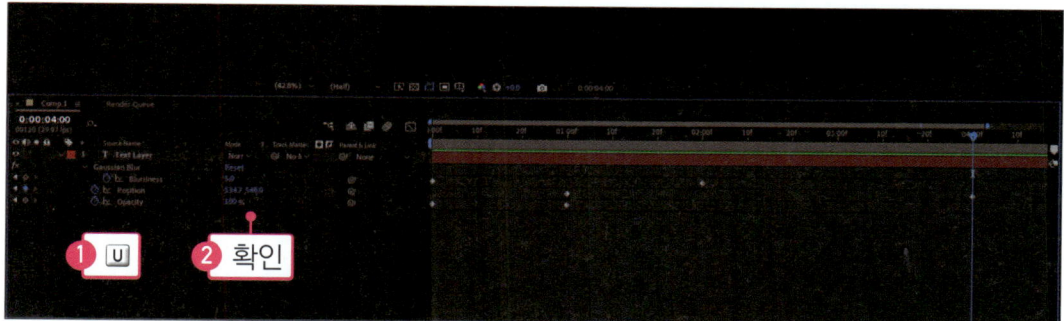

STEP 07 프리뷰 및 출력하기

애프터 이펙트에서는 작업을 모두 완료한 후 최종 작업물을 확인하기 위해 '프리뷰'를 진행합니다. 프리뷰는 [Composition] 패널에서 키보드의 Space Bar 키를 누르거나 0 키를 누르면 실행할 수 있는데 간혹, PC 사양에 따라 작업량이 많으면 실시간 재생이 안 되는 경우가 있습니다. 또한, 작업 과정에서 레이어를 많이 사용했다면 '렌더링'에도 오랜 시간이 소요됩니다. 이럴 때 작업 영역인 [Work Area]를 설정해 주면 빠르게 프리뷰를 마칠 수 있습니다.

TIP

랜더링
애프터 이펙트는 지정한 영역의 모든 프레임을 렌더링한 후 재생하는 방식을 사용합니다. 렌더링이 진행되면 [Timeline] 패널의 시간 아래 회색 막대가 초록색으로 변하고, 초록색으로 표시된 부분은 실시간 재생이 가능합니다.

01 Work Area 설정하기

[Work Area]는 전체 영상 중 특히 집중해서 보고 싶은 구간을 설정하는 기능입니다. [Work Area]로 지정한 구간을 우선 렌더링하기 때문에 작업 시간을 단축할 수 있습니다. 방법은 다음과 같습니다.

01 ❶ [Timeline] 패널의 [Work Area] 시작 지점에 [인디케이터]를 위치한 후 키보드의 B 키를 누릅니다. 이어서 ❷ [인디케이터]를 종료 지점으로 드래그해 키보드의 N 키를 누르면 [Work Area] 구간 설정이 완료됩니다.

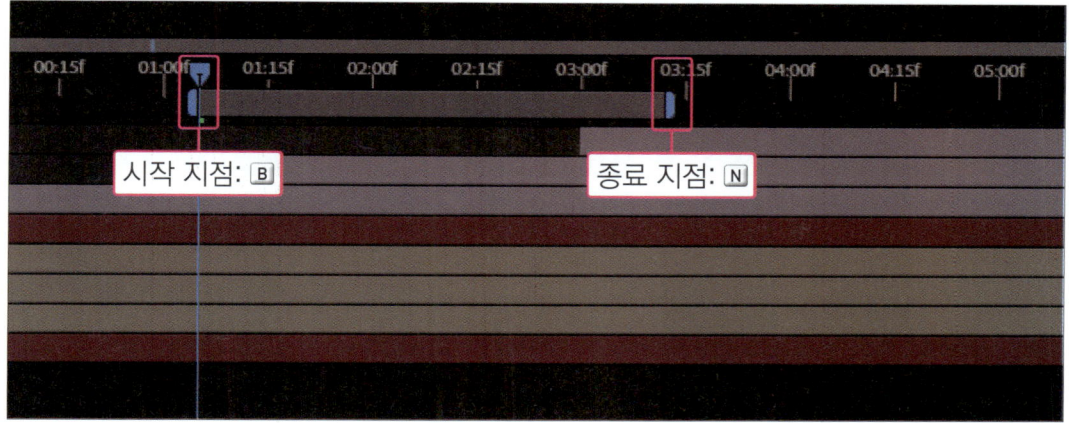

02 원하는 구간으로 잘 설정되었는지 [Timeline] 패널을 확인한 후 렌더링을 시작합니다.

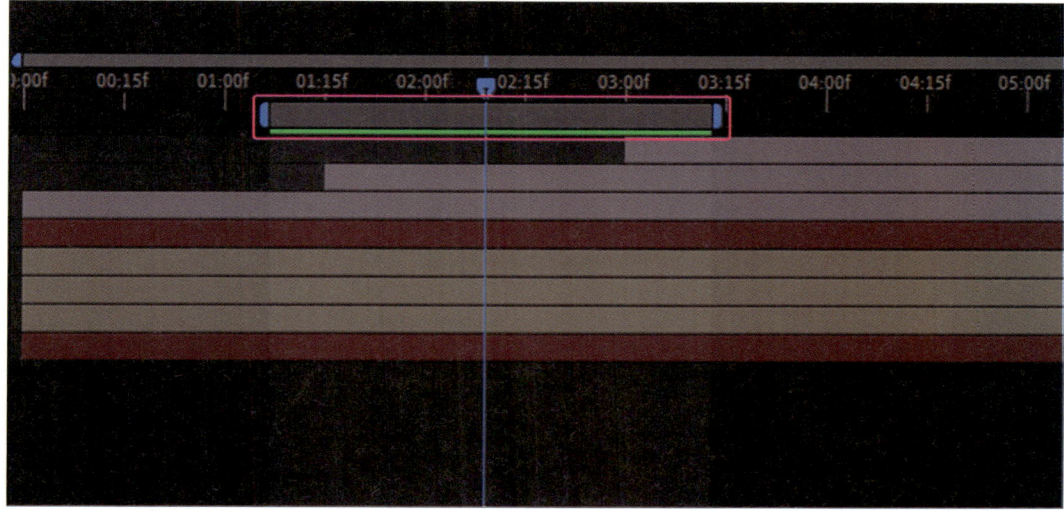

TIP

프리뷰 속도 개선

프리뷰의 더딘 진행 속도로 스트레스를 받은 경험이 있다면 다음 방법으로 작업 환경을 개선해 보세요.

① 부분 렌더링

단축키 Shift + 0 을 누르면 한 프레임씩 건너뛰어 렌더링 한 후 프리뷰가 됩니다.

② 해상도 변경

[Composition] 패널의 해상도를 [Half] 또는 [Third]로 변경하면 빠른 프리뷰가 가능합니다.

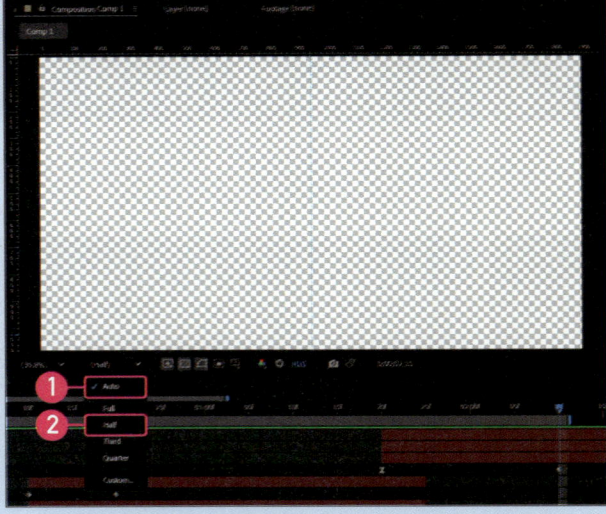

③ 캐시 파일 삭제

메뉴 바의 [Edit]-[Purge]-[All Memory&Disk Cache]를 클릭해 메모리와 캐시 파일을 삭제하면 프리뷰 속도를 높일 수 있습니다.

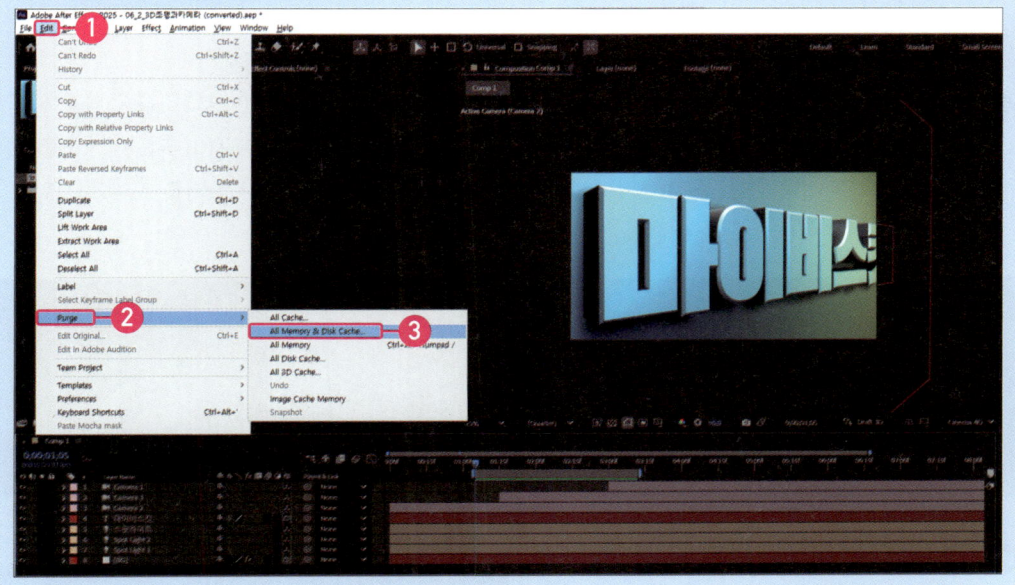

02 Work Area 출력하기

[Work Area]를 설정해 렌더링을 완료했다면 이번에는 [Work Area]의 일부분만 파일로 출력해 보겠습니다. 방법은 다음과 같습니다.

01 ❶ 메뉴 바의 [File]-[Export]-[Add to Render Queue]를 클릭합니다(단축키 Ctrl + Shift + / 또는 Ctrl + M). [Timeline] 패널의 [Render Queue] 탭에 작업 중인 컴포지션이 등록됩니다. ❷ 파일의 용량과 상관없이 고화질 출력을 원하면 현재 기본 설정 그대로 출력을 진행하고, 포맷과 사양의 수정이 필요하다면 [Output Module]의 [High Quality]를 클릭합니다.

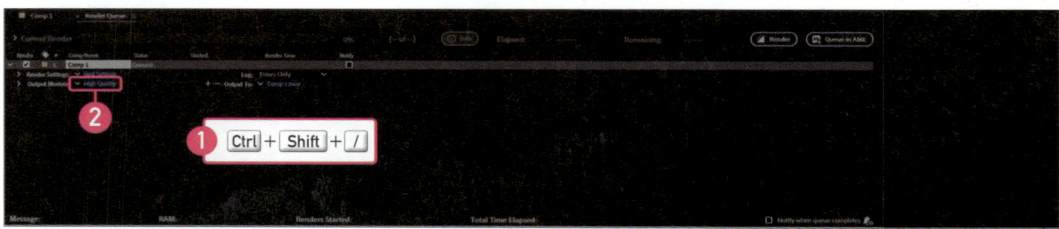

02 화면에 Output Module Settings 창이 나타납니다. 최대한 화질을 유지한 채 용량을 줄이고 싶다면 [Format] 드롭박스를 클릭한 후 [H.264]를 선택합니다. 설정이 완료되면 [OK] 버튼을 클릭합니다.

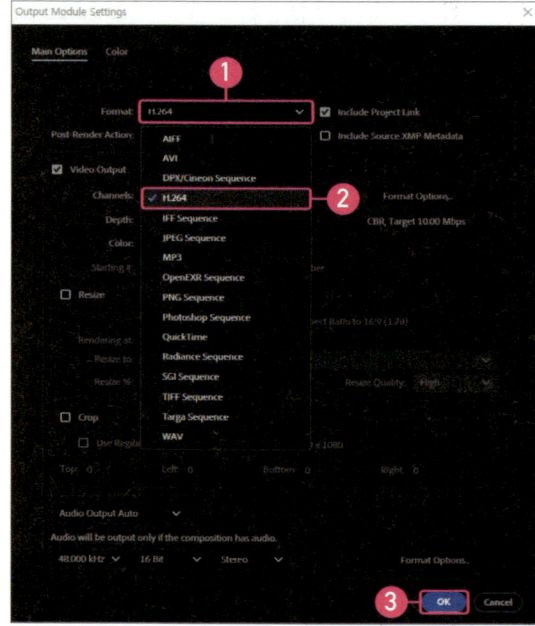

투명한 배경 영상을 출력하고 싶다면 [Format]을 [QuickTime]으로 선택합니다. 다음 [Format Options] 버튼을 클릭하고 [Video Codec] 드롭박스에서 [Animation]을 선택합니다. 이어서 [Video Output]의 [Channels]를 클릭해 [RGB+Alpha]를 선택하고 렌더링을 진행합니다.

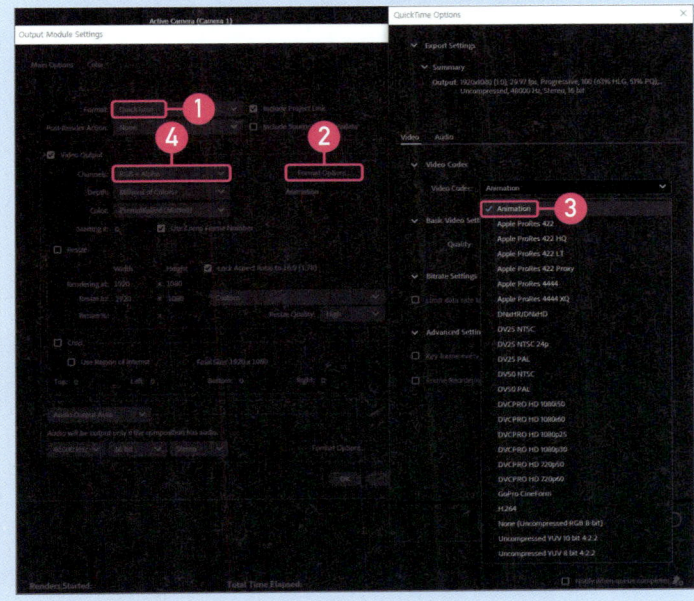

03 설정을 모두 마쳤다면 ❶ [Output to]를 클릭합니다. 화면에 Output Movie To 대화상자가 나타나고 저장 위치와 파일 이름을 설정한 후 [저장] 버튼을 클릭합니다. ❷ 모든 설정이 완료되면 [Render] 버튼을 클릭합니다.

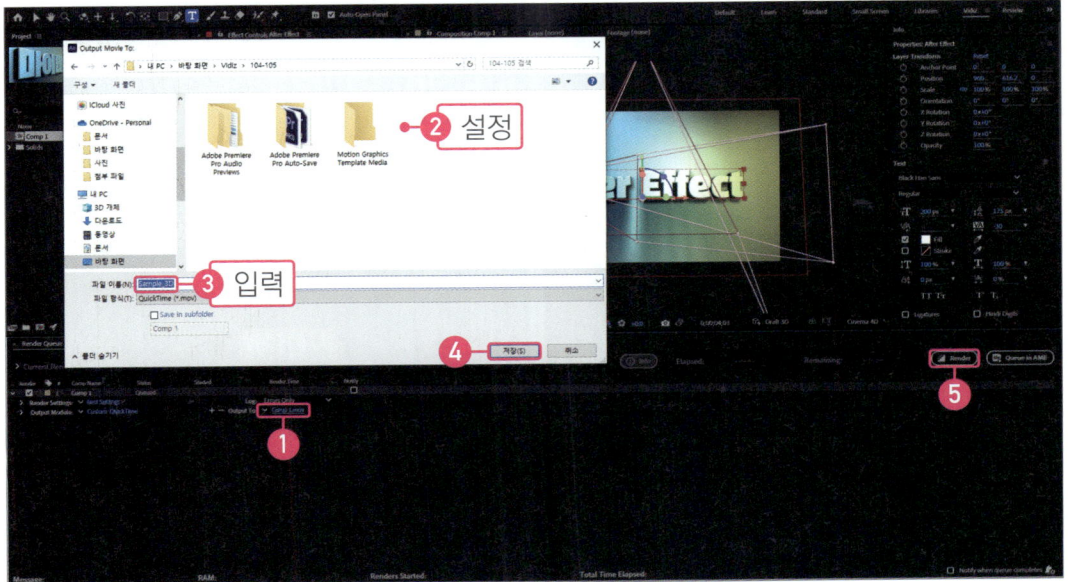

애프터 이펙트로 자막 애니메이션 만들기

방송 및 유튜브의 영상에서 자막이 차지하는 비중이 점점 늘고 있다는 사실은 앞에서도 여러 번 언급한 바 있습니다. 이번 챕터에서는 애프터 이펙트의 다양한 효과를 활용해 자막 애니메이션을 적용하는 방법에 대해 자세히 알아보겠습니다.

STEP 01 자막 애니메이션의 활약

요즘 유튜브 영상을 시청하다 보면 자막에 다양한 애니메이션 효과를 설정해 많은 공을 들이는 것을 알 수 있습니다. 자막 스타일에 반해 채널을 구독했다는 사람도 있을 정도이니 결코 가볍게 생각할 부분이 아닙니다. 그럼 생동감 넘치는 자막은 어디서 어떻게 만드는 걸까요? 그 해답은 바로 애프터 이펙트에서 찾을 수 있습니다. 애프터 이펙트의 애니메이션 효과가 다른 프로그램에 비해 결과물의 완성도도 높고 작업 효율성도 뛰어나 전문가들도 실제 현장에서 많이 사용하고 있습니다.

STEP 02 · PTRS 애니메이션

PTRS는 다음 이미지에 나열된 기능명의 약자로 프리미어 프로와 애프터 이펙트에서 애니메이션을 생성할 때 필수적으로 사용되는 기본 옵션입니다. [Position], [Opacity], [Rotation], [Scale]의 기능을 알파벳 순서대로 배열했으니 [Position] 먼저 자세히 살펴보겠습니다.

PTRS?

| **P**osition | opaci**T**y | **R**otation | **S**cale |
| 위치 | 불투명도 | 회전 | 크기 |

01 Position

[Position] 옵션(단축키 P)은 [Composition] 패널의 자막 레이어 위치를 설정하는 옵션입니다. 가로의 위치를 의미하는 X축, 세로의 위치를 의미하는 Y축으로 기본 구성되어 있는데 3D 기능을 설정하면 카메라와의 앞뒤 거리에 해당하는 Z축 옵션까지 추가됩니다. [Position] 옵션에 키프레임을 생성하면 레이어를 다른 위치로 이동할 수 있으며, 화면 밖에서 날아오거나 화면 안에서 원하는 곳으로 이동하는 등 다양한 움직임을 만들 수 있습니다.

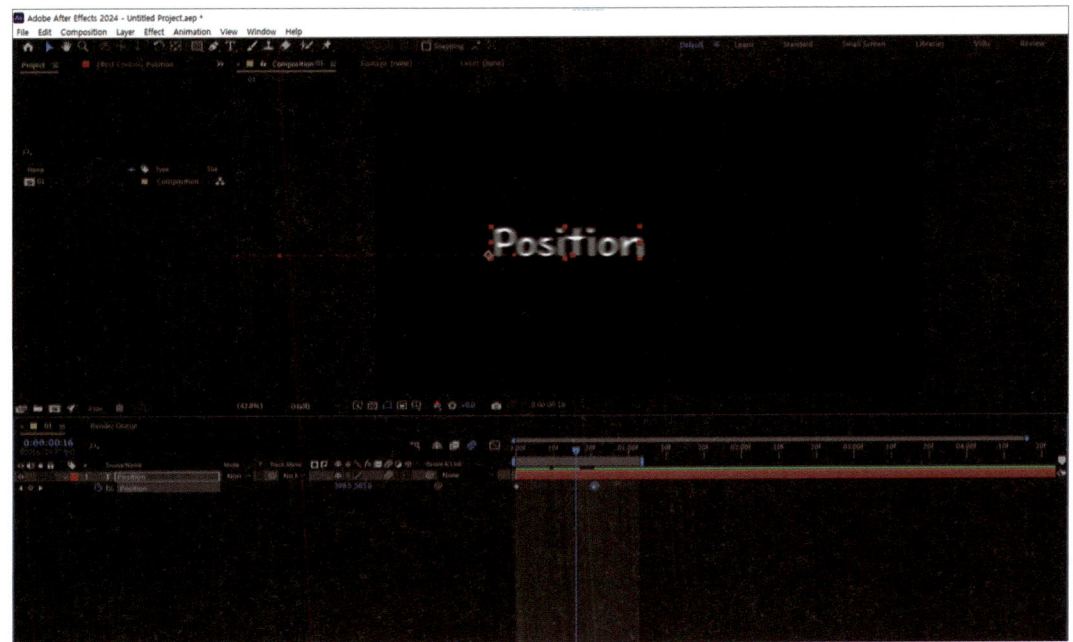

실습   날아오는 자막 애니메이션 만들기

[Position] 옵션에 키프레임을 추가해 간단한 애니메이션을 만들어 보겠습니다.

01 애프터 이펙트를 실행한 후 HD 1920x1080 29.97fps 프리셋으로 컴포지션을 생성합니다.

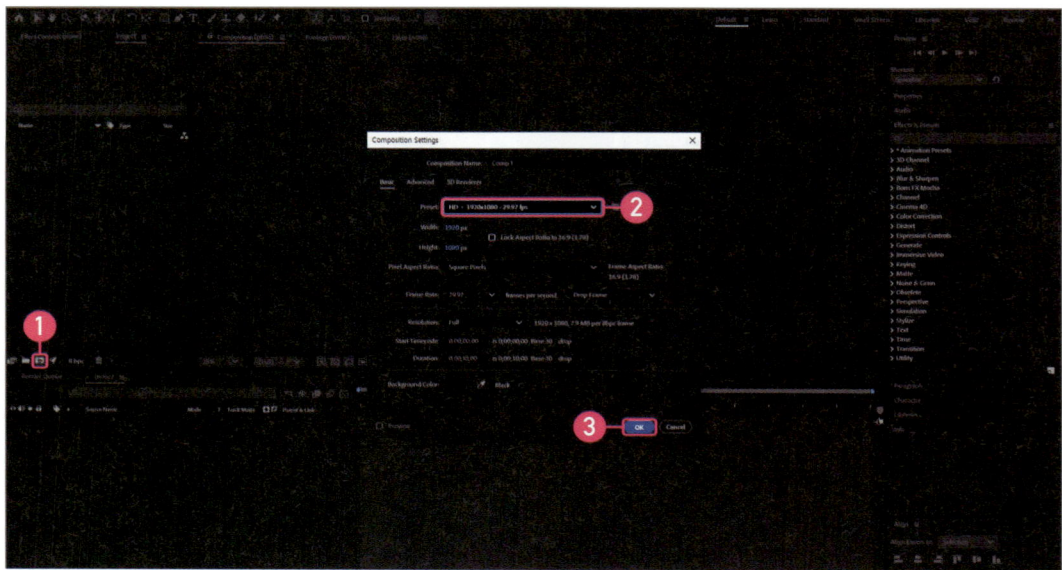

02 ❶ [Tool] 바에서 [Type Tool](단축키 Ctrl + T)을 선택한 후 [Composition] 패널을 클릭해 원하는 자막을 입력합니다. ❷ [Timeline] 패널에 [Text] 레이어가 추가되면 클릭한 후 키보드의 P 키를 누릅니다. ❸ [Text] 레이어 아래 [Position] 옵션이 나타납니다.

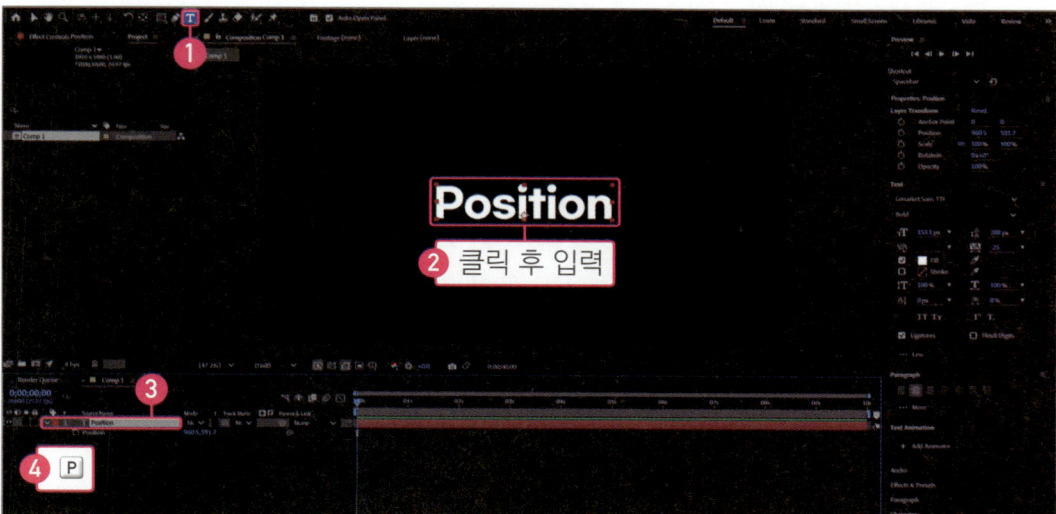

03 애니메이션 작업을 위해 ① [Timeline] 패널의 [인디케이터]를 클릭해 0초로 드래그한 후 ② [Position] 옵션의 ■을 클릭합니다. ③ [인디케이터]가 있는 위치에 다이아몬드 모양의 키프레임이 표시된 것을 확인할 수 있습니다.

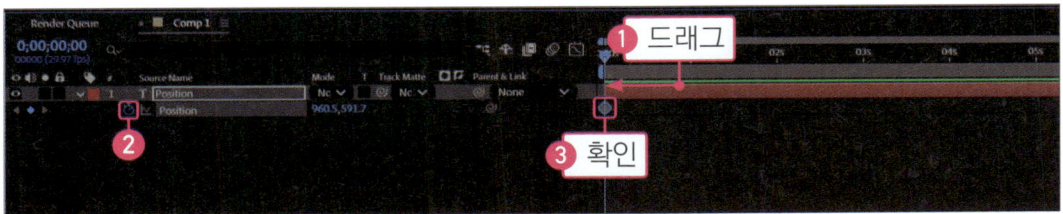

04 이번에는 ① [Timeline] 패널의 [인디케이터]를 클릭해 1초로 드래그하고 ② [Position] 옵션의 ■을 클릭해 키프레임을 추가합니다.

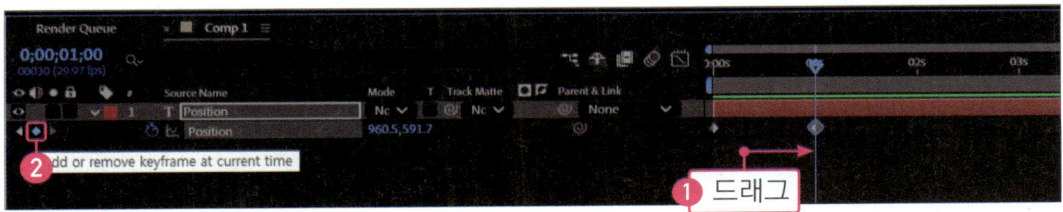

05 이어서 ① [Position] 옵션의 ■을 클릭해 다시 0초에 있는 키프레임으로 이동합니다(키보드의 J 키를 눌러도 이전 키프레임으로 이동할 수 있습니다). ② [Composition] 패널의 자막이 화면 아래로 완전히 사라지도록 [Timeline] 패널 [Position] 옵션의 Y값을 변경합니다.

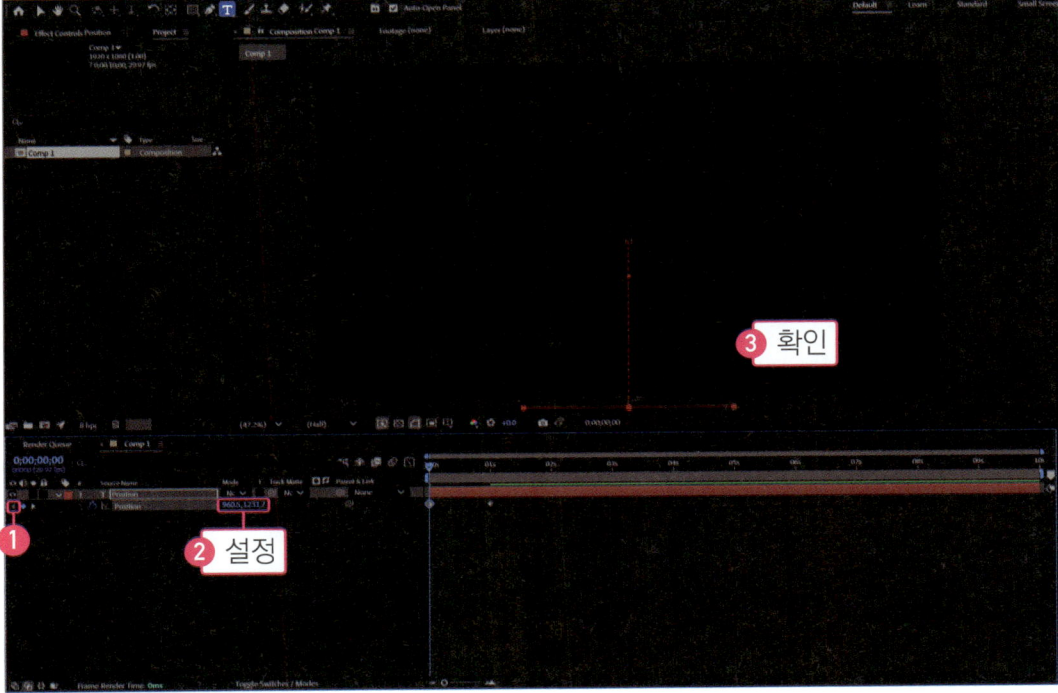

06 작업 영역인 [Work Area]를 설정하기 위해 ❶ [Timeline] 패널의 [인디케이터]를 클릭해 애니메이션이 완전히 종료되는 지점인 2초로 드래그합니다. ❷ 키보드의 N 키를 눌러서 [Work Area] 영역을 설정합니다. ❸ [Timeline] 패널의 하늘색 막대가 2초까지 유지되는지 확인합니다.

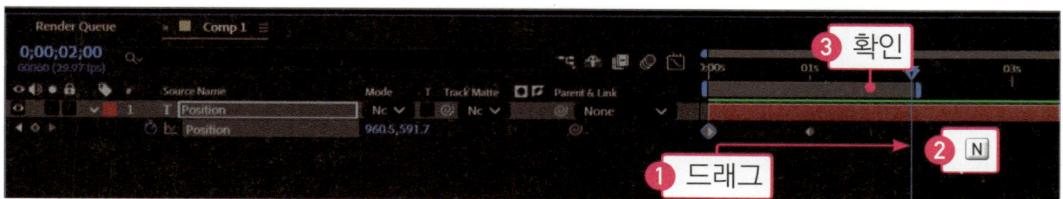

07 키보드의 Space Bar 키 또는 0 키를 눌러 애니메이션이 잘 적용되었는지 프리뷰합니다.

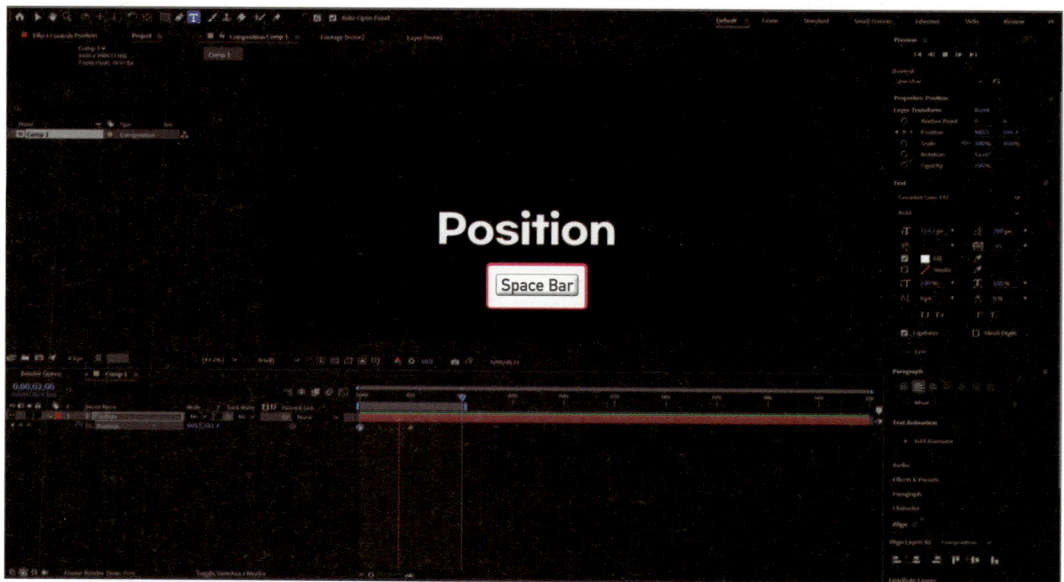

> **TIP**
>
> 프리뷰를 시작하면 [Work Area]로 설정한 구간만 반복해 재생됩니다. 정지하고 싶다면 키보드의 Space Bar 키 또는 0 키를 한 번 더 눌러주세요.

02 Opacity

[Opacity] 옵션(단축키 T)은 투명도 옵션입니다. 옵션의 값이 '0'이면 화면에 보이지 않는 완전 투명한 상태이고 옵션값이 '100'이면 화면에 뚜렷이 보이는 완전 불투명한 상태입니다. [Opacity] 옵션에 애니메이션을 생성하면 레이어가 서서히 사라지거나 나타나는 [Fade In], [Fade Out] 효과를 만들 수 있습니다.

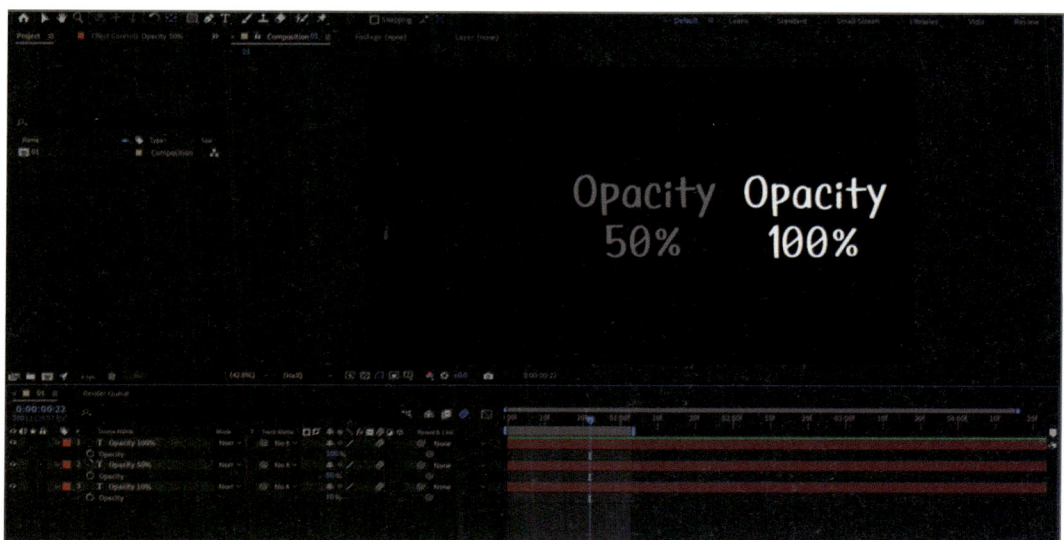

실습 [Fade In], [Fade Out] 애니메이션 만들기

[Opacity] 옵션에 키프레임을 추가해 자막이 서서히 생겨나고 사라지는 애니메이션을 만들어 보겠습니다.

01 애프터 이펙트를 실행한 후 HD 1920x1080 29.97fps 프리셋으로 컴포지션을 생성합니다.

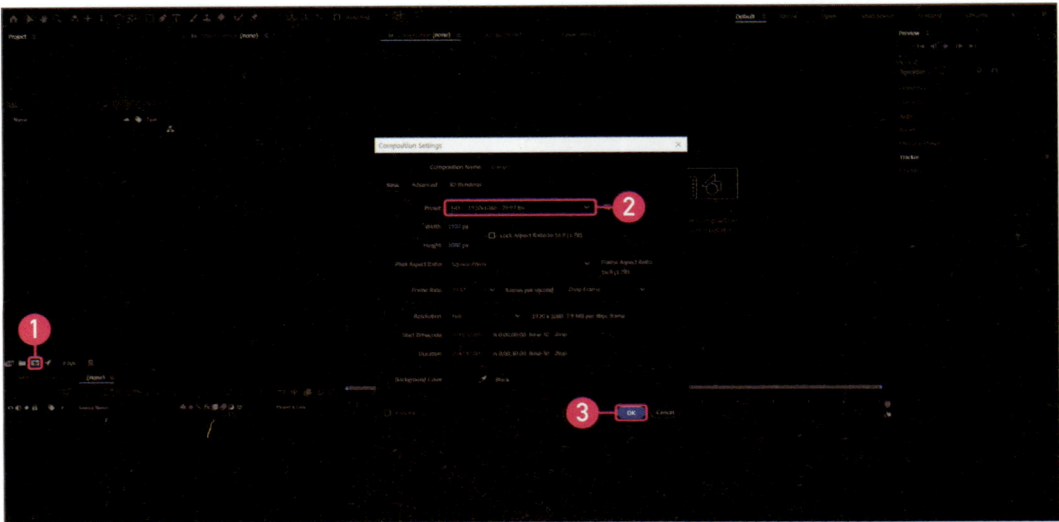

02 ❶ [Tool] 바에서 [Type Tool](단축키 Ctrl + T)을 선택한 후 [Composition] 패널을 클릭해 원하는 자막을 입력합니다. ❷ [Timeline] 패널에 [Text] 레이어가 추가되면 클릭한 후 키보드의 T 키를 누릅니다. ❸ [Text] 레이어 아래 [Opacity] 옵션이 나타납니다.

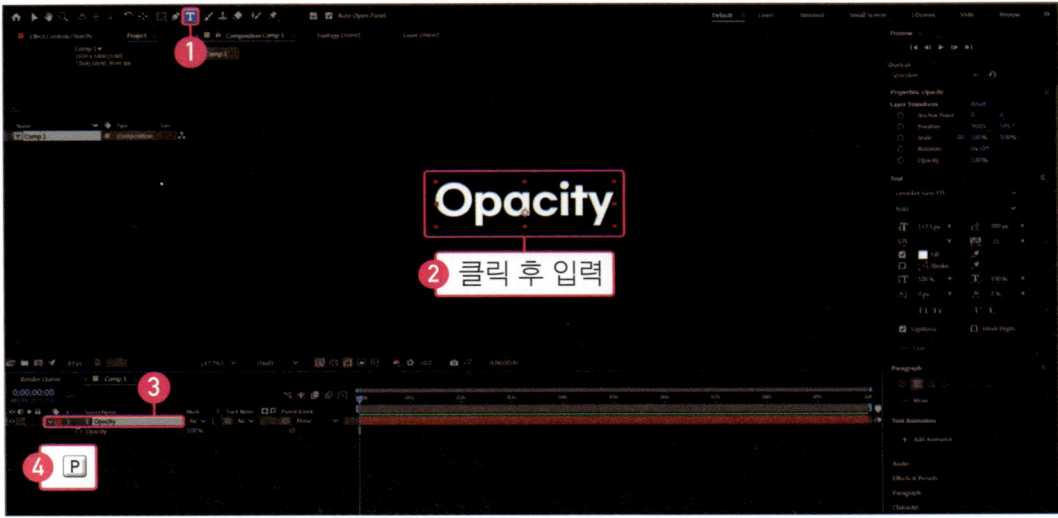

03 애니메이션 작업을 위해 ❶ [Timeline] 패널의 [인디케이터]를 클릭해 0초로 드래그합니다. ❷ [Opacity] 옵션의 ◎을 클릭합니다(단축키 Alt + Shift + T). ❸ [인디케이터]가 있는 위치에 다이아몬드 모양의 키프레임이 표시되고 ❹ [Opacity]의 옵션값은 '0'으로 입력합니다. 화면에 자막이 사라진 것을 확인할 수 있습니다.

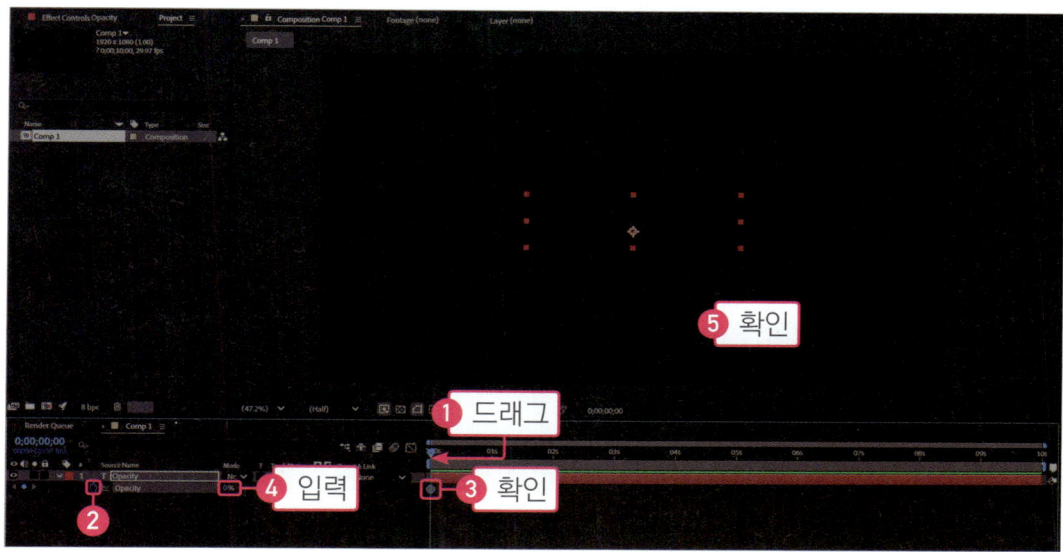

04 이번에는 ❶ [Timeline] 패널의 [인디케이터]를 클릭해 1초로 드래그하고 ❷ [Opacity] 옵션값을 '100'으로 입력합니다. ❸ 애니메이션이 활성화되어 키프레임이 자동으로 추가됩니다.

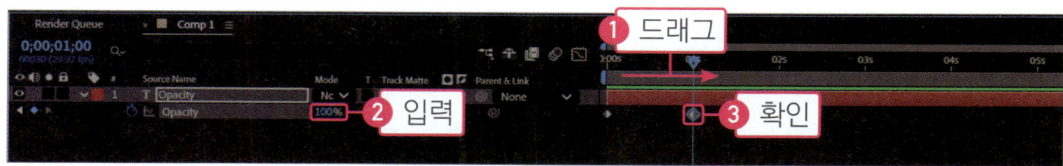

> **TIP**
>
> 단축키 Ctrl + Shift + ←, →를 누르면 [인디케이터]를 10프레임씩 이동할 수 있습니다.

05 사라지는 애니메이션을 추가하기 위해 ❶ 1초의 키프레임을 클릭한 후 단축키 Ctrl + C를 눌러 해당 키프레임을 복사합니다. ❷ [Timeline] 패널의 [인디케이터]를 클릭해 3초로 드래그하고 ❸ 단축키 Ctrl + V를 눌러 복사한 키프레임을 붙여넣기합니다.

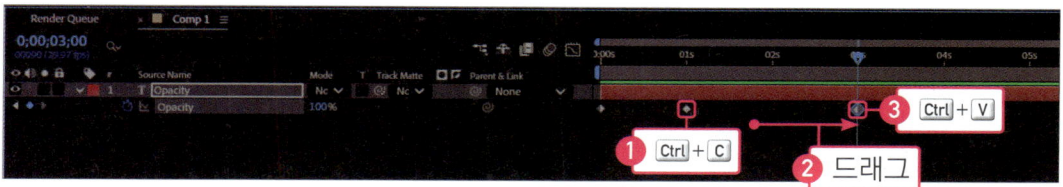

06 이어서 ① 0초에 있는 키프레임을 클릭합니다. 단축키 Ctrl + C를 눌러 해당 키프레임을 복사한 후 ② [Timeline] 패널의 [인디케이터]를 클릭해 4초로 드래그합니다. ③ 단축키 Ctrl + V를 눌러 복사한 키프레임을 붙여넣기합니다.

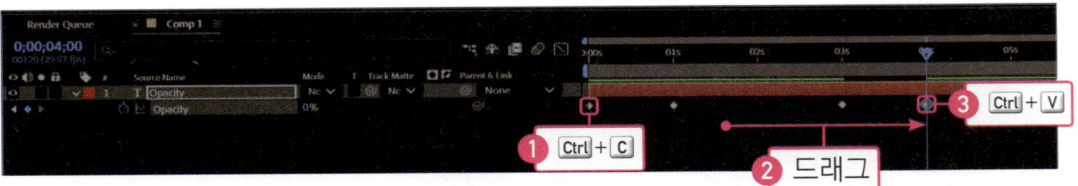

07 작업 영역인 [Work Area]를 설정하기 위해 ① [Timeline] 패널의 [인디케이터]를 클릭해 애니메이션이 완전히 종료되는 지점인 5초로 드래그한 후 ② 키보드의 N 키를 눌러서 [Work Area] 영역을 설정합니다. ③ [Timeline] 패널의 하늘색 막대가 5초까지 유지되는지 확인합니다.

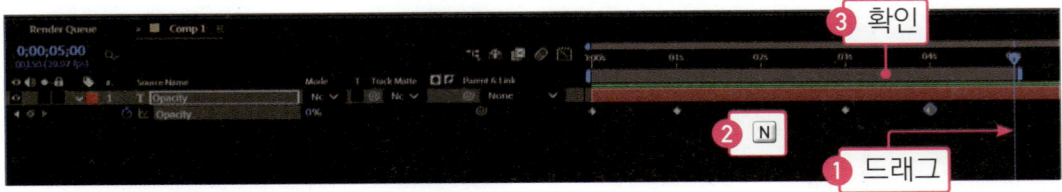

08 키보드의 Space Bar 키 또는 0 키를 눌러 애니메이션이 잘 적용되었는지 프리뷰합니다.

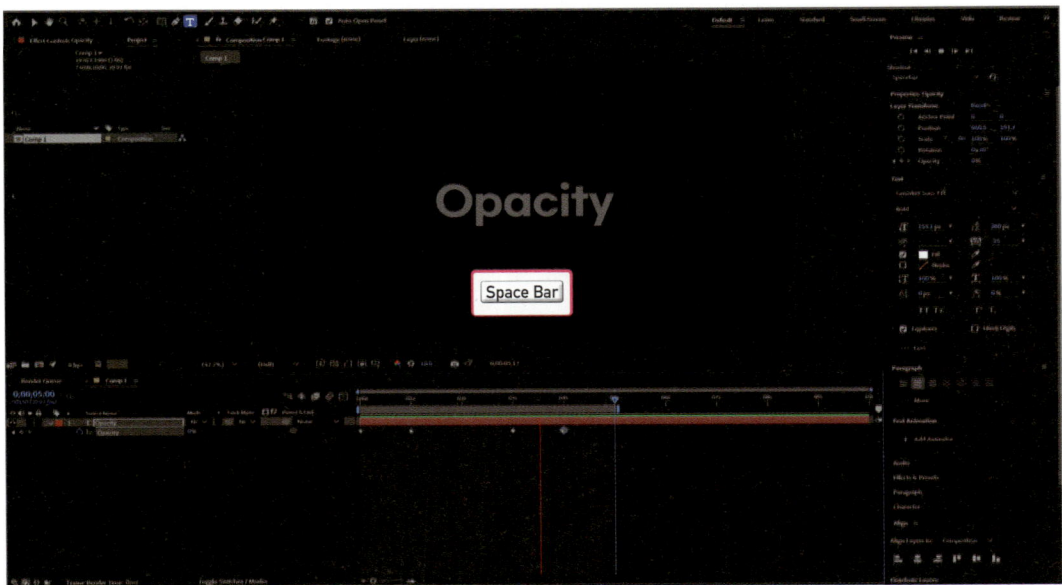

03　Rotation

[Rotation] 옵션(단축키 R)은 레이어를 회전시키는 옵션입니다. 옵션값에 따라 [앵커포인트]를 기준으로 자막이 회전하는 것을 확인할 수 있습니다. [Rotation] 옵션의 단위는 각도를 의미하는 °(도)로 설정되어 있으며 360°가 넘으면 숫자 앞에 '1x', '2x', '3x'가 붙으며 한 바퀴 이상 회전하는 것도 가능합니다. 3D 기능을 활성화하면 각 축을 기준으로 회전할 수 있는데 X축은 가로선을 기준으로 Y축은 세로선을 기준으로 회전합니다. Z축은 [앵커포인트]를 앞뒤로 관통하는 기준선으로 옵션을 조절하면 3D 기능을 추가하기 전과 동일하게 회전합니다.

[Timeline] 패널의 세부 옵션에서 [Orientation]은 초기값 설정으로 X축, Y축, Z축을 순서대로 합한 형태입니다. 각 축을 나눠서 별도로 회전할 수 있는 옵션이 존재하며 만약, 한 바퀴 이상 회전하고 싶다면 옵션값을 변경해 주면 됩니다.

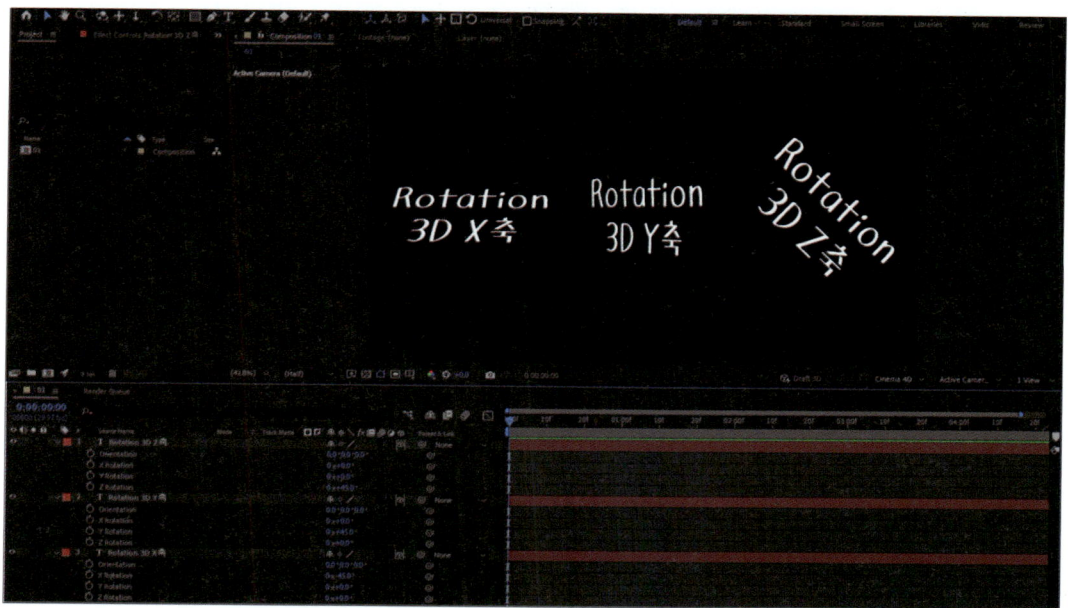

| 실습 | 회전 애니메이션 |

[Rotation] 옵션에 키프레임을 추가하여 자막이 회전하는 애니메이션을 만들어 보겠습니다.

01 애프터 이펙트를 실행한 후 HD 1920x1080 29.97fps 프리셋으로 컴포지션을 생성합니다.

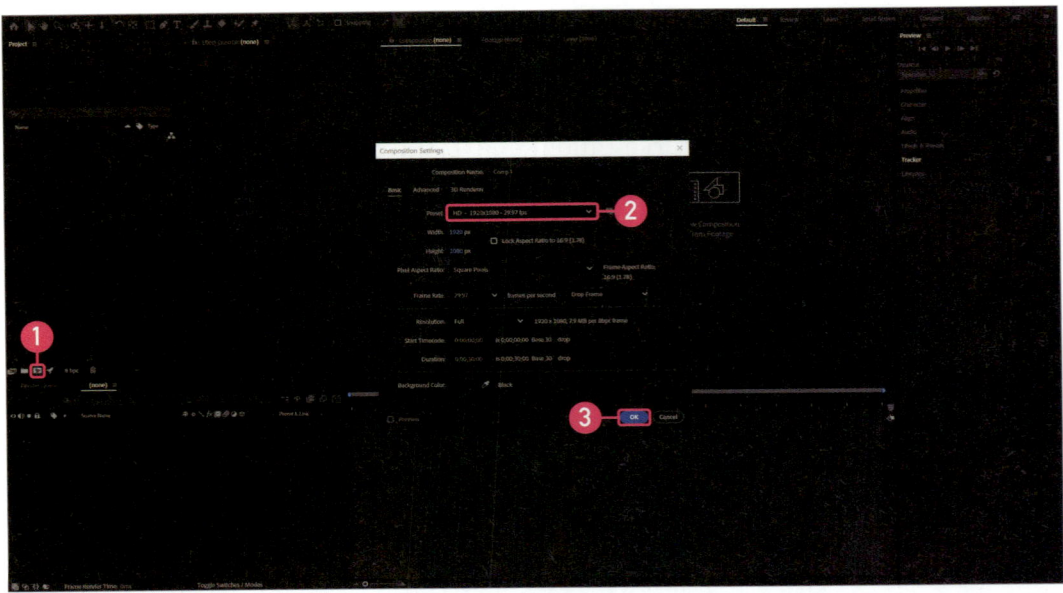

02 ❶ [Tool] 바에서 [Type Tool](단축키 Ctrl + T)을 선택한 후 [Composition] 패널을 클릭해 원하는 자막을 입력합니다. ❷ [Timeline] 패널에 [Text] 레이어가 추가되면 클릭한 후 키보드의 R 키를 누릅니다. ❸ [Text] 레이어 아래 [Rotation] 옵션이 나타납니다.

03 [3D Layer] 전환을 위한 버튼을 띄우기 위해 ❶ [Timeline] 패널의 ▣을 클릭합니다. ❷ 레이어 이름 옆에 [스위치] 영역이 추가된 것을 확인할 수 있습니다.

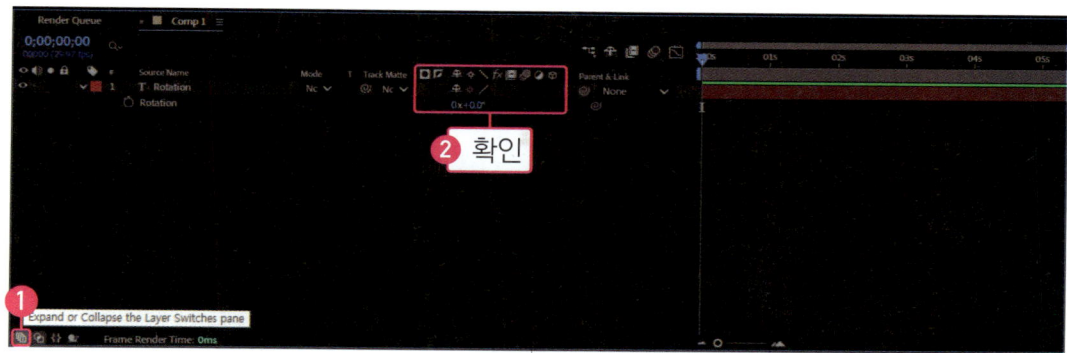

> **TIP**
>
> **스위치 영역**
> [Timeline] 패널의 옵션 영역이 넓어지는 것이 싫다면 키보드의 F4 키를 눌러보세요. 기존에 활성화되어 있던 모드 및 트랙 매트가 스위치 영역으로 전환됩니다.

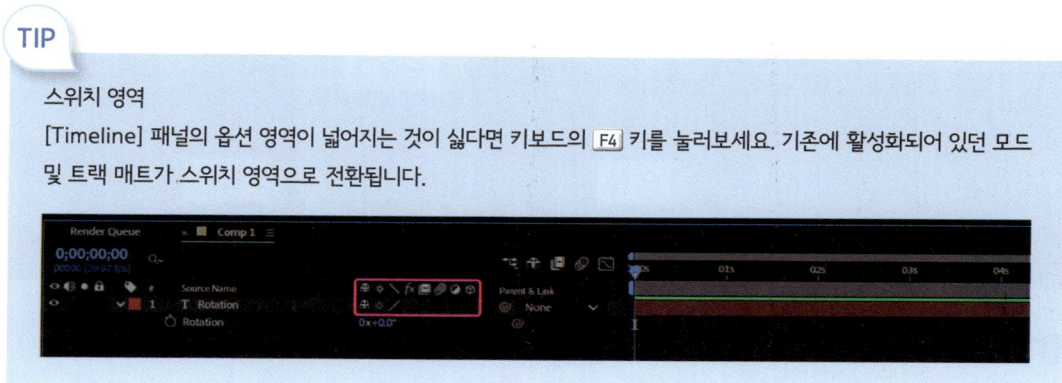

04 [스위]치 영역에서 ▣를 클릭합니다. 해당 레이어가 [3D Layer]로 설정되며 [Rotation] 옵션이 변경되는 걸 확인할 수 있습니다.

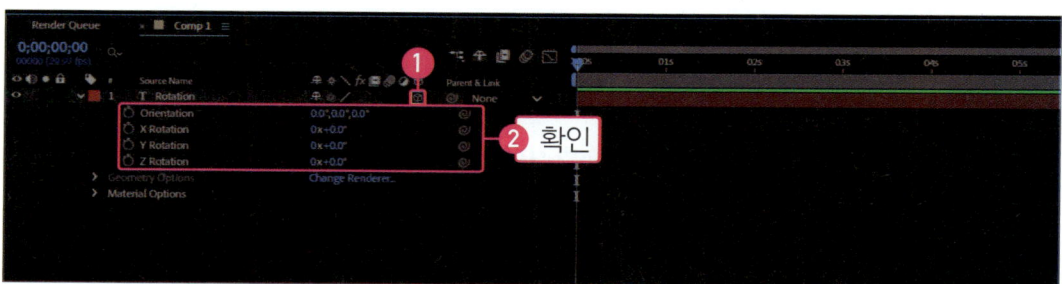

05 애니메이션 작업을 위해 ❶ [Timeline] 패널의 [인디케이터]를 클릭해 0초로 드래그합니다. ❷ [Y Rotation] 옵션의 ◉을 클릭합니다. [인디케이터]가 있는 위치에 다이아몬드 모양의 키프레임이 표시된 것을 확인할 수 있습니다.

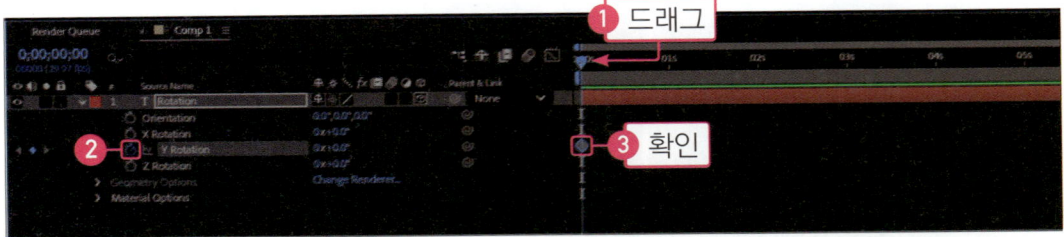

06 이번에는 ❶ [Timeline] 패널의 [인디케이터]를 2초로 이동합니다. ❷ [Y Rotation] 옵션값을 '1'로 입력합니다. ❸ 애니메이션이 활성화되어 키프레임이 자동으로 추가됩니다.

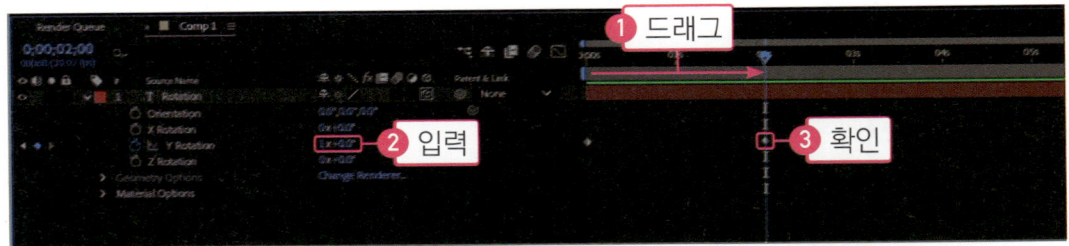

07 작업 영역인 [Work Area]를 설정하기 위해 ❶ [Timeline] 패널의 [인디케이터]를 클릭해 애니메이션이 완전히 종료되는 지점인 3초로 드래그합니다. ❷ 키보드의 N 키를 눌러서 [Work Area] 영역을 설정합니다. ❸ 키보드의 Space Bar 키 또는 0 키를 눌러서 애니메이션이 잘 적용되었는지 프리뷰합니다.

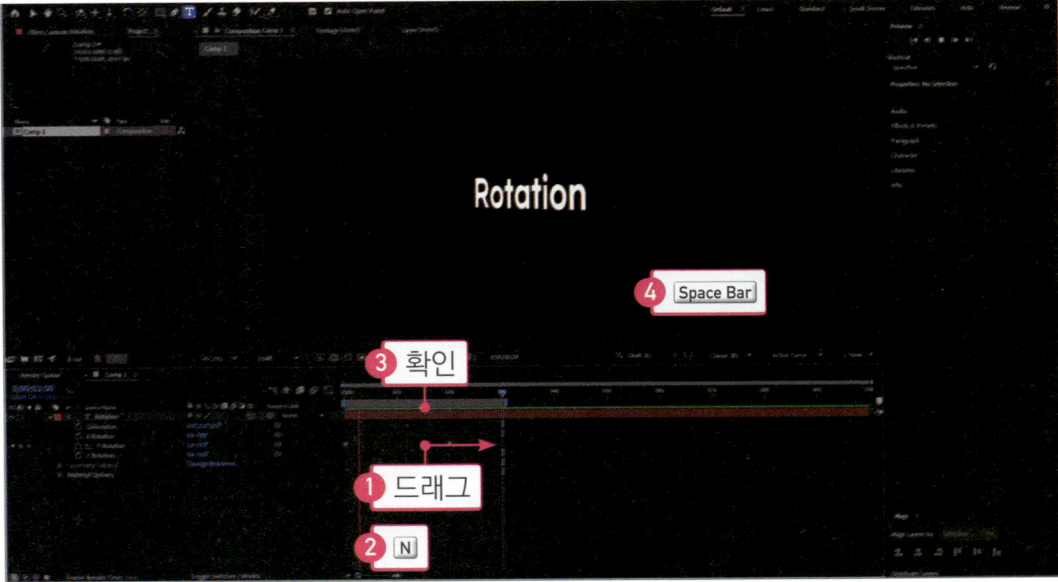

04 Scale

PTRS의 마지막 [Scale] 옵션(단축키 S)은 레이어의 크기를 조정하는 옵션입니다. 자막의 크기를 서서히 커지게 또는 작아지게 하는 애니메이션도 옵션값을 변경해 만들 수 있습니다. 다른 옵션과 마찬가지로 [앵커포인트]를 기준으로 옵션이 적용되며 ▦을 클릭해 가로와 세로 크기를 별도로 조절할 수 있습니다.

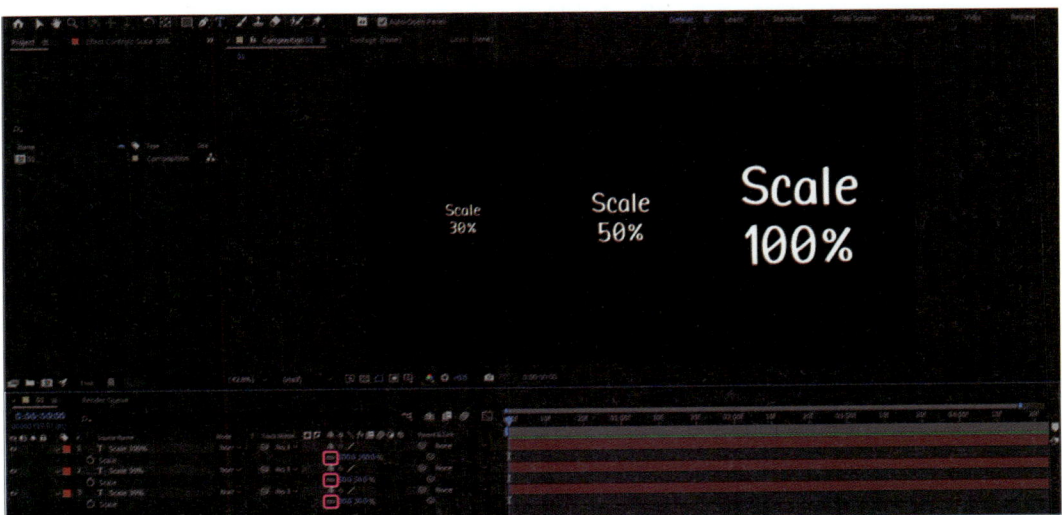

실습 서서히 커지는 자막 애니메이션 만들기

[Scale] 옵션에 키프레임을 추가하여 자막이 서서히 커지는 애니메이션을 만들어 보겠습니다.

01 애프터 이펙트를 실행한 후 HD 1920x1080 29.97fps 프리셋으로 컴포지션을 생성합니다.

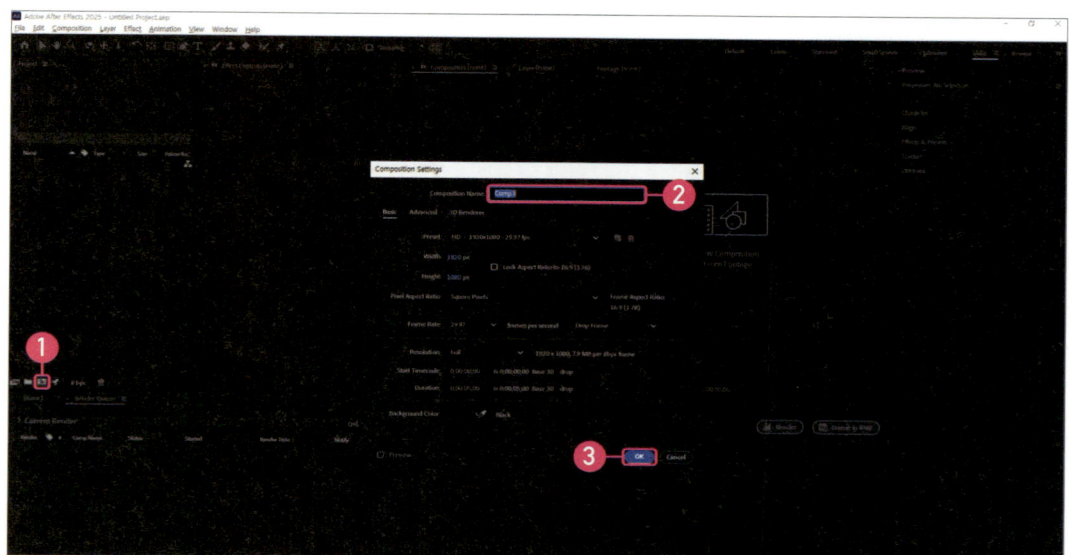

02 ❶ [Tool] 바에서 [Type Tool]을 선택한 후 [Composition] 패널을 클릭해 원하는 자막을 입력합니다. ❷ [Timeline] 패널에 [Text] 레이어가 추가되면 클릭한 후 키보드의 ⓢ 키를 누릅니다. ❸ [Text] 레이어 아래 [Scale] 옵션이 나타납니다.

03 [Scale] 옵션값을 입력하면 [앵커포인트]를 기준으로 자막의 크기가 변하는 것을 확인할 수 있습니다.

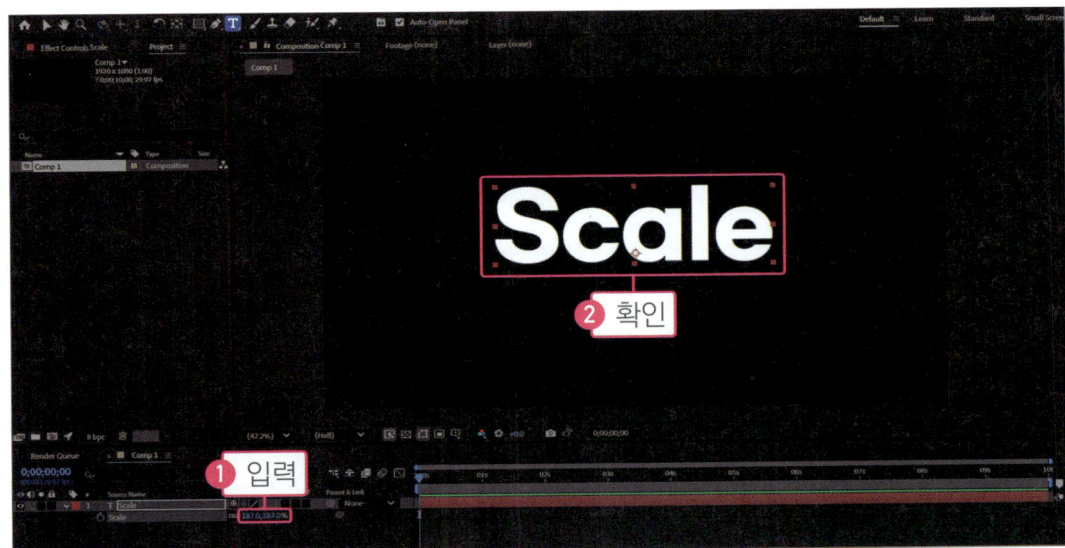

04 이어서 ① [Tool] 바에서 [Pen Behind Tool](단축키 Y)를 선택한 후 ② [Composition] 패널의 [앵커포인트]를 클릭한 채 자막의 중앙으로 드래그 앤 드롭합니다(단축키 Ctrl + Alt + Home 을 눌러도 [앵커포인트]를 레이어의 정중앙으로 빠르게 이동할 있습니다).

05 애니메이션 작업을 위해 ❶ [Timeline] 패널의 [인디케이터]를 클릭해 0초로 드래그합니다. ❷ [Scale] 옵션의 ◉을 클릭해 키프레임을 생성합니다. [인디케이터]가 있는 위치에 다이아몬드 모양의 키프레임이 표시되는 것을 확인할 수 있습니다.

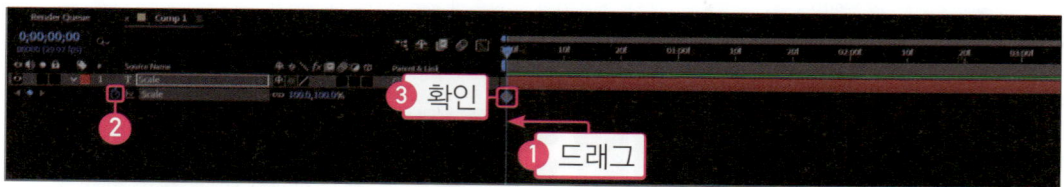

06 ❶ [Timeline] 패널의 [인디케이터]를 2초로 이동합니다. ❷ [Scale] 옵션값을 '150'으로 입력합니다. ❸ 애니메이션이 활성화되어 키프레임이 자동으로 추가됩니다.

07 작업 영역인 [Work Area]를 설정하기 위해 ❶ [Timeline] 패널의 [인디케이터]를 클릭해 애니메이션이 완전히 종료되는 지점인 3초로 드래그합니다. ❷ 키보드의 N 키를 눌러서 [Work Area] 영역을 설정합니다. ❸ 키보드의 Space Bar 키 또는 0 키를 눌러서 애니메이션이 잘 적용되었는지 프리뷰합니다.

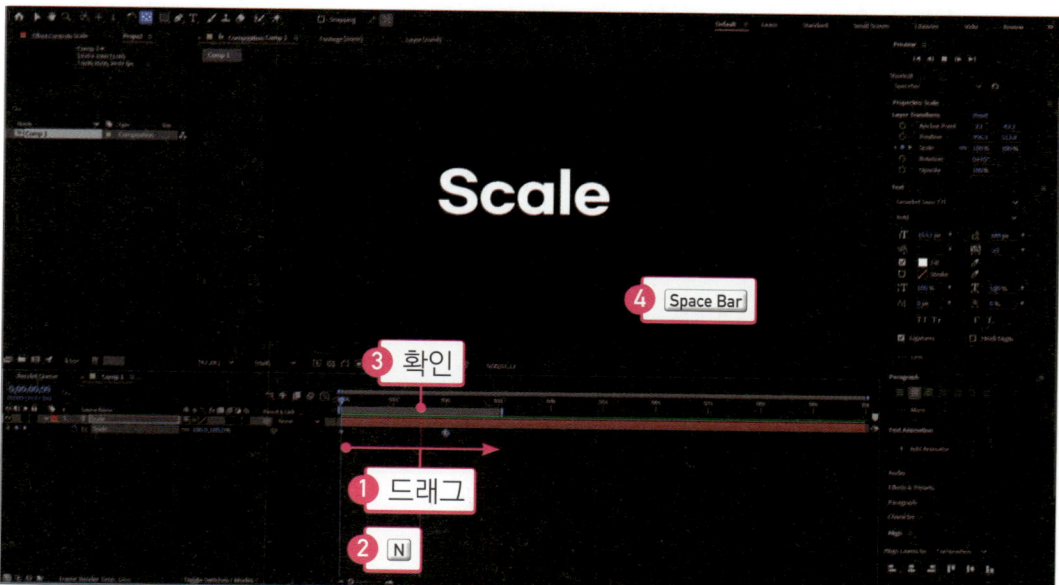

실습+ [Position] + [Opacity] 애니메이션 만들기

완성 파일 애프터 이펙트-파트4_ch03-자막 애니메이션 ①

[Position]과 [Opacity] 옵션을 활용해 화면의 아래에서 자막이 천천히 올라오는 애니메이션을 만들어 보겠습니다.

01 애프터 이펙트를 실행한 후 HD 1920x1080 29.97fps 프리셋으로 컴포지션을 생성합니다.

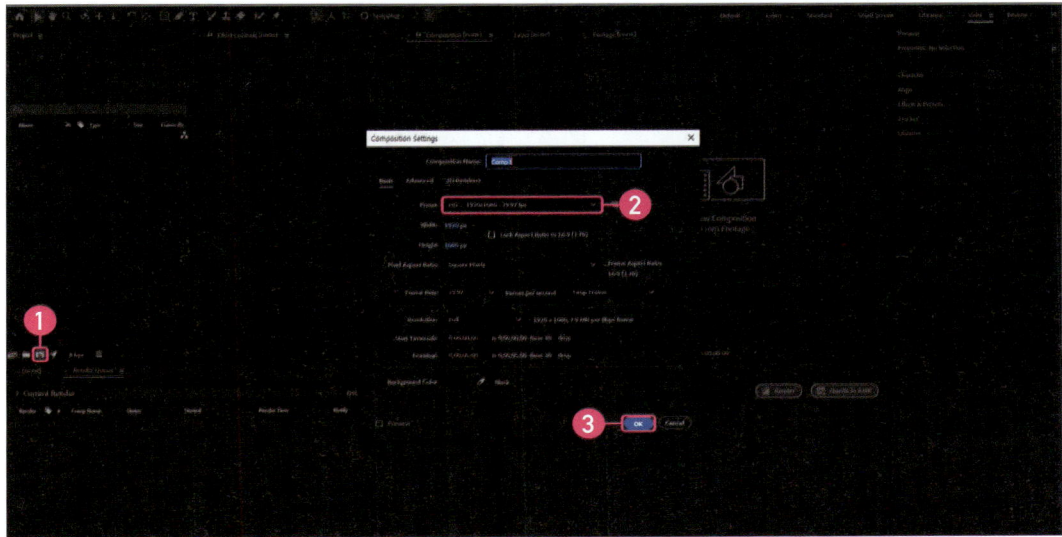

02 [Tool] 바에서 [Type Tool](단축키 Ctrl + T)을 선택한 후 [Composition] 패널을 클릭해 원하는 자막을 입력합니다.

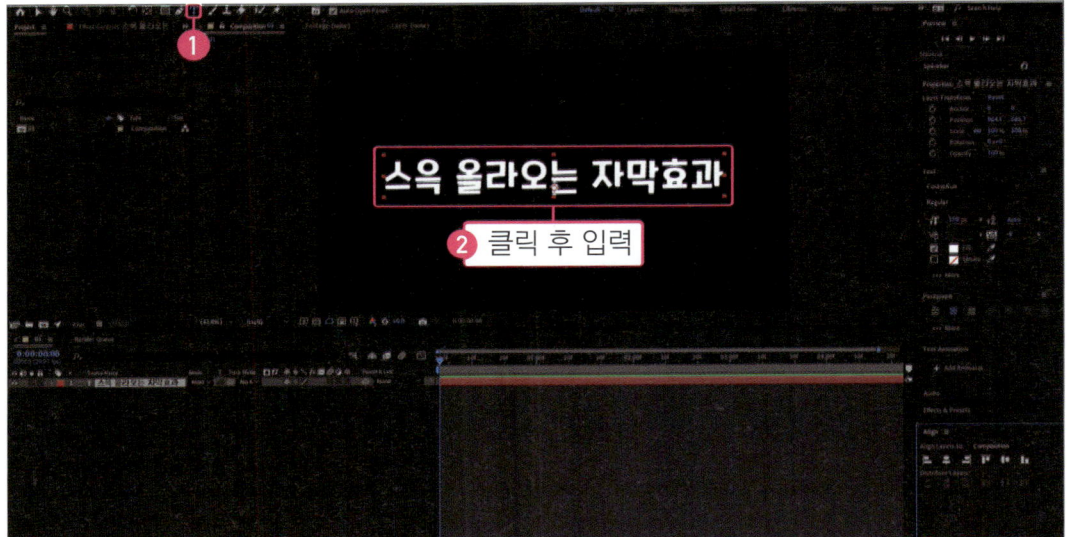

03 세부 옵션 변경을 위해 ❶ [Align] 패널에서 [Align Horizontally(🔳)], [Align Vertically(🔳)]를 클릭해 자막을 화면의 중앙으로 이동한 후 ❷ [Timeline] 패널의 [Text] 레이어를 클릭하고 키보드의 P 키를 누릅니다. ❸ [Text] 레이어 아래 [Position] 옵션이 나타납니다.

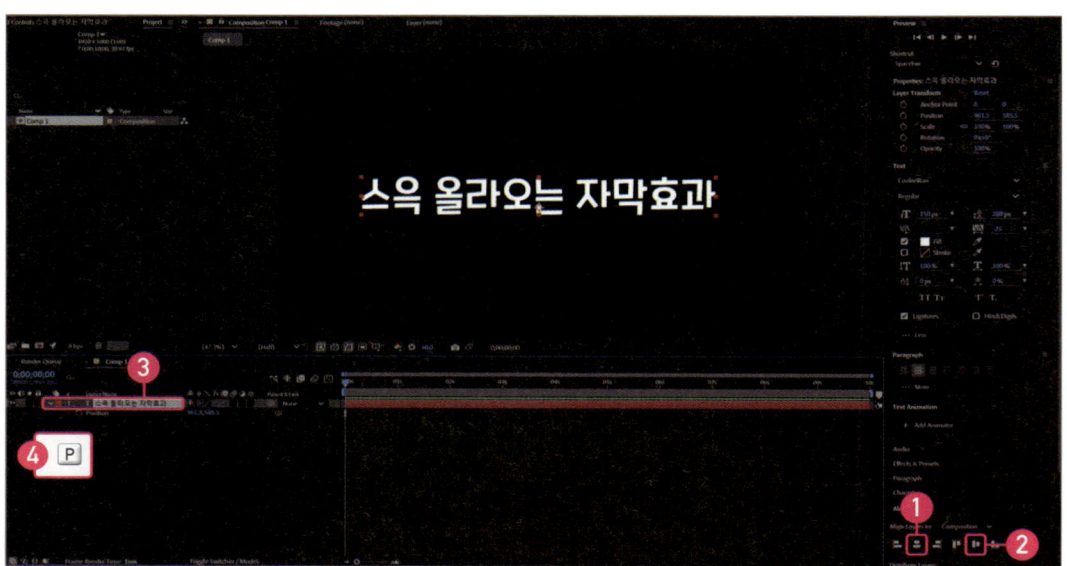

04 애니메이션 작업을 위해 ❶ [Timeline] 패널의 [인디케이터]를 클릭해 0초로 드래그한 후 ❷ [Position] 옵션의 🕒을 클릭합니다. [인디케이터] 위치에 다이아몬드 모양의 키프레임이 생성됩니다. 이어서 ❸ [인디케이터]를 20프레임 뒤로 드래그한 후(단축키 Ctrl + Shift + → 를 눌러서 이동합니다) ◆ 을 클릭해 키프레임을 추가합니다.

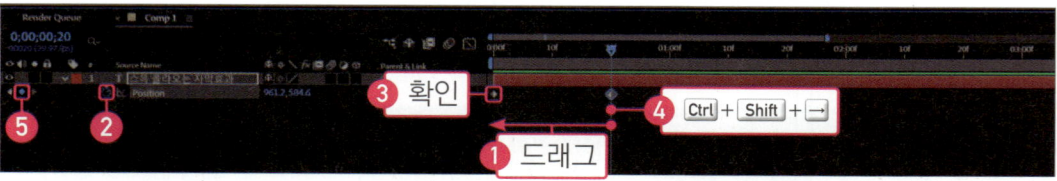

> 애프터이펙트의 [Timeline] 패널은 프리미어 프로와 마찬가지로 키보드의 + - 키를 누르거나 Alt + 스크롤을 통해 확대 축소가 가능합니다. [Timeline] 패널에서 [인디케이터]를 프레임 단위로 움직이고 싶을 땐 단축키를 이용하면 편리합니다.
> Page Up / Page Down : 1프레임씩 이동
> Ctrl + Shift + ← → : 10프레임씩 이동

05 다음 ❶ 키보드의 J 키를 눌러서 키프레임을 앞으로 이동합니다. ❷ [Tool] 바에서 [Selection Tool]을 선택한 후 ❸ [Composition] 패널의 자막을 선택해 Shift 키를 누른 채 아래로 드래그합니다(자막의 높이만큼만 내려주는 것이 좋습니다).

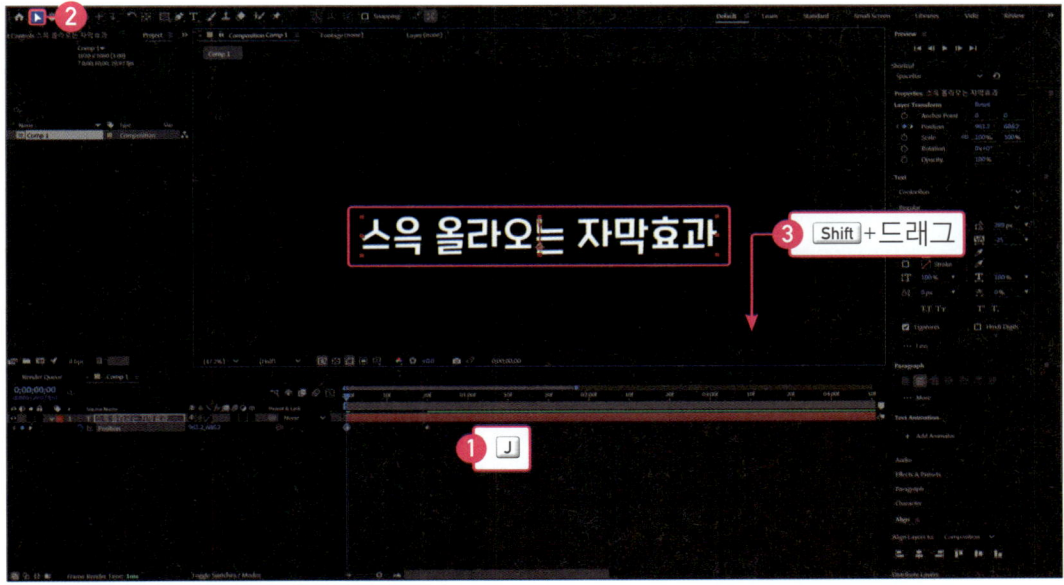

> **TIP**
>
> **키프레임 이동 단축키**
> 키보드의 J 키를 누르면 [인디케이터] 앞에 있는 키프레임으로 K 키를 누르면 [인디케이터] 뒤에 있는 키프레임으로 이동할 수 있습니다.

06 자연스러운 움직임을 위해 ❶ [Timeline] 패널의 20프레임 키프레임을 선택한 후 키보드의 F9 키를 누릅니다. ❷ [Ease Easy] 키프레임으로 변경되고 재생해보면 약간의 가속도가 추가되어 움직임이 부드러워집니다.

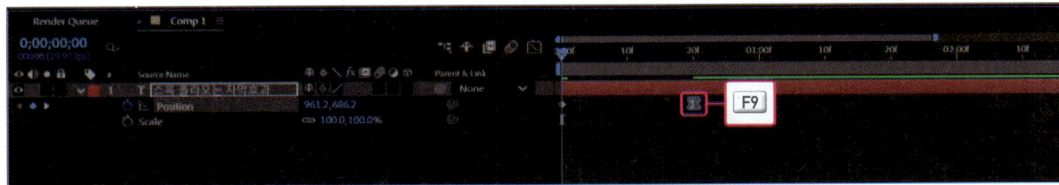

07 가속도를 강화하기 위해 ❶ [Timeline] 패널의 상단 [Graph Editor] 버튼을 클릭합니다([Timeline] 패널이 그래프 영역으로 변경됩니다). ❷ 키프레임의 핸들을 클릭한 채 [Influence] 옵션값이 약 '85%'가 될 때까지 앞으로 드래그합니다. ❸ 앞은 뾰족하고 뒤로 갈수록 기울기가 완만해지는 그래프 모양이 완성됩니다.

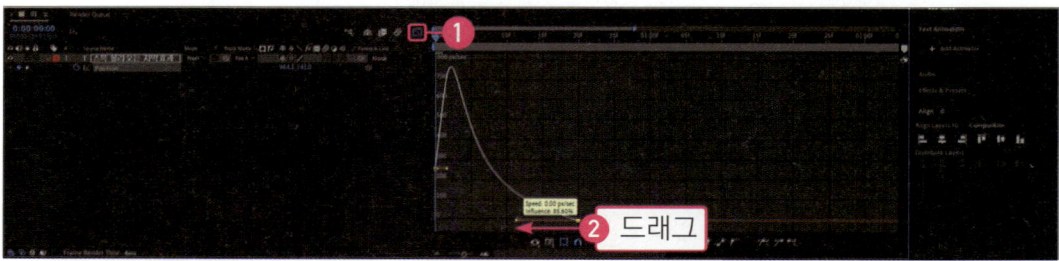

그래프의 모양이 책과 다르다면 그래프 유형을 변경해야 합니다. `332p` 의 TIP 박스를 확인해 주세요.

08 다시 ❶ [Graph Editor] 버튼을 클릭해 기존의 [Timeline] 패널로 돌아갑니다. ❷ [Text] 레이어를 클릭한 후 Shift 키를 누른 채 T 키를 눌러 [Positon]과 [Opacity] 옵션을 동시에 띄워줍니다.

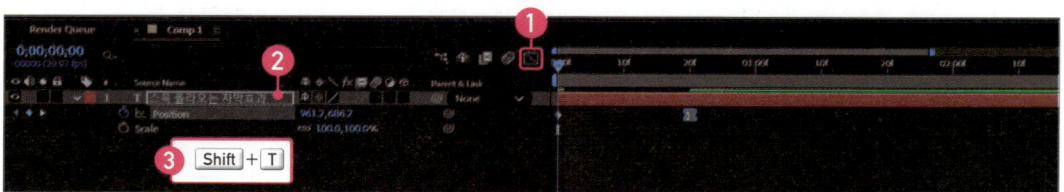

09 ❶ [Timeline] 패널의 [인디케이터]를 클릭한 채 0초로 드래그합니다. ❷ [Opacity] 옵션의 ◯ 클릭해 키프레임을 추가한 후 ❸ 키보드의 K 키를 눌러 [인디케이터]를 20프레임 앞으로 이동합니다. [Opacity] 옵션의 ◯을 클릭합니다.

10 앞에서 설정한 옵션과 가속도를 맞추기 위해 ❶ [Timeline] 패널의 0초 키프레임을 클릭한 후 [Opacity] 옵션값을 '0'으로 입력하고 다음 ❷ 20프레임의 키프레임을 클릭해 키보드의 F9 키를 눌러 [Easy Ease] 키프레임으로 변경합니다.

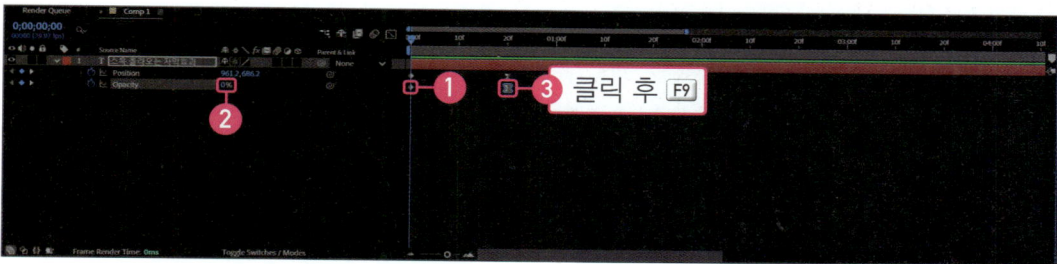

TIP

애니메이션 작업 시 키프레임에 다양한 옵션을 추가했다면, 효과도 같은 시점에 마무리되도록 설정하고 가속도까지 맞춰주는 것이 좋습니다.

11 가속도 강화를 위해 ❶ [Graph Editor] 버튼을 클릭합니다. ❷ [Position] 옵션과 똑같이 [Opacity] 옵션의 20프레임 키프레임의 핸들을 클릭한 후 [Influence] 옵션값이 약 '85%'가 될 때까지 앞으로 드래그합니다. ❸ 설정이 완료되면 다시 [Graph Editor] 버튼을 클릭해 기존의 [Timeline] 패널로 돌아옵니다.

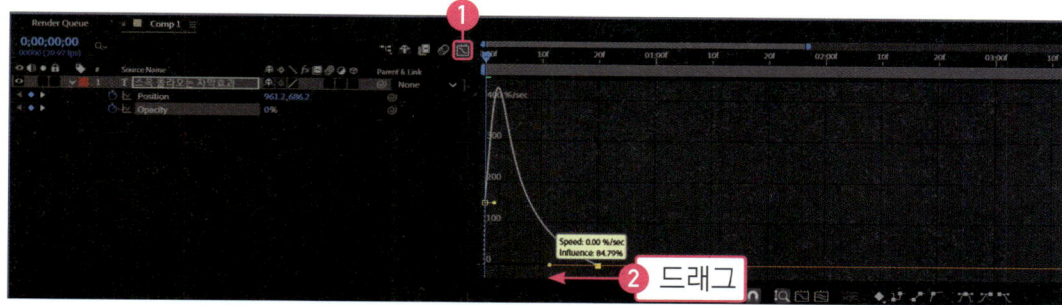

12 작업 영역인 [Work Area]를 설정하고 키보드의 Space Bar 키 또는 0 키를 눌러서 애니메이션이 잘 적용되었는지 프리뷰합니다.

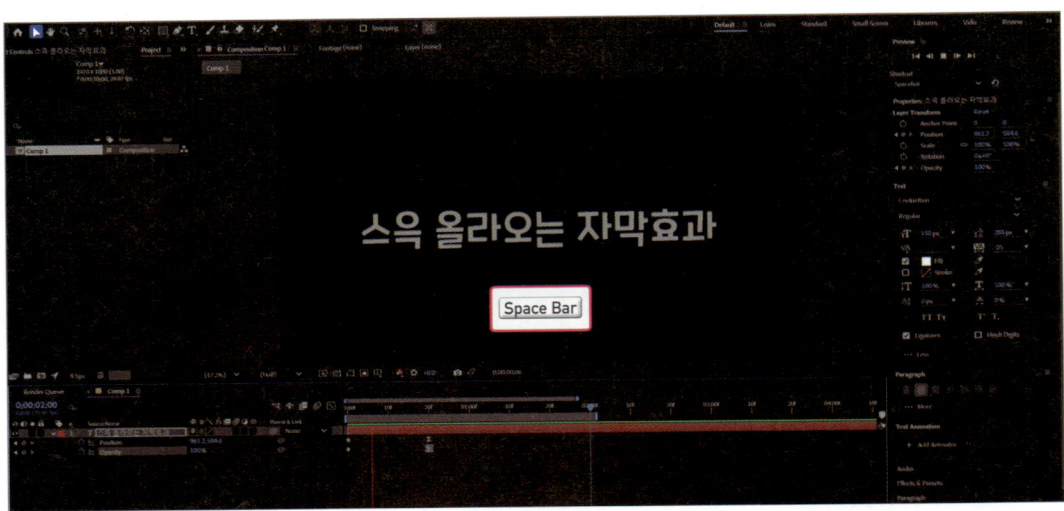

실습+ [Rotation] + [Scale] 애니메이션 만들기

완성 파일 애프터 이펙트-파트4_ch03-자막 애니메이션 ②

[Rotation]과 [Scale] 옵션을 활용해 자막이 역동적으로 움직이며 내용이 바뀌는 애니메이션을 만들어 보겠습니다.

01 애프터 이펙트를 실행한 후 HD 1920x1080 29.97fps 프리셋으로 컴포지션을 생성합니다.

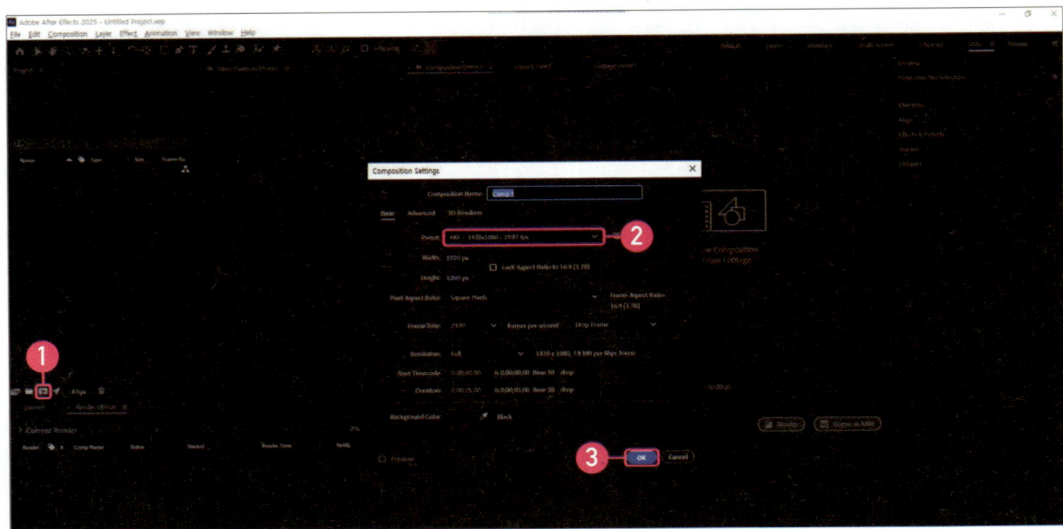

02 ❶ [Tool] 바에서 [Type Tool](단축키 Ctrl + T)을 선택한 후 [Composition] 패널을 클릭해 원하는 자막을 입력합니다. ❷ 이후 자막 내용 변경 시 자막의 길이에 따라 위치가 달라지지 않도록 [Paragraph] 패널의 [Center Text] 클릭합니다.

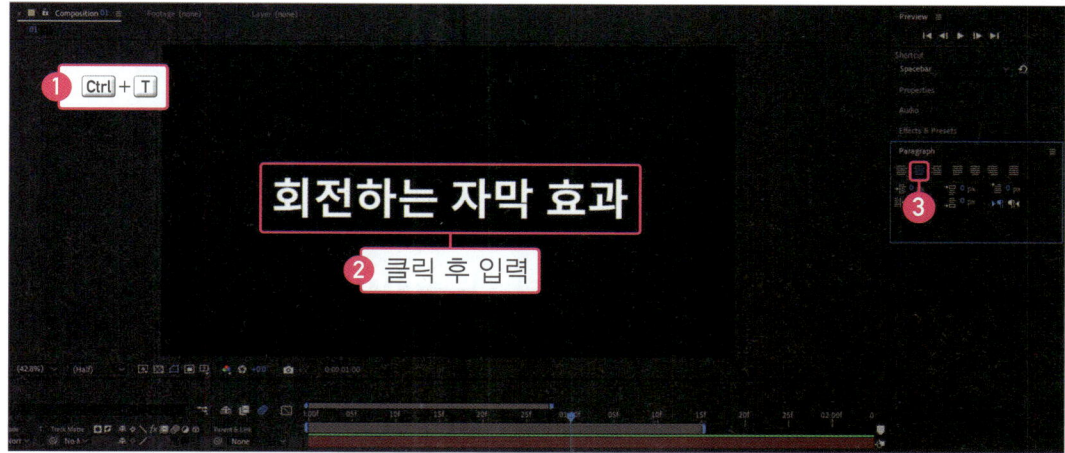

03 [Compositon] 패널에서 자막을 클릭한 후 단축키 Ctrl + Alt + Home 를 눌러 자막의 [앵커포인트] 위치를 중앙으로 설정합니다.

[앵커포인트]가 자막 아래쪽에 있으면 [Scale] 옵션을 수정할 때 자막 아래쪽을 기준으로 크기가 변경되어 [앵커포인트]의 위치를 옮겨줍니다.

04 [Text] 레이어를 [3D Layer]로 전환하기 위해 ❶ [Timeline] 패널의 ▦을 클릭해 [스위치] 영역을 추가한 후 ❷ ▦를 선택합니다. 해당 레이어가 [3D Layer]로 설정되면 ❸ 키보드의 R 키를 누릅니다. [Text] 레이어 아래 [Rotation] 옵션이 나타납니다.

Chapter 03 · 애프터 이펙트로 자막 애니메이션 만들기   323

05 애니메이션 작업을 위해 ❶ [Timeline] 패널의 [인디케이터]를 클릭해 0초로 드래그합니다. [Y Rotation] 옵션의 ◙를 클릭합니다. 키프레임이 표시되고 ❷ 이번에는 [인디케이터]를 클릭해 1초로 이동한 후 [Y Rotation] 옵션값을 '2'로 입력합니다. ❸ 애니메이션이 활성화되어 자동으로 키프레임이 추가됩니다. ❹ 1초 동안 세로축을 기준으로 자막이 두 바퀴 회전하는 애니메이션이 완성됐습니다.

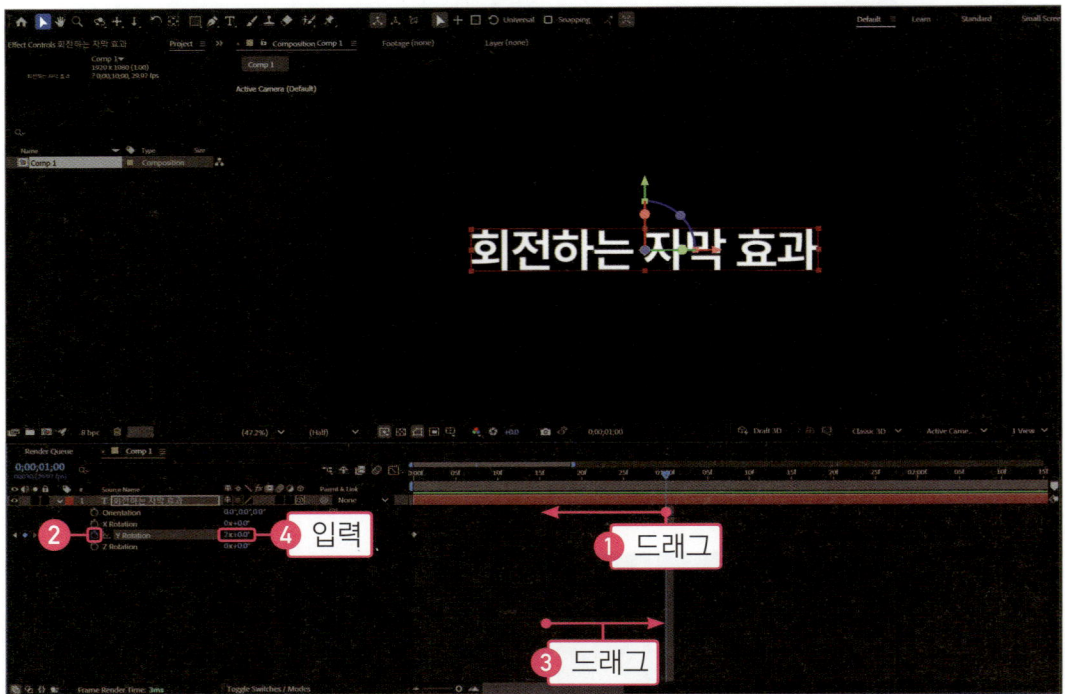

06 자연스러운 움직임을 위해 ❶ [Timeline] 패널의 키프레임을 모두 선택한 후 ❷ 키보드의 F9 키를 눌러 [Easy Ease] 키프레임으로 변경합니다.

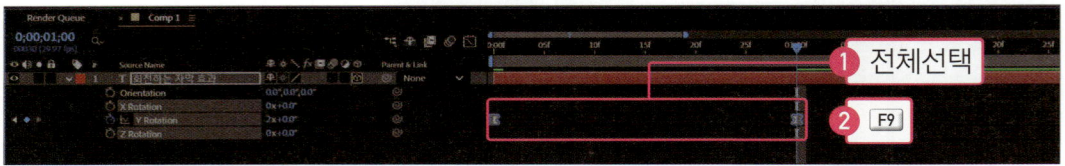

07 가속도를 강화하기 위해 ❶ [Graph Editor] 버튼을 클릭해 [Timeline] 패널을 그래프 영역으로 전환합니다. ❷ 양쪽 키프레임의 핸들을 각각 클릭해 [Influence] 옵션값이 '100%'가 되도록 가운데 방향으로 드래그합니다. 가운데가 뾰족한 그래프 모양이 완성됩니다.

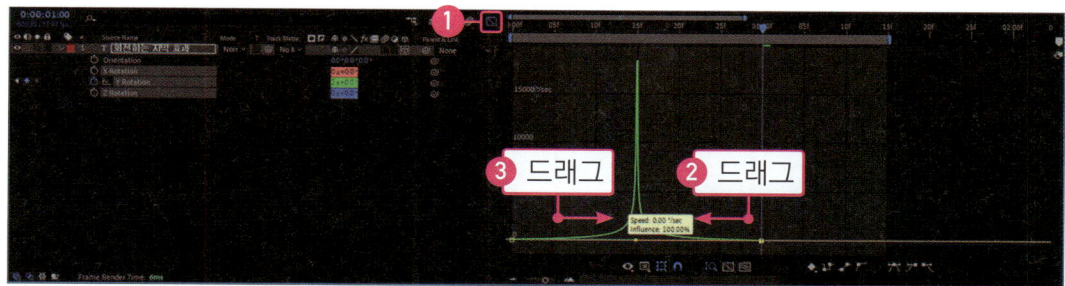

08 다시 ❶ [Graph Editor] 버튼을 클릭해 기존의 [Timeline] 패널로 돌아갑니다. ❷ [Text] 레이어를 클릭한 후 Shift 키를 누른 채 S 키를 누르면 [Rotation]과 [Scale] 옵션이 동시에 나타납니다. ❸ [Scale] 옵션에 [Rotation] 옵션과 같은 타이밍인 0초와 1초에 키프레임을 추가한 후 [인디케이터]를 가운데에 해당하는 15프레임으로 드래그합니다. ❹ [Scale] 옵션값을 '130'으로 입력하면 자동으로 키프레임이 생성되는 것을 확인할 수 있습니다.

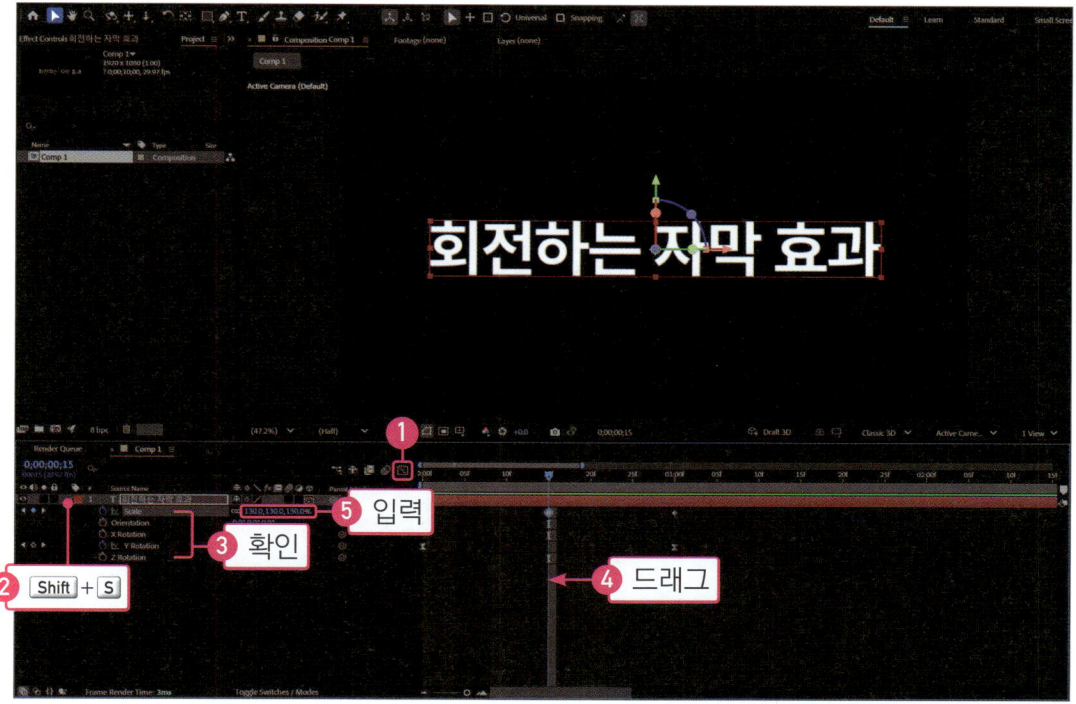

Chapter 03 · 애프터 이펙트로 자막 애니메이션 만들기

09 자연스러운 움직임을 위해 ❶ [Timeline] 패널의 [Graph Editor] 버튼을 클릭합니다. 패널이 그래프 영역으로 전환되고 ❷ [Scale] 옵션의 첫 번째와 마지막 키프레임을 선택한 후 F9 키를 눌러 [Easy Ease] 키프레임으로 변환합니다. ❸ [Rotation] 옵션과 비슷한 그래프 모양이 되도록 [influence] 옵션값이 100%가 되도록 양쪽 핸들을 가운데 방향으로 드래그합니다.

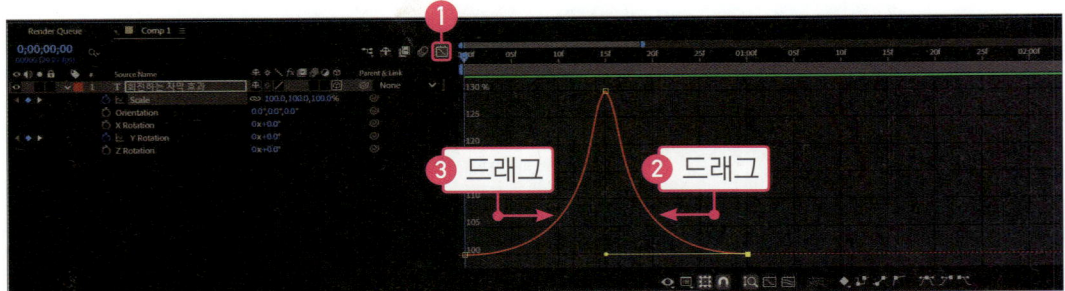

10 ❶ 다시 [Graph Editor] 버튼을 클릭해 기존의 [Timeline] 패널로 전환합니다. ❷ 15프레임으로 [인디케이터]를 이동한 후 메뉴 바의 [Edit]-[Spilt Layer]를 선택합니다(단축키 Ctrl + Shift + D). 애니메이션 등 설정한 옵션이 그대로 유지된 채 [인디케이터]를 기준으로 [Text] 레이어가 두 개로 나뉩니다.

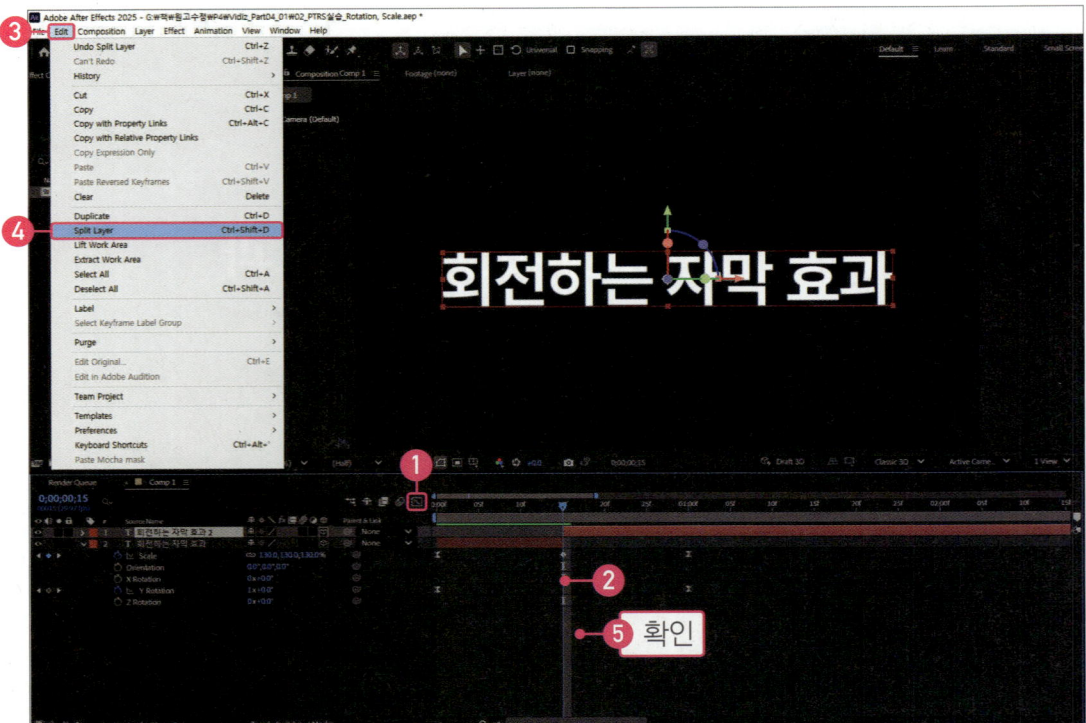

11 자막의 내용 변경을 위해 ❶ [Text] 레이어를 더블클릭해 자막 내용을 입력합니다. ❷ [Timeline] 패널의 박스를 체크해 움직임에 잔상이 생기는 를 추가합니다.

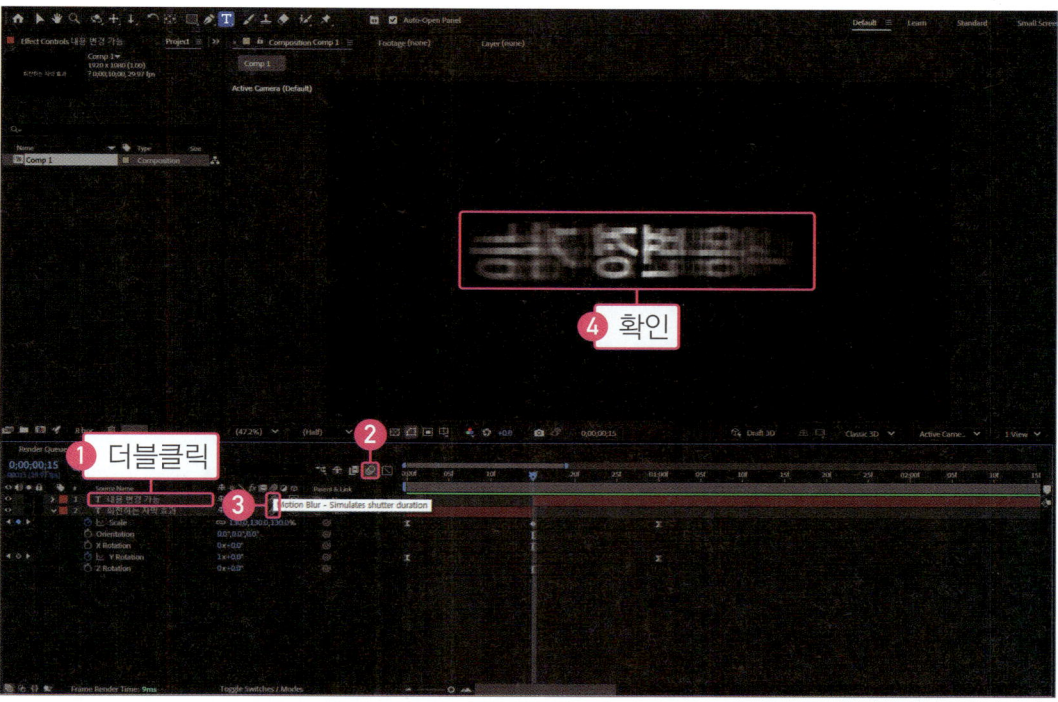

12 작업 영역인 [Work Area]를 설정하고 키보드의 Space Bar 키 또는 0 키를 눌러서 애니메이션이 잘 적용되었는지 프리뷰합니다.

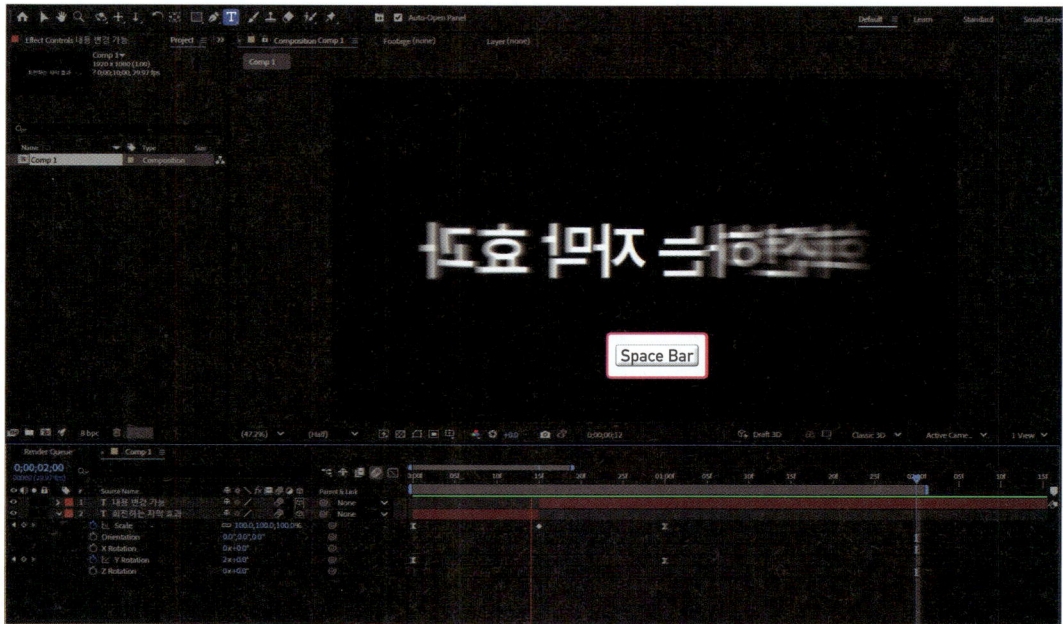

STEP 03 자간 애니메이션

자막의 글자 간격을 조정하는 애니메이션은 영화 예고편 및 광고에서 자주 사용되는 효과입니다. 글자 간격은 [Tracking] 옵션을 통해 설정할 수 있는데 [Properties] 패널이나 [Character] 패널에서는 키프레임을 생성할 수 없기 때문에 자간을 이용한 애니메이션은 [Tracking Animator]를 이용합니다. [Tracking Animator]에서는 글자 간격을 자유롭게 조정할 수 있고 키프레임도 생성할 수 있어 우리가 원하는 자막 애니메이션을 만들 수 있습니다. 방법은 다음과 같습니다.

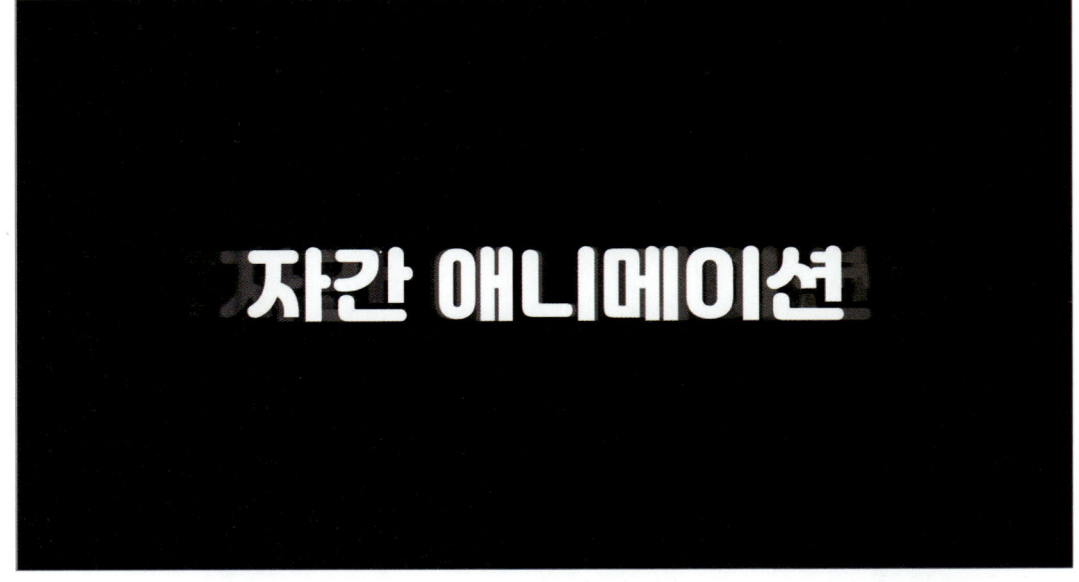

01 자간 애니메이션 만들기

완성 파일 애프터 이펙트-파트4_ch03-자간 애니메이션

01 애프터 이펙트를 실행한 후 HD 1920x1080 29.97fps 프리셋으로 컴포지션을 생성합니다.

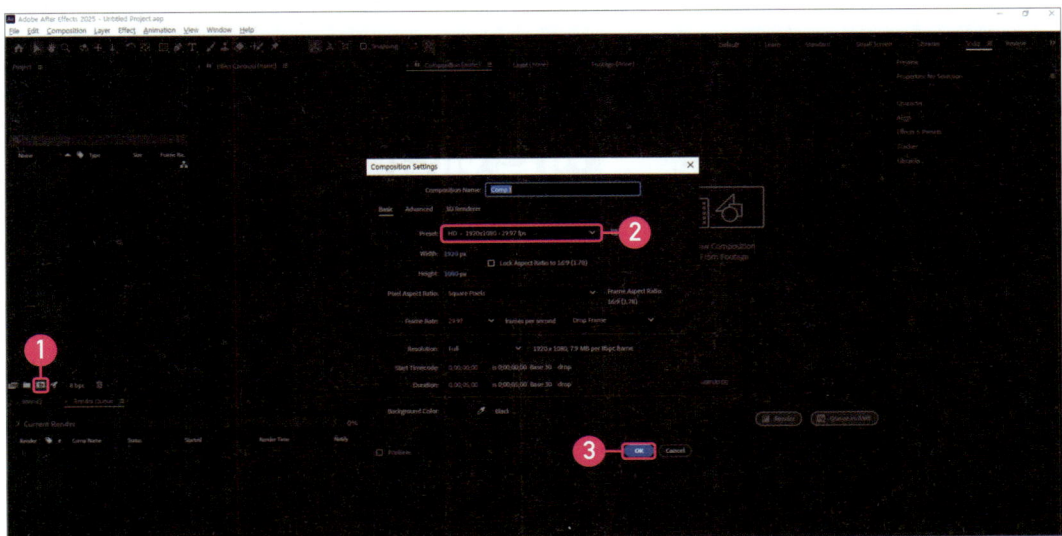

02 ❶ [Tool] 바에서 [Type Tool](단축키 Ctrl + T)을 선택한 후 [Composition] 패널을 클릭해 원하는 자막을 입력합니다. 세부 옵션을 설정하기 위해 ❷ [Paragraph] 패널에서 [Center Text] 선택하고 [Align] 패널에서 [Align Horizontally], [Align Vertically]를 선택해 자막을 화면의 중앙으로 옮깁니다.

03 ❶ [Text] 레이어의 ▶를 클릭해 세부 옵션을 확장한 후 ◉을 클릭합니다. ❷ 바로가기 메뉴가 나타나면 [Tracking]을 선택합니다. ❸ 설정한 [Text] 레이어 아래 [Animator 1]이 생성되며 [Tracking Amount] 옵션이 추가됩니다.

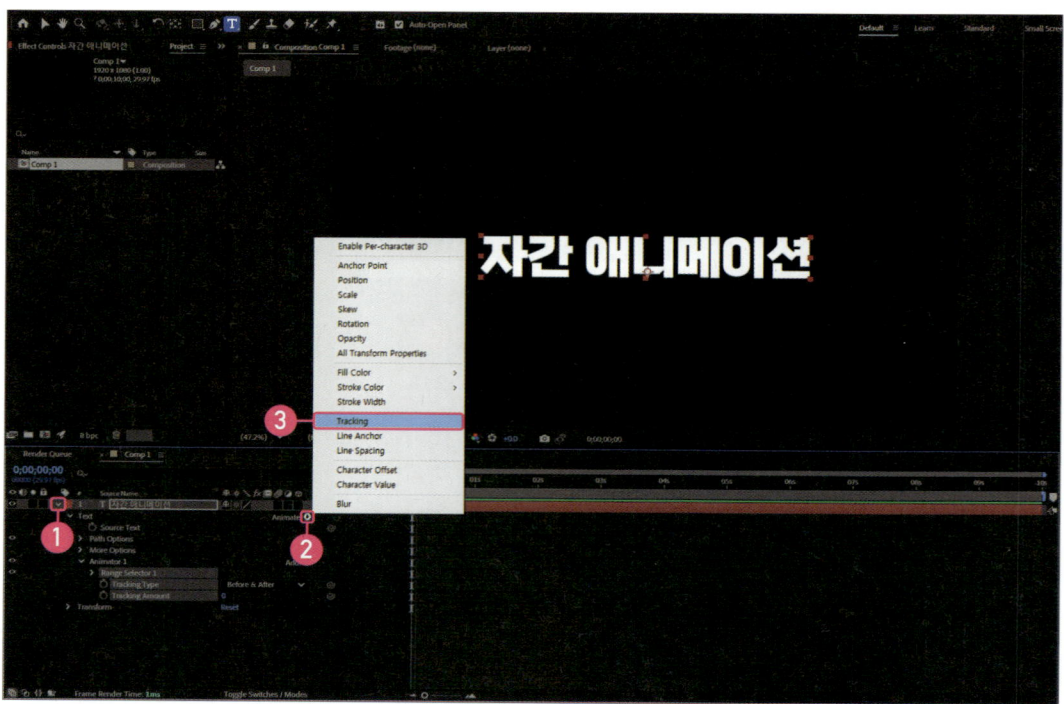

04 [Tracking Amount] 옵션값을 입력하면 자막의 자간이 변하는 걸 확인할 수 있습니다. ❶ [Timeline] 패널의 [인디케이터]를 클릭해 0초로 드래그합니다. ❷ [Tracking Amount]의 ◉을 클릭해 키프레임을 생성합니다. ❸ 이번에는 [Timeline] 패널의 [인디케이터]를 클릭해 2초 뒤로 이동하고 ◉을 클릭해 키프레임을 추가합니다.

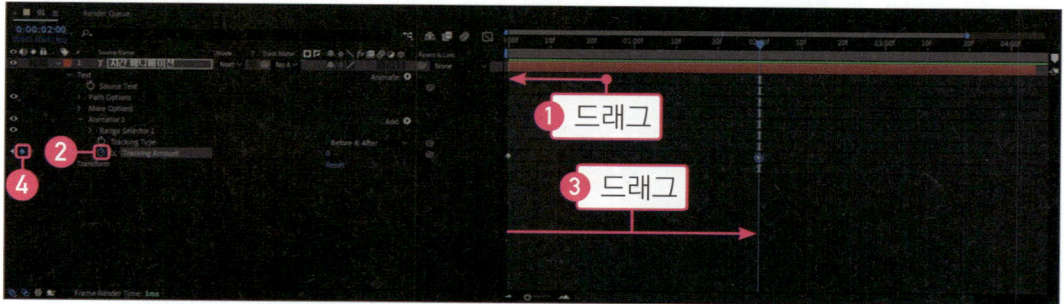

05 ① 키보드의 J 키를 눌러 첫 번째 키프레임으로 이동합니다. ② [Tracking Amount] 옵션값을 '126'으로 입력해 자막의 양 끝이 화면 끝에 닿도록 만들어 줍니다(폰트의 종류나 크기에 따라 [Tracking Amount]의 옵션값은 본문과 다를 수 있습니다. 화면을 보면서 적당한 값을 입력합니다).

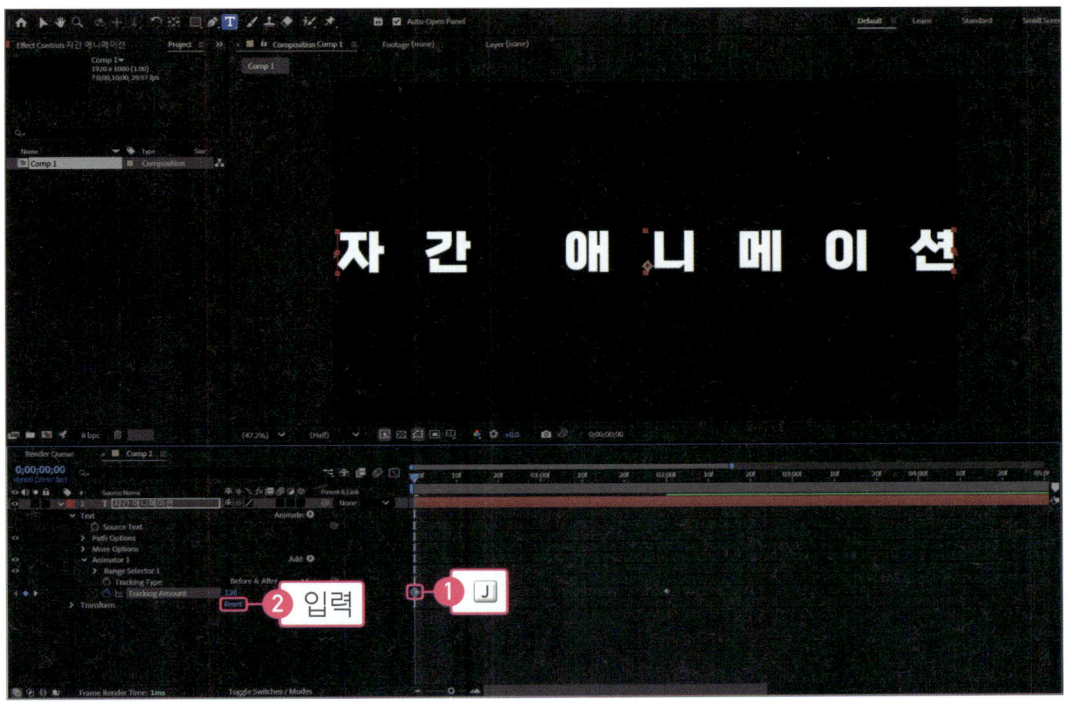

06 애니메이션에 가속도를 추가하기 위해 ① [Timeline] 패널의 키프레임을 모두 선택한 후 키보드의 F9 키를 눌러 [Easy Ease] 키프레임으로 변경합니다. ② [Graph Editor] 버튼을 클릭해 [Timeline] 패널을 그래프 영역으로 전환합니다. ③ 2초에 있는 키프레임의 핸들을 클릭한 후 [influence] 옵션값이 '100%' 가 되도록 앞으로 드래그합니다. 앞은 뾰족하고 뒤쪽은 완만한 그래프 모양이 완성됩니다.

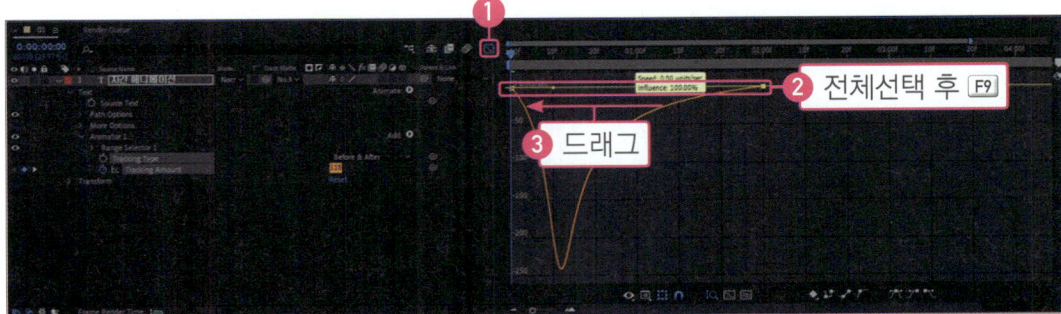

TIP

[Graph Editor]에서 그래프의 모양은 옵션의 성격에 따라 가끔 다를 때가 있습니다. 먼저 [Speed Graph]는 속도를 표현한 그래프로 애니메이션의 움직임을 파악하기에 좋고, [Value Graph]는 값을 표현한 그래프로 정확한 옵션 값을 파악하기에 좋습니다. [Graph Editor]의 빈 영역을 클릭하면 바로가기 메뉴가 나타나며 이 곳에서 그래프의 종류를 변경할 수 있습니다.

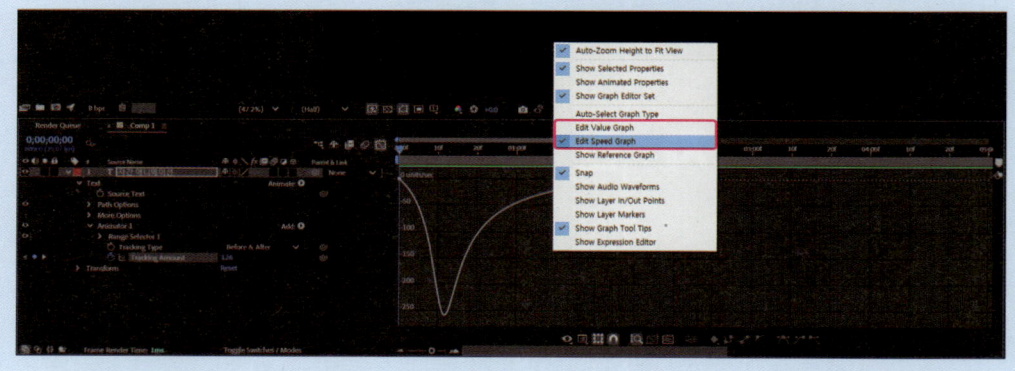

07 [Opacity] 옵션을 추가하기 위해 ❶ [Graph Editor] 버튼을 다시 클릭해 기존의 [Timeline] 패널로 전환합니다. ❷ [Text] 레이어를 선택하고 Shift + T 를 눌러 [Transform] 영역을 확장합니다. [Opacity] 옵션에 [Tracking Amount]의 타이밍과 동일한 0초와 2초에도 키프레임을 추가한 후 ❸ 0초의 키프레임을 선택해 [Opacity] 옵션값을 '0'으로 입력합니다.

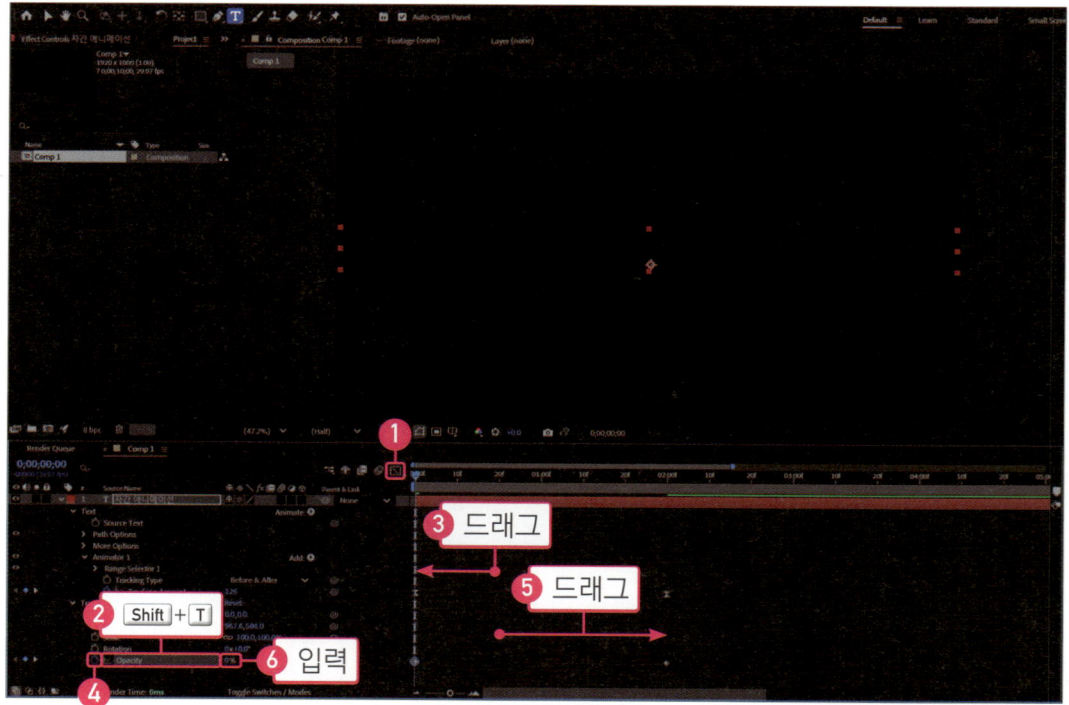

08 이어서 [Opacity] 옵션에도 가속도를 추가하기 위해 ❶ [Timeline] 패널의 키프레임을 모두 선택한 후 ❷ 키보드의 F9 키를 눌러 [Easy Ease] 키프레임으로 변경합니다. ❷ [Graph Editor] 버튼을 클릭해 [Timeline] 패널을 그래프 영역으로 전환합니다. ❸ 2초에 있는 키프레임의 핸들을 클릭한 후 [influence] 옵션값이 '100%' 가 되도록 앞으로 드래그합니다. [Tracking Amount]의 그래프와 똑같이 앞은 뾰족하고 뒤쪽은 완만한 그래프 모양이 완성됩니다.

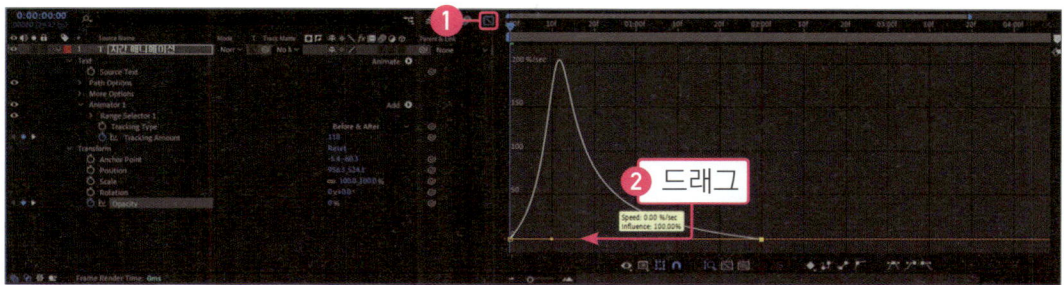

09 작업 영역인 [Work Area]를 설정하고 키보드의 Space Bar 키 또는 0 키를 눌러서 애니메이션이 잘 적용되었는지 프리뷰합니다.

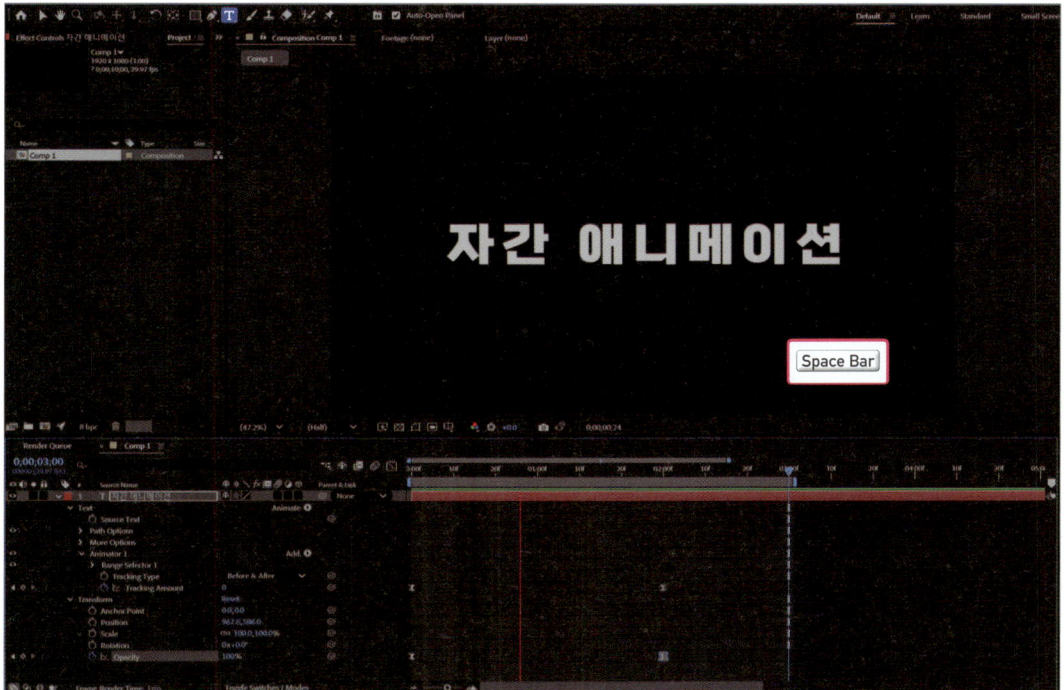

STEP 04 스티커 애니메이션

완성 파일 애프터 이펙트-파트4_ch03-스티커 애니메이션

화면에 자막이 날아와 스티커처럼 달라붙는 자막 애니메이션은 특별한 상황을 설명하거나 타이틀로 사용하기에 안성맞춤인 효과입니다. 스티커 애니메이션은 종이를 넘기는 효과인 [CC Page Turn]을 이용합니다. 방법은 다음과 같습니다.

01 스티커 자막 만들기

01 애프터 이펙트를 실행한 후 HD 1920x1080 29.97fps 프리셋으로 컴포지션을 생성합니다.

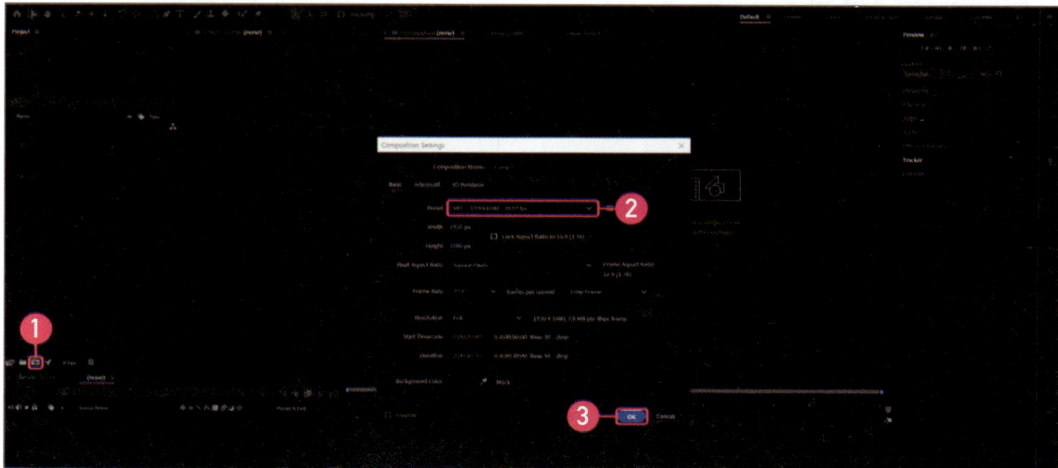

02 ❶ [Tool] 바에서 [Type Tool](단축키 Ctrl + T)을 선택한 후 [Composition] 패널을 클릭해 원하는 자막을 입력합니다(스티커 느낌을 주기 위해 두 줄로 입력합니다). ❷ 이어서 [Character] 패널에서 자간과 줄 간격 옵션값을 조정해 글씨가 오밀조밀하게 모이도록 만듭니다.

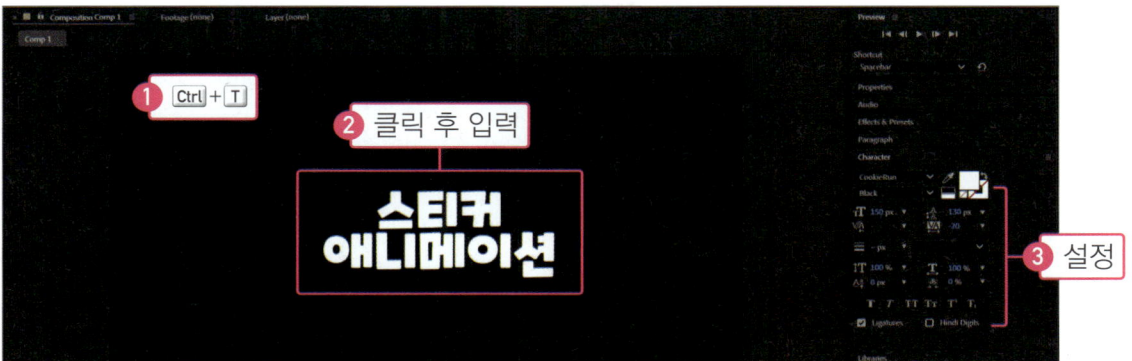

03 자막에 색상을 설정하고 테두리를 추가하기 위해 ❶ [Fill Color]를 클릭해 [하얀색(#FFFFFF)]을 설정한 후 ❷ [Stroke Color]를 클릭하여 [주황색(#FF7E00)]을 설정합니다.

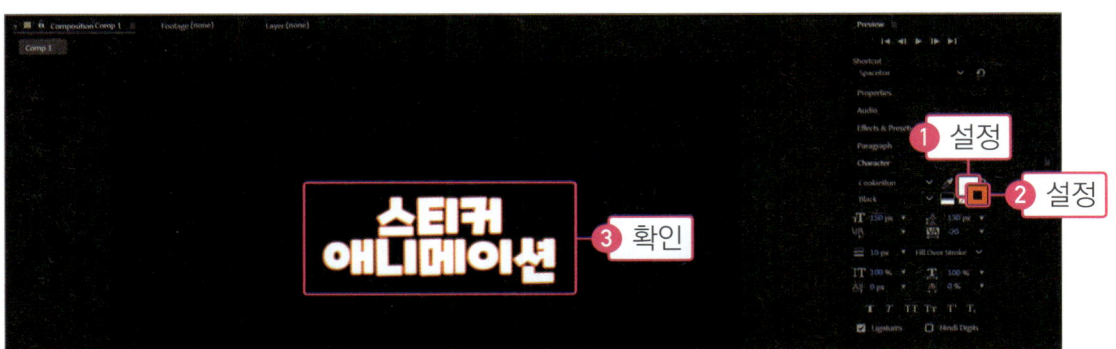

> **TIP**
>
> [Composition] 패널은 기본적으로 배경색이 검은색으로 설정되는데 투명한 배경을 원한다면 [Composition] 패널의 [Toggle Transparency Grid]를 클릭해 보기 방식을 변경할 수 있습니다.

04 자막이 스티커처럼 보이도록 ❶ [Set the stroke width] 옵션값을 '55'로 입력합니다. 굵기를 너무 많이 올리면 테두리가 글씨를 가리는 경우가 발생해 ❷ 드롭박스를 클릭한 후 [All Fills over All Strokes]를 선택합니다. 글씨 아래로 테두리가 깔립니다.

02 CC Page Turn 효과 적용하기

01 앞의 예제에 이어서 ❶ [Effect&Presets] 탭을 클릭한 후 검색란에 'CC page'를 입력합니다. ❷ [Timeline] 패널의 [Text] 레이어를 선택하고 검색 결과로 나타난 [CC Page Turn]을 더블클릭합니다.

02 세부 옵션을 수정하기 위해 ① [Controls] 드롭박스를 클릭한 후 [Bottom Right Cornner]를 선택합니다. ② [Back Opacity]의 값은 '100'을 입력해 불투명한 상태로 변경한 후 ③ [Paper Color]는 [어두운 회색(#151515)]으로 변경합니다.

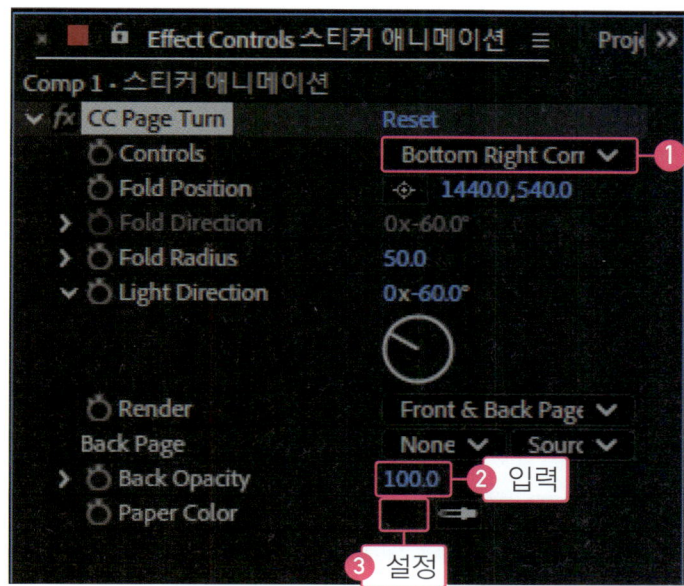

Controls: 페이지가 접히는 방향 선택
Fold Position: 접히는 위치
Fold Direction: [Controls] 드롭박스에서 [Classic UI]를 선택하면 활성화
Fold Radius: 접히는 범위의 두께
Light Direction: 뒷면에 반사되는 빛의 방향
Render: 화면에 노출되는 면을 선택 (앞/뒷면)
Back Page: 뒷면을 구성하는 옵션. None을 선택하면 뒷면을 단색으로 채울 수 있습니다.

03 날아오는 애니메이션을 위해 ① [Timeline] 패널의 [인디케이터]를 클릭해 0초로 드래그합니다. ② [Effect Controls] 패널에서 [Fold Position]의 ◎을 클릭해 키프레임을 추가합니다. 키보드의 U 키를 눌러 [Timeline] 패널에 [Fold Position] 옵션을 확인합니다. ③ 이번에는 [Timeline] 패널의 [인디케이터]를 클릭해 1초로 드래그한 후 ◎을 클릭해 키프레임을 추가합니다.

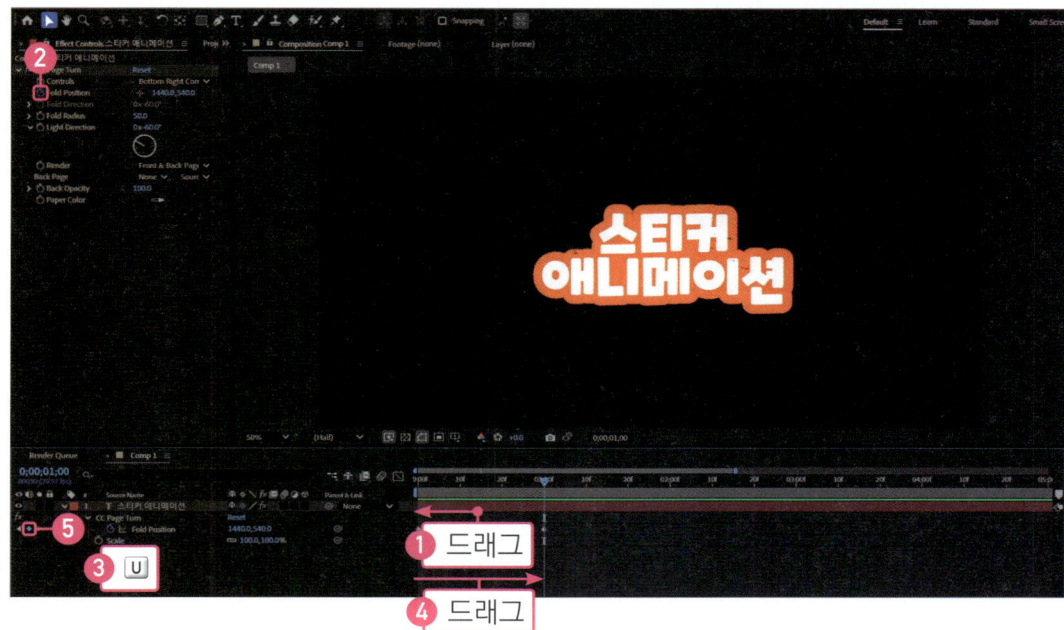

04 ❶ 키보드의 ⓙ 키를 눌러 다시 첫 번째 키프레임으로 이동합니다. ❷ [Composition] 패널에서 [포인터]를 클릭한 채 화면의 왼쪽 위로 드래그해 자막이 화면에서 보이지 않도록 만듭니다(포인터가 보이지 않는다면 ⊕을 클릭합니다).

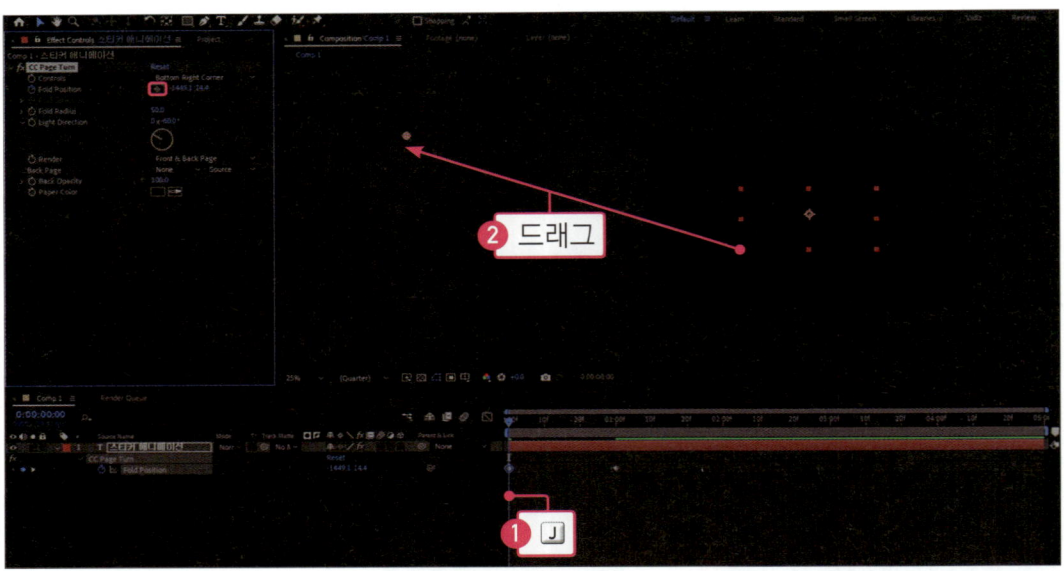

> **TIP**
>
> 마우스 휠로 화면을 [확대/축소]할 수 있고, Space Bar 키를 누른 채 드래그하면 화면 위치를 이동할 수 있습니다. 자막을 화면 전체에 맞추려면 [Fit]을 선택하거나 단축키 Alt + / 를 눌러 보세요.
>
>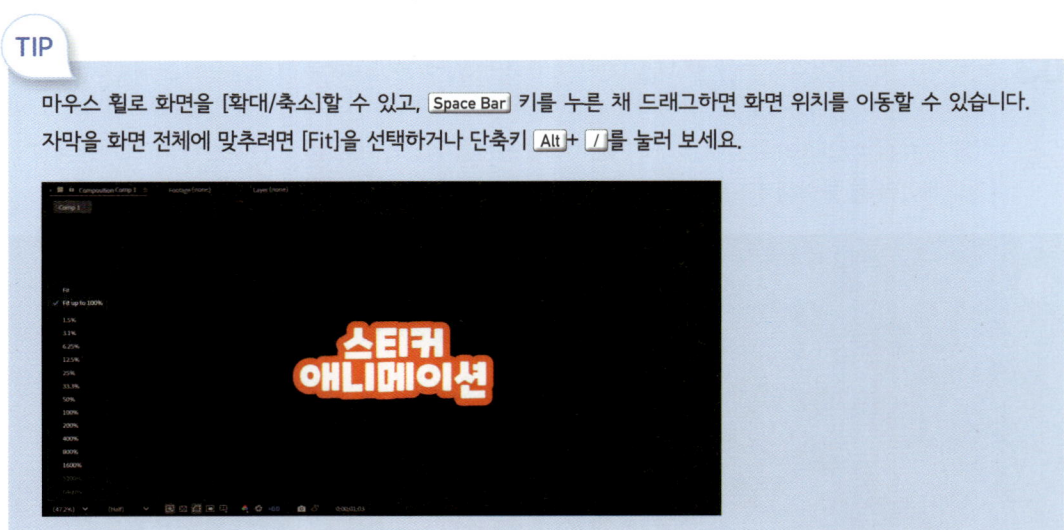

05 ❶ [Timeline] 패널의 [인디케이터]를 클릭해 1초로 드래그한 후 [Composition] 패널에 자막이 접힌 부분이 없는지 확인합니다(자막의 크기나 위치에 따라 접힌 부분이 발생할 수 있습니다). ❷ 자막이 접혔다면 모두 펼쳐지도록 [Fold Position]의 위치를 재설정합니다. 가속도를 추가하기 위해 ❸ [Timeline] 패널의 키프레임을 모두 선택한 후 ❹ 키보드의 F9 키를 눌러 [Easy Ease] 키프레임으로 변경해 약간의 가속도를 추가합니다.

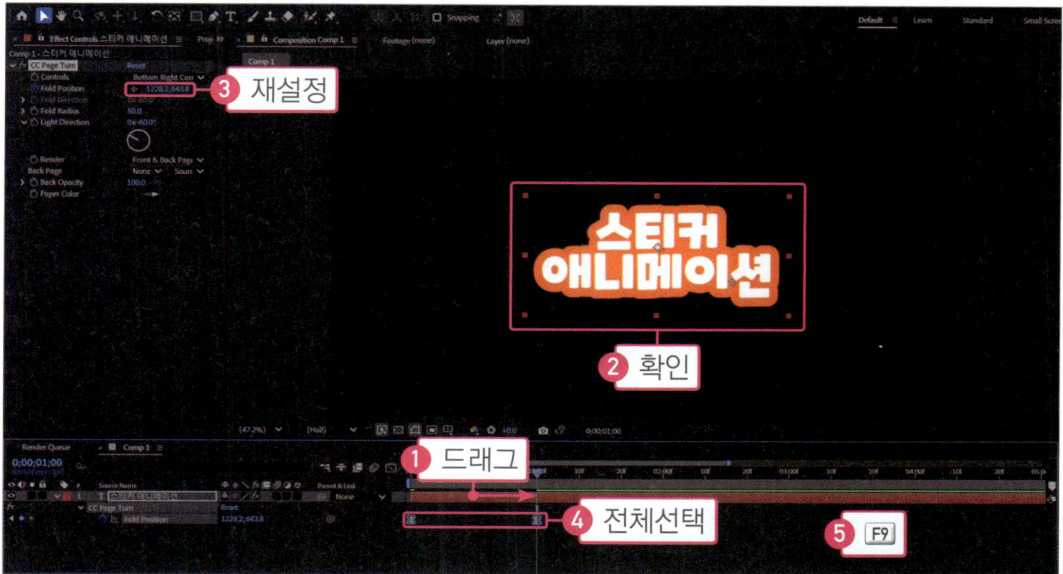

06 [Effect&Presets] 패널 검색란에 'drop shadow'를 입력합니다. [Timeline] 패널의 [Text] 레이어를 클릭하고 검색 결과로 나타난 [Drop Shadow]를 더블클릭해 효과를 적용합니다.

07 세부 옵션을 수정하기 위해 ❶ [Shadow Color]는 [검은색(#000000)], [Opacity]는 '100', [Distance]는 '45'로 설정해 그림자와 자막 사이에 약간의 거리감을 둡니다. ❷ 마지막 [Softness] 는 '150'을 입력해 경계를 부드럽게 만들고 ❸ [Composition] 패널 하단의 ▣을 클릭해 배경을 투명하게 설정합니다.

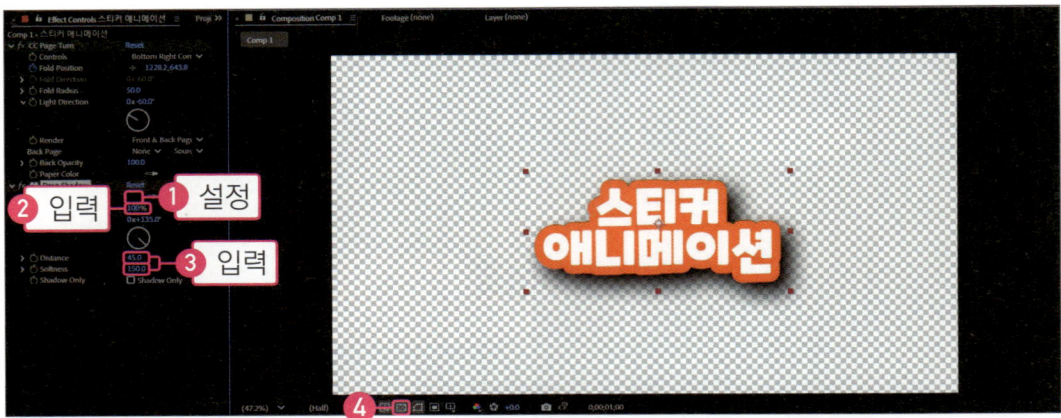

08 작업 영역인 [Work Area]를 설정하고 키보드의 Space Bar 키 또는 0 키를 눌러서 애니메이션이 잘 적용되었는지 프리뷰합니다.

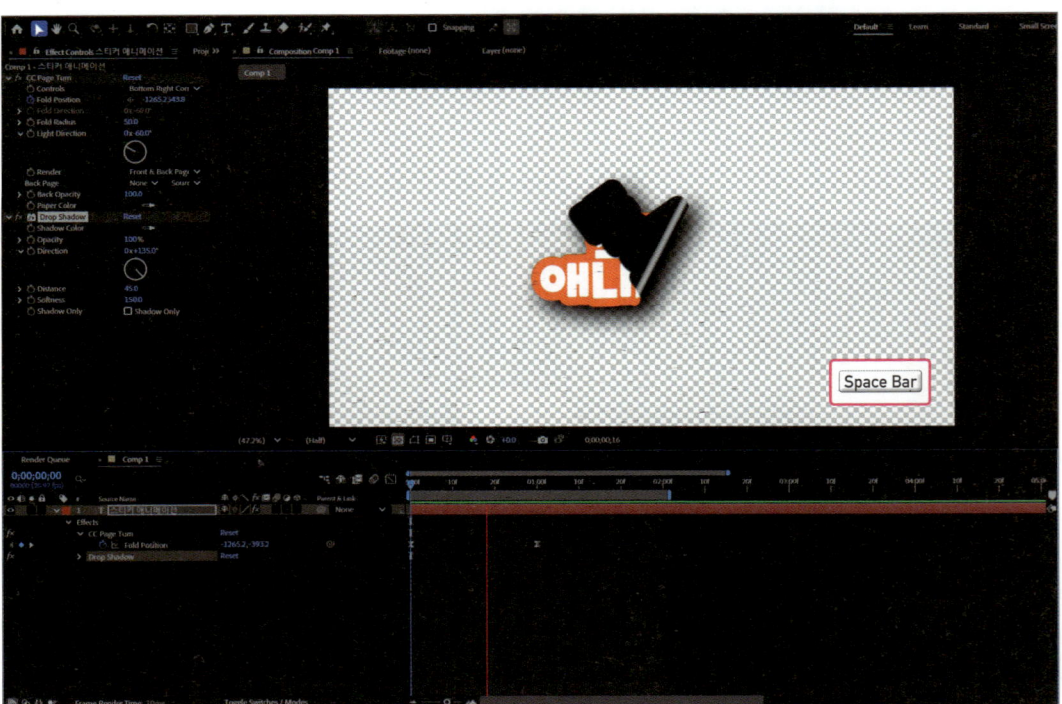

STEP 05 강조 애니메이션

완성 파일 애프터 이펙트-파트4_ch03-강조 애니메이션

프리미어 프로에서는 자막에 강조하고 싶은 단어가 있을 때 크기와 굵기를 다르게 설정해 강조하는 방법을 설명한 적이 있습니다. 애프터 이펙트에서는 마스크 기능을 활용하는데 방법은 다음과 같습니다.

01 강조 자막 만들기

01 애프터 이펙트를 실행한 후 HD 1920x1080 29.97fps 프리셋으로 컴포지션을 생성합니다.

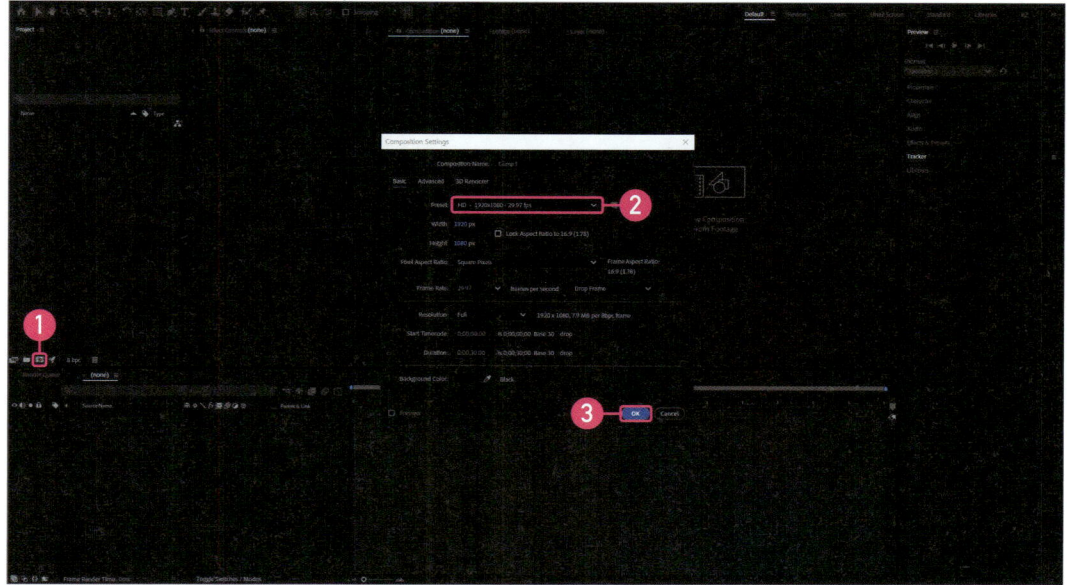

02 ❶ [Tool] 바에서 [Type Tool](단축키 Ctrl+T)을 선택한 후 [Composition] 패널을 클릭해 원하는 자막을 입력합니다. 세부 옵션을 설정하기 위해 ❷ [Text] 패널에서 [Font]는 [Pretendard], [Font Style]은 [Regular]를 선택한 후 [Paragraph] 패널의 [Center Text]를 선택합니다.

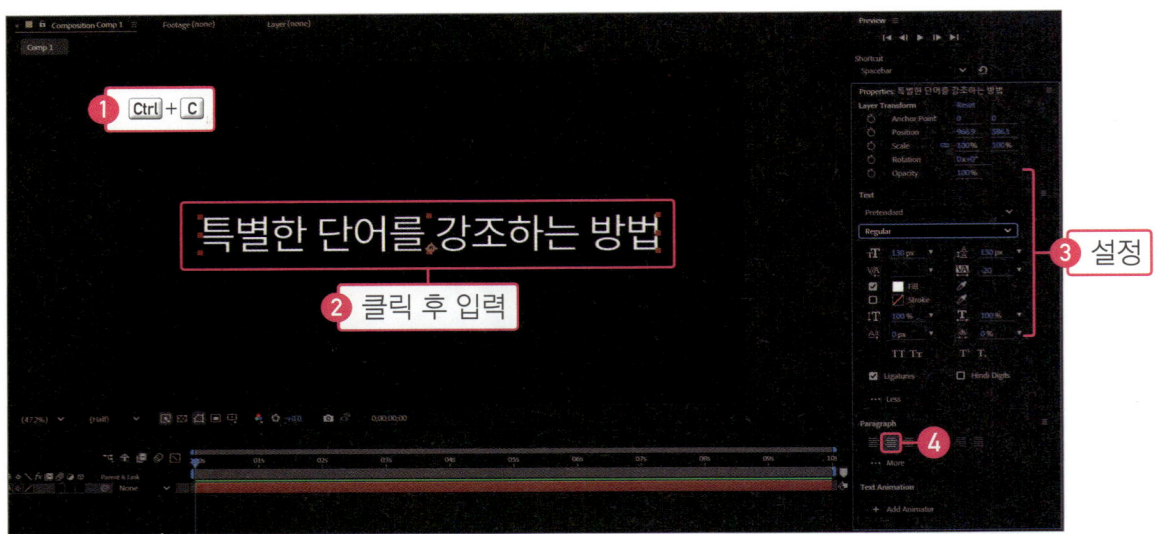

03 애니메이션을 위해 ❶ [Timeline] 패널의 [Text] 레이어를 선택한 후 메뉴 바의 [Edit]-[Duplicate]를 클릭합니다(단축키 Ctrl+D).

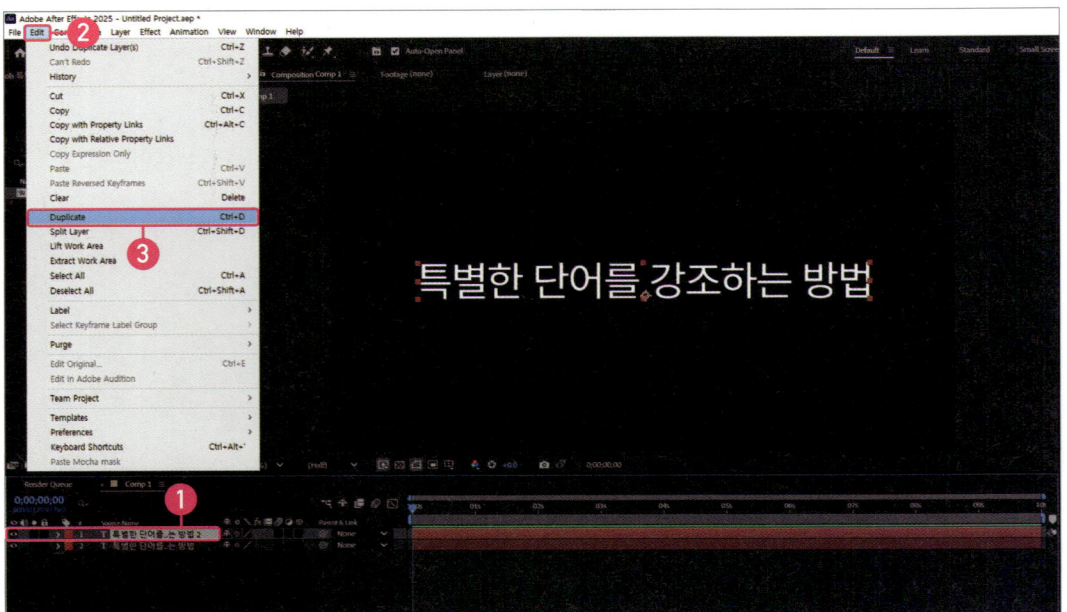

04 ① [Timeline] 패널에 복제된 [Text] 레이어를 선택한 후 ② [Text] 패널에서 [Font Style]은 [Black]으로 변경합니다.

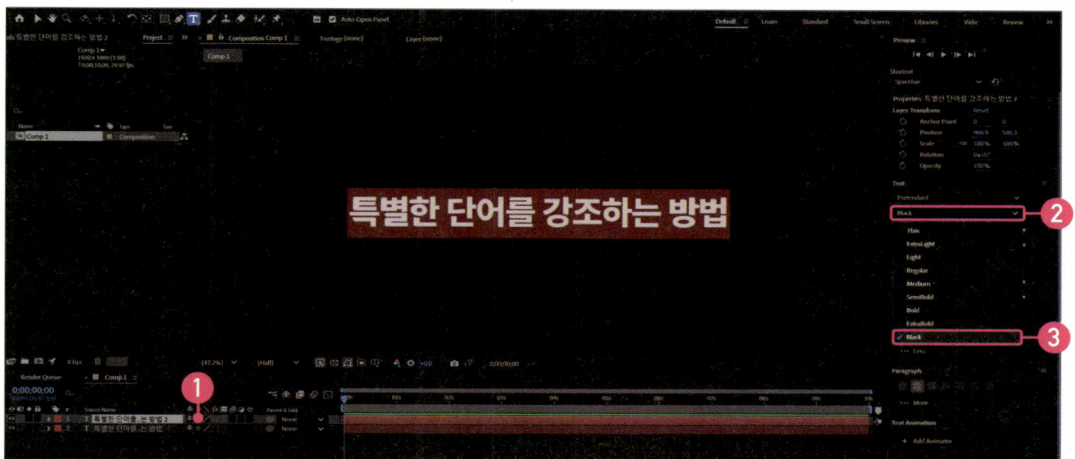

05 배경색을 추가하기 위해 ① [Timeline] 패널의 빈 곳에 마우스 오른쪽 버튼을 클릭합니다. 바로가기 메뉴가 나타나면 [New]-[Solid]를 선택한 후 ② [Color]는 [밝은 주황색(#FF6600)]을 설정하고 [OK] 버튼을 클릭합니다. ③ [Timeline] 패널에 생성된 [Solid] 레이어를 클릭한 채 [Text] 레이어에 오도록 드래그해 순서를 변경합니다.

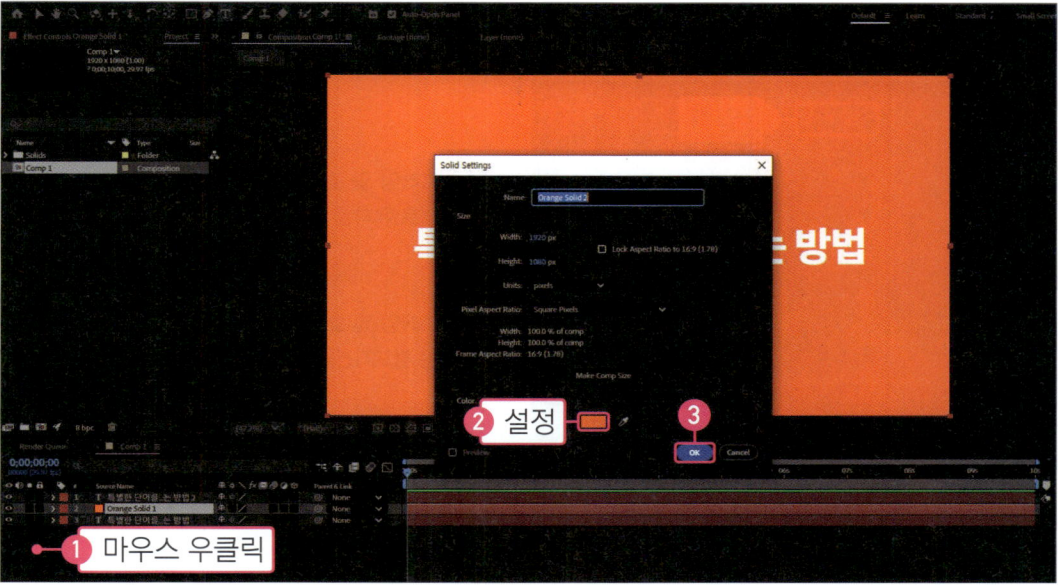

단축키 Ctrl + Y를 눌러도 Solid Settings 창을 실행할 수 있습니다.

06 자막과 배경을 한 번에 컨트롤 하기 위해 ❶ 키보드의 Shift 키를 누른 채 [Bold Text] 레이어와 [Solid] 레이어를 각각 클릭해 함께 선택한 후 ❷ 마우스 오른쪽 버튼을 클릭합니다. 바로가기 메뉴가 나타나면 [Pre-Compose]를 선택합니다(단축키 Ctrl + Shift + C).

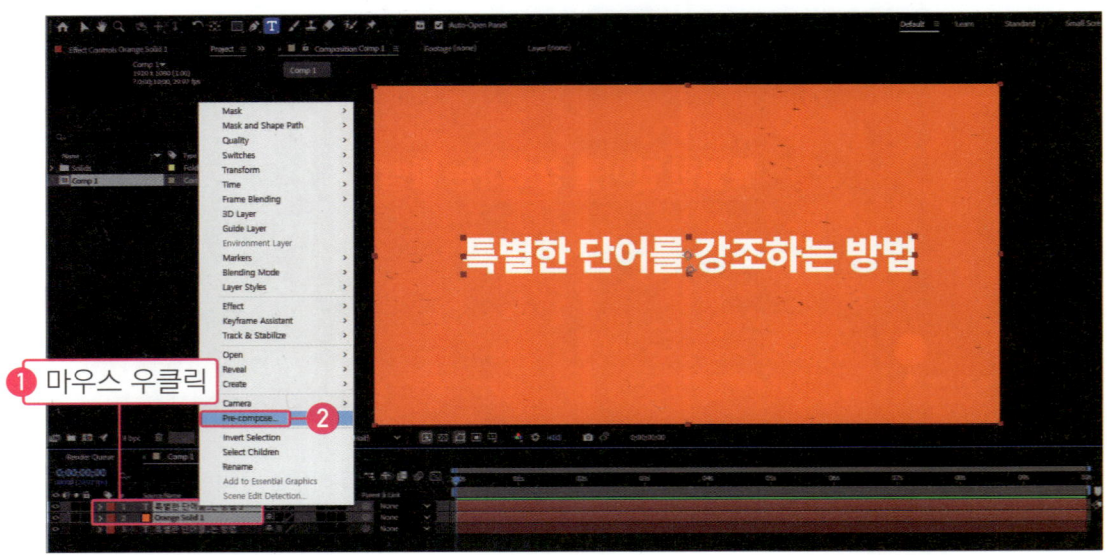

07 화면에 Pre-composition 창이 나타나고 ❶ [New composition name] 입력란에 '강조 박스'를 입력한 후 두 번째 체크박스를 선택합니다. ❷ 설정이 모두 완료되면 하단의 [OK] 버튼을 클릭합니다.

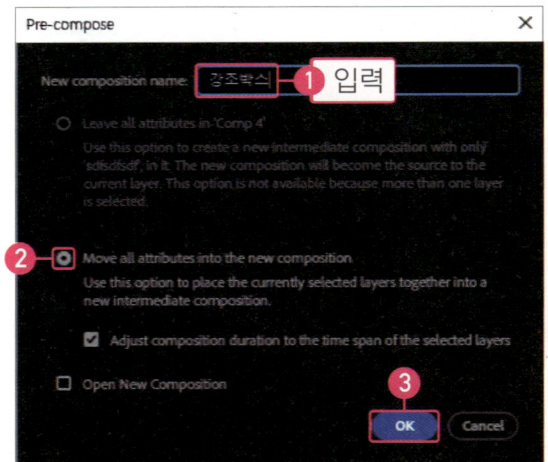

키프레임 및 효과 등 기존 작업 내용을 레이어에 그대로 유지한 채 새로운 컴포지션을 생성합니다.

키프레임 및 효과 등이 새 레이어에 옮겨진 후 새로운 컴포지션을 생성합니다.

> **TIP**
>
> [Pre-composition]은 프리미어 프로의 [Nest]와 동일한 기능으로 선택한 클립을 포함해 새 컴포지션을 생성하는 기능입니다. 자막에 효과를 많이 적용하다 보면 수십 개의 레이어가 생성되는 데 [Pre-composition]으로 깔끔하게 레이어로 정리할 수 있습니다. 작업 속도를 높이거나 프로젝트를 단계별로 관리하기 위해 반드시 사용하는 기능이니 기억해 주세요.

08 기존에 선택했던 두 레이어가 '강조 박스'라는 새로운 컴포지션으로 합쳐집니다.

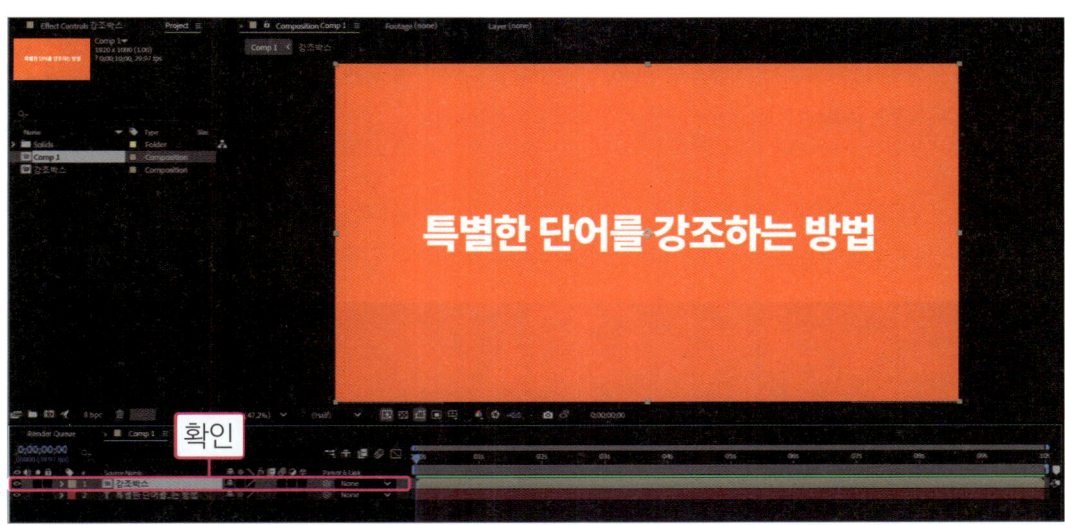

02 강조 자막이 등장하는 마스크 애니메이션 만들기

[Mask] 기능을 이용해 강조하고 싶은 단어의 배경이 잘 나타나도록 애니메이션을 만들어 보겠습니다.

01 앞의 예제에 이어서 ❶ [Timeline] 패널에서 [강조 박스] 컴포지션을 선택한 후 ❷ [Tool] 바에서 [Rectangle Tool]을 선택합니다(단축키 Q). ❸ [Composition] 패널의 강조하고 싶은 텍스트 위에 드래그해 사각형을 그립니다(글씨 주변으로 약간의 공간이 생기도록 그려주는 게 좋습니다). ❹ 화면에 사각형 마스크가 생성되고 굵은 글씨와 배경이 박스처럼 나타납니다.

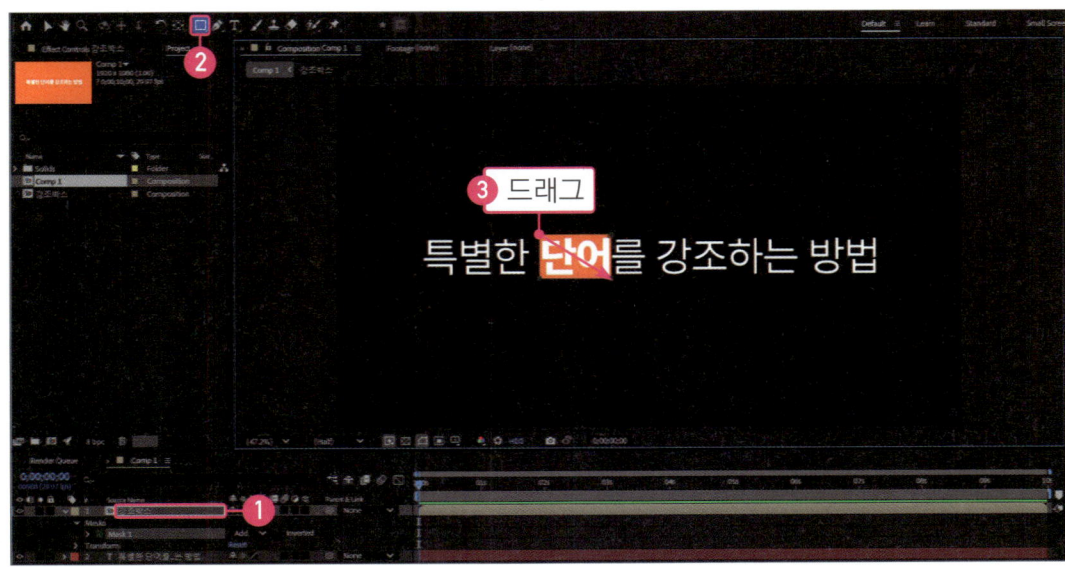

> **TIP**
>
> 마스크의 모양을 수정하고 싶다면 [Timeline] 패널에서 마스크를 클릭한 후 단축키 Ctrl + T 를 누릅니다. 마스크 주변으로 회색 막대가 나타나며 자유롭게 변형이 가능합니다(Ctrl + T 는 원래 텍스트 입력 단축키지만 마스크가 선택된 상태에서는 [Mask Transform] 기능의 단축키로 사용됩니다).

02 이어서 '강조' 단어에도 마스크를 생성하기 위해 ❶ [Timeline] 패널의 [Mask 1]을 클릭한 후 단축키 Ctrl + D 를 눌러 마스크를 복제합니다 ❷ 똑같은 위치에 크기가 같은 [Mask 2]가 생성됩니다.

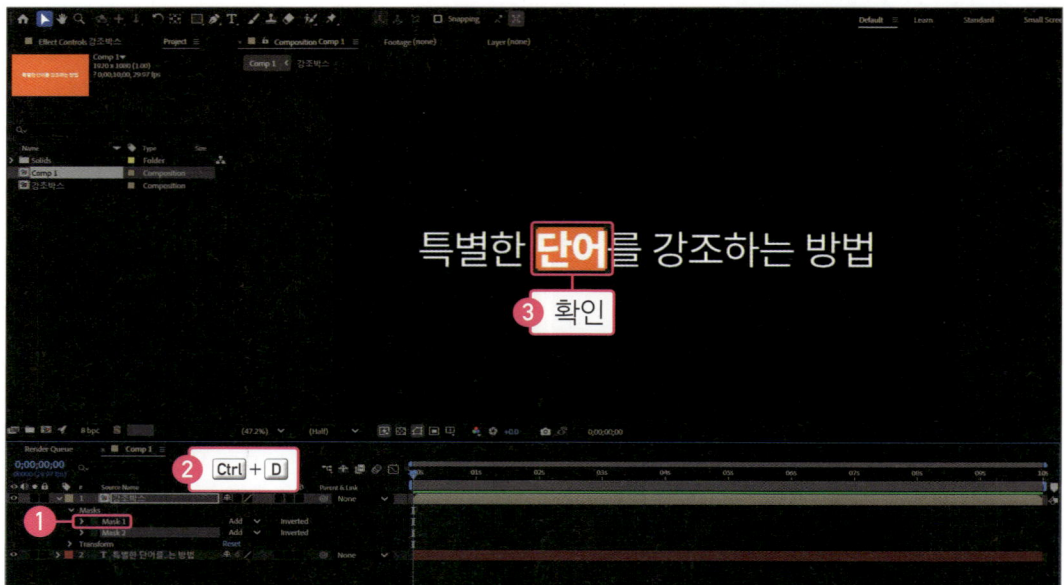

03 ❶ [Timeline] 패널의 [Mask 2]를 클릭하고 단축키 Ctrl + T 를 눌러 [Mask Transform] 형태로 변경합니다. ❷ [Composition] 패널에서 마스크를 클릭해 '강조' 단어 위로 드래그합니다. ❸ 마스크의 양 끝에 있는 조절점을 클릭해 높이는 유지한 채 텍스트가 모두 덮이도록 넓이를 조정합니다.

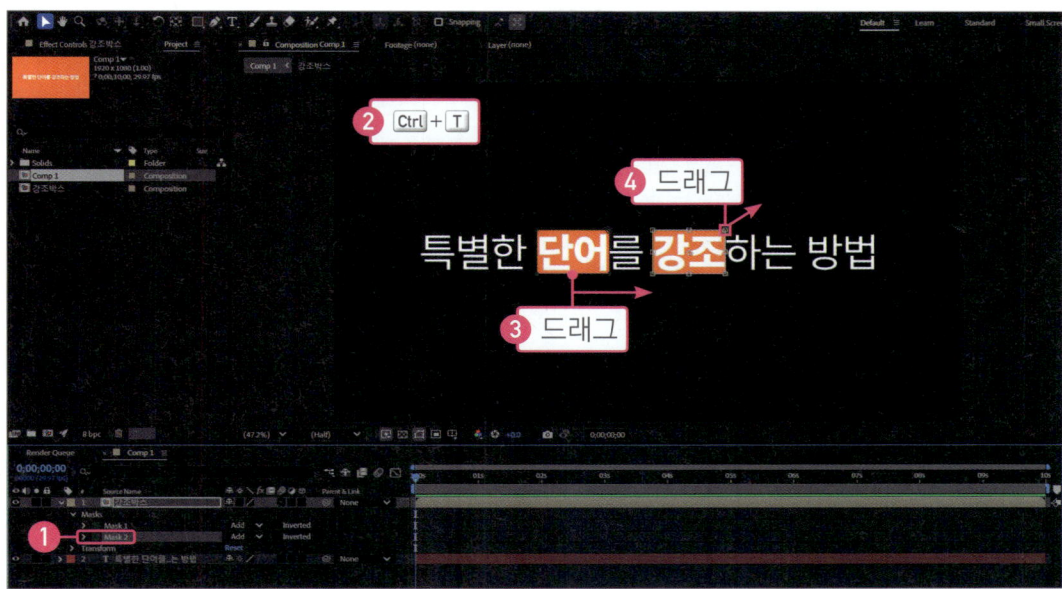

04 애니메이션을 추가하기 위해 ❶ [Timeline] 패널의 [인디케이터]를 클릭해 1초로 드래그합니다. ❷ '강조박스' 컴포지션을 선택하고 키보드의 M 키를 누르면 [Mask 1, 2]의 [Mask path] 옵션이 나타납니다. ❸ [Mask 1]의 ◆을 클릭해 키프레임을 생성합니다. 이번에는 ❹ [인디케이터]를 20프레임 뒤로 이동해 ◆을 클릭해 키프레임을 추가합니다.

05 ① 키보드의 J 키를 눌러서 [인디케이터]를 다시 1초에 있는 키프레임으로 이동합니다. ② [Timeline] 패널에서 [Mask 1]을 선택하고 단축키 Ctrl + T를 눌러 [Mask Transform] 형태로 변경합니다. ③ 마스크의 오른쪽 사각형을 클릭한 채 왼쪽 방향으로 드래그하여 강조하는 글씨가 전혀 나오지 않도록 만듭니다.

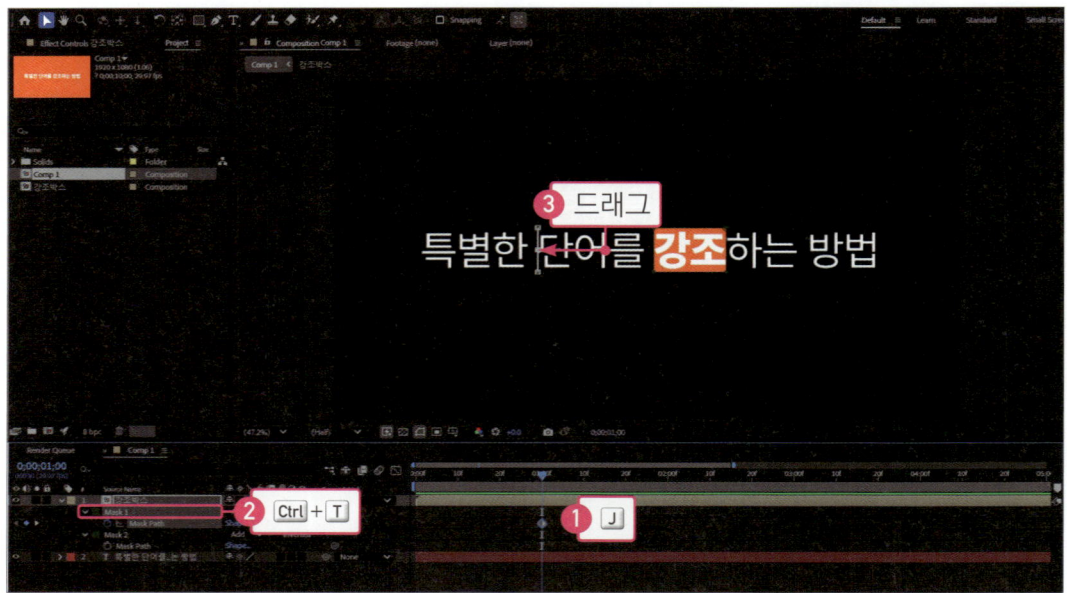

06 가속도를 추가하기 위해 ① [Timeline] 패널의 키프레임을 모두 선택하고 키보드의 F9 키를 눌러 [Easy Ease] 키프레임으로 변경합니다. ② 상단 [Graph Editor] 버튼을 클릭한 후 양쪽 키프레임 모두 [Influence]의 옵션값을 '60%'가 되도록 핸들을 클릭해 가운데로 드래그합니다. ③ 가운데가 적당히 뾰족한 모양의 그래프가 완성됐습니다.

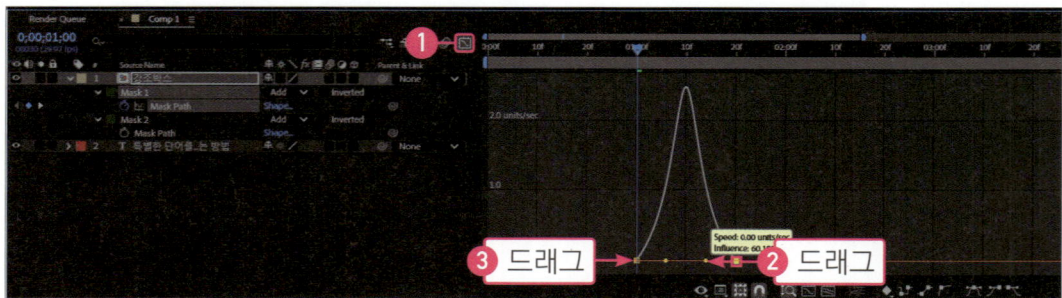

07 두 번째 강조 '강조' 박스에도 같은 작업을 반복하기 위해 ❶ [Timeline] 패널의 [인디케이터]를 클릭해 1초 5프레임으로 이동합니다. ❷ [Mask 2]의 [Mask Path] 옵션에 ◆을 클릭해 키프레임을 생성합니다. ❸ 박스가 생성되는 간격은 똑같이 20프레임이므로 [인디케이터]를 클릭해 1초 25프레임으로 드래그한 후 ◆을 클릭해 키프레임을 추가합니다.

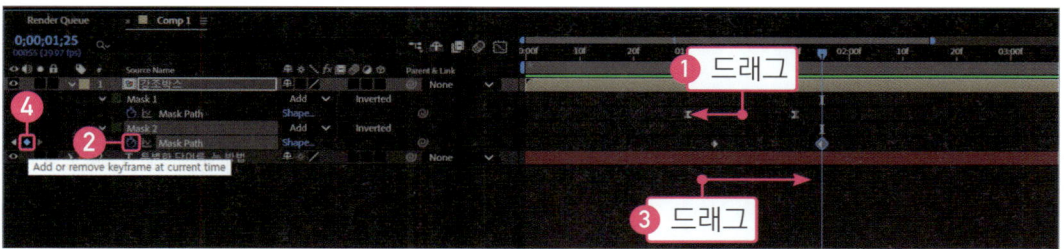

08 ❶ [Mask 2]의 첫 번째 키프레임으로 다시 [인디케이터]를 이동합니다. ❷ [Timeline] 패널에서 [Mask 2]를 선택하고 단축키 Ctrl + T 를 눌러 [Mask Transform] 형태로 변경합니다. ❸ 마스크의 오른쪽 사각형을 클릭하고 왼쪽 방향으로 드래그하여 강조하는 글씨가 전혀 나오지 않도록 만듭니다.

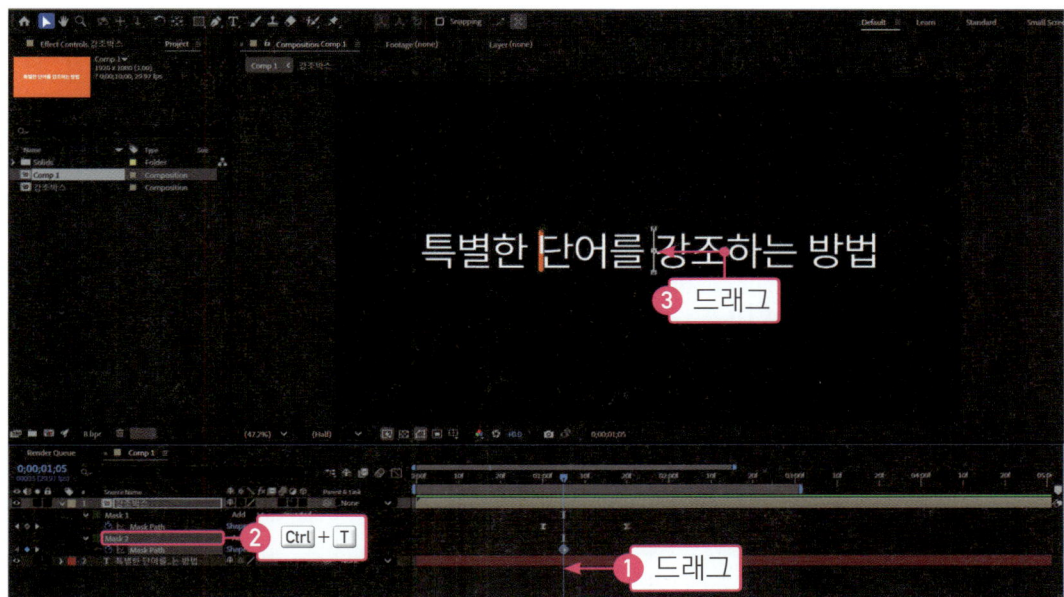

09 가속도를 추가하기 위해 ❶ [Timeline] 패널의 키프레임을 모두 선택하고 키보드의 F9 키를 눌러 [Easy Ease] 키프레임으로 변경합니다. ❷ [Graph Editor] 버튼을 클릭해 양쪽 키프레임 모두 [Influence] 옵션값이 '60%'가 되도록 핸들을 클릭해 가운데로 드래그합니다. ❸ 가운데가 적당히 뾰족한 모양의 그래프가 완성됐습니다.

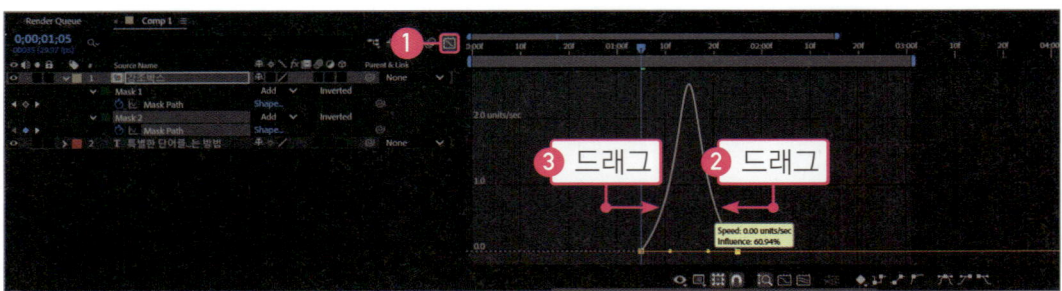

10 작업 영역인 [Work Area]를 설정하고 [Composition] 패널을 클릭한 후 키보드의 Space Bar 또는 0 키를 눌러서 애니메이션이 잘 적용되었는지 프리뷰합니다.

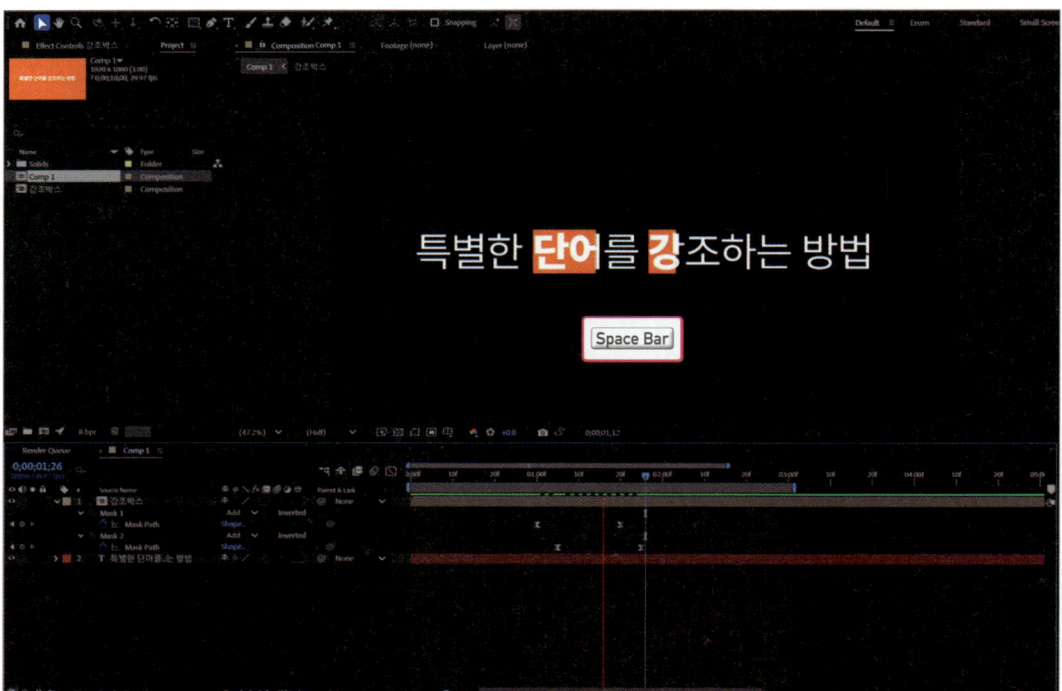

애프터 이펙트로 영상 합성하기

애프터 이펙트는 애니메이션과 더불어 영상 합성에 특화된 프로그램입니다. 이번 챕터에서는 영상 합성에 사용되는 프로그램의 다양한 기능과 효과를 살펴보고 영상을 추적해 자막이나 이미지를 합성하는 방법에 대해 자세히 알아보겠습니다.

STEP 01 영상 합성이란?

영상 합성은 편집 후반 작업 때 추가한 자막이나 이미지 등의 그래픽 소스가 실제 촬영 영상과 자연스럽게 어울리도록 다듬는 작업을 의미하는데 쉽게 설명하면 마치 진짜 촬영한 것처럼 구현하는 것입니다.

대부분 영상 합성은 영화, 광고와 같은 상업 영상을 만드는 곳에서 뛰어난 실력을 갖춘 전문가만 할 수 있는 작업이라고 생각하는데 사용법만 익히면 입문자도 꽤 그럴듯한 결과물을 만들 수 있습니다.

STEP 02 Tracking

영상 속에서 빠르게 움직이는 피사체를 자막이나 이미지가 따라가도록 하고 싶을 때 흔히 떠올리는 방법이 '키프레임'입니다. 하지만 이 방법은 작업 시간이 오래 걸리고 그래픽 소스의 움직임이 다소 어색해 보인다는 단점이 있습니다. 이런 경우에는 애프터 이펙트의 [Tracking] 기능을 활용하는 것이 좋습니다. [Tracking]은 자동으로 피사체의 움직임을 감지해 위치, 크기, 각도 등의 데이터를 추적하므로 영상에 추가한 그래픽 소스가 보다 자연스럽게 따라가도록 만들어 줍니다.

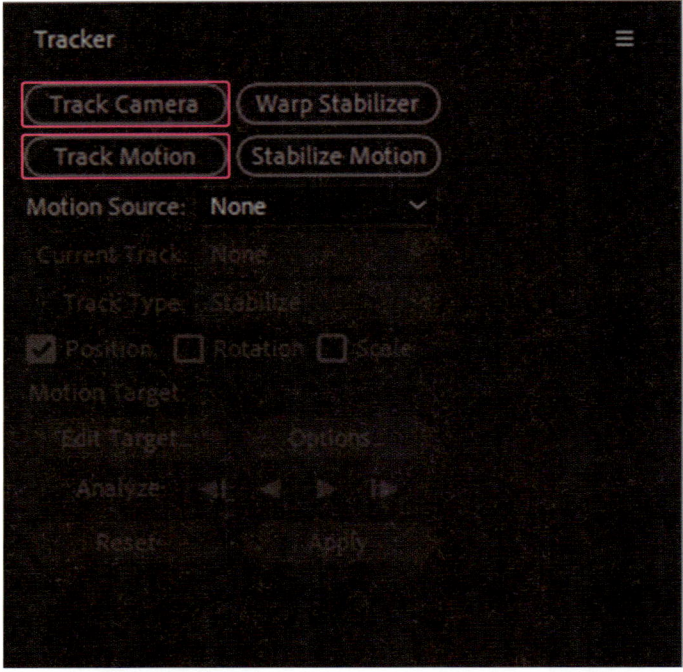

[Tracking] 기능에서 가장 많이 사용하는 것은 [Track Motion]과 [Track Camera]입니다. [Track Motion]은 화면 속 움직이는 피사체를 추적할 때 사용하고, [Track Camera]는 카메라의 움직임에 따른 공간을 추적할 때 사용합니다. 먼저, [Track Motion]의 설정 방법을 알아보겠습니다.

01 Track Motion으로 움직이는 피사체 추적하기

예제 파일 애프터 이펙트-파트4_ch04-Track Motion

01 애프터 이펙트를 실행한 후 ❶ HD 1920x1080 29.97fps 프리셋을 사용하여 새 컴포지션을 생성합니다. ❷ 메뉴 바의 [File]-[Import](단축키 Ctrl + I)를 선택하고, 예제 파일을 선택한 후 [Import] 버튼을 클릭합니다.

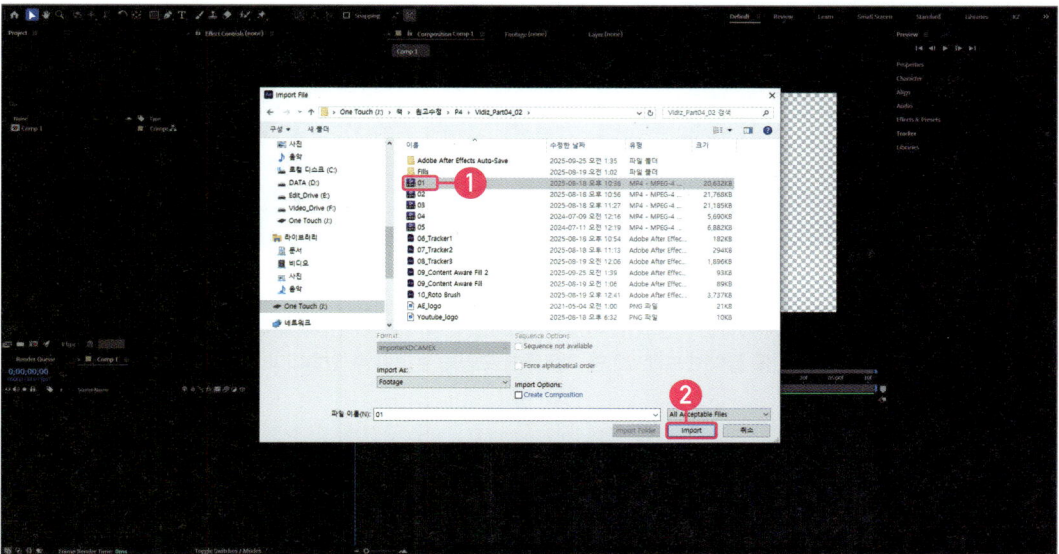

02 ❶ [Project] 패널의 영상 소스를 [Timeline] 패널로 드래그 앤 드롭합니다. ❷ 메뉴 바의 [Window]-[Tracker]를 선택합니다. ❸ 화면 우측에 [Tracker] 패널이 활성화되는 것을 확인할 수 있습니다.

03 ❶ [Timeline] 패널의 영상 소스를 선택한 후 ❷ [Tracker] 패널의 옵션 중 [Track Motion] 버튼을 클릭합니다. 상단에 [Layer] 패널이 생성되고 화면 중앙에 [Track Point 1]이 생성됩니다.

[Track Point] 바깥 사각형은 추적하는 대상을 검색하는 영역이고 안쪽 사각형은 추적할 대상을 지정하는 영역입니다. 두 사각형은 모서리의 [포인터]를 클릭해 드래그하면 자유롭게 모양을 수정할 수 있습니다.

04 [Track Point]의 [+]를 길게 클릭한 후 줌 화면이 나타나면 초점이 정확히 맞는 곳으로 드래그합니다 (물체의 경계가 선명하고 색의 대비가 뚜렷한 곳을 설정해야 대상을 놓치지 않고 추적할 수 있습니다).

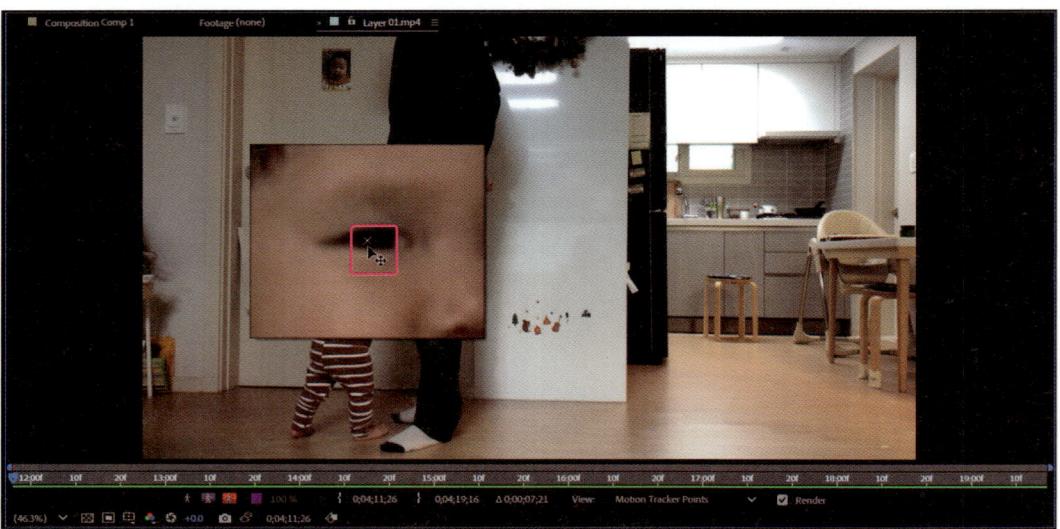

05 다음 ❶ [Analyze] 영역에서 ▶을 클릭해 분석을 시작합니다. ❷ [Composition] 패널의 화면이 재생되어 [Track Point]가 원하는 지점을 추적하는 걸 확인할 수 있습니다.

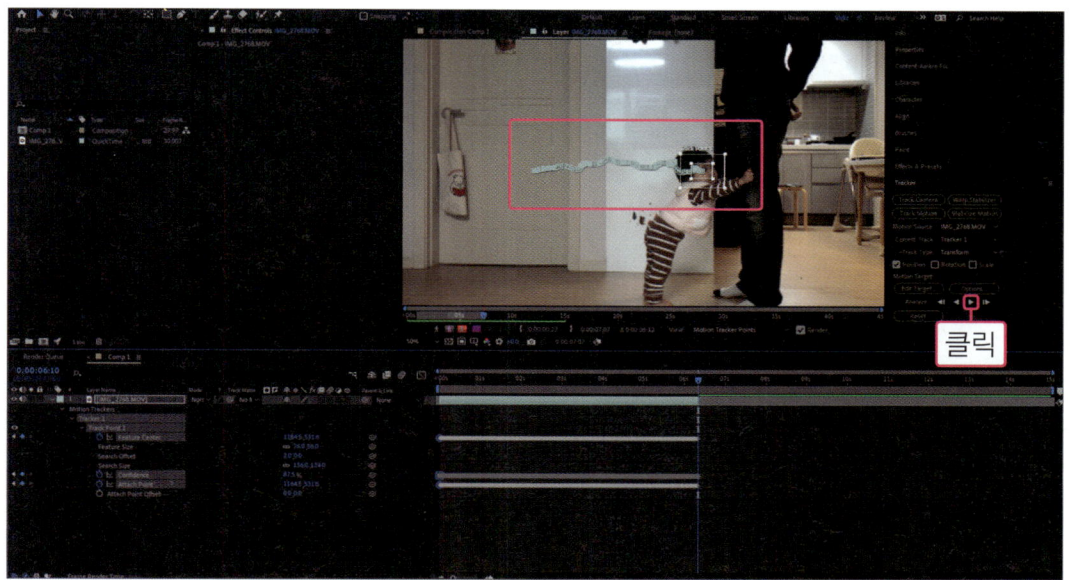

06 추적이 완료되면 [Timeline] 패널에 많은 키프레임이 생성됩니다. ❶ 패널의 빈 곳에 마우스 오른쪽 버튼을 클릭합니다. ❷ 바로가기 메뉴가 나타나면 [New]-[Null Object]를 선택합니다(단축키 Ctrl + Alt + Shift + Y). [Timeline] 패널에 [Null 1]이 생성됩니다.

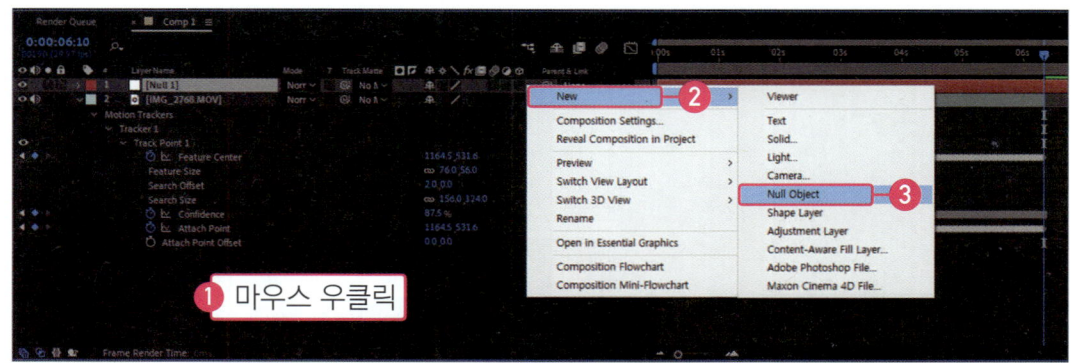

[Null Object]는 레이어의 기본 속성은 유지한 채 화면에 노출되지 않아 각각의 동적 레이어를 컨트롤하는 목적으로 자주 사용됩니다. 본문에서는 [Tracker]를 통해 얻은 추적 데이터와 자막을 연결하는 매개체로 사용하겠습니다.

Chapter 04 · 애프터 이펙트로 영상 합성하기   355

07 추적 데이터를 저장할 레이어를 [Null 1]로 지정하기 위해 ❶ [Tracker] 패널의 [Motion Target] 영역의 [Edit Target] 버튼을 클릭합니다. ❷ 화면에 Motion Target 창이 나타나면 [Layer]를 선택한 후 ❸ 드롭박스를 클릭해 [1. Null 1]을 선택하고 [OK] 버튼을 클릭합니다.

08 이어서 ❶ [Tracker] 패널 하단의 [Apply] 버튼을 클릭합니다. ❷ Motion Tracker Apply Options 창에서 추적 데이터를 X, Y축에 모두 적용하기 위해 [X and Y]를 선택합니다. ❸ [OK] 버튼을 클릭하면 추적 데이터가 [Null Object]에 적용됩니다.

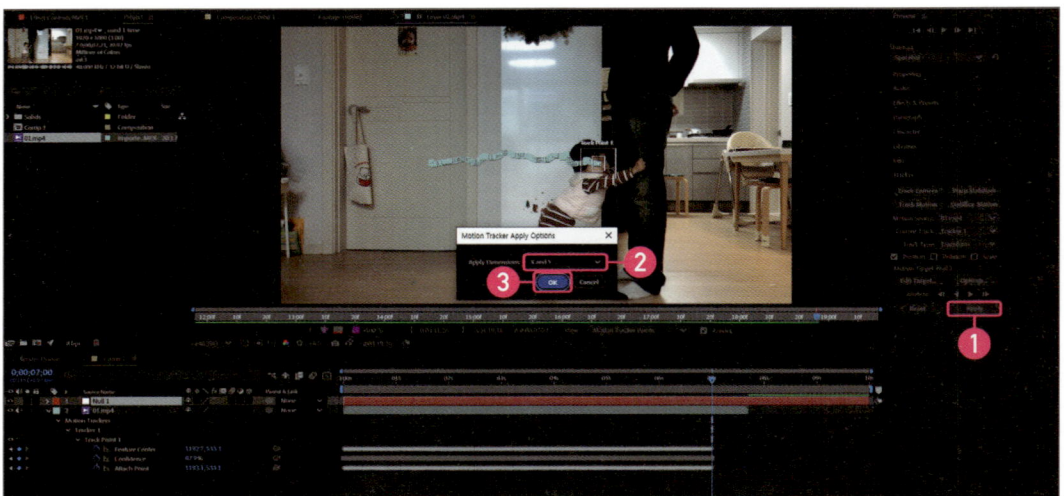

09 이번에는 자막을 추가하기 위해 ❶ [Tool] 바에서 [Type Tool](단축키 Ctrl + T)을 선택한 후 [Composition] 패널을 클릭해 자막을 입력합니다. 다음 ❷ [Selection Tool](단축키 V)을 선택해 자막을 클릭한 후 영상의 원하는 위치에 올 수 있도록 [Properties] 패널에서 [Position]과 [Scale] 옵션값을 수정합니다.

10 [Timeline] 패널에서 [Text] 레이어의 [Parent & Link] 영역의 드롭박스를 클릭해 [2. Null 1]을 선택합니다.

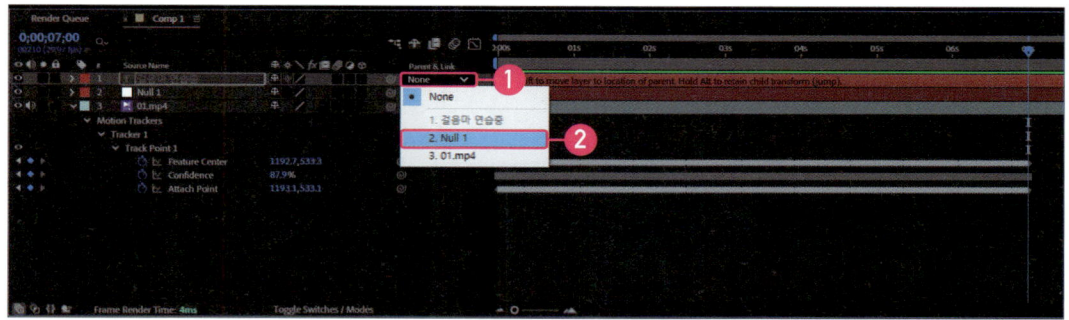

🌀을 클릭한 채 드래그해 [Null 1] 레이어에 바로 연결할 수도 있습니다.

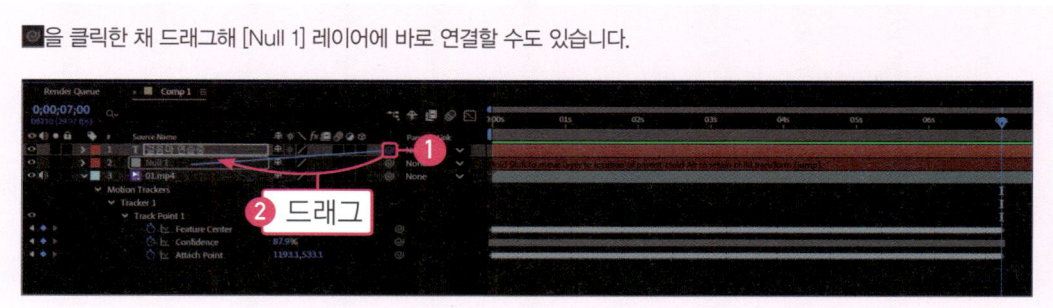

11 작업 영역인 [Work Area]를 설정하고 키보드의 Space Bar 키 또는 0 키를 눌러 작업 내용을 프리뷰합니다. 자막이 원하는 위치를 잘 따라가는 것을 확인할 수 있습니다.

02 Track Point로 반응형 물체 추적하기

예제 파일 애프터 이펙트–파트4_ch04–Track Point

카메라의 움직임으로 추적 대상의 크기가 변하거나 회전 한다면 [Track Point]를 추가 생성해 크기와 회전에 관한 데이터를 수집할 수 있습니다.

01 애프터 이펙트를 실행한 후 ❶ HD 1920x1080 29.97fps 프리셋을 사용하여 새 컴포지션을 생성합니다. ❷ 메뉴 바의 [File]-[Import] (단축키 Ctrl + I)를 선택하고, 예제 파일을 선택한 후 [Import] 버튼을 클릭합니다.

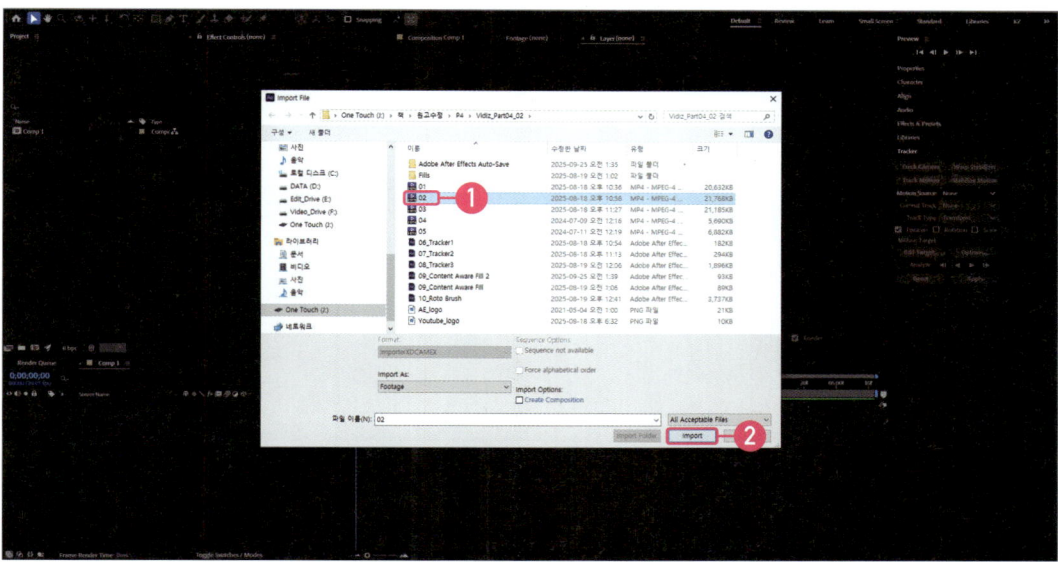

02 ❶ [Project] 패널의 영상 소스를 [Timeline] 패널로 드래그 앤 드롭합니다. ❷ 메뉴 바의 [Window]-[Tracker]를 선택합니다. ❸ 화면 좌측에 [Tracker] 패널이 활성화되는 것을 확인할 수 있습니다.

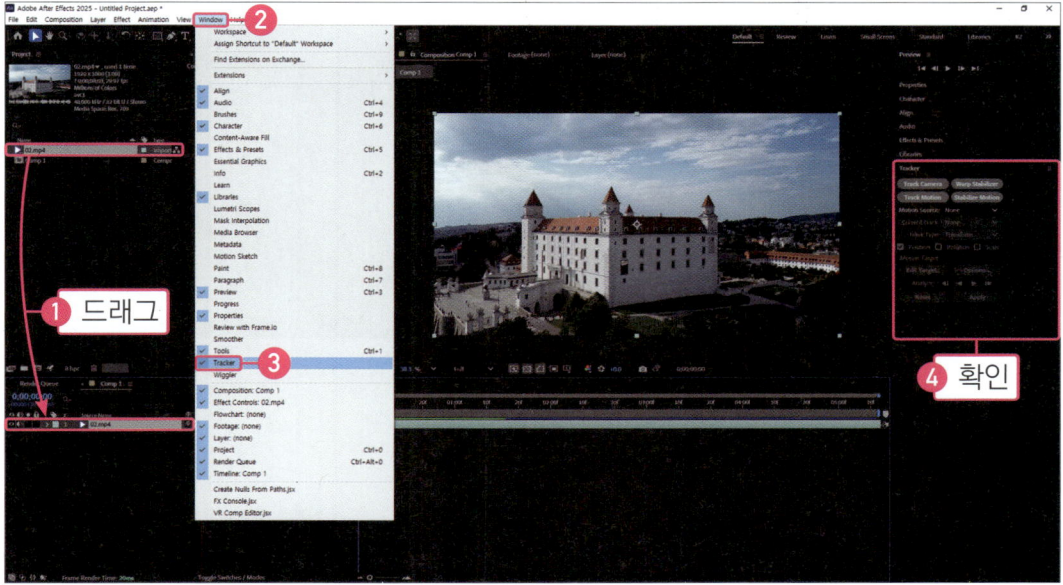

03 ❶ [Timeline] 패널의 영상 소스를 선택합니다. ❷ [Tracker] 패널의 옵션 중 [Track Motion] 버튼을 클릭한 후 [Position], [Rotation], [Scale] 옵션을 모두 선택합니다. ❸ 상단에 [Layer] 패널이 생성되고 화면에 [Track Point] 두 개가 생성됩니다.

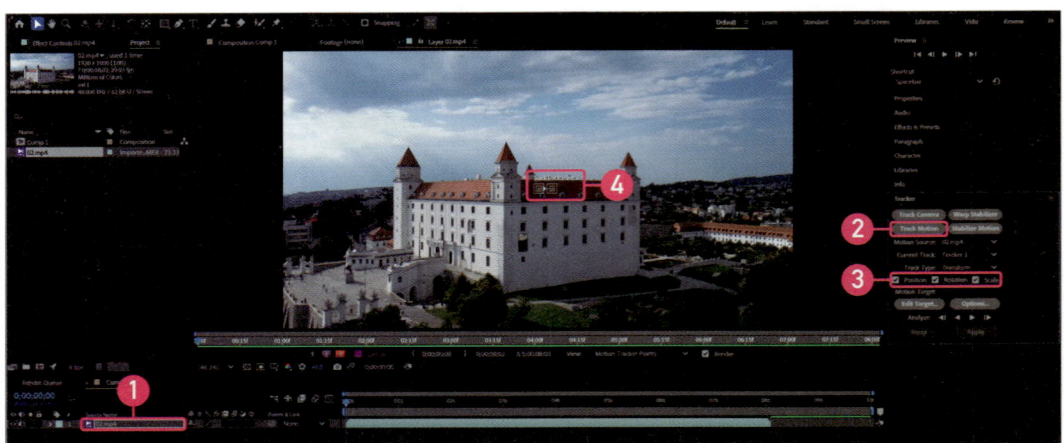

04 [Track Point]의 [+]를 길게 클릭한 후 줌 화면이 나타나면 초점이 정확히 맞는 곳으로 드래그합니다 (두 개의 [Track Point]는 같은 대상에 있어야 합니다).

05 다음 ❶ [Analyze] 영역에서 ▶을 클릭해 분석을 시작합니다. ❷ [Composition] 패널의 화면이 재생되어 [Track Point]가 원하는 지점을 추적하는 걸 확인할 수 있습니다.

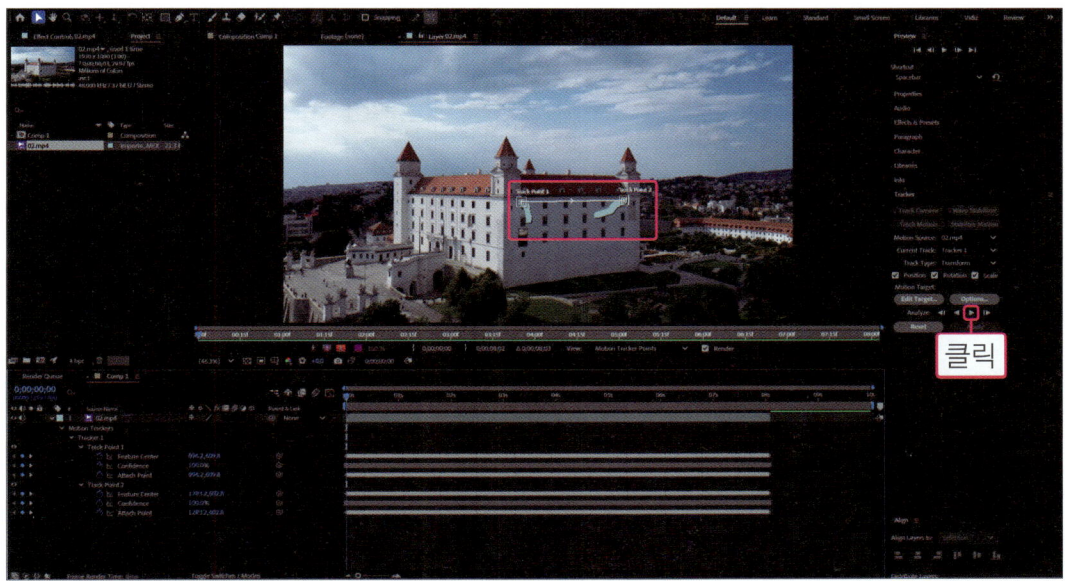

06 추적이 완료되면 [Timeline] 패널에 수많은 키프레임이 생성됩니다. ❶ 패널의 빈 곳에 마우스 오른쪽 버튼을 클릭합니다. ❷ 바로가기 메뉴가 나타나면 [New]-[Null Object]를 선택합니다(단축키 Ctrl + Alt + Shift + Y). [Timeline] 패널에 [Null 1]이 생성됩니다.

07 추적 데이터를 저장할 레이어를 [Null 1]로 지정하기 위해 ❶ [Tracker] 패널의 [Motion Target] 영역의 [Edit Target] 버튼을 클릭합니다. ❷ 화면에 Motion Target 창이 나타나면 [Layer]를 선택한 후 ❸ 드롭박스를 클릭해 [1. Null 1]을 선택하고 [OK] 버튼을 클릭합니다.

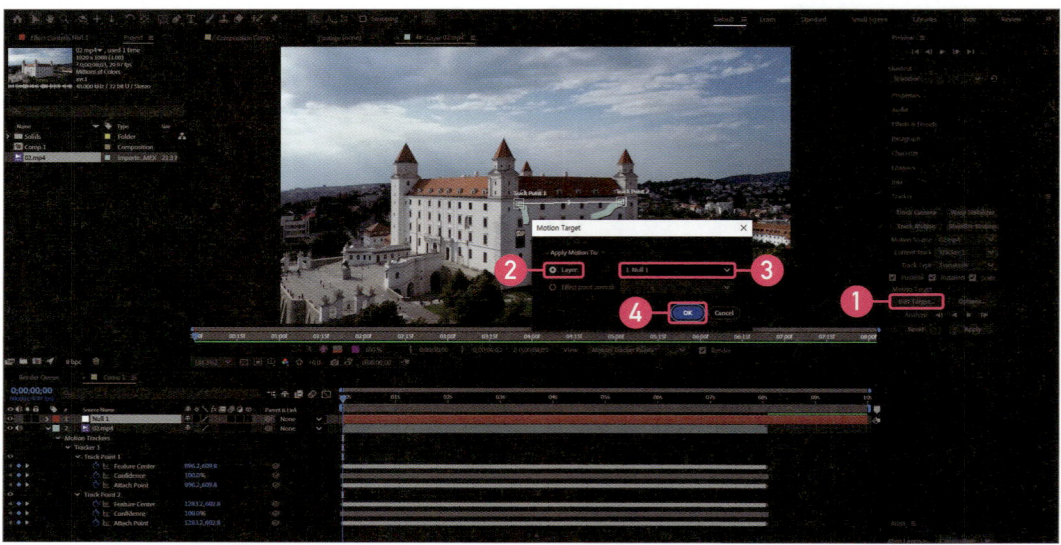

08 이어서 ❶ [Tracker] 패널 하단의 [Apply] 버튼을 클릭합니다. ❷ Motion Tracker Apply Options 창에서 추적 데이터를 X, Y축에 모두 적용하기 위해 [X and Y]를 선택합니다. ❸ [OK] 버튼을 클릭하면 추적 데이터가 [Null Object]에 적용됩니다.

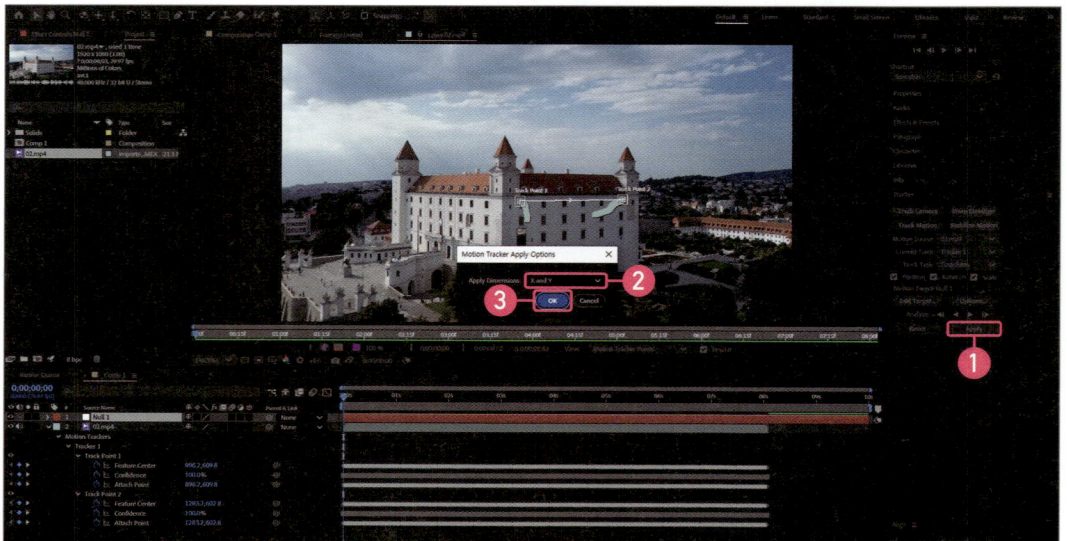

09 ❶ [Project] 패널에 'Youtube_logo.png' 이미지 소스를 불러온 후 [Timeline] 패널로 드래그 앤 드롭합니다. ❷ 레이어의 ■를 선택해 [3D Layer]로 전환합니다. ❸ 로고 이미지가 영상에서 추적한 대상과 잘 어울리도록 [Scale], [Position], [Rotation]의 옵션값을 입력합니다.

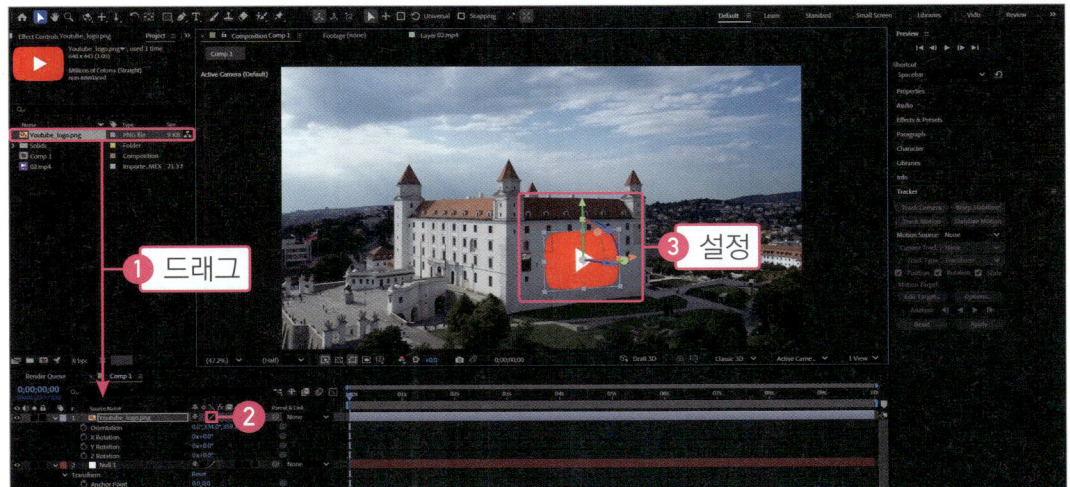

10 [Timeline] 패널에서 [Youtube_Logo] 레이어의 ■을 클릭한 채 드래그하여 [Null 1] 레이어에 연결합니다.

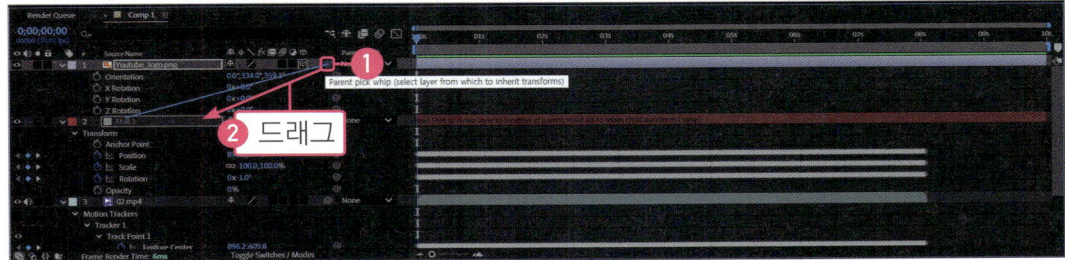

11 작업 영역인 [Work Area]를 설정하고 키보드의 Space Bar 키 또는 ⓪ 키를 눌러서 작업 내용을 프리뷰합니다. 로고 이미지가 원하는 위치를 잘 따라가는 것을 확인할 수 있습니다.

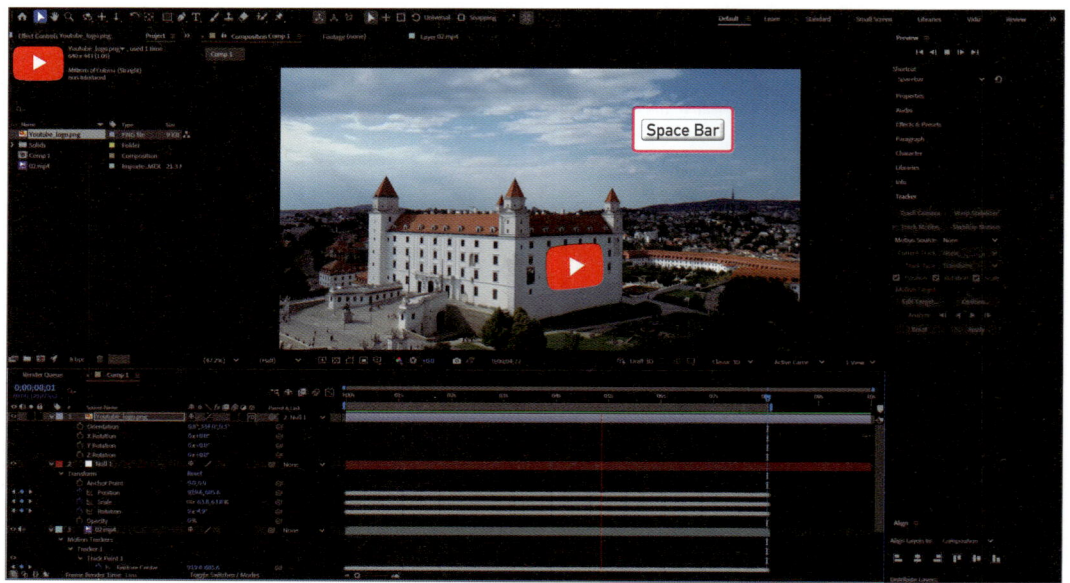

03 Track Camera로 움직이는 공간 추적하기

예제 파일 애프터 이펙트-파트4_ch04-Track Camera

[Track Camera]는 영상의 동적인 공간을 추적해 촬영 카메라의 움직임을 만드는 기능입니다. [Track Camera]가 생성한 가상의 카메라가 실제 영상의 움직임을 그대로 따라가기 때문에 3D 텍스트와 입체 레이어를 자연스럽게 합성할 수 있습니다.

01 애프터 이펙트를 실행한 후 ❶ HD 1920x1080 29.97fps 프리셋을 사용하여 새 컴포지션을 생성합니다. ❷ 메뉴 바의 [File]-[Import] (단축키 Ctrl + I)를 선택하고, 예제 파일을 선택한 후 [Import] 버튼을 클릭합니다.

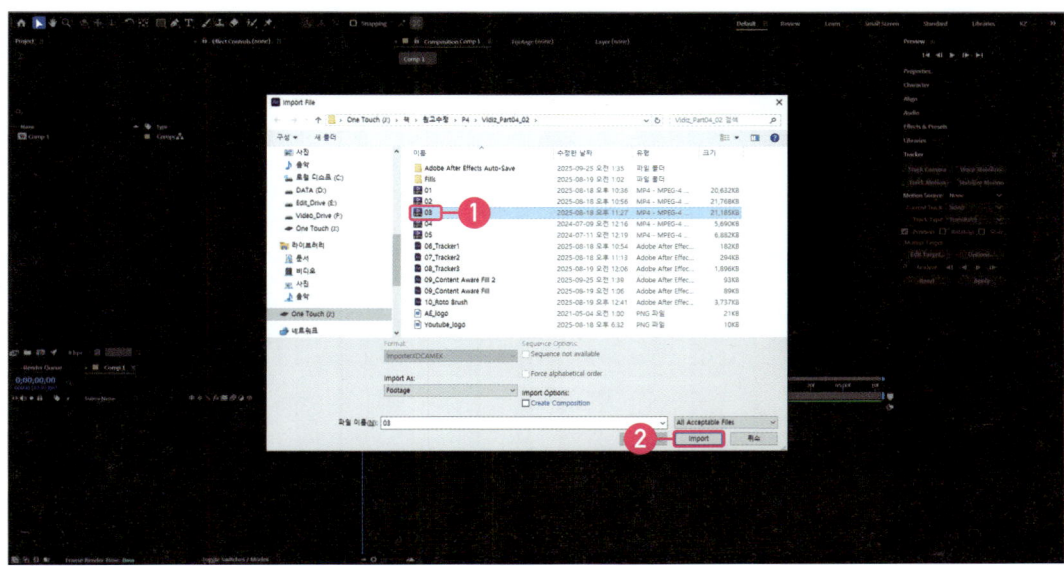

02 ❶ [Project] 패널의 영상 소스를 [Timeline] 패널로 드래그 앤 드롭합니다. ❷ 메뉴 바의 [Window]-[Tracker]를 선택합니다. ❸ 화면 좌측에 [Tracker] 패널이 활성화되는 것을 확인할 수 있습니다.

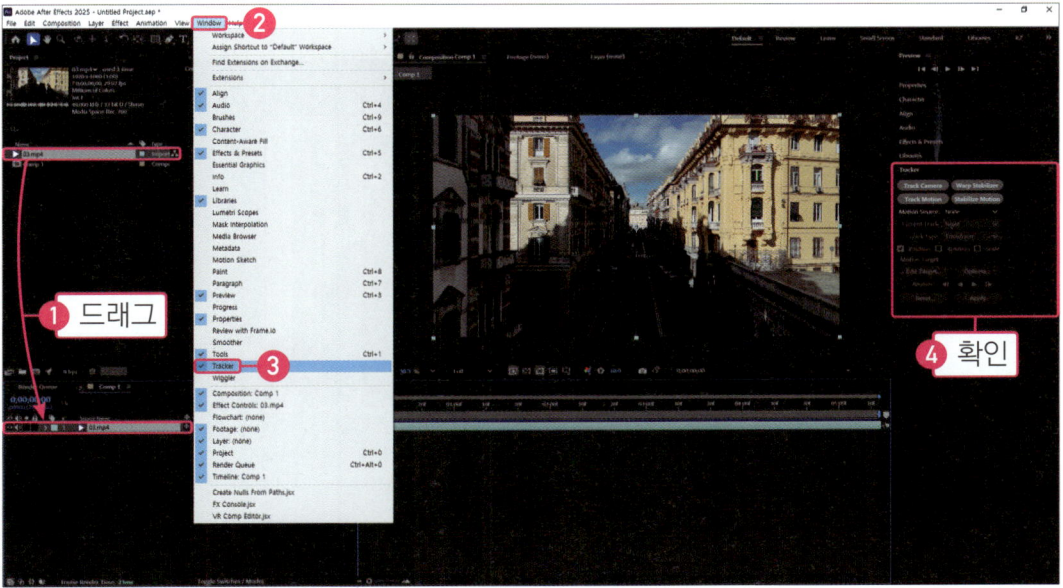

Chapter 04 · 애프터 이펙트로 영상 합성하기   365

03 ❶ [Timeline] 패널의 영상 소스를 선택한 후 [Tracker] 패널의 옵션 중 [Track Camera] 버튼을 클릭합니다. ❷ [Composition] 패널에 [Track Camera] 효과가 적용되어 분석을 시작합니다.

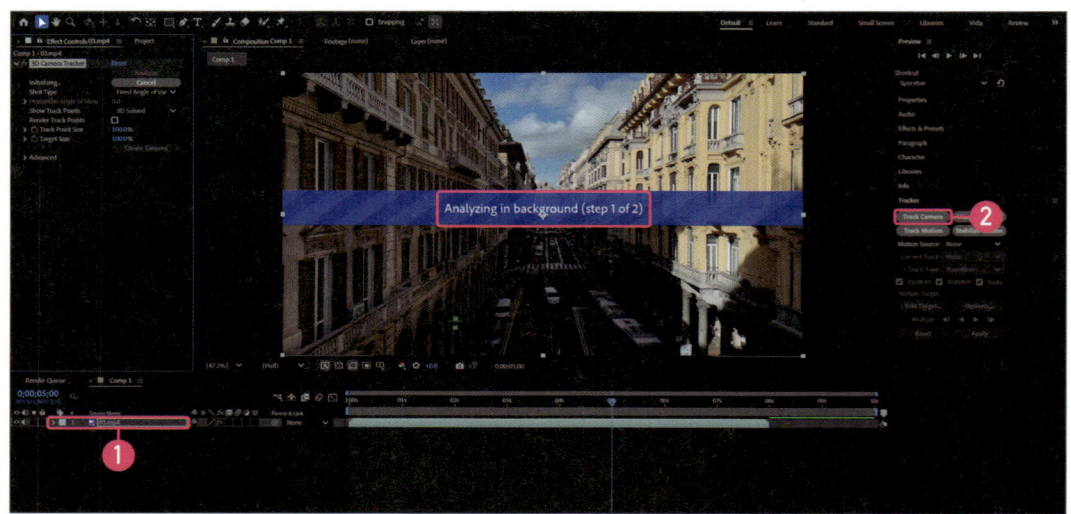

프레임마다 공간을 감지하고 영상에 등장하는 물체의 입체적인 위치를 추적하기 때문에 작업 완료까지 상당한 시간이 소요됩니다.

04 영상 분석의 [Analyzing] 단계를 지나 추적 포인터를 생성하는 [Solving Camera] 단계를 마치면 화면에 수많은 [Track Point]가 생성되는 걸 확인할 수 있습니다.

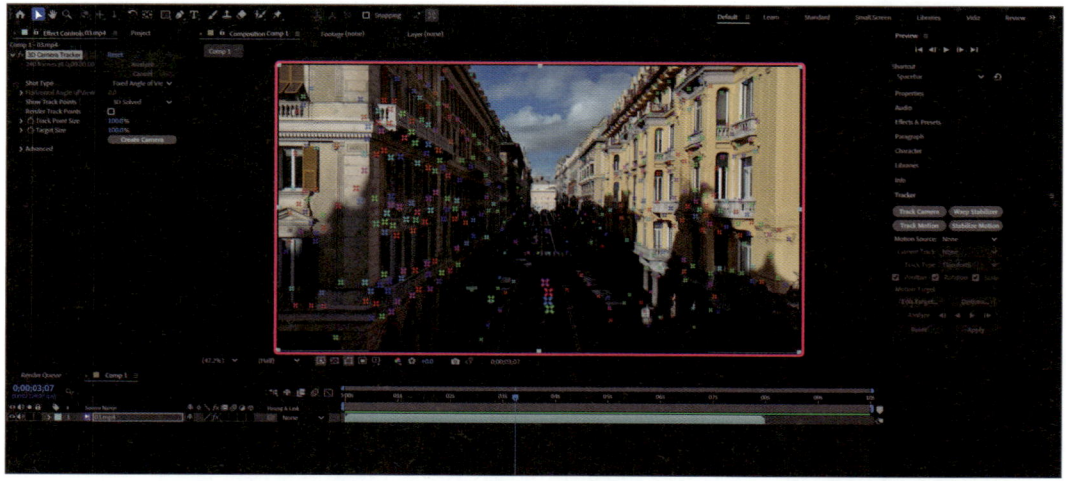

TIP

[3D Camera Tracker]의 분석 작업은 상당한 시간이 소요되기 때문에 작업 전 영상의 원하는 부분만 미리 잘라 놓고 효과를 적용하는 것을 추천합니다.

05 ❶ [Composition] 패널에 마우스 커서를 위치합니다. ❷ [Track Point]가 자동 선택되어 원 모양의 타깃이 생성됩니다(원하는 타깃이 따로 있다면 Shift 키를 누른 채 화면을 드래그해 영역을 정하고 [Track Point]를 직접 선택합니다).

06 ❶ 타깃에 마우스 오른쪽 버튼을 클릭합니다. ❷ 바로가기 메뉴가 나타나면 [Create Solid and Camera]를 선택합니다. ❸ [Timeline] 패널과 [Composition] 패널에 네온색의 [Track Solid 1]과 [3D Tracker Camera]가 생성됩니다.

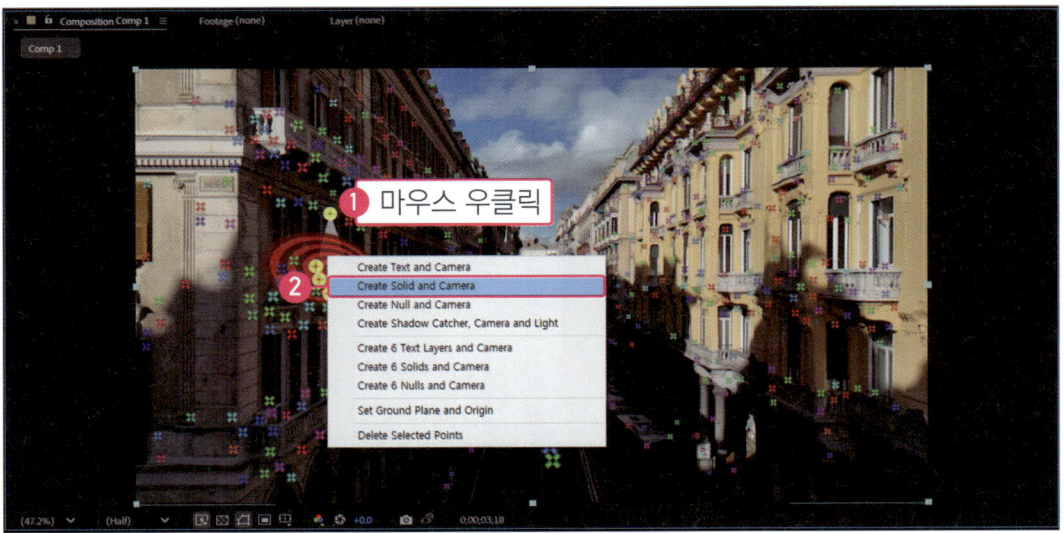

> **TIP**
> 같은 영역에 위치한 여러 [Track Point]를 동시에 선택하면 보다 안정적인 추적 결과를 얻을 수 있습니다. 따라서 직접 확인하면서 [Track Point]를 지정하는 것이 좋습니다.

07 ❶ [Timeline] 패널의 [인디케이터]를 클릭해 드래그해보며 공간을 잘 따라가고 있는지 확인합니다. ❷ 움직임이 어색하거나 공간을 벗어난다면 [Timeline] 패널의 [Track Solid 1]과 [3D Tracker Camera] 레이어를 삭제하고 타깃을 재설정합니다.

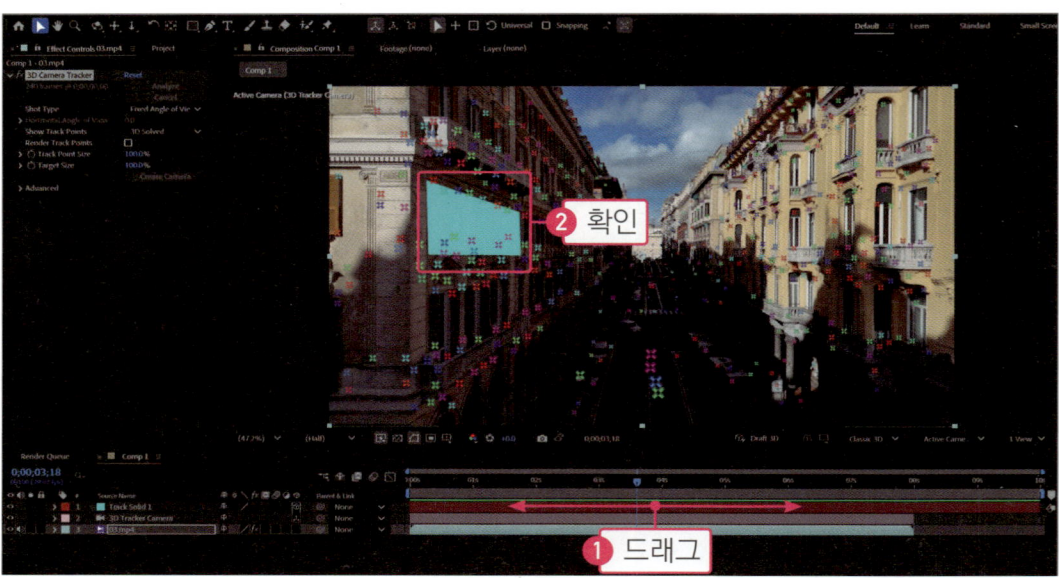

08 확인을 끝냈다면 ❶ [Timeline] 패널의 [Track Solid 1]을 선택한 후 마우스 오른쪽 버튼을 클릭합니다. ❷ 바로가기 메뉴가 나타나면 [Pre-Compose]를 선택합니다.

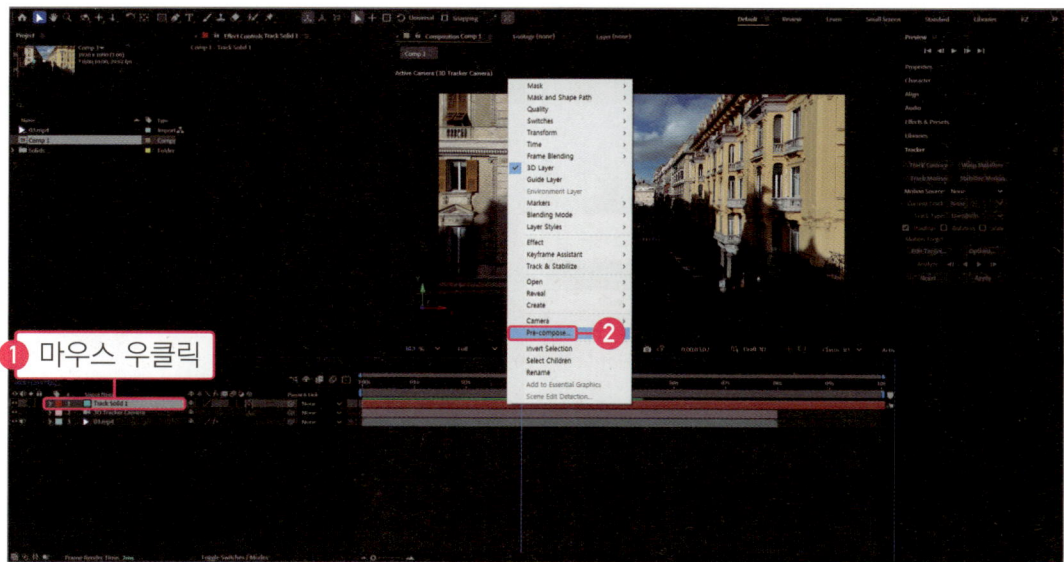

09 Pre-compose 창이 나타나면 ❶ [New Composition name] 입력란에 'Media'로 입력한 후 첫 번째 체크박스를 선택하고 [OK] 버튼을 클릭합니다. ❷ [Track Solid 1]이 [Media] 컴포지션으로 변경됩니다.

10 ❶ [Timeline] 또는 [Project] 패널의 'Media' 컴포지션을 더블클릭합니다. 패널에 [Media] 탭이 생성되고 해당 컴포지션으로 이동합니다. ❷ [Track Solid 1]은 ◉을 클릭해 보이지 않게 처리하고 [Project] 패널에 'AE_logo.png' 이미지 소스를 불러와 [Timeline] 패널로 드래그 앤 드롭합니다.

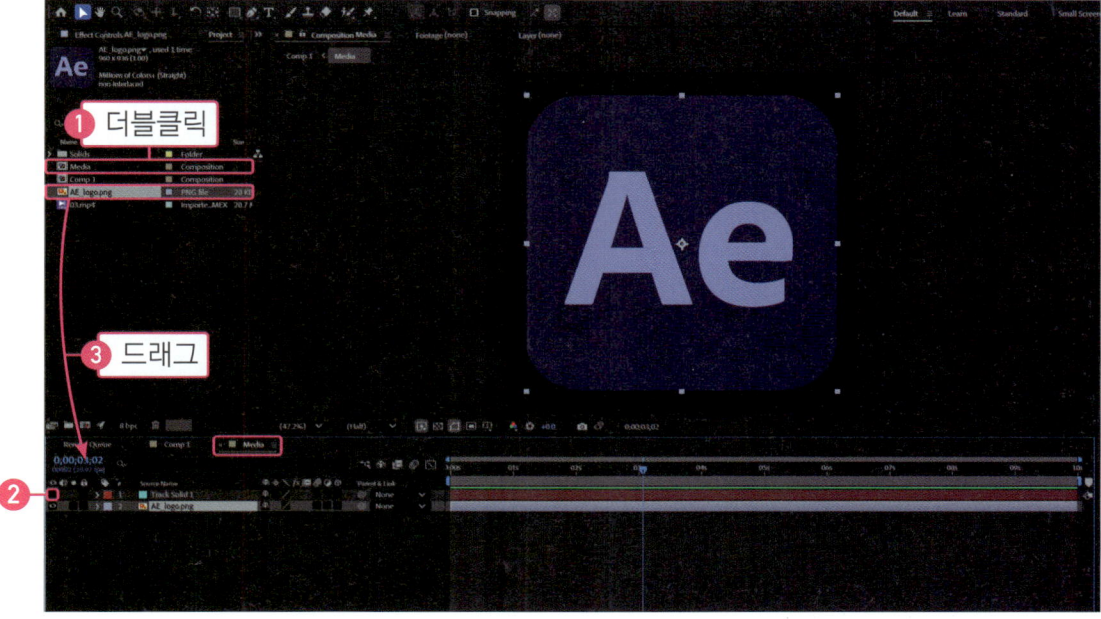

Chapter 04 • 애프터 이펙트로 영상 합성하기

11 ❶ [Timeline] 패널의 [Comp 1] 탭을 클릭해 기존의 [Composition] 패널로 돌아갑니다. 새로 추가한 'AE_logo' 이미지 소스가 원하는 위치에 오도록 ❷ [Timeline] 패널에서 [Media]의 [Position]과 [Scale] 옵션값을 수정합니다.

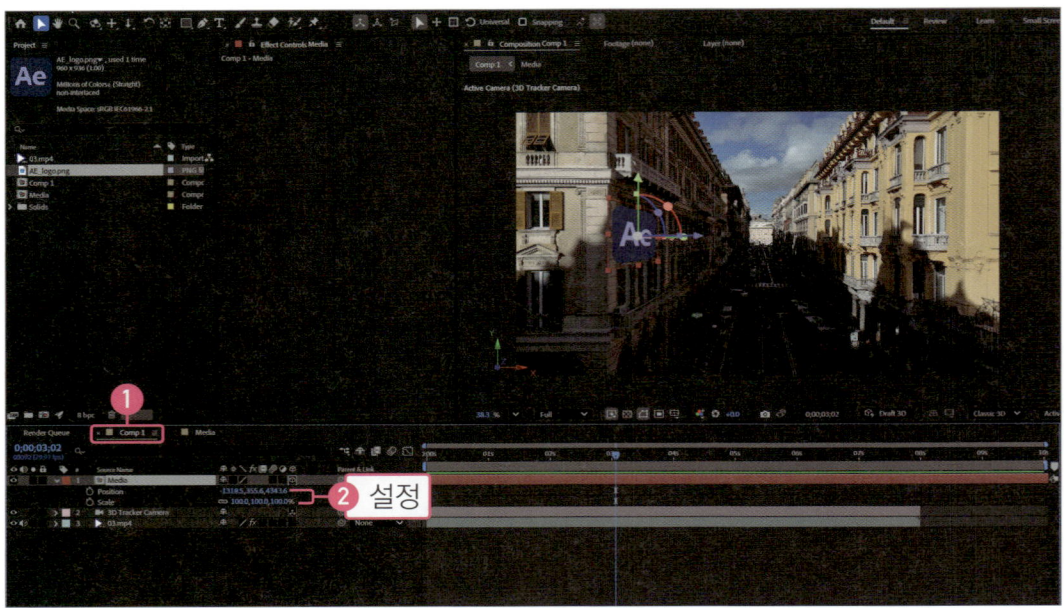

12 작업 영역인 [Work Area]를 설정하고 키보드의 Space Bar 키 또는 0 키를 눌러서 작업 내용을 프리뷰합니다. 합성한 소스가 공간을 잘 따라가는지 확인할 수 있습니다.

STEP 03 Contents-Aware Fill

예제 파일 애프터 이펙트–파트4_ch04–Contents–Aware Fill

몇 년 전까지만 해도 영상에서 불필요한 사물을 제거하는 일은 무척 복잡하고 번거로운 일이었는데 애프터 이펙트가 업데이트되면서 여백을 자동으로 채워주는 [Conternts-Aware Fill] 기능이 추가되어 이전보다 쉽고 간단하게 사물을 지우게 되었습니다. 방법은 다음과 같습니다.

01 Contents-Aware Fill로 불필요한 사물 지우기

01 애프터 이펙트를 실행한 후 ❶ HD 1920x1080 29.97fps 프리셋을 사용하여 새 컴포지션을 생성합니다. ❷ 메뉴 바의 [File]-[Import] (단축키 Ctrl + I)를 선택하고 예제 파일을 선택한 후 [Import] 버튼을 클릭합니다.

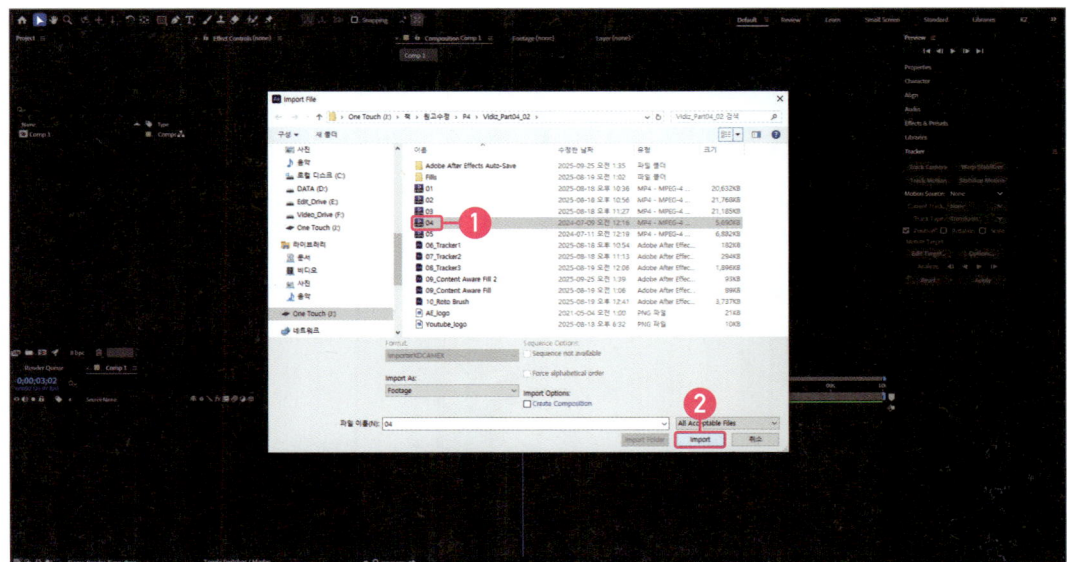

Chapter 04 · 애프터 이펙트로 영상 합성하기   371

02 ❶ [Project] 패널의 영상 소스를 [Timeline] 패널로 드래그 앤 드롭합니다. 영상의 유모차를 삭제하기 위해 ❷ [Timeline] 패널의 [인디케이터]를 클릭해 0초로 드래그한 후 [Video] 레이어를 선택합니다. ❸ [Tool] 바에서 [Rectangle Tool]을 선택한 후(단축키 Q) ❹ [Composition] 패널의 유모차 주변으로 사각형을 드래그해 그립니다.

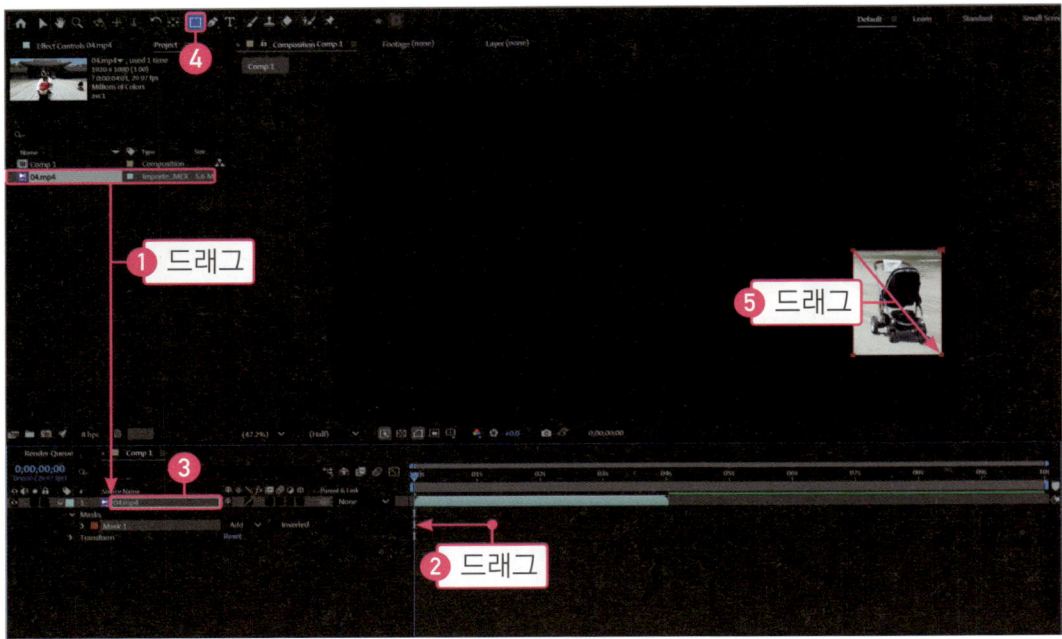

03 ❶ [Timeline] 패널의 [Video] 레이어 아래 생성된 [Mask 1]을 확인한 후 ❷ [Mask 1]의 드롭박스를 클릭해 [Subtract]를 선택합니다. ❸ [Composition] 패널에 다시 화면이 나타나고 마스크가 적용된 곳은 검은 사각형으로 보입니다.

04 기존의 영상에 이미지가 자연스럽게 섞이기 위해 ❶ [Timeline] 패널의 [Mask 1]을 클릭한 후 키보드의 F 키를 눌러 [Mask Feather] 옵션을 설정합니다. ❷ [Mask Feather] 옵션값을 '20'으로 입력합니다.

05 마스크가 삭제 대상을 따라갈 수 있도록 ❶ [Timeline] 패널의 [Mask 1]을 클릭한 후 키보드의 M 키를 눌러 [Mask Path] 옵션을 설정합니다. ❷ [Mask Path] 옵션에서 ◎을 클릭해 키프레임을 추가합니다.

06 ❶ [Timeline] 패널의 [인디케이터]를 클릭해 1초 뒤로 드래그합니다. ❷ [Timeline] 패널의 [Mask 1]을 클릭한 후 단축키 Ctrl + T 를 눌러 변형 모드로 변경합니다. ❸ [Composition] 패널에서 마스크가 유모차를 따라가도록 위치와 모양을 수정합니다.

> **TIP**
> 삭제 대상이 마스크에 있는지 확인이 어렵다면 마스크 모드를 [Subtract]가 아닌 [None]으로 변경해주세요. 마스크와 상관없이 전체 화면을 깨끗이 확인할 수 있어 삭제 대상을 따라가는 키프레임 작업을 좀 더 원활하게 할 수 있습니다. 키프레임이 끝나면 마스크 모드는 다시 [Subtract]으로 변경해야 [Contents-Aware Fill] 기능을 사용할 수 있습니다.

07 이어서 ❶ 1초 단위로 [Mask Path] 옵션에 키프레임을 생성하고 ❷ 유모차가 화면에 보이지 않도록 [Mask 1]의 [Position]과 [Scale] 옵션값을 수정합니다.

08 마스크 작업이 모두 끝나면 ❶ 메뉴 바의 [Window]-[Contents-Aware Fill]을 클릭합니다. 화면 우측 [Contents-Aware Fill] 패널이 나타나고 물체를 제거하기 위해 ❷ [Fill Method] 영역의 드롭 박스를 클릭해 [Object]를 선택하고 ❸ [Range]는 [Work Area]를 선택합니다. ❹ 설정이 완료되면 [Generate Fill Layer] 버튼을 누릅니다. 화면에 Save as 창이 나타나면 저장 위치를 지정하고 [OK] 버튼을 클릭합니다.

09 작업이 모두 완료되면 [Timeline] 패널에 마스크로 제거한 부분을 채우는 [Fill] 레이어가 생성됩니다. 재생해 보면 원하는 부분이 감쪽같이 제거된 걸 확인할 수 있습니다.

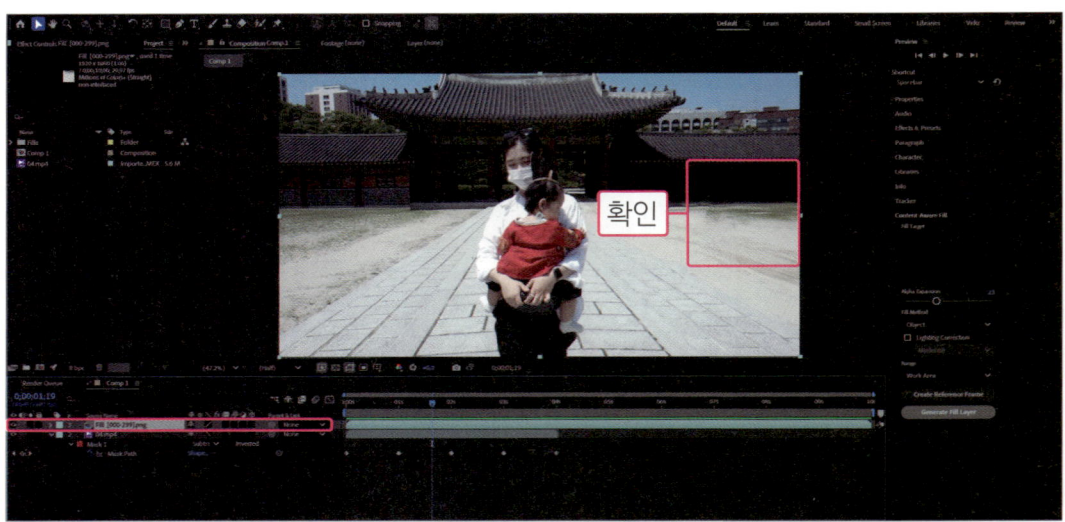

STEP 04 Roto Brush

예제 파일 애프터 이펙트-파트4_ch04-Roto Brush

[Roto Brush]는 작업 시간이 오래 걸리고 정교한 작업이 어려웠던 [마스크] 기능의 단점을 보완해 피사체와 배경을 빠르고 깔끔하게 분리해 주며, 이와 함께 [Refine Edge] 기능은 사람의 부스스한 머리카락 경계도 깨끗하게 출력해 줍니다.

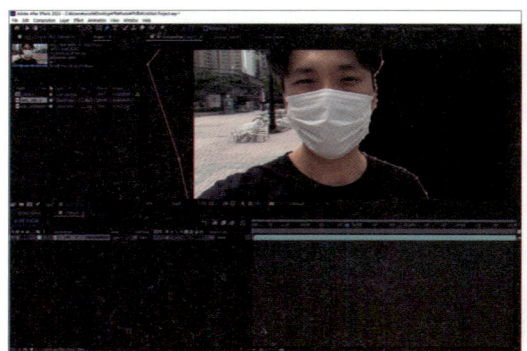

01　Roto Brush로 피사체와 배경 분리하기

01 애프터 이펙트를 실행한 후 ❶ HD 1920x1080 29.97fps 프리셋을 사용하여 새 컴포지션을 생성합니다. ❷ 메뉴 바의 [File]-[Import] (단축키 Ctrl + I)를 선택하고 예제 파일을 선택한 후 [Import] 버튼을 클릭합니다.

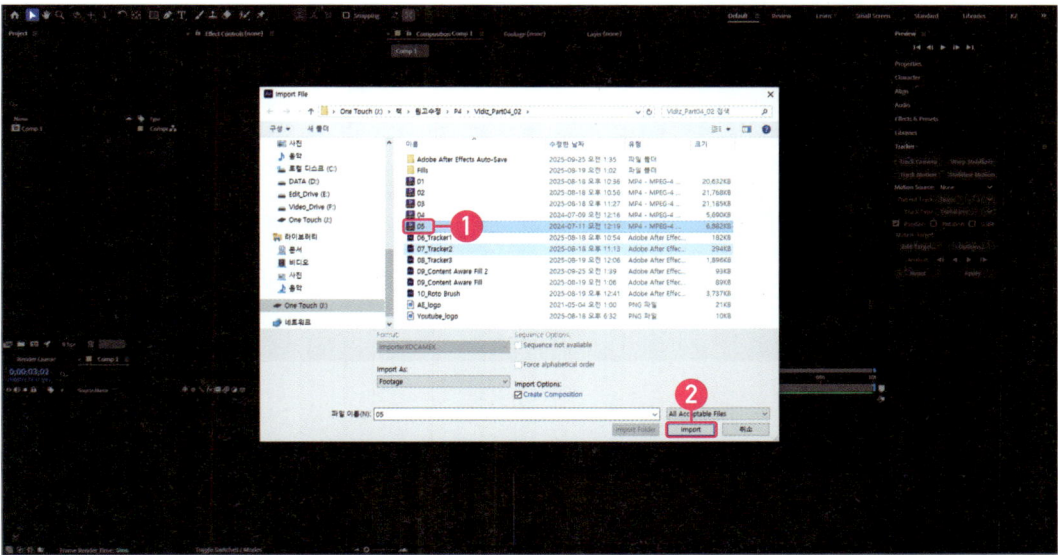

02 ❶ [Project] 패널의 영상 소스를 [Timeline] 패널로 드래그 앤 드롭합니다. ❷ [Roto Brush]가 경계를 정확하게 파악할 수 있도록 [Composition] 패널에서 해상도 드롭박스를 클릭해 [Full]로 선택합니다.

03 ❶ [Timeline] 패널의 [Video] 레이어를 더블클릭합니다. ❷ [Composition] 패널이 [Layer] 패널로 전환됩니다.

04 이어서 ❶ [Tool] 바에서 [Roto Brush]를 선택합니다(단축키 Alt + W). 마우스 커서가 연두색 동그라미 모양으로 변경되고 ❷ [Composition] 패널에 배경과 분리를 원하는 피사체 주변을 드래그해 선을 그립니다.

05 애프터 이펙트에서 자동으로 피사체와 배경의 경계를 인식해 대상을 보라색 테두리로 선택합니다.

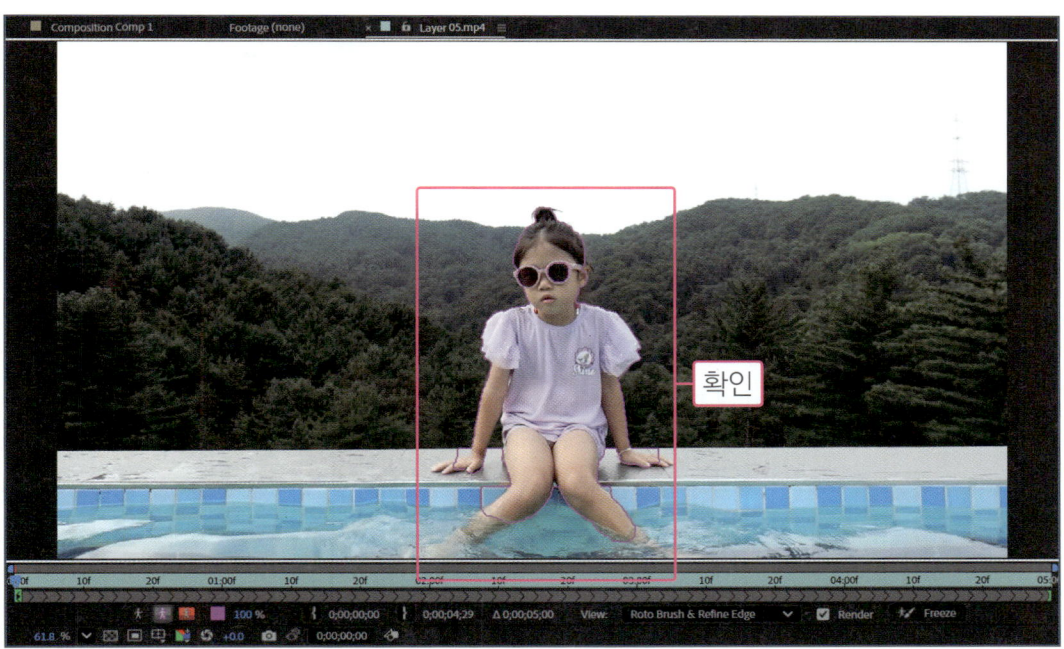

06 ❶ [Composition] 패널에서 마우스 휠을 위로 스크롤하면 화면을 확대할 수 있습니다. ❷ 선택되지 않은 부분을 추가로 드래그해 영역을 마저 선택해줍니다.

07 잘못 선택된 부분은 키보드의 Alt 키를 누르고 드래그해 영역을 제거합니다.

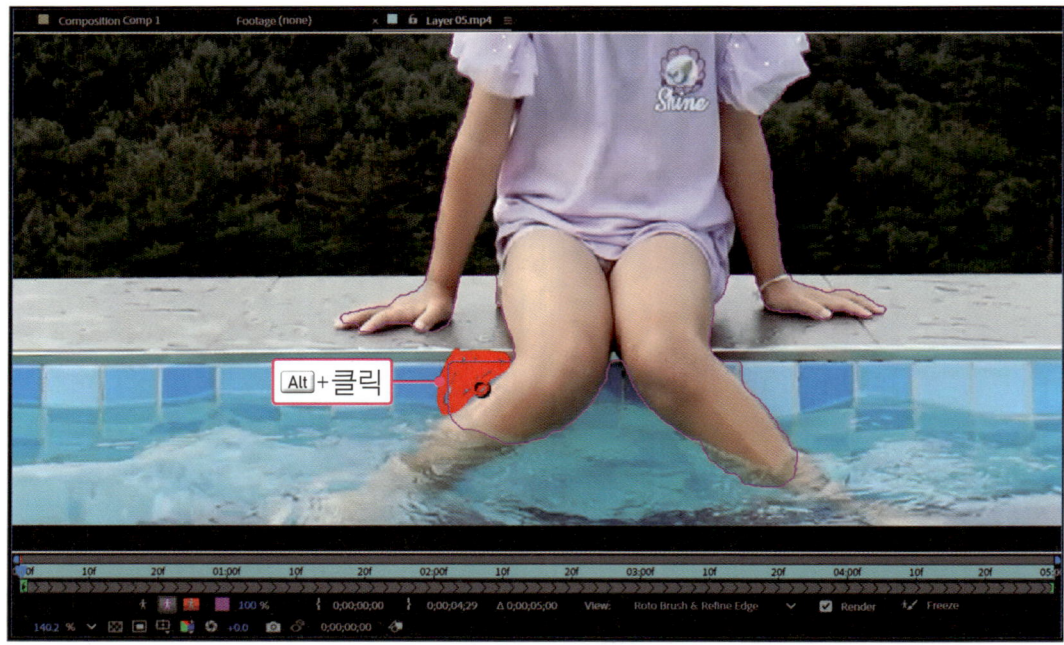

> **TIP**
>
> [Roto Brush] 작업 중 마우스 포인터의 크기로 정교한 작업이 어렵다면 키보드의 Ctrl 키를 누른 다음 화면을 클릭하고 마우스를 움직이면 마우스 포인터의 크기를 조정할 수 있습니다.

08 영역 설정을 모두 완료했으면 ① 키보드의 Page Up 또는 Down 키를 눌러 한 프레임씩 확인하거나 Space Bar 키를 눌러 영상을 재생해 경계가 제대로 생성되는지 확인합니다. ② 수정이 필요한 부분은 **05**와 **06**번 과정을 반복해 줍니다.

> **TIP**
>
> [Composition] 패널의 ■을 클릭하면 알파 채널, 색상 오버레이 등의 보기 방식을 변경할 수 있습니다. 만약, 색상 오버레이 방식을 선택한다면 실제 영상을 보면서 영역을 쉽게 구분할 수 있습니다.

09 모든 작업을 완료했다면 레이어 패널 하단의 [Freeze] 버튼을 클릭해 [Roto Brush] 작업 내용을 저장합니다.

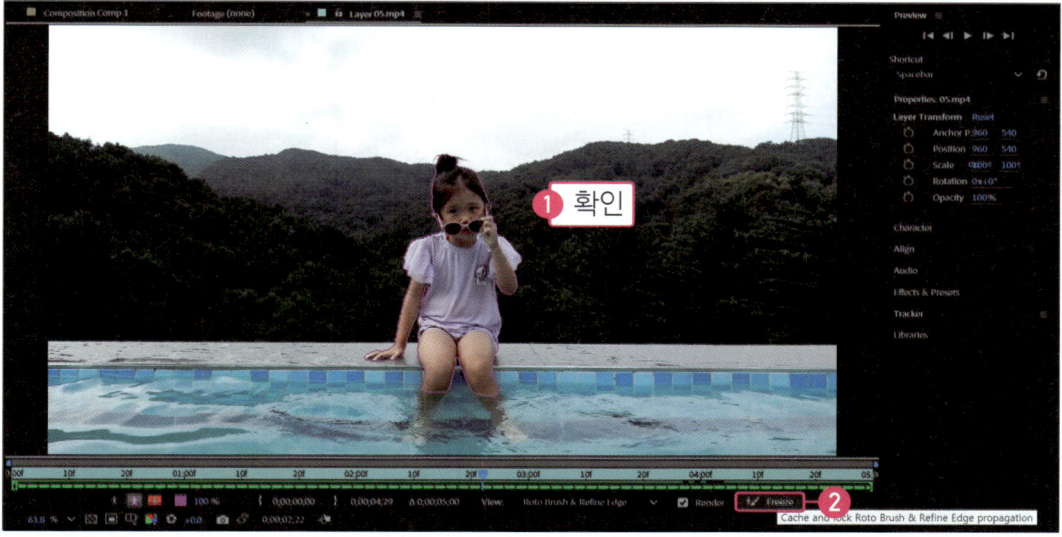

02 Refine Edge로 정확한 영역 선택하기

머리카락 또는 손가락 사이 등의 세밀한 작업이 필요한 영역은 [Refine Edge]를 사용합니다. 방법은 다음과 같습니다.

01 앞의 예제에 이어서 ❶ [Tool] 바의 [Roto Brush Tool]을 길게 클릭한 후 [Refine Edge Tool]을 선택합니다(단축키 Alt + W). ❷ 마우스 커서가 연보라색 동그라미로 변경됐습니다.

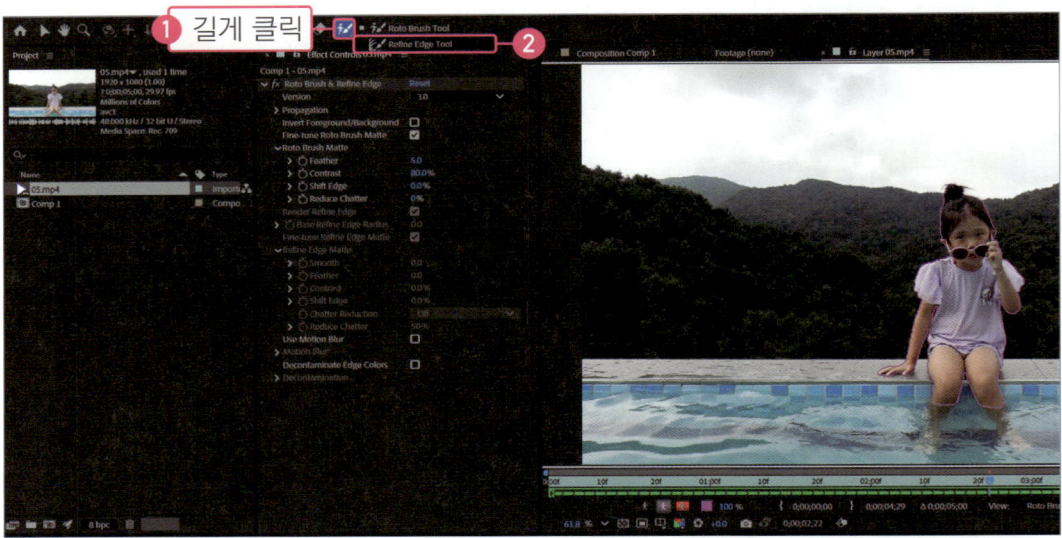

02 ❶ [Layer] 패널에서 대상의 머리카락이나 손가락 사이 등 세밀한 부분을 클릭해 선택합니다. ❷ 패널에 영역 추가를 의미하는 파란색 선이 나타납니다([Roto Brush]와 똑같이 Alt 키를 누른 채 드래그하면 선택한 영역을 제거할 수 있습니다).

03 [Layer] 패널에 [Refine Edge Tool]의 선택 영역이 하얀색과 검은색으로 표시됩니다(하얀색은 선택된 부분, 검은색은 선택되지 않은 부분을 의미합니다).

04 Space Bar 키를 눌러 영상을 재생해 보며 작업이 더 필요한 곳은 없는지 확인합니다.

05 확인이 모두 완료되면 다시 한번 [Layer] 패널 하단의 [Freeze] 버튼을 클릭하여 작업 내용을 저장합니다.

> **TIP**
>
> [Roto Brush]는 실시간으로 피사체의 경계를 추적하기 때문에 컴퓨터 사양에 따라 작업 속도가 다를 수 있습니다. 되도록 전체 영상 중 필요한 부분만 잘라서 사용하는 걸 추천합니다.

06 ❶ 패널 상단의 [Comp 1] 탭을 클릭해 [Composition] 패널로 돌아옵니다. 배경은 사라지고 인물만 화면에 노출됩니다. 테두리를 정리하기 위해 ❷ [Effect controls] 패널의 [Roto Brush & Refine Edge] 세부 옵션 중 [Roto Brush Matte]의 [Feather]은 '10', [Contrast]은 '100', [Shift Edge]는 '-10'으로 입력합니다.

03 피사체와 배경 사이에 자막 합성하기

[Roto Brush]로 분리된 배경과 인물 사이로 자막을 추가해 보겠습니다. 방법은 다음과 같습니다.

01 앞의 예제에 이어서 ❶ [Timeline] 패널에서 [Roto Brush]가 적용된 [Video] 레이어를 선택합니다. ❷ 메뉴 바의 [Edit]-[Duplicate]를 선택해 레이어를 복제합니다(단축키 Ctrl + D).

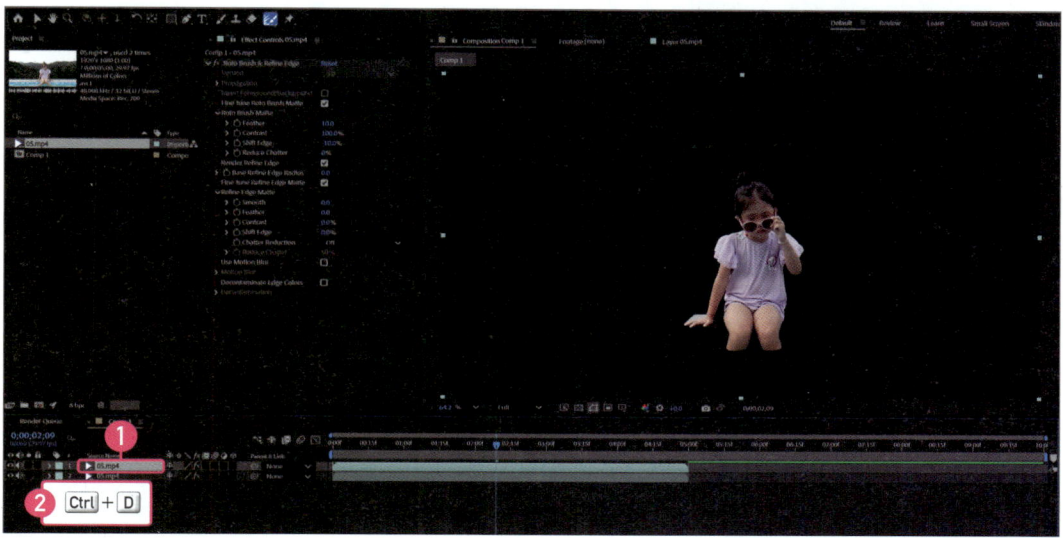

02 ❶ [Timeline] 패널의 두 번째 [Video] 레이어를 선택합니다. ❷ [Effect Controls] 패널에서 [Roto Brush & Refine Edge]를 클릭한 후 Delete 키를 누릅니다. ❸ [Composition] 패널에 배경이 다시 나타났습니다.

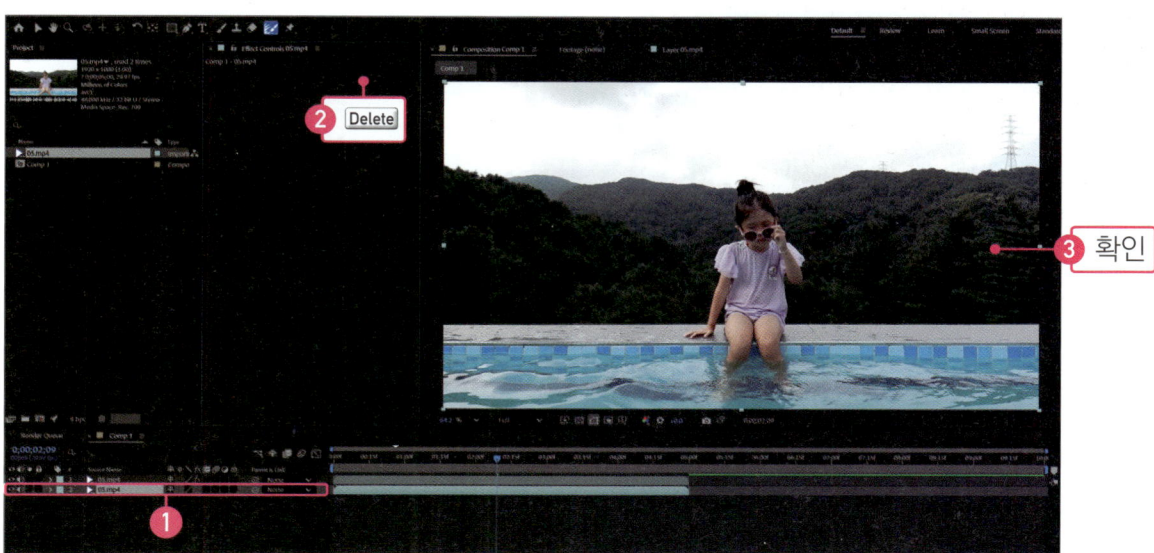

03 ❶ [Tool] 바에서 [Type Tool](단축키 Ctrl + T)을 선택한 후 ❷ [Composition] 패널을 클릭해 원하는 내용을 입력합니다.

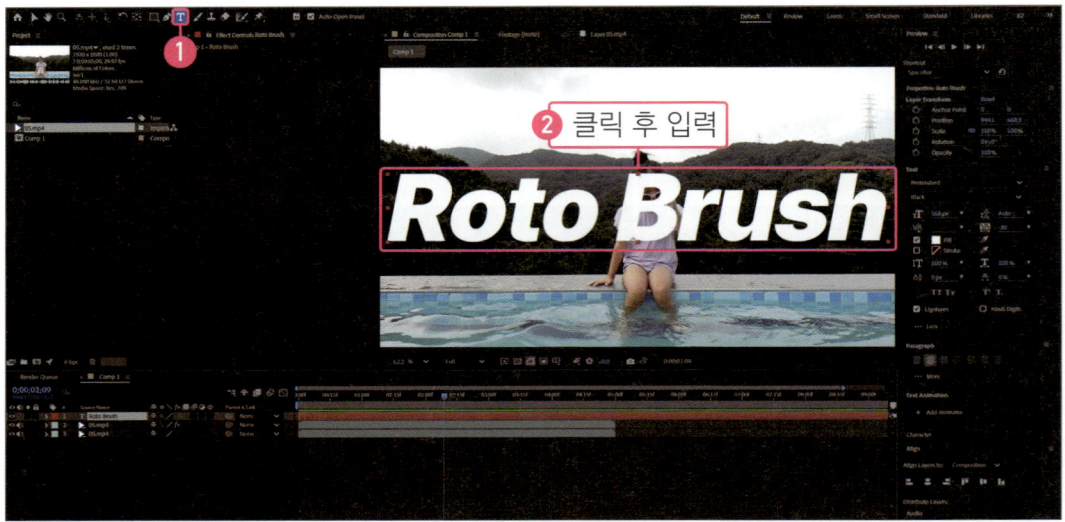

04 ❶ [Timeline] 패널에서 [Text] 레이어를 클릭한 채 [Video] 레이어 사이로 드래그해 순서를 변경합니다. ❷ 인물과 배경 사이로 자막이 배치됩니다.

05 작업 영역인 [Work Area]를 설정하고 키보드의 Space Bar 키 또는 0 키를 눌러 작업 내용을 프리뷰합니다.

Chapter 05
애프터 이펙트로 모션 그래픽 만들기

모션 그래픽은 말 그대로 움직이는(Motion) 그래픽(Graphic)을 의미합니다. 이번 챕터에서는 애프터 이펙트의 다양한 모션 그래픽을 직접 만들어 보며 모션 그래픽 기능에 대해 자세히 알아보겠습니다.

STEP 01 모션 그래픽이란?

모션 그래픽은 디지털 이미지에 애니메이션 기술을 결합하여 만든 영상으로 화려한 움직임과 감각적인 효과로 보는 사람들에게 시각적 즐거움을 안겨줍니다.

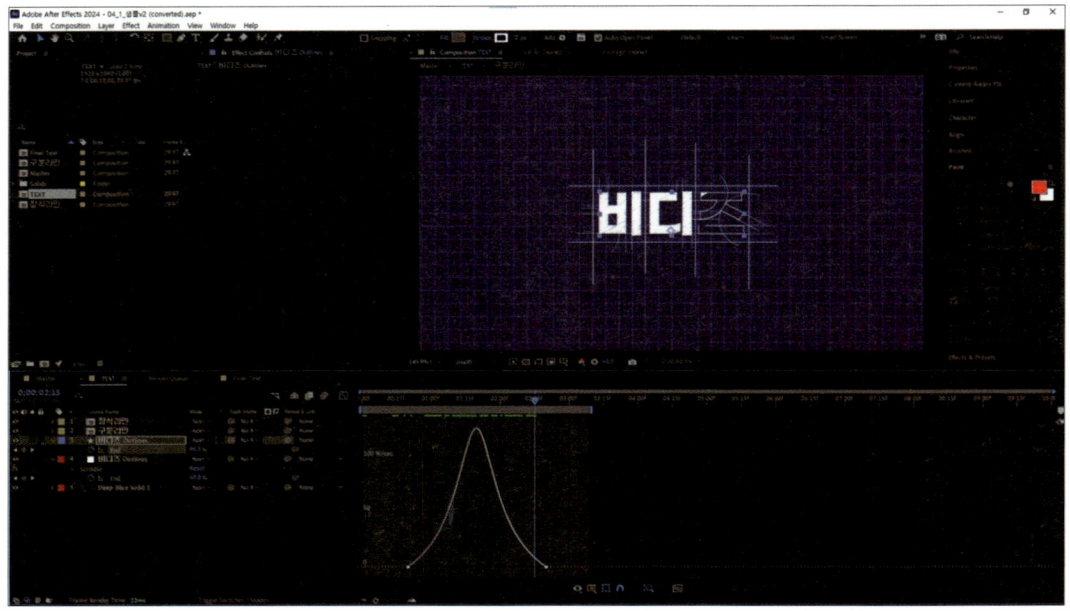

또한 산업 현장에서는 독특한 로고 애니메이션을 제작해 화제성을 높이거나, 어려운 주제를 시각적으로 표현한 인포그래픽으로 정보를 전달하는 데 활용하기도 합니다.

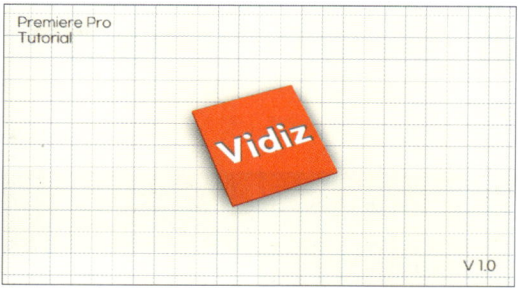

애프터 이펙트는 대표적인 모션 그래픽 제작 프로그램입니다. 애니메이션 작업에 특화된 키프레임과 가속도 기능을 통해 다양한 움직임을 표현할 수 있으며, 여러 디자인 요소를 하나로 묶어 복잡한 구성도 깔끔하게 체계화해 관리할 수 있습니다.

STEP 02 지도의 경로를 따라 움직이는 모션 그래픽

예제 파일 애프터 이펙트-파트4_ch05-지도 모션 그래픽

TV 예능이나 애니메이션에서 지도 위에 경로가 표시되고, 잠시 후 도형이나 아이콘이 그 경로를 따라 이동하는 장면을 한 번쯤 본 적이 있을 것입니다. 이러한 기법은 방송뿐만 아니라 여행 일정을 안내하거나 그래프의 수치를 시각적으로 표현하는 등 다양한 분야에서 활용도가 높습니다. 방법은 다음과 같습니다.

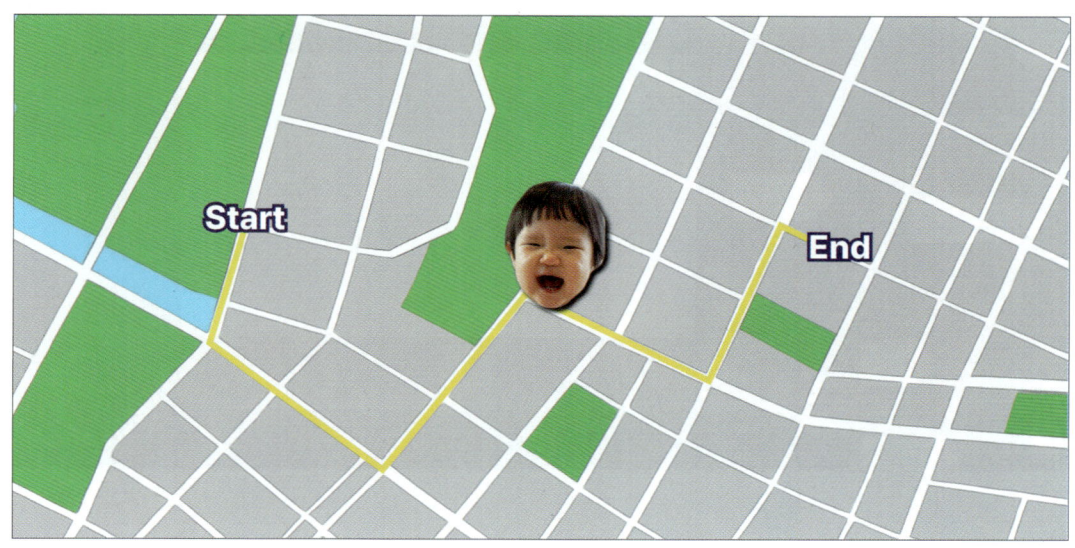

01 Shape Layer를 이용해 지도 이미지에 경로 표시하기

01 애프터이펙트를 실행한 후 ❶ HD 1920x1080 29.97fps 프리셋을 사용하여 새 컴포지션을 생성합니다. ❷ 메뉴 바의 [File]-[Import](단축키 Ctrl + I)를 선택한 후 ❸ 화면에 Import File 창이 나타나면 'map.png'를 선택하고 [Import] 버튼을 클릭합니다.

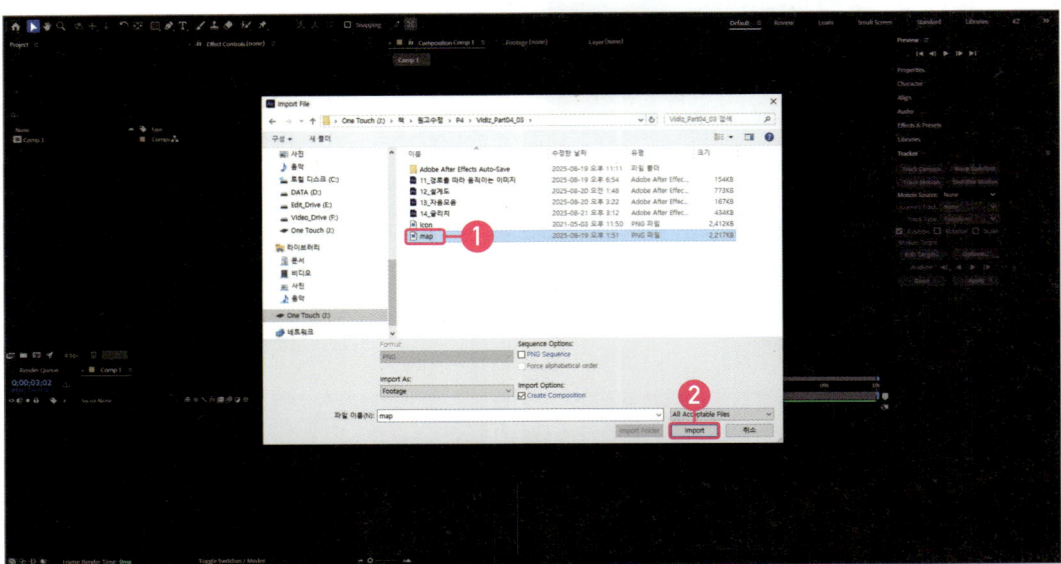

02 ❶ [Project] 패널의 'map.png' 이미지 소스를 클릭해 [Timeline] 패널로 드래그 앤 드롭합니다. ❷ 패널의 [Map] 레이어를 클릭한 후 키보드의 S 키를 눌러 [Scale] 옵션을 확장합니다. ❸ [Composition] 패널의 화면을 이미지로 덮기 위해 옵션값을 '125'로 입력합니다.

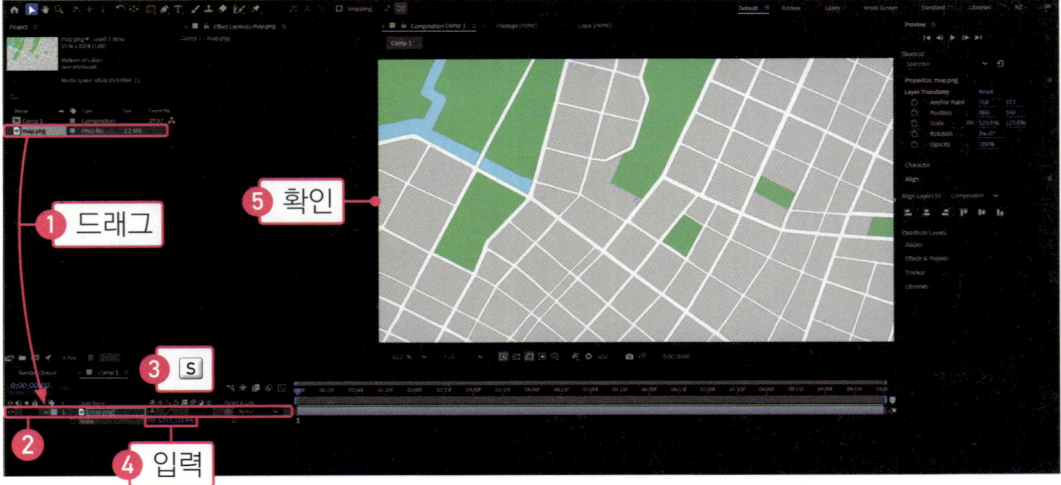

03 경로 설정을 위해 ❶ [Tool] 바에서 [Pen Tool](단축키 G)을 선택한 후 ❷ [Fill Options]를 클릭합니다.

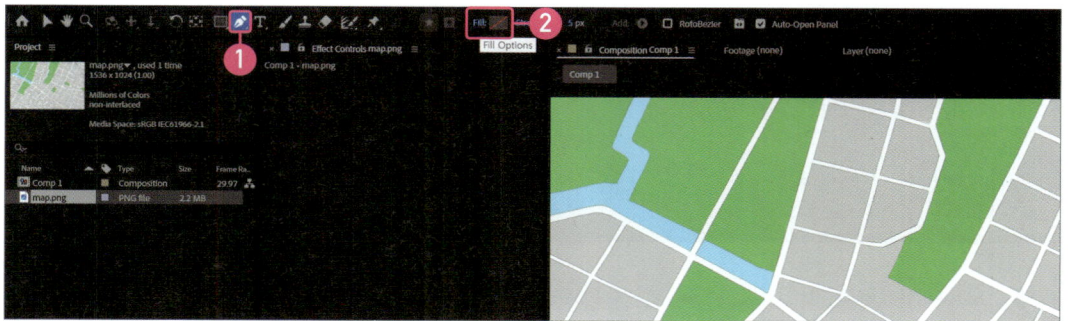

04 화면에 Fill Options 창이 나타나면 [None]을 선택한 후 [OK] 버튼을 클릭합니다.

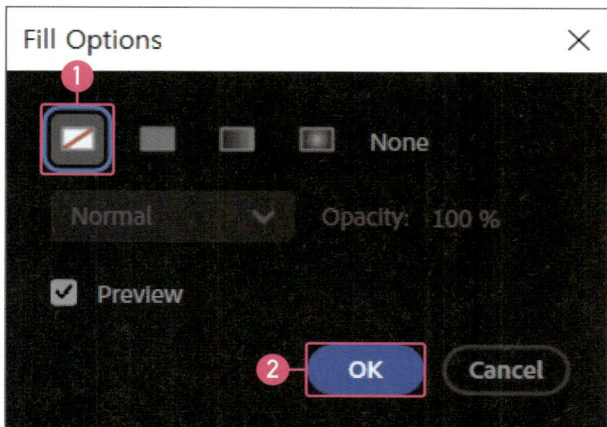

[Fill]은 [Shape] 레이어의 채우기 옵션으로 경로를 표현하기에 적합하지 않아 사용하지 않습니다.

05 다음 ❶ [Stroke Options]를 클릭합니다. 화면에 Stroke Options 창이 나타나면 ❷ [Solid Color]를 선택한 후 [OK] 버튼을 클릭합니다.

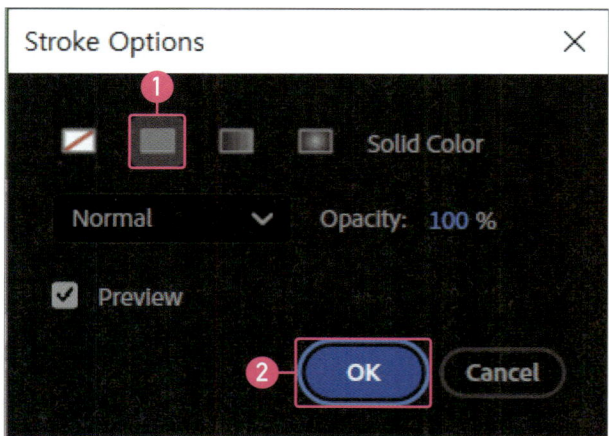

06 ❶ [Tool] 바에서 [Stroke Color]를 클릭한 후 [노란색((#FFF600)]으로 설정하고 ❷ [Stroke]의 두께를 조절하기 위해 [Stroke Width]는 '10'을 입력합니다.

07 이어서 [Composition] 패널의 지도를 클릭해 원하는 경로를 그려줍니다.

08 ❶ [Timeline] 패널에서 [Shape Layer 1]의 ▶를 클릭한 후 [Contents]-[Shape 1]-[Stroke 1] 차례로 옵션을 확장합니다. ❷ [Line Cap]의 드롭박스를 클릭해 [Round Cap]을 선택합니다. ❸ 경로의 시작과 끝 지점이 뭉툭한 모양으로 변경됩니다.

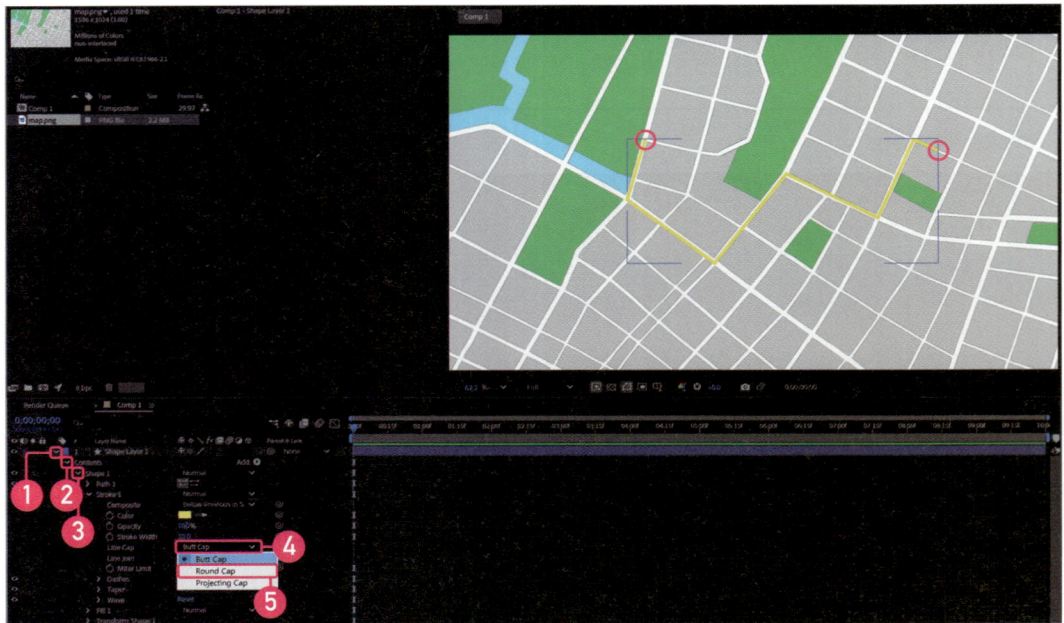

02 경로가 나타나는 애니메이션 설정하기

01 앞의 예제에 이어서 ❶ [Timeline] 패널의 [Shape Layer 1]의 [Contents] 옵션에 ◎을 클릭합니다. ❷ 바로가기 메뉴가 나타나면 [Trim Paths]를 선택합니다. ❸ [Shape Layer 1] 바로 아래 [Trim Paths 1]이 추가됩니다.

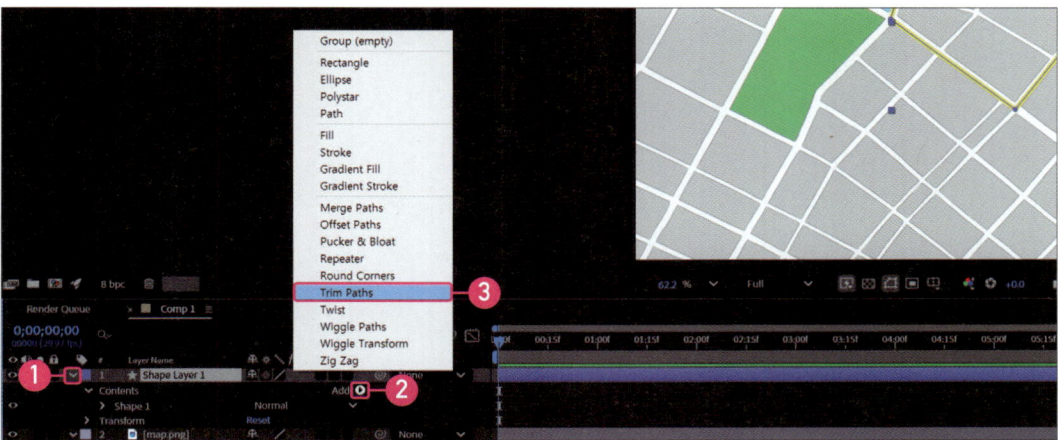

[Trim Paths]는 [Shape] 레이어의 경로 앞과 뒤를 자르는 기능인데 여기에 애니메이션을 생성하면 경로가 그려지는 효과를 만들어 줄 수 있습니다.

02 애니메이션을 추가하기 위해 ❶ [Trim Paths 1]의 ▶를 클릭해 세부 옵션을 확장합니다. ❷ [Timeline] 패널의 [인디케이터]를 클릭해 0초로 드래그한 후 ❸ [End] 옵션의 ◎를 클릭해 키프레임을 추가하고 옵션값을 '0'으로 입력합니다.

03 이번에는 ❶ [Timeline] 패널의 [인디케이터]를 클릭해 3초로 드래그한 후 ❷ [End] 옵션값을 '100'으로 변경합니다. 자동으로 키프레임이 생성되고 ❸ [인디케이터]를 클릭해 1초와 3초 사이를 드래그해보면 [Composition] 패널에 경로를 따라 선이 생겨나는 걸 확인할 수 있습니다.

04 자연스러운 움직임을 위해 ❶ [End] 옵션에 생성된 키프레임을 모두 선택한 후 ❷ 키보드의 F9 키를 눌러 [Easy Ease] 키프레임으로 변경합니다.

05 이어서 ① [Graph Editor] 버튼을 클릭해 [Timeline] 패널을 그래프 영역으로 전환합니다. ② [Tool] 바에서 [Selection Tool](단축키 Ⓥ)을 선택한 후 ③ 각 키프레임의 [Influence] 옵션값이 약 '65%'가 되도록 핸들을 중앙으로 드래그합니다. ④ 가운데가 뾰족한 그래프 모양이 만들어집니다.

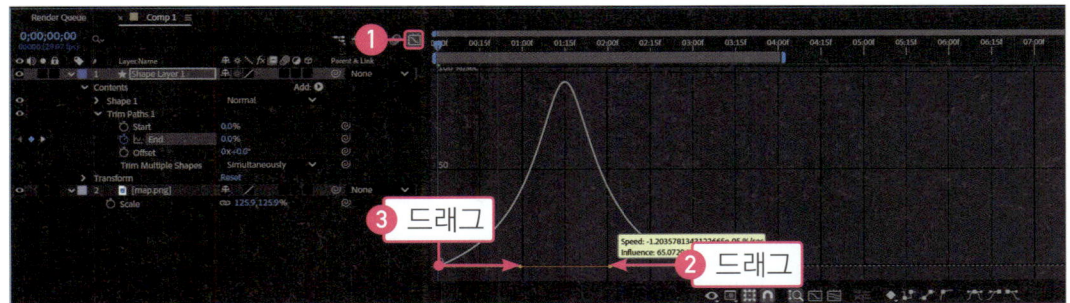

06 자막을 추가하기 위해 ① [Tool] 바에서 [Type Tool](단축키 Ctrl + Ⓣ)을 선택한 후 ② [Composition] 패널을 클릭해 'Start' 자막을 입력합니다. ③ [Tool] 바에서 [Selection Tool](단축키 Ⓥ)를 선택한 후 ④ 자막을 클릭해 경로의 시작 지점으로 드래그합니다.

07 06과 똑같은 방법으로 도착 지점에 'End' 자막을 추가합니다.

08 작업 영역인 [Work Area]를 설정하고 키보드의 Space Bar 키 또는 0 키를 눌러서 작업 내용을 프리뷰합니다. 'Start'에서 경로가 시작되어 'End'까지 그려지는 애니메이션을 확인할 수 있습니다.

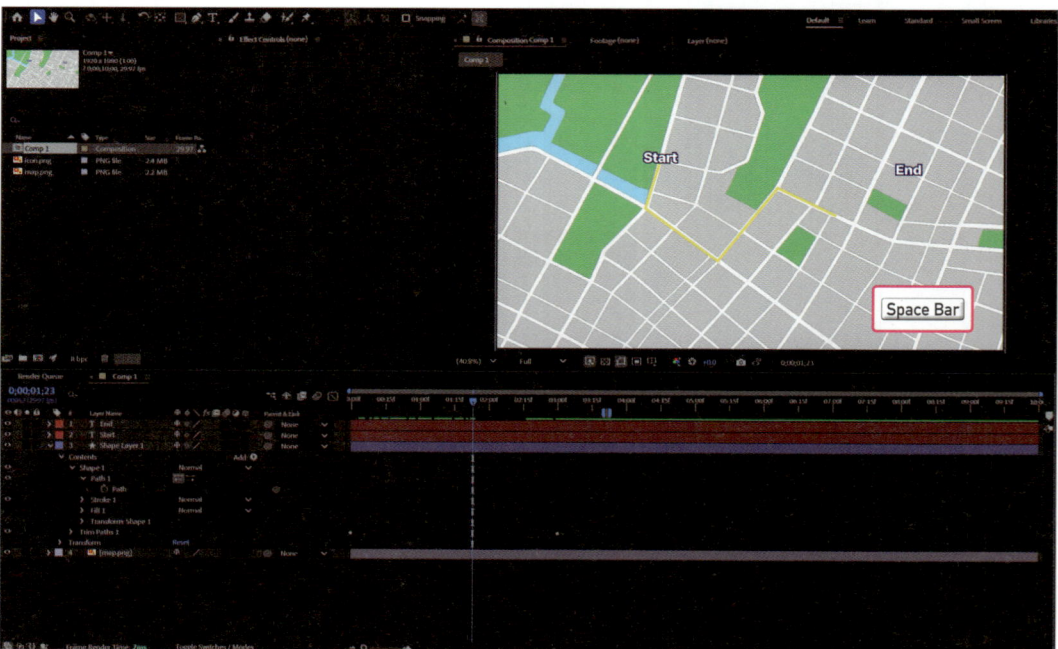

03 이미지로 아이콘 만들기

01 ❶ 앞의 예제에 이어서 ❷ [Project] 패널에 'icon.png' 이미지 소스를 불러온 후 [Timeline] 패널로 드래그 앤 드롭합니다. ❸ [Timeline] 패널의 [icon] 레이어를 클릭한 후 [Tool] 바에서 [Pen Tool](단축키 G)을 선택합니다.

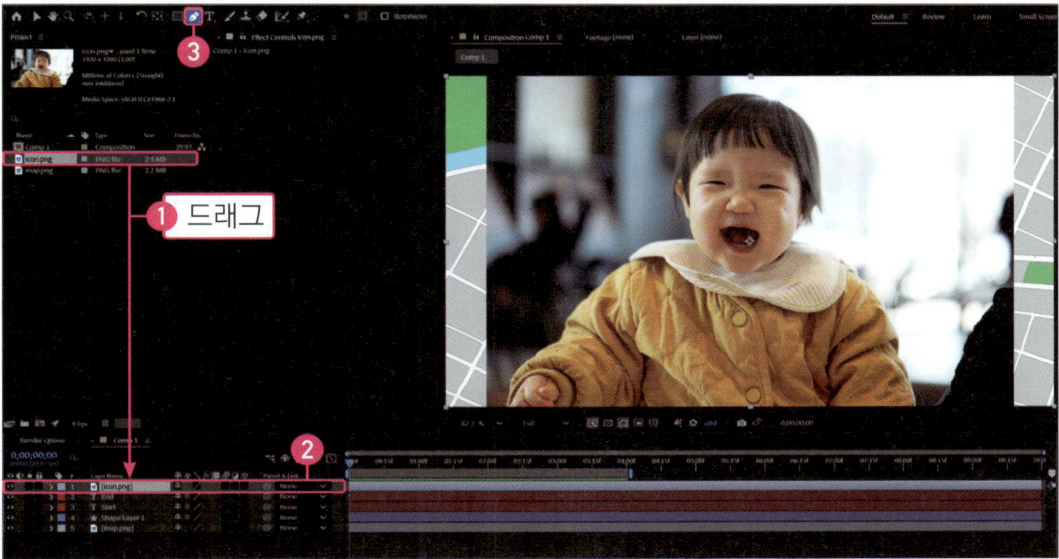

02 ❶ 아이의 얼굴 선을 따라 마우스로 클릭합니다. 화면에 점이 나타나면 반복해 점들을 연결합니다. ❷ 마지막 점까지 이어주면 마스크가 생성되어 화면에 아이의 얼굴만 남습니다.

> **TIP**
> [Timeline] 패널에서 레이어를 선택하지 않은 채 [Tool] 바의 [Pen Tool]이나 [Rectangle Tool]을 사용하면 앞에서 경로를 그린 것처럼 [Shape] 레이어가 생성됩니다.

03 ❶ [Effect&Presets] 패널 검색란에 'drop shadow'를 입력합니다. ❷ 검색 결과로 나타난 [Drop Shadow]를 클릭한 채 효과 적용을 원하는 [icon] 레이어로 드래그 앤 드롭합니다.

04 세부 옵션을 변경하기 위해 ❶ [Effect Controls] 패널의 [Drop Shadow]에서 [Opacity]는 '85', [Distance]는 '25', [Softness]는 '50'으로 옵션값을 입력합니다.

05 [Timeline] 패널에서 [icon] 레이어를 선택한 후 키보드의 S 키를 눌러 [Scale] 옵션을 확장합니다.
❶ 옵션값은 '35'로 입력하고 ❷ 단축키 Shift + P 를 눌러 [Position] 함께 확장한 다음 옵션값을 마저 입력해 'Start' 자막 위치로 이미지를 옮겨줍니다.

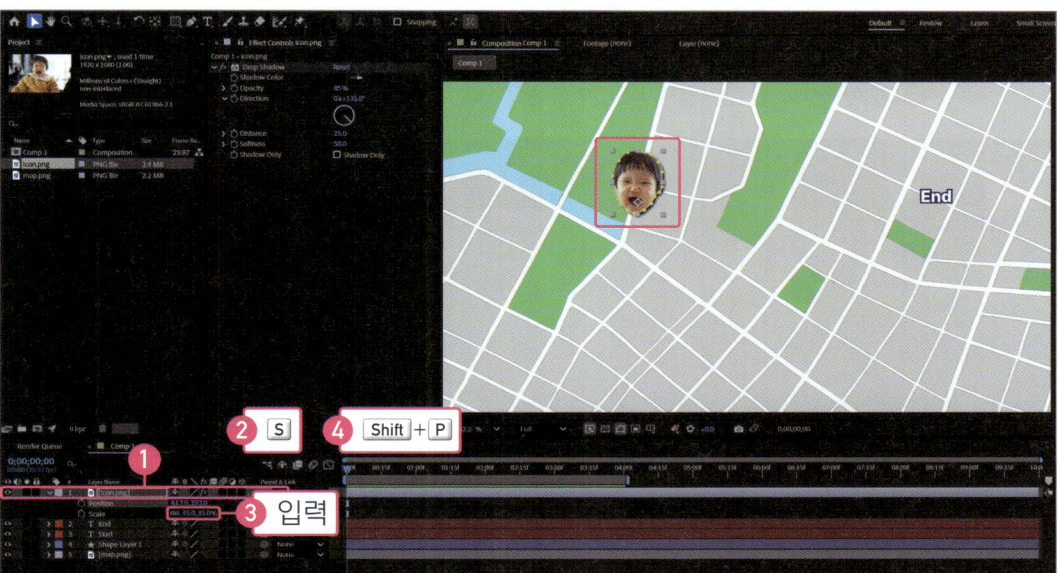

04 이미지가 경로를 따라가는 애니메이션 설정하기

01 앞의 예제에 이어서 ❶ [Timeline] 패널에서 [icon] 레이어를 클릭합니다. ❷ [Composition] 패널의 아이 얼굴에 [앵커포인트가] 표시되면 ❸ [Tool] 바에서 [Pen Behind Tool](단축키 Y)을 선택합니다. ❹ [앵커포인트]를 클릭한 후 아이의 턱 밑으로 드래그합니다.

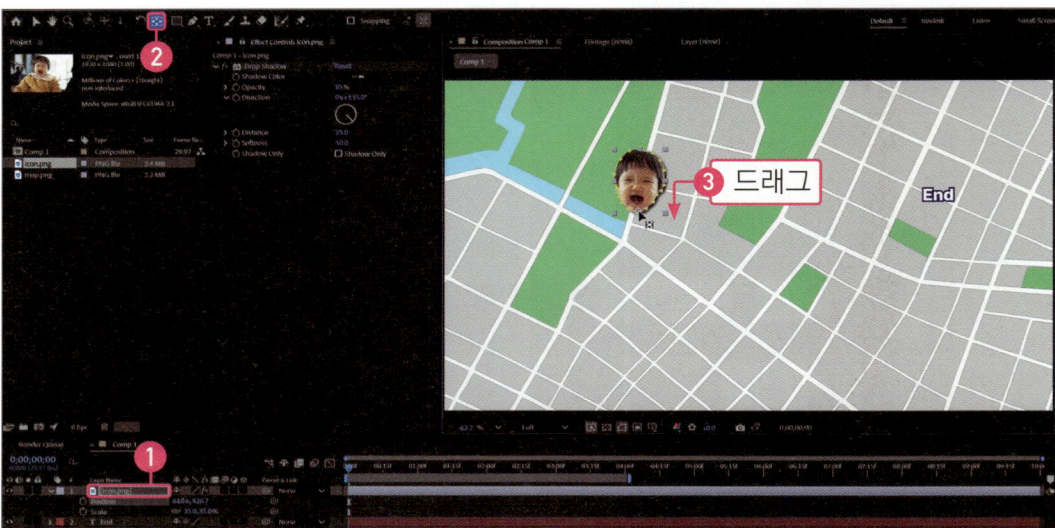

02 ❶ [Timeline] 패널에서 [Shape Layer 1]의 ▶를 클릭해 옵션을 확장한 후 ❷ [Contents]-[Shape 1]-[Path 1]의 ▶를 클릭합니다.

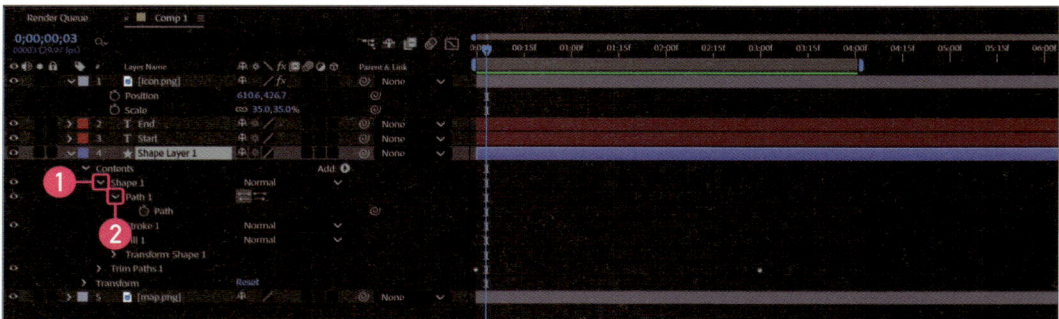

03 ❶ [Path 1] 옵션의 [Path]를 클릭하고 단축키 Ctrl + C를 눌러 복사합니다. 이어서 ❷ [icon] 레이어의 [Position] 옵션을 선택한 후 단축키 Ctrl + V를 눌러 붙여넣기합니다. ❸ [icon] 레이어의 [Position] 옵션에 키프레임이 생성된 걸 확인할 수 있습니다.

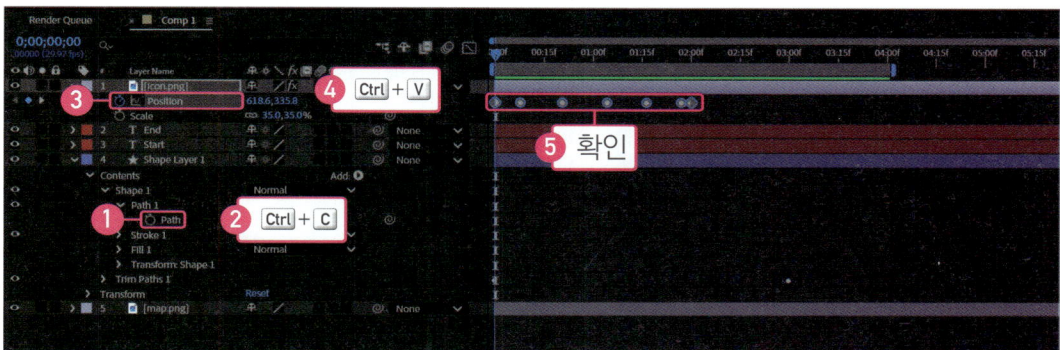

04 ❶ [Timeline] 패널의 [인디케이터]를 클릭해 드래그하면 [Composition] 패널의 아이콘이 경로 위를 움직이는 걸 확인할 수 있습니다. 애니메이션의 타이밍을 조절하기 위해 ❷ [icon] 레이어의 [Position] 옵션에 생성된 키프레임을 모두 선택합니다. ❸ 경로가 완성되는 2초 15프레임에 이미지 애니메이션이 시작하도록 키프레임을 드래그합니다.

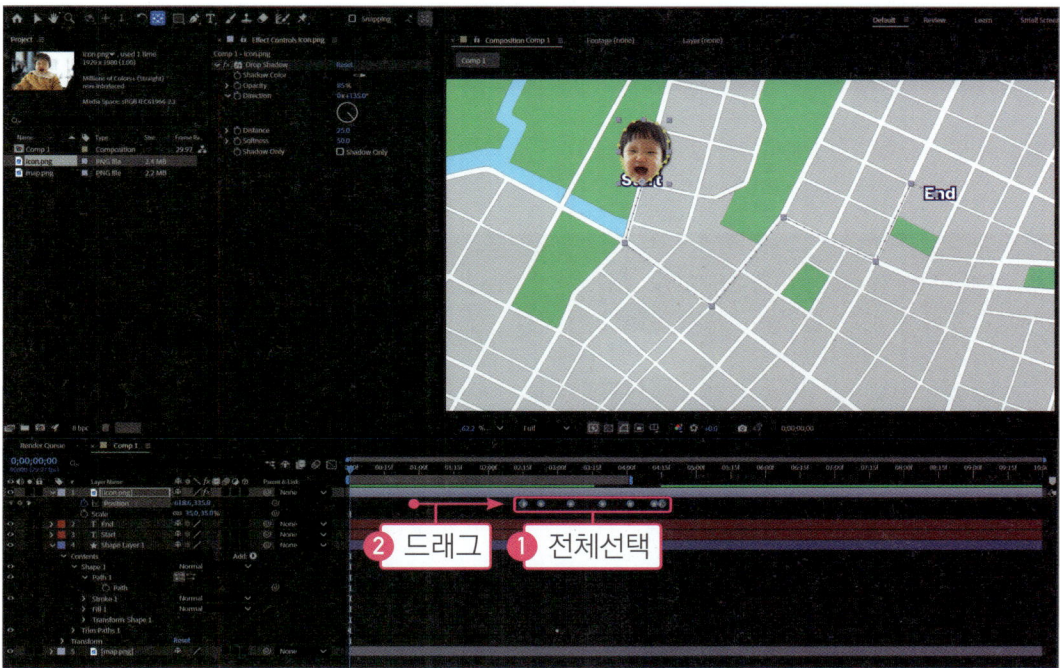

05 ❶ [Timeline] 패널에 [icon] 레이어를 클릭하고 키보드의 S 키를 눌러 [Scale] 옵션을 확장합니다.
❷ [Timeline] 패널의 [인디케이터]를 클릭해 [Position] 애니메이션이 시작하는 2초 15프레임으로 드래그합니다. ❸ [Scale] 옵션의 ◎을 클릭해 키프레임을 생성합니다.

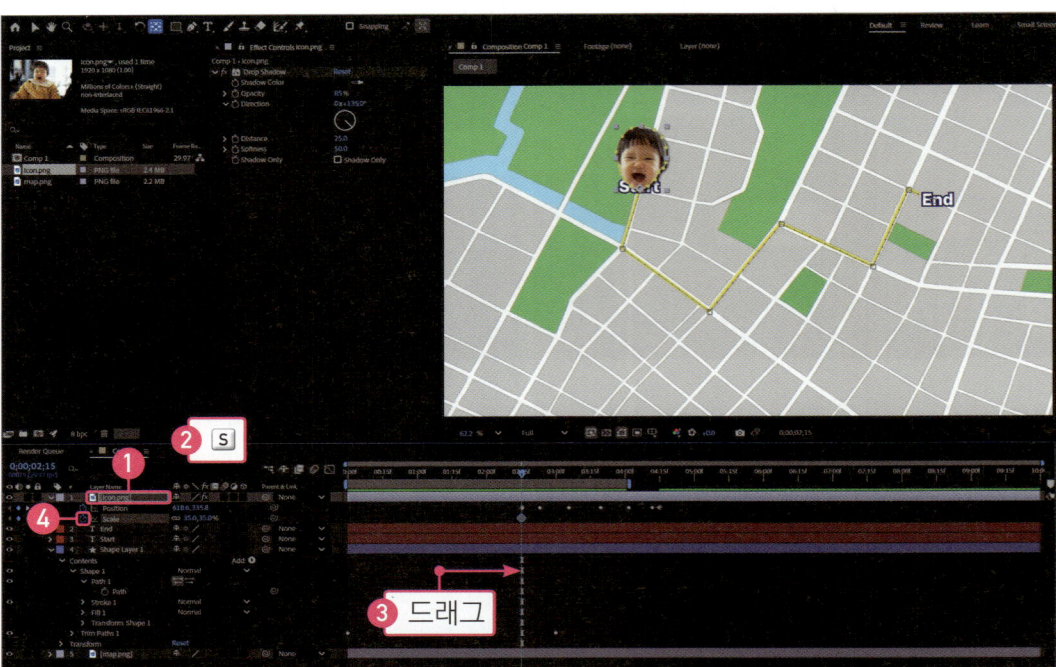

06 이번에는 ❶ [인디케이터]를 클릭해 6프레임 이전으로 드래그한 후 ❷ [Scale] 옵션값을 '38'로 입력하면 자동으로 키프레임이 생성됩니다.

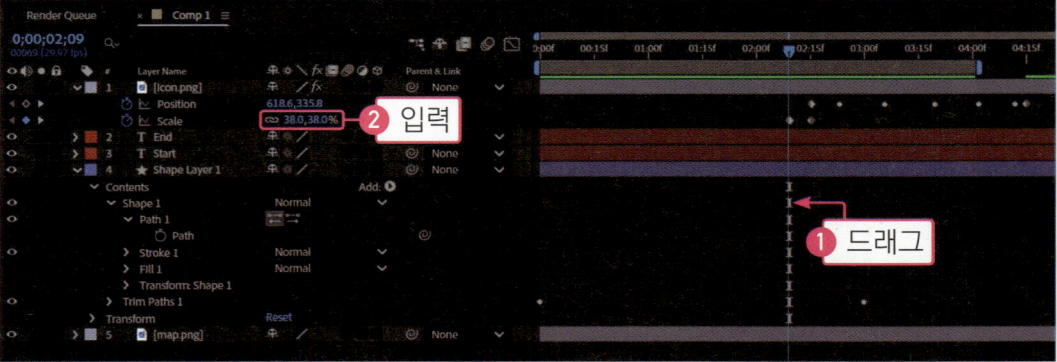

07 다시 ① [인디케이터]를 클릭해 6프레임 이전으로 드래그합니다. ② [Scale] 옵션값을 '0'으로 입력하면 자동으로 키프레임이 생성됩니다. 약간의 가속도를 적용하기 위해 ③ [Scale] 키프레임을 모두 선택한 후 키보드의 F9 키를 눌러 [Easy Ease] 키프레임으로 변환합니다.

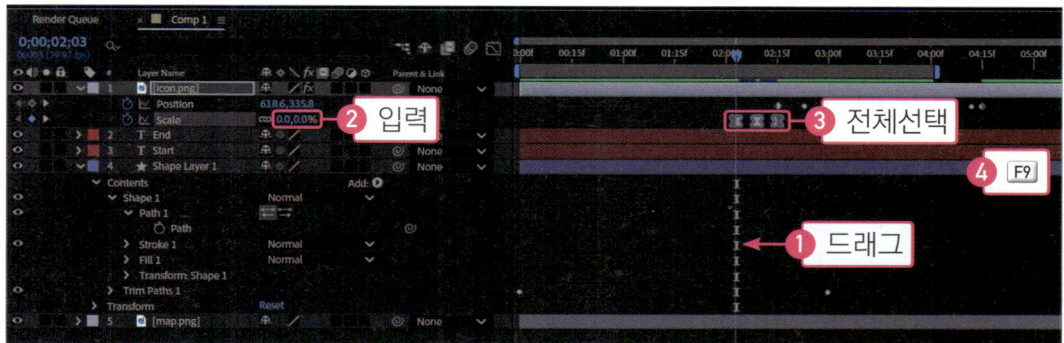

08 작업 영역인 [Work Area]를 설정하고 키보드의 Space Bar 키 또는 0 키를 눌러서 작업 내용을 프리뷰합니다. 지도에 경로가 그려진 후 이미지가 나타나 경로를 따라 이동하는 애니메이션이 완성된 것을 확인할 수 있습니다.

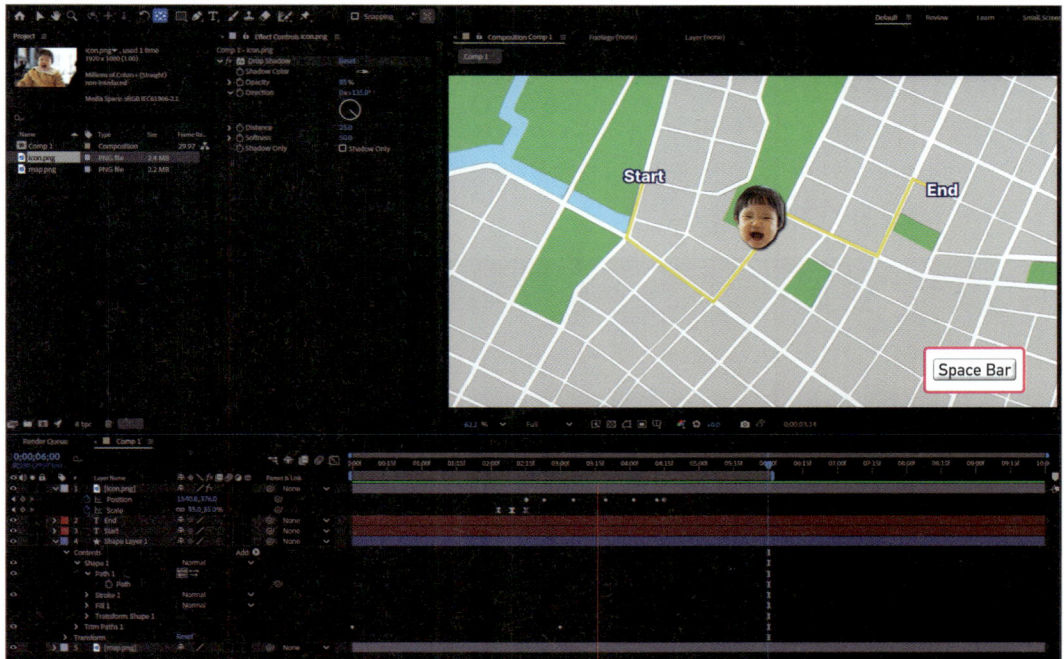

STEP 03 설계도 느낌의 애니메이션

완성 파일 애프터 이펙트-파트4_ch05-설계도

화면에 설계 도면이 그려지는 것처럼 여러 도형과 선이 나온 후 자연스레 글자와 로고가 등장하는 모션 그래픽은 광고 또는 영화 오프닝 시퀀스에서 자주 등장하는 기법입니다. 방법은 다음과 같습니다.

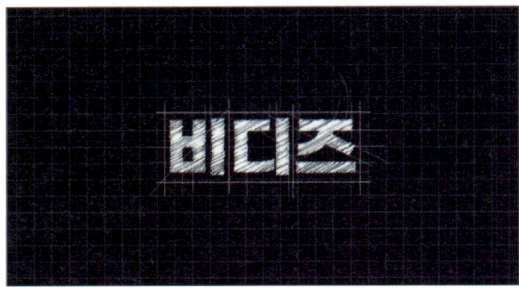 

01 자막 레이어 생성하기

01 애프터 이펙트를 실행한 후 ❶ HD 1920×1080 29.97fps 프리셋으로 컴포지션을 생성하고 ❷ [Tool] 바에서 [Type Tool](단축키 Ctrl + T)을 선택합니다. ❸ [Composition] 패널을 클릭하고 원하는 자막을 입력합니다.

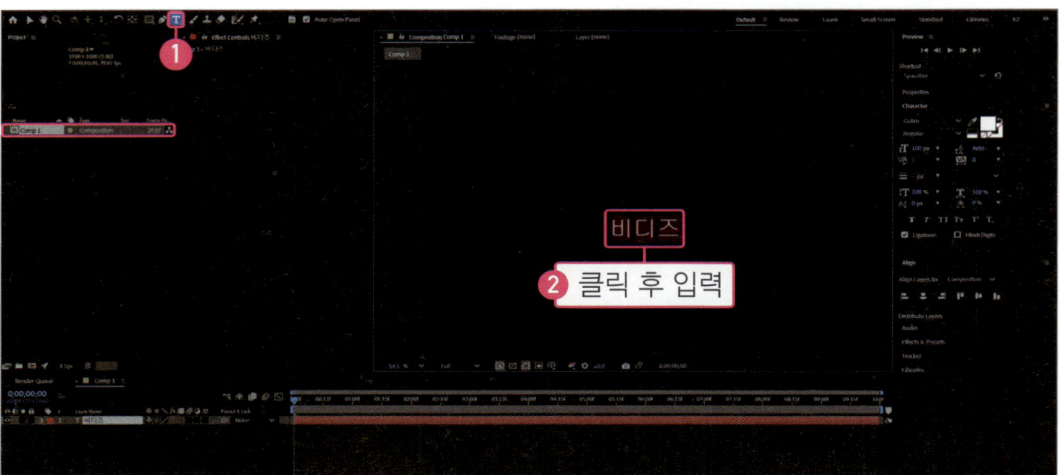

02 ❶ [Timeline] 패널의 [Text] 레이어를 클릭한 후 ❷ 우측 [Character] 패널에서 [Font]는 [Gmarket Sans TTF] 선택, [Font Size]는 '250'을 입력합니다. 다음 ❸ [Align] 패널의 [Align Horizontally], [Align Vertically]을 클릭해 자막을 화면 중앙으로 이동합니다.

> **TIP**
> 설계도 느낌의 타이틀 모션 그래픽이기 때문에 폰트는 고딕체에 가까운 스타일을 추천합니다.

03 테두리가 그려지는 효과를 만들기 위해 ❶ [Timeline] 패널의 [Text] 레이어를 클릭하고 마우스 오른쪽 버튼을 클릭합니다. ❷ 바로가기 메뉴가 나타나면 [Create]-[Create Shapes From Text]를 선택합니다.

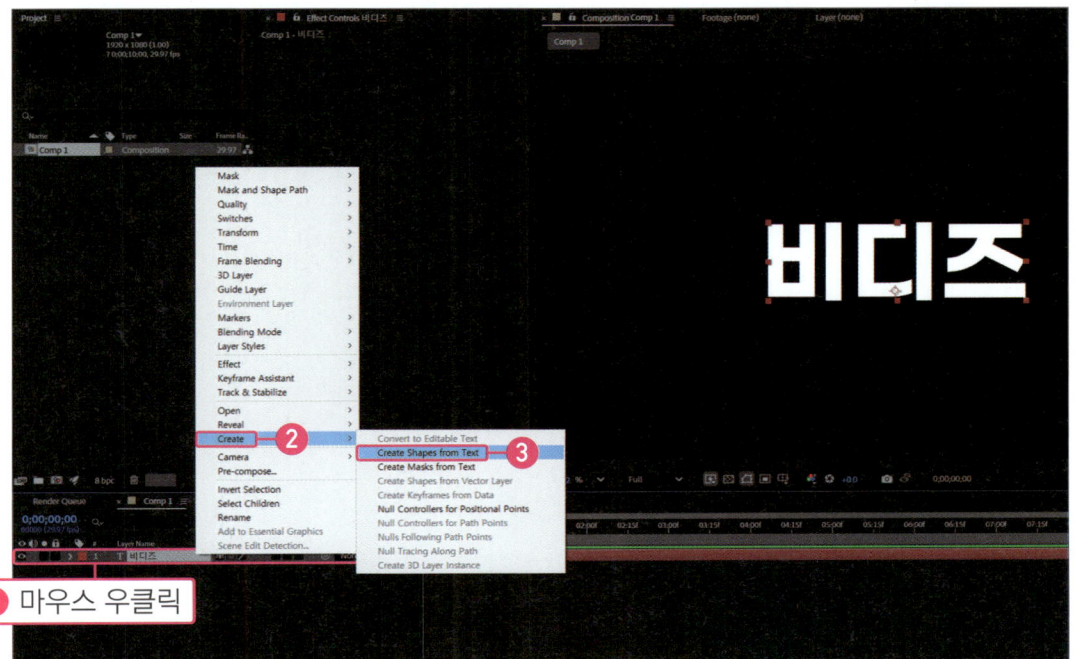

04 [Timeline] 패널에 'Outlines' 이름의 [Shape] 레이어가 생성되었습니다. 기존의 [Text] 레이어는 자동 숨김 처리되어 화면에서 보이지 않습니다.

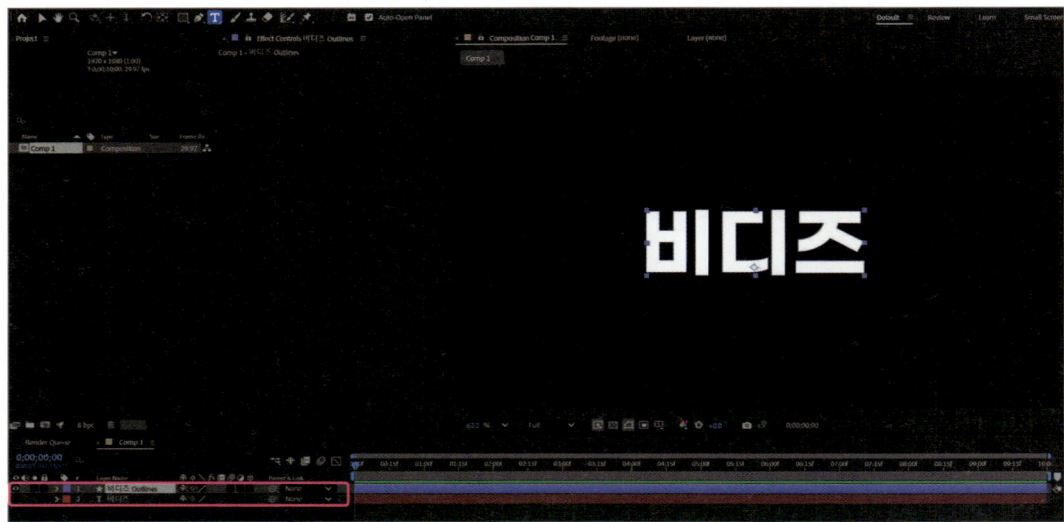

05 ❶ [Shape] 레이어의 ▶을 클릭하고 [Contents] 옵션을 확장합니다. 텍스트별로 경로가 만들어진 걸 알 수 있습니다. 레이어 명을 변경하기 위해 ❷ [Shape] 레이어를 클릭한 후 키보드의 Enter 키를 눌러 '테두리'로 이름을 변경합니다.

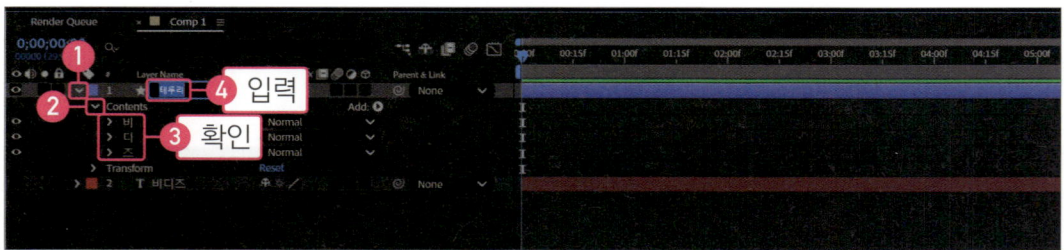

06 [Composition] 패널에 [Shape] 레이어의 테두리만 남기기 위해 ❶ [Timeline] 패널의 [테두리] 레이어를 클릭합니다. ❷ [Tool] 바에서 [Rectangle Tool](단축키 Q)을 선택한 후 [Fill Options]를 클릭합니다.

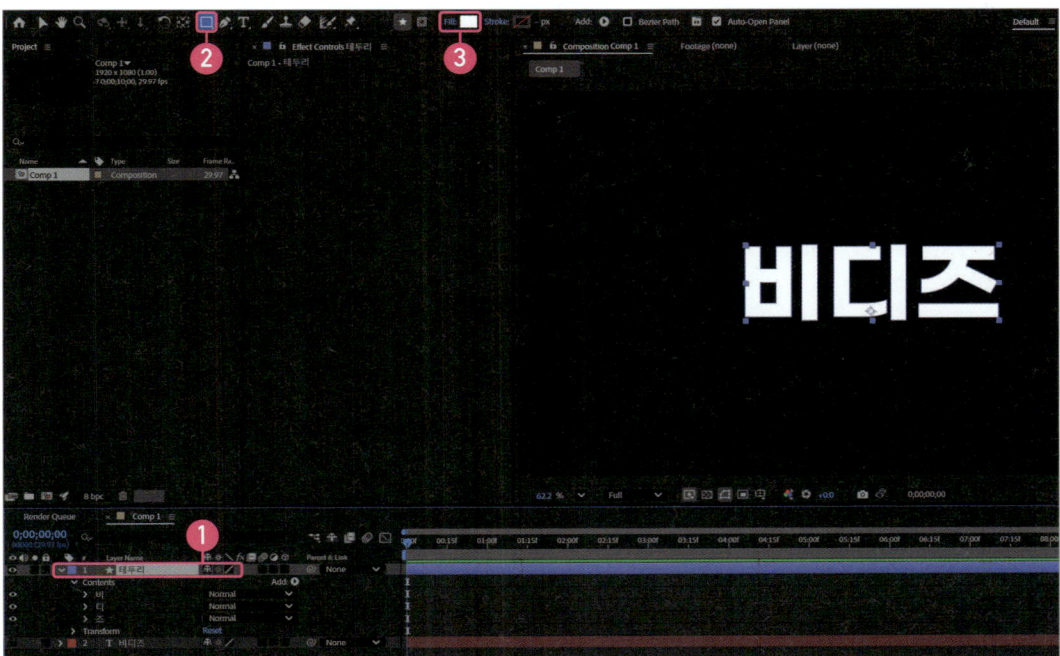

07 화면에 Fill Options 창이 나타나고 [None]을 선택한 후 [OK] 버튼을 클릭합니다.

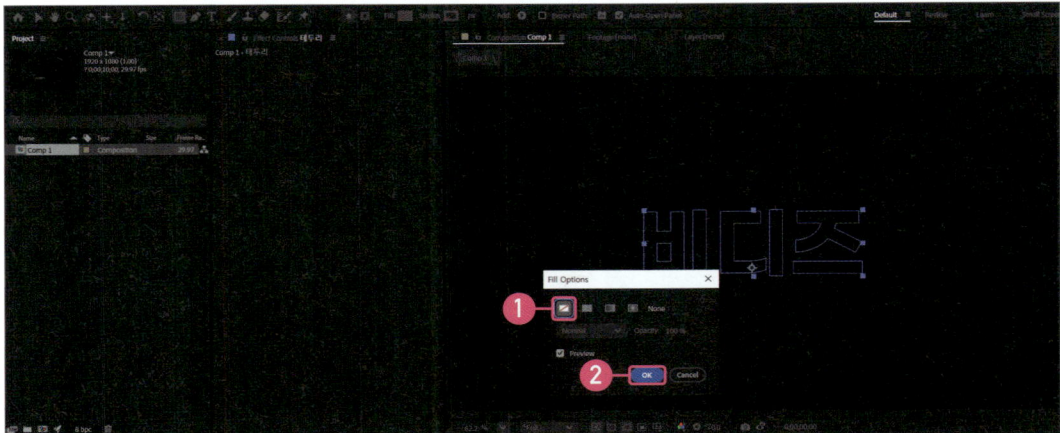

08 이어서 ① [Stroke Options]를 선택합니다. 화면에 Stroke Options 창이 나타나면 ② [Solid Color]를 선택한 후 [OK] 버튼을 클릭합니다.

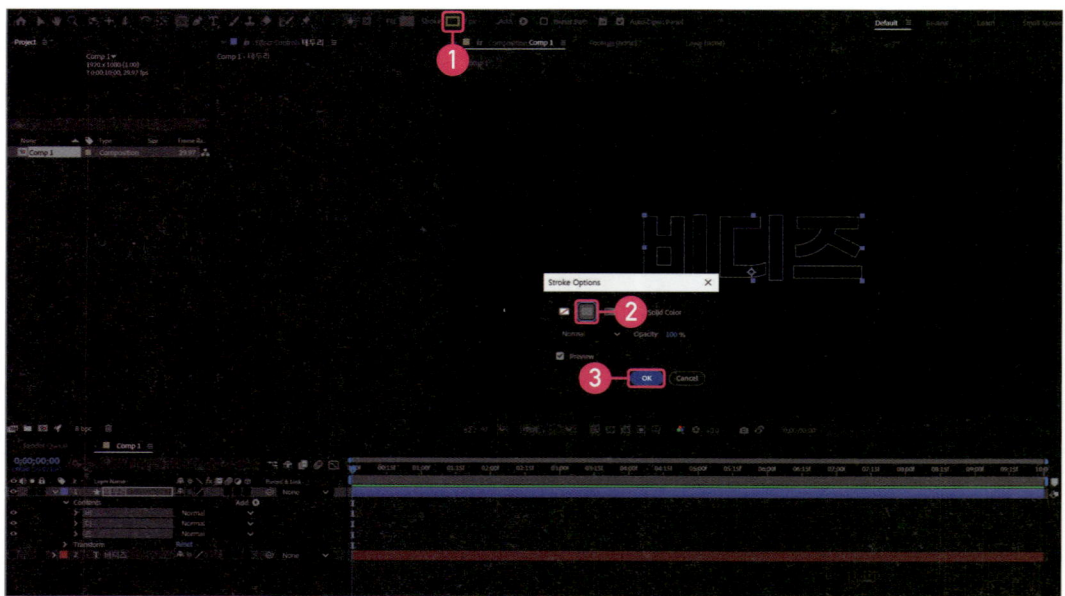

09 다음 ① [Stroke Color]를 클릭한 후 [하얀색(#ffffff)]을 설정하고 [Stroke Width]는 '2'를 입력합니다.

02 Trim Paths로 테두리 애니메이션 효과 만들기

01 앞의 예제에 이어서 ❶ [Timeline] 패널의 [테두리] 레이어를 클릭한 후 바로가기 메뉴에서 [Trim Paths]를 선택합니다. ❷ [테두리] 레이어 아래 [Trim Paths 1]이 추가됩니다.

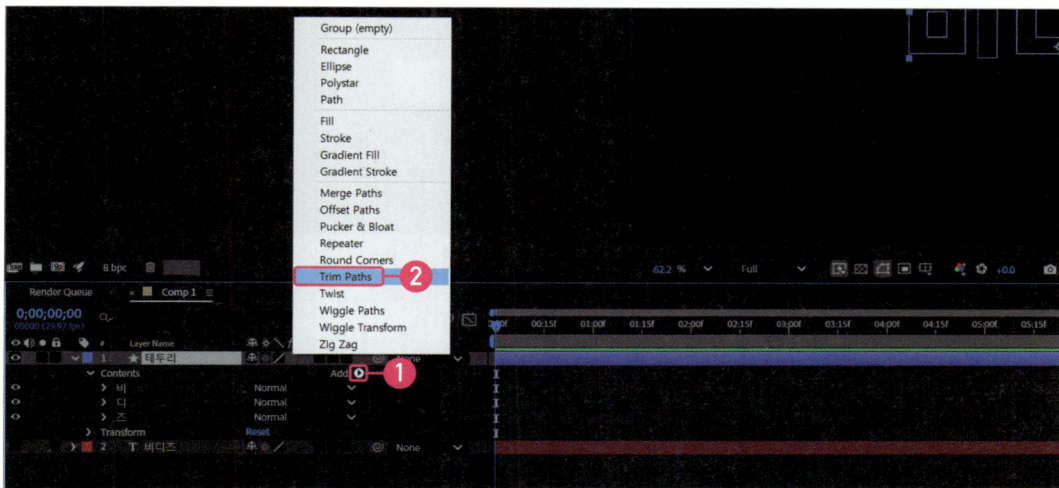

02 ❶ [Trim Paths 1]의 ▶를 클릭해 옵션을 확장한 후 ❷ [Timeline] 패널의 [인디케이터]를 0초로 드래그합니다. ❸ [End] 옵션의 ◉을 클릭해 키프레임을 생성한 후 ❹ [End] 옵션값을 '0'으로 입력합니다.

03 이번에는 ❶ [Timeline] 패널의 [인디케이터]를 클릭해 2초로 드래그한 후 ❷ [End] 옵션값을 '100'으로 입력합니다. ❸ 옵션값이 변경되어 자동으로 키프레임이 생성됩니다.

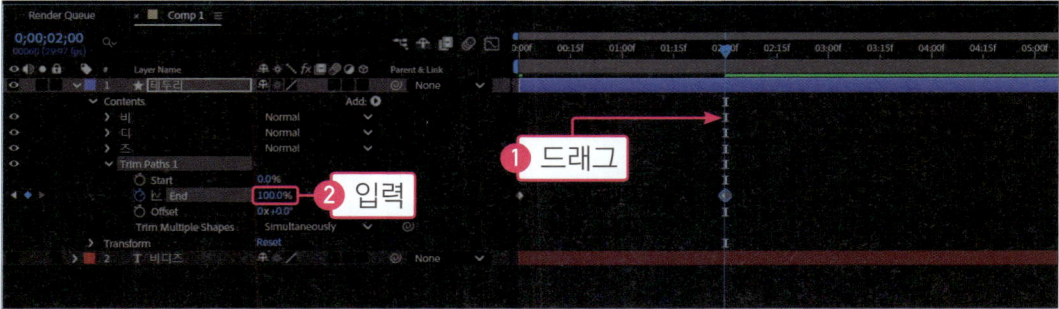

04 영상을 재생해 보면 [Composition] 패널의 자막이 모두 동시에 나타납니다. 맨 앞 글씨부터 차례대로 나타나도록 ① [Trim Paths 1]의 [Trim Multiple Shapes] 드롭박스를 클릭하고 ② [Individually]를 선택합니다.

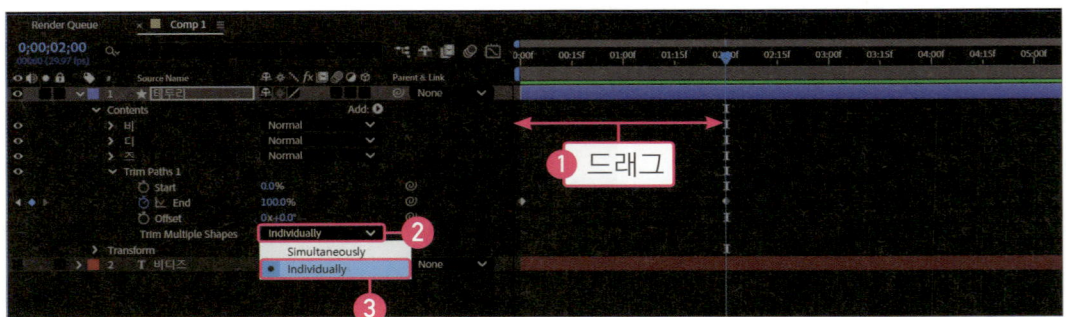

05 이어서 텍스트의 자음부터 한 글자씩 차례대로 나타나도록 ① [Contents]의 ▶을 클릭한 후 [Text] 레이어 맨 첫 글자의 ▶를 클릭합니다. ② 텍스트 구성 요소가 나타나고 하나씩 클릭하면 [Composition] 패널에서 어떤 글자인지 확인할 수 있습니다. ③ 화면에 가장 먼저 나와야 하는 요소를 클릭한 채 위로 드래그합니다.

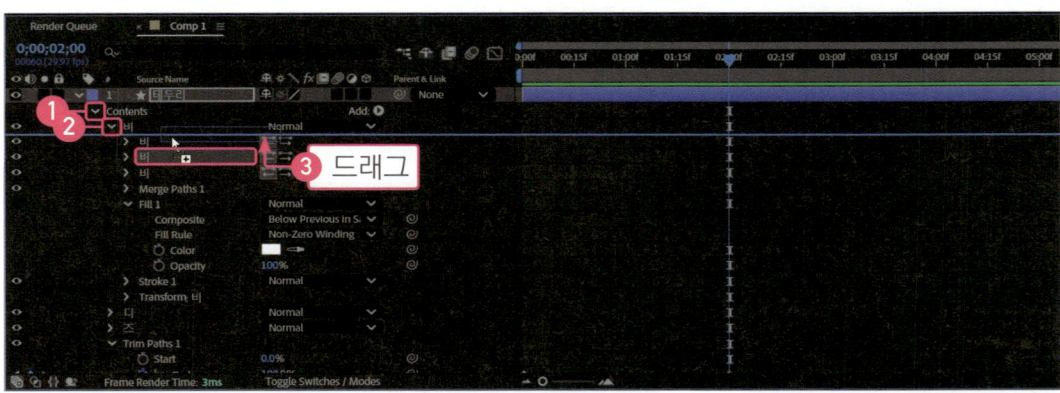

06 자연스러운 움직임을 위해 ① [End] 옵션에 생성된 키프레임을 모두 선택한 후 ② 키보드의 F9 키를 눌러 [Easy Ease] 키프레임으로 변경합니다.

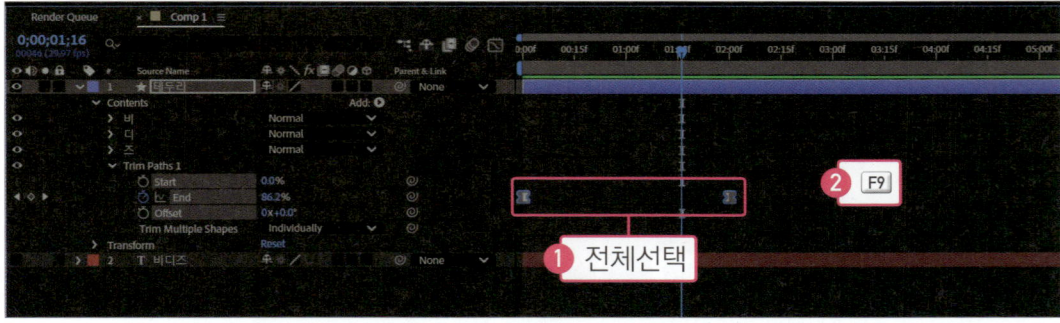

07 이어서 ❶ [Graph Editor] 버튼을 클릭해 [Timeline] 패널을 그래프 영역으로 전환합니다. ❷ 양쪽 키프레임의 핸들을 클릭한 채 [Influence]의 옵션값이 약 '60%'가 되도록 중앙으로 드래그합니다. 가운데가 뾰족한 모양의 그래프가 완성됩니다.

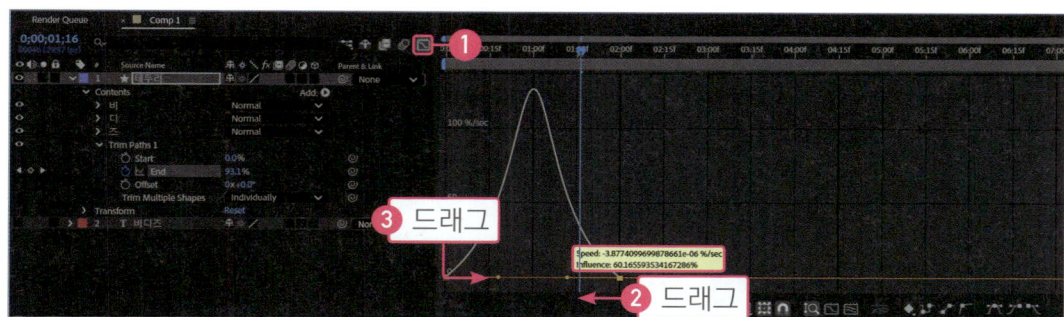

08 [Work Area]를 설정하고 키보드의 Space Bar 키 또는 0 키를 눌러서 작업 내용을 프리뷰합니다. 자막의 테두리가 순서대로 그려지는 애니메이션을 확인할 수 있습니다.

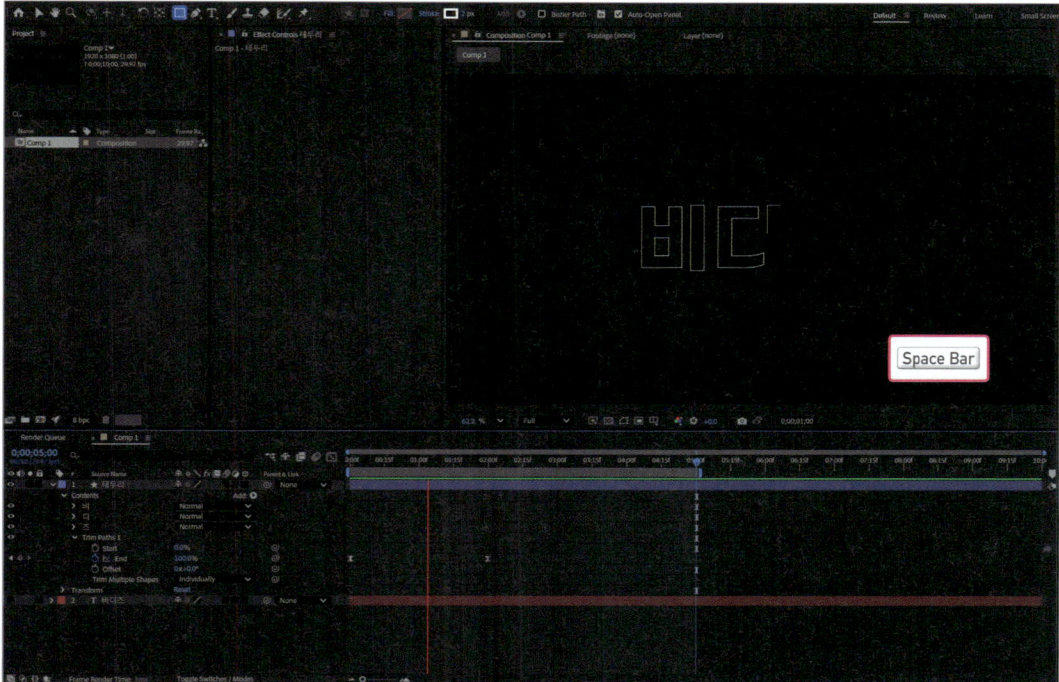

03 텍스트 드로잉 애니메이션 효과 추가하기

01 앞의 예제에 이어서 ① [Timeline] 패널의 [Text] 레이어에 마우스 오른쪽 버튼을 클릭한 후 ② 바로 가기 메뉴가 나타나면 [Create]-[Create Masks From Text]를 선택합니다.

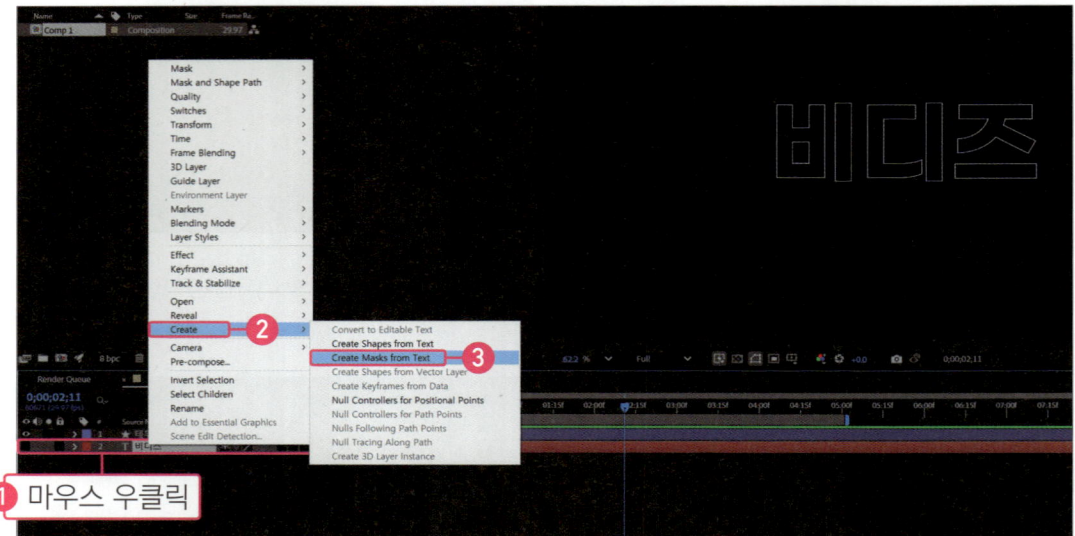

02 [Timeline] 패널에 'Outlines' 이름의 [Shape] 레이어가 생성됩니다. ① 새 레이어의 ▶을 클릭하고 [Mask] 옵션을 확장합니다. 자막의 텍스트가 자음과 모음 별로 나누어 마스크가 생성된 것을 알 수 있습니다. 레이어 명을 변경하기 위해 ② [Shape] 레이어를 클릭한 후 키보드의 Enter 키를 눌러 '채우기'로 이름을 변경합니다.

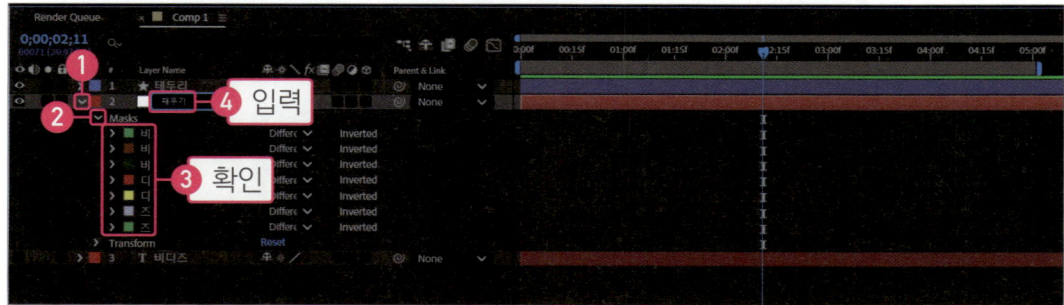

03 드로잉 효과를 추가하기 위해 ❶ [Effect&Presets] 패널의 검색란에 'scribble'을 입력합니다. ❷ 검색 결과로 나타난 [Scribble]을 클릭한 채 효과 적용을 원하는 [채우기] 레이어로 드래그 앤 드롭합니다.

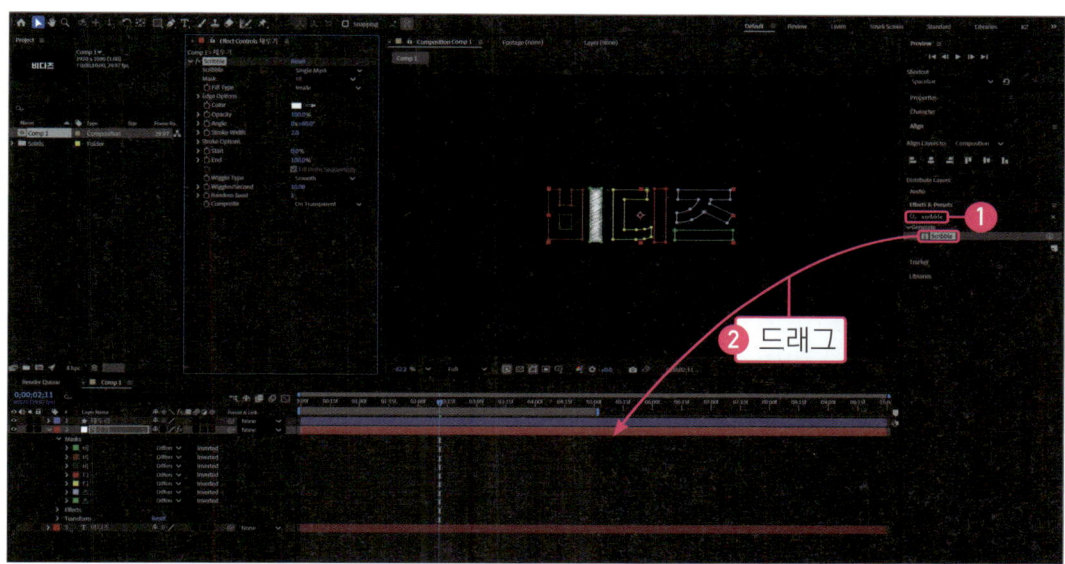

04 세부 옵션을 변경하기 위해 ❶ [Effect Controls] 패널의 [Scribble] 옵션의 드롭박스를 클릭한 후 ❷ [All makes Using Mode]를 선택합니다. 모든 텍스트에 펜으로 그린 듯한 패턴이 적용됩니다.

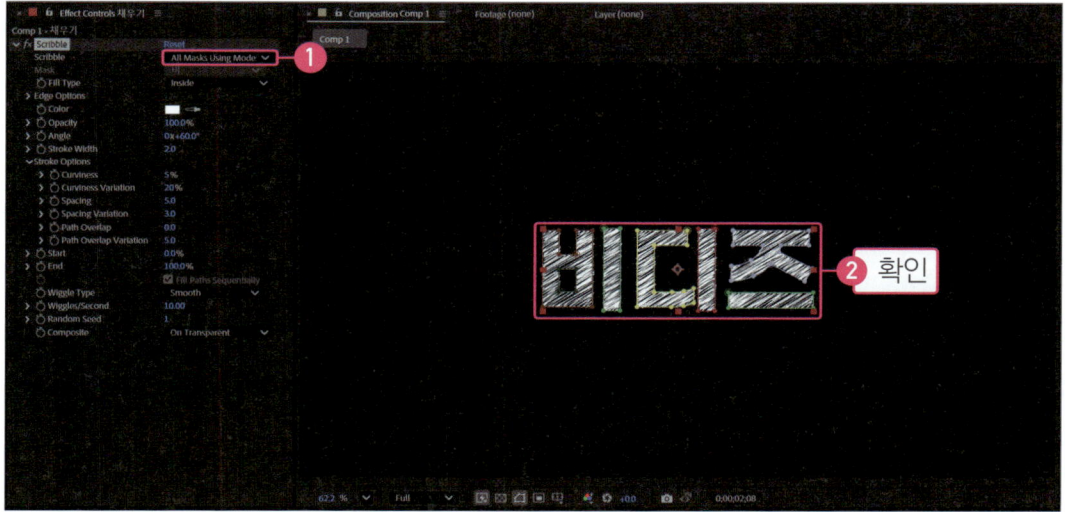

손그림 느낌을 추가하고 싶다면 [Stroke Options]에서 [Variation] 옵션값을 변경합니다.

05 애니메이션을 추가하기 위해 ❶ [Timeline] 패널의 [인디케이터]를 클릭해 0초로 드래그합니다. ❷ [End] 옵션의 ◎를 클릭해 키프레임을 추가하고 [End] 옵션값은 '0'으로 입력합니다. 이번에는 ❸ [Timeline] 패널의 [인디케이터]를 클릭해 2초로 드래그한 후 ❹ [End] 옵션값을 '100'으로 입력하면 자동으로 키프레임이 생성됩니다.

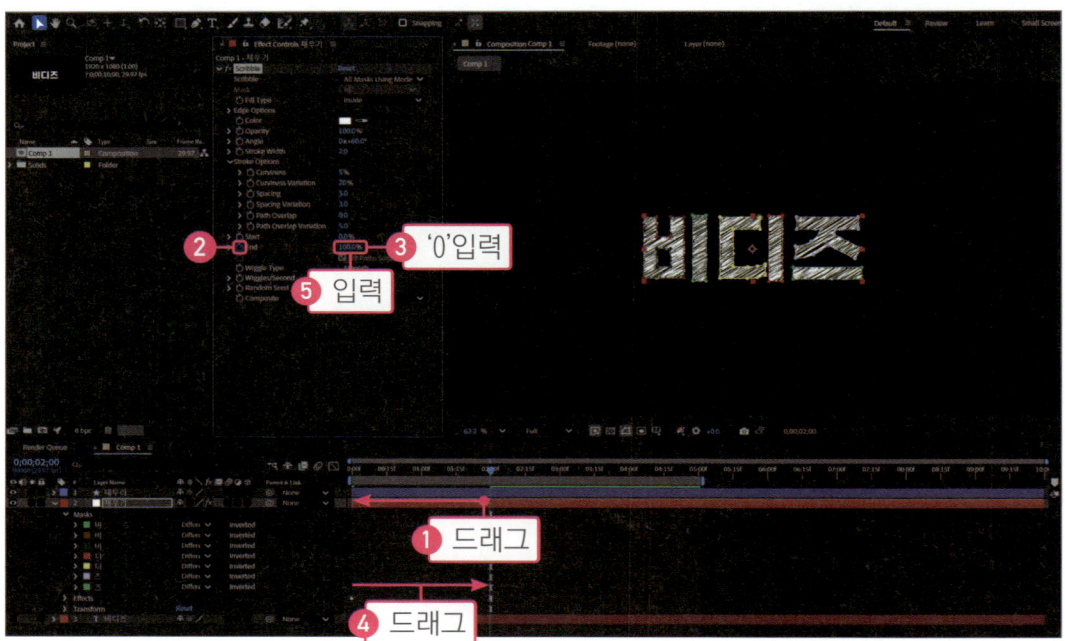

06 자연스러운 움직임을 위해 ❶ [Timeline] 패널의 [채우기] 레이어를 클릭한 후 키보드의 U 키를 눌러 [End] 옵션을 확장합니다. ❷ [End] 옵션에 키프레임을 모두 선택한 후 키보드의 F9 키를 눌러 [Easy Ease] 키프레임으로 변경합니다.

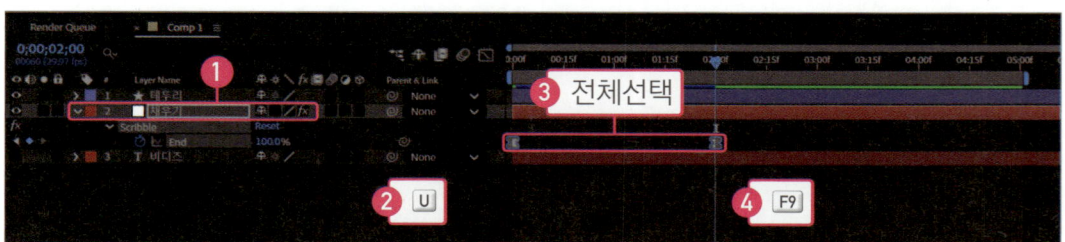

07 이어서 ❶ [Graph Editor] 버튼을 클릭해 [Timeline] 패널을 그래프 영역으로 전환합니다. ❷ 양쪽 키프레임의 핸들을 클릭한 후 테두리 애니메이션과 똑같이 [Influence] 옵션값을 약 '60%'가 되도록 중앙으로 드래그합니다. 가운데가 뾰족한 모양의 그래프가 완성됩니다

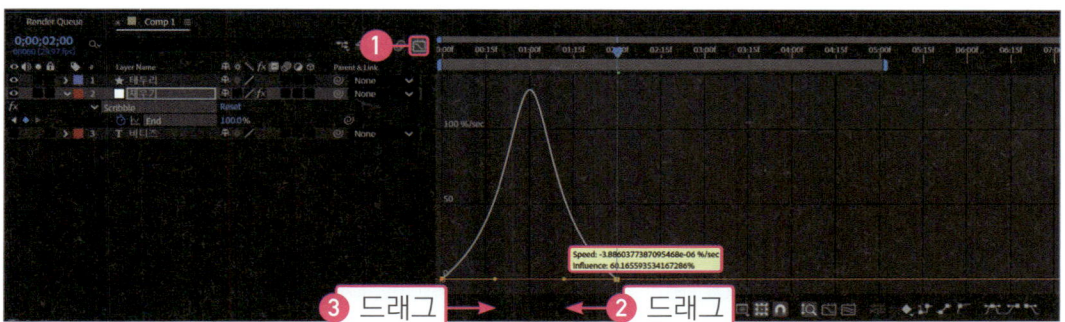

08 테두리가 먼저 나오고 이어서 채워지는 효과가 나오도록 ❶ [Timeline] 패널의 [채우기] 레이어 클립을 선택하고 20프레임 뒤로 드래그합니다. ❷ [Work Area]를 설정하고 키보드의 Space Bar 키를 눌러서 작업 내용을 프리뷰 해보면 테두리가 먼저 나온 후 채우기가 생성되며 자막이 등장합니다.

04 설계도 스타일의 가로 라인 추가하기

01 앞의 예제에 이어서 ① [Tool] 바에서 [Pen Tool](단축키 G)을 선택합니다. ② [Composition] 패널에서 자막의 좌측 하단을 클릭한 후 키보드의 Shift 키를 눌러 자막의 우측 하단을 클릭합니다. 가로 라인이 추가되었습니다.

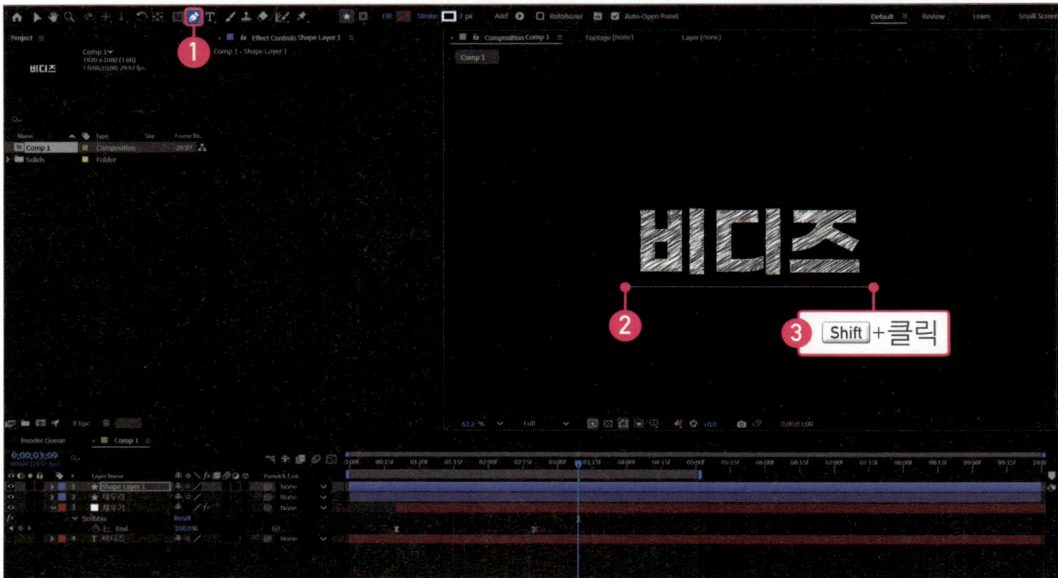

02 레이어 명을 변경하기 위해 ① [Timeline] 패널의 [Shape Layer 1]을 선택한 후 키보드의 Enter 키를 눌러 ② '구분라인'으로 이름을 변경합니다.

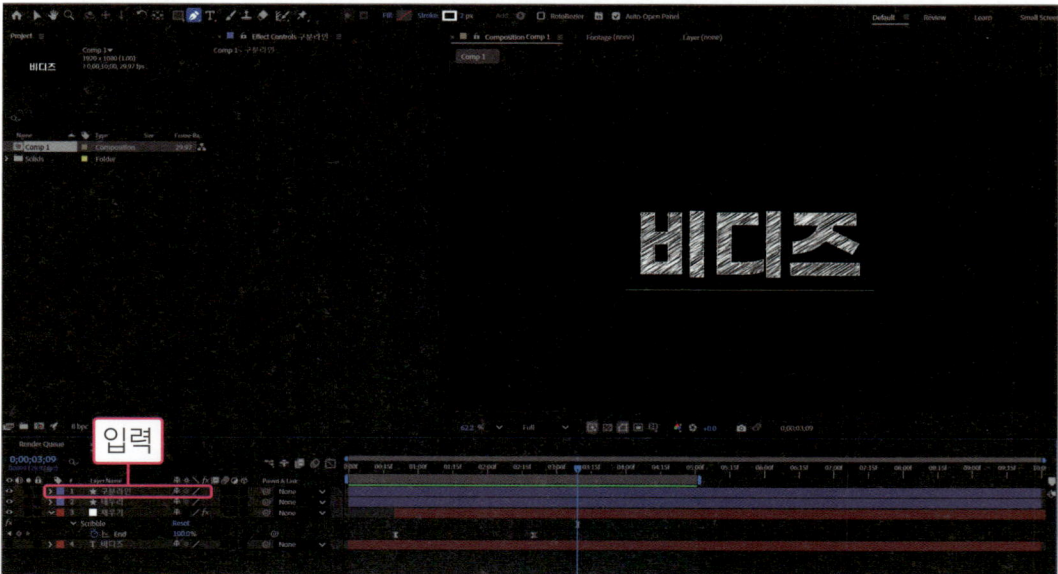

03 ❶ [Timeline] 패널의 [구분라인] 레이어의 ▶를 클릭한 후 [Contents] 옵션의 [Add] 버튼을 클릭합니다. ❷ 바로가기 메뉴가 나타나면 [Trim Path]를 선택합니다. ❸ [구분라인] 레이어 아래 [Trim Path 1]이 추가됩니다.

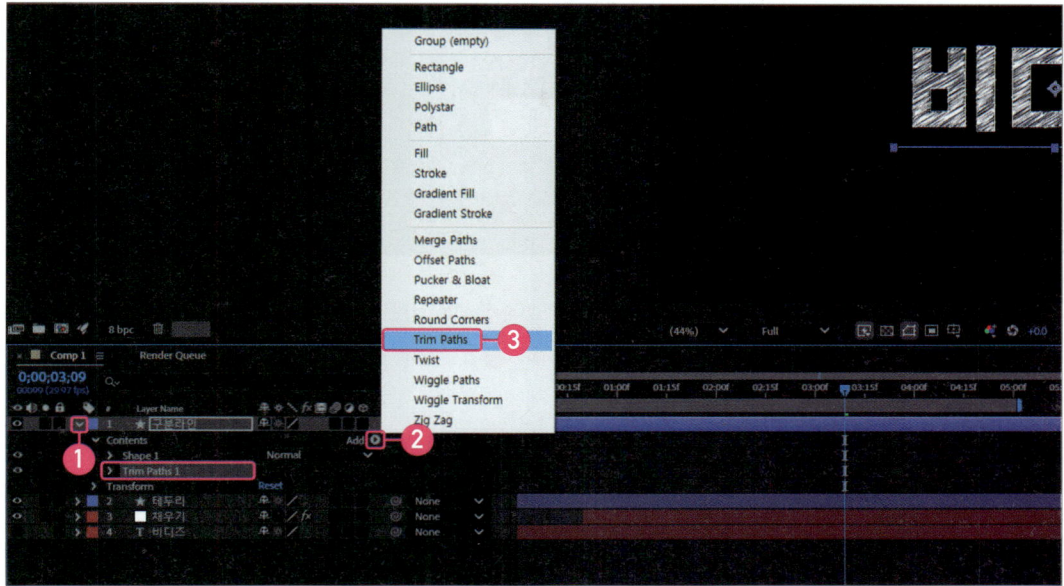

04 애니메이션을 추가하기 위해 ❶ [Trim Paths 1]의 ▶를 클릭한 후 ❷ [Timeline] 패널의 [인디케이터]를 클릭해 0초로 드래그합니다. ❸ [End] 옵션의 ⏱을 클릭해 키프레임을 생성하고 [End] 옵션값을 '0'으로 입력합니다.

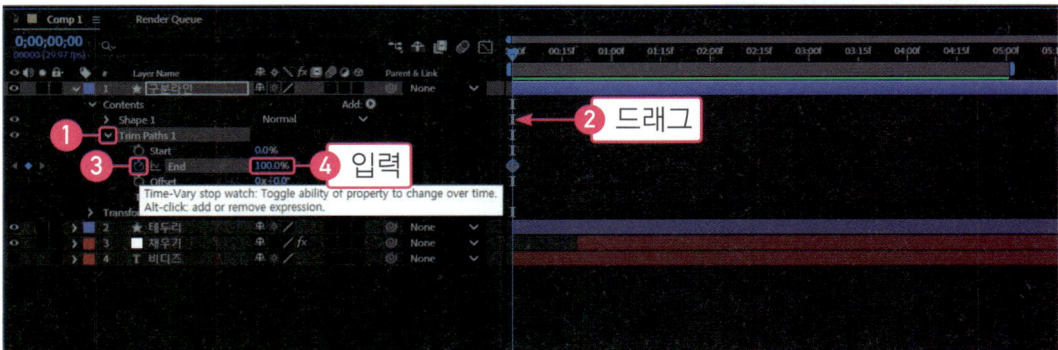

05 이번에는 ① [Timeline] 패널의 [인디케이터]를 클릭해 1초로 드래그한 후 ② [End] 옵션값을 '100' 으로 입력합니다. ③ 옵션값이 변경되어 자동으로 키프레임이 생성됩니다.

06 자연스러운 움직임을 위해 ① [Timelime] 패널에 생성된 키프레임을 모두 선택한 후 키보드의 F9 키를 눌러 [Easy Ease] 키프레임으로 변경합니다. ② [Graph Editor] 버튼을 클릭해 [Timeline] 패널을 그래프 영역으로 전환하고 ③ 양쪽 키프레임의 핸들을 클릭해 [Influence] 옵션값이 약 '60%' 정도 되도록 중앙으로 드래그합니다. 가운데가 뾰족한 모양의 그래프가 완성됩니다.

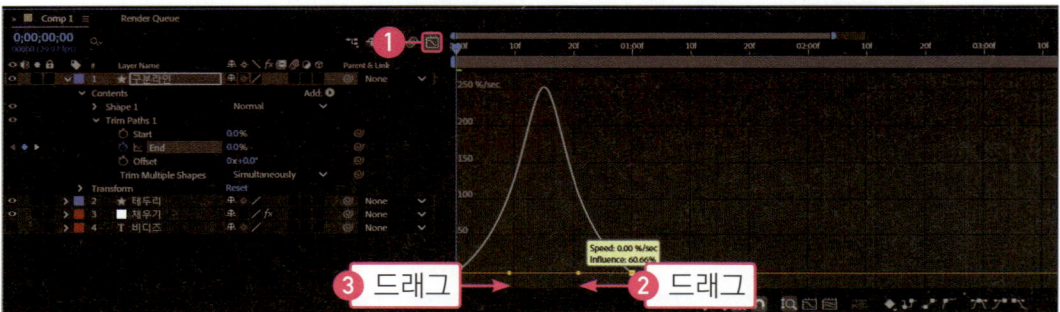

07 [구분라인] 레이어를 활용해 자막 위로 지나가는 선을 추가합니다. ❶ [Timeline] 패널의 [구분라인] 레이어를 클릭한 후 ❷ 메뉴 바의 [Edit]-[Duplicate]를 클릭해 선을 복제합니다(단축키 Ctrl + D).

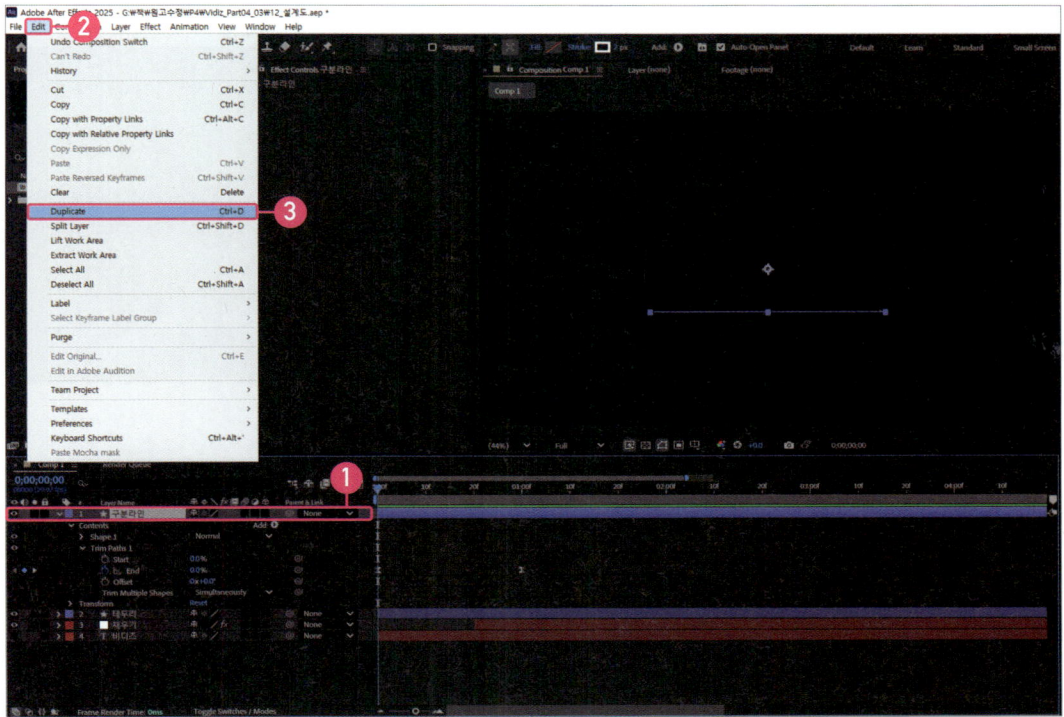

08 ❶ [Composition] 패널에 복제한 [구분라인2] 레이어를 선택한 후 키보드의 P 키를 누릅니다. ❷ [Timeline] 패널의 [Position] 옵션에서 Y값을 '244'로 입력해 선을 자막 위로 이동합니다.

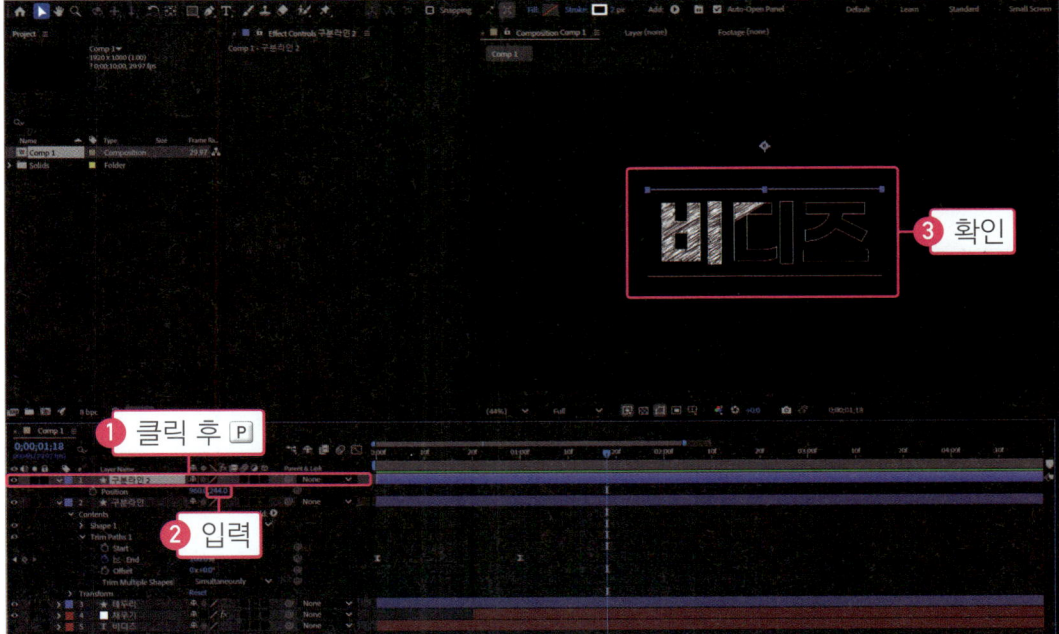

09 라인의 생성 방향을 변경하기 위해 ① [구분라인2] 레이어의 ▶를 클릭한 후 [Contents]-[Shape 1]-[Path 1] 옵션의 ■을 클릭합니다. ② 영상을 재생하면 아래쪽 라인과 반대 방향에서 라인이 생성되는 걸 확인할 수 있습니다.

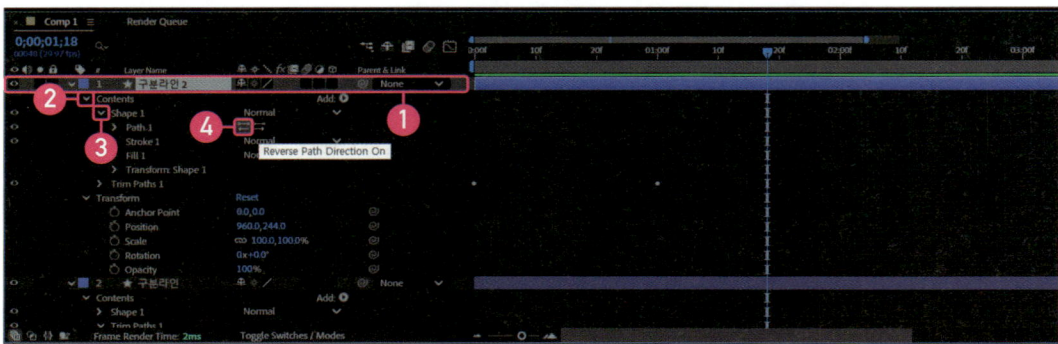

05 설계도 느낌의 세로 라인 추가하기

01 앞의 예제에 이어서 ① [Tool] 바에서 [Pen Tool](단축키 G)을 선택합니다. ② [Composition] 패널에서 자막의 좌측 상단을 먼저 클릭한 후 ③ 키보드의 Shift 키를 누른 채 좌측 하단을 클릭하면 세로 라인이 추가됩니다. 레이어 명을 변경하기 위해 ④ [Timeline] 패널에 생성된 [Shape] 레이어를 선택한 후 Enter 키를 눌러 '구분라인3'으로 이름을 변경합니다.

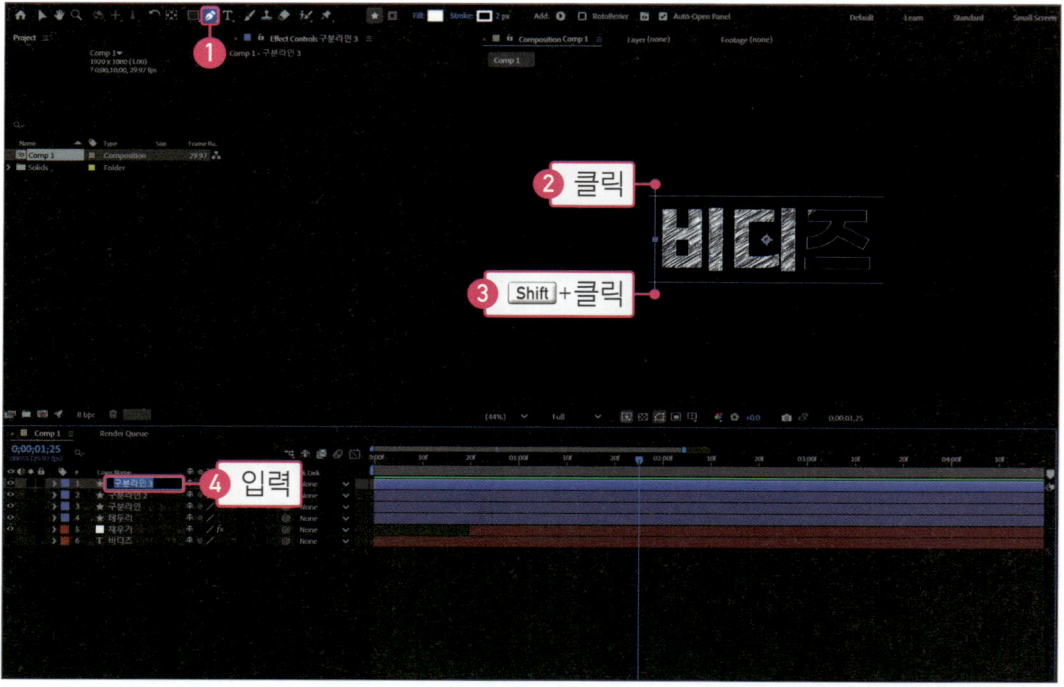

02 자막의 텍스트 사이와 반대편에도 똑같은 라인을 추가하기 위해 ❶ [Timeline] 패널의 [구분라인3] 레이어를 클릭한 후 단축키 Ctrl + D를 세 번 눌러 라인 3개를 복제합니다. ❷ 새로 추가된 3개의 복제 레이어를 모두 선택한 후 키보드의 P 키를 눌러서 [Position] 옵션을 노출합니다.

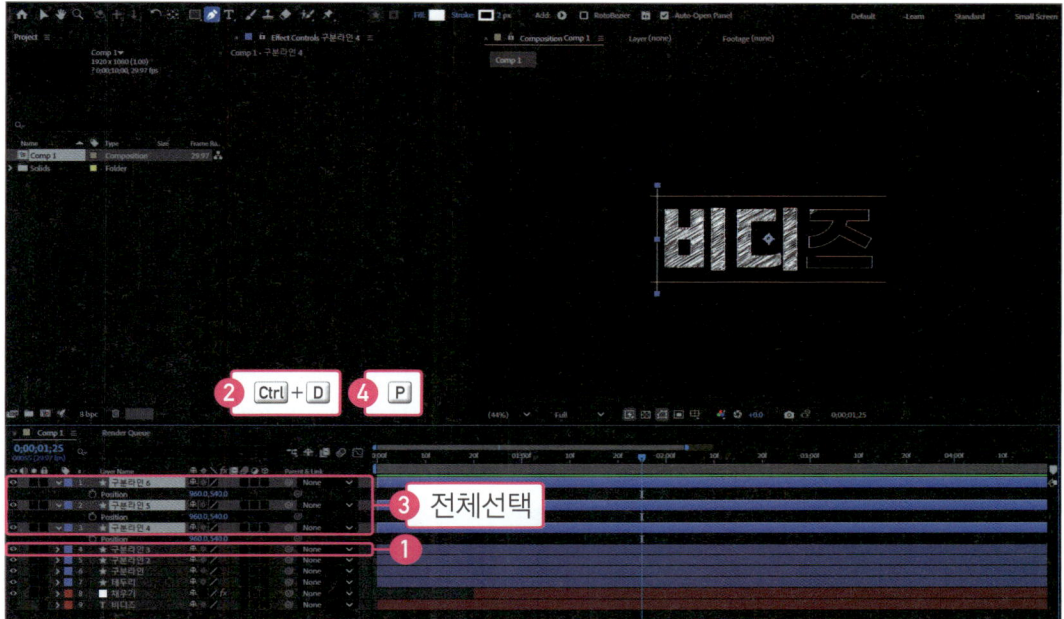

03 ❶ [구분라인4] 레이어의 [Position] 옵션의 X값을 조절해 자막 사이 적당한 위치로 세로 라인을 이동합니다. ❷ 나머지 [구분라인5]와 [구분라인6] 레이어도 [Position] 옵션의 X값을 조절해 적당한 간격으로 이동합니다(일부 세로 라인의 [Position] 옵션 Y값을 조금씩 다르게 입력하면 더 자연스러운 느낌을 더할 수 있습니다).

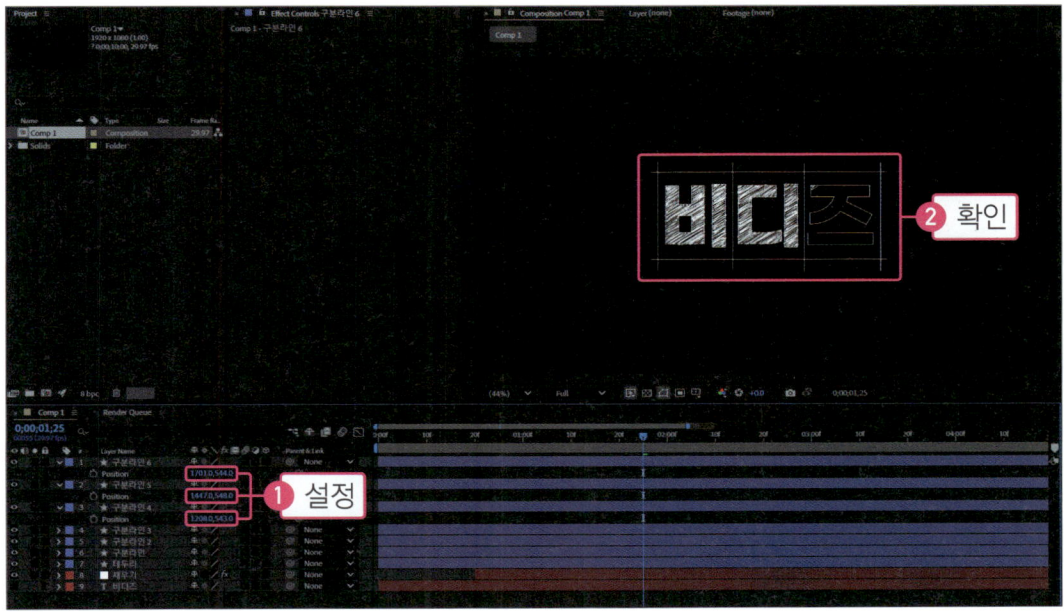

04 애니메이션을 추가하기 위해 ❶ [Timeline] 패널에 맨 처음 만든 [구분라인] 레이어를 선택한 후 키보드의 U 키를 누릅니다. ❷ 키프레임을 생성한 [Trim Paths]에 [End] 옵션이 나타나면 클릭한 후 단축키 Ctrl + C 를 눌러 복사합니다.

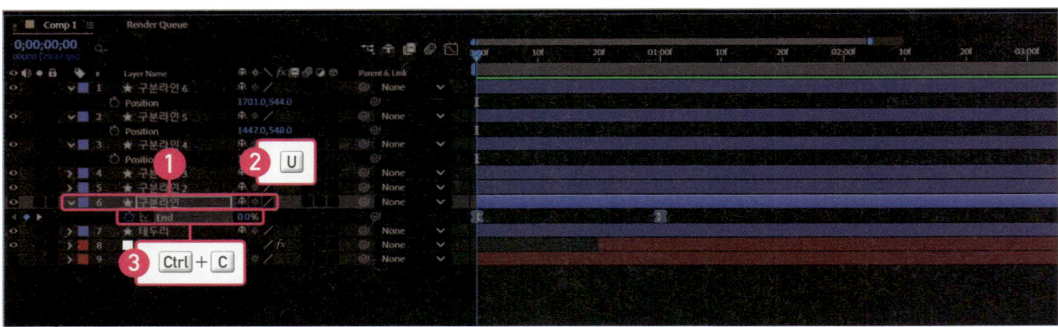

05 ❶ [구분라인3] 레이어를 클릭하고 Shift 키를 누른 채 [구분라인6] 레이어를 클릭해 세로 라인 레이어를 모두 선택합니다. ❷ 단축키 Ctrl + V 를 눌러서 붙여넣기를 합니다. [Timeline] 패널에 [Trim Path]를 포함한 키프레임, 가속도 정보까지 모두 복사가 된 걸 확인할 수 있습니다.

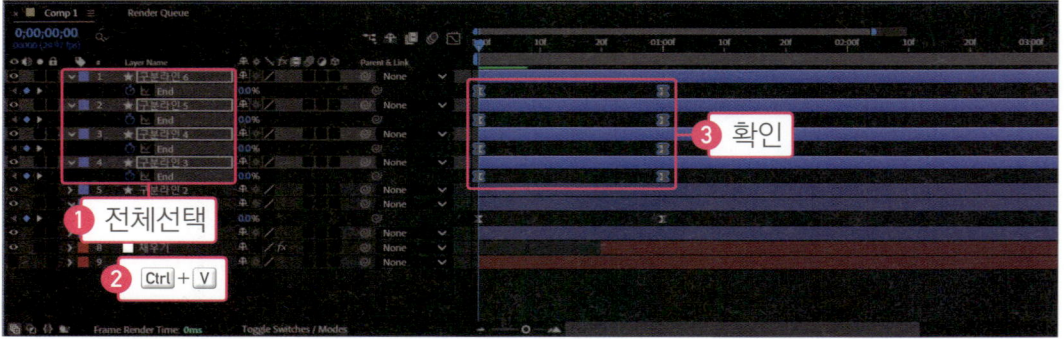

06 똑같은 애니메이션을 복사했기 때문에 라인이 생성되는 방향이 모두 같습니다. ❶ [구분라인3] 레이어를 먼저 클릭한 후 Ctrl 키를 누른 채 [구분라인5] 레이어를 클릭합니다. ❷ 키보드의 U 키를 빠르게 두 번 누르면 수정한 모든 옵션이 나타납니다. ❸ [Path 1] 옵션의 ■을 클릭해 방향을 반대로 변경합니다.

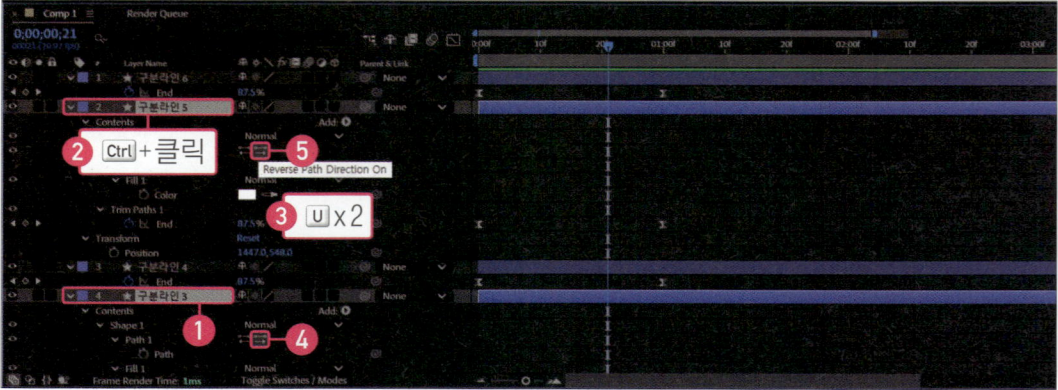

07 애니메이션의 지루함을 피하기 위해 생성 타이밍을 랜덤하게 설정합니다. ❶ [Timeline] 패널의 [구분라인] 레이어를 클릭한 후 5에서 10프레임씩 차이가 나도록 드래그합니다. ❷ [Composition] 패널에서 영상을 재생해 보면 모든 라인들이 불규칙하게 생성되어 시각적인 재미를 더합니다.

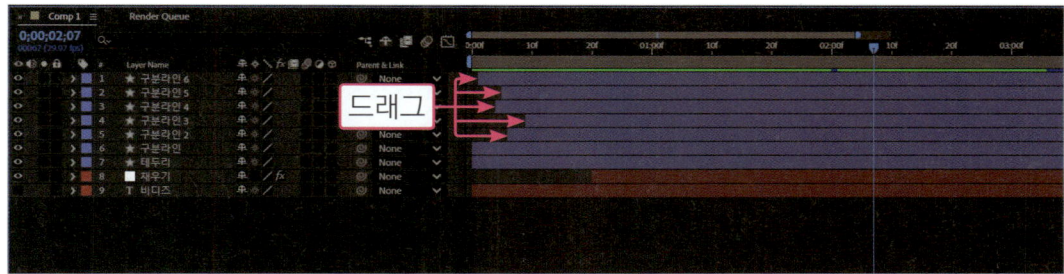

08 개별 레이어를 하나로 만들기 위해 [Timeline] 패널의 [구분라인] 레이어를 모두 선택합니다. ❷ 선택한 [구분라인] 레이어에 마우스 오른쪽 버튼을 클릭한 후 바로가기 메뉴에서 [Pre-Compose]를 선택합니다(단축키 Ctrl + Shift + C).

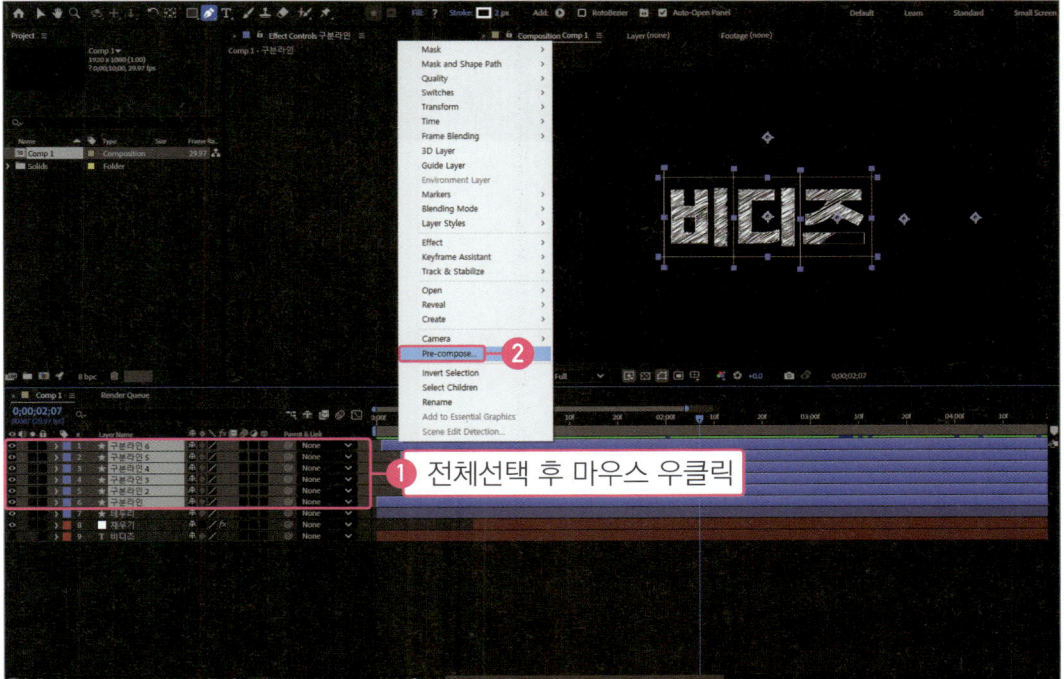

09 화면에 Pre-Compose 창이 나타나면 ❶ [New composition name] 입력란에 '구분라인'을 입력한 후 ❷ 두 번째 체크박스를 선택하고 ❸ [OK] 버튼을 클릭합니다. 6개의 [구분라인] 레이어가 하나의 컴포지션으로 합쳐집니다.

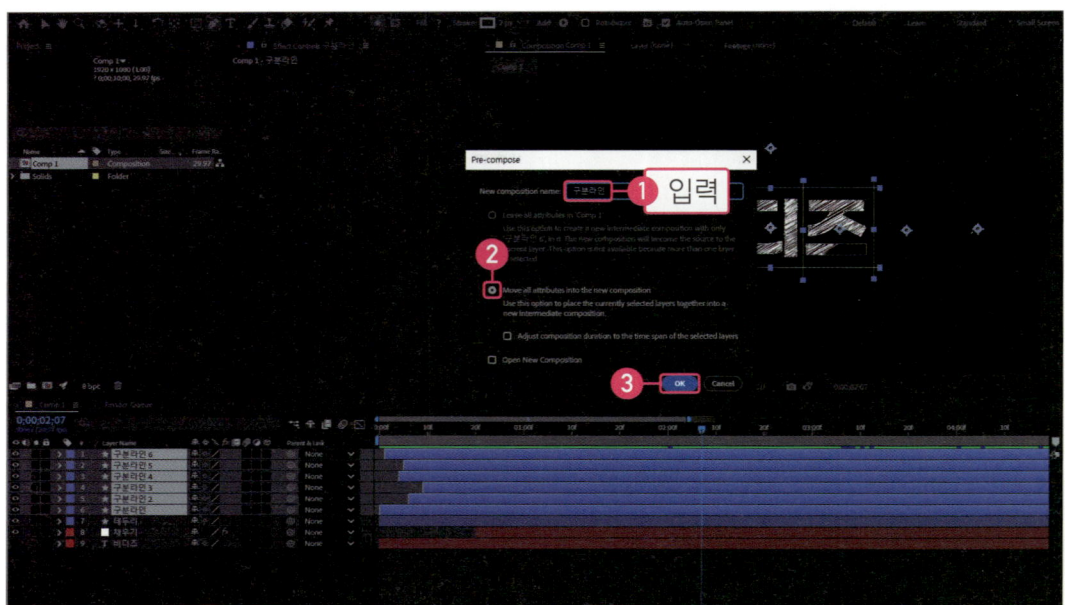

06 설계도 느낌의 얇은 라인 추가하기

01 자막의 획 두께나 사이 간격을 표시하는 선을 추가하기 위해 ❶ [Tool] 바에서 [Pen Tool](단축키 G)를 선택합니다. ❷ 구분라인보다 얇은 선을 만들기 위해 상단 메뉴의 [Storke Width] 옵션값을 '1'로 변경합니다.

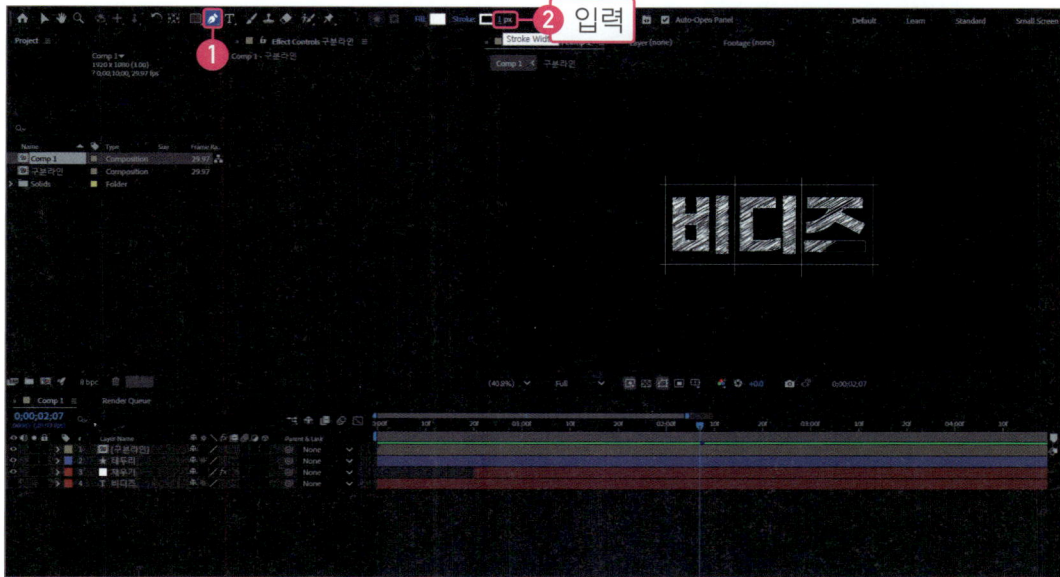

02 먼저 ❶ 자음 'ㅂ'의 좌측을 클릭한 후 Shift 키를 누른 채 반대쪽 지점을 클릭합니다. 라인이 추가되고 레이어 명을 변경하기 위해 ❷ [Timeline] 패널의 새 [Shape] 레이어를 클릭한 후 Enter 키를 눌러 '장식라인'으로 이름을 변경합니다.

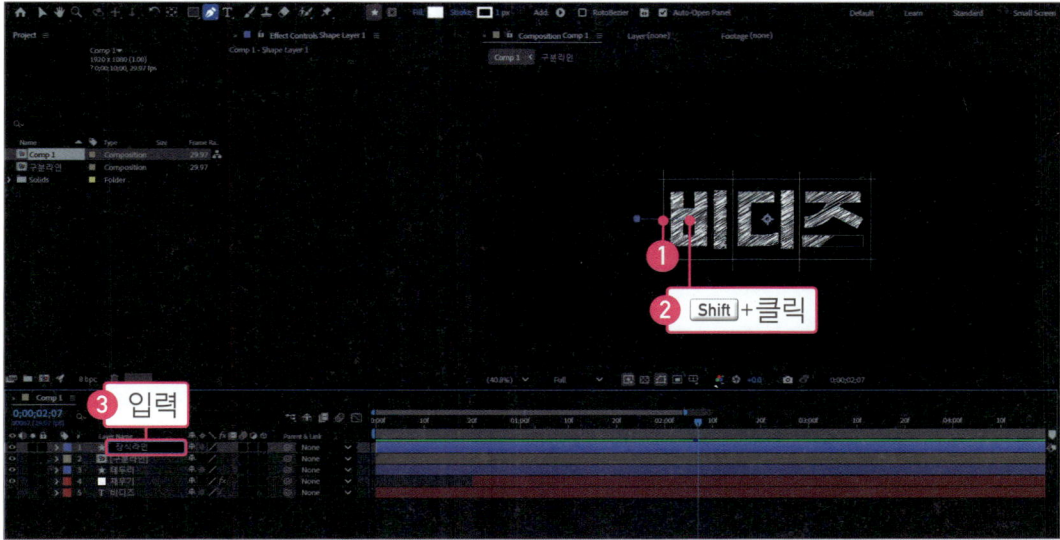

03 ❶ [Timeline] 패널에서 [장식라인] 레이어를 선택한 후 ❷ 단축키 Ctrl + D 를 여덟 번 눌러 [장식라인] 레이어를 총 8개 복제합니다. ❸ [Timeline] 패널에서 복제된 레이어를 선택한 후 키보드의 방향키를 눌러 적당한 위치로 이동합니다(방향키 1pixel 씩 이동, Shift + 방향키 10pixel 씩 이동).

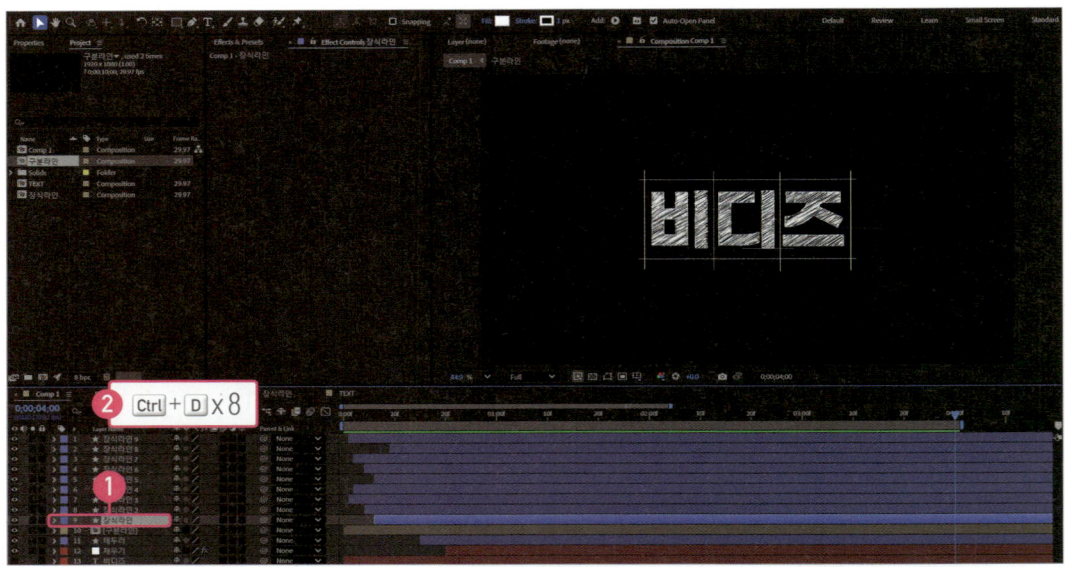

04 03번과 똑같은 방법으로 세로 라인의 [Shape] 레이어도 생성한 후 복제해 [Composition] 패널 자막의 적당한 위치로 배치합니다.

> **TIP**
>
> 똑같은 길이의 선이 반복되면 지루한 느낌이 있으니 상황에 따라 긴 라인이나 대각선 라인 또는 곡선을 추가해 주는 게 좋습니다.

05 이어서 ① [Project] 패널의 '구분라인' 컴포지션을 더블클릭합니다. ② [구분라인] 레이어 중 하나를 선택한 후 키보드의 U 키를 눌러 옵션을 노출하고 [Trim Paths]에 [End] 옵션을 선택한 후 단축키 Ctrl + C 를 눌러 작업 내용을 복사합니다.

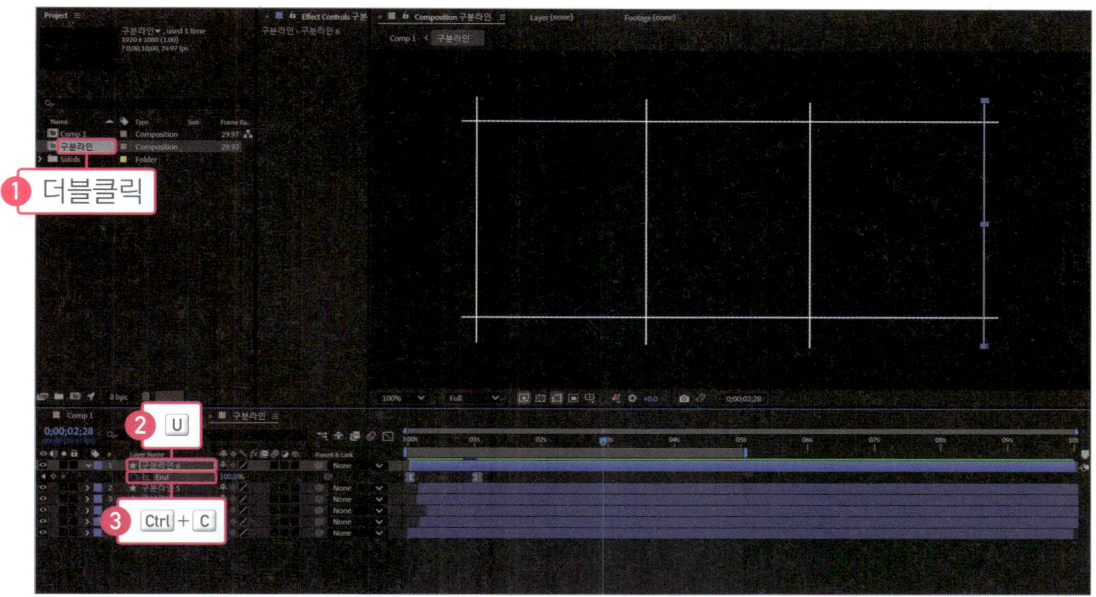

06 ① [Timeline] 패널의 상단 [Comp 1] 탭을 클릭해 기존의 컴포지션으로 돌아갑니다. ② [Timeline] 패널에 새로 추가한 '장식라인', '세로라인' 레이어를 모두 선택한 후 ③ 단축키 Ctrl + V 를 눌러 작업 내용을 붙여넣기합니다.

07 일부 [장식라인]은 [구분라인] 레이어와 마찬가지로 방향을 재설정하기 위해 ❶ [장식라인] 레이어 중 하나를 선택합니다. ❷ 키보드의 U 키를 누르면 [Path 1] 옵션이 나타납니다. [Path 1] 옵션의 ▬를 클릭해 방향을 반대로 변경합니다.

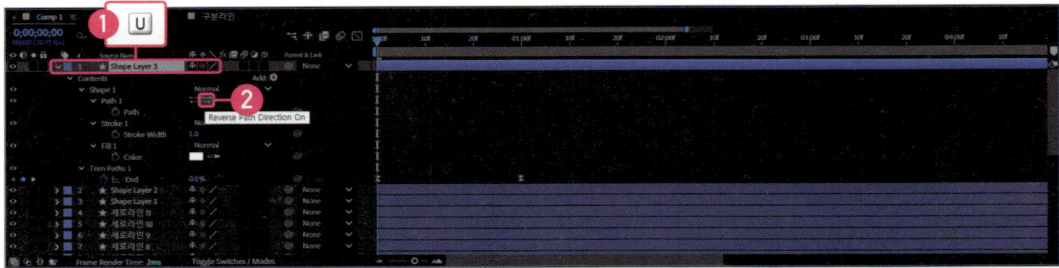

08 애니메이션의 지루함을 피하기 위해 생성 타이밍을 랜덤하게 변경해 줍니다. ❶ [Timeline] 패널의 [장식라인] 레이어를 클릭한 채 5에서 10프레임씩 차이가 나도록 드래그합니다. ❷ [Compositioin] 패널에서 영상을 재생하면 모든 라인들이 불규칙하게 생성되어 시각적인 재미를 더합니다.

09 개별 레이어를 하나로 만들기 위해 ❶ [Timeline] 패널의 [장식라인] 레이어를 모두 선택합니다. ❷ 선택한 [장식라인] 레이어에 마우스 오른쪽 버튼을 클릭한 후 바로가기 메뉴에서 [Pre-Compose]를 선택합니다(단축키 Ctrl + Shift + C).

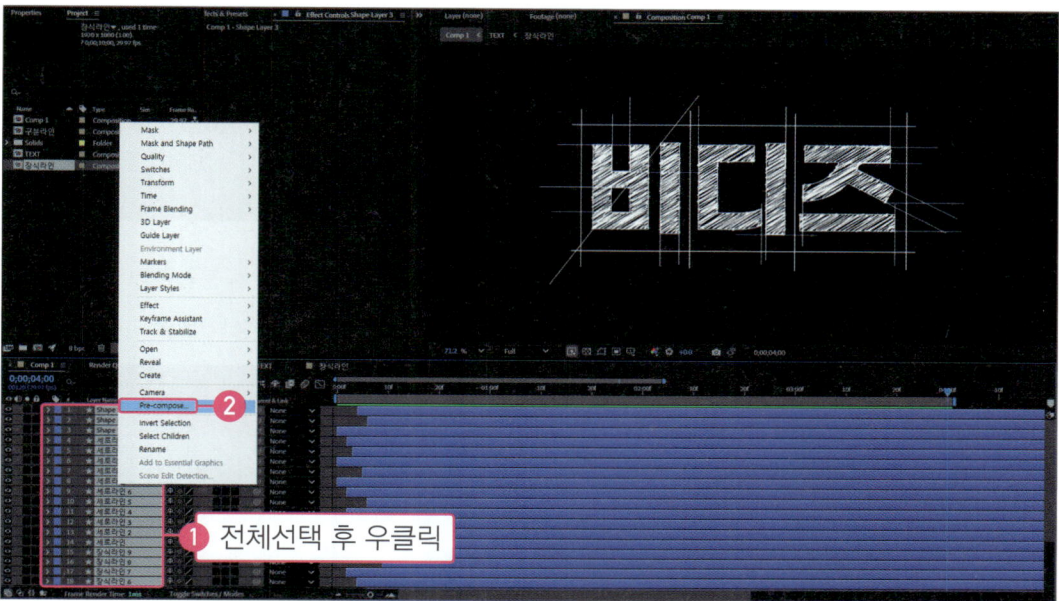

10 화면에 Pre-Compose 창이 나타나면 ❶ [New composition name] 입력란에 '장식라인'으로 입력한 후 ❷ 두 번째 체크박스를 선택하고 ❸ [OK] 버튼을 클릭합니다. 여러 개의 [장식라인] 레이어가 하나의 컴포지션으로 합쳐집니다.

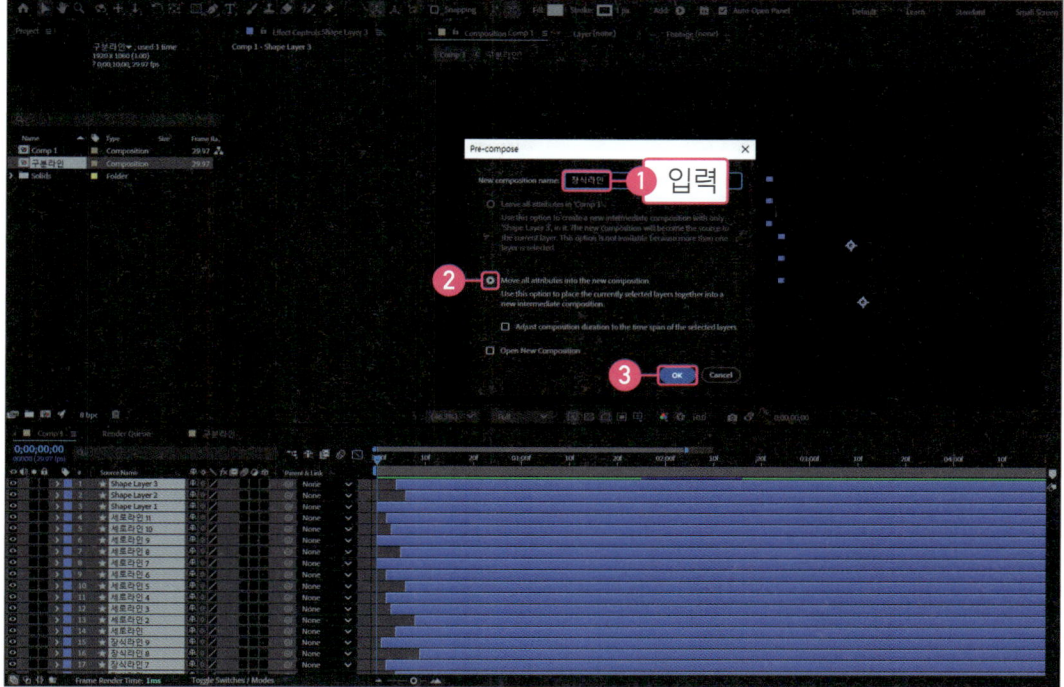

11 자연스러운 움직임을 위해 ❶ '구분라인' 컴포지션이 가장 먼저 화면에 나타나도록 클립의 시작 지점을 0초로 드래그합니다. 자막 테두리와 장식라인은 조금 뒤에 나타나도록 ❷ 클립의 시작 지점을 15프레임으로 드래그합니다.

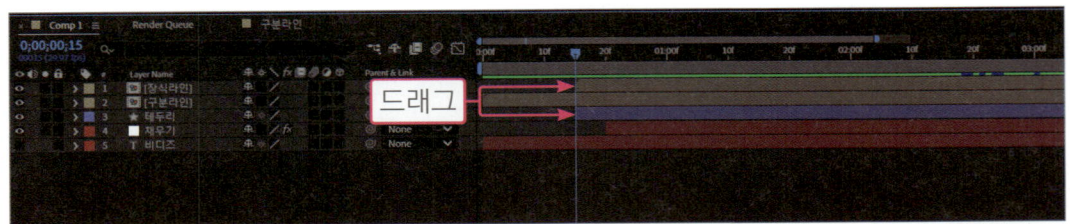

12 [Work Area]를 설정하고 키보드의 Space Bar 키를 눌러 프리뷰 해보면 먼저 '구분라인'이 생성되고 '장식라인'과 함께 자막의 테두리가 생기며 내부가 채워지는 애니메이션이 완성됐습니다.

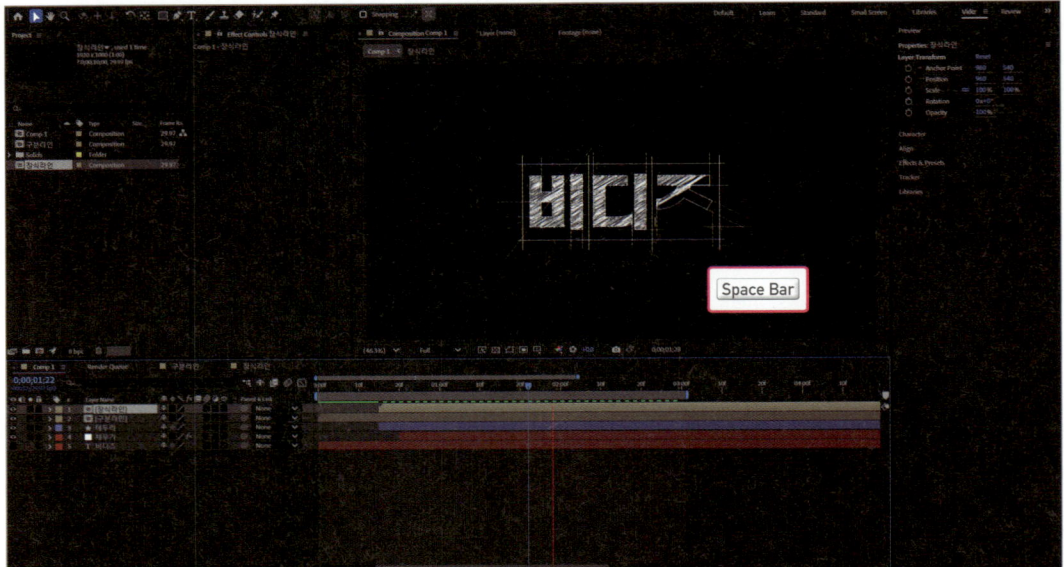

07 설계도 느낌의 배경, 텍스처 더해주기

01 앞의 예제에 이어서 ❶ [Timeline] 패널의 [테두리], [채우기], [구분라인], [장식라인] 레이어를 모두 선택한 후 ❷ 단축키 Ctrl + Shift + C 를 누릅니다. 화면에 Pre-Compose 창이 나타나면 ❸ [New composition name] 입력란에 이름을 'TEXT'로 변경한 후 두 번째 체크박스를 선택하고 [OK] 버튼을 클릭합니다.

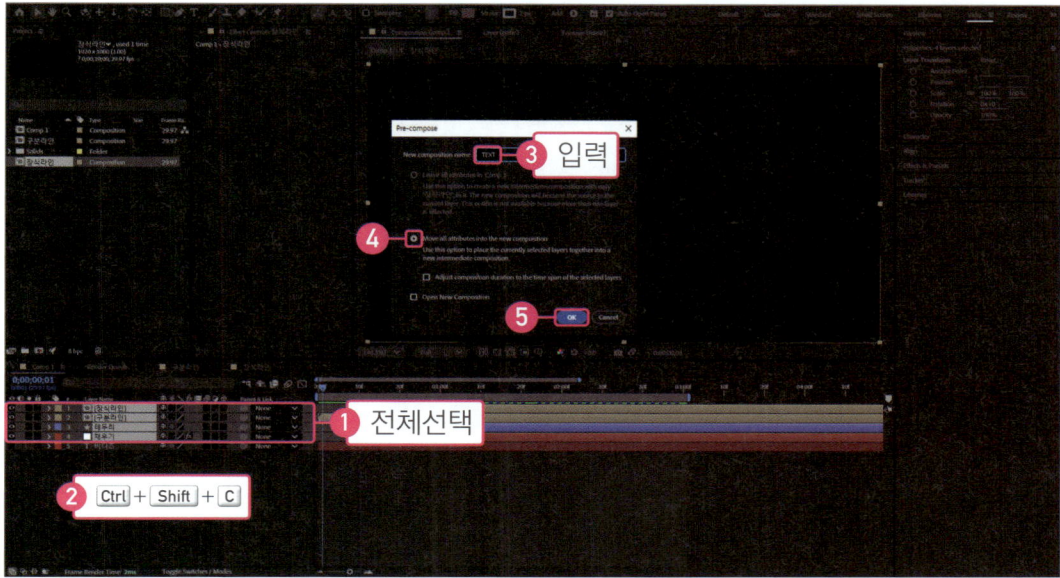

02 ❶ [Timeline] 패널의 빈 곳에 마우스 오른쪽 버튼을 클릭합니다. ❷ 바로가기 메뉴가 나타나면 [New]-[Solid]를 선택합니다(단축키 Ctrl + Y).

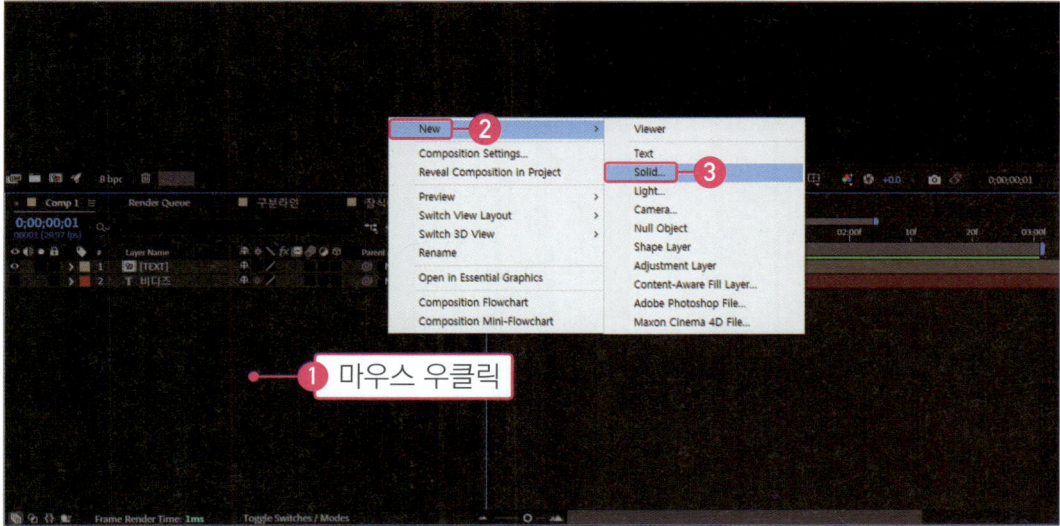

03 ❶ 화면에 Solid Settings 창이 나타나고 [Name] 입력란에 '배경'을 입력합니다. ❷ [Color]는 설계도와 어울리는 [어두운 파란색(#082862)]을 설정한 후 [OK] 버튼을 클릭합니다.

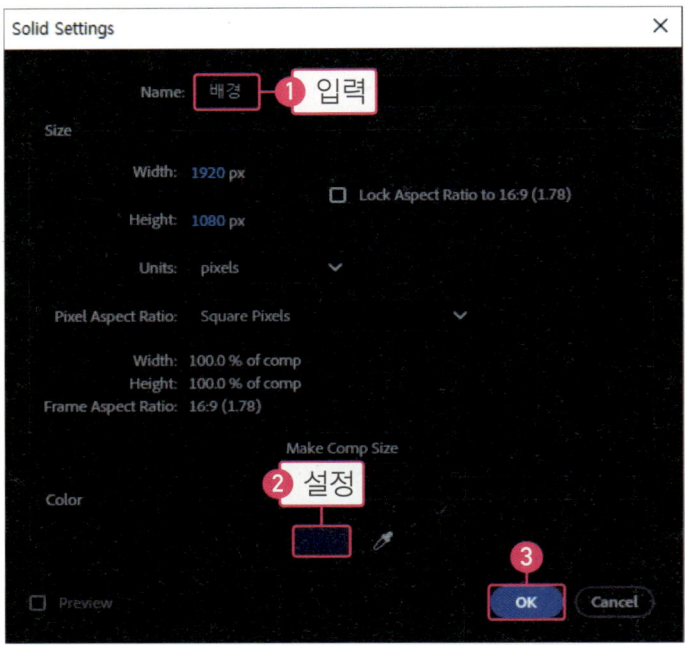

04 [Timeline] 패널의 [배경] 레이어를 클릭한 채 맨 아래로 드래그해 'TEXT' 컴포지션이 위에 오도록 레이어 순서를 변경합니다.

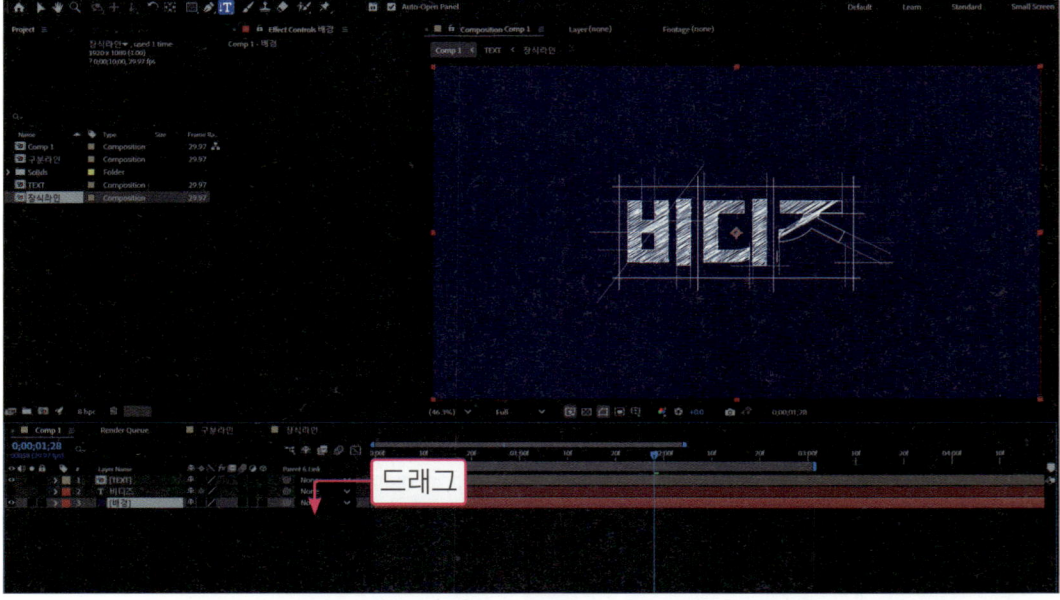

05 설계도 느낌을 더하기 위해 ❶ [Effect&Presets] 패널 검색란에 'grid'를 입력합니다. ❷ 검색 결과로 나타난 [Grid]를 클릭한 채 효과 적용을 원하는 [배경] 레이어로 드래그 앤 드롭합니다. ❸ [Composition] 패널에 격자무늬 패턴이 나타납니다.

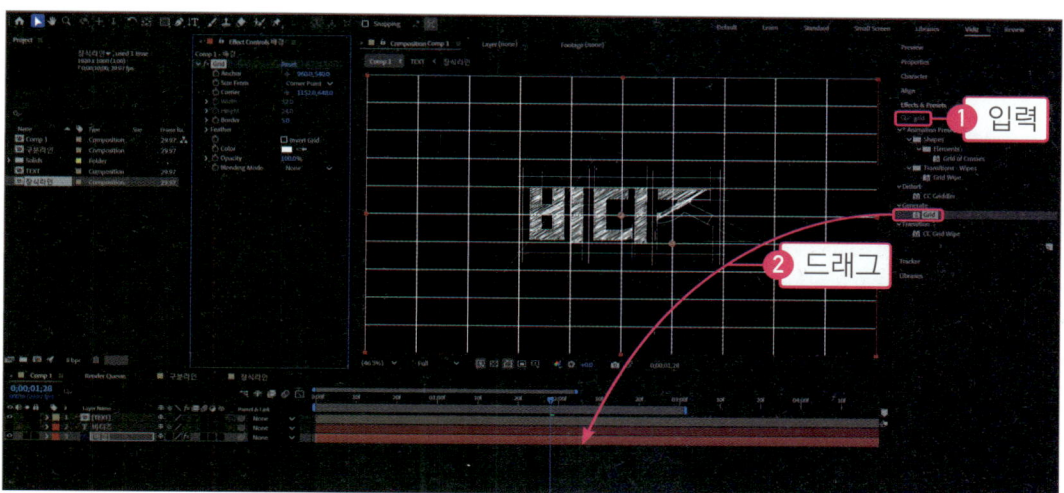

06 기존 디자인과 자연스럽게 융화되도록 세부 옵션을 변경합니다. ❶ [Effect Controls] 패널의 [Coner] 옵션의 X값과 Y값을 수정해 눈금 간격을 조정하고 ❷ [Border] 옵션값은 '2', [Opacity] 옵션값은 '50'을 입력해 라인의 투명도를 높여줍니다. 다음 ❸ [Blending Mode] 드롭박스를 클릭해 [Nomal]을 선택합니다.

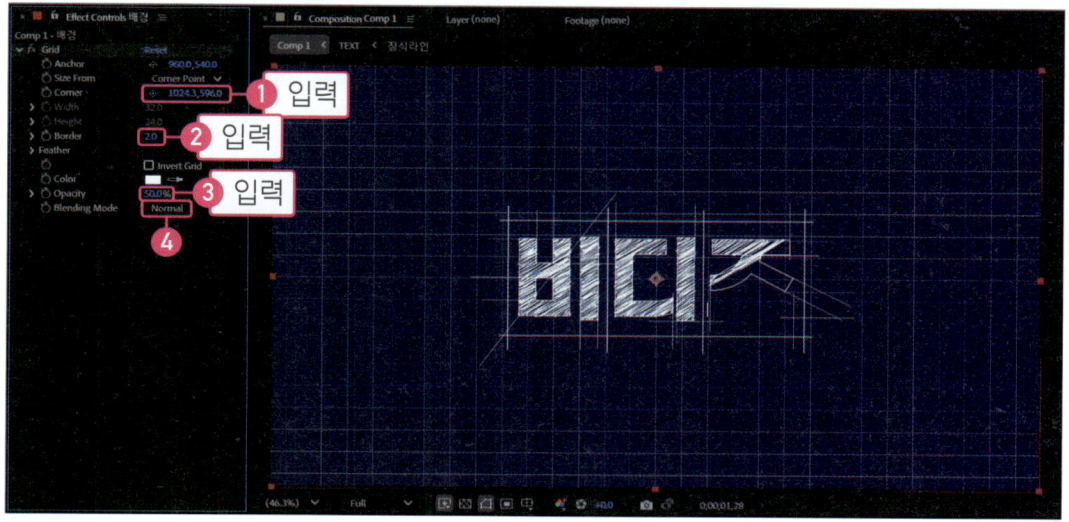

07 텍스트 및 선에 펜의 질감을 더하기 위해 ❶ [Effect&Presets] 패널 검색란에 'roughen edges'를 입력합니다. ❷ 검색 결과로 나타난 [Roughen edges]를 클릭한 채 효과 적용을 원하는 'TEXT' 컴포지션에 드래그 앤 드롭합니다.

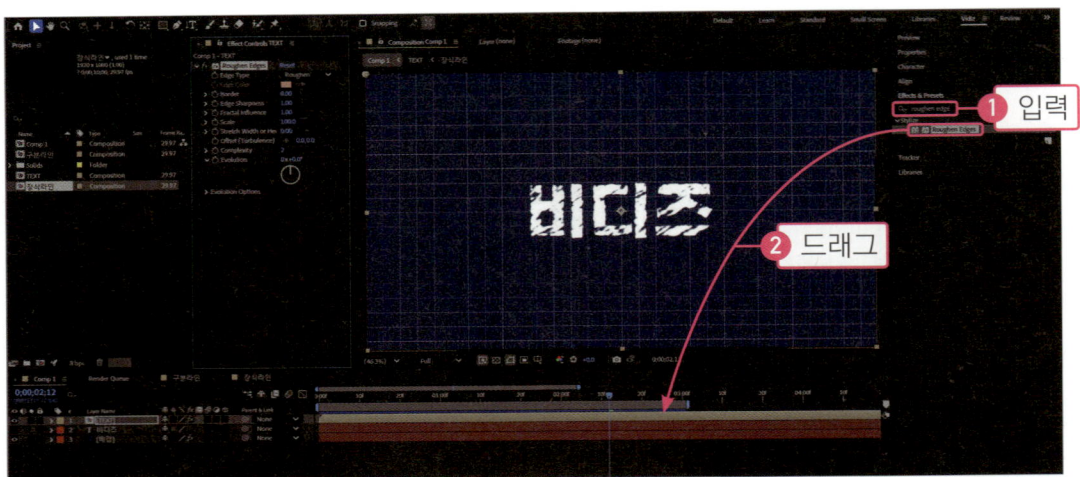

08 자연스러운 화면을 위해 ❶ [Effect Controls] 패널에서 [Edge Type] 옵션의 드롭박스를 클릭해 [Rusty]를 선택한 후 ❷ [Scale] 옵션값은 '20'으로 입력합니다. ❸ 텍스트와 라인의 경계가 거칠게 손으로 그린 듯한 느낌이 더해집니다.

09 ❶ [Effect&Presets] 패널 검색란에 'Turbulent displace'를 입력합니다. ❷ 검색 결과로 나타난 [Turbulent displace]를 클릭한 채 효과 적용을 원하는 'TEXT' 컴포지션에 드래그 앤 드롭합니다. ❸ 텍스트와 라인들이 마구 찌그러지는 것을 확인할 수 있습니다.

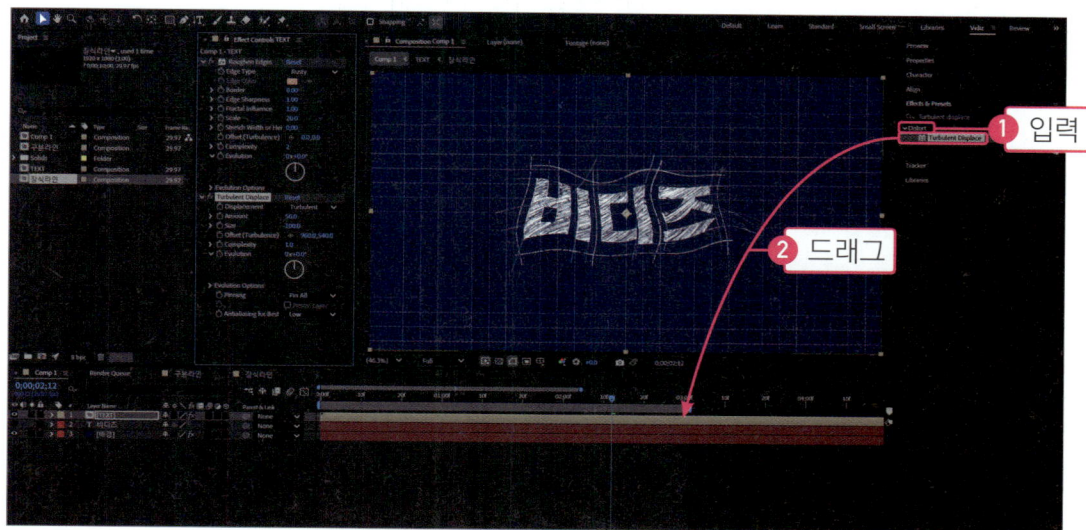

10 자연스러운 효과를 주기 위해 ❶ [Effect Controls] 패널의 [Amout] 옵션값을 '15'로 입력합니다. ❷ 텍스트와 선의 경계에 사람이 손으로 그린 거 같은 울퉁불퉁함이 추가됩니다.

11 작업 영역인 [Work Area]를 설정하고 키보드의 Space Bar 키 또는 0 키를 눌러 작업 내용을 프리뷰 합니다. 마치 설계도가 그려지듯 텍스트가 나타나는 모션 그래픽을 확인할 수 있습니다.

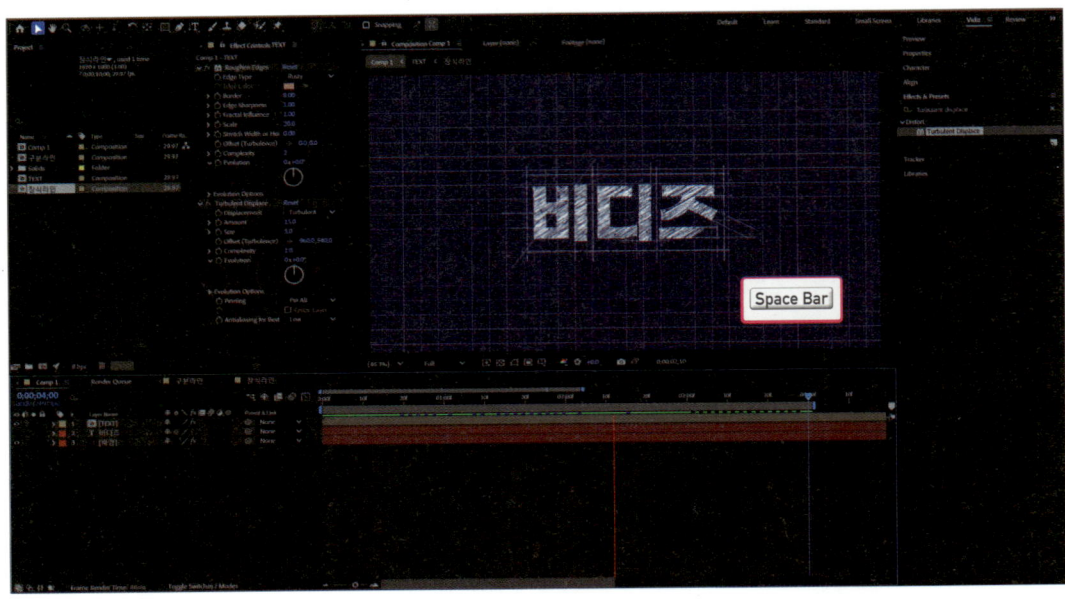

STEP 04 자음과 모음 분리 모션 그래픽

완성 파일 애프터 이펙트-파트4_ch05-자음과 모음 분리

흩어진 자음과 모음이 퍼즐 맞추듯 하나로 합쳐지는 애니메이션은 알파벳보다 입체적인 한글을 대상으로 사용했을 때 더 효과적인 모션 그래픽입니다. 보는 사람의 시선을 집중시켜 광고 및 TV프로그램 등에서 광범위하게 사용되고 있습니다. 자음 모음을 분리하는 방법에는 여러가지가 있지만 가장 활용도가 높은 건 [Shape] 레이어를 사용하는 것입니다. 방법은 다음과 같습니다.

01 Shape Layer를 생성하고 자음과 모음 분리하기

01 애프터 이펙트를 실행한 후 ❶ HD 1920×1080 29.97fps 프리셋으로 컴포지션을 생성하고 ❷ [Tool] 바에서 [Type Tool](단축키 Ctrl + T)을 선택합니다. ❸ [Composition] 패널을 클릭하고 원하는 자막을 입력합니다.

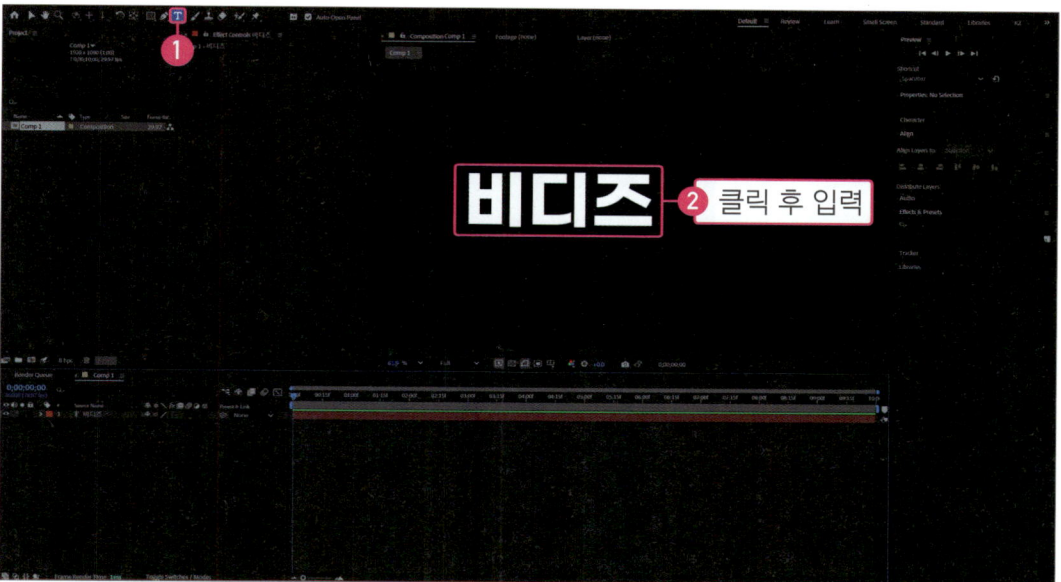

02 자막의 세부 옵션을 변경하기 위해 ❶ [Timeline] 패널의 [Text] 레이어를 클릭한 후 ❷ [Text] 패널에서 [Font]는 [Pretendard], [Font Size]는 '250'을 입력하고 ❸ [Align] 패널의 [Align Horizontally], [Align Vertically]을 클릭합니다.

Chapter 05 · 애프터 이펙트로 모션 그래픽 만들기   437

'Pretendard' 폰트가 없다면 폰트는 자음 모음의 구분이 뚜렷한 고딕 계열을 추천합니다.

03 [Shape] 레이어를 생성하기 위해 ❶ [Timeline] 패널의 [Text] 레이어를 클릭한 후 마우스 오른쪽 버튼을 클릭합니다. ❷ 바로가기 메뉴가 나타나면 [Create]-[Create Shapes From Text]를 선택합니다.

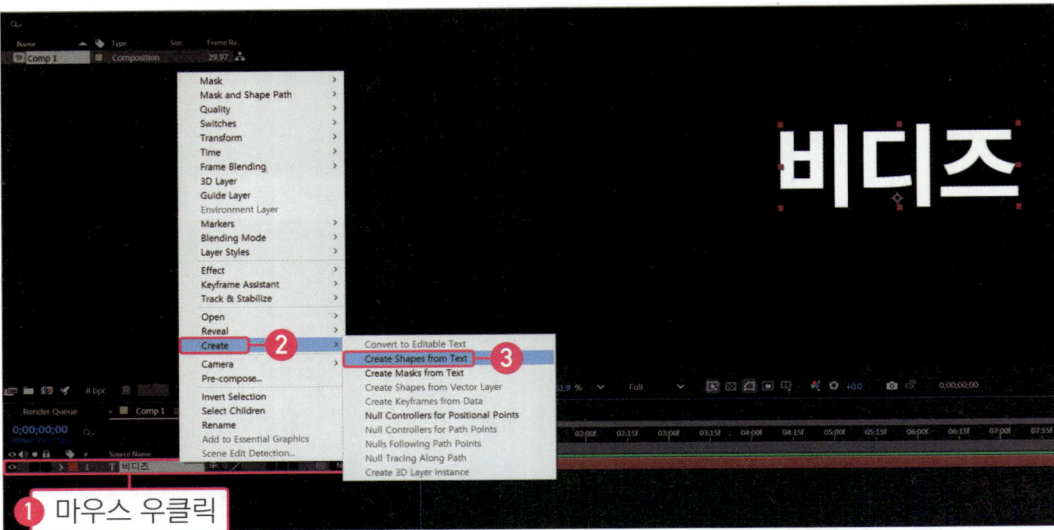

04 [Timeline] 패널에 'Outlines' 이름의 [Shape] 레이어가 생성되었습니다. 기존의 [Text] 레이어는 자동 숨김 처리가 되어 화면에서 보이지 않습니다.

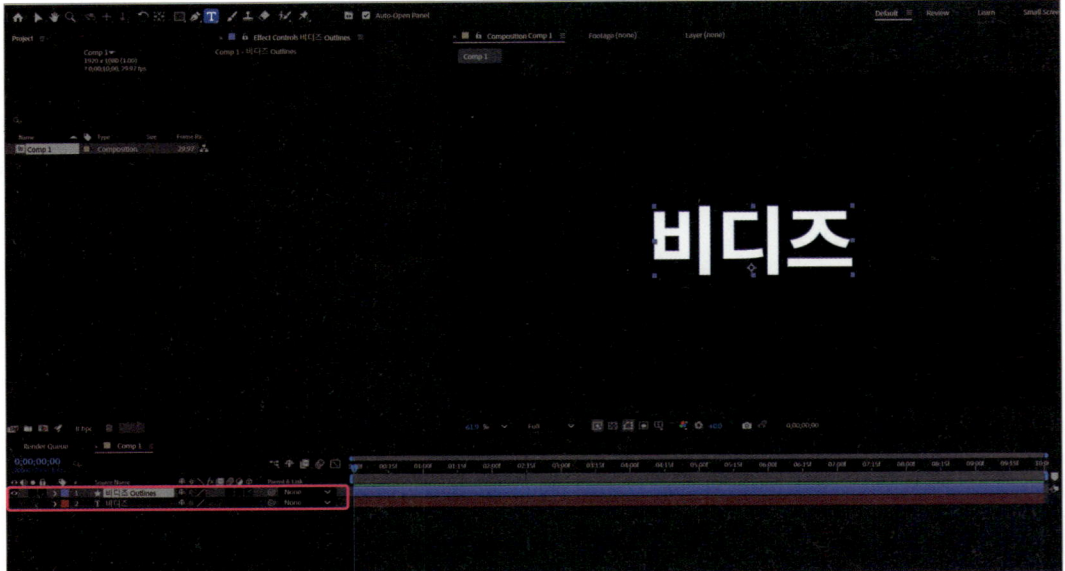

05 ❶ [Shape] 레이어의 ▶을 클릭하고 [Contents] 옵션을 확장합니다. 텍스트별로 경로가 만들어진 걸 알 수 있습니다. ❷ [Shape] 레이어를 선택한 후 단어 전체의 자음과 모음 개수만큼 단축키 Ctrl + D를 눌러 [Shape] 레이어를 생성합니다.

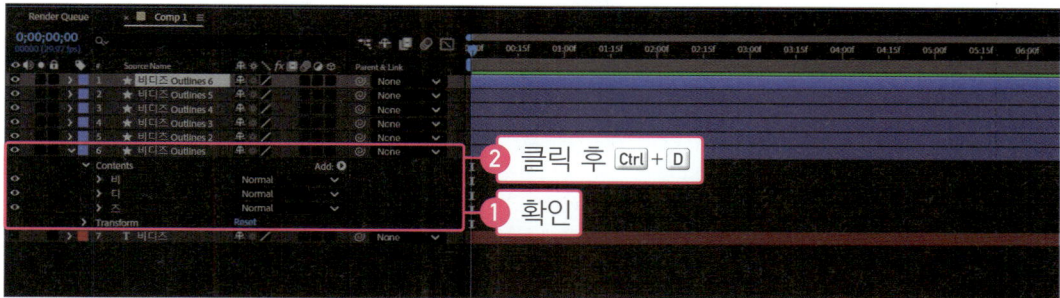

06 ❶ [Timeline] 패널의 가장 맨 위에 있는 [Shape] 레이어를 선택합니다(작업의 편의를 위해 👁 을 클릭해 나머지 레이어는 숨겨 줍니다). ❷ U 키를 빠르게 두 번 눌러 모든 옵션을 확장합니다. ❸ [Content] 옵션의 텍스트마다 그룹이 생성된 것을 확인할 수 있습니다.

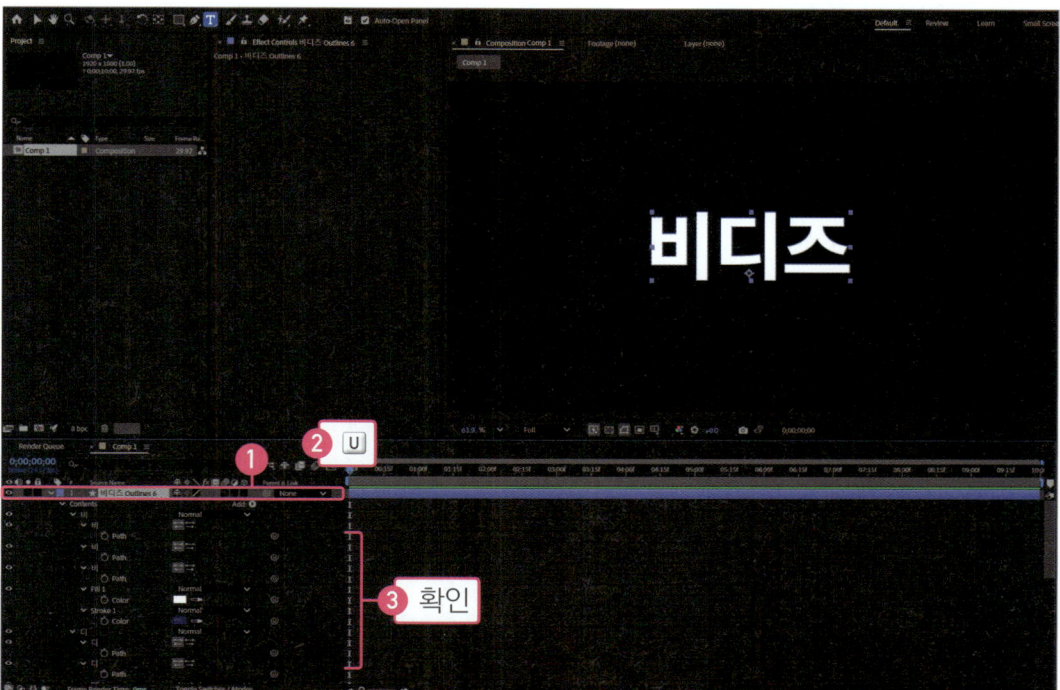

07 복제한 [Shape] 레이어별로 자음 또는 모음 한 개씩만 남기기 위해 ❶ [비디즈 Outlines 6] 레이어의 [디]와 [즈] 그룹을 선택하고 Delete 키를 눌러 삭제합니다.

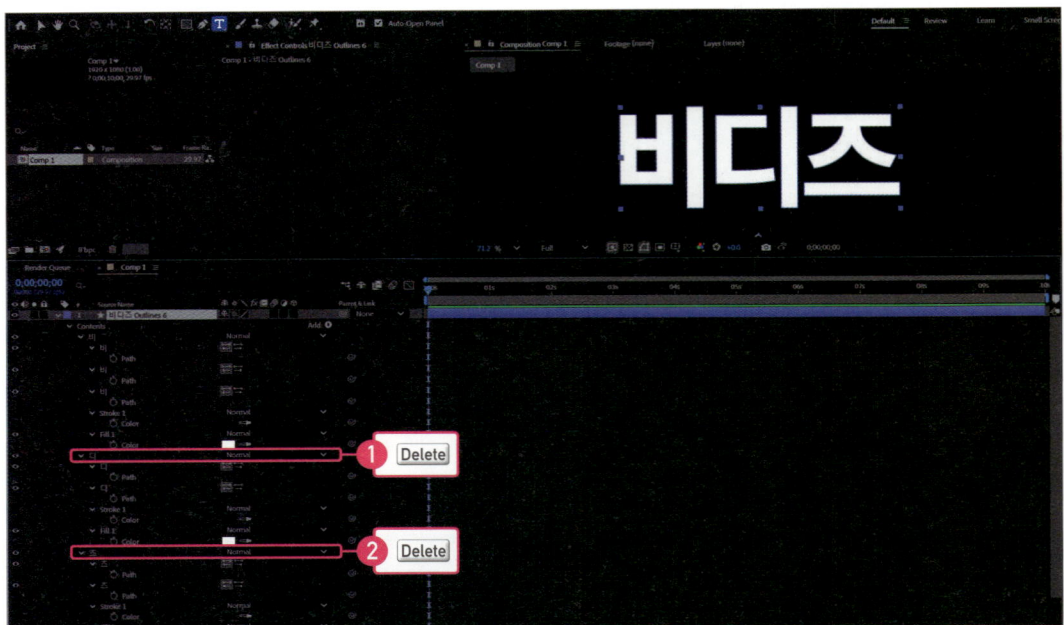

08 이어서 첫 번째 자음 'ㅂ'만 남기기 위해 ❶ [Timeline] 패널에 [비] 그룹의 자음 'ㅂ'만 남기고 나머지 요소는 Delete 키를 눌러 삭제합니다. ❷ 다른 레이어와 혼동되지 않도록 레이어 명을 변경하기 위해 [Shape] 레이어 선택한 후 Enter 키를 눌러 'ㅂ'으로 이름을 변경합니다.

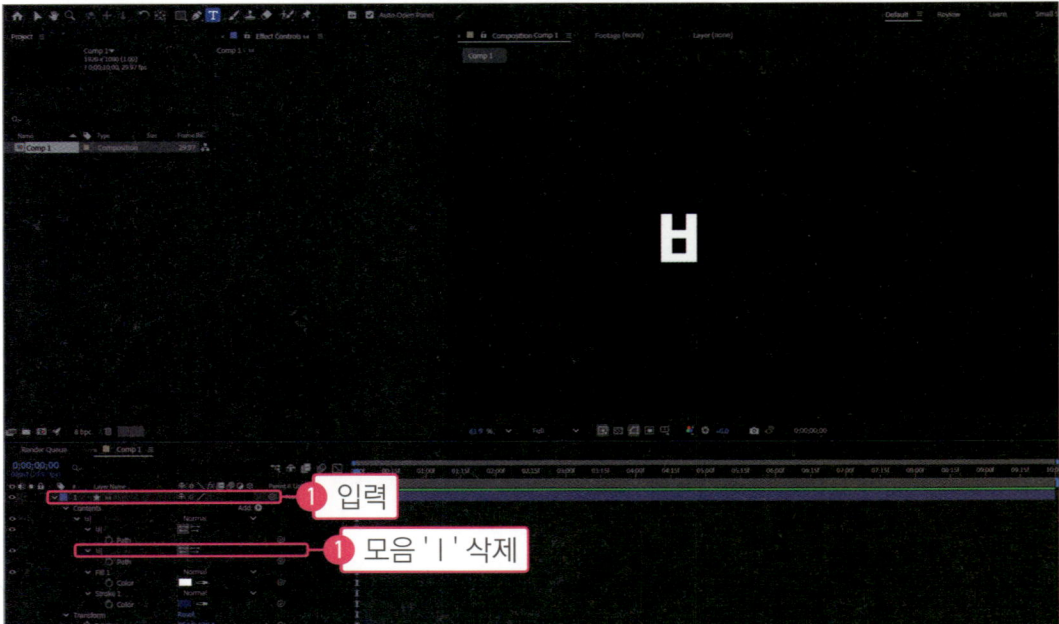

09 이번에는 모음 'ㅣ'만 남기기 위해 ❶ 두 번째 레이어를 선택한 후 ◉을 클릭합니다. ❷ 키보드의 U 키를 눌러 모든 옵션을 확장하고 ❸ [비] 그룹을 제외한 [ㄷ]와 [ㅈ] 그룹을 Delete 키를 눌러 삭제합니다.

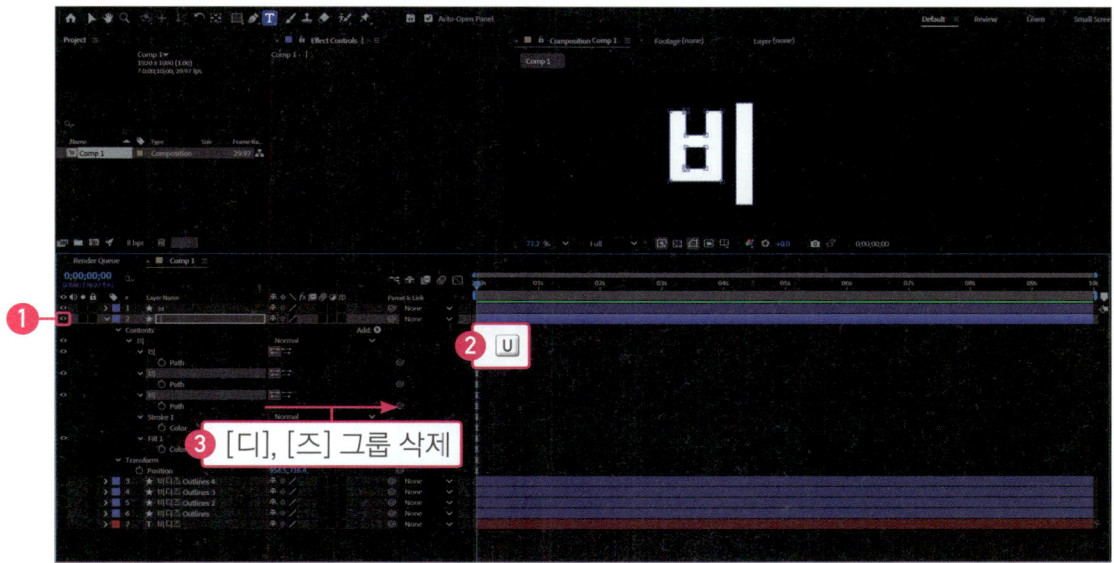

10 다른 레이어와 혼동되지 않도록 레이어 명을 변경하기 위해 [Shape] 레이어를 선택한 후 Enter 키를 눌러 'ㅣ'로 이름을 변경합니다.

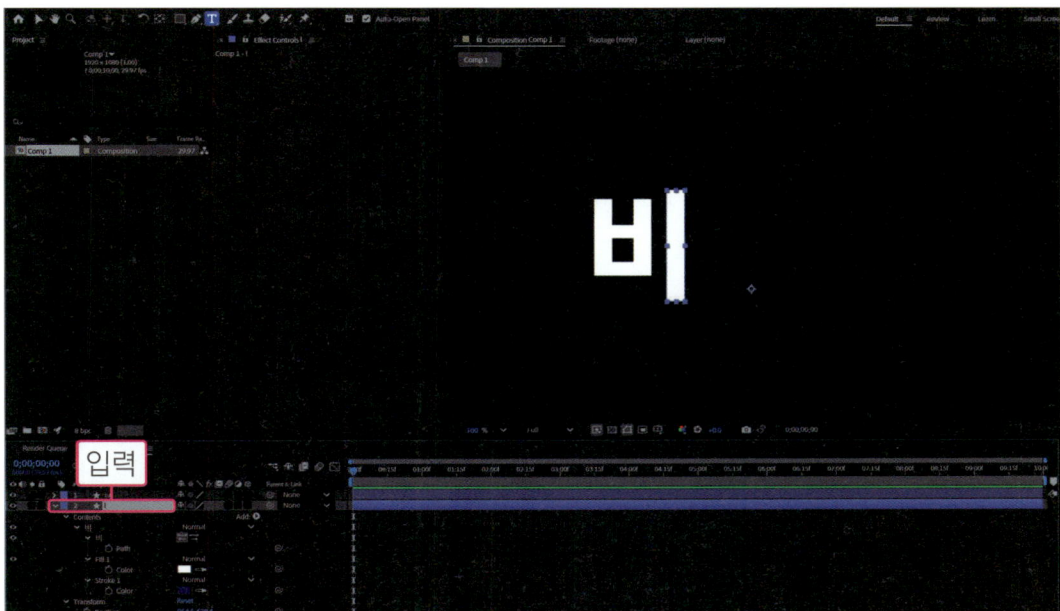

11 나머지 레이어의 텍스트도 똑같은 방식으로 자음과 모음을 분리해 줍니다.

TIP

똑같은 폰트라도 텍스트를 어떻게 조합 했느냐에 따라 크기와 모양이 달라질 수 있습니다. [Composition] 패널에 자막을 먼저 작성한 후 [Shape] 레이어로 변환하는 방식을 사용하면 글씨에 맞는 비율을 잘 유지할 수 있습니다.

02 자음과 모음에 애니메이션 설정하기

01 앞의 예제에 이어서 애니메이션 작업을 위해 ❶ [Timeline] 패널의 [Shape] 레이어를 모두 선택한 후 ❷ 단축키 Ctrl + Alt + Home 을 눌러 [앵커포인트]의 위치를 레이어의 정중앙으로 옮겨줍니다.

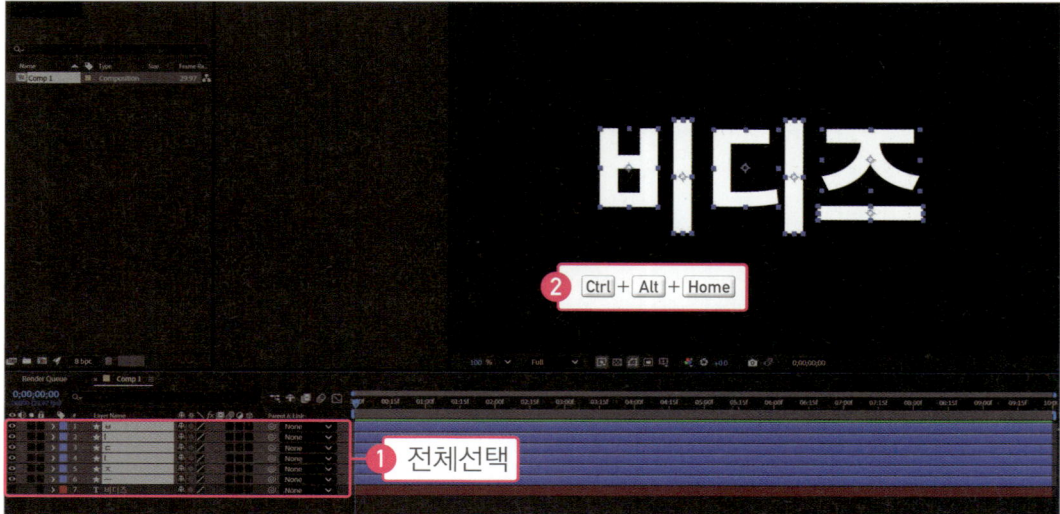

> **TIP**
>
> 키보드의 Y 키를 누른 채 [앵커포인트]를 직접 옮길 수도 있지만 단축키를 이용하면 한 번에 레이어가 이동되어 훨씬 간단합니다.

02 애니메이션을 추가하기 위해 ❶ [Timeline] 패널의 [Shape] 레이어를 모두 선택한 후 키보드의 P 키를 누르고 ❷ [Timeline] 패널의 [인디케이터]를 클릭해 0초로 드래그합니다. ❸ [Position] 옵션의 ◉을 클릭해 키프레임을 생성합니다. 이번에는 ❹ [Timeline] 패널의 [인디케이터]를 클릭해 1초 10프레임으로 드래그합니다. ❺ [Position] 옵션의 ◆을 클릭해 키프레임을 추가합니다.

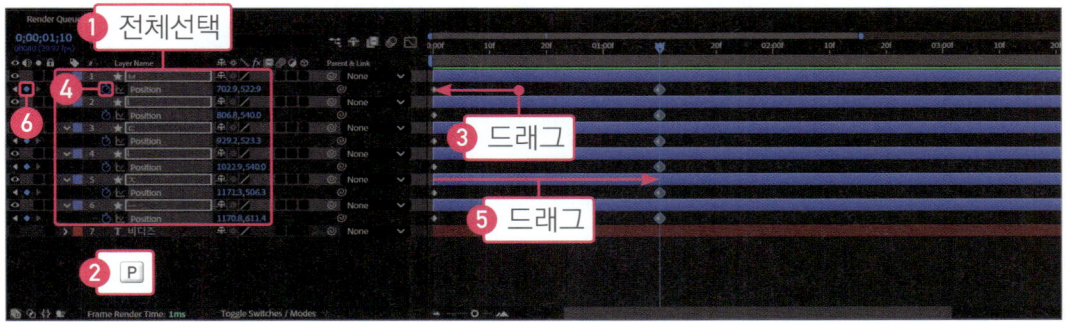

03 ❶ [Timeline] 패널에서 키보드의 J 키를 눌러 0초에 있는 키프레임으로 이동합니다. ❷ 패널의 빈 곳을 클릭해 레이어 선택을 해제하고 ❸ 각 레이어의 [Position] 옵션값을 조금씩 변경해 자음과 모음이 사방에서 날아오는 것처럼 설정합니다.

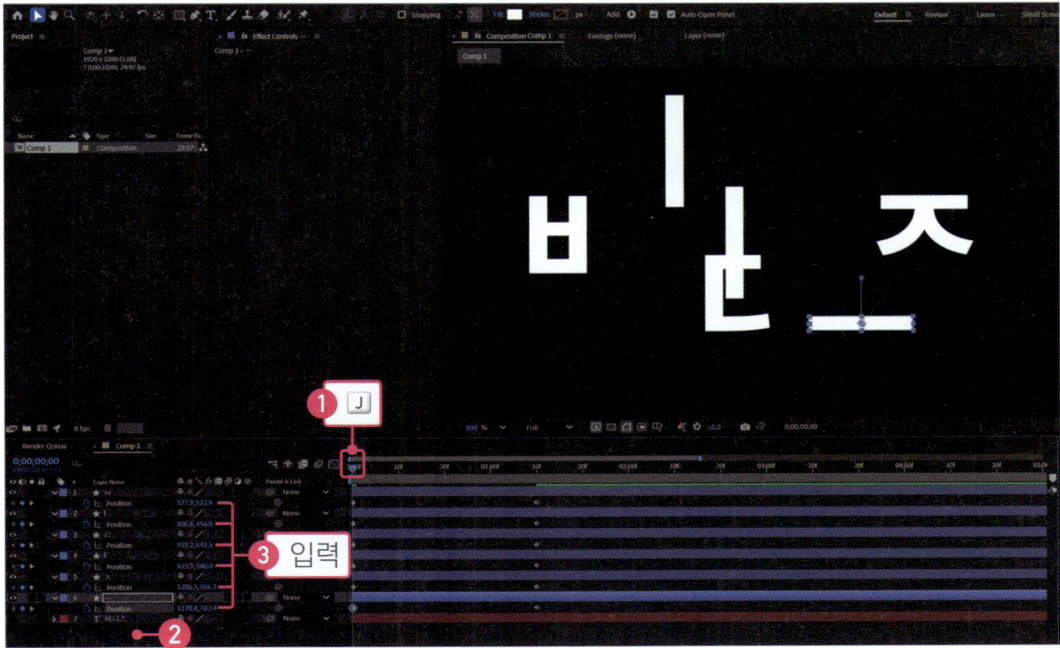

> **TIP**
> 너무 먼 거리에서 오는 것보다는 화면 안에서 움직일 수 있도록 옵션값을 설정합니다.

04 자연스러운 움직임을 위해 ❶ [Timeline] 패널의 키프레임을 모두 선택한 후 ❷ 키보드의 F9 키를 눌러 [Easy Ease] 키프레임으로 전환합니다.

05 ❶ [Timeline] 패널의 0초에 있는 키프레임을 모두 선택한 후 ❷ [Graph Editor] 버튼을 클릭해 [Timeline] 패널을 그래프 영역으로 전환합니다. ❸ 모든 레이어의 포지션 값이 표시됩니다.

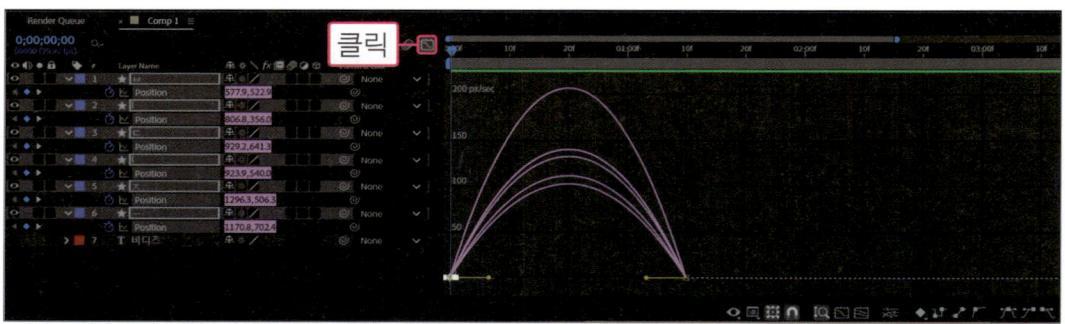

06 0초에 있는 키프레임의 핸들을 클릭한 채 [Influence] 값이 약 '80%'가 될 때까지 핸들을 드래그합니다(이 방식으로 작업하면 여러 레이어의 키프레임을 한 번에 수정할 수 있습니다).

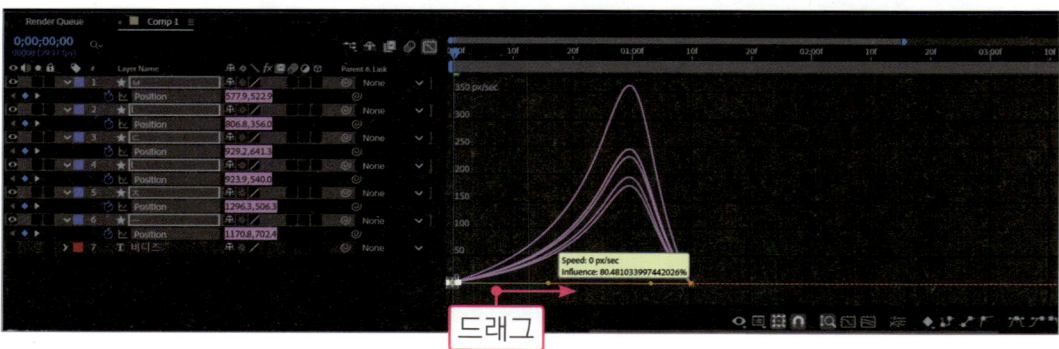

07 1초 10프레임에 있는 키프레임도 **06**번과 똑같은 방법으로 [Influence] 값이 약 '80%'가 될 때까지 앞으로 드래그합니다.

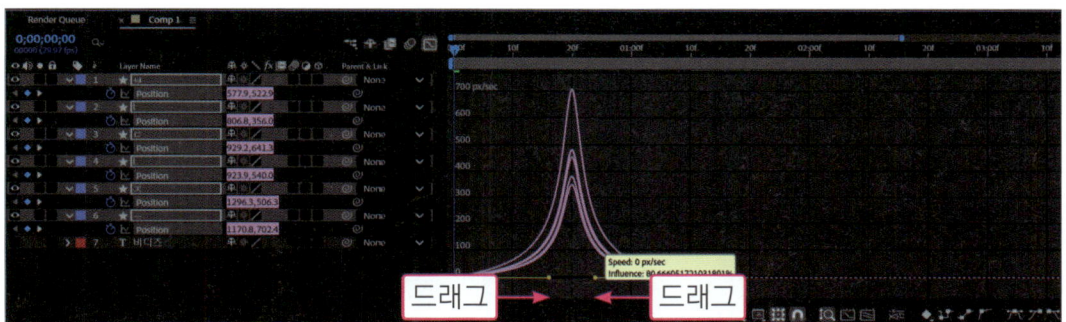

03 Opacity 애니메이션 추가하기

01 자음 모음이 화면에 천천히 등장하도록 ① [Timeline] 패널의 [Shape] 레이어를 모두 선택한 후 키보드의 T 키를 눌러 [Opacity] 옵션을 노출합니다. ② [Timeline] 패널의 [인디케이터]를 클릭해 0초로 드래그하고 ③ [Opacity] 옵션의 ◎을 클릭해 키프레임을 생성합니다. 이번에는 ④ [Timeline] 패널의 [인디케이터]를 클릭해 1초 10프레임으로 옮겨줍니다. ⑤ [Opacity] 옵션의 ◆을 클릭해 키프레임을 추가합니다.

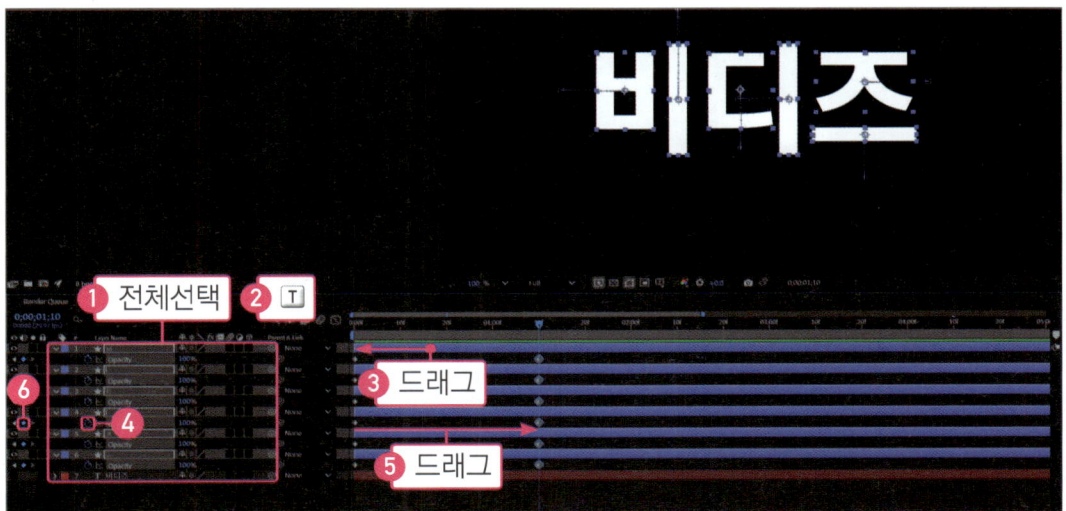

Chapter 05 · 애프터 이펙트로 모션 그래픽 만들기　445

02 ❶ [Timeline] 패널에서 키보드의 ⓙ 키를 눌러 0초에 있는 키프레임으로 이동합니다. ❷ [Shape] 레이어가 모두 선택된 상태에서 [Opacity] 옵션값을 '0'으로 입력합니다.

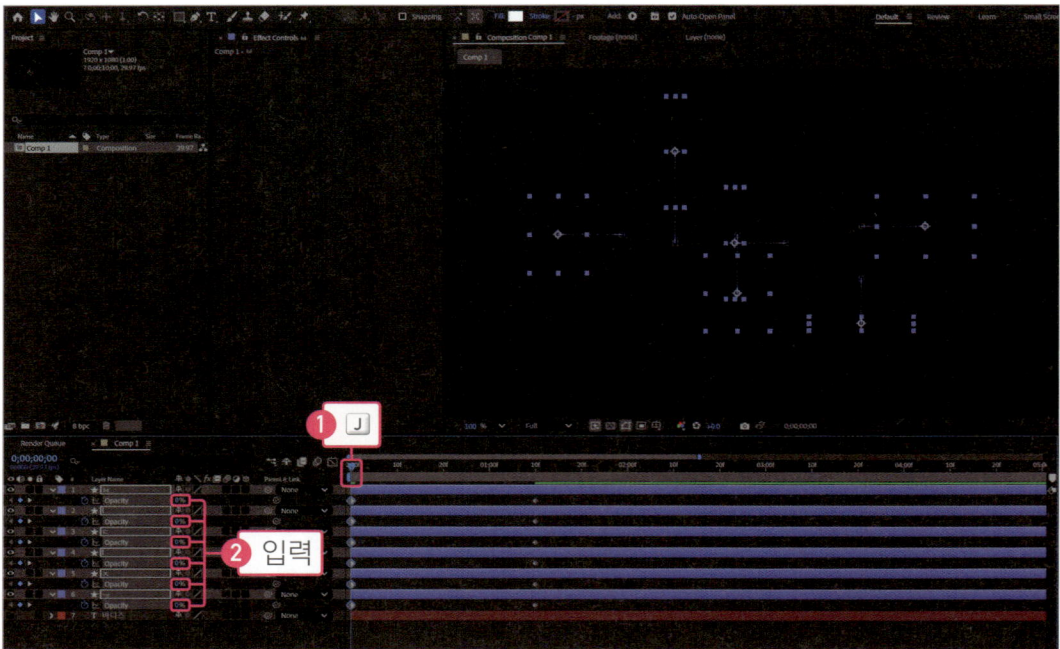

03 자음과 모음이 등장하는 애니메이션 타이밍도 임의로 변경합니다. [Timeline] 패널의 [Shape] 레이어를 5에서 10 프레임씩 차이 나도록 드래그해 이동합니다.

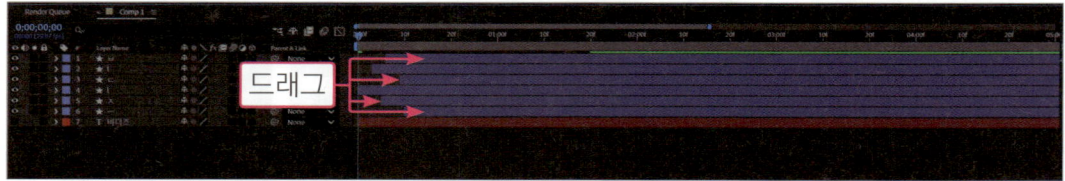

04 작업 영역인 [Work Area]를 설정하고 키보드의 Space Bar 키 또는 0 키를 눌러 작업 내용을 프리뷰 합니다. 분리된 자음과 모음이 모여서 자막이 완성되는 애니메이션을 확인할 수 있습니다.

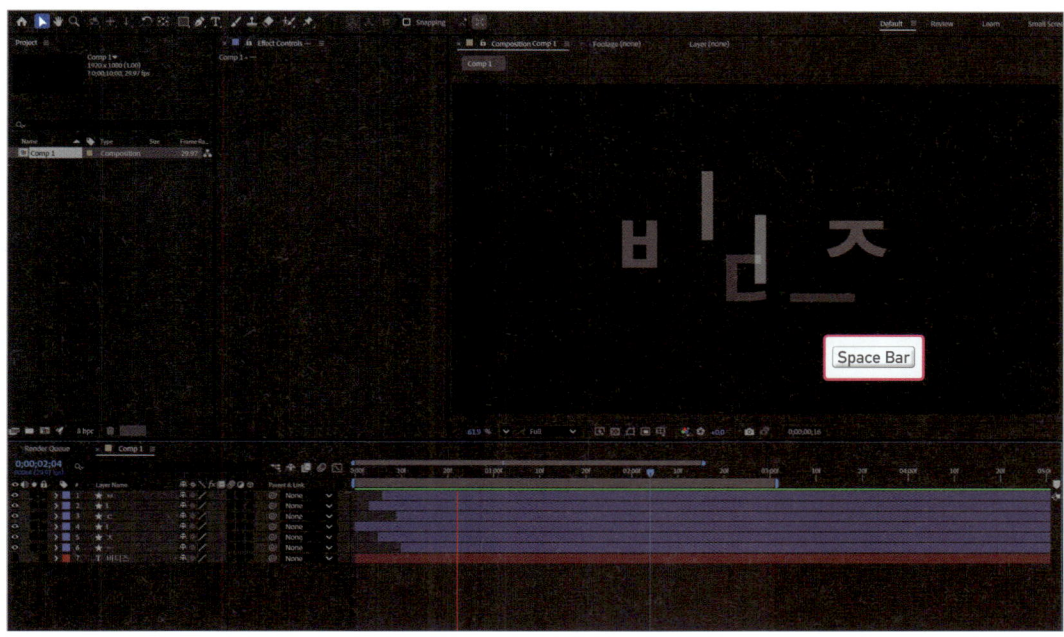

STEP 05 글리치 애니메이션

완성 파일 애프터 이펙트-파트4_ch05-글리치

화면에 오류가 발생한 것처럼 텍스트 및 피사체를 일그러트리는 글리치 애니메이션은 화면 왜곡이나 노이즈의 독특한 연출이 가능해 타이틀 또는 화면 전환 시 많이 사용됩니다. 방법은 다음과 같습니다.

01 자막이 랜덤하게 생성되는 효과 만들기

01 애프터 이펙트를 실행한 후 ❶ HD 1920×1080 29.97fps 프리셋으로 컴포지션을 생성하고 ❷ [Tool] 바에서 [Type Tool](단축키 Ctrl + T)을 선택합니다. ❸ [Composition] 패널을 클릭하고 원하는 자막을 입력합니다.

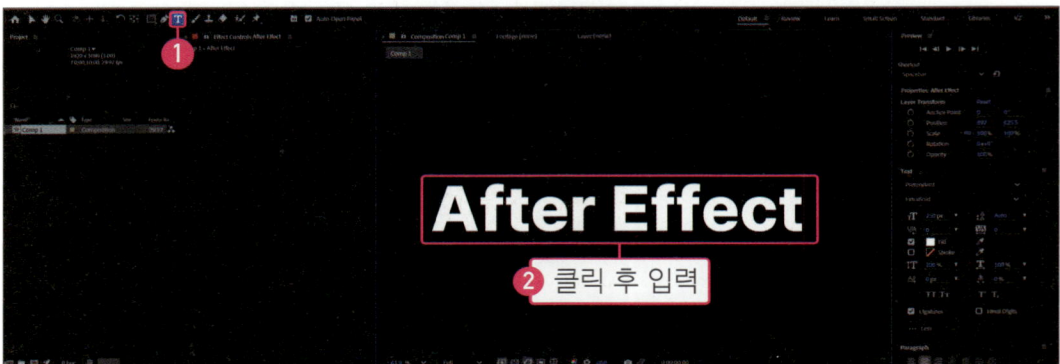

02 세부 옵션을 설정하기 위해 ❶ [Text] 패널에서 [Font]는 [Black Han Sans] 선택, [Font Size]는 '180'을 입력합니다. 다음 ❷ [Align] 패널의 [Align Horizontally], [Align Vertically]을 클릭해 자막을 화면의 중앙으로 정렬합니다.

03 애니메이션을 추가하기 위해 ❶ [Text] 레이어의 ▶를 클릭한 후 [Animate] 버튼을 클릭합니다. ❷ 바로가기 메뉴가 나타나면 [Opacity]를 선택합니다.

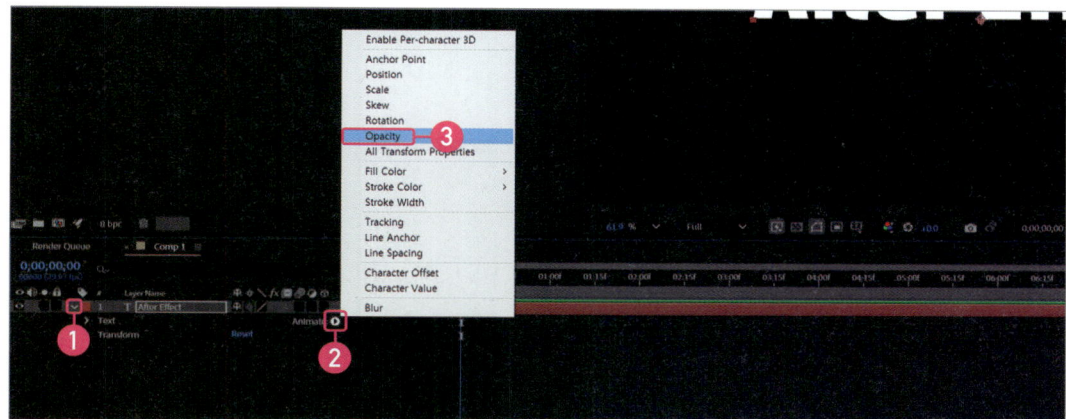

04 [Text] 레이어 아래 [Animator 1] 그룹이 생성되고 [Opacity] 옵션이 추가됩니다. [Opacity] 옵션 값을 '0'으로 입력합니다. 화면에서 자막이 사라집니다.

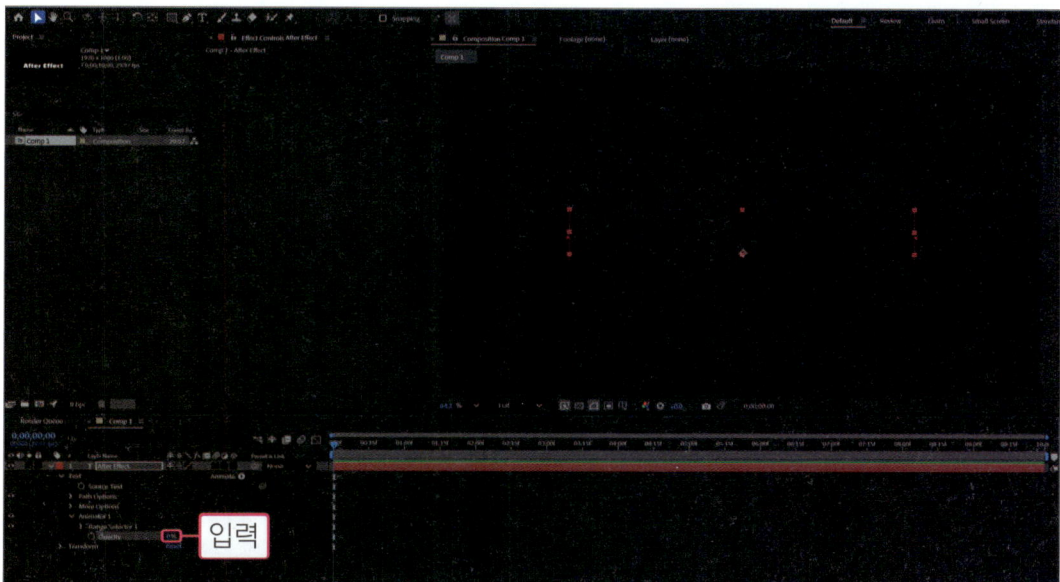

05 ❶ [Range Selector 1] 옵션의 ▶을 클릭합니다. ❷ [Timeline] 패널의 인디케이터를 0초로 드래그하고 [Start] 옵션에 ⬤을 클릭해 키프레임을 생성합니다. ❸ [Timeline] 패널의 인디케이터를 1초 10프레임으로 드래그하고 [Start] 옵션값을 '100'으로 변경합니다. ❹ 옵션값이 변경되며 자동으로 키프레임이 추가됩니다. ❺ 프리뷰 해보면 40프레임 동안 [Animator]의 적용 범위가 줄어들며 텍스트가 하나씩 나타나게 됩니다.

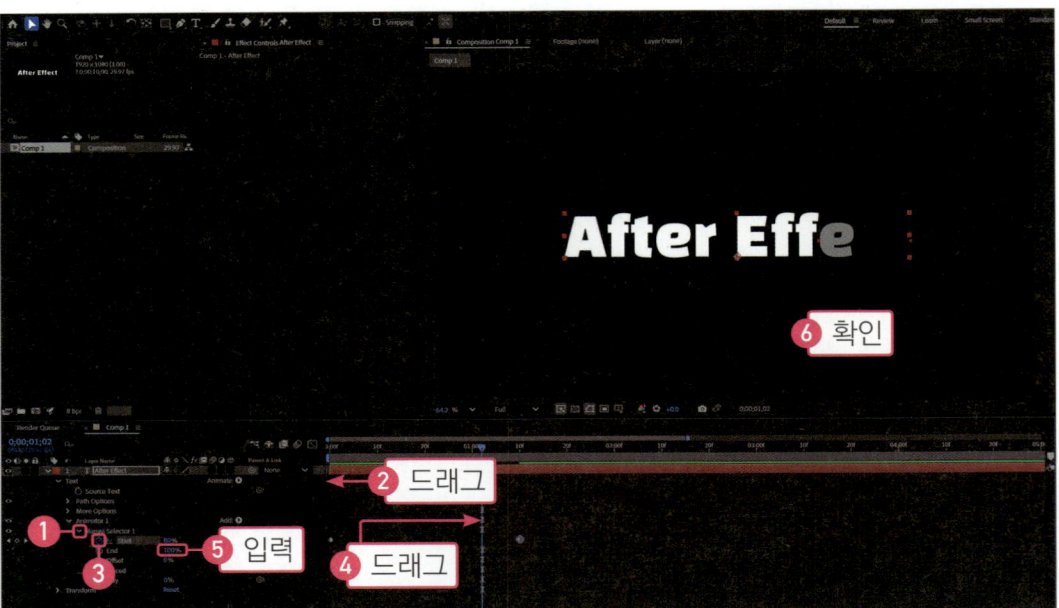

06 ❶ [Animator 1]에 [Range Selector] 옵션의 [Advanced] ▶을 클릭합니다. ❷ [Smoothless] 옵션값을 '0'으로 변경하면 타이핑하듯 자막이 화면에 나타나고 [Randomize Order] 옵션을 [On]으로 선택하면 자막이 무작위로 나타나는 것을 확인할 수 있습니다(생성되는 순서를 변경하고 싶다면 [Random Seed] 옵션을 변경합니다).

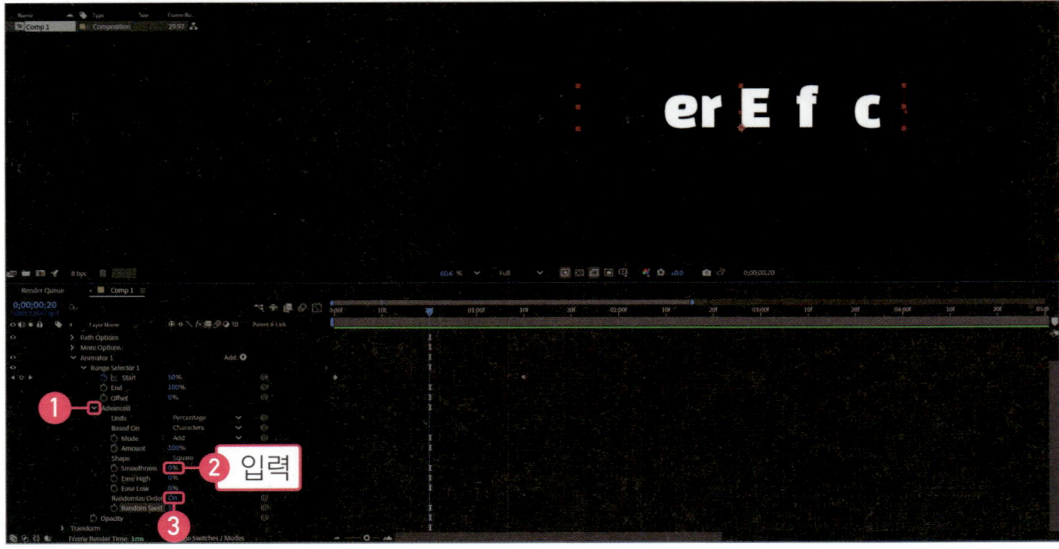

07 ❶ [Timeline] 패널의 [Text] 레이어에 마우스 오른쪽 버튼을 클릭한 후 ❷ 바로가기 메뉴에서 [Pre-Compose]를 선택합니다(단축키 Ctrl + Shift + C). 화면에 Pre-Compose 창이 나타나면 [New composition name] 입력란에 'TEXT'를 입력한 후 두 번째 체크박스를 선택하고 [OK] 버튼을 클릭합니다.

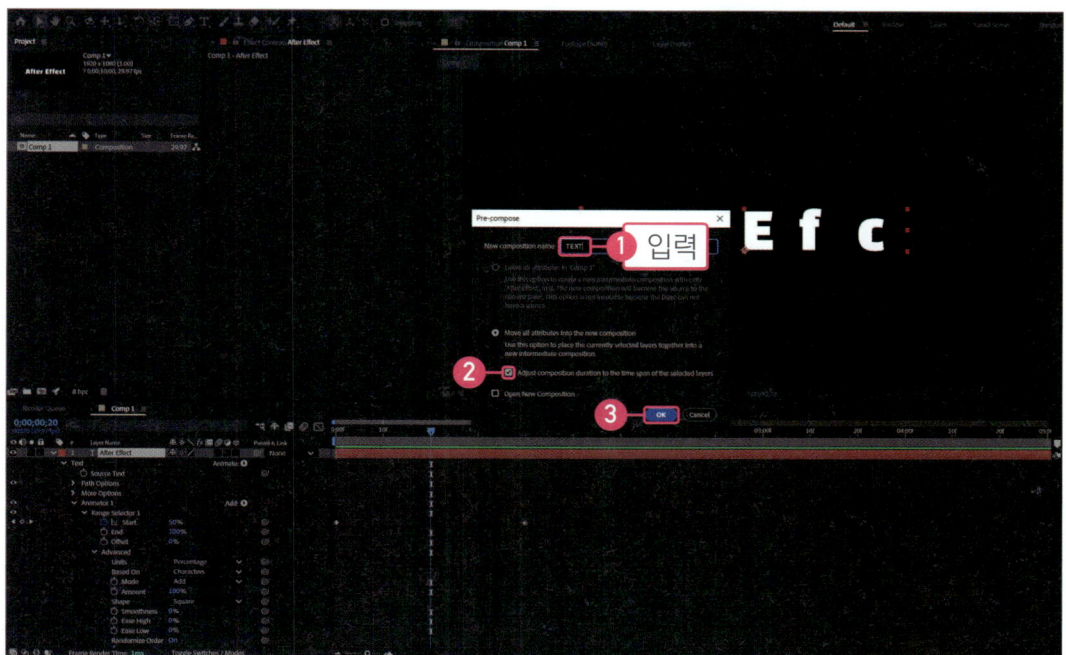

02 자막 변형하기

01 앞의 예제에 이어서 화면에 문제가 생긴 것처럼 표현하기 위해 ❶ [Timeline] 패널의 [TEXT] 컴포지션을 선택한 후 키보드의 S 키를 누릅니다. ❷ [Timeline] 패널의 [인디케이터]를 0초로 이동한 후 [Scale] 옵션의 ◉을 클릭합니다. ❸ 0초부터 시작해 7프레임 간격으로 4개의 키프레임을 생성합니다(Page Down 키를 누르면 1프레임씩 뒤로 이동합니다).

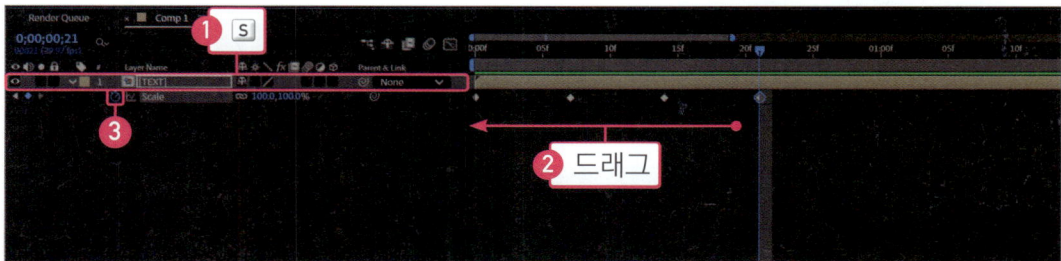

02 다음 0초의 키프레임의 [Scale] 옵션값은 '100', 두 번째 키프레임은 '85', 세 번째 키프레임은 '110', 마지막 키프레임은 '100'으로 입력합니다(키보드의 J 키와 K 키를 누르면 키프레임 사이를 빠르게 이동할 수 있습니다).

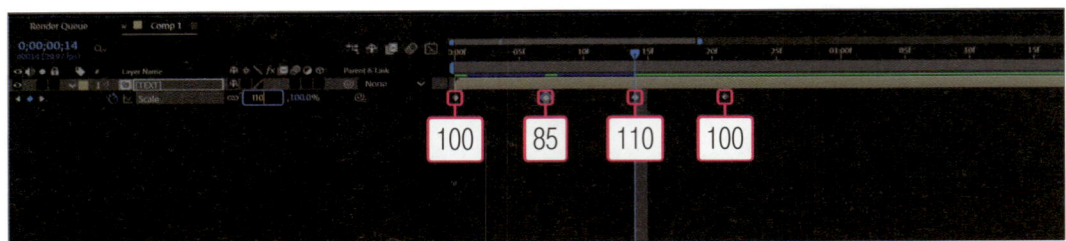

03 이어서 ❶ [Timeline] 패널의 키프레임을 모두 선택하고 ❷ 마우스 오른쪽 버튼을 클릭한 후 바로가기 메뉴에서 [Toggle Hold Keyframe]을 선택합니다. ❸ 선택한 키프레임이 네모난 모양의 [Hold] 키프레임으로 변경됩니다. 프리뷰 해보면 자막이 순간적으로 변경되는 것을 확인할 수 있습니다.

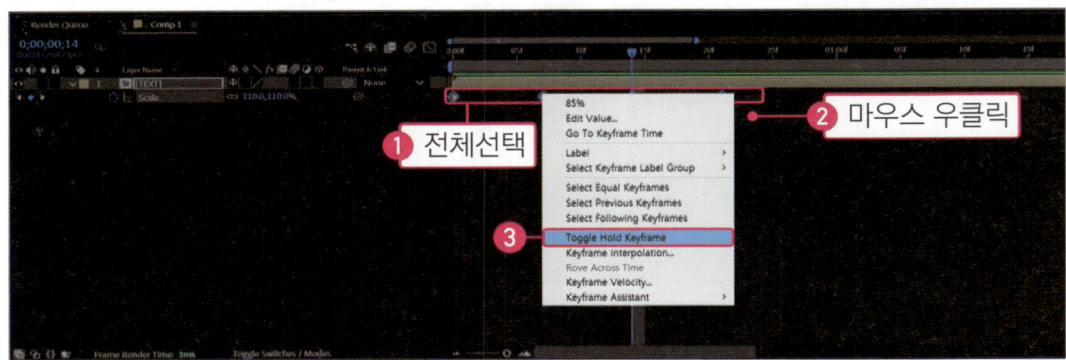

04 ❶ [Timeline] 패널의 빈 곳에 마우스 오른쪽 버튼을 클릭한 후 ❷ 바로가기 메뉴가 나타나면 [New]-[Adjustment Layer]를 선택합니다(단축키 Ctrl + Alt + Y). [Timeline] 패널에 [Adjustment Layer 1]이 생성됩니다.

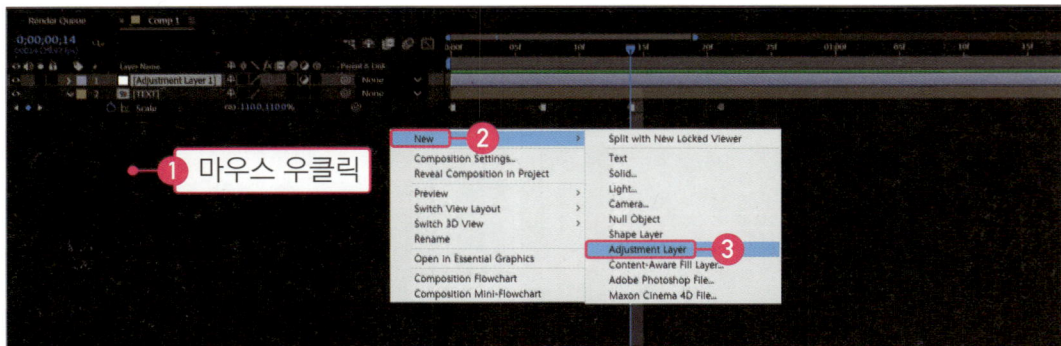

05 ❶ [Effect&Presets] 패널 검색란에 'Transform'을 입력합니다. ❷ 검색 결과로 나타난 [Transform]를 클릭한 채 효과 적용을 원하는 [Adjustment Layer 1]로 드래그 앤 드롭합니다. 위치를 변경하기 위해 ❸ [Effect Controls] 패널에서 [Transform]에 [Position] 옵션의 Y값을 '580'으로 입력해 위치를 조정합니다.

06 자막의 일부에 [Transform] 효과를 적용하기 위해 ❶ [Timeline] 패널에서 [Adjustment Layer 1]을 클릭한 후 ❷ [Tool] 바에서 [Rectangle Tool]을 선택합니다. ❸ [Composition] 패널의 자막 앞의 일부가 선택되도록 마스크를 생성합니다. ❹ 프리뷰해보면 마스크가 생성된 부분의 자막만 위치가 변경된 걸 확인할 수 있습니다.

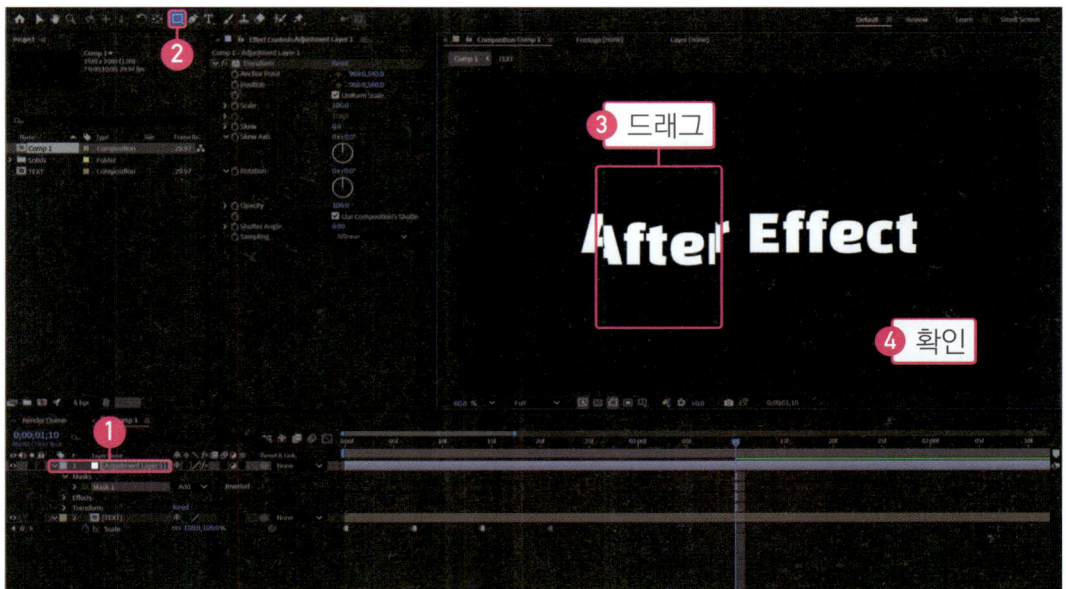

07 다음 ❶ [Timeline] 패널의 [인디케이터]를 클릭해 6프레임으로 드래그합니다. ❷ [Adjustment Layer 1]을 클릭한 후 메뉴 바의 [Edit]-[Split Layer]를 선택해 레이어를 두 개로 나눕니다(단축키 Ctrl + Shift + D). ❸ 패널의 잘린 레이어는 선택한 후 Delete 키를 눌러 삭제합니다.

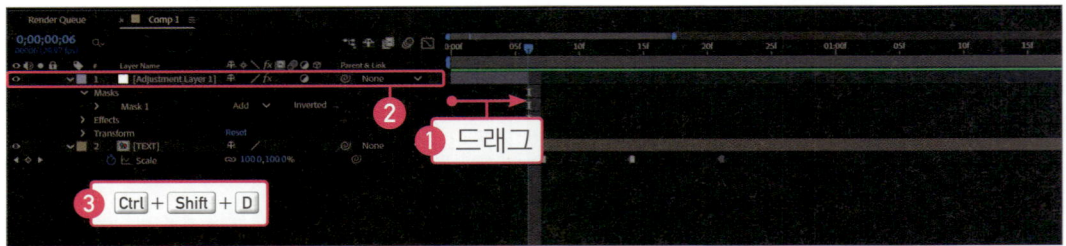

08 ❶ [Adjustment Layer 1]를 클릭한 후 단축키 Ctrl + D를 눌러 복제합니다. ❷ [Timeline] 패널에서 복제된 레이어를 클릭한 후 클립을 10프레임 뒤로 드래그해 옮겨줍니다.

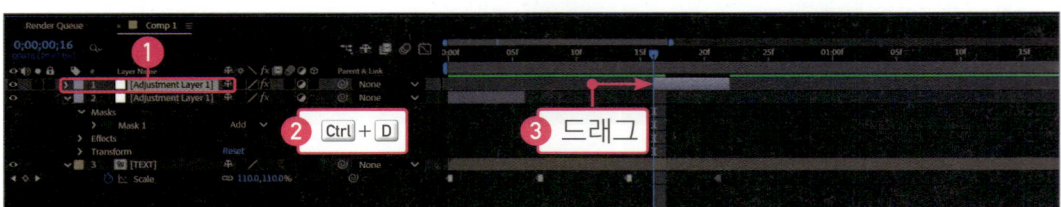

09 앞의 [Transform] 효과와 다른 모양을 만들기 위해 ❶ [Timeline] 패널의 복제된 [Adjustment Layer 1]을 클릭한 후 키보드의 M 키를 누릅니다. ❷ [Mask 1]을 선택하고 단축키 Ctrl + T를 눌러 변형 모드로 변경합니다. ❸ [Composition] 패널에서 마스크가 자막의 뒷부분을 덮도록 드래그합니다. 효과에 의해 변경되는 위치를 다르게 하기 위해 ❹ [Effect Controls] 패널에서 [Transform]에 [Position] 옵션의 Y값을 '620'으로 입력합니다.

03 노이즈 장식 추가하기

01 앞의 예제에 이어서 노이즈 장식을 추가하기 위해 ❶ [Timeline] 패널에 마우스 오른쪽 버튼을 클릭한 후 ❷ 바로가기 메뉴가 나타나면 [New]-[Soild]를 선택합니다(단축키 Ctrl + Y). ❸ 화면에 Solid Settings 창이 나타나면 [Name]은 '장식', [Color]는 [하얀색(#ffffff)]을 설정한 후 [OK] 버튼을 클릭합니다.

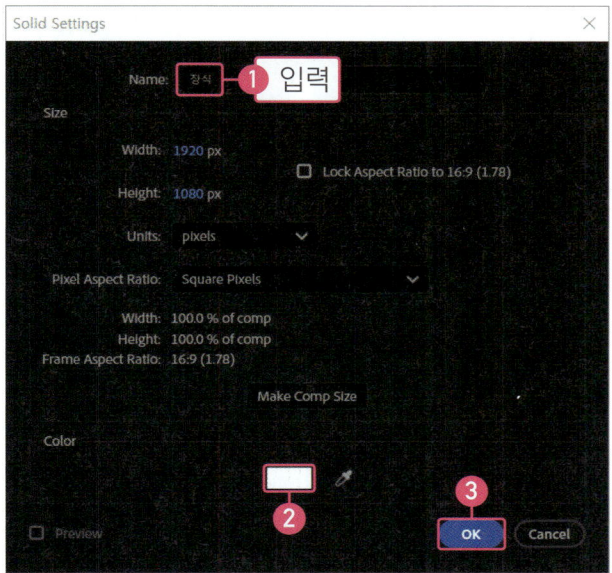

02 ❶ [Effect&Presets] 패널 검색란에 'Venetian Blinds'를 입력합니다. ❷ 검색 결과로 나타난 [Venetian Blinds]를 클릭한 채 효과 적용을 원하는 [장식] 레이어로 드래그 앤 드롭합니다.

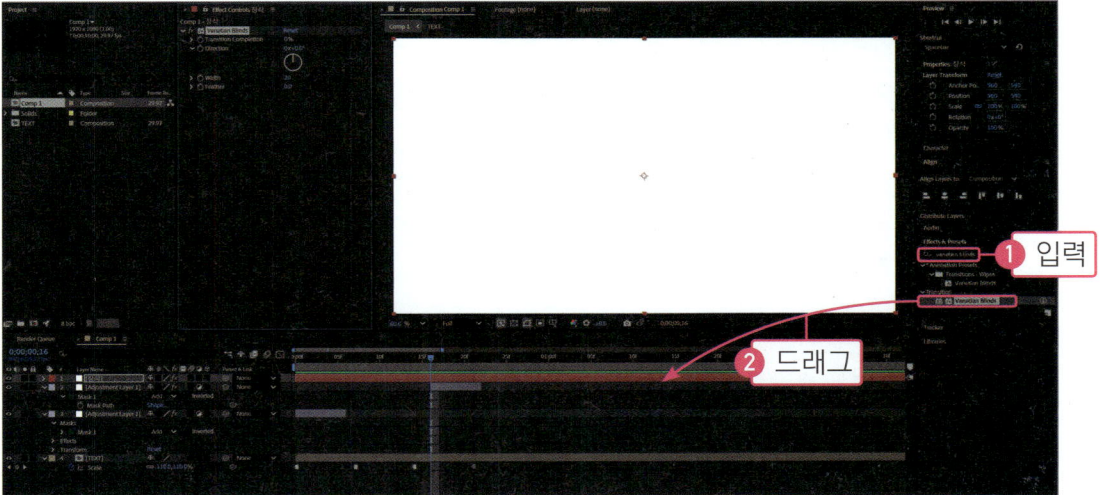

03 ❶ [Effect Controls] 패널에서 [Venetian Blinds]의 [Transition Completion]은 '95', [Direction]은 '45', [Width]는 '20'으로 옵션값을 입력합니다. ❷ [Composition] 패널의 화면 가득 사선이 생성됩니다.

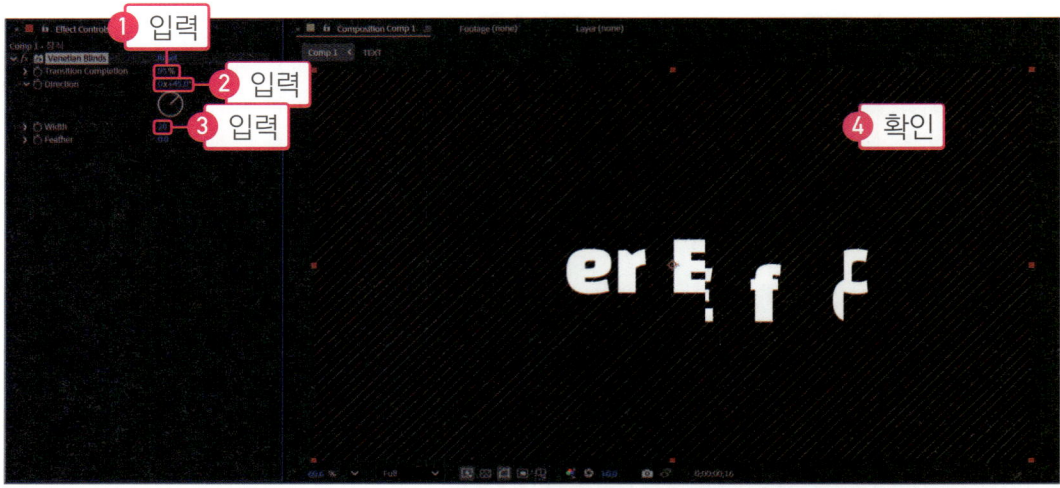

[Venetian Blinds]는 각도와 두께를 조절해 화면 전환을 만들어주는 효과인데, 배경에 사선 효과를 줄 때도 사용할 수 있습니다.

04 마스크를 이용해 [장식] 레이어의 일부만 노출하기 위해 ❶ [Timeline] 패널의 [장식] 레이어를 선택한 후 ❷ [Tool] 바에서 [Rectangle Tool]을 선택합니다(단축키 Q). ❸ [Composition] 패널에 직사각형을 드래그해 추가합니다.

05 [장식] 레이어가 노출되는 타이밍을 조절하기 위해 ❶ [Timeline] 패널에서 [장식] 레이어를 클릭한 후 2프레임 뒤로 드래그합니다. ❷ [Timeline] 패널의 [인디케이터]를 클릭해 7프레임으로 드래그합니다. ❸ 메뉴 바의 [Edit]-[Split Layer]를 선택합니다(단축키 Ctrl + Shift + D). ❹ 레이어가 분리되고 패널의 잘린 레이어는 Delete 키를 눌러 삭제합니다.

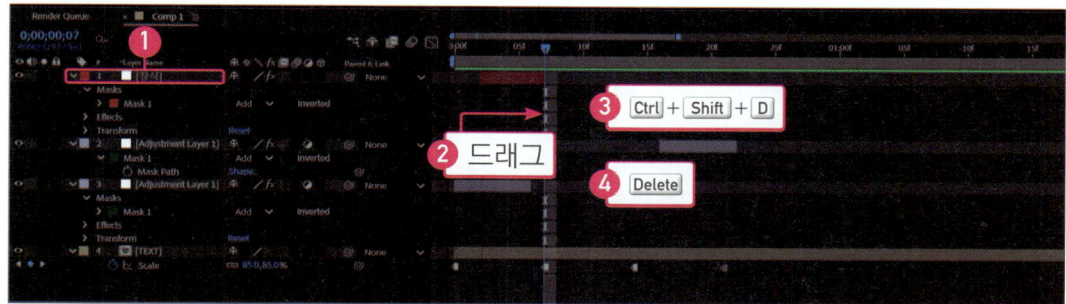

06 ❶ [Timeline] 패널에서 [장식] 레이어를 선택하고 단축키 Ctrl + D를 두 번 눌러 복제합니다. ❷ 복제된 레이어를 클릭해 5프레임 간격으로 노출되도록 드래그해 옮겨줍니다.

레이어를 선택하고 키보드의 [를 누르면 인디케이터의 위치로 레이어가 이동합니다.

07 이번에는 ❶ [Timeline] 패널에서 두 번째 [장식] 레이어를 선택하고 키보드의 M 키를 누릅니다. ❷ 패널의 [Mask 1]을 선택한 후 단축키 Ctrl + T 를 눌러 변형 모드로 변경합니다. ❸ [Composition] 패널에서 두 번째 장식은 자막의 오른쪽 아래에 오도록 마스크 모양을 변경합니다.

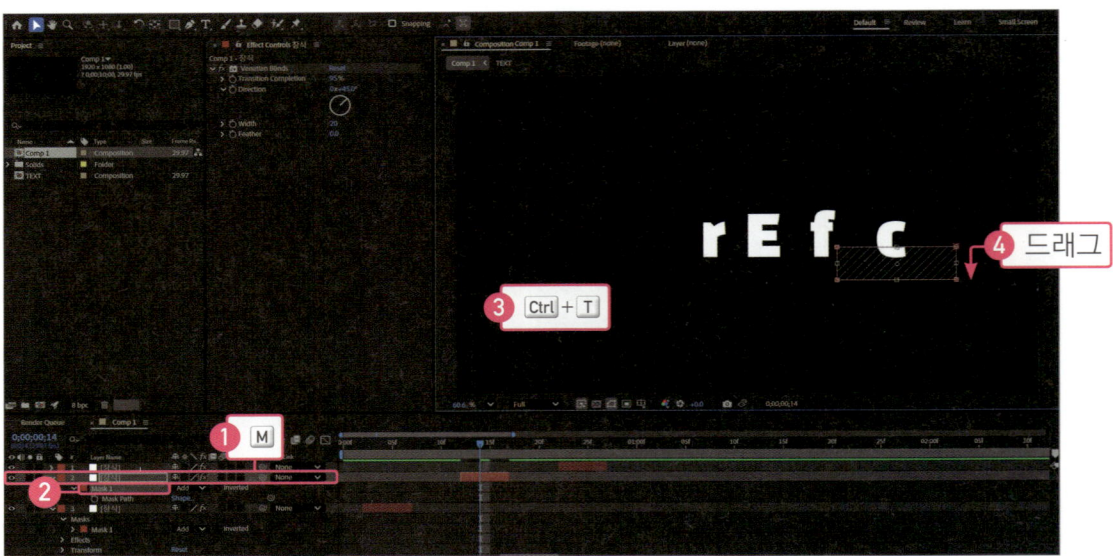

08 이어서 ❶ [Timeline] 패널의 세 번째 [장식] 레이어를 선택하고 키보드의 M 키를 누릅니다. ❷ 패널의 [Mask 1]을 선택한 후 단축키 Ctrl + T 를 눌러 변형 모드로 변경합니다. ❸ [Composition] 패널에서 세 번째 장식은 자막의 전체에 반영되도록 마스크 모양을 변경합니다.

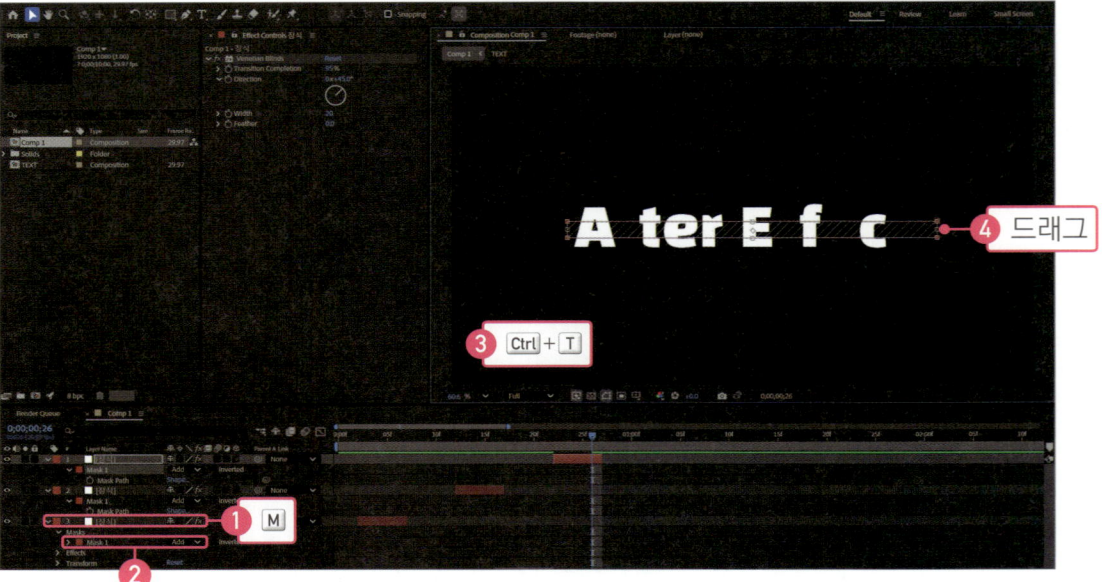

04 노이즈 효과 만들기

01 앞의 예제에 이어서 노이즈 효과를 위해 ❶ [Timeline] 패널에 마우스 오른쪽 버튼을 클릭합니다. ❷ 바로가기 메뉴가 나타나면 [New]-[Soild]를 선택합니다(단축키 Ctrl + Y). ❸ 화면에 Solid Settings 창이 나타나면 [Name]은 '노이즈', [Color]는 [하얀색(#ffffff)]을 설정한 후 [OK] 버튼을 클릭합니다.

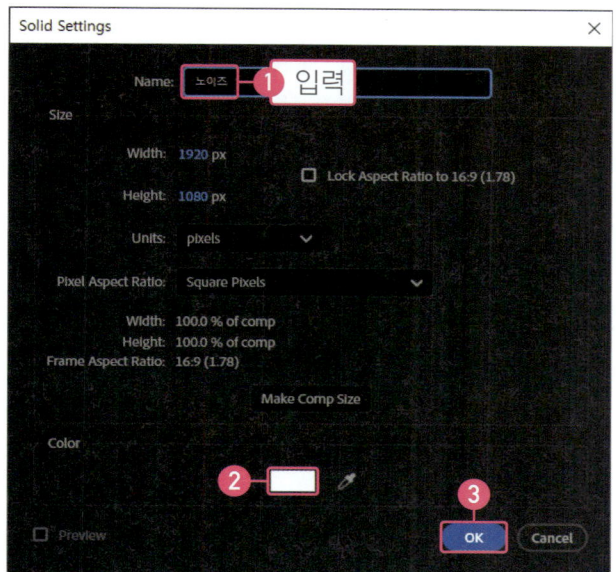

02 ❶ [Effect&Presets] 패널 검색란에 'Fractal Noise'를 입력합니다. ❷ 검색 결과로 나타난 [Fractal Noise]를 클릭한 채 효과 적용을 원하는 [노이즈] 레이어로 드래그 앤 드롭합니다.

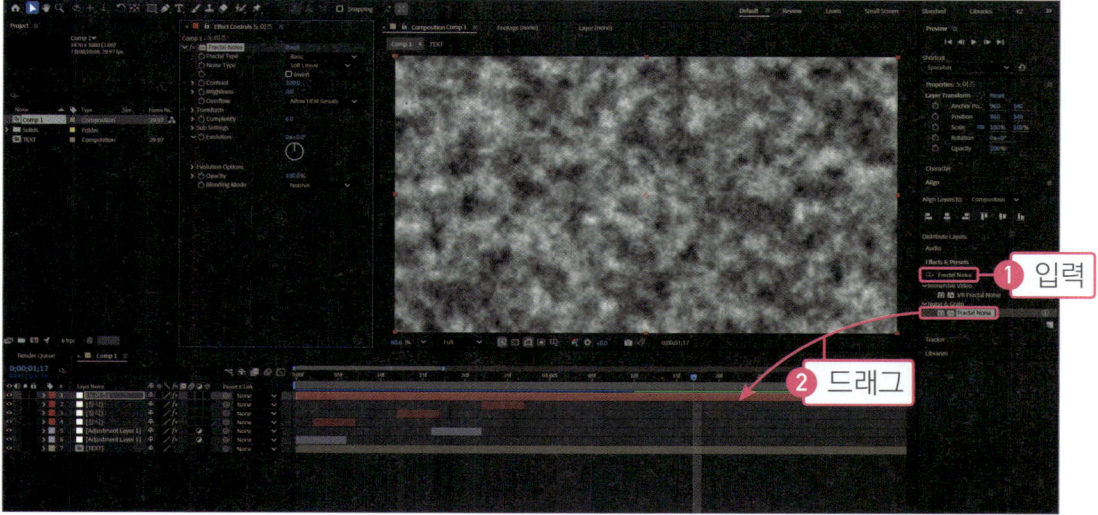

03 옵션을 변경하기 위해 ❶ [Timeline] 패널에서 [노이즈] 레이어를 클릭한 후 ❷ [Effect Controls] 패널의 [Fractal Type]에 드롭박스를 클릭하고 [Max]를 선택합니다. ❸ [Noise Type]은 드롭박스를 클릭한 후 [Block]을 선택합니다. 화면 가득 크고 작은 상자들이 채워집니다.

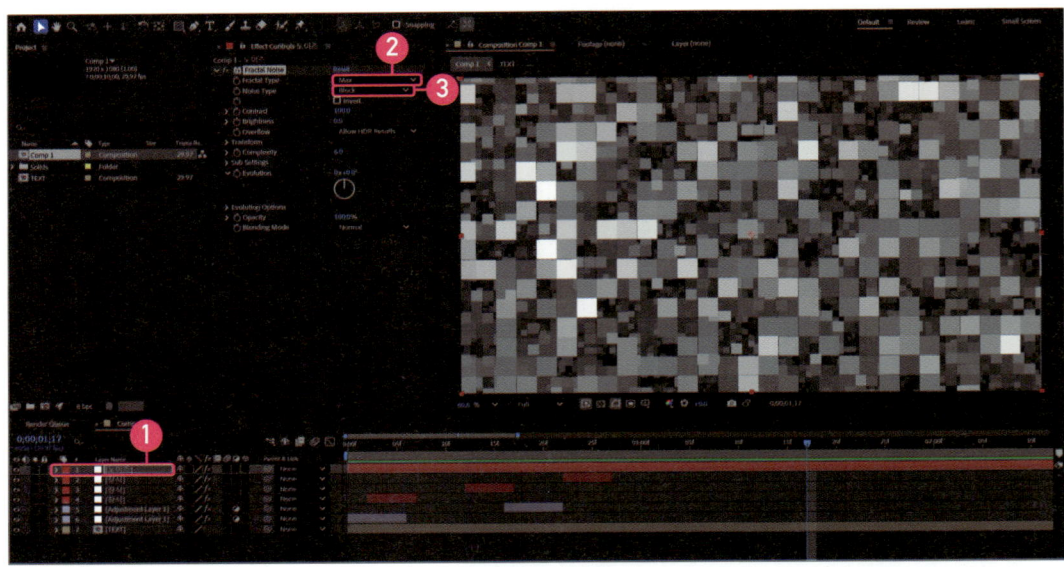

[Fractal Noise]를 이용해 길고 얇은 막대들이 마구 움직이는 형태의 패턴을 만들어 줍니다.

04 이어서 [Composition] 패널에 흰색과 검은색이 또렷하게 구분되도록 [Contrast]는 '500', [Brightness]는 '-300'으로 옵션값을 입력합니다.

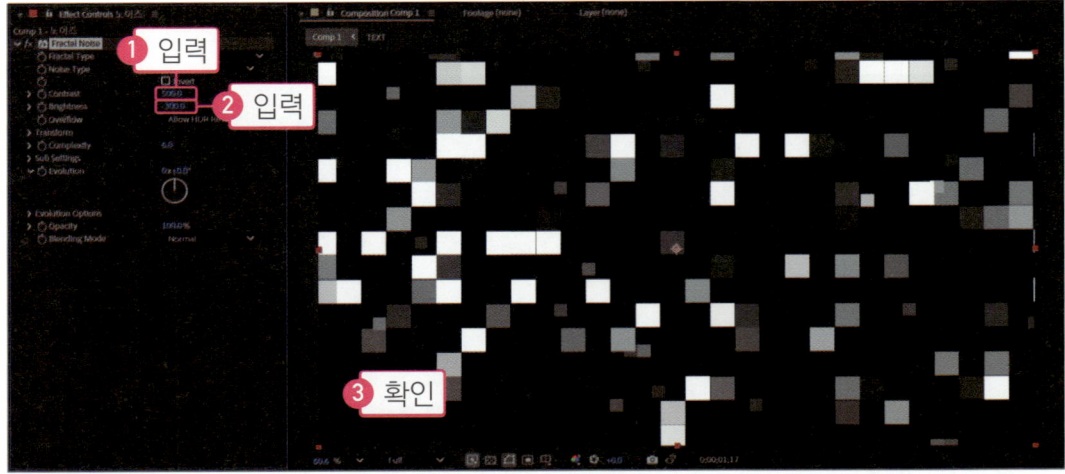

05 노이즈 모양을 변경하기 위해 ❶ [Transform] 옵션의 ▶을 클릭합니다. ❷ [Uniform Scaling] 옵션의 선택을 해제한 후 [Scale Width]는 '1200', [Scale Height]는 '30'으로 옵션값을 입력해 긴 막대 모양이 되도록 변경합니다.

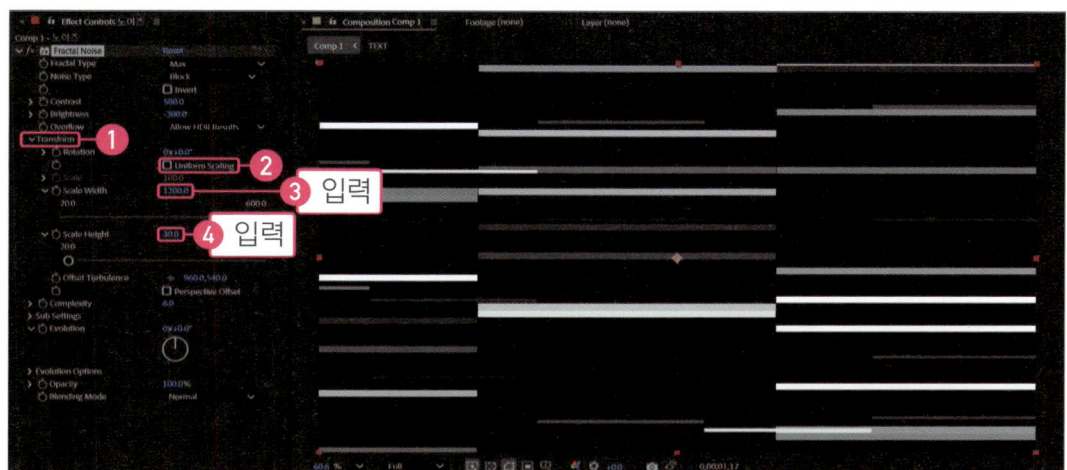

06 애니메이션 효과를 위해 ❶ [Timeline] 패널의 [인디케이터]를 클릭해 0초로 드래그합니다. ❷ [Evloution] 옵션의 ⏱을 클릭해 키프레임을 생성합니다. 이번에는 ❸ [Timeline] 패널의 [인디케이터]를 클릭해 5초로 드래그합니다. ❹ [Evloution] 옵션값은 360도로 20번 회전하도록 '20'으로 입력하면 자동으로 키프레임이 생성되고 ❺ 프리뷰 해보면 상자들이 빠르게 움직이는 노이즈가 완성됩니다.

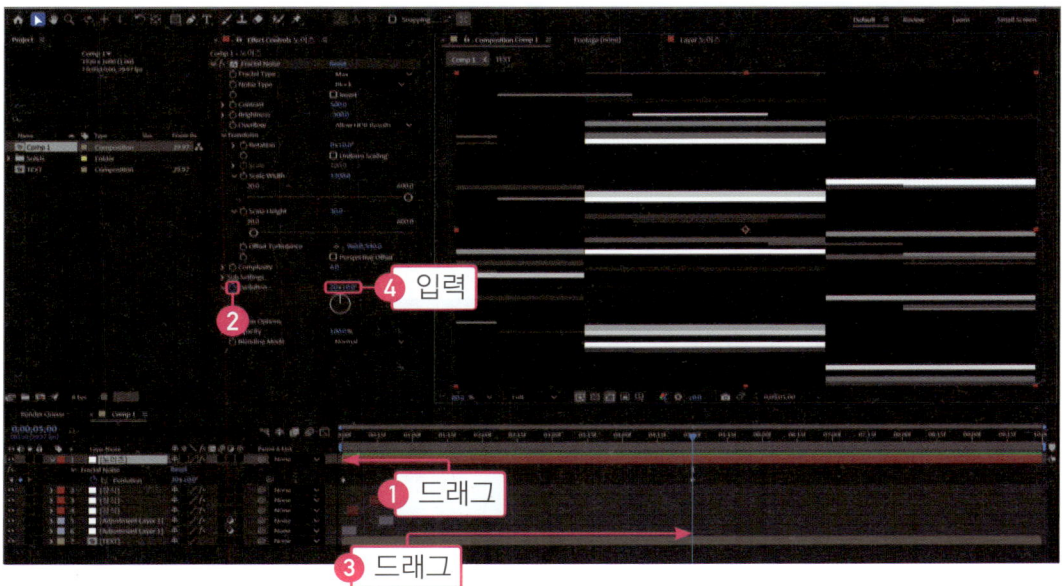

> **TIP**
> 옵션값을 변경할 때 Shift 키를 누른 채 마우스를 드래그하면 10 단위로 변경되어 큰 숫자를 빠르게 설정할 수 있고 Ctrl 키를 누른 채 마우스를 드래그하면 소수점 단위로 값을 변경할 수 있어 섬세하게 조절하기 좋습니다.

07 다음 작업의 원활한 진행을 위해 ❶ [노이즈] 레이어에 마우스 오른쪽 버튼을 클릭한 후 바로가기 메뉴에서 [Pre-Compose]를 선택합니다(단축키 Ctrl + Shift + C). ❷ 화면에 Pre-Compose 창이 나타나면 [New composition name] 입력란에 'Noise'를 입력하고 두 번째 체크박스를 선택한 후 [OK] 버튼을 클릭합니다.

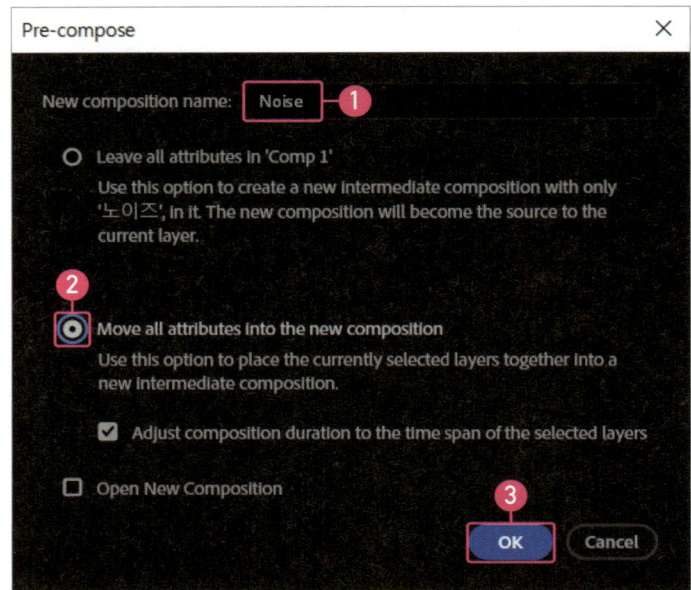

08 [노이즈] 레이어가 'Noise' 컴포지션으로 전환됩니다. 'Noise' 컴포지션은 글리치 효과를 위한 소스로 활용될 예정이기 때문에 화면에 노출되지 않도록 [Timeline] 패널의 👁을 클릭해 [Composition] 패널에서 숨깁니다.

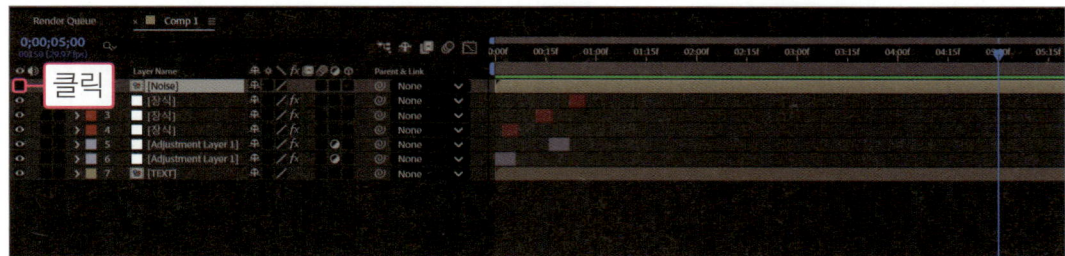

05 글리치 효과 만들기

01 앞의 예제에 이어서 ❶ [Timeline] 패널에 마우스 오른쪽 버튼을 클릭합니다. ❷ 바로가기 메뉴가 나타나면 [New]-[Adjustment Layer]를 선택합니다(단축키 Ctrl + Alt + Y). 패널에 [Adjustment Layer 2]가 생성되면 ❸ 레이어를 선택한 후 Enter 키를 눌러 이름을 '글리치'로 변경합니다.

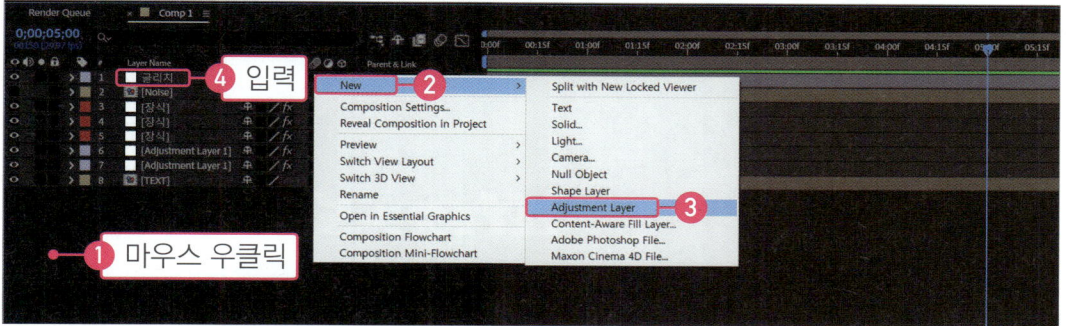

02 글리치 효과를 위해 ❶ [Effect&Presets] 패널 검색란에 'Displacement Map'을 입력합니다. ❷ 검색 결과로 나타난 [Displacement Map]을 클릭한 채 효과 적용을 원하는 [글리치] 레이어로 드래그 앤 드롭합니다.

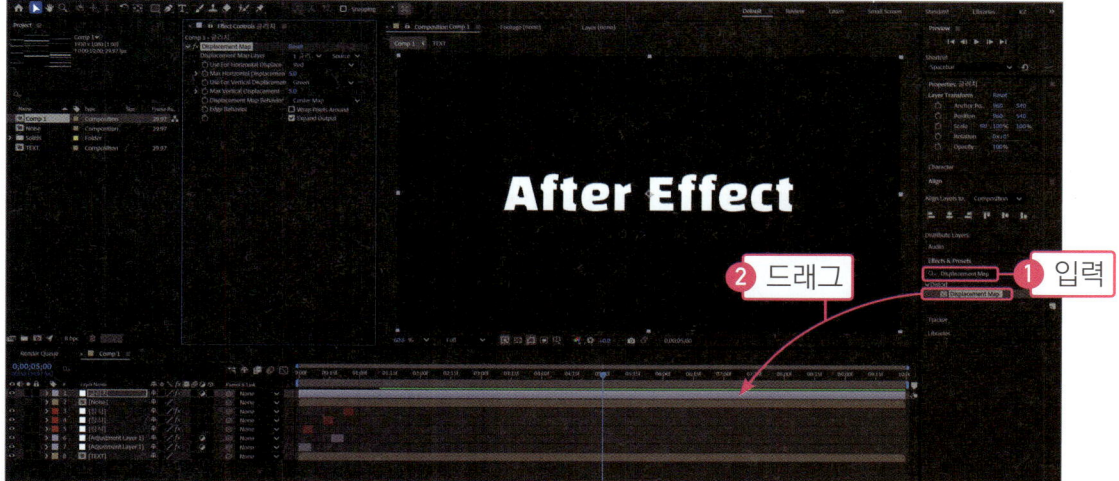

03 세부 옵션을 수정하기 위해 ❶ [Displacement Map Layer]의 드롭박스를 클릭한 후 앞서 만든 [Noise]를 소스로 선택합니다. 밝기에 반응하도록 ❷ [Use For Horizontal Display]의 드롭박스를 클릭해 [Luminance]로 변경합니다. ❸ [Max Horizontal Displacement] 옵션값은 '100', [Max Vertical Displacement] 옵션값은 '15'로 입력합니다. 자막이 긴 사각형 모양으로 나뉘는 것을 확인할 수 있습니다.

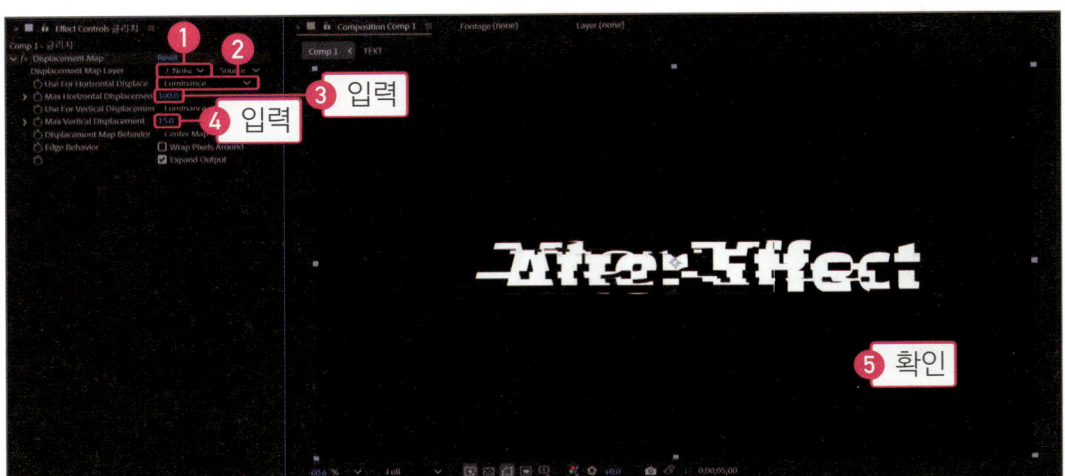

04 효과가 사라지는 애니메이션을 위해 ❶ [Timeline] 패널의 [인디케이터]를 클릭해 0초로 드래그합니다. ❷ [Max Horizontal Displacement]와 [Max Vertical Displacement]의 ◉을 클릭해 키프레임을 생성합니다. 이번에는 ❸ [Timeline] 패널의 [인디케이터]를 클릭해 1초 10프레임으로 드래그합니다. ❹ [Max Horizontal Displacement]와 [Max Vertical Displacement] 옵션값을 '0'으로 입력하면 자동으로 키프레임이 생성됩니다.

05 자연스러운 움직임을 위해 ❶ [Timeline] 패널의 [글리치] 레이어를 클릭하고 키보드의 ⓤ 키를 누릅니다. ❷ [Timeline] 패널의 키프레임을 모두 선택한 후 키보드의 F9 키를 눌러 [Easy Ease] 키프레임으로 변경합니다.

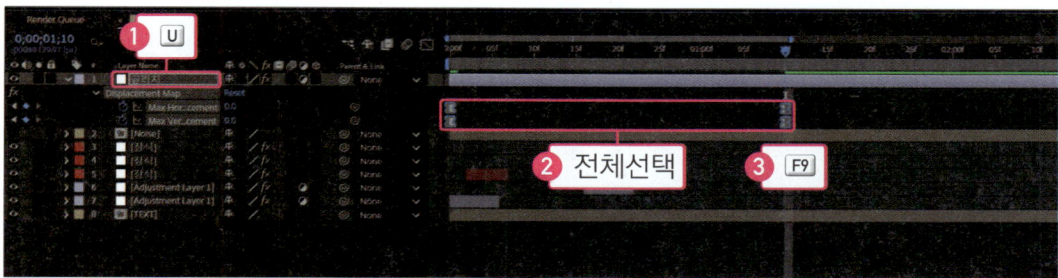

06 이어서 ❶ 1초 10프레임에 있는 키프레임만 클릭한 후 ❷ [Graph Editor] 버튼을 클릭해 [Timeline] 패널을 그래프 에디터로 전환합니다. ❸ 키프레임의 핸들을 클릭해 [Influence] 옵션값이 '85%'가 되도록 앞으로 드래그합니다. ❹ 프리뷰 하면 글리치 효과가 영상의 앞 부분에 집중되는 걸 확인할 수 있습니다.

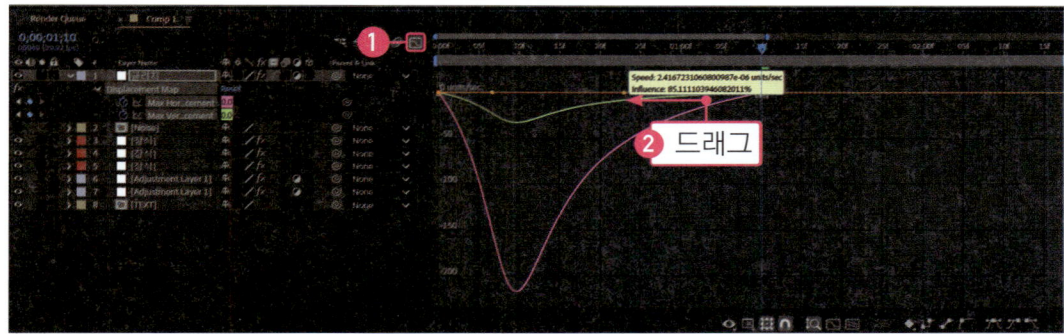

07 자잘한 노이즈를 추가하기 위해 ❶ [Timeline] 패널에 마우스 오른쪽 버튼을 클릭합니다. ❷ 바로 가기 메뉴가 나타나면 [New]-[Adjustment Layer]를 선택합니다(단축키 Ctrl + Alt + Y). 패널에 [Adjustment Layer 3]이 생성되면 ❸ 레이어를 선택한 후 Enter 키를 눌러 이름을 'Wave'로 변경합니다.

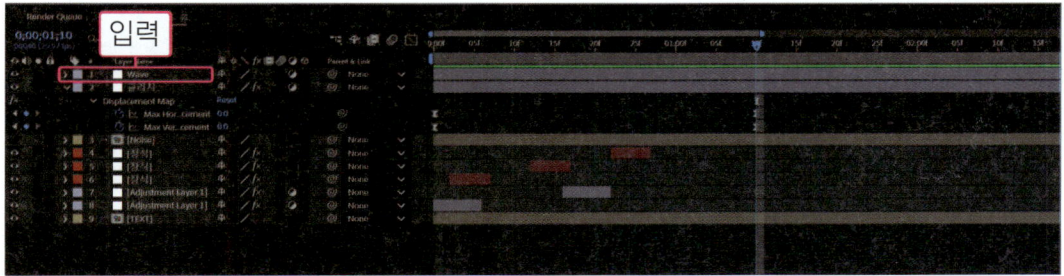

08 ❶ [Effect&Presets] 패널 검색란에 'Wave Warp'를 입력합니다. ❷ 검색 결과로 나타난 [Wave Warp]를 클릭한 채 효과 적용을 원하는 [Wave] 레이어로 드래그 앤 드롭합니다.

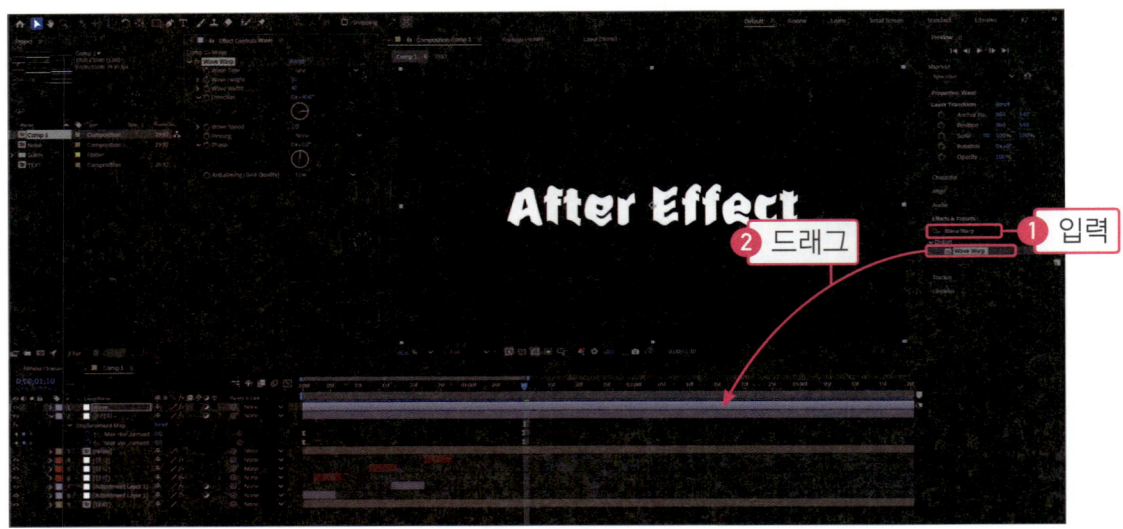

[Wave warp]은 물결 모양의 변형을 만들어 주는 효과입니다.

09 옵션을 변경하기 위해 ❶ [Effect Controls] 패널의 [Wave Type]에 드롭박스를 클릭한 후 [Smooth Noise]를 선택합니다. 다음 ❷ [Wave Height]는 20, [Direction]는 '0'으로 옵션값을 입력해 자글거리는 효과를 추가합니다.

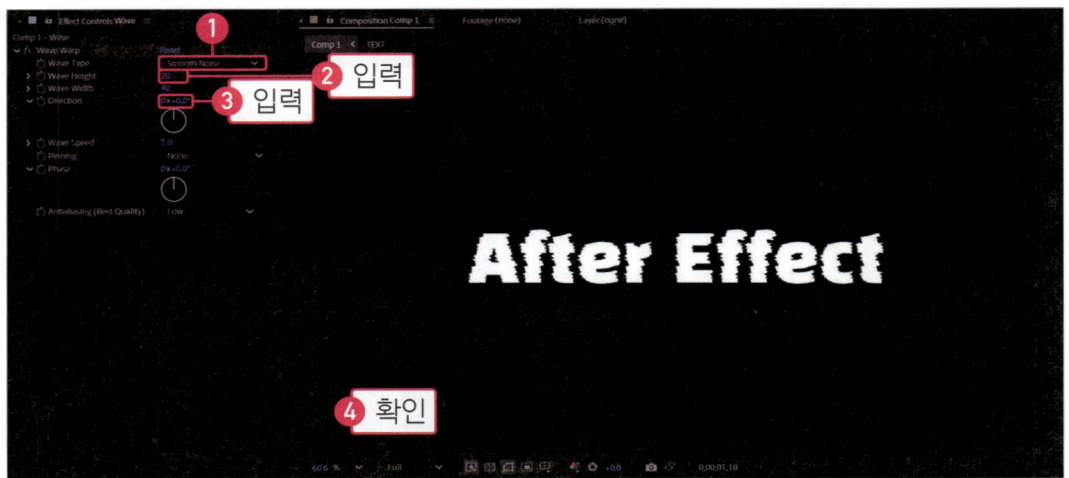

10 일부에만 Wave 효과가 적용되도록 ❶ [Timeline] 패널의 [인디케이터]를 클릭해 20프레임으로 드래그합니다. ❷ [Wave] 레이어를 선택하고 단축키 `I`를 눌러 시작 지점을 20프레임으로 변경합니다. 이번에는 ❸ [Timeline] 패널의 [인디케이터]를 클릭해 1초로 드래그합니다. ❹ 메뉴 바의 [Edit]-[Split Layer]를 선택해(단축키 `Ctrl`+`Shift`+`D`) 레이어를 나누고 잘린 레이어는 `Delete` 키를 눌러 삭제합니다.

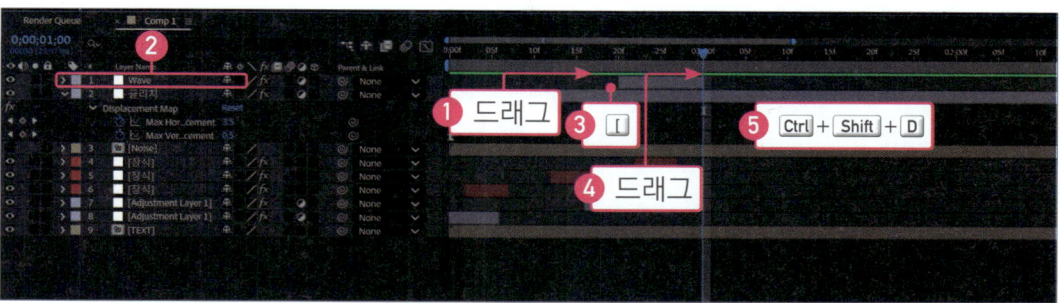

06 색상 노이즈 생성을 위한 RGB 채널 분리하기

01 앞의 예제에 이어서 ❶ [Timeline] 패널을 클릭한 후 단축키 `Ctrl`+`A`를 눌러 레이어를 모두 선택합니다. ❷ 마우스 오른쪽 버튼을 클릭하고 바로가기 메뉴에서 [Pre-Compose]를 선택합니다(단축키 `Ctrl`+`Shift`+`C`). ❸ Pre-Compose 창이 나타나면 [New composition name] 입력란에 'Final'을 입력하고 두 번째 체크박스를 선택한 후 [OK] 버튼을 클릭합니다.

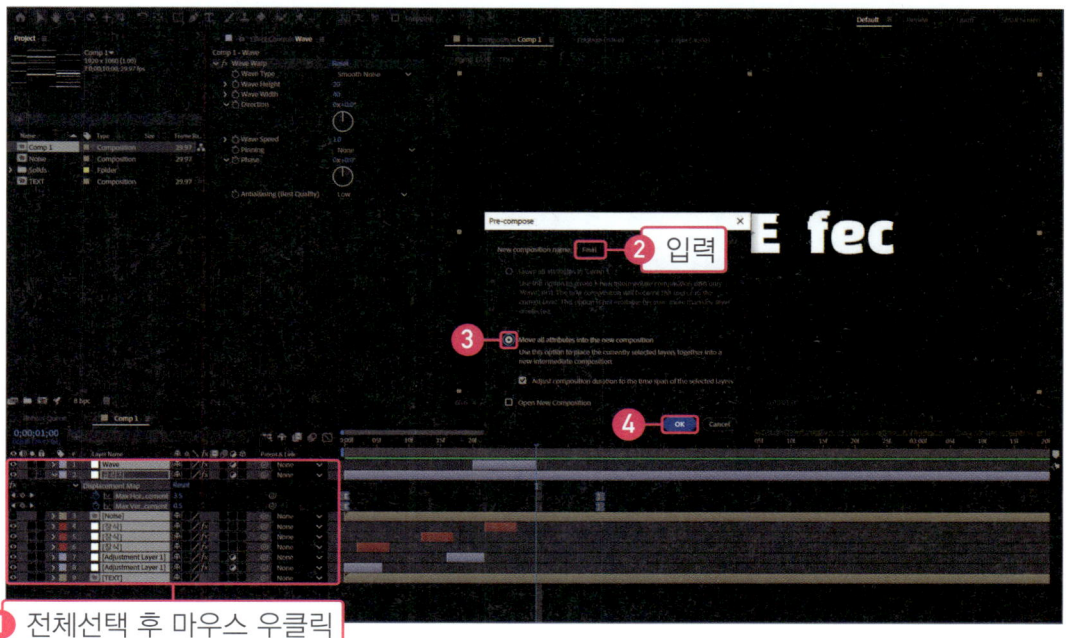

02 [Final] 컴포지션에 RGB 채널을 분리하기 위해 ❶ [Effect&Presets] 패널 검색란에 'Shift Channels'를 입력합니다. ❷ 검색 결과로 나타난 [Shift Channels]를 클릭한 채 효과 적용을 원하는 [Shift Channels]로 드래그 앤 드롭합니다.

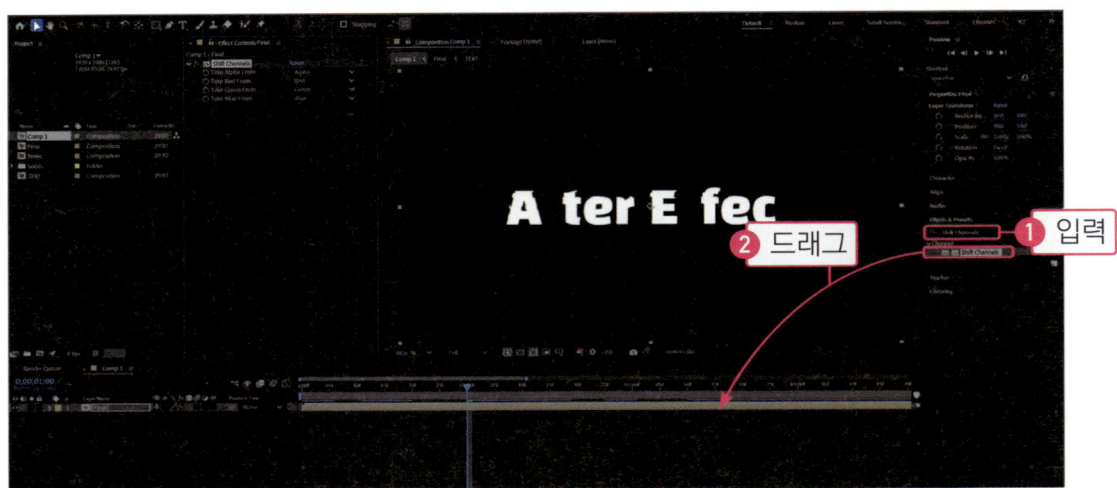

03 Red 채널만 남기기 위해 ❶ [Effect Controls] 패널의 [Take Green From] 옵션과 [Take Blue From] 옵션의 드롭박스를 클릭해 [Full Off]를 선택합니다. 작업 구분을 위해 ❷ [Timeline] 패널에서 'Final' 컴포지션을 선택한 후 Enter 키를 눌러 이름을 'Final-Red'로 변경합니다.

04 채널을 3개의 색상으로 분리하기 위해 ❶ [Timeline] 패널의 'Final-Red' 컴포지션을 클릭하고 단축키 Ctrl + D를 눌러 두 번 복제합니다. ❷ 두 번째 컴포지션의 이름은 'Final-Green', 세 번째 컴포지션의 이름은 'Final-Blue'로 변경합니다.

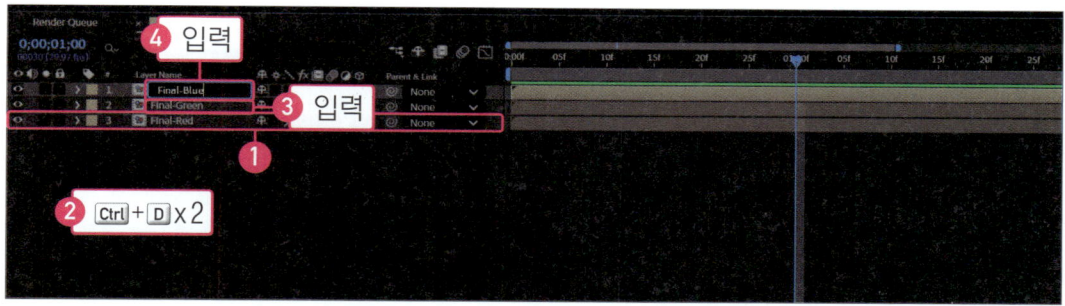

05 ❶ [Timeline] 패널에서 'Final-Green' 컴포지션을 선택한 후 [Effect Controls] 패널에서 [Shift Channels]의 ▶을 클릭합니다. ❷ [Take Green From] 옵션의 드롭박스를 클릭해 [Green]을 선택하고 ❸ [Take Red From] 옵션과 [Take Blue From] 옵션의 드롭박스를 클릭해 [Full Off]를 선택합니다.

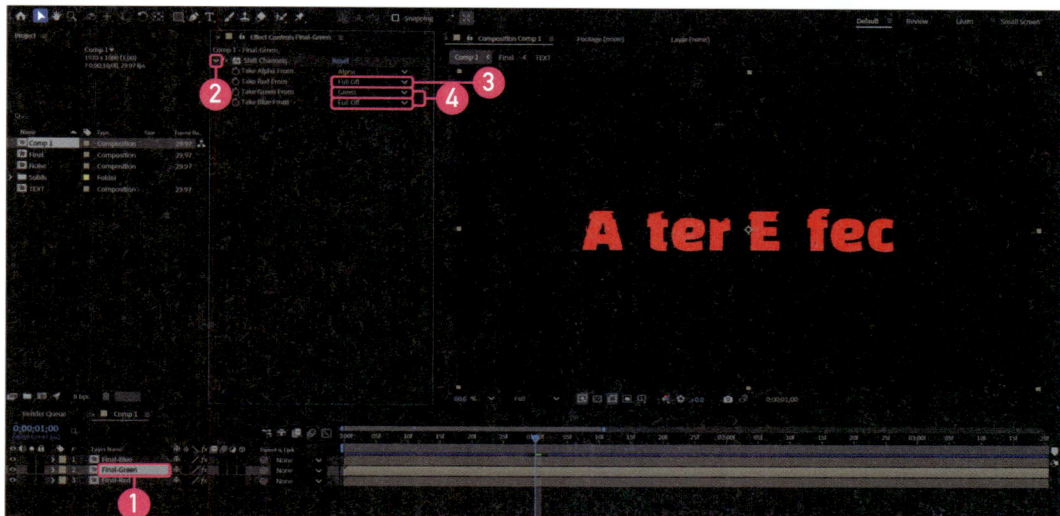

06 이번에는 ❶ [Timeline] 패널에서 [Final-Blue] 컴포지션을 선택한 후 [Effect Controls] 패널에서 [Shift Channels]의 ▶을 클릭합니다. ❷ [Take Blue From] 옵션의 드롭박스를 클릭해 [Blue]를 선택하고 ❸ [Take Red From] 옵션과 [Take Green From] 옵션의 드롭박스를 클릭해 [Full Off]로 선택합니다.

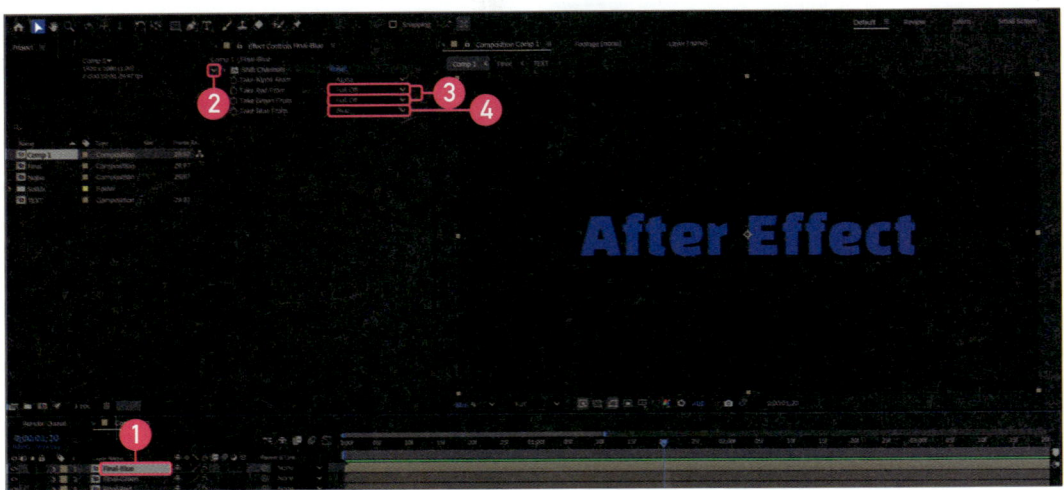

07 ❶ [Timeline] 패널의 ▣ 또는 키보드의 F4 키를 눌러 [Transfer Control] 영역으로 전환합니다. ❷ 'Final-Blue' 컴포지션과 'Final-Green' 컴포지션의 드롭박스를 클릭해 [Add]를 선택합니다. ❸ RGB 채널의 색이 모두 합쳐져 다시 하얀색 글씨가 화면에 노출됩니다.

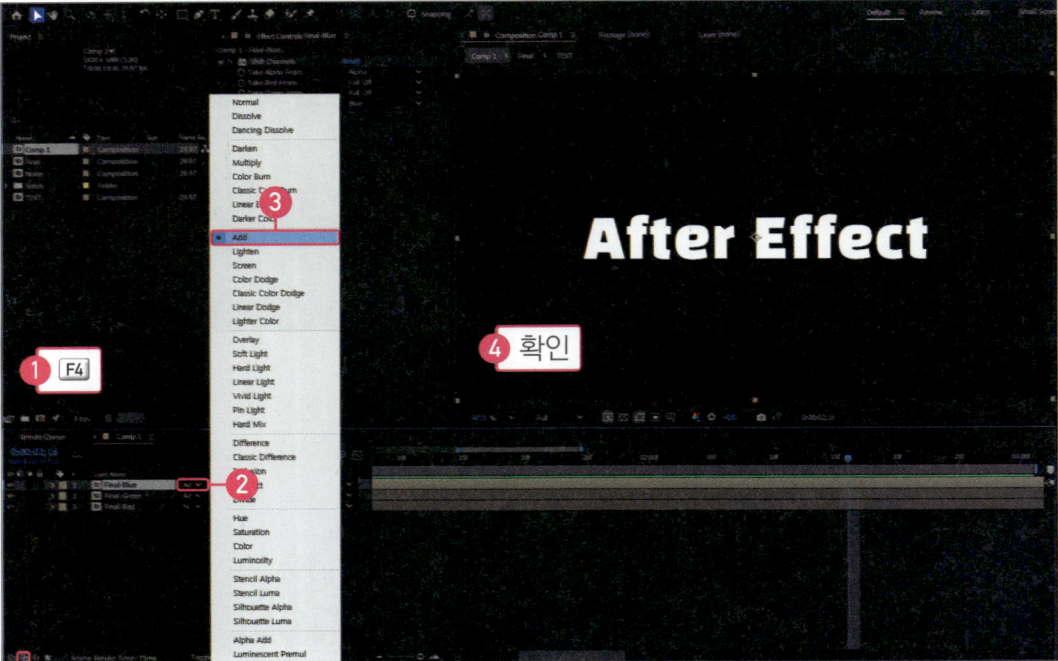

08 3개의 레이어가 순차적으로 나오면서 컬러 채널이 합쳐지도록 ❶ [Timeline] 패널에서 [Final-Green] 컴포지션을 클릭한 채 1프레임 뒤로 드래그합니다. 이번에는 ❷ [Timeline] 패널에서 [Final-Blue] 컴포지션을 클릭한 채 2프레임 뒤로 드래그합니다.

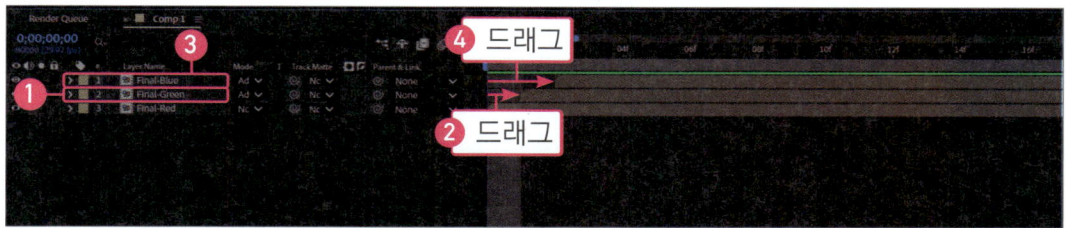

09 작업 영역인 [Work Area]를 설정하고 키보드의 Space Bar 키 또는 0 키를 눌러 작업 내용을 프리뷰 합니다. 독특한 노이즈가 추가된 글리치 애니메이션을 확인할 수 있습니다.

> **TIP**
>
> 해당 프로젝트는 템플릿 형태로 구성되어 있기 때문에 내용을 자유롭게 변경할 수 있습니다. 맨 처음 입력한 TEXT 컴포지션을 클릭해 자막 내용을 변경하거나 자막을 삭제하고 로고 이미지를 추가해도 동일한 글리치 효과를 확인할 수 있습니다.

Appendix

유튜브, 놓치기 아쉬운 실전 팁

Keyword

썸네일, 쇼츠, 최종 화면

클릭을 부르는 썸네일 만들기

이번 챕터에서는 클릭을 부르는 매력적인 썸네일을 제작하는 방법에 대해 자세히 알아보겠습니다.

STEP 01 썸네일의 중요성

2024년 초등학생 장래희망 조사에서 크리에이터가 교사와 경찰관을 제치고 전체 3위를 차지했습니다. 과거와 다르게 누구나 마음만 먹으면 영상 제작이 가능한 요즘. 남녀노소 할 것 없이 유튜버를 꿈꾸는 사람은 점점 늘어나고 있습니다.

구분	초등학생	
	직업명	비율
1	운동선수	12.9
2	의사	6.1
3	크리에이터	4.8
4	교사	4.7
5	요리사/조리사	4.1
6	경찰관/수사관	3.5
7	제과·제빵원	3.4
8	가수/성악가	3.2
9	법률전문가	3.0
10	배우/모델	3.0

▲ 2024년 '초·중등 진로교육 현황조사' (자료:교육부 제공)

누군가는 일상을 기록하기 위해, 또 다른 누군가는 개인 브랜딩을 위해 유튜브를 시작한다고 말합니다. 하지만 결국 많은 이들이 마음속으로 바라는 것은 높은 조회 수와 그로 인한 수익일 것입니다. 그런데 우리가 종종 간과하는 사실이 있습니다. 유튜브는 세계 최대의 동영상 플랫폼으로, 하루 평균 1억 개의 영상이 업로드되고 매분 500시간이 넘는 영상이 새로 등록됩니다.

수많은 영상 콘텐츠의 홍수 속에서 내 콘텐츠를 돋보이게 하려면 다양한 방법이 있겠지만 그중에서도 가장 빠르게 반응을 얻을 수 있는 직관적인 방법이 바로 '썸네일'입니다.

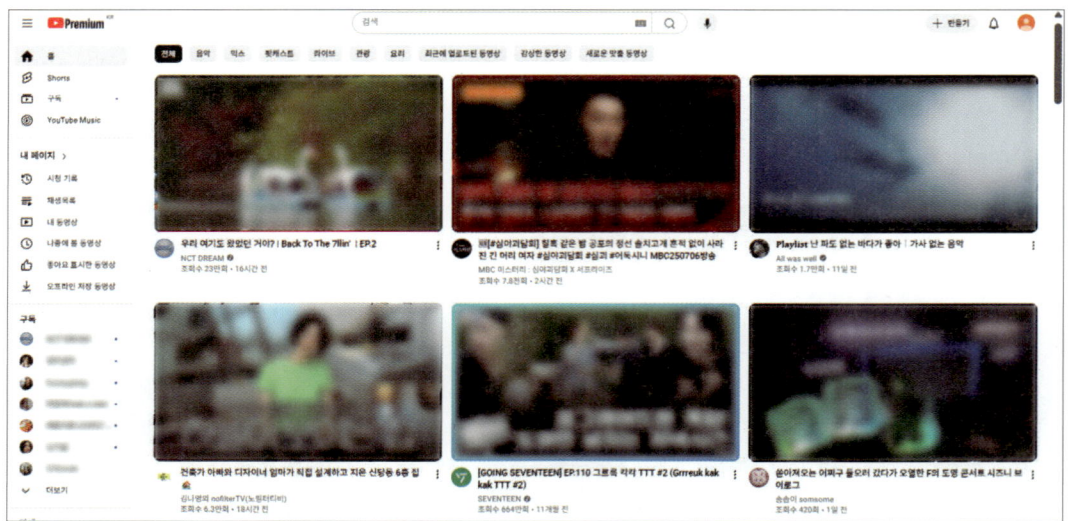

유튜브 콘텐츠를 전문적으로 제작하는 스튜디오에서는 오래전부터 썸네일의 중요성을 인식해, 이를 전담하는 부서가 따로 있을 정도입니다. 또한, 콘텐츠 기획 단계에서부터 썸네일 아이디어를 함께 구상하기도 합니다. 그렇다면 클릭을 부르는 썸네일은 어떻게 구성해야 할까요?

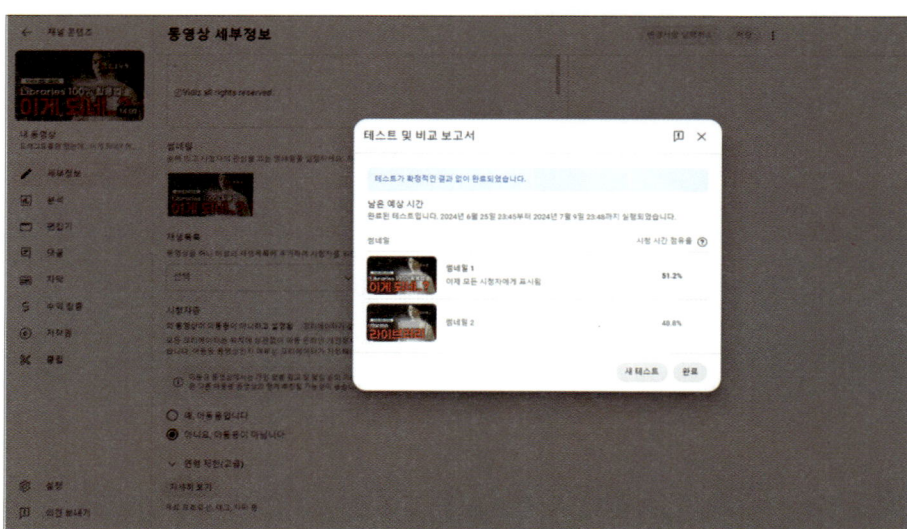

01 썸네일의 구성요소

썸네일은 크게 텍스트와 이미지의 두 가지 요소로 구성됩니다. 텍스트는 영상의 내용을 함축적으로 담아 클릭을 부르는 후킹 메시지로 작성되고 잘 읽히는 게 중요해 최대한 간결한 내용으로 가독성을 높여줘야 합니다.

이미지는 별도로 촬영한 고품질의 이미지를 사용할 것을 권장하며 강조하고 싶은 부분이 있다며 특정 부분만 잘라내 사용합니다. 미처 사진을 촬영하지 못했다면 영상 중 적당한 장면을 캡처해 사용할 수도 있습니다.

> **TIP**
> 일반적으로 과장된 표정이나 극적인 순간을 사용하는 게 가장 좋습니다. 단, 초점이 맞지 않아 흐릿하거나 화질이 떨어지는 장면은 피해 주세요.

썸네일에 나만의 개성 넘치는 문구와 일관된 색 조합을 사용하면 추후 구독자가 사용자의 콘텐츠를 빠르게 알아보는 데 도움을 줍니다. 그래서 기업에서 제작하는 콘텐츠 썸네일은 브랜드의 정체성을 잘 보여주기 위해 특정 색상을 사용한 일관된 디자인으로 제작하는 경우가 많습니다.

▲ 출처 : 토스 유튜브(https://www.youtube.com/@toss_official)

02 콘텐츠에 맞는 썸네일 구성

썸네일도 콘텐츠의 장르와 성격에 따라 알맞은 구성을 선택하는 것이 좋습니다. 만약 예능이라면 썸네일에 많은 텍스트를 집어넣는 것보다 등장인물의 코믹한 표정이나 극적인 상황을 포착한 이미지를 사용하는 것이 좋습니다.

정보 전달을 위한 콘텐츠라면 텍스트와 단순한 그래픽 요소를 활용해 영상에서 어떤 정보를 얻을 수 있는지 확실히 표현하는 게 좋습니다.

감성적인 느낌의 Vlog와 일상 스케치라면 텍스트보다는 이미지를 통해 영상의 분위기를 전달하는 것이 가장 좋습니다. 보정이나 필터 기능을 이용해 이미지를 가공하고, 특색 있는 텍스트를 추가해 나와 비슷한 취향을 가진 이들의 클릭을 유도해 보세요.

> **TIP**
>
> **썸네일 규칙 및 주의사항**
> 썸네일은 크기 '1280x720' 픽셀의 '2mb' 이하 용량, 'jpg, gif, png' 확장자로 제작해야 업로드가 가능하며 성적 호기심을 유발하는 콘텐츠 및 폭력적이거나 자극적인 내용을 담은 이미지는 구글 코리아로부터 경고를 받을 수 있습니다.

STEP 02 썸네일 만들기

유튜브 콘텐츠를 제작하는 스튜디오에서는 포토샵이나 일러스트레이터 등의 다양한 그래픽 툴을 이용해 썸네일을 제작하지만, 디자인 프로그램 사용없이 프리미어 프로 만으로도 충분히 좋은 퀄리티의 썸네일을 제작할 수 있습니다. 방법은 다음과 같습니다(해당 부분은 별도의 예제 파일이 제공되지 않습니다. 사용자의 영상 소스로 본문의 학습 과정을 따라 썸네일을 제작해 보세요).

01 썸네일 소스 준비하기

01 프리미어 프로를 실행한 후 ❶ HD 1080p 29.97fps 프리셋으로 시퀀스를 생성하고 ❷ [Project] 패널에 예제 파일을 불러옵니다. ❸ 불러온 영상 소스를 클릭해 [Timeline] 패널로 드래그 앤 드롭합니다.

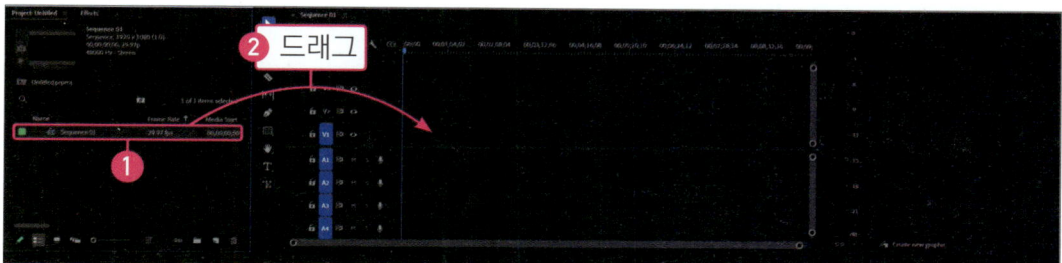

시퀀스의 권장 사이즈는 썸네일 크기에 맞춰 '1280x720'으로 제작하는 것이 좋습니다(일반적으로 많이 사용하는 Full HD 사이즈인 1920x1080을 사용해도 문제 없습니다).

02 [Timeline] 패널의 [플레이헤드]를 드래그해 썸네일로 원하는 장면을 찾습니다.

> **TIP**
> 동영상은 과한 움직임으로 잔상이 생기거나 초점이 맞지 않는 등 다양한 변수가 존재해 마우스 보다는 ◀, ▶를 클릭해 1프레임씩 [플레이헤드]를 움직여 잘 나온 장면을 찾는 것이 좋습니다.

03 썸네일로 원하는 장면을 발견하면 ❶ [플레이헤드]를 해당 지점에 위치하고 마우스 오른쪽 버튼을 클릭합니다. ❷ 바로가기 메뉴가 나타나면 [Frame Hold Options]를 선택합니다.

04 화면에 Frame Hold Options 창이 나타나면 ❶ [Hold On] 옵션을 선택한 후 드롭박스를 클릭해 [Playhead]를 선택합니다. ❷ 모든 설정이 완료되면 [OK] 버튼을 클릭합니다. ❸ 비디오 클립 전체가 [플레이헤드]를 기준으로 화면이 정지됩니다.

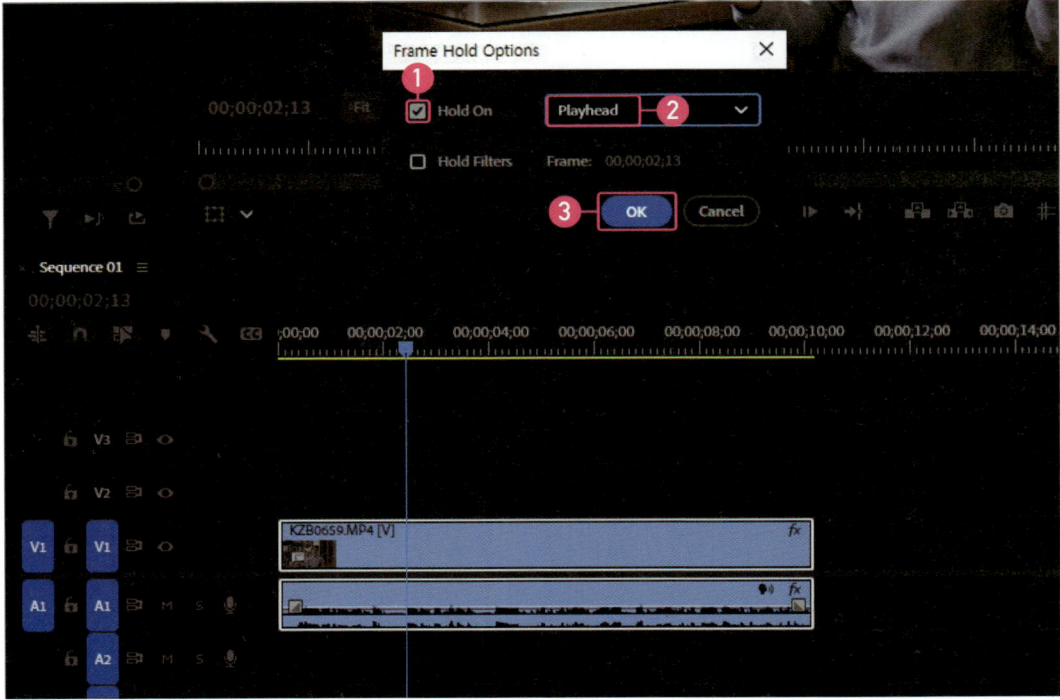

02 썸네일에 이미지 조합하기

동영상의 정지 화면으로 만든 썸네일이 조금 아쉽다면 다양한 이미지를 조합해 썸네일을 구성할 수 있습니다. 앞에서 만든 썸네일에 특정 이미지를 조합해 보겠습니다.

01 앞의 예제에 이어서 ❶ [Timeline] 패널의 비디오 클립을 선택합니다. ❷ [Effect Controls] 패널에서 [Opacity] 옵션의 ▶을 선택한 후 ✏을 클릭합니다.

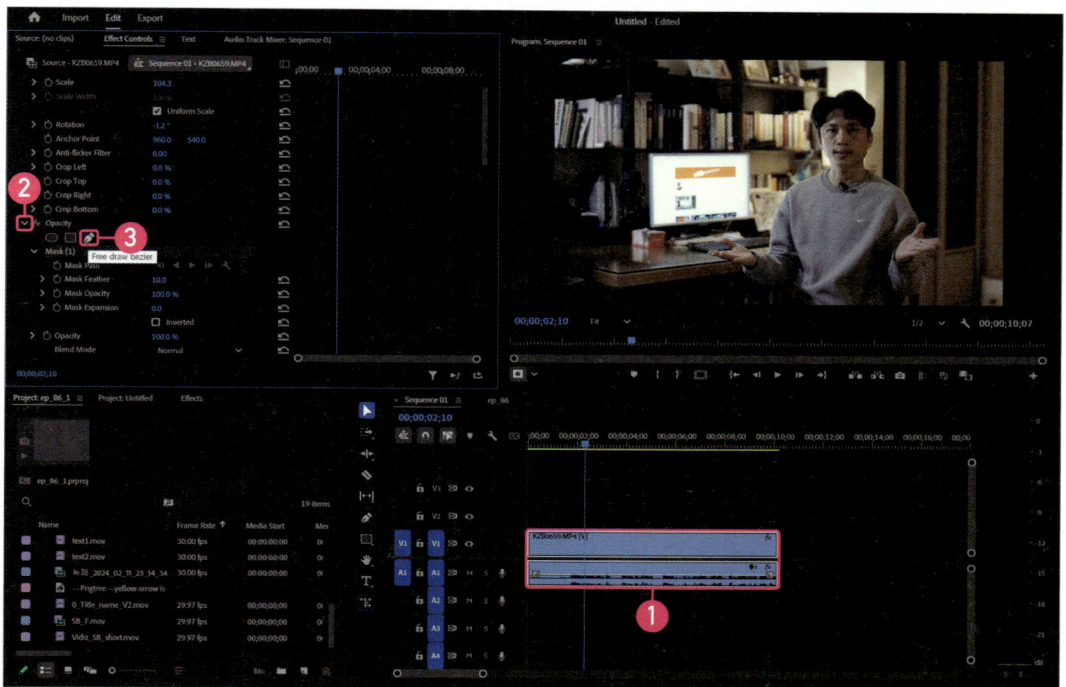

> **TIP**
> [Program Monitor] 패널의 화면이 작아 마스크 작업이 어렵다면 전체화면으로 전환해 좀 더 편하게 작업할 수 있습니다. [Program Monitor] 패널에 마우스 커서를 위치하고 키보드의 ~ 키를 누르면 전체화면으로 전환됩니다.

02 [Program Monitor] 패널로 이동해 인물 주변을 클릭하여 마스크를 그려줍니다.

03 ① 마스크 영역 설정을 완료하면 마스크가 생성됩니다. 세부 옵션을 변경하기 위해 [Effect Controls] 패널의 [Mask (1)] 아래 [Mask Feather] 옵션값을 '0'으로 입력합니다. ② 마스크의 경계가 또렷해 집니다.

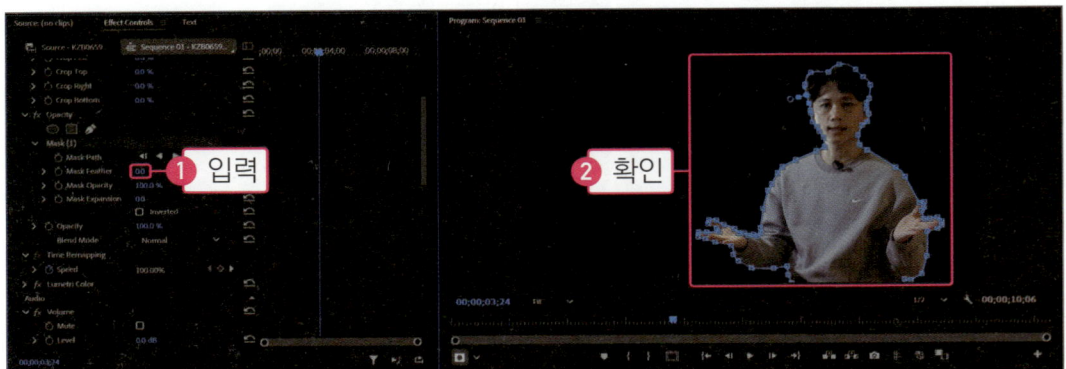

04 ① [Project] 패널로 '배경'과 '아이콘' 이미지 소스를 불러옵니다. ② [Timeline] 패널에서 마스크 작업을 끝낸 기존 비디오 클립을 클릭해 [V2] 트랙으로 드래그합니다. 이번에는 ③ 배경 이미지 클립만 클릭한 채 [V1] 트랙에 드래그한 후 ④ [Effect Controls] 패널의 [Motion] 영역에서 [Scale]과 [Position] 옵션값을 적당한 크기와 위치로 변경합니다.

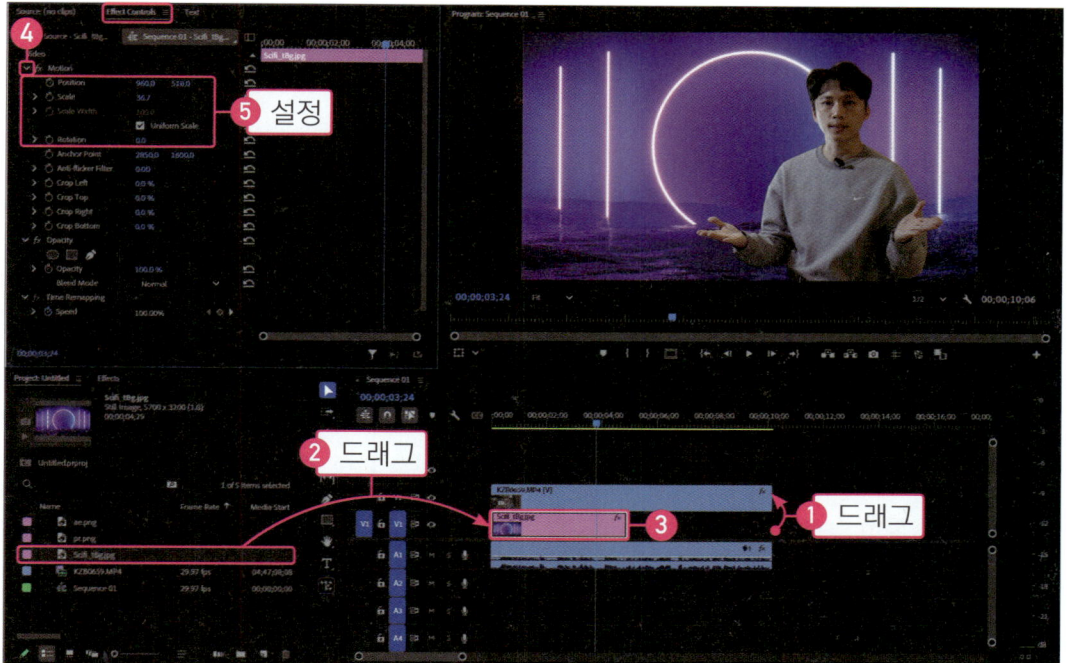

05 아이콘을 추가하기 위해 ❶ [Timeline] 패널에서 기존의 비디오 클립을 클릭한 채 [V3] 트랙으로 드래그합니다. 아이콘 이미지 클립을 클릭해 [Timeline] 패널의 [V2] 트랙으로 이동한 후 ❷ [Effect Controls] 패널의 [Motion] 영역에서 ▶을 클릭하고 [Scale]과 [Position], [Rotation] 옵션값을 적당한 크기와 위치로 변경합니다.

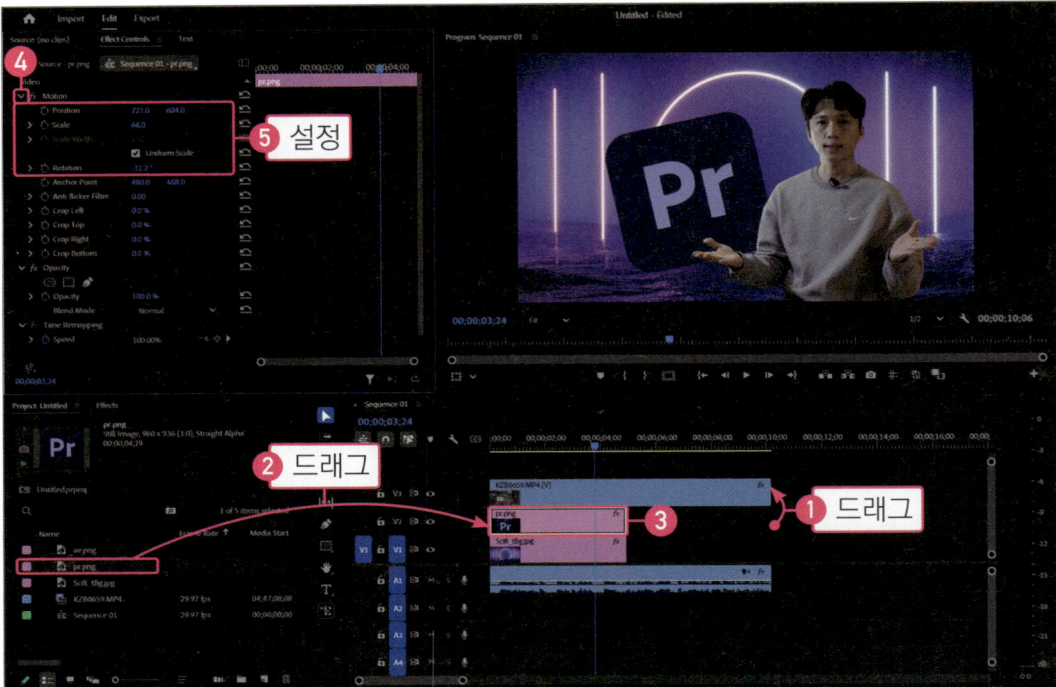

06 이어서 ❶ [Project] 패널의 나머지 아이콘 이미지 소스를 클릭해 [Timeline] 패널의 맨 위로 드래그 앤 드롭합니다. ❷ 새로운 비디오 트랙 V4가 생성되며 해당 아이콘이 [Program Monitor] 패널 가장 맨 위에 노출됩니다. 옵션을 변경하기 위해 ❸ [Effect Controls] 패널에서 [Motion] 영역의 ▶을 클릭하고 [Scale]과 [Position], [Rotation] 옵션값을 적당한 크기와 위치로 조절합니다.

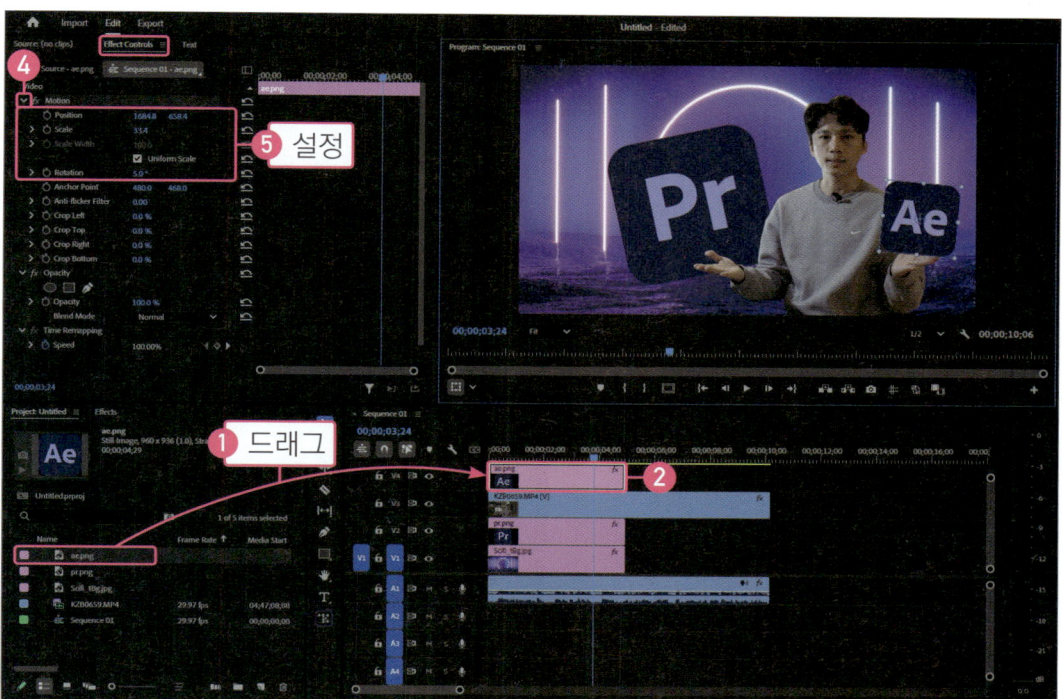

03 썸네일에 텍스트 입력하기

01 앞에 예제에 이어서 ❶ [Tool] 패널에서 [Type Tool]을 선택한 후(단축키 T) ❷ [Program Monitor] 패널을 클릭해 원하는 자막을 입력합니다.

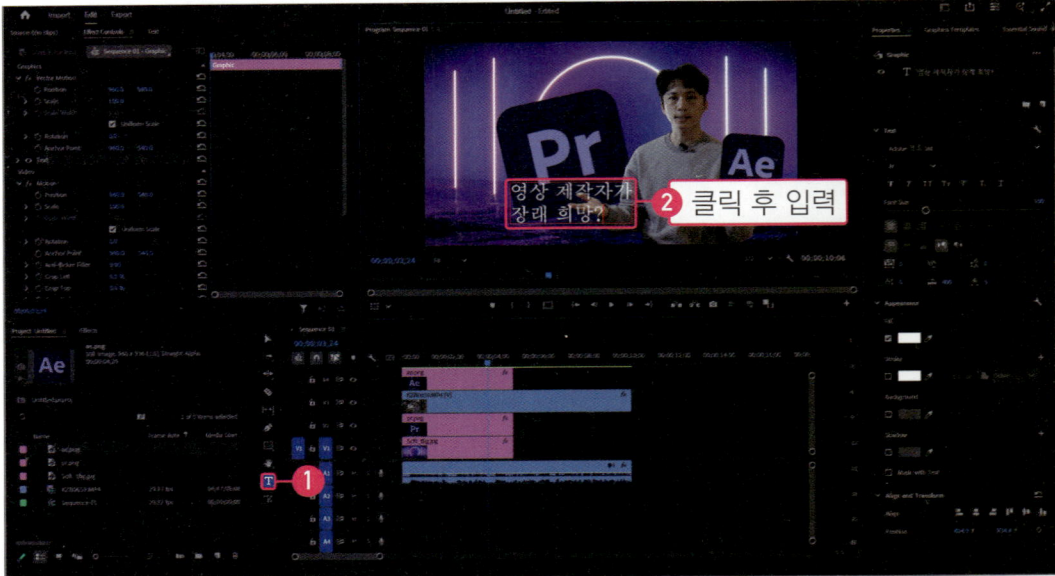

썸네일 문구는 짧고 간결한 것이 좋습니다. 가능하다면 한 줄로 작성하고 최대 20글자를 넘기지 않도록 합니다.

02 자막의 옵션을 변경하기 위해 [Properties] 패널을 클릭한 후 [Text] 영역에서 [Font]는 [Pretendard], [Font Style]은 [Black]을 설정하고, [Font Size]는 '210'으로 입력합니다.

03 자막의 크기와 위치는 이미지에 따라 변경될 수 있습니다. [Program Monitor] 패널의 텍스트 상자를 클릭해 드래그하며 적당한 위치를 찾습니다.

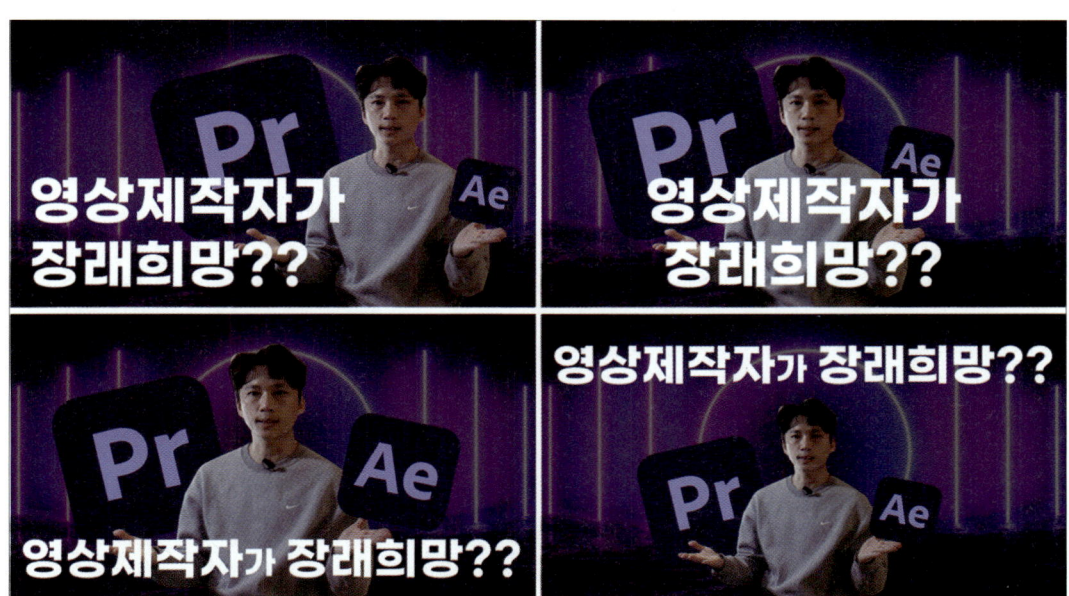

> **TIP**
>
> 유튜브 썸네일의 우측 하단에는 영상의 총 길이가 표시됩니다. 썸네일을 구성할 때 텍스트 및 이미지의 중요한 부분은 오른쪽 하단을 피하여 배치해 주세요.
>
>

04 썸네일의 자막을 강조하기 위해 ❶ [Tool] 패널의 [Type Tool]을 선택합니다. ❷ 강조하고 싶은 특정 단어를 드래그해 블록 설정한 후 ❸ [Properties] 패널에서 [Fill]의 [Color]는 [노란색(#FFE822)]으로 설정합니다.

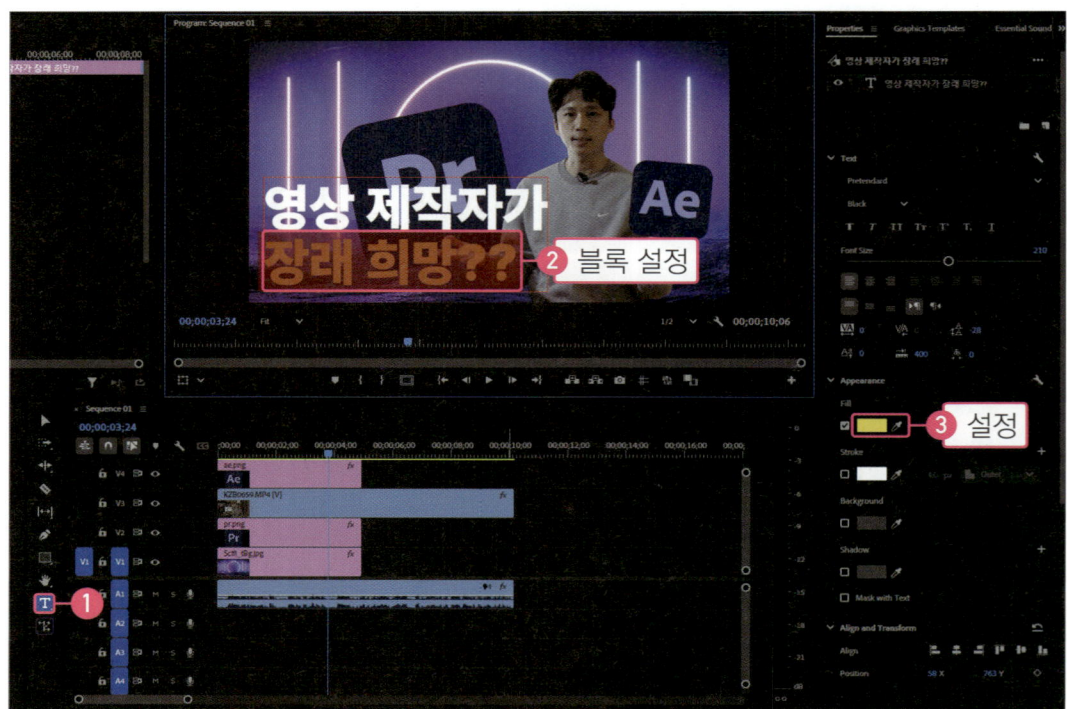

> **TIP**
> 자막에 여러 가지 색을 섞으면 가독성이 떨어지니 두 가지 색의 조합을 추천합니다.

05 이어서 ① [Tool] 패널의 [Type Tool]을 선택한 후 자막 전체를 드래그해 블록 설정합니다. ② [Properties] 패널의 [Stroke] 옵션을 선택하고 [Color]는 [검은색(#000000)], [Stroke Width]는 '10'으로 옵션값을 입력합니다. 다음 ③ [Shadow] 옵션을 선택한 후 [Color]는 [검은색(#000000)] 설정, [Opacity]는 '100', [Angle]은 '135', [Distance]는 '20'으로 옵션값을 입력합니다. [Blur] 옵션값은 '0'을 입력해 그림자를 또렷하게 만듭니다.

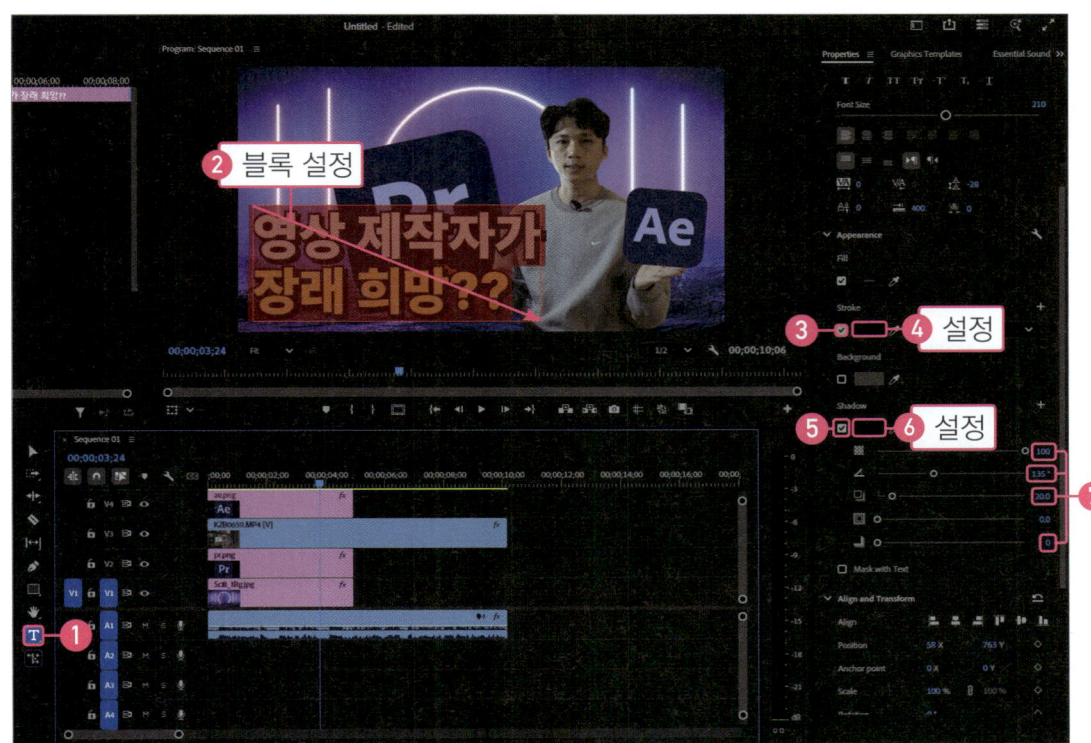

TIP

썸네일 자막은 시청자의 관심을 끌고 영상 시청으로 이어지기 때문에 매우 중요합니다. 다만 콘텐츠의 성격이나 이미지 구성에 따라 효과와 옵션 설정은 달라질 수 있으니 참고해 주세요.

04 썸네일 이미지 출력하기

01 마지막 썸네일을 출력하기 위해 [Program Monitor] 패널 하단에 📷을 클릭합니다(단축키 `Ctrl` + `Shift` + `E`).

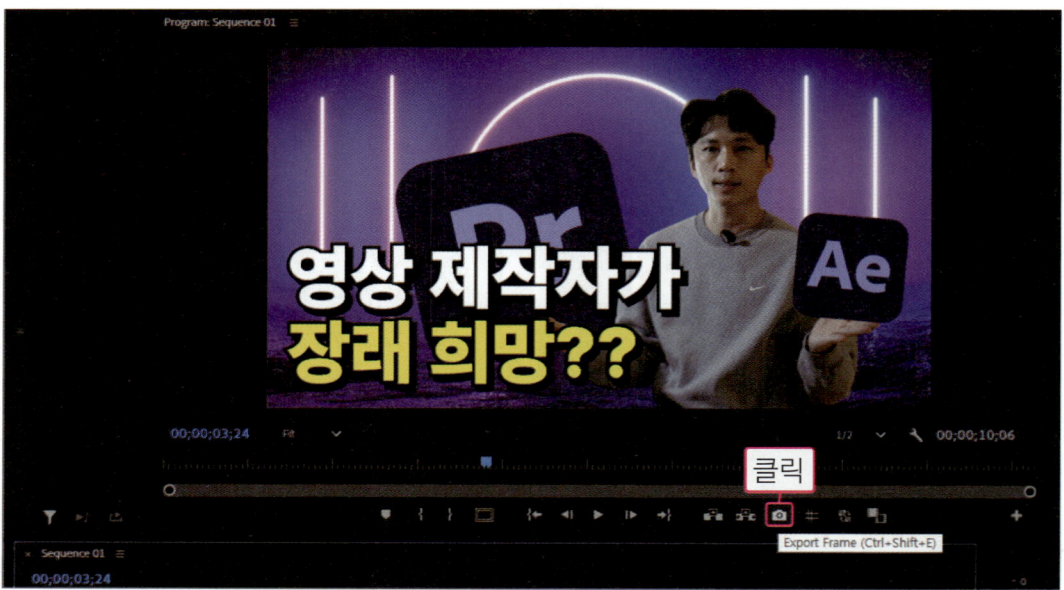

02 화면에 Export Frame 창이 나타납니다. ❶ [Name] 입력란에 '썸네일'을 입력하고 [Format]은 [JPGE], [Path]에서 저장 위치를 확인합니다(변경을 원하면 [Browse] 버튼을 클릭합니다). ❷ 모든 설정이 완료되면 [OK] 버튼을 클릭합니다.

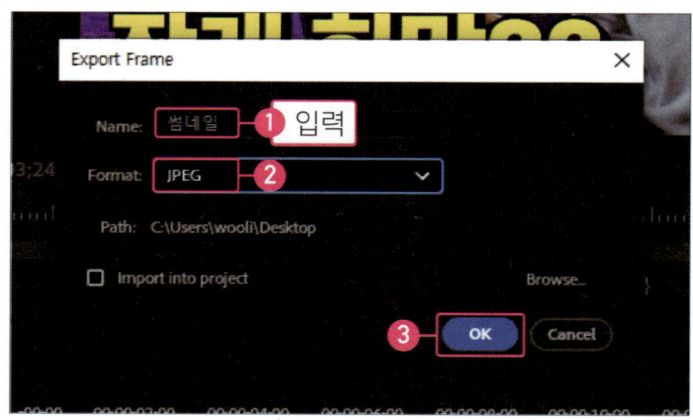

[Import into project]는 저장한 이미지를 프로젝트로 불러올 것인지 설정하는 선택 사항으로 썸네일을 프로젝트에 사용할 예정이라면 선택하고 저장하는 것이 좋습니다.

구독자를 늘리는 쇼츠 만들기

이번 챕터에서는 구독자를 늘리는 창구인 숏폼 콘텐츠를 제작하는 방법에 대해 자세히 알아보도록 하겠습니다.

STEP 01 숏폼의 인기

지금은 대숏폼의 시대입니다. 틱톡에서 시작해 유튜브와 인스타그램까지 장악한 숏폼 콘텐츠는 하루 조회 수가 약 300억 회에 달할 정도로 그 증가세가 엄청납니다.

▲ 출처 : 오픈서베이 소셜미디어·검색포털 트렌드 리포트 2023

숏폼은 15초에서 1분 길이의 짧은 세로형 콘텐츠로 스마트폰에서 시청하기에 최적화되어 있습니다. 대부분의 숏폼 콘텐츠는 단시간에 시청자들의 관심을 끌기 위해 독특한 특수 효과 및 호기심을 자극하는 장면으로 가득 채워져 있습니다. 동영상의 길이가 짧아 다양한 영상을 많이 볼 수 있다는 장점은 스마트폰 없이 못 사는 요즘 세대의 라이프 스타일과도 잘 맞습니다.

▲ 출처 : 오픈서베이 소셜미디어 · 검색포털 트렌드 리포트 2023

기존 롱폼 콘텐츠에 비해 제작 과정이 간단하다는 점도 숏폼이 인기를 끄는 이유 중 하나입니다. 특히 숏폼의 대표 장르인 챌린지 영상은 특정 배경음악에 맞춰 간단한 퍼포먼스를 촬영하는 형태로, 별도의 편집 과정 없이 스마트폰만 있으면 어디서든 촬영 후 즉시 업로드할 수 있습니다. 또한, 꼭 챌린지가 아니더라도 러닝타임이 짧기 때문에 한 편의 콘텐츠를 제작하는 데 소요되는 공정과 시간이 매우 적습니다.

STEP 02 숏폼 촬영하기

숏폼 콘텐츠는 앞서 설명했던 것처럼 세로가 더 긴 형태의 영상입니다. 그래서 숏폼 콘텐츠를 촬영할 때는 디지털카메라 및 스마트폰을 세로로 세운 상태로 촬영에 들어가야 합니다. 스마트폰의 경우 가로와 세로의 전환이 매우 자유롭지만, 디지털카메라는 그렇지 않아 'L형 플레이트'라고 불리는 도구의 힘을 빌려야 합니다.

물론 가로로 촬영된 영상을 사용할 수도 있지만 화면 일부가 잘려 원하는 장면을 사용하지 못할 수도 있다는 단점이 있으며 전체 화면의 위와 아래에 여백이 생겨 문구를 추가해 주는 등 별도의 편집 작업이 필요합니다.

STEP 03 숏폼 콘텐츠 만들기

본격적으로 숏폼을 제작해 보겠습니다. 방법은 다음과 같습니다(해당 부분은 별도의 예제 파일이 제공되지 않습니다. 사용자의 영상 소스로 본문의 학습 과정을 따라 숏폼 영상을 제작해 보세요).

01 프리미어 프로를 실행한 후 ❶ 메뉴 바의 [File]-[New]-[Sequence]를 클릭합니다(단축키 Ctrl + N). ❷ 화면에 New Sequence 창이 나타나고 ❸ [Sequence Presets]의 [Available Presets] 영역에서 [Social]- [Social Media Portrait 9x16 30fps] 프리셋을 선택한 후 [OK] 버튼을 클릭합니다.

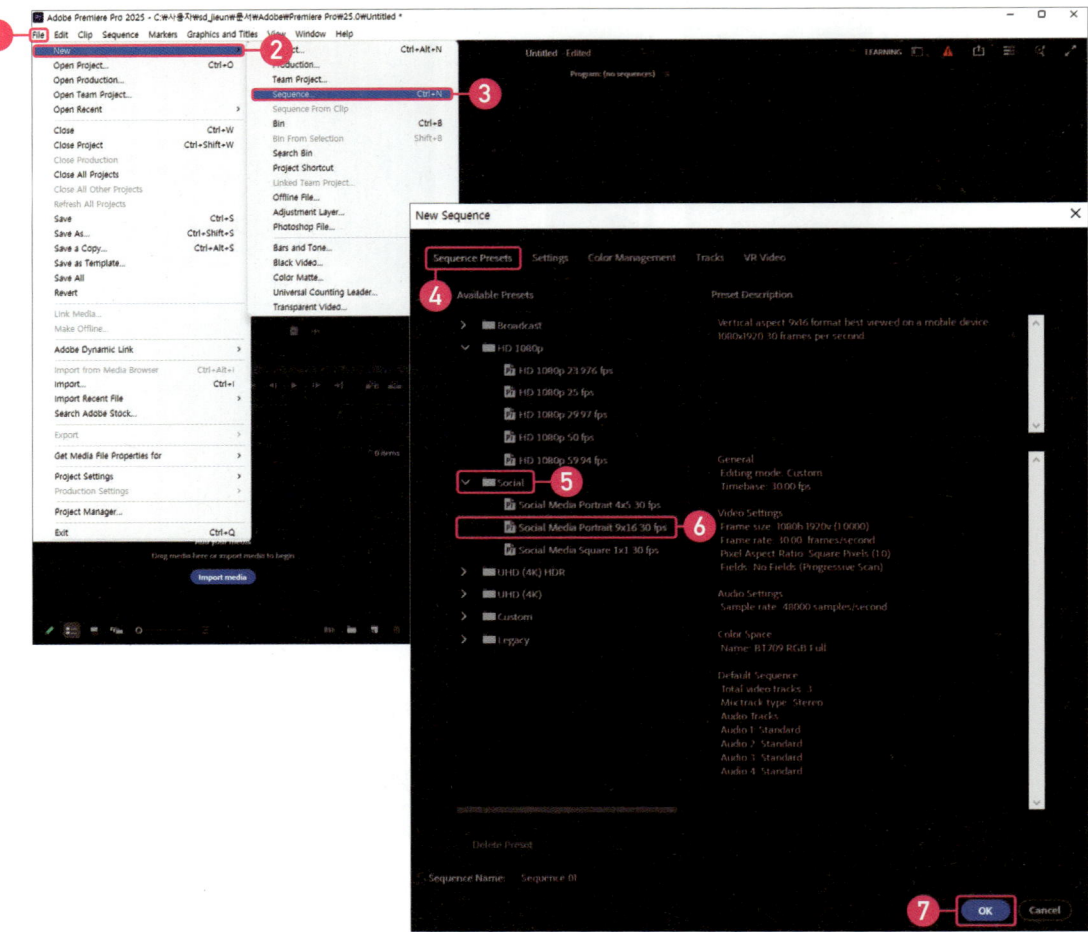

02 ❶ [Project] 패널에 숏폼 영상 소스를 불러온 후 ❷ [Timeline] 패널로 드래그 앤 드롭합니다. ❸ 세로로 촬영된 영상이라면 시퀀스의 영역에 딱 맞게 노출되지만, 가로로 촬영된 영상이라면 중앙 부분만 화면에 노출되고 양 옆은 보이지 않습니다.

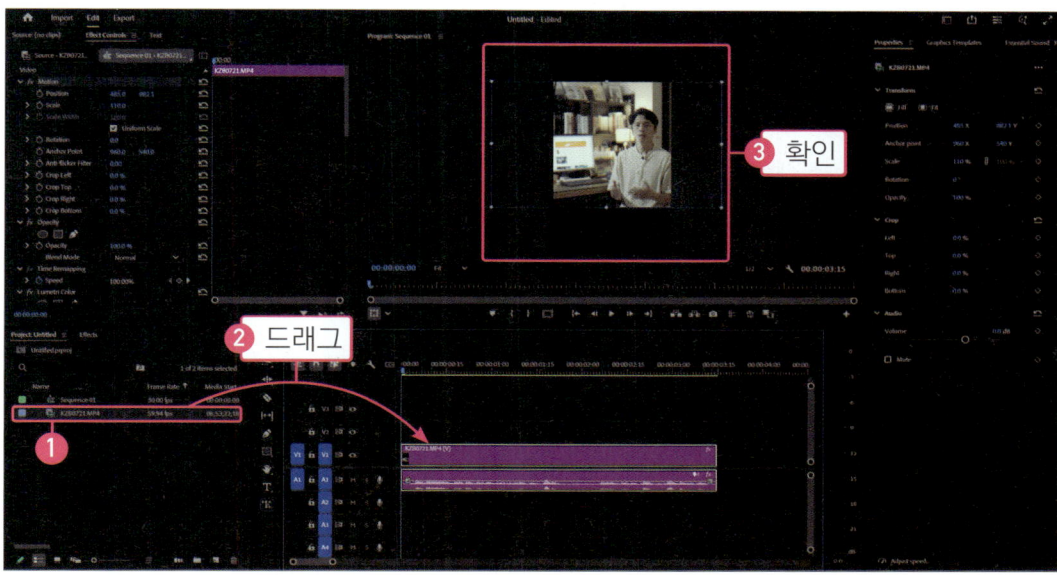

03 화면에 노출되는 영역을 변경하고 싶다면 ❶ [Timeline] 패널의 비디오 클립을 선택한 후 ❷ [Effect Controls] 패널의 [Motion] 영역에서 ▶을 클릭하고 [Position]과 [Scale] 옵션값을 변경합니다.

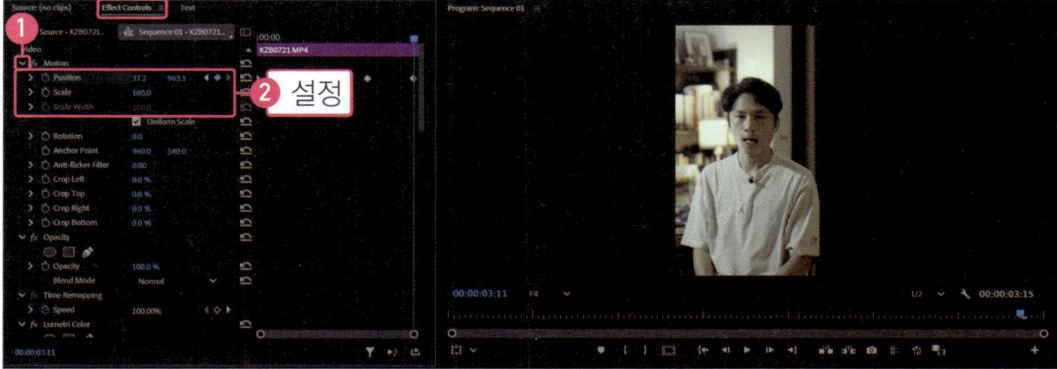

> **TIP**
>
> 화면에 등장하는 인물의 움직임이 복잡하지 않다면 ❶ 메뉴 바의 [Sequence]-[Auto Reframe Sequence]를 클릭합니다. ❷ 가로 영상이 세로로 전환되며 움직이는 물체를 인식해 화면 중앙에 오도록 자동으로 키프레임을 생성합니다.

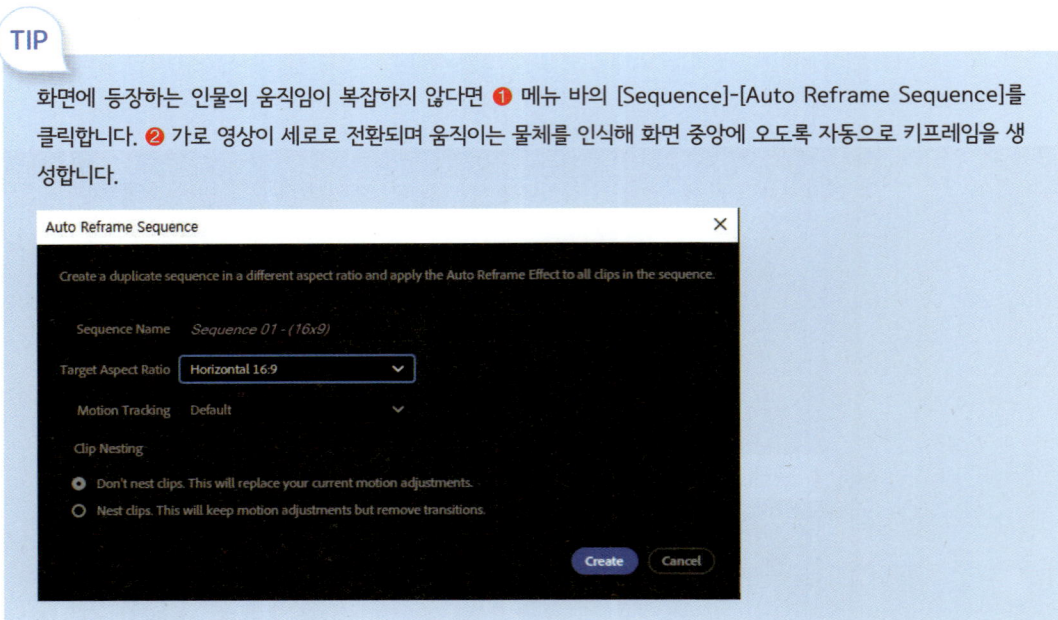

04 숏폼의 길이는 최대 30~40초 정도가 적당합니다. 짧은 시간에 많은 영상을 보여주기 위해 영상의 재생 속도를 150%~200%으로 변경하기도 합니다. ❶ 비디오 클립을 클릭한 후 마우스 오른쪽 버튼을 클릭해 바로가기 메뉴가 나타나면 [Speed/duration]을 선택합니다. ❷ 화면에 Clip speed/duration 창이 나타나면 [Speed] 입력란에 '150~200'을 입력한 후 [OK] 버튼을 클릭합니다.

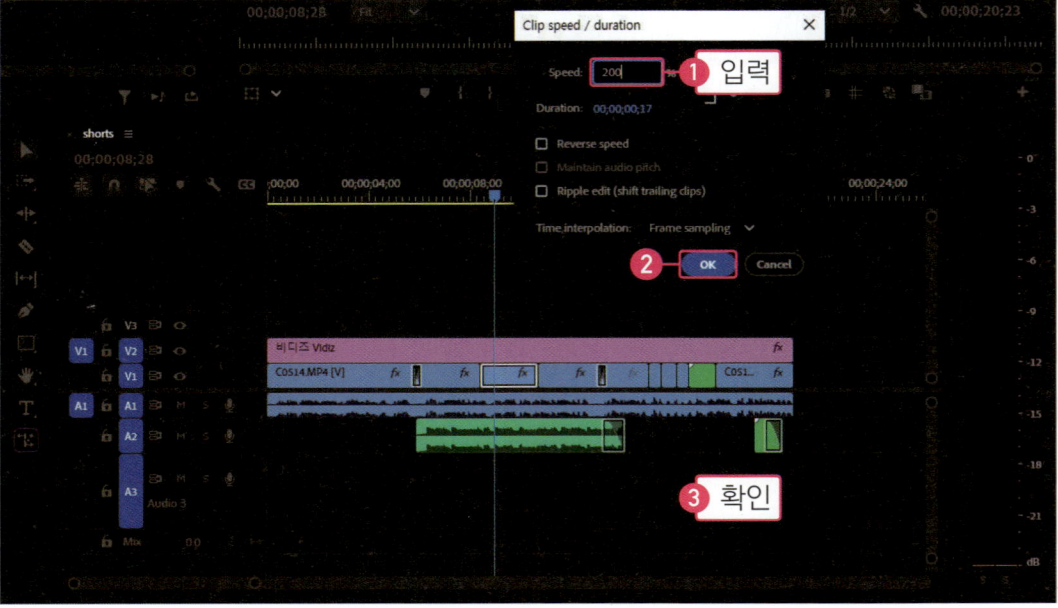

05 자막을 추가하기 위해 ❶ [Tool] 패널에서 [Type Tool]을 선택합니다. ❷ [Program Monitor] 패널의 화면을 클릭해 원하는 자막을 입력한 후(쇼츠 자막은 10글자 이내로 작성해야 합니다) ❸ [Properties] 패널에서 [Stroke]와 [Shadow]를 선택해 자막의 가독성을 높입니다.

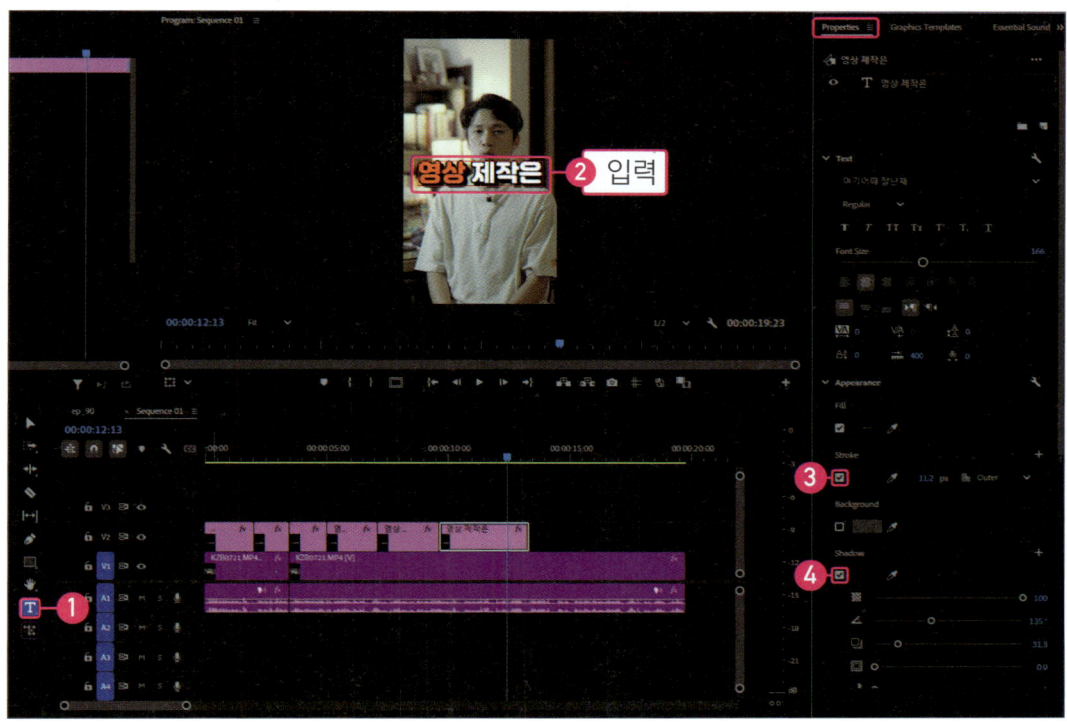

> **TIP**
>
> **쇼츠 안전 영역**
>
> 쇼폼은 화면에 아이콘이나 채널 이름 등의 UI가 노출되는 영역이 많습니다. 해당 영역에 자막이 삽입되면 추후 영상 업로드 시 유튜브 아이콘에 가려 자막이 잘 읽히지 않을 수 있으니, 자막을 입력할 때는 해당 영역을 피하는 것이 좋습니다.
>
>

Project 02 · 구독자를 늘리는 쇼츠 만들기

06 모든 작업이 완료되면 출력을 위해 ❶ 메뉴 바의 [File]-[Export]-[Media](단축키 Ctrl + M)를 클릭합니다. ❷ Export 창에서 [Format] 옵션은 [H.264]를 [Preset] 옵션은 [Match Source] - [Adaptive Medium Bitrate]를 선택한 후 ❸ [Export] 버튼을 클릭합니다.

다른 프리셋을 선택하면 영상의 좌우로 검은 공간이 노출되어 가로형 영상으로 출력될 때가 있습니다. 출력 전 [Preview] 영역의 화면을 확인하고 [Output] 사양의 해상도가 세로형으로 설정되어 있는지 다시 한번 확인합니다.

궁금증을 유발하는 최종 화면 만들기

Project 03

이번 챕터에서는 궁금증을 유발하는 유튜브 최종 화면을 만드는 법에 대해 자세히 알아보겠습니다.

STEP 01 최종 화면이란?

최종 화면은 유튜브 영상의 맨 끝에 추천 동영상이나 웹 사이트 링크, 구독 버튼 등 여러 장치를 노출해 채널의 구독자를 모으는 화면입니다. 최종 화면을 보았다는 건 내가 만든 영상을 끝까지 시청했다는 의미이기에 구독을 권유해도 거부감 없이 따라올 가능성이 매우 높습니다. 개인 크리에이터부터 유튜브 전문 스튜디오까지 최종 화면은 이제 썸네일과 함께 필수 사항이 되었습니다.

STEP 02　최종 화면 만들기

최종 화면의 구성은 채널의 장르마다 조금씩 차이가 있지만, 어느 정도 정해진 틀이 있습니다. 깊게 고민할 필요 없이 많은 사람이 사용하는 구성으로 제작을 진행하면 빠르게 원하는 메시지를 전달할 수 있습니다.

최종 화면은 포토샵을 이용해 디자인적 요소를 가미하거나 애프터 이펙트의 모션 그래픽을 추가하면 생동감있고 발랄한 최종 화면을 만들 수 있지만 입문자라면 프리미어 프로만으로도 괜찮은 퀄리티의 최종 화면을 제작할 수 있습니다. 방법은 다음과 같습니다(해당 부분은 별도의 예제 파일이 제공되지 않습니다. 사용자의 영상 소스로 본문의 학습 과정을 따라 최종 화면을 제작해 보세요).

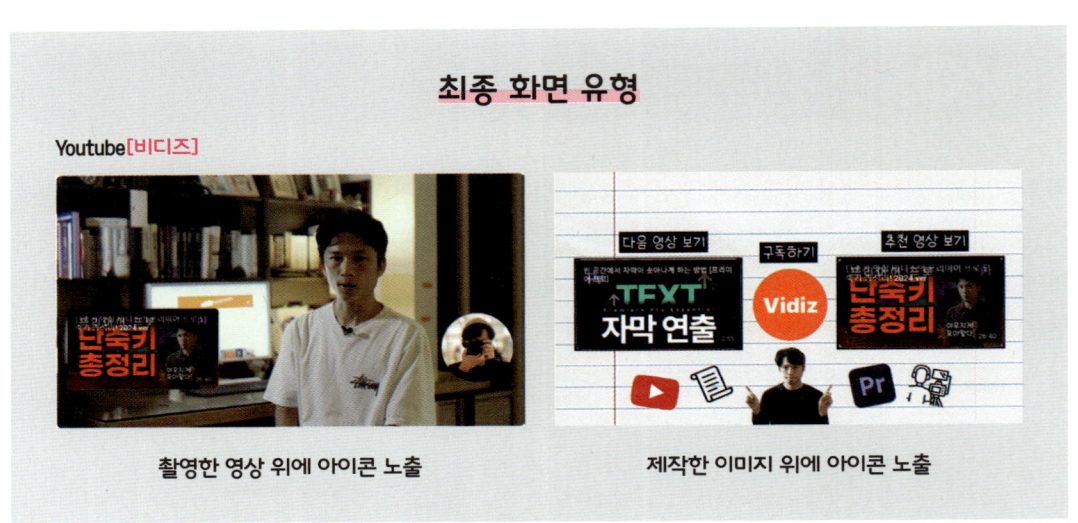

01 최종 화면 샘플과 제작 소스 준비하기

01 ❶ 유튜브를 실행한 후 평소 구독하고 있는 채널에 접속합니다. ❷ 영상을 재생하고 최종 화면이 나타나면 [일시정지] 버튼을 클릭해 화면을 멈춥니다.

02 ❶ 키보드의 ⊞ + Shift + S 키를 눌러 캡처를 실행한 후 ❷ 해당 영상의 최종 화면만 드래그해 영역을 지정합니다. 다음 [저장하기] 버튼을 클릭해 이미지 파일로 저장합니다.

03 최종 화면의 배경으로 사용할 이미지를 준비하기 위해 ❶ 구글 크롬을 실행한 후 검색란에 'Free paper background'를 입력하고 검색합니다. ❷ 메모지 느낌의 이미지 데이터를 다운로드합니다.

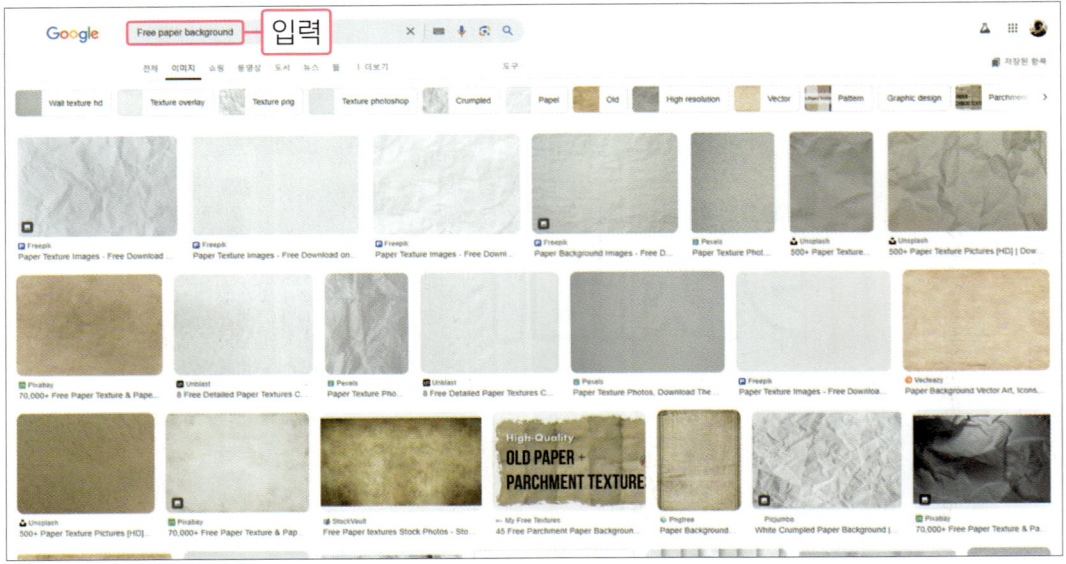

> **TIP**
>
> 자주 사용하는 최종 화면 배경의 이미지로 종이(paper), 벽(wall), 패턴(pattern) 등이 있습니다.

02 최종 화면 기본 틀 구성하기

01 프리미어 프로를 실행한 후 ❶ HD 1080p 29.97fps 프리셋으로 시퀀스를 생성하고 ❷ [Project] 패널에 예제 파일을 불러옵니다. ❸ 불러온 이미지 소스를 클릭해 [Timeline] 패널로 드래그 앤 드롭합니다.

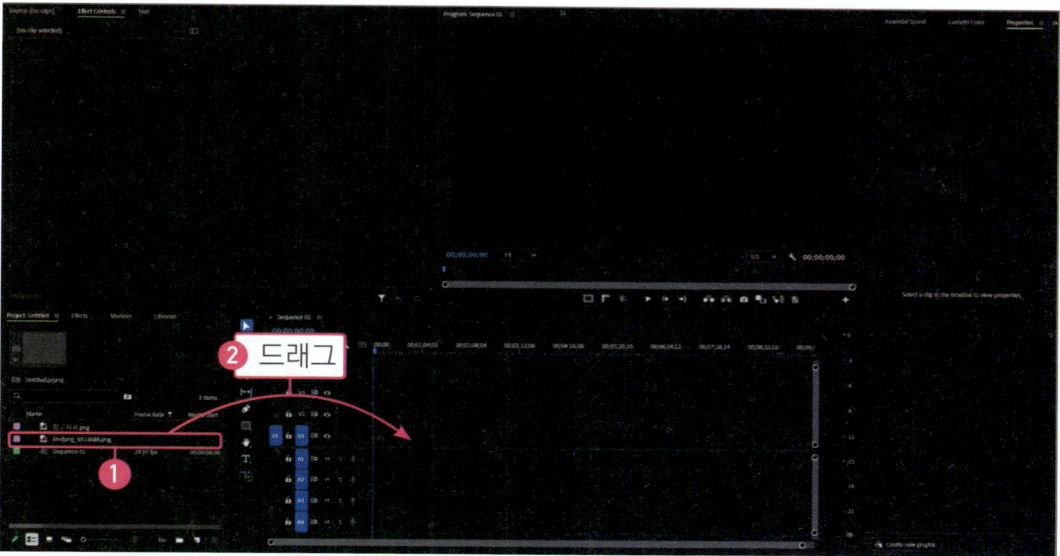

02 ❶ [Timeline] 패널에서 '참고 자료' 이미지 클립을 선택하고 ❷ [Effect Controls] 패널에서 이미지가 [Program Monitor] 패널에 꽉 차도록 [Scale] 옵션을 조정합니다.

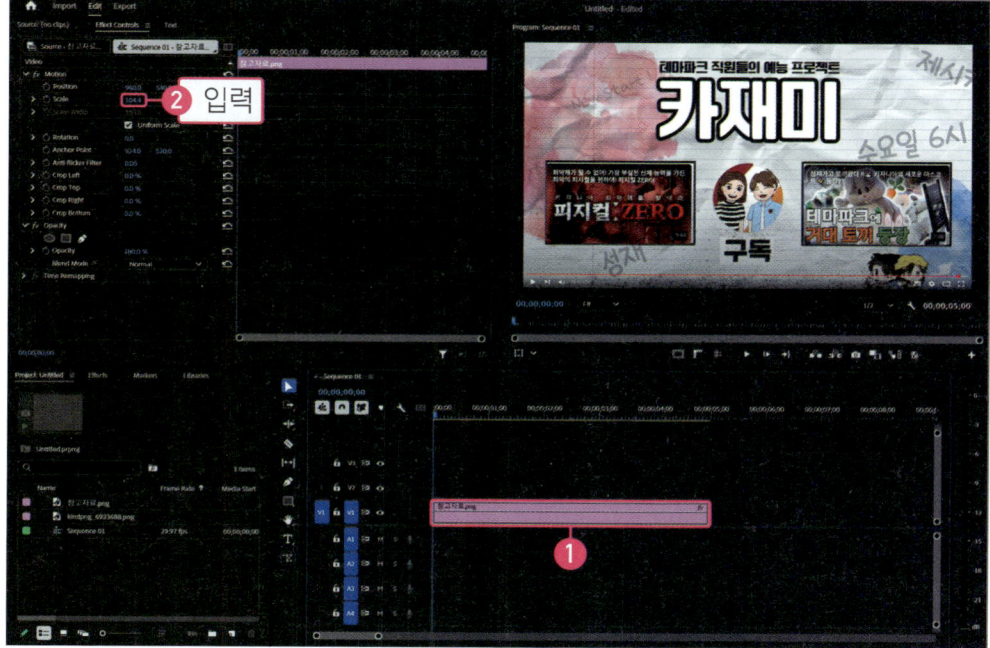

Project 03 · 궁금증을 유발하는 최종 화면 만들기   505

03 추천 영상이 노출될 영역을 만들기 위해 ① [Tool] 패널의 [Rectangle Tool]을 선택한 후 ② [Program Monitor] 패널에 이미지의 영상 썸네일과 똑같은 크기로 [사각형]을 생성합니다. ③ [Timeline] 패널에 그래픽 클립이 생성되고 [Program Monitor] 패널에 회색 사각형이 노출됩니다.

04 사각형의 옵션을 변경하기 위해 ① [Properties] 패널의 [Graphic] 영역에 [Shape 01] 레이어를 선택한 후 ② [Appearance] 영역에 [Fill]을 선택해 색상 채우기를 제거합니다. ③ [Stroke] 옵션을 선택하고 [Color]는 [검은색(#000000)] 설정, [Stroke Width] 옵션값은 '10'을 입력합니다.

05 자막을 추가하기 위해 ❶ [Tool] 패널의 [Type Tool]을 선택합니다(단축키 T). ❷ [Program Monitor] 패널을 클릭한 후 '다음 영상'이라고 입력합니다. ❸ [Properties] 패널에서 자막의 세부 옵션은 다음과 같이 변경합니다.

06 ❶ [Tool] 패널의 [Selection Tool]을 선택합니다(단축키 V). ❷ [Program Monitor] 패널에서 '다음 영상' 자막을 클릭해 테두리 사각형 위로 드래그합니다.

07 추천 영상 자막을 추가하기 위해 ❶ [Properties] 패널의 [Layer] 영역에서 Shift 키를 누른 채 [Shape 01]과 [다음 영상] 레이어를 함께 선택합니다. ❷ 마우스 오른쪽 버튼을 클릭한 후 바로가기 메뉴에서 [Duplicate]를 선택해 복제합니다.

08 ❶ [Tool] 패널의 [Selection Tool]을 선택합니다(단축키 V). ❷ [Properties] 패널의 [Layer] 영역에 복제된 [Shape 01]과 [다음 영상]을 Shift 키를 눌러 함께 선택합니다. ❸ [Program Monitor] 패널에서 선택된 레이어를 화면 오른쪽으로 드래그해 옮겨줍니다.

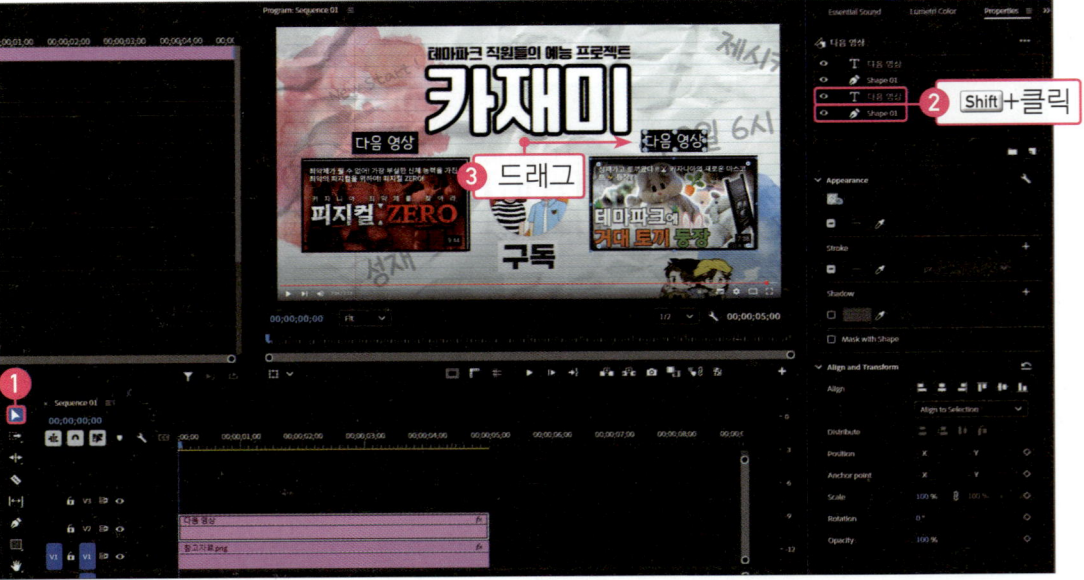

09 [Program Monitor] 패널에서 [다음 영상] 자막을 더블클릭해 '추천 영상'으로 변경합니다.

03 프로필 노출 영역 만들고 영상 출력하기

01 프로필 노출 영역을 위해 ❶ [Tool] 패널에서 [Rectangle Tool]을 길게 클릭한 후 ❷ 바로가기 메뉴에서 [Ellipse Tool]을 선택합니다.

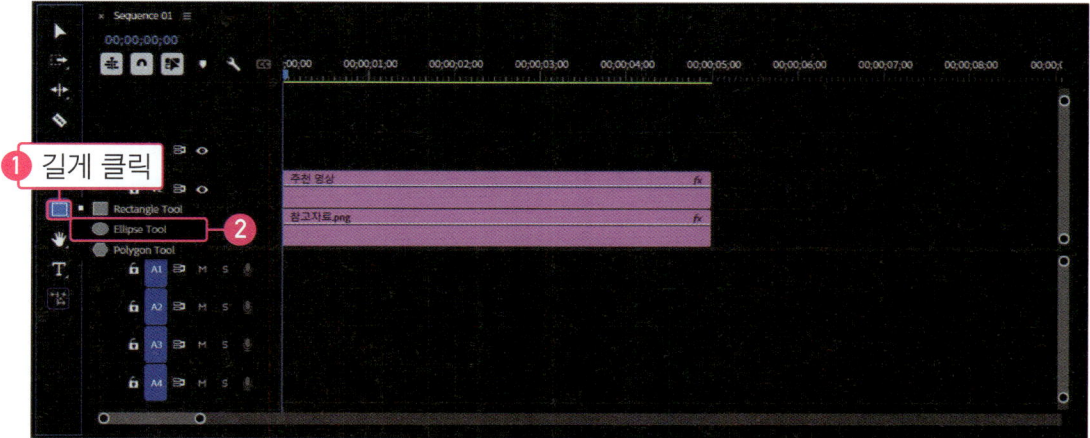

02 ❶ [Timeline] 패널에서 [추천 영상] 그래픽 클립을 선택한 후 ❷ [Program Monitor] 패널에 Shift 키를 누른 채 드래그하여 원을 생성합니다.

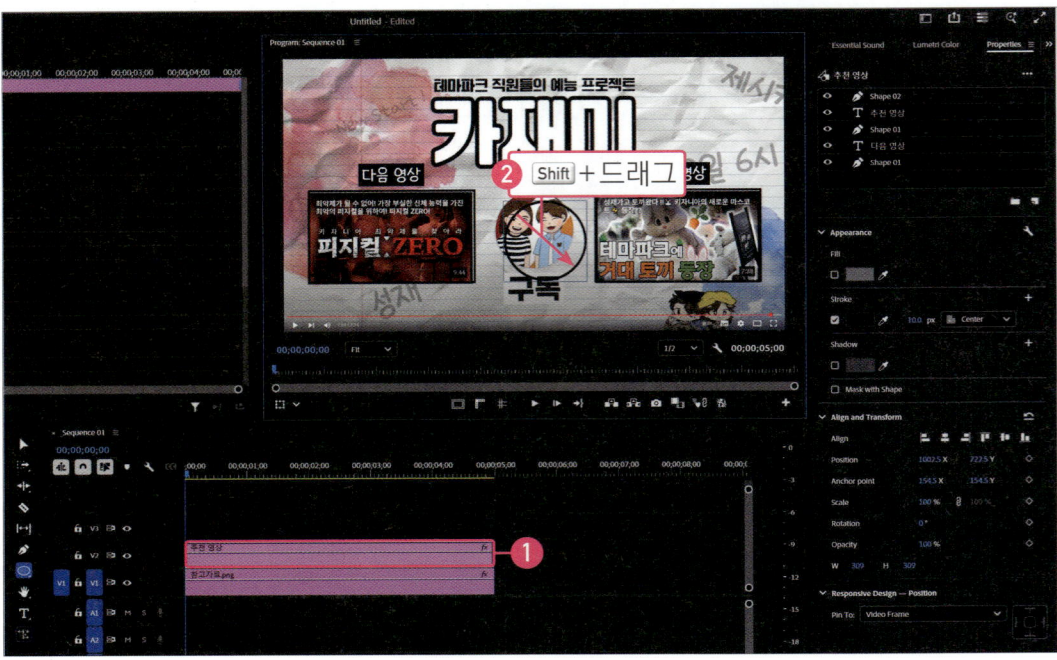

03 ❶ [Tool] 패널에서 [Selection Tool]을 선택합니다(단축키 V). ❷ [Properties] 패널의 [Layer] 영역에 [Shape 02]를 선택합니다. ❸ [Program Monitor] 패널에 참고 이미지의 프로필 영역을 완벽하게 덮도록 위치와 크기를 조절합니다.

04 세부 옵션을 변경하기 위해 ① [Properties] 패널의 [Layer] 영역에 [Shape 02]를 선택한 후 ② [Appearance] 영역의 [Fill] 선택, [Color]는 [하얀색(#FFFFFF)]으로 설정합니다. ③ [Stroke] 옵션은 클릭해 선택을 해제합니다.

05 ① [V1] 트랙의 참고 이미지 클립을 선택하고 Delete 키를 눌러 삭제합니다. ② [Project] 패널의 배경 이미지 클립을 클릭해 [V1] 트랙에 드래그 앤 드롭합니다. ③ 배경 이미지가 시퀀스보다 크거나 작으면 [Effect Controls] 패널에서 [Position]과 [Scale] 옵션을 적당한 위치와 크기로 변경합니다.

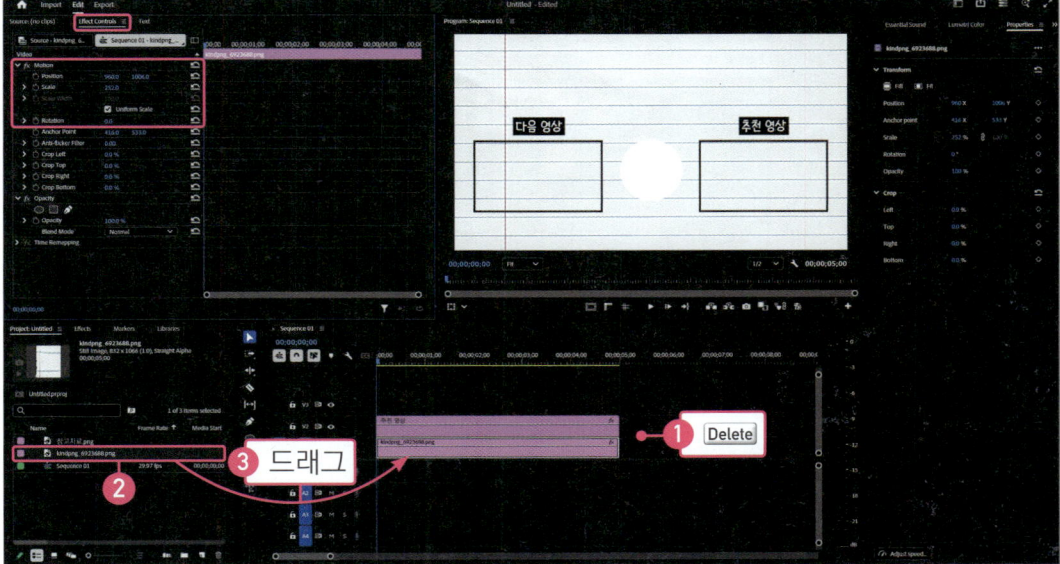

06 최종 화면의 기본 틀이 완성됐습니다. 채널의 로고, 아이콘, 캡처 화면 등의 이미지를 추가하면 나만의 개성 넘치는 최종 화면이 완성됩니다.

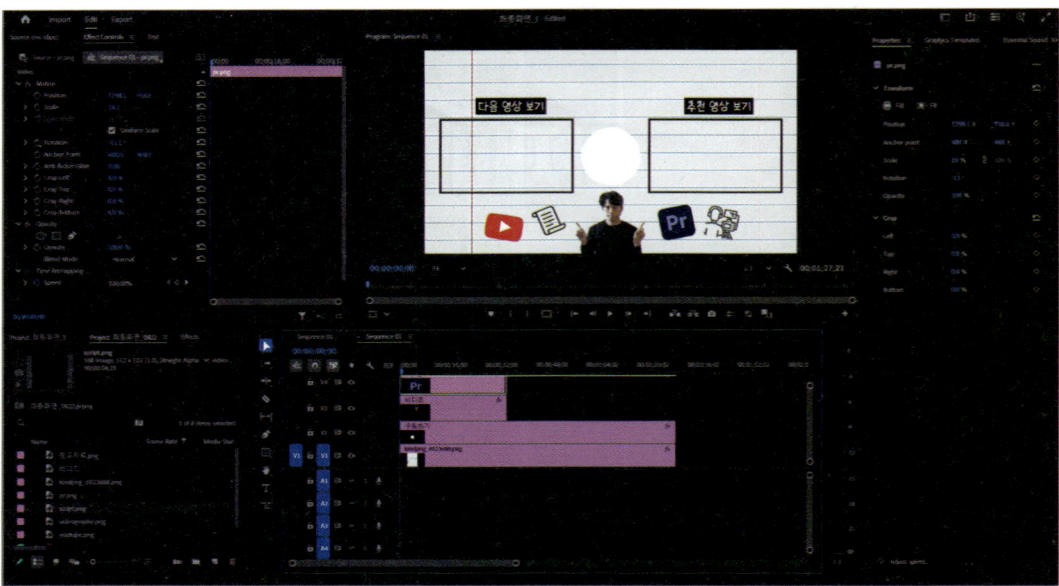

07 최종 화면을 이미지 파일로 저장하기 위해 ❶ [Program Monitor] 패널 하단에 📷을 클릭합니다(단축키 Ctrl + Shift + E). ❷ 화면에 Export Frame 창이 나타나면 [Name] 입력란에 '최종 화면'을 입력합니다. ❸ [Format]은 [JPGE] 또는 [PNG]를 선택하고 [Browse] 버튼을 클릭해 저장 위치를 지정한 후 [OK] 버튼을 클릭합니다.

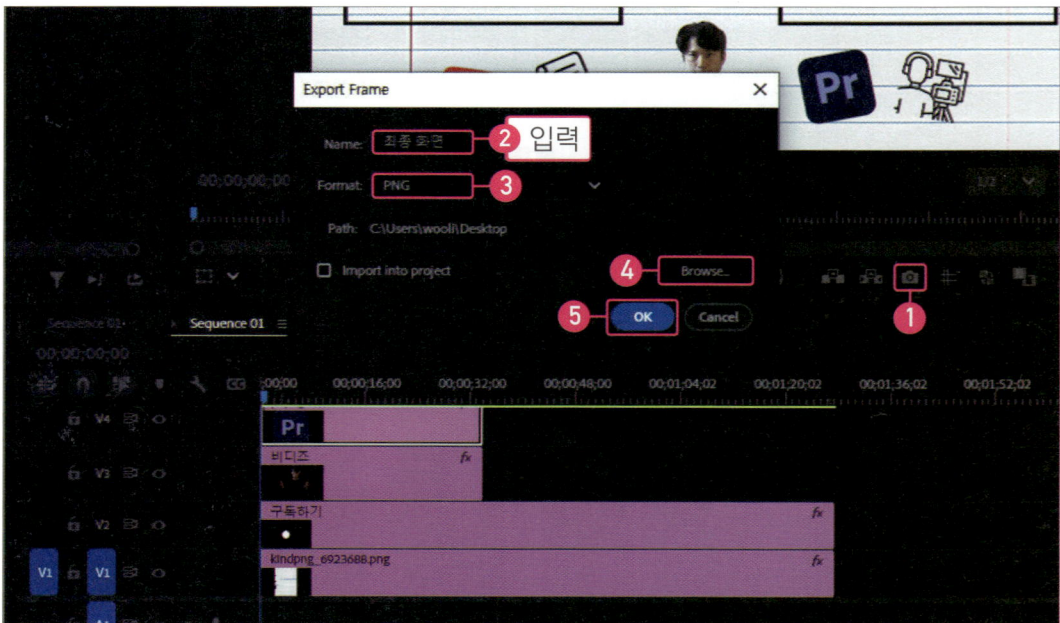

04 유튜브 영상에 최종 화면 이미지 추가하기

편집이 완료된 유튜브 영상에 최종 화면 이미지를 추가해 보겠습니다. 방법은 다음과 같습니다.

01 최종 화면 이미지를 추가하기 위해 ❶ 메뉴 바의 [File]-[Import]을 선택합니다(단축키 Ctrl + I). ❷ Import 대화상자가 화면에 나타나면 '최종 화면' 이미지를 선택한 후 [열기] 버튼을 클릭합니다.

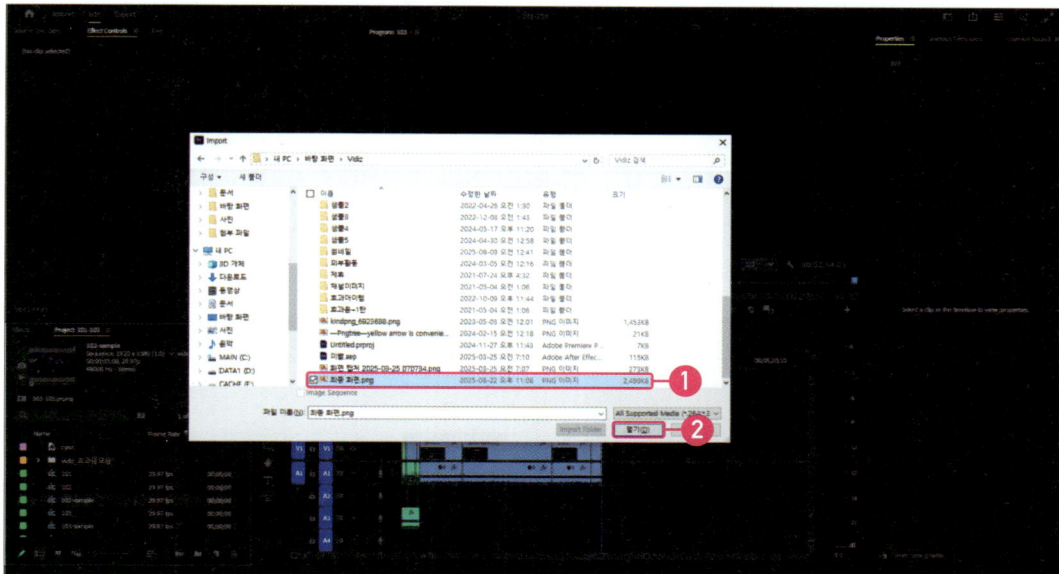

02 ❶ [Project] 패널에 불러온 이미지 소스를 클릭해 [Timeline] 패널로 드래그 앤 드롭합니다. ❷ [Timeline] 패널에서 최종 화면 이미지를 클릭한 채 영상 끝으로 이동합니다. ❸ 비디오 클립 끝 부분을 드래그해 영상이 약 10초 정도 노출되도록 길이를 조절합니다.

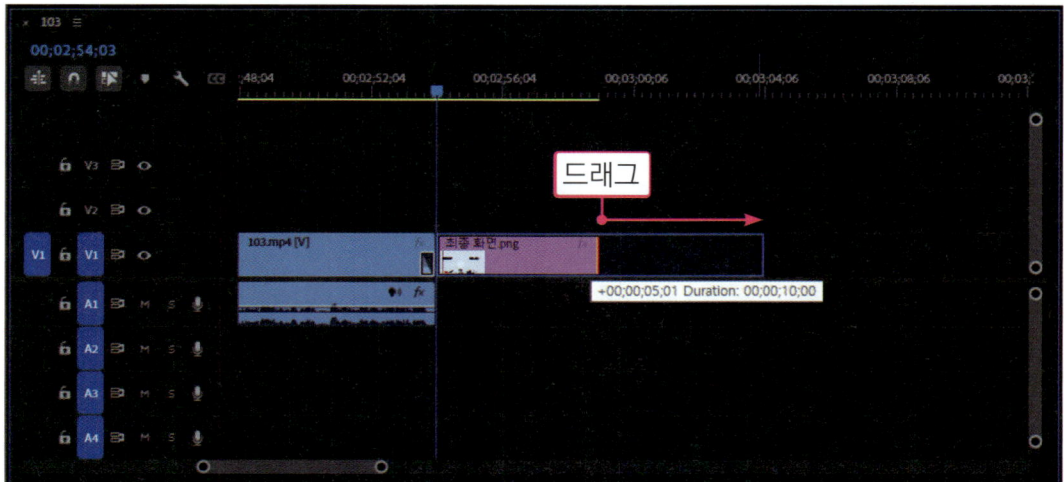

03 영상에서 이미지로 자연스러운 전환을 위해 ❶ [Effect&Presets] 패널 검색란에 'Dip to White'를 입력합니다. ❷ 검색 결과로 나타난 [Dip to White]를 클릭한 채 효과 적용을 원하는 비디오 클립과 최종 화면 이미지 클립 사이로 사이에 드래그 앤 드롭합니다.

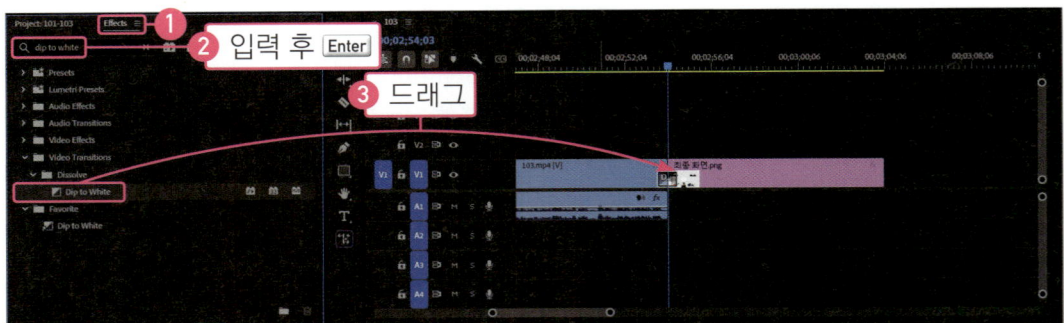

04 [Export] 메뉴를 이용해서 완성 영상을 출력합니다. [Preview] 패널에서 영상을 재생해 보며 최종 화면 이미지가 잘 적용됐는지 확인합니다.

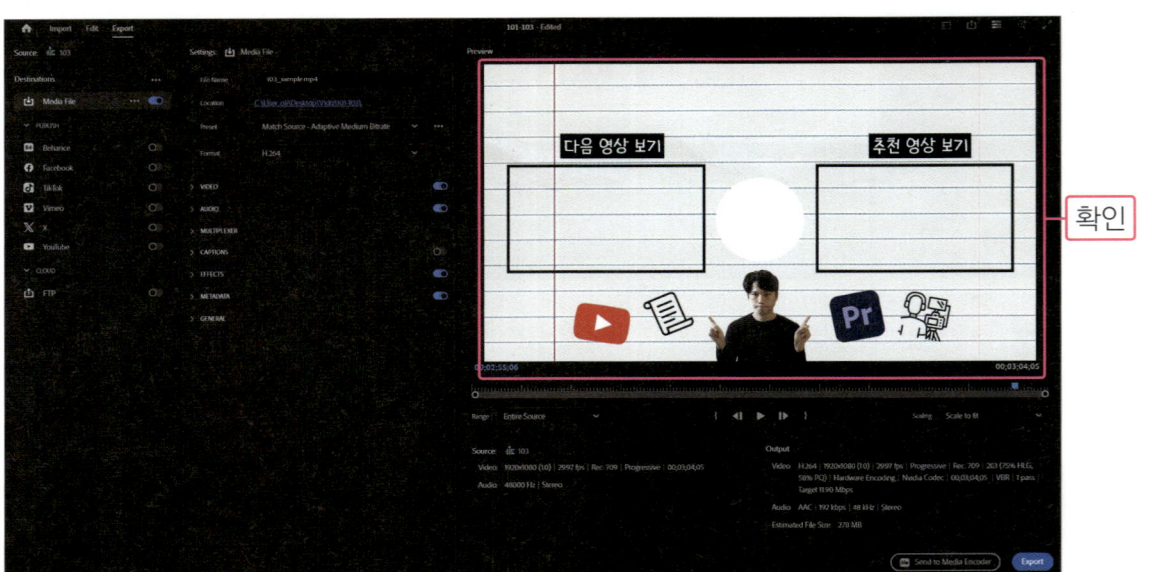

05 유튜브 영상 업로드 시 최종 화면 추가하기

01 모든 작업을 완료한 영상을 유튜브에 업로드하기 위해 ❶ 유튜브를 실행한 후 화면 상단의 [+만들기] 버튼을 클릭합니다. ❷ 바로가기 메뉴가 나타나면 [동영상 업로드]를 선택합니다.

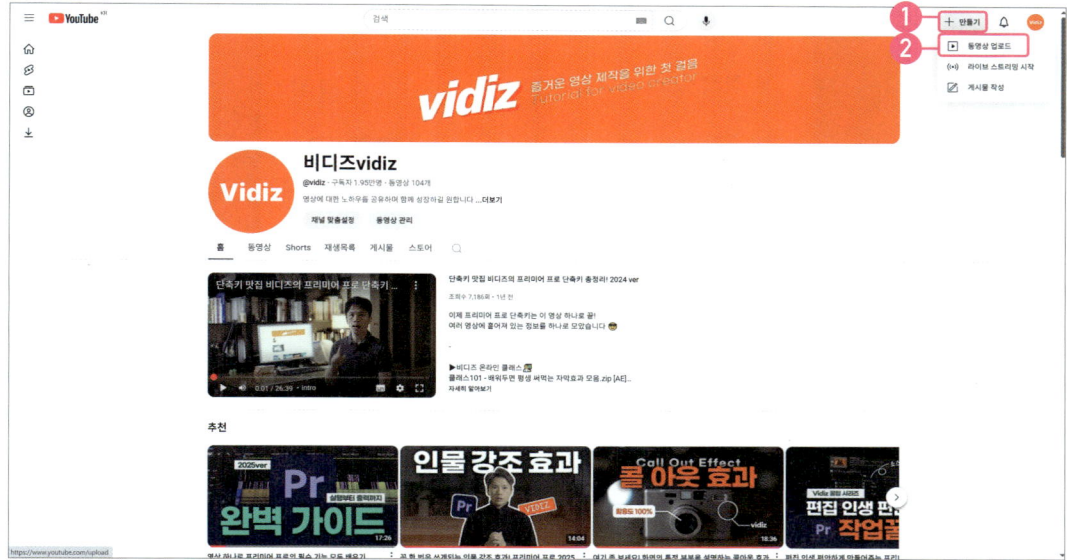

02 ❶ 동영상 업로드 창이 나타나면 완성 영상을 드래그 앤 드롭합니다. ❷ 업로드가 시작되며 세부 정보 입력 영역으로 화면이 전환되고 ❸ 제목부터 설명까지 각 입력란에 맞게 정보를 입력한 후 [다음] 버튼을 클릭합니다.

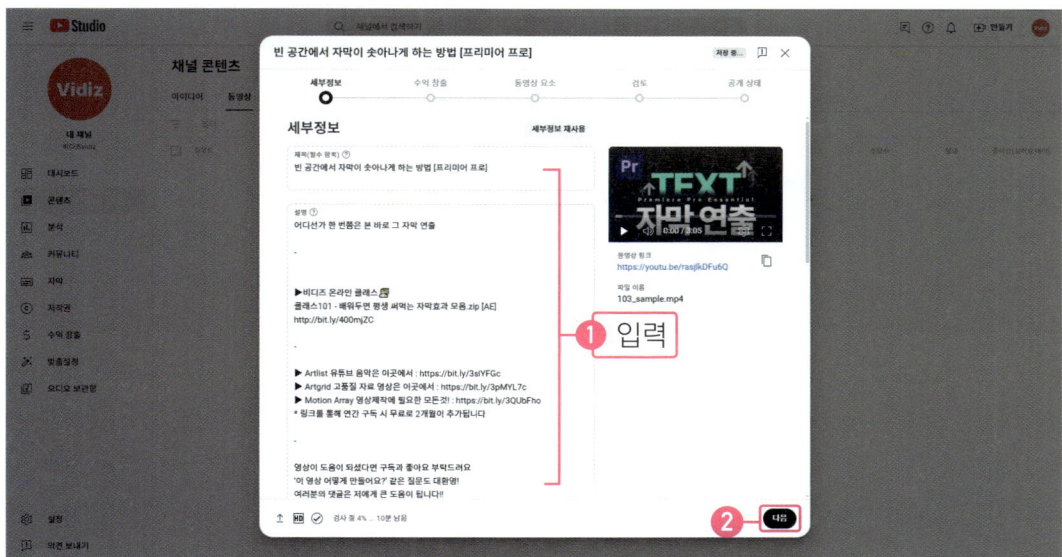

03 ❶ [동영상 요소] 영역이 나타나고 ❷ [최종 화면 추가]의 [추가] 버튼을 클릭합니다.

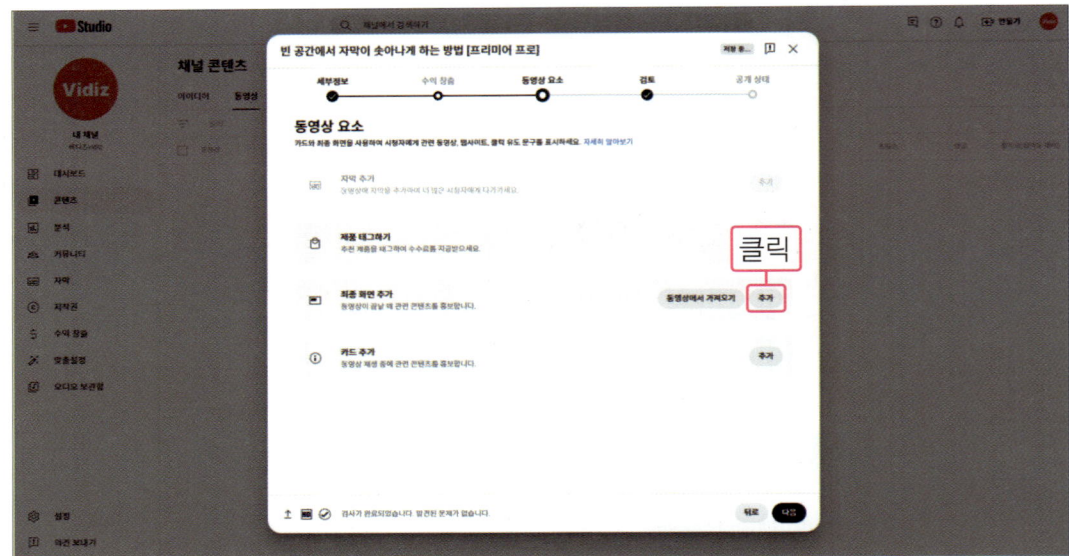

04 ❶ [최종 화면] 창에서 [+요소] 버튼을 클릭합니다. ❷ 바로가기 메뉴가 나타나면 [동영상]을 선택합니다.

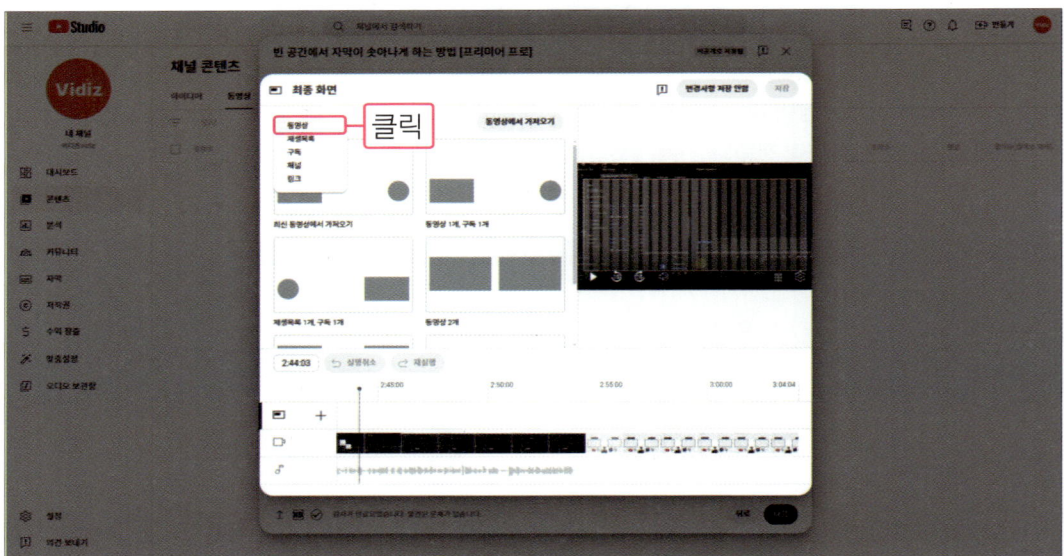

05 ❶ [동영상 요소] 영역에서 [최근 업로드된 동영상]을 선택합니다. ❷ 프리뷰에 최종 화면이 노출될 수 있게 하단 [Timeline] 패널의 [플레이헤드]를 뒤로 옮겨줍니다. ❸ 프리뷰 화면의 파란색 썸네일 노출 영역을 드래그해 [다음 영상] 박스 위로 옮겨줍니다.

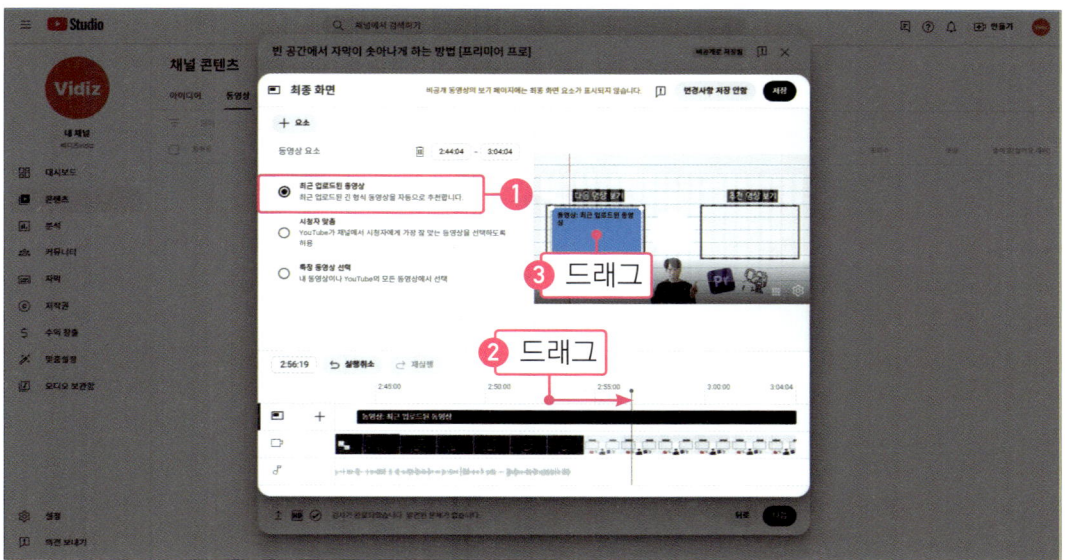

06 ❶ [+요소] 버튼을 한 번 더 클릭해 동영상을 더 추가합니다. ❷ [동영상 요소] 영역에서 [시청자 맞춤]을 선택합니다. ❸ 프리뷰 화면의 파란색 썸네일 노출 영역을 드래그해 [추천 영상] 박스 위로 옮겨줍니다.

07 프로필을 추가하기 위해 ❶ [+요소] 버튼을 클릭한 후 [구독]을 선택합니다. ❷ [구독 요소] 영역에서 [카드 윤곽선 표시]의 선택을 해제해 사용하지 않음으로 설정합니다. ❸ 프리뷰 화면의 동그라미 모양의 채널 프로필을 드래그해 동그라미 프로필 영역으로 옮겨줍니다.

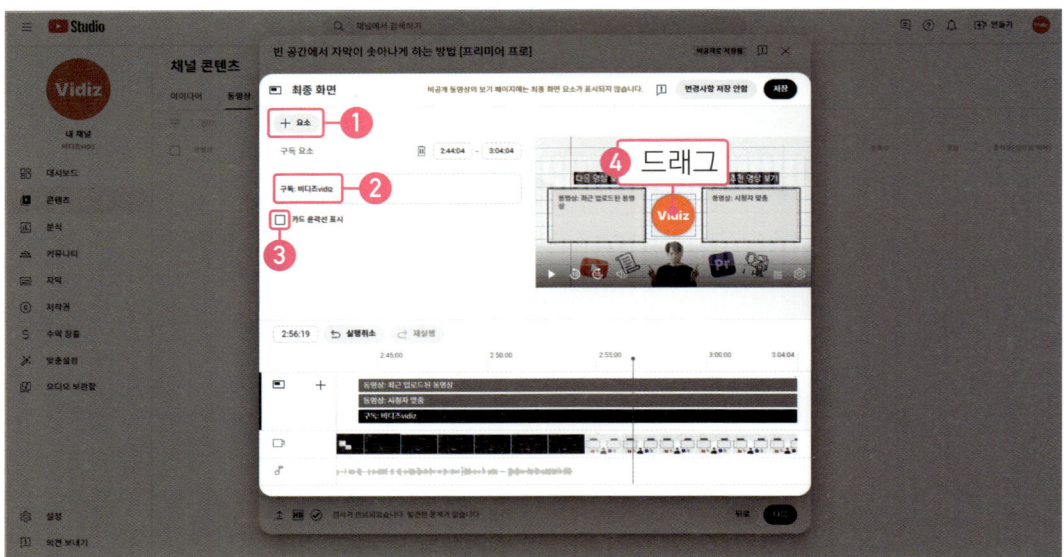

08 타임라인에서 노출 타이밍을 조정합니다. ❶ [플레이헤드]를 드래그해 [Dip to White] 효과가 적용된 구간을 찾습니다. ❷ 검은색으로 표시된 노출 막대의 왼쪽 끝을 드래그해 화면이 하얗게 전환되는 타이밍으로 옮겨줍니다. ❸ 프리뷰의 영상을 재생하며 최종 화면이 잘 적용됐는지 확인합니다.

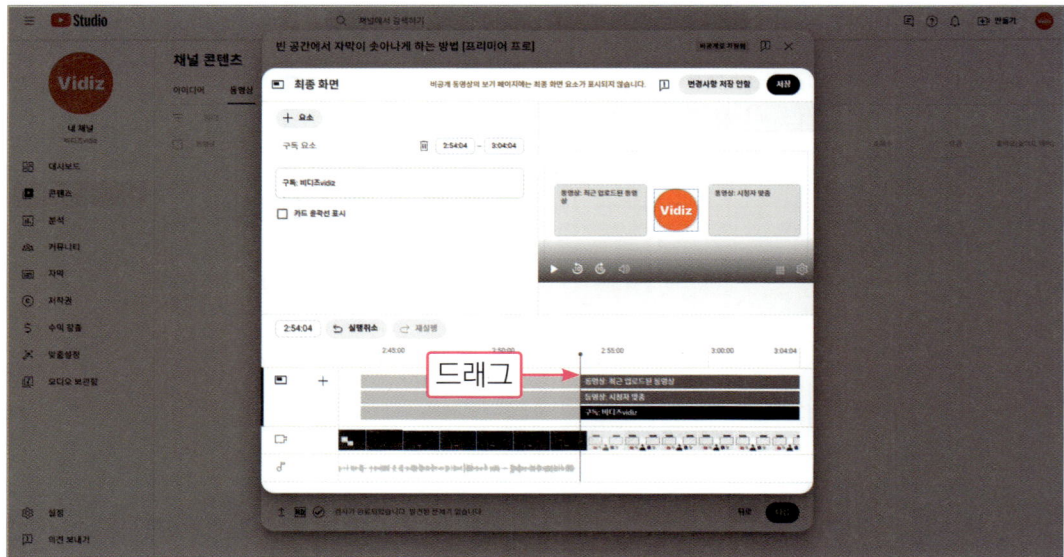

09 ❶ 키보드의 Space Bar 키를 눌러 동영상을 재생해 보며 타이밍이 잘 맞는지 확인합니다. ❷ 영상에 문제가 없다면 [저장] 버튼을 클릭합니다(최종 화면은 영상이 업로드 된 이후에도 수정이 가능합니다).

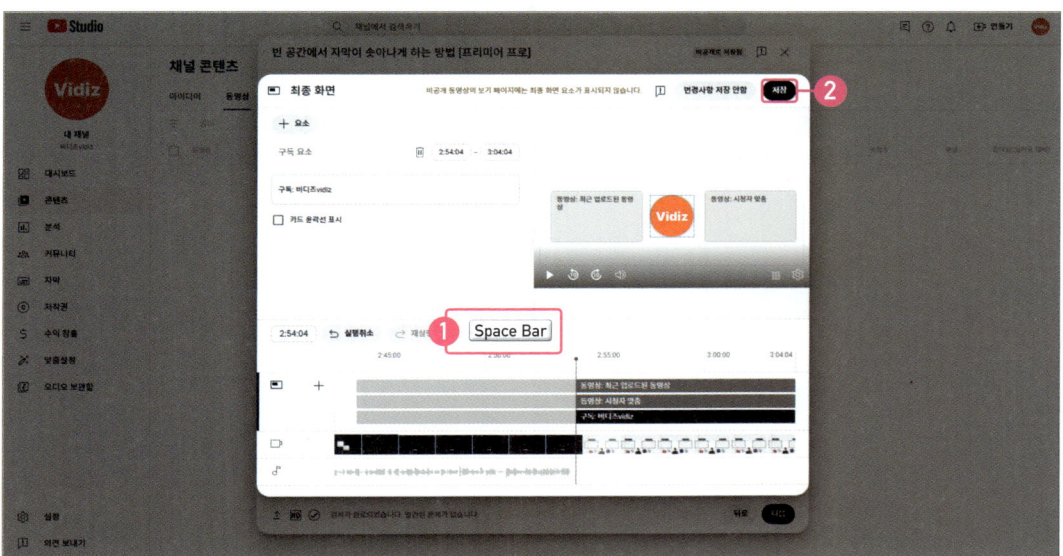

> **TIP**
>
> 최종 화면을 한 번 설정한 후에 다음 영상을 업로드할 때는 최종 화면 추가의 [동영상에서 가져오기] 버튼을 사용하면 직전에 사용했던 최종 화면을 반복해서 사용할 수 있습니다.

바로 쓰는
프리미어 프로 & 애프터 이펙트 CC

초 판 발 행	2025년 11월 10일
발 행 인	박영일
책 임 편 집	이해욱
저 자	양제욱
편 집 진 행	성지은
표 지 디 자 인	김경모
편 집 디 자 인	김세연
발 행 처	시대인
공 급 처	(주)시대고시기획
출 판 등 록	제 10-1521호
주 소	서울시 마포구 큰우물로 75 [도화동 538 성지 B/D] 6F
전 화	1600-3600
홈 페 이 지	www.sdedu.co.kr
I S B N	979-11-434-0220-2 (13000)
정 가	27,000원

※이 책은 저작권법에 의해 보호를 받는 저작물이므로, 동영상 제작 및 무단전재와 복제, 상업적 이용을 금합니다.
※이 책의 전부 또는 일부 내용을 이용하려면 반드시 저작권자와 (주)시대고시기획·시대인의 동의를 받아야 합니다.
※잘못된 책은 구입하신 서점에서 바꾸어 드립니다.

시대인은 종합교육그룹 (주)시대고시기획·시대교육의 단행본 브랜드입니다.